Vietnam

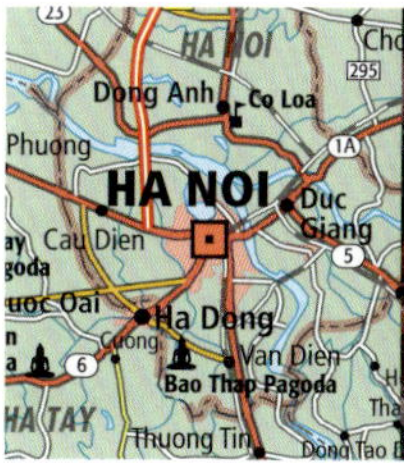

Martin H. Petrich

DUMONT RICHTIG REISEN

Inhalt

Wissenswertes über Vietnam

Wissenswertes für die Reise

Unterwegs in Vietnam

Kapitel 1 Hanoi und Umgebung

Kapitel 2 Vietnams Norden

Inhalt

Inhalt

Kapitel 4 Ho-Chi-Minh-Stadt und der Süden

Kapitel 5 Mekong-Delta

Themen

Alle Karten auf einen Blick

Shrimpsverkäuferinnen im chinesischen Viertel in Ho-Chi-Minh-Stadt

Fischverkäuferin in Nha Trang

Wissenswertes über Vietnam

Vietnam – zwischen Konfuzius und Coca Cola

Der Krieg ist Vergangenheit, vorbei die sozialistische Tristesse. Mit Schwung und Zukunftsoptimismus bewegt sich das Land zwischen Konfuzius und Coca-Cola, zwischen Ho Chi Minh und Hip-Hop. Quirlige Metropolen, pittoreske Berglandschaften und endlose Strände – Vietnam präsentiert sich als verlockendes und vielseitiges Reiseziel.

Wie ein Bienenschwarm sausen die Mopeds über die Kreuzung, umschwirren Autos und Passanten, um sich bei der nächsten roten Ampel wieder zu stauen. Dazwischen bahnt sich eine alte Frau ihren Weg und balanciert geschickt die Bambusstange. Auf dem Gepäckträger eines Zweirads ist ein Schwein quergelegt, ein anderes Moped ist mit einer vierköpfigen Familie voll bepackt. Auf einer knallbunten Vespa sitzt aufrecht elegant eine junge Frau in ihrem seidendünnen *ao dai* (s. S. 52f.), ihre Arme zum Sonnenschutz mit langen Handschuhen überzogen. Neben ihr knattert ein Bauer mit seiner alten Mühle in Richtung Markt, von der Lenkstange baumeln in beängstigender Zahl Hühner mit gesenkten Köpfen. Straßenszenen, die in jeder größeren Stadt zu beobachten sind. Kleinkapitalismus auf zwei Rädern könnte man dies nennen in einem Land, dessen Herz noch immer sozialistisch schlägt.

Vietnam ist in Bewegung. Und das in einer Geschwindigkeit, die selbst hartgesottene Asienbesucher sprachlos macht. Überall wird gebaut und gewerkelt. Der berüchtigte Ho-Chi-Minh-Pfad ist zur Autobahn ausgebaut, die Städte breiten sich wie Pilze aus. Wo gestern noch eine einfache Hütte stand, erhebt sich heute ein fünfstöckiges Haus, wo einst Enten schnatternd im Teich ihre Runden drehten, arbeiten nun Menschen schwitzend im Akkord an den Fließbändern der Fabriken. Der bärtige Marx ist in die Amtsstuben verbannt, auf den Straßen herrscht der ungestüme Markt. Im Laufschritt will Vietnam an die anderen Tigerstaaten anschließen. Die Globalisierung hat das Land fest im Griff.

Doch es gibt auch noch die stillen Szenen: gebückte Bauern unter ihren konischen Hüten verborgen, schlafende Fischer im Schatten ihres Bootes, der kleine Junge auf dem mächtigen Wasserbüffel, der alte Mann über seine Kalligraphie gebeugt, einfache Dörfer in den Nebelbergen und bizarre Karstkegel im Morgendunst, endlose Reisfelder in saftigem Grün und einsame Strände in gleißendem Gelb.

Ob gepflegte Kulturreise oder entspannter Badeurlaub, ob auf Abenteuertrip durch die Berge oder im Kaufrausch durch die hektischen Städte – Vietnam hat für jeden Geschmack etwas zu bieten. So vielseitig wie seine Küche, so bunt bietet sich das schmale südostasiatische Land seinen Besuchern dar. Die weiten Ebenen des Roten-Fluss-Deltas erstrecken sich im Norden von den Bergen bis zum Südchinesischen Meer. Mit seinen Tempeln und Pagoden, seinen alten Handwerksdörfern und fruchtbaren Feldern präsentiert sich das Delta als abwechslungsreiche Kulturlandschaft. Karstberge liegen wie verlorene Perlen verstreut und bilden einen Kontrast zum dominierenden Grün. In der malerischen Ha-Long-Bucht formen sie eine grandiose Inselwelt. Im Nordwesten wiederum türmen sich hohe Berge und tief eingeschnittene Täler, durch die sich die Flüsse winden. Hier haben zahlreiche Volksgruppen ihre Heimat. Ein schmales Band von Bergen und Küste zieht sich weiter gen Süden. In der

Mitte des Landes liegen nicht weit voneinander entfernt gleich drei Unesco-Welterbestätten: die letzte Königsmetropole Hue, das wie ein Freiluftmuseum anmutende Hafenstädtchen Hoi An und die verwunschene Tempelstadt My Son. Je weiter es nach Süden geht, desto tropischer wird das Klima. Entlang der Küste locken zahlreiche Traumstrände, sei es in Qui Nhon, in Nha Trang oder in Phan Thiet. Auf dem Hochland siedeln eine Reihe von Minderheiten; hier liegt auch Da Lat, die Stadt des ewigen Frühlings. Das Land endet, wie es im Norden beginnt: üppig grün, nur viel schwül-heißer. Im Mekong-Delta dreht sich alles ums Wasser. Ob als mächtiger Strom oder schmaler Kanal, in allen Varianten mäandert der 4800 km lange Strom Richtung Meer.

Wie zwei ungleiche Geschwister muten die beiden Metropolen an: das ehrwürdige Hanoi im Norden und das ungestüme Saigon im Süden. Vietnams Hauptstadt mit Ho-Chi-Minh-Mausoleum, engen Altstadtgassen und historischen Sehenswürdigkeiten ist ein Kaleidoskop der bewegten Geschichte des Landes. Saigon, wie die meisten Vietnamesen Ho-Chi-Minh-Stadt nach wie vor nennen, ist ein Brennpunkt des modernen Asien. Die Riesenmetropole zeigt sich geschäftig, zuweilen frech und frivol.

Am nachhaltigsten beeindrucken jedoch die Menschen. Für den legendären Fotoreporter Philip Jones Griffith, der wie kaum ein anderer das Land seit den Kriegstagen porträtiert hat, vereinen sie alles, was man an einer Person schätzt: Aufmerksamkeit, Bescheidenheit, Freundlichkeit, Stärke und vieles mehr. Sie sind sicherlich einer der Hauptgründe, wieso das Land immer mehr Besucher in seinen Bann zieht.

Auch buddhistische Nonnen haben am technischen Fortschritt teil

Steckbrief Vietnam

Daten und Fakten

Name: Sozialistische Republik Vietnam (SRV), Cong Hoa Xa Hoi Chu Nghia Viet Nam

Fläche: 331 688 km^2

Hauptstadt: Hanoi
Amtssprache: Vietnamesisch
Einwohner: 84,2 Mio.
Bevölkerungswachstum: 1,2 %
Lebenserwartung: Frauen 72,9 Jahre, Männer 68,8 Jahre

Währung: Vietnamesischer Dong (VND)

Zeitzone: MEZ + 6 Std., in der Sommerzeit + 5 Std.

Landesvorwahl: 0094
Internet-Kennung: vn

Landesflagge: Goldener Stern auf rotem Grund. Je einer der fünf Zacken symbolisiert die Arbeiter, Bauern, Intellektuellen, die Jugend und die Soldaten. Erstmalig 1940 während eines kommunistischen Aufstands gehisst und anschließend vom Viet Minh verwendet, war die Fahne seit 1945 die Flagge der Demokratischen Republik Vietnam (DRV). Seit dem 2. Juli 1976 weht sie als offizielle Flagge der SRV.

Geografie

Vietnam erstreckt sich zwischen dem 23. und dem 8. Grad nördlicher Breite und bildet den Abschluss des kontinentalen Südostasien. Das Land ist wie ein ›S‹ geformt und ähnelt einer Bambusstange mit zwei Tragekörben. Als der eine ›Tragekorb‹ gilt der Norden einschließlich des 14 700 km^2 großen Roten-Fluss-Deltas. Die gebogene ›Tragestange‹ in der Mitte besteht aus dem schmalen Küstenstreifen und den teilweise über 2000 m hohen Annamitischen Kordilleren (viet. Truong Son). Der zweite ›Tragekorb‹ im Süden wird vom 40 000 km^2 großen Mekong-Delta dominiert. Die Nord-Süd-Ausdehnung des Landes beträgt 1650 km, die Ost-West-Ausdehnung zwischen 50 und 600 km. Die Küstenlänge beläuft sich auf 3260 km.

Die größten Städte sind Ho-Chi-Minh-Stadt (ca. 8 Mio. Einwohner), die Hauptstadt Hanoi (ca. 3,5 Mio. Einwohner), Da Nang (ca. 1 Mio. Einwohner) und Hai Phong (ca. 750 000 Einwohner). Mit seinem nördlichen Nachbarn China teilt das Land 1150 km gemeinsamer Grenze, mit Laos 1957 km und mit Kambodscha 982 km.

Geschichte

Zahlreiche Funde belegen eine Besiedlung seit der Altsteinzeit. Um 111 v. Chr. begann die 1000-jährige Zeit chinesischer Besatzung. Erst 938 erlangte das Land die Souveränität zurück und erlebte zwischen dem 11. und 13. Jh. während der Ly- und Tran-Dynastien eine Blütezeit. Nach einer weiteren Annexion durch die chinesischen Ming von

1407 bis 1428 wurde Vietnam in zunehmendem Maße von den rivalisierenden Klans der Trinh und Nguyen aufgerieben und im 17. Jh. geteilt. Erst 1802 konnte der Gia-Long-König, der erste Nguyen-Herrscher, das Land wieder einen. Doch bald darauf geriet es in die Machtsphäre Frankreichs und wurde 1887 Teil der Kolonie Indochina.

Mit dem Ersten Indochina-Krieg (1946–1954) geriet das Land in den Sog des Kalten Krieges, der nach der Teilung Vietnams noch zunahm. 1964 traten die USA in den Konflikt zwischen Nord- und Südvietnam ein. Militärisch haushoch überlegen, wurde ihr Engagement zum Desaster. Nach ihrem Rückzug erfolgte 1976 die offizielle Wiedervereinigung. Seit der 1986 eingeleiteten Reformpolitik, Doi Moi, erlebt Vietnam einen eindrucksvollen wirtschaftlichen Aufschwung.

Staat und Politik

Einzig zugelassene politische Kraft ist laut Verfassung die Kommunistische Partei Vietnams. Sie wählt alle fünf Jahre auf ihrem Nationalkongress das Zentralkomitee (derzeit 160 Mitglieder), welches wiederum das Politbüro (momentan 14 Mitglieder) unter Vorsitz des Generalsekretärs bestimmt. Auf den großen Parteitagen werden die Weichen für die Politik der kommenden Jahre gestellt.

Höchste politische Instanz und Legislative ist die alle fünf Jahre neu gewählte Nationalversammlung mit knapp 500 Mitgliedern. Sie tritt zweimal jährlich zusammen, um Gesetze zu verabschieden. Zudem wählt sie im Fünf-Jahres-Zyklus den Staatspräsidenten als höchsten Repräsentanten des Landes und den Ministerrat. Letzterem gehören der Premier, dessen Vize und die Minister an. Sie erledigen als Exekutive die täglichen Regierungsgeschäfte. Vom blinden Abnicker der Vorgaben des Politbüros hat sich die Nationalversammlung mittlerweile zu einem offeneren Forum entwickelt.

Verwaltungstechnisch ist das Land in 59 Provinzen und fünf zentral verwaltete Städte – Hanoi, Ho-Chi-Minh-Stadt, Hai Phong, Da Nang und Can Tho – untergliedert.

Wirtschaft und Tourismus

Seit sich Vietnam 1986 der freien Marktwirtschaft verschrieben hat, verzeichnet das Land ein stetes Wirtschaftswachstum – in den letzten fünf Jahren zwischen 7 und 8 %. Wichtigste Exportgüter sind Rohöl (über 20 %), Textilien, Bekleidung und Schuhe (über 25 %), Meeresfrüchte (fast 10 %), Elektroprodukte sowie Reis und Kaffee. Die Abnehmerstaaten werden von den USA, Japan und der EU angeführt. Der Tourismus spielt eine zunehmend an Bedeutung gewinnende Rolle und verzeichnet enorme Zuwachsraten. 2006 reisten über 3,5 Mio. Touristen ins Land, darunter 76 745 Deutsche.

Bevölkerung und Religion

54 ethnische Gruppen haben in Vietnam ihre Heimat. Dominierend sind die Viet (Kinh), die 86 % der Bevölkerung stellen und vorwiegend entlang der Küste und in den Deltagebieten siedeln. Die überwiegende Mehrheit der anderen Volksgemeinschaften lebt in den Bergen und im Hochland.

Die vietnamesische Religiosität präsentiert sich als ein Gemisch aus Ahnenkult, konfuzianischem Ethos und volksdaoistischem Götterglauben. Viele Vietnamesen sind zudem mit unterschiedlicher Intensität Anhänger des Mahayana-Buddhismus. Dazu kommen etwas mehr als 7 % Katholiken, eine halbe Million Protestanten und etwa 100 000 Muslime. Im Mekong-Delta siedelt ein Großteil der 2 Mio. Cao-Dai- und 1,5 Mio. Hoa-Hao-Anhänger.

Natur und Umwelt

Etwa 1650 km liegen zwischen der nördlichen und der südlichen Grenze Vietnams. Entlang der Küste sind es fast doppelt so viele. Das wie ein ›S‹ geformte schmale Land mit seinen lang gezogenen Gebirgsketten und den beiden fruchtbaren Deltagebieten ist die Heimat einer vielfältigen Flora und Fauna.

Vietnam bildet den Abschluss des kontinentalen Südostasien. Geografisch dominieren die **Annamitischen Kordilleren** (Truong Son) und die beiden fruchtbaren Deltagebiete – das 14 700 km^2 große **Rote-Fluss-Delta** und das über 40 000 km^2 große **Mekong-Delta** – das Land. Flächenmäßig etwas kleiner als Deutschland, ist es mit einer Nord-Süd-Ausdehnung von 1650 km fast doppelt so lang wie die Bundesrepulbik Deutschland. Zwischen dem 23. und 8. Grad nördlicher Breite herrschen subtropische und tropische Klimabedingungen.

Die Landschaft zeigt sich als Wechselspiel von Bergen, Flüssen und Meer. Kilometerlange Strände säumen die 3260 km lange Küste, deren Linie immer wieder Höhenzüge, Flussmündungen und weit geschwungene Buchten unterbrechen. Dazu kommen die vorgelagerten Inseln, deren Zahl in die Tausende geht – wie etwa in der berühmten Ha-Long-Bucht –, das Bergland und die Hochebenen, welche mehr als drei Viertel des Gesamtterritoriums einnehmen, sowie die endlosen, von Kanälen und Flüssen unterbrochenen Deltagebiete.

Lang gestrecktes Land

Bac Bo (Der Norden)

Der Norden – von den Vietnamesen *Bac Bo* genannt – besticht durch seine landschaftliche Vielfalt. An der Grenze zu China und Laos erstrecken sich zerklüftete **Gebirge**, die von teilweise schroffen Taleinschnitten unterbrochen werden – im Nordwesten etwa vom Bergmassiv **Hoang Lien Son** mit dem 3143 m hohen Fan Si Pan, Vietnams höchstem Gipfel.

In den **Niederungen** winden sich die Flüsse in Richtung Osten, suchen ihren Weg durch das **Rote-Fluss-Delta**, um sich schließlich ins Meer zu ergießen. Im Roten-Fluss-Delta leben dicht gedrängt oft über 1000 Menschen pro Quadratkilometer. Grund für diese Bevölkerungsdichte sind die fruchtbaren Böden des Deltas, die schon früh Siedler anzogen. Das Gebiet gilt als Wiege der vietnamesischen Zivilisation. Doch Taifune und Überschwemmungen gehören zum Jahreszyklus, weshalb die Flussarme eingedeicht werden müssen. Zu den bedeutendsten **Strömen** des Nordens zählen der **Song Hong** (Rote Fluss), im vietnamesischen Teilstück 510 km lang, der 543 km lange **Song Da** (Schwarze Fluss) und der 426 km lange **Song Ma**.

Zu den landschaftlichen Höhepunkten nicht nur des Nordens zählen die vielerorts anzutreffenden **Karstberge**.

Trung Bo (Zentralvietnam)

Ab Thanh Hoa verengt sich Vietnam zu einem Streifen, der an seiner schmalsten Stelle bei Dong Hoi nur noch 50 km misst. *Trung Bo*, so die vietnamesische Bezeichnung für Zentralvietnam, wird landschaftlich von der Küste, mäandernden Flussläufen und den teilweise über 2000 m hohen **Annamitischen Kordilleren** (Truong Son) dominiert. In den Kalksteinbergen haben sich aufgrund der Witterungsprozesse zahlreiche Höhlensysteme gebildet, darunter eines der landesweit größten und spektakulärsten im **Phong-Nha-Ke-Bang-Nationalpark** – seit 2003 Unesco-Welterbe. Dort schlängelt sich unterirdisch auf etwa 20 km Länge der Song Son durch das Bergmassiv.

Zwischen Kontum und Da Lat breitet sich das **Zentrale Hochland** auf einer Höhe zwischen 500 und 700 m aus. Hier leben Zweidrittel der insgesamt 54 Volksgruppen. Kaffee und Tee gehören zu den wichtigsten Agrarprodukten. Von den einst dichten Regenwäldern ist kaum etwas geblieben.

Der **Küstenbereich** zwischen Thanh Hoa und Quang Ngai wird fast jährlich von Taifunen heimgesucht – besonders im November und Dezember.

Der **Wolkenpass** (Deo Hai Van) nördlich von Da Nang bildet eine Wetterscheide. Von hier an zeigt sich die Küstenlandschaft tropisch freundlich. Kokospalmen prägen die Landschaft, pittoreske Buchten wechseln sich mit Bergzügen ab.

Zwischen Cam Ranh und Phan Thiet liegen die trockensten Gebiete des Landes mit teilweise **savannenähnlichen Landstrichen** – hervorragende Bedingungen für den Anbau der Drachenfrucht.

Nam Bo (Der Süden)

Im Süden öffnet sich das Land zu einer weiten Ebene. Nam Bo, Südliches Land – oder Cochinchine, wie es während der Kolonialzeit hieß – ist dank des feuchtheißen Klimas und der fruchtbaren Schwemmböden das landwirtschaftliche Rückgrat Vietnams: die Flüsse voller Fische, die Felder voller Früchte und Reispflanzen, dazu die endlos scheinenden Kautschuk- und Obstplantagen. Hier zeigt sich die Natur von ihrer üppigsten Seite.

Das gilt umso mehr für das **Mekong-Delta**, ein gigantisches Fluss- und Kanalsystem von 40 000 km^2 Fläche – fast doppelt so groß wie Hessen. Den Reichtum der Natur kann man mit Händen fassen. Reisfelder bis zum Horizont, Gärten mit tropischen Früchten, durchzogen von Gräben und Kanälen.

Am Strand von Mui Ne

Mekong – Mutter aller Wasser

Von den Höhen des Tibet-Plateaus führt sein langer Weg in Richtung Süden. Er windet sich durch enge Schluchten und durchfließt weite Ebenen. Schließlich breitet er sich zu einem riesigen Delta aus und endet nach 4800 Kilometern im Südchinesischen Meer.

Es ist, als wolle der Mekong am Schluss noch einmal alle Register ziehen. Etwa 220 km bevor er sich ins Südchinesische Meer ergießt, erweitert er sich zu einem riesigen Delta von 40 000 km^2. Respektvoll nennen ihn die Vietnamesen wegen seiner vielen Flussarme dort Song Cuu Long, Fluss der Neun Drachen. Dabei sind seine Anfänge ziemlich bescheiden. Sein Ursprung liegt auf dem durchschnittlich 5000 m hohen Tibet-Plateau. Dort vereinen sich in der Stadt Ganasongdou (Provinz Qinghai) die beiden Flüsse Dza Kar und Dza Nak. Von den Tibetern wegen seiner bräunlichen Farbe Dza Chu, Lehmiger Fluss, genannt, durchfließt er als Lancang Jiang (Turbulenter Fluss) die chinesische Autonome Region Yunnan. Schließlich führt sein Weg an Myanmar vorbei durch Laos. Streckenweise als Grenzstrom zu Thailand breitet er sich in Südlaos auf 14 km aus, bevor er Kambodscha durchfließt und sich in Phnom Penh in zwei Arme teilt.

Für die Thais und Laoten ist er die Mutter aller Wasser, der Mae Nam Khong. Der Name kommt nicht von ungefähr, denn die beiden miteinander verwandten Volksgruppen sind auf besondere Weise mit diesem Fluss verbunden. An ihm entlang wanderten ihre gemeinsamen Vorfahren, die Tai, aus dem ursprünglichen Stammesgebiet in Yunnan und Guangxi (China) ab dem 7. Jh. in Richtung Süden und gründeten an seinen Ufern erste größere Siedlungen, *muang* genannt. Zu den bekanntesten Orten zählen Luang Prabang, Vientiane in Laos und Chiang Saen in Nordthailand.

Auch der Aufstieg des Khmer-Reiches wäre ohne den Tonle Thom (Großes Wasser), wie die Kambodschaner ihn ehrfurchtsvoll nennen, nicht möglich gewesen. Lange bevor die Tai-Völker die Region erreichten, hatten ihre Ahnen entlang des Mekong und in Nordostthailand bereits befestigte Siedlungen etabliert. Dies konnten Archäologen anhand von Ausgrabungen im Mündungsgebiet des Mun-Flusses in den Mekong an der thai-laotischen Grenze, in Angkor Borei südlich von Phnom Penh und Oc Eo im Mekong-Delta bestätigen. Letztere beiden Orte waren die Hauptzentren des ersten indisierten Staatenverbundes Funan, der dank chinesischer Berichte ab dem 1. Jh. nachweisbar ist. Neben dem Tonle-Sap-See war der Mekong für das spätere Angkor-Imperium als ökonomisches Rückgrat unverzichtbar.

Seine wirtschaftliche Bedeutung kann auch heute nicht hoch genug eingeschätzt werden. Mit einer Länge von ca. 4800 km steht der Strom weltweit an zwölfter Stelle, hinsichtlich des Wasservolumens liegt er auf dem achten Platz. Sein Einzugsgebiet nimmt eine Gesamtfläche von etwa 795 000 km^2 ein, das entspricht mehr als der doppelten Größe Deutschlands. Zwischen dem Norden von Laos bis zur Mündung sind über 60 Mio. Menschen direkt von ihm abhängig, allein ein Drittel davon lebt im Mekong-Delta. Er bewässert ihre Felder und liefert mit seinem Fischreich-

Thema

tum lebenswichtige Nahrung. Dank der bis zu drei Jahresernten vermögen die Anwohner über 300 Mio. Menschen mit Reis zu versorgen. Doch extreme saisonale Pegelschwankungen, Stromschnellen und Wasserfälle verhindern seine durchgängige Schiffbarkeit.

Hinsichtlich des Artenreichtums übertrifft nur der Amazonas den Mekong. Über 1300 Fischarten tummeln sich in seinen Fluten, darunter Raritäten wie die Isok-Barbe (*Probarbus jullieni*), der Siamesische Riesenkarpfen (*Catlocarpio siamensis*) und der bis zu 3 m lange Mekong-Riesenwels (*Pangasius gigas*). Alle drei zählen zu den weltweit größten Süßwasserfischarten. Doch sie und ihre Artgenossen sind akut bedroht. Überfischung und vor allem umstrittene Dammprojekte haben bereits heute negative Auswirkungen auf den Fischreichtum. Im energiehungrigen China sind bereits zwei von acht Staudämmen fertiggestellt. Die Folgen sind schon heute zu spüren: Fischer beklagen einen Rückgang des Fangs um 50 %, der Wasserpegel liegt in der Trockenzeit um ein Drittel unter früheren Werten, dem Mekong-Delta droht die Versalzung. In Thailand und Laos müssen Touristikunternehmen immer häufiger wegen Niedrigwasser ihre beliebten Bootstouren einstellen. »Der Mekong wird langsam zu Tode gewürgt«, warnt das International Rivers Network (www.irn.org). Daran vermag auch die 1995 gegründete Mekong River Commission (www.mrcmekong.org) wenig zu ändern. Den Vermittlungsversuchen zwischen den widerstrebenden Interessen der Anrainerstaaten ist bislang nur geringer Erfolg beschieden.

Mehr als 60 Mio. Menschen sind direkt von der ›Mutter aller Wasser‹ abhängig

Auf den breiten Flussarmen herrscht quirliges Treiben. Kaum etwas, was in dieser Gegend nicht angebaut wird. Doch die intensive Landwirtschaft und zunehmende Bebauung geht auf Kosten der ursprünglichen Natur. Mangrovensümpfe werden durch Garnelenfarmen ersetzt, der Dschungel weicht Kokospalmenhainen. Hinzu kommen die ökologischen Folgen durch die Entlaubungsaktionen während des Vietnamkrieges. Auf den ersten Blick nicht sichtbar sind noch vielerorts die Böden dioxinverseucht. So gibt es nur noch wenige intakte Refugien für die Tier- und Pflanzenwelt. Gerade noch 5 % des Deltas sind bewaldet.

Flora

Vietnam teilt mit seinen asiatischen Nachbarn die für die Tropen und Subtropen typische Pflanzenvielfalt. Bisher wurden über 9400 Arten identifiziert, von denen 30 % endemisch, d. h. nur hier beheimatet sind. Allerdings ist ihr Bestand stark gefährdet; jede zehnte Pflanze ist bedroht. Waren vor 70 Jahren noch über 40 % der Landesfläche von Wald bedeckt, ist es heute gerade noch ein Viertel. Die letzten größeren Gebiete von Primärwäldern liegen vorwiegend in den Bergregionen an der Grenze zu Laos.

Edle Hölzer

Einer der Gründe für den rasanten Schwund an Primärwald liegt in der Abholzung wertvollen Baumbestands. Besonders betroffen sind die artenreichen Monsunregenwälder in den Niederungen bzw. bis 700 m Höhe. Dort werden auf 1 ha Wald nicht selten über 300 Baumarten gezählt. Viele von ihnen gehören zu den Familien **Shorea**, **Hopea** und **Dipterocarpus**. Allein der Shorea-Familie werden 360 Unterspezies zugeordnet. Wegen ihres enormen wirtschaftlichen Nutzens fallen die mächtigen Bäume häufig der Axt zum Opfer: in Vietnam etwa eine unter dem Namen *sao xanh* bekannte Hopea-Art (*Hopea helferi*) oder der *sao den*, in Forstkreisen auch Thinganbaum (*Hopea odorata*) genannt. Bei beiden wird die Härte und Qualität des Holzes geschätzt, was auch für andere Edelhölzer gilt: allen voran bei **Teak** (*Tectona grandis*), **Eisen**- (*Xylia dolabriformis*) und **Rosenholz** (*Dalbergia cochinchinensis*). Viele Landbewohner verwenden noch heute das Harz des **Yangbaumes** (*Dipterocarpus alatus*) zum Abdichten von Holzbooten. Sein Stamm wird gern zu Möbeln und Baumaterial verarbeitet.

Das **Hinterindische Ebenholz** (*Diospyros mun*) ist mittlerweile so selten geworden, dass es auf die Rote Liste der bedrohten Arten (www.iucnredlist.org) gesetzt werden musste. Wegen seiner schwarzen Farbe und Härte wird es im Tempelbau verwendet oder zu Essstäbchen verarbeitet.

Vielseitige Palmen

Tropische Feriengefühle lässt natürlich auch in Vietnam vor allem die **Kokospalme** aufkommen. Sie ist von enormem wirtschaftlichen Nutzen und wird von der Nuss bis zum Saft vielfältig verwertet. Daher werden häufig Plantagen angelegt. Eines der bekanntesten Gebiete dafür ist die Provinz Ben Tre im Mekong-Delta.

Entlang der Kanäle und Flüsse Vietnams kann man sehr oft die aus dem Wasser ragenden Wedel der **Nipapalme** antreffen. Sie schützen das Ufer und finden häufig als Abdeckung von Häusern Verwendung.

Nicht wegzudenken ist auf dem Land die **Arecapalme**, deren schmaler Stamm wie eine Nadel emporragt. Grund ihrer Popularität ist die unter der Krone in Büscheln wachsende Betelnuss, die zusammen mit dem Betelpfeffer ein beliebtes Genussmittel ergibt – und später schwarze Zähne.

Ebenfalls von großer Bedeutung sind die fächerartigen Blätter der **Latanpalme**. Denn mit ihnen werden die berühmten konischen Hüte (*non la*) hergestellt. Auch die jungen Blätter einer kleineren Verwandten der Talipotpalme, der *Corypha lecomtei* oder auf Vietnamesisch *la buong*, finden dafür Verwendung. Die riesigen Fächer der **Talipotpalme** (*Corypha umbraculifera*) wiederum wurden früher für die Palmblattmanuskripte genommen. Mit bis zu 24 m ist sie die weltweit größte Palmenart.

Traditionelle vietnamesische Hüte – gefertigt aus den Blättern der Latanpalme

Auf dem Esstisch hingegen landen sehr häufig die schmackhaften Früchte der **Salak-** und **Sagopalmen**.

Weniger sichtbar, da nur im Dschungel verbreitet, sind die 30 Arten der **Rotangpalme**, deren stachelige Stränge nach dem Schälen, Trocknen und Formen als Rattanmöbelstück im Wohnzimmer enden.

Weitere Hölzer und Pflanzen

In etwas höheren Lagen ist der **Vietnamesische Zimt** (*Cinnamomum loureirii*) verbreitet, dessen Rinde zur Gewinnung des süßlichen Gewürzes gefragt ist.

In Höhen von 0–2000 m kann man über 100 Arten von **Bambus** finden. »Der Bambus ernährt uns, löscht unseren Durst, erwärmt und beschützt uns«, lautet ein Sprichwort in Anspielung auf seinen vielfältigen Nutzen im Alltag. Auf dem Land besteht immer noch fast die Hälfte des Baumaterials aus Bambus.

In Gebieten ab 1500 m sind im Norden Vietnams **Mischwälder** und landesweit je nach Lage **Nebelregenwälder** verbreitet. Typisch für Letztere ist der dichte Bewuchs an Baumstämmen und Ästen mit **Moos**, **Farnen** und **Orchideen**.

Wer an den Küsten unterwegs ist, trifft dort häufig auf die widerstandsfähigen **Kasuarinen**. Leider sind **Mangrovenwälder** im Mündungsbereich der Flüsse zum seltenen Anblick geworden, obwohl deren Stelz- und Luftwurzeln nicht nur Heimat vieler Wassertiere, sondern als natürliche Salzwasserfilter und Erosionsschutz extrem wichtig sind.

Fauna

Es war eine Sensation, als 2003 im Yok-Don-Nationalpark einige Exemplare des in Vietnam ausgestorben geglaubten **Riesenibis** (*Pseudibis gigantea*) gesichtet wurden. Doch die Wiederentdeckung dieses seltenen Vogels nach fast 70 Jahren war nur eine von mehreren Überraschungen der letzten Jahrzehnte.

Forschern gelang 1992 mit dem **Vu-Quang-Rind** (*Pseudoryx nghetinhensis*), auch Sao La oder Vietnamesisches Waldrind ge-

Im südlichen Vietnam leben noch goldwangige Gibbons

nannt, die Entdeckung einer neuen Wildrindart. Zwei Jahre später identifizierten sie eine endemische Hochwildart: den **Riesenmuntjak** (*Megamuntiacus vuquangensis*). Schließlich fand man im Cat-Tien-Nationalpark eine Unterspezies des in Vietnam als ausgestorben geltenden einhörnigen Java-Rhinozeros (*Rhinoceros sondaicus sondaicus*): das **Annam**- oder **Vietnamesische Java-Nashorn** (*Rhinoceros sondaicus annamiticus*).

Die Erfolge sind auf intensivere Forschungen zurückzuführen, die erst mit der Öffnung des Landes Mitte der 1980er-Jahre möglich wurden. Doch gibt es noch einiges zu erkunden. In Vietnam sind 10 % aller weltweit bekannten Säugetiere, Vögel und Fische beheimatet. Bis dato wurden 275 Säugetier-, 850 Vogel- und 180 Reptilienarten gelistet. Geschätzt wird zudem, dass 5500 Insektenarten herumschwirren und -krabbeln.

Bedrohte Tierwelt

Leider sind viele Kreaturen aufgrund der schwindenden Lebensräume in ihrem Bestand bedroht. Möglicherweise streifen nur noch etwa 100 wild lebende **Asiatische Elefanten** durch die Wälder entlang der kambodschanischen und laotischen Grenze. Zu befürchten ist, dass die Zahl der **Indochina-Tiger** noch geringer ausfällt. Nur zwischen Vietnam und Thailand beheimatet, wird ihr Gesamtbestand auf weniger als 1500 Exemplare geschätzt. Glücklicherweise ist hingegen der behäbig wirkende **Wasserbüffel** noch häufig anzutreffen – friedlich im Teich badend oder fleißig auf dem Acker seine Kreise ziehend. Als Arbeitstier ist er aus der Landwirtschaft nicht wegzudenken.

Ob die **Schlange** im Reisschnaps, der **Affenschädel** in der Apotheke, das **Elfenbein** im Souvenirshop oder die **Haifischflosse** im Feinkostgeschäft – den meisten Wildtieren ist der Mensch zum Hauptfeind geworden, weil sie seine Speisekarte bereichern, seine Potenz steigern oder schönen Schmuck liefern sollen. Wilderei ist ein lukratives Geschäft. Je seltener die Tierart, desto höher die Preise. Der zunehmende Reichtum in Asien hat zu einer höheren Nachfrage nach raren Tierprodukten geführt. Und angesichts der Armut sind viele Menschen bereit, die bedrohten Geschöpfe zu jagen.

Erst langsam greifen Bemühungen der Regierung, diesen Teufelskreis zu stoppen. Gegen Wilderei und illegalen Tierhandel verhängt sie hohe Haftstrafen. Dazu wächst die Zahl der Projekte zum Schutz bedrohter Tierarten. Eines der renommiertesten ist das **Endangered Primate Rescue Center** im Cuc-Phuong-Nationalpark zur Rettung der Primaten. Es wurde 1993 mit Hilfe der Zoologischen Gesellschaft Frankfurt eingerichtet (s. S. 190ff.). Dank der Finanzierungshilfe durch den Kölner Zoo läuft ein ähnliches Projekt im Phong-Nha-Ke-Bang-Nationalpark. So bleibt die Hoffnung, dass die **Delacour-Languren**, **Plumploris** und **Kleideraffen** in Vietnam auch weiterhin eine Zukunft haben.

Natur auf dem Rückzug

Eine hohe Bevölkerungsdichte, zunehmende Industrialisierung, die ökologischen Zerstörungen während des Krieges, unkontrollierte Abholzung, illegale Wilderei und Brandrodung – es sind viele Faktoren, die für die Umweltzerstörung in Vietnam verantwortlich sind. Sie machen deutlich, dass der Umweltschutz auch in Vietnam eine komplexe Angelegenheit ist. Die arme Landbevölkerung von Brandrodung und Wilderei abzubringen kann nur gelingen, wenn ihnen alternative Einkommensmöglichkeiten erschlossen werden. In den Städten wiederum fordert das rasante Wachstum seinen Tribut. Verpestete Luft, verstopfte Straßen, wachsende Müllberge stellen die Stadtverwaltungen vor immense Probleme. Als wäre dies nicht genug, leidet das Land auch Jahrzehnte später an den ökologischen Folgen des Vietnamkrieges.

Operation Ranch Hand

Der Name klingt eher nach einem Western, doch dahinter verbirgt sich eine der verheerendsten Militäraktionen während des gesamten Vietnamkrieges. Als *Operation Ranch Hand* wurde die Strategie bezeichnet, dem Feind durch die Vernichtung des Dschungels und die Vergiftung der Felder den Boden zu entziehen. Bereits 1961 begannen Flugzeuge, Entlaubungsmittel über Wälder und Felder zu sprühen. Insgesamt kamen 15 verschiedene Chemikalien zum Einsatz. Man benannte sie nach den Farben der Banderolen an den Fässern. Mit dem arsenhaltigen **Agent Blue** etwa wurden Reisfelder verseucht, mit **Agent Purple** die Wälder. Als wirkungsvollstes Mittel erwies sich das seit 1965 eingesetzte dioxinhaltige **Agent Orange**, von dem über 45 Mio. Liter versprüht wurden. Neueren Studien der New Yorker Columbia University zufolge fielen bis 1971 ca. 80 Mio. Liter Herbizide auf eine Fläche von der Größe Brandenburgs. 3181 Dörfer waren direkt betroffen. Bis zu 4,8 Mio. Menschen sollen mit den Giften in Kontakt gekommen sein. Die Folgen wirken bis heute nach. Noch nach Jahrzehnten sind die Böden verseucht. Bislang kamen mehr als 50 000 Kinder mit Missbildungen auf die Welt. Schätzungsweise 4 Mio. Menschen leiden unter den gesundheitlichen Spätfolgen, die von Krebs bis Parkinson reichen.

Nationalparks

Vietnam zählt weltweit zu den zehn Ländern mit der größten Biodiversität. Um diese Artenvielfalt in Flora und Fauna zu erhalten, hat sich die Regierung in den letzten Jahren mit Hilfe internationaler Organisationen um eine Ausdehnung der Schutzgebiete bemüht. Derzeit sind 122 geschützte Gebiete von zusammen 23 900 km^2 Fläche ausgewiesen, das sind 7 % des Landes. Von ihnen erhielten 25 den Status eines Nationalparks. Zwei wurden von der Unesco zum Welterbe erklärt. Für die Verwaltung der Gebiete sind sieben Behörden verantwortlich, darunter die Vietnam Environment Protection Agency (VEPA). Kärgliche Finanzmittel, mangelndes oder inkompetentes Personal sowie fehlendes Umweltbewusstsein lassen jedoch manche Bemühung verpuffen. Zudem sind die Flächen der Schutzgebiete teils ziemlich klein, sodass sie für

Karstlandschaften – wie gemalt

Thema

Als hätte ein Kalligraph mit seinem Pinsel naive Landschaftsbilder auf ein Blatt Papier gemalt – so unwirklich und poetisch wirken die bizarr geformten Karstberge Vietnams. Zweifellos zählen sie zu den landschaftlichen Höhepunkten des Landes.

Karstlandschaften wie in der Ha-Long-Bucht oder im Phong-Nha-Ke-Bang-Nationalpark geben einen wunderbaren Einblick in die Geschichte der Geologie. Vor Hunderten von Millionen Jahren existierte ein Urmeer – nach einer griechischen Sagengestalt Tethys genannt. Dessen Boden war mit Muschelkalk-Ablagerungen bedeckt und wurde während des Jungtertiärs vor ca. 30–50 Mio. Jahren – als auch Alpen und Himalaya entstanden – angehoben und trockengelegt. Die gleichmäßig warmen Temperaturen und die hohe Luftfeuchtigkeit führten zur Verwitterung dieser Kalkablagerungen. Infolge dieses Korrosionsprozesses – der Verkarstung – entstanden trichterförmige Täler und Hohlräume, aus denen sich jene dicht bewachsenen Kuppen ausformten, die heute so fotogen erscheinen. Dass Teile dieser Karstberge zu Inseln wurden, wie in der Ha-Long-Bucht, ist eine Folge der letzten Eiszeit vor ca. 40 000 Jahren, als der Meeresspiegel angehoben wurde.

Fantasievolle Betrachter indes sehen in den Erhebungen verwunschene Prinzessinnen, versteinerte Tiere und von Drachen ausgespuckte Perlen.

Wie ein chinesisches Gemälde: Karstberge in der Ha-Long-Bucht

Tiger, Elefanten oder Gaur kaum Rückzugsmöglichkeiten bieten. Vor allem aber steht der Bevölkerungsdruck wirksamen Maßnahmen entgegen. Viele Nordvietnamesen sind in die dünn besiedelten Provinzen Kon Tum, Gia Lai and Dak Lak eingewandert, wo zugleich die meisten zusammenhängenden Dschungelgebiete zu finden sind.

Durch die Einrichtung von Pufferzonen und schonendes Ressourcenmanagement soll einerseits der Lebensunterhalt der lokalen Bevölkerung sichergestellt, andererseits der Eingriff in die Natur auf ein Minimum reduziert werden. Dabei spielen auch alternative Einkommensquellen wie etwa der Ökotourismus eine große Rolle.

Bislang finden relativ wenige ausländische Touristen den Weg in die **Nationalparks**. Wer Safaris in den afrikanischen Savannen erlebt hat, mag enttäuscht sein. Der kleine Tonkin-Stumpfnasenaffe und seine Artgenossen zeigen sich selten der Kamera. Trotzdem lohnt sich der Besuch. Eine kleine Auswahl:

Ba Be: Ein traumhaft schöner Bergsee liefert den Hauptgrund für den Besuch dieses nur 7611 ha großen Schutzgebietes nördlich von Hanoi. Eingerahmt von Karstbergen, kann man auf dem 7,5 km langen Gewässer die pittoreske Szenerie genießen. Zudem bieten sich Wanderungen zu Grotten und Wasserfällen an. In der Umgebung leben Angehörige der Tai, Hmong und Dao.

Cat-Ba-Archipel: Ein 15 200 ha großer Teil des Archipels im Süden der Ha-Long-Bucht wurde 1991 zum Nationalpark erklärt. Im Inneren der größten Insel zeigt sich auf Wanderpfaden eine unberührte Dschungellandschaft. Sie ist Heimat seltener Primatenarten, darunter des endemischen Cat-Ba-Languren (*Trachypithecus poliocephalus*).

Cat Tien: Am Südende des Truong-Son-Bergzuges liegt dieser 73 878 ha große Nationalpark. Von Reiz ist er aufgrund seiner landschaftlichen Vielfalt. Zudem ist er eines der letzten Refugien von Tigern, Leoparden und dem Vietnamesischen Java-Nashorn. Der Vogelsee (Bau Chim) macht seinem Namen alle Ehre. Hier kommen Ornithologen auf ihre Kosten.

Cuc Phuong: Vietnams ältestes Schutzgebiet (seit 1962) ist bekannt für seine Primaten und seltenen Baumarten. Auf Wanderungen durch die Karstlandschaft des 22 200 ha großen Nationalparks kann man Schmetterlinge (über 400 Arten!) und Vögel beobachten oder auf die Suche nach seltenen Baumriesen gehen, darunter eine 1000-jährige *Terminalia myrio*carpa und Exemplare des Thitpokbaums (*Tetrameles nudiflora*).

Hon Mun: Seit 2001 existiert in der Bucht von Nha Trang rund um acht Inseln die 10 500 ha große Hon Mun Marine Protected Area zum Erhalt der Korallenriffe und Unterwasserfauna. Es ist landesweit das bislang einzige Meeresschutzgebiet dieser Art. Es soll helfen, die negativen Folgen des Massentourismus und der Überfischung einzudämmen. Von Nha Trang aus bieten zahlreiche Agenturen Boots- und Tauchfahrten in die Bucht an.

Phong Nha-Ke Bang: Erst seit 2001 genießt ein 86 200 ha großes Gebiet 50 km nördlich von Dong Hoi Nationalpark-Status. Es ist Teil einer etwa 2000 km^2 großen Karstlandschaft, die sich in Laos fortsetzt. In dem Park existieren zahlreiche Höhlen, darunter die bekannte Phong-Nha-Höhle. Über 90 % des Gebietes sind mit Primärwald bedeckt. Dort warten vermutlich noch einige unbekannte Tierarten auf ihre Entdeckung, wie vor einigen Jahren die Gehörnte Grubenotter. Einem deutschen Zoologen gelang es, diese Giftschlange zu identifizieren.

Yok Don: Etwas abseits in der Provinz Dak Lak liegt dieser 2002 auf 115 545 ha erweiterte und nun landesweit größte Nationalpark. Der Tourismus steckt noch in den Kinderschuhen, doch hat er enormes Potenzial. Hier können Abenteuerlustige auf dem Rücken von Elefanten auf mehrtägige Safaris gehen. Ob sie dabei wilde Dickhäuter oder gar Tiger sichten, kann nicht garantiert werden. Ein Eldorado ist die Region auf jeden Fall für Vogelfreunde. Mit Geduld und Glück erspähen sie Raritäten wie den Ährenträgerpfau (*Pavo muticus*), den Langschwanz-Zwergfalken (*Polihierax insignis*) oder die endemische Mekongstelze (*Motacilla samveasnae*).

Wirtschaft, Soziales und aktuelle Politik

In atemberaubender Geschwindigkeit entwickelt sich Vietnam zu einer modernen Wirtschaftsnation. Die Ökonomie boomt und die Menschen blicken nach vorn. Kehrseite der Medaille sind ein wachsendes Stadt-Land-Gefälle, zunehmende Korruption und mehr soziale Spannungen.

Sozialistische Marktwirtschaft

Es war einer der tiefgreifendsten Einschnitte in der jüngeren Geschichte Vietnams, als sich die Kommunistische Partei Vietnams (KPV) auf ihrem Sechsten Parteitag im Dezember 1986 zu einer radikalen Kursänderung entschloss. **Doi Moi**, neue Struktur, so die vietnamesische Bezeichnung des Reformprogramms, bedeutete eine Abkehr von der bis dato erfolglos praktizierten Planwirtschaft hin zu einer sozialistisch orientierten Marktwirtschaft. Wie einige Jahre zuvor Deng Xiaoping in der Volksrepublik China, hatte die vietnamesische Parteiführung erkannt, dass lediglich freie Marktmechanismen das Land vor dem wirtschaftlichen Bankrott retten konnten. Und wie in Beijing schloss die Hanoier Regierung gleichzeitig politische Veränderungen, politische Liberalisierungen oder gar eine Demokratisierung aus.

Seitdem sind in der Sozialistischen Republik Vietnam über 200 000 **Privatunternehmen** entstanden, die wesentlich für das beeindruckende **Wirtschaftswachstum** von derzeit jährlich 7–8 % verantwortlich sind. Mittlerweile erwirtschaften sie etwa Zweidrittel des Bruttoinlandsproduktes – mit steigender Tendenz und auf Kosten der Staatsbetriebe. Um konkurrenzfähig zu bleiben, wurden Letztere in den vergangenen Jahren zum Unmut internationaler und lokaler Investoren häufig teilprivatisiert und mit zahlreichen Privilegien bedacht.

Vietnam und der Welthandel

Mit der Aufnahme des Landes in die Welthandelsorganisation (WTO) im Januar 2007 ist Vietnam endgültig auf der globalen Bühne des Welthandels angekommen. Dank internationaler Hilfe – allen voran mittels Großkrediten der Weltbank und der Asiatischen Entwicklungsbank (ADB) – verbessert sich die **Infrastruktur** des Landes kontinuierlich. Das gilt ebenfalls für die **Energieversorgung**. Neue Kohle- und Wasserkraftwerke sollen den rasant wachsenden Energiebedarf decken.

Neben **Rohöl** (über 20 %), das im Südchinesischen Meer gefördert wird, zählen die Bereiche **Textil**, **Bekleidung** und **Schuhe** mit zusammen etwa 26 % zu den wichtigsten Exportprodukten Vietnams. Hauptabnehmerstaaten sind die USA, Japan sowie die Europäische Union. Innerhalb der EU wiederum stellt Deutschland den wichtigsten Handelspartner dar.

Trotz wachsender Exporterlöse – der Zuwachs im Jahr 2006 lag bei immerhin 25 % – herrscht weiterhin ein **Außenhandelsdefizit**. Dies liegt zu einem bedeutenden Teil im hohen Bedarf an Konsumgütern – wie Unterhaltungselektronik und Fahrzeugen – begründet, die Vietnam importieren muss. Dieser Bedarf hat im Zuge der in den Städten kontinuierlich gewachsenen Kaufkraft zugenommen. Mit Abstand das Gros der Importe bezieht Vietnam aus China, gefolgt von Taiwan und Singapur.

Kaffee, Reis und Meer

Reisanbau

Eine Fahrt durch die endlosen Reisfelder in den Deltagebieten macht deutlich: **Reis** spielt in der Landwirtschaft Vietnams die wichtigste Rolle. Auf etwa 77 000 km² der Landfläche, das übertrifft die Größe Bayerns (70 552 km²), wird Reis angebaut. Drei Viertel aller Bewohner leben davon. Durch die markanten konischen Hüte vor der Sonne geschützt, stehen die Bauern knietief im Wasser, um die zartgrünen Reissetzlinge zu pflanzen. Wasserbüffel ziehen den Pflug. Ein schönes Motiv für die Kameras. Doch welche Mühen sich dahinter verbergen, wird bei diesem Postkartenidyll kaum sichtbar. Seit Jahrhunderten hat sich der arbeitsintensive Reisanbau wenig verändert. Bis zu dreimal jährlich kann in den fruchtbaren Schwemmböden des Mekong-Deltas das goldene Korn geerntet werden – dort wird die Hälfte des gesamten Reises produziert. Im Roten-Fluss-Delta sind es aufgrund des kühleren Klimas knapp ein Fünftel der landesweiten Produktion mit durchschnittlich zwei Ernten pro Jahr. Bis 1988 musste Vietnam noch Reis einführen. Seitdem hat es sich auf den zweiten Platz der Reisexporteure vorgekämpft und liegt nun hinter Thailand. Über 5 Mio. Tonnen verlassen jährlich das Land, vorwiegend in Richtung Afrika und zu anderen asiatischen Nationen.

Kaffee und weitere Agrarprodukte

Der **Kaffeeanbau** im Hochland hat immens an Bedeutung gewonnen und ist nach Reis und Kautschuk heute Vietnams bedeutendstes Agrarprodukt. Vielen traditionellen Kaffeeanbaugebieten Südamerikas lief das Land den Rang ab. Nach Brasilien ist es nun weltweit führender Exporteur von Robusta-Kaffeebohnen.

Weitere wichtige Agrarprodukte sind **Mais**, **Zuckerrohr**, **Maniok**, **Hirse**, **Sojabohnen**, **tropische Früchte**, **Holz** und **Jute**. Auch **Kautschuk** spielt eine zunehmende Rolle, weshalb die riesigen Plantagen nordöstlich

Reisernte in der Nähe von Nha Trang

Wirtschaftswunder mit Schatten

Thema

Die Wirtschaft Vietnams wächst mit atemberaubender Geschwindigkeit. Rund um die Großstädte entstehen riesige Industriegebiete. Ausländische Unternehmen loben die guten Investitionsbedingungen und die niedrigen Produktionskosten. Doch der Boom hat seine Schattenseiten.

Nguyen Thi Lieu arbeitete in einer der zahlreichen Schuhfabriken im Außenbezirk von Ho-Chi-Minh-Stadt. Von ihrem kleinen Zimmer am Stadtrand der südvietnamesischen Metropole radelte die junge Frau sechsmal die Woche zu ihrer Fabrik, um dort Schuhsohlen zu leimen – vorwiegend Turnschuhe der Marken Reebok und Nike. Acht Stunden täglich atmete sie in der stickigen Halle die ätzenden Dämpfe ein. Als die Kopfschmerzen immer unerträglicher wurden und sie sich einmal öffentlich über die gesundheitsschädigenden Arbeitsbedingungen und miserablen Löhne beklagte, bekam sie Probleme mit der koreanischen Unternehmensführung. Wenig später wurde die 22-Jährige zusammen mit 2000 Kolleginnen fristlos entlassen – um billigeren Arbeitskräften Platz zu machen, so die offizielle Erklärung.

Trotz immer wieder aufflammender Proteste sind die Arbeitsbedingungen in den Zigtausenden Fabriken Vietnams weiterhin dramatisch schlecht. Keine Gewerkschaft und kein Betriebsrat tritt für die Arbeitnehmerinteressen ein. Dabei hätten sie einiges zu tun: Fehlender Arbeitsschutz, miserable Entlohnung, keine Umweltstandards – die Mängelliste ist lang. Schätzungsweise eine halbe Million Arbeiter sind in den Schuhfabriken Vietnams beschäftigt, über 90 % von ihnen Frauen zwischen 15 und 28 Jahren. Mit einem Durchschnittsverdienst von knapp über 2 € am Tag kommen sie kaum über die Runden, nur wenige Dong können sie für ihre Familien aufsparen. Alternativen gibt es wenige, denn pro Jahr drängt eine weitere Million Vietnamesen auf den Arbeitsmarkt.

Die Konkurrenz im Inland ist groß und der weltweite Wettbewerb knallhart. Nach China ist Vietnam Marktführer in der Schuhproduktion, mittlerweile trägt diese ein Zehntel zu den nationalen Exporterlösen bei. Durchschnittlich 8 € kostet ein Paar Lederschuhe im Export. Bis sie in deutschen Schuhgeschäften für 30 oder 100 € verkauft werden, verdienen noch zahlreiche Zwischenhändler daran. Mit diesen niedrigen Produktionskosten kann in den Industrieländern keine Schuhfabrik mithalten. So mussten in den letzten fünf Jahren europaweit ein Drittel aller Produktionsstätten aufgegeben werden, Zehntausende Arbeitsplätze gingen verloren.

2006 verhängte die EU gegen Vietnam und China Strafzölle. »Günstige Kredite, befristete Steuerbefreiung, marktunübliche Pachtbedingungen und unsachgemäße Anlagenbewertung« führten zu Dumpingpreisen, so die offizielle Begründung. Um die höheren Kosten durch die Strafzölle wieder auszugleichen, senken viele Schuhfabriken weiter die Lohnkosten. Vielerorts verdienen die Arbeiter nur noch 40 € im Monat, im Norden sogar noch weniger. Vielen Arbeiterinnen bleibt nichts anderes übrig, als nach anderen Jobs Ausschau zu halten. Wie auch Nguyen Thi Lieu, die mittlerweile Lotteriescheine verkauft. Ihre neue Unterkunft ist nun noch kleiner und schmuddeliger.

von Ho-Chi-Minh-Stadt und im Mekong-Delta stetig ausgeweitet werden. In der Weltproduktion des Naturlatex – angeführt von Thailand, Indonesien und Malaysia – liegt Vietnam nunmehr an vierter Stelle. Bis 2015 soll sich der Export auf 1,2 Mio. Tonnen jährlich verdoppeln.

Fisch und Meeresfrüchte

Bei 3260 km Küste und riesigen Deltagebieten verwundert es nicht, dass auch Fisch- und andere Meeresprodukte von großer wirtschaftlicher Bedeutung sind. Ob Garnelenfarmen oder Fischzucht-Stationen – die Zeichen stehen auf Wachstum. Angesichts der Überfischung in den Weltmeeren wird die sogenannte **Aquakultur** stetig vorangetrieben. Auf inzwischen über 9000 km² Wasser – das entspricht etwa der Hälfte Sachsens – werden **Garnelen**, **Krebse** und anderes Meeresgetier gezüchtet. Exportschlager nach Europa ist der gräten- und fettarme **Haiwels**, auch Pangasius genannt. Der in den Gewässern des Mekong-Deltas heimische Vegetarier wird in Käfigen unterhalb von Hausbooten gezüchtet und anschließend so günstig verkauft, dass die USA die Einfuhr dieses ›Dumping-Fisches‹ durch Zölle massiv eingeschränkt haben.

Trotz der eindrucksvollen Zahlen trägt der Agrarsektor insgesamt nur zu einem Fünftel des Bruttoinlandsproduktes bei.

Tourismus

Wie seine Nachbarländer setzt auch Vietnam auf den Fremdenverkehr, der seit geraumer Zeit enorme Zuwachsraten verzeichnen kann. Etwa 5 % des Bruttoinlandsproduktes werden zurzeit durch den Tourismus erwirtschaftet. 2006 reisten immerhin über 3,5 Mio. Touristen ins Land, darunter 76 745 Deutsche. Zu Beginn der kommenden Dekade sollen es doppelt so viele sein. In manchen Gebieten wie in Ha-Long-Stadt, Hue oder Hoi An ist der Tourismus wichtigster Arbeitgeber. Hotelneubauten schießen hier wie Pilze aus dem Boden.

Doch der Boom ist Segen und Fluch zugleich. Generiert er einerseits zahlreiche Jobs und Einkommensmöglichkeiten, führt er andererseits zur Verteuerung der Lebenshaltungskosten und im schlimmsten Fall durch Landspekulationen zur Verdrängung der lokalen Bevölkerung. Auch nehmen die sozialen und ökologischen Belastungen zu, besonders in sensiblen Regionen wie an der Küste, in den Nationalparks und in den Gebieten der Bergvölker im Hochland. Es steht zu befürchten, dass Vietnam angesichts der Wachstumseuphorie die Fehler anderer Touristendestinationen wie Thailand oder Bali wiederholt.

Langer Weg aus der Armut

Stadt-Land-Gefälle

Wenige Länder Asiens setzen sich so beherzt und erfolgreich für die Armutsbekämpfung ein wie Vietnam. Dem Entwicklungsprogramm der Vereinten Nationen (UNDP) zufolge lag die nationale Armutsrate 1993 noch bei knapp 60 %. Bis heute ist sie auf ca. 20 % gesunken. Muss jeder Zehnte mit weniger als 1 US-$ pro Tag auskommen, so waren es Anfang der 1990er-Jahre noch fast die Hälfte aller Vietnamesen.

Trotzdem hat das Land noch einen langen Weg vor sich, die Armut zu überwinden und das immense Stadt-Land-Gefälle auszugleichen. Laut UNDP-Entwicklungsbericht rangiert Vietnam unter insgesamt 177 Ländern auf Rang 105. Gerade die Angehörigen der Bergvölker partizipieren kaum an den wirtschaftlichen Entwicklungen. Noch immer leben zwei Drittel von ihnen unter der Armutsgrenze. Liegt das Bruttoinlandsprodukt pro Kopf in den Wirtschaftsmetropolen Ho-Chi-Minh-Stadt und Hanoi bei über 1500 US-$, so sind es im Landesdurchschnitt nur knapp 700 US-$, im Bergland noch weit weniger.

Der ländlichen Bevölkerung – das sind vier Fünftel der Gesamtbevölkerung – macht die relativ hohe Teuerungsrate am meisten zu schaffen. Nicht zuletzt durch die weltweit ho-

Durch das Mopedgewimmel bahnt sich eine Luxuskarosse ihren Weg

hen Energiepreise liegt die **Inflationsrate** derzeit bei rund 7 %. Als Antwort darauf hat die Regierung die Spanne des monatlichen **Mindestlohns** im Jahr 2006 auf 45–55 US-$ hochgesetzt. Der Durchschnittsverdienst bei ausländischen Unternehmen in Vietnam liegt nun bei 135 US-$ im Monat.

Angesichts der internationalen Konkurrenz – allen voran China – bleibt jedoch wenig Spielraum, denn schließlich sind es die niedrigen Lohnkosten, mit denen die vietnamesische Regierung ausländische Investoren ins Land locken will. Hier wird besonders deutlich, wie sehr der exportorientierte Staat heute von der Weltwirtschaft abhängig ist.

Soziale Probleme

Infolge der wirtschaftlichen Liberalisierung seit Mitte der 1980er-Jahre steht Vietnam auch im sozialen Bereich vor enormen Herausforderungen. So hat die **Korruption** alarmierende Ausmaße angenommen. Auch wenn in den letzten Jahren einige spektakuläre Korruptionsfälle aufgedeckt wurden und prominente Beteiligte verurteilt wurden, verführen niedrige Einkommen und fehlende Kontrollmechanismen in weiten Teilen des gesellschaftlichen Lebens zu Bestechlichkeit und Veruntreuung. Besonders im ländlichen Bereich hat die Selbstbereicherung mancher Parteikader innerhalb der Bevölkerung enorme Spannungen und Protestaktionen ausgelöst.

Kriminalität, **Drogenabhängigkeit**, **Prostitution** und **andere ›soziale Übel‹** (*te nan xa hoi*) – so der Regierungsjargon – werden von der Regierung nur halbherzig bekämpft. Zu lukrativ sind die Geschäfte, die damit gerade auch schlecht bezahlte Polizei- und Staatsangestellte machen.

Vor allem **HIV/AIDS** hat sich zu einem riesigen Problem entwickelt. Auf 290 000 schätzt UNAIDS die Zahl der HIV-Positiven. Täglich sollen 100 hinzukommen. Am schlimmsten sieht die Situation in Ho-Chi-Minh-Stadt aus, wo 1,2 % der 15–49-Jährigen mit dem Virus infiziert sein sollen, gefolgt von Hanoi mit 0,7 %. Zu den Hauptrisikogruppen zählen Drogenabhängige und Prostituierte. Zahlreiche private Gruppen und staatliche Organisationen haben sich des Problems angenommen und kümmern sich um die Betroffenen, zu denen 22 000 AIDS-Waisen gehören.

Geschichte

Keine andere asiatische Nation wird so eng mit Krieg in Verbindung gebracht wie Vietnam. Seine Geschichte ist geprägt von jahrhundertelanger Fremdherrschaft. Im 20. Jh. wurde das schmale Land zum Kriegsschauplatz der großen Machtblöcke. Nun sucht es Anschluss an die boomenden Tigerstaaten.

Frühgeschichte

Vietnam ist reich an frühgeschichtlichen Zeugnissen. Hoa Binh, eine Provinz südwestlich von Hanoi, gab wegen der vielen altsteinzeitlichen Werkzeugfunde der etwa 16 000 Jahre alten **Hoabinh-Kultur** ihren Namen. Die Bronzezeit begann spätestens ab Mitte des 2. Jt. v. Chr. und erreichte mit der nach dem Hauptfundort benannten **Dong-Son-Kultur** ihren Höhepunkt. Neben zahlreichen Grabbeigaben wie Waffen, Schmuck und Statuen zeugen die reichlich verzierten Bronzetrommeln von hoher künstlerischer Schaffenskraft. Die Funktion der bis zu 1 m großen Trommeln ist nicht ganz geklärt. Entlang der Küste Zentralvietnams wurden mehrere Grabfelder mit Keramikurnen und Beigaben erforscht. Dabei kamen Eisenleuchter und Schmuck zutage. Diese eigenständige Kultur wird nach dem wichtigsten Fundort südlich von Quang Ngai **Sa-Huynh-Kultur** genannt. Im Mekong-Delta wiederum etablierte sich in den ersten vorchristlichen Jahrhunderten mit **Funan** das erste indisierte Staatengebilde.

Erste Staatengebilde

Die politischen Anfänge Vietnams sind mit den Entwicklungen Chinas eng verwoben. Dort existierten südlich des Yangzi-Flusses kleinere Fürstentümer, in chinesischen Chroniken **Yue** genannt. Von den Han-Chinesen immer mehr verdrängt, siedelten deren Bewohner ab dem 4. Jh. v. Chr. auch im Roten-Fluss-Delta und vermischten sich mit den einheimischen Volksgruppen. Sie gründeten zahlreiche Siedlungen, die sogenannten **Hundert Yue** (chin. Bai Yue, viet. Bach Viet). Im 3. Jh. v. Chr. riss in Südchina ein hoher Militärmandarin namens Zhao Tuo (viet. Trieu Da) die Macht an sich und gab sich den Herrschertitel **Kriegerischer König über das Südliche Yue**, Nan Yue Wu Wang (viet. Nam Viet Vu Vuong). Um 207 v. Chr. eroberte er Co Loa nördlich von Hanoi, welches das Zentrum des ersten namentlich bekannten Viet-Reiches **Au Lac** war. Han Wudi (reg. 141–87 v. Chr.), der streitbare chinesische Herrscher, verleibte Au Lac um 111 v. Chr. seinem Großreich ein. Damit begann die über 1000 Jahre währende chinesische Vorherrschaft, die Vietnam kulturell und politisch nachhaltig prägen sollte.

1000 Jahre chinesische Provinz

Sinisierung der Gesellschaft

Während der Han-Dynastie (206 v. Chr–220 n. Chr.) wurde der Einfluss Chinas immer größer. Einwanderer aus dem Reich der Mitte dominierten das gesellschaftliche Leben, Mandarine besaßen Ländereien und forcierten den Konfuzianismus. Wegen der hohen

Abgaben kam es innerhalb der einheimischen Bevölkerung vermehrt zu Unruhen. Als der vietnamesische Fürst Thi Sach 39 n. Chr. nach Protesten hingerichtet wurde, organisierten dessen Frau und Schwägerin den ersten größeren Aufstand. Unter den Namen **Trung Trac** und **Trung Nhi** konnten sie bis 43 n. Chr. in bedeutenden Städten und Militärstützpunkten die Besatzer vertreiben. Dann wurde ihre Rebellion niedergeschlagen. Die beiden Frauen avancierten zu den ersten Nationalheldinnen – als **Hai Ba Trung** sind sie bis heute hoch verehrt. In der Folgezeit bauten die chinesischen Machthaber die militärische und zivile Administration radikal um und besetzten Schlüsselposten fast ausschließlich mit chinesischen Verwaltern. Deren Hauptinteresse lag vorwiegend in der persönlichen Bereicherung. Lokale Gepflogenheiten wie das Schwarzlackieren der Zähne oder der relativ hohe Status vietnamesischer Frauen waren in ihren Augen barbarisch.

In den ersten beiden nachchristlichen Jahrhunderten fasste der **Mahayana-Buddhismus** im Roten-Fluss-Delta Fuß. Eines der bedeutendsten Zentren war dort Luy Lau, die Hauptstadt der Provinz Giao Chi östlich von Hanoi. In dieser Hafenstadt machten regelmäßig indische Mönche auf ihrem Weg nach China Halt.

Unter der chinesischen Dominanz wurden die Deichanlagen vergrößert, wodurch sich die landwirtschaftliche Anbaufläche vergrößerte, was wiederum zu einer Zunahme der Bevölkerung führte. Zu größeren **Aufständen** kam es nur gelegentlich – wie etwa 544, als der Adelige Ly Bon während einer politischen Krise in China ein unabhängiges Reich ausrief. Erst nach drei Jahren gelang es einer chinesischen Armee, ihn wieder zu vertreiben.

An Nam – Befriedeter Süden

Infolge der enormen Reichserweiterung unter der chinesischen Tang-Dynastie (618–907) kam es zu einer administrativen Neuordnung. Kaiser Gaozong (reg. 649–683) erklärte Vietnam 679 zum **Generalprotektorat An Nam**, Befriedeter Süden, und teilte es in vier Provinzen auf. Wie die anderen unterworfenen Gebiete wurde An Nam einem Militärgouverneur (chin. *jiedushi*) unterstellt, der als Quasi-Herrscher agierte. Die kulturelle Blüte unter den Tang trug auch in Vietnam Früchte, allen voran im Buddhismus, der einen enormen Aufschwung erlebte. Inspiriert vom Chan-Buddhismus (jap. Zen) gründete der Mönch Vinitaruci 580 die strenge **Meditationsschule Thien Tong**. Zudem erfuhr die **Mandarinatsausbildung** an den konfuzianischen Akademien eine Vereinheitlichung.

Kampf um Unabhängigkeit

Ab dem 8. Jh. nahm die Zahl der **Rebellionen** zu. 722 rief sich **Mai Thuc Loan**, ein Führer der Muong-Volksgruppe, zum König aus, einige Jahrzehnte später eroberten der Adelige **Phung Hung** und sein Sohn **Phung An** die Zitadelle Tong Binh (heute Hanoi). Auch wenn diese und andere Aufstände noch von den Tang-Herrschern niedergeschlagen werden konnten, den schleichenden Zerfall ihres Riesenreiches vermochten sie nicht aufzuhalten.

Nachdem die Tang-Dynastie 906 endgültig zerbrochen war, kam es in An Nam zu einer breit angelegten Unabhängigkeitsbewegung, an deren Spitze der brillante General **Ngo Quyen** gelangte. Im Mündungsbereich des Bach-Dang-Flusses nördlich von Hai Phong gelang es ihm 938 durch einen Trick, die entscheidende Schlacht zu gewinnen. In den Flussboden ließ er Holzpfähle mit Eisenspitzen rammen und lockte die chinesischen Dschunken in das seichte Gewässer. Als sie sich bei Ebbe in den Pfählen verfingen, konnte er mit seiner zahlenmäßig kleineren Armee die Flotte zerstören. Damit war Vietnam nach über 1000 Jahren Besatzung frei. Ngo Quyen wurde zum Nationalhelden.

Die großen Dynastien

Der frühe Tod des Helden von Bach Dang 944 hatte den Zerfall des unabhängig gewordenen Landes zur Folge. Verschiedene Kriegsherren kämpften um die Vorherrschaft, bis es dem von Hoa Lu aus herrschenden Fürsten Dinh Bo Linh 968 gelang, seine Widersacher zu unterwerfen und das **Reich der Großen Viet**, Dai Co Viet, zu einen. Wegen seiner Tyrannenherrschaft fielen er und sein ältester Sohn jedoch 979 einem Attentat zum Opfer. Nachfolger wurde sein wichtigster General, der sich ein Jahr später zum König Le Dai Hanh ausrufen ließ. Nur mit Mühe konnte der Begründer der **Frühen Le-Dynastie** Invasionen der Chinesen und Cham abwehren. Seinem Tod 1005 folgten Thronstreitigkeiten, die erst nach einer Intervention des Mönches Van Hanh (gest. 1018) beendet werden konnten. Der einflussreiche Gelehrte verhalf 1009 einem Mitglied des mächtigen **Ly-Klans** zur Macht, der unter dem Namen Ly Thai To (reg. 1009–1028) den Drachenthron bestieg.

Kulturelle Blüte unter den Ly

Dem Begründer der **Ly-Dynastie** gelang es von seiner neuen Hauptstadt Thang Long (heute Hanoi) aus, das Reich der Großen Viet, Dai Viet, zu konsolidieren. Die ersten Ly-Herrscher schufen auf Kosten des Landadels nach chinesischem Vorbild eine **zentralistische Verwaltung** mit Militär- und Zivilbeamten und ließen ein umfassendes Straßennetz anlegen. Ein 1042 erstmalig veröffentlichtes **Gesetzbuch** regelte Verwaltungsfragen, klärte Steuerangelegenheiten und setzte Strafmaße fest. Zur Ausbildung einer qualifizierten Beamtenschaft gründete Ly Nhan Tong (reg. 1072–1128) in Thang Long die **Akademie für die Söhne der Nation**, Quoc Tu Giam. Obwohl prinzipiell allen Bevölkerungsschichten offenstehend, hatten fast ausschließlich Mitglieder des Adels Zugang zur Lehranstalt. Die Landbevölkerung ließ ihre Kinder in einem der vielen **buddhistischen Klöster** erziehen, die sich unter den Ly-Königen zu bedeutenden kulturellen Zentren entwickelten. Hochrangige Mönche übten als Berater der Herrscher oft großen politischen Einfluss aus.

Die Tran-Dynastie

Durch Heirat einer minderjährigen Ly-Königin gelangte im 13. Jh. der mächtige **Fischer-Klan der Tran** an die Macht. Dessen erster Herrscher, Tran Thai Tong (reg. 1225–1258), konnte durch Ausbau der Deichsysteme und Reformen seine Macht in Dai Viet festigen. Dies war auch notwendig, denn vom nördlichen Nachbarn drohte wieder einmal Gefahr. Dort hatte eine Macht die politische Bühne betreten, die innerhalb weniger Jahrzehnte die politische Landschaft Asiens umkrempeln sollte: die **Mongolen**. Deren Anführer Khubilai Khan hatte im Zuge einer Strafexpedition 1257 Thang Long eingenommen, musste sich jedoch bald wieder zurückziehen. Doch während der Regentschaft von Tran Nhan Tong (reg. 1279–1293) kam es 1285 und 1287 zu weiteren Invasionen des Khan, die durch die geschickte Kriegsführung des Generals Tran Hung Dao abgewendet werden konnten. Mit ihm war ein weiterer Nationalheld geboren, zu seinen Ehren entstanden landesweit Gedenktempel. Dai Viet erlebte eine Phase des Nationalismus: Ein eigenes Schriftsystem (viet. *chu nom*) wurde geschaffen, am Hof und auf dem Land erblühte das kulturelle Leben. Den Dörfern sprachen die Tran mehr Eigenständigkeit zu. Sie konnten über den gewählten Dorfrat wichtige lokale Entscheidungen nun selber treffen. Aufgrund des Bevölkerungsdruckes siedelten immer mehr Vietnamesen weiter südlich und verdrängten die dort lebenden Cham.

Viele Kriege, wenig Friede

Armut, Korruption und Kriege führten Ende des 13. Jh. zum Niedergang der Tran-Dynastie. Einer kurzen Phase der Befriedung durch den Mandarin Le Quy Ly folgte 1407 die brutale Besatzungszeit unter der chinesischen **Ming-Dynastie** (1368–1644). Nach zwanzig blutigen Jahren konnte ihre Armee jedoch unter Führung des Großgrundbesitzers Le Loi und des Literaten Nguyen Trai im Zuge des sogenannten **Lam-Son-Aufstandes** vertrieben werden.

Späte Le-Dynastie

1427 bestieg Le Loi als König Le Thai To (reg. 1427–1433) den Thron und versuchte wie

Vergangene Hochkultur – die Cham

Entlang der Küste Zentralvietnams sind noch viele architektonische Zeugnisse der Cham zu finden. Über 1000 Jahre währte ihre Hochkultur, bis sie von den Vietnamesen immer mehr verdrängt wurden. Im heutigen Vietnam ist das Volk eine verschwindende Minderheit von wenigen zehntausend.

Als der Norden noch chinesische Provinz war, etablierte sich entlang der Küste Zentralvietnams das Reich der Cham. Diese aus dem indonesischen Archipel nach Vietnam eingewanderte Volksgruppe übernahm von dort die heute noch dominierende matrilineare Gesellschaftsform. In der Chronik der Späten Han-Dynastie als Linyi bekannt, begann der Aufstieg Champas im 4. Jh., als die Handelskontakte mit Südindien immer intensiver wurden und zu enormen kulturellen Einflüssen führten. Das Reich war weniger eine territoriale Einheit, sondern bestand vielmehr aus Hafenzentren an den Flussmündungen und einem fruchtbaren Hinterland. Politisch wurde es lange Zeit von zwei großen Klans dominiert: im Norden vom Klan der Kokospalme (Narikela) und im Süden vom Klan der Arecapalme (Kramukavansha). Ersterer kontrollierte Amaravati (heute Tra Kieu) und Vijaya (Binh Dinh), Letzterer Kauthara (Nha Trang) und Panduranga (Phan Rang). Die Cham lebten vorwiegend vom regen Schiffsverkehr zwischen Indien und China. Sie handelten mit Tierprodukten, Gewürzen und Edelhölzern, die sie von den Volksgruppen des Hochlandes bezogen. Ihre Dschunken waren wegen ihrer Schnelligkeit und Wendigkeit berühmt, ihre Beutezüge im Südchinesischen Meer gefürchtet. Auf den fruchtbaren Böden entlang der Flüsse bauten die Cham bis zu dreimal im Jahr ihren Hundert-Tage-Reis an.

Spätestens im 4. Jh. wurde der Hinduismus zum Staatskult erhoben. Zur Verehrung Shivas ließen die Könige Tempel errichten und gaben sich Sanskritnamen mit der Endung *-varman* (geschützt von). Ihren Vorfahren stifteten sie in My Son Heiligtümer und verehrten sie dort als Manifestation Shivas. Zahlreiche Tributgesandtschaften zeugen von engen Kontakten zu China. Mit dem aufstrebenden Zhenla im heutigen Kambodscha pflegte Champa anfänglich freundschaftliche Beziehungen. So heiratete ein Cham-Prinz im 7. Jh. die Tochter eines Königs von Zhenla. Aus ihrer Verbindung ging der große König Vikrantavarman (reg. 653–?) hervor, der von Simhapura (bei Tra Kieu) aus sein Reich lenkte.

Mit dem Erstarken des nördlichen Nachbarn Dai Viet ab dem 10. Jh. verschob sich das politische Gleichgewicht auf Kosten der Cham. Immer weiter wurden sie nach Süden abgedrängt. Um 1000 musste der König Yan Pu Ku Vijaya (reg. 999–?) seine Hauptstadt nach Vijaya verlegen. Allein in der ersten Hälfte des 11. Jh. kam es zu drei Zusammenstößen mit Dai Viet. Um 1069 lag die Grenze am Lao-Bao-Pass nördlich des 17. Breitengrades. Den Bedrängnissen zum Trotz zeugen jedoch die Monumente aus dem 10./11. Jh. von einer künstlerischen Hochphase. Zu dieser Zeit erlebte weiter westlich auch das Khmer-Reich seinen Höhepunkt. Dem Angkor-Wat-Erbauer Suryavarman II. (reg. 1112/13–vor 1155) gelang es, die Cham-Metropole Vijaya unter seine Direktherrschaft zu stellen. In einer groß angelegten Invasion

Thema

um 1177 wiederum vermochten die Cham das glanzvolle Angkor-Reich zu erobern und vier Jahre zu halten. Erst dann konnte der letzte große Khmer-König Jayavarman VII. (reg. 1181–um 1220) die Cham vertreiben und ihr Gebiet zeitweise unterwerfen.

Im 13. Jh. war auch Champa Opfer der aggressiven mongolischen Expansionsbestrebungen. Die Flottenverbände des Khubilai Khan nahmen 1283 die wichtigsten Häfen der Cham ein und vermochten sie zwei Jahre lang zu halten. Hauptbedrohung war und blieb jedoch das stetig expandierende Dai-Viet-Reich. Bereits um 1400 gingen alle Gebiete nördlich von Hue verloren. Der Untergang Champas war besiegelt, als 1471 Truppen des Königs Le Thanh Tong die letzte Cham-Metropole Vijaya einnahmen und dem Erdboden gleichmachten. Seitdem leben die Cham verstreut in Siedlungen bei Phan Rang, im Mekong-Delta und in Kambodscha. Viele von ihnen wandten sich dem Islam zu, der ab dem 13. Jh. im südostasiatischen Raum an Bedeutung gewann.

In My Son finden sich Zeugnisse der Cham-Hochkultur

später auch seine Nachfolger durch ein umfassendes Reformprogramm die Administration wieder zu zentralisieren. Der korrupte Landadel und der einflussreiche buddhistische Klerus wurden entmachtet, das Land zugunsten der Bauern neu verteilt. Im **Hong-Doc-Erlass** von 1483 verabschiedete Le Thanh Tong (reg. 1460–1497) ein neues Straf- und Erbrecht. Das bis ins 18. Jh. hinein gültige Gesetzeswerk stellte Frauen und Männer in Eigentums- und Erbangelegenheiten gleich. Gemeindeland musste alle sechs Jahre neu verpachtet werden.

Reichsteilung

Der Tod des führungsstarken Le Thanh Tong hatte chaotische Machtkämpfe zur Folge, die mit der Zeit immer heftiger wurden. Vor allem die mächtigen **Klans der Mac**, **Nguyen** und **Trinh** stritten um die Vorherrschaft. 1527 konnte der Militärmandarin Mac Dang Dung mit Hilfe der Ming-Dynastie den Thron an sich reißen, woraufhin die Nguyen und Trinh einen Prinzen der Le-Dynastie zum Gegenkönig erhoben. Doch die Le waren nur noch Marionetten, als die Nguyen und Trinh nach Vertreibung des letzten Mac-Königs 1592 nunmehr gegeneinander um die Macht stritten.

Dies mündete 1673 unter Vermittlung des chinesischen Kangxi-Kaisers der Qing (reg. 1662–1722) in die **Teilung des Reiches** am Giang-Fluss, etwa 30 km nördlich von Dong Hoi. Die **Nguyen** lenkten von Phu Xuan (Hue) aus den Süden, die **Trinh** von Thang Long aus den Norden. Beiden Klans war gemein, dass sie über ihre Untertanen mit Grausamkeit herrschten. Vetternwirtschaft, Bestechung und die ungerechte Landverteilung führten zur Verelendung weiter Bevölkerungsteile – hinzu kamen wiederkehrende Naturkatastrophen.

Tay-Son-Aufstand

Das Dorf Tay Son in der Provinz Binh Dinh war Ausgangspunkt und Namensgeber der bislang größten Rebellion Vietnams. Dort vermochten die Brüder **Nguyen Nhac**, **Nguyen Lu** und **Nguyen Hue** 1771 landlose Bauern um sich zu scharen und gegen die regierenden Nguyen-Fürsten aufzuwiegeln. Innerhalb kurzer Zeit griff der Aufstand auf andere Regionen über und schloss bald auch Intellektuelle und Mönche ein. 1776 hatten die Aufständischen den wichtigen Militärstützpunkt Gia Dinh (Saigon) eingenommen und fast den gesamten Nguyen-Klan getötet. Der einzige Überlebende, Nguyen Phuc Anh, konnte sich nach Siam absetzen. Nur vorübergehend tolerierten die Tay-Son-Brüder den Einmarsch der Trinh in Phu Xuan Anfang 1775, vertrieben sie jedoch bald und nahmen 1786 ihre Zitadelle im heutigen Hanoi ein. Drei Jahre später ließ sich dort Nguyen Hue zum **Quang-Trung-König** krönen, doch schon sehr bald begann die Macht der Brüder zu bröckeln, denn die chronische Verelendung der Bevölkerung vermochten sie nicht zu lindern.

Mit Unterstützung siamesischer Truppen und des in Ha Tien residierenden französischen Bischofs Pierre Joseph Pigneau de Béhaine konnte Nguyen Phuc Anh nach anfänglichen Misserfolgen die Macht der Tay-Son-Brüder brechen. 1802 hatte er ganz Vietnam unter seine Kontrolle gebracht. In der Stadt seiner Väter rief er sich zum **Gia-Long-König** aus und begründete die letzte vietnamesische Dynastie.

Glanz und Verfall der Nguyen

Der Gia-Long-Herrscher gab dem geeinten Reich erstmals den Namen **Viet Nam**, Land der Viet. Zur Verbesserung der Infrastruktur ließ er zwischen Hanoi und Saigon eine Straße anlegen. Die Pracht der chinesischen Kaiser vor Augen, veranlasste er die Neuerrichtung seiner Königsstadt und restrukturierte das konfuzianische Beamtensystem.

Sein Sohn und späterer Nachfolger, der **Minh-Mang-König** (reg. 1820–1841), machte durch Unterwerfung von Teilen Kambodschas und Laos' seinen regionalen Führungsanspruch deutlich. Durch administrativen Zentralismus und Abschottung seines Reiches konnte er die Machtposition der Nguyen zunächst stärken. Ausländische Schiffe durften nur in der Bucht von Da Nang vor Anker gehen. Um den wachsenden Einfluss katholischer Missionare zu unterbinden, ließ er die christliche Religion verbieten und viele Anhänger hinrichten. Diese Politik setzten seine beiden Nachfolger fort – mit fatalen Folgen. Denn inzwischen war Frankreich nach der Machtübernahme Napoleons III. (reg. 1852–1870) zu einer bedeutenden Hegemonialmacht aufgestiegen. Als der schwache **Tu-Duc-König** (reg. 1848–1883) einige französische und spanische Missionare hinrichten ließ, nahm das Französische Kaiserreich dies zum Anlass, am 1. September 1858 den Hafen von Da Nang zu attackieren. Ein Jahr später hatte die spanisch-französische Strafexpedition Saigon eingenommen.

Die Union Indochinoise

Mit dem Abkommen vom 5. Juni 1862 musste der Tu-Duc-König die drei Provinzen Saigon, Bien Hoa, My Tho sowie die Insel Phu Quoc an Frankreich abtreten. Aus ihnen wurde 1867 die **Colonie Cochinchine** geformt. Als der kinderlose Herrscher 1883 starb, nutzten die Franzosen die folgende Krise und zwangen den erst 15-jährigen **Kien-Phuc-Regenten** (reg. 1883/84) am 6. Juni 1884 zur Unterzeichnung eines Vertrages, der Annam (Zentralvietnam) und Tongking (Norden) zu Protektoraten Frankreichs machte. Drei Jahre später wurden die drei Landesteile mit Kambodscha in der **Union Indochinoise** zusammengeführt. Vietnams Souveränität war erloschen, die Nguyen-Herrscher waren zu Vasallen der Europäer degradiert.

Im späten 19. Jh. begannen die Franzosen schließlich mit der wirtschaftlichen Ausbeutung ihrer Kolonie. Auf der Hochebene kultivierten sie Kaffee, bei Hai Phong bauten sie Kohle ab und im Süden begannen sie mit dem Anlegen von Kautschukplantagen. Das fruchtbare Mekong-Delta avancierte zur Reiskammer Indochinas. Die Einheimischen galten als billige Arbeitskräfte. Sie mussten mehr als 3000 km Eisenbahnschienen verlegen, Straßen bauen und in den Deltagebieten Tausende Kilometer Kanäle graben. Viele starben dabei.

Widerstandsbewegungen

In den verschiedenen Bevölkerungsteilen regte sich teilweise heftiger Widerstand gegen die koloniale Übermacht. Doch alle **Protestversuche** blieben erfolglos: der Ham-Nghi-König (reg. 1884/85) mit seiner Can-Vuong-Kampagne (Helft dem König) ebenso wie der prominente Mandarin Phan Boi Chau (1867–1940) mit seiner Reformgruppe Duy Tan Hoi. Auch dem ›vietnamesischen Che Guevara‹, Hoang Hoa Tham, der bis zu seiner Ermordung 1913 durch Sabotage und Überfälle für erhebliche Unruhe sorgte, war kein Erfolg beschieden. Die Kolonialmacht erstickte jegliche Aufstandsversuche mit großer Brutalität.

Erst allmählich vermochte die kommunistische Bewegung eine wachsende Zahl von Sympathisanten zu mobilisieren. Mit Gesinnungsgenossen gründete ihr Anführer **Ho Chi Minh** am 3. Februar 1930 in Hong Kong die **Kommunistische Partei Vietnams** (Dang Cong San Viet Nam) und erweiterte sie kurz darauf zur **KP Indochina**. Größeren Zulauf erhielt sie, nachdem die Weltwirtschaftskrise von 1929 zur Verelendung weiter Bevölkerungsteile geführt hatte. Schließlich veränderte der Zweite Weltkrieg das Machtgefüge Asiens.

Vietnam im Zweiten Weltkrieg

Bereits in den 1930er-Jahren hielt das faschistische Japan Korea und Teile Chinas besetzt. Ab 1940 überfiel es zahlreiche südostasiatische Länder, darunter auch Indochina. Mit der Japan-freundlichen Vichy-Regierung handelte es einen Vertrag aus, der Frankreich zwar die Aufrechterhaltung seiner Kolonialadministration gestattete, die militärische Kontrolle aber dem Land der aufgehenden Sonne unterstellte. Damit war die Kolonie faktisch zum **japanischen Protektorat** geworden.

Im Mai 1941 gründeten die Kommunisten die **Liga für die Unabhängigkeit Vietnams** (Viet Nam Doc Lap Dong Minh Hoi), kurz **Viet Minh**, mit der sie vorwiegend in den Bergen Nordvietnams agierten. Nach der Kapitulation Japans am 15. August 1945 begann der

Viet Minh einen groß angelegten Aufstand. Die so genannte Augustrevolution endete mit der Einnahme Hanois, wo Ho Chi Minh am 2. September 1945 die **Demokratische Republik Vietnam** (DRV) proklamierte.

Spielball der Großmächte

Erster Indochina-Krieg (1946–1954)

Bald nach dem Zweiten Weltkrieg wurde deutlich, dass Frankreich seine Kolonie nicht aufgeben wollte. Die vorläufige Anerkennung der Demokratischen Republik Vietnam als souveräner Staat unter der Flagge der Union Française war reine Makulatur, denn die Grande Nation wollte weiterhin die Macht ausüben. **Ho Chi Minh** hingegen forderte die volle Unabhängigkeit. Nach Bombardierungen Hai Phongs durch französische Truppen im November 1946 begann Ho Chi Minh vom Bergland aus einen blutigen Partisanenkampf. Der Erste Indochinakrieg war voll entbrannt und geriet bald in den Sog des Kalten Krieges. Nachdem Mao 1949 die Volksrepublik China ausgerufen hatte, war die Befürchtung groß, dass auch Vietnam kommunistisch werden würde. Daher boten die USA den Franzosen militärische Hilfe an. Den 1949 aus dem Exil zurückgekehrten Nguyen-König Bao Dai betrauten sie mit der Führung einer provisorischen Regierung. Die Demokratische Republik wiederum wurde 1950 von der Volksrepublik China und der UdSSR anerkannt.

Trotz Überzahl vermochten die französischen Truppen – darunter 20 000 deutsche Fremdenlegionäre – der Guerillataktik des Viet Minh wenig entgegenzusetzen. Als fatale Fehlentscheidung entpuppte sich der Plan, den Feind durch Konzentrierung der Kräfte zu einer offenen Schlacht zu zwingen. Die dazu ausgewählte Garnison **Dien Bien Phu** entpuppte sich als tödliche Falle, als der Viet Minh unter Führung des Generals Vo Nguyen Giap einen Belagerungsring um die Festung zog und sie mit schweren Geschützen beschoss. Nach 55 Tagen kapitulierten die Franzosen am 7. Mai 1954. Das war das bittere Ende der französischen Herrschaft in Indochina.

Teilung am 17. Breitengrad

Im Genfer Abkommen vom 21. Juli 1954 schrieben die beteiligten Mächte die provisorische Teilung Vietnams am 17. Breitengrad fest. Ausländische Truppen sollten das Land verlassen. Der Teilung folgte eine größere **Völkerwanderung**. Über 1 Mio. vorwiegend katholischer Vietnamesen gingen in den Süden. Sympathisanten Ho Chi Minhs wiederum siedelten im kommunistischen Norden. In **Nordvietnam** kam es jedoch infolge der Kollektivierung des Grundbesitzes und Enteignungen zu Unruhen. Erst nachdem über 200 000 Menschen **Säuberungskampagnen** und Übergriffen zum Opfer gefallen waren, mäßigte die kommunistische Führung ihre radikale Politik.

Von den USA unterstützt, gelangte in **Südvietnam** der Katholik Ngo Dinh Diem an die Macht. Zunächst als Premier und ab 1955 – nach der erzwungenen Abdankung des Bao-Dai-Königs – als Präsident, strebte der lebenslange Junggeselle nach der absoluten Macht. Seine Herrschaft stützte sich auf seine Familie, die katholische Minderheit, das Militär und die USA. Die für 1956 geplanten gesamtvietnamesischen Wahlen lehnte er angesichts der großen Popularität Ho Chi Minhs ab.

Diems (sprich: Siem) fanatische **Buddhisten- und Kommunisten-Verfolgung** führte dazu, dass die 1960 auf Geheiß Hanois gegründete **Nationale Befreiungsfront** (FNL) großen Zulauf hatte. Erklärtes Ziel des **Viet Cong**, so ihre allgemeine Bezeichnung: die Befreiung des Südens. »Ihre Infrastruktur ist weit effektiver als alles, was Diem bislang zustande gebracht hat«, bemerkte ein Agent der CIA besorgt. Als die Unterdrückung der Buddhisten im Mai 1963 einen Höhepunkt erreichte, kam es zu öffentlichen **Selbstverbrennungen buddhistischer Mönche**. Von der internationalen Reaktion aufgeschreckt, ließen die USA den verhassten Diktator fallen. Zusammen mit seinem Bruder Ngo Dinh

Nhu fiel er am 1. November einem Militärputsch zum Opfer. Das folgende Ränkespiel des südvietnamesischen Militärs fand erst ein Ende, als 1965 General Nguyen Van Thieu die Macht an sich riss. Mittlerweile war ein neuer Krieg entbrannt, der später als einer der schlimmsten in der jüngeren Geschichte Asiens gelten sollte.

Zweiter Indochinakrieg (1964–1975)

Als am 2. August 1964 der US-Zerstörer USS Maddox im Golf von Tongking angeblich von der nordvietnamesischen Küstenwache beschossen wurde, nahm dies US-Präsident Lyndon B. Johnson zum Anlass, direkt in den Konflikt einzugreifen. Die vom Kongress verabschiedete **Tongking-Resolution** ermächtigte ihn, reguläre US-Truppen nach Vietnam zu entsenden. Nach einleitenden Bombardierungen aus der Luft war es am 8. März 1965 so weit: In der Bucht von Da Nang landeten die ersten Truppeneinheiten. Fünf Jahre später standen 500 000 US-Soldaten auf vietnamesischem Boden. Doch konnten sie trotz gewaltiger technischer Überlegenheit der zahllosen Attacken des Viet Cong kaum Herr werden. Zu keinem Zeitpunkt war dessen Nachschub aus dem Norden über den **Ho-Chi-Minh-Pfad** unterbrochen – obwohl das 20 000 km fassende Wegenetz unter Einsatz von Napalmbomben und Entlaubungsmitteln permanent attackiert wurde.

Als zum vietnamesischen Neujahrsfest am 31. Januar 1968 der Viet Cong in über 60 Städten zeitgleich die sogenannte **Tet-Offensive** startete, war dies angesichts der über 500 000 Verluste in den eigenen Reihen zwar ein militärisches Desaster. Es führte jedoch der Weltöffentlichkeit vor Augen, dass dieser zermürbende Krieg von den USA wohl nie zu gewinnen sei. Hinzu kamen aufgedeckte Gräueltaten der US-Armee, allen voran das **Massaker von My Lai** (s. S. 299f.). Mit dem Versprechen, den Krieg rasch zu beenden, machte 1968 Richard Nixon erfolgreich Präsidentschaftswahlkampf. Nach seinem Sieg leitete er die ›Vietnamisierung des Krieges‹

Der südvietnamesische Polizeichef Nguyen Ngoc Loan erschießt einen Viet Cong

ein. Begleitet von massiven Bombardierungen Nordvietnams, Kambodschas und Laos' traf sich sein Sicherheitsberater und späterer Außenminister Henry Kissinger zu Geheimverhandlungen mit der Führung in Hanoi. Nach jahrelangen Verzögerungen kam es am 27. Januar 1973 zum Pariser Abkommen, das den Abzug der US-Armee zur Folge hatte.

Als die südvietnamesischen Truppen auf sich gestellt waren, wurden ihre frappierenden Schwächen deutlich. Die **Ho-Chi-Minh-Offensive** ab März 1975 führte schließlich zum Ende des langen Krieges. Ohne große Gegenwehr fiel eine Stadt nach der anderen in die Hände der nordvietnamesischen Armee. Am 30. April hatte sie den Präsidentenpalast in Saigon eingenommen. Dort unterzeichnete General Duong Van Minh, der kurz zuvor eingesetzte letzte südvietnamesische Präsident, die Kapitulationsurkunde.

Von 1975 bis heute

Bitterer Friede

»Befreiung des Südens« hieß es offiziell, als Besatzung und Unterdrückung empfanden es die meisten Südvietnamesen, nachdem am 2. Juli 1976 das Land als **Sozialistische Republik Vietnam** (SRV) offiziell wiedervereinigt wurde. Hauptstadt wurde Hanoi, Saigon hieß nun Ho-Chi-Minh-Stadt. Angesichts der Tatsache, dass Hunderttausende von Südvietnamesen in Umerziehungslager gesteckt wurden, blieb die erhoffte nationale Versöhnung aus. Bitterer war jedoch 1976 der Beschluss des **Vierten Parteitages** zur »Sozialistischen Umgestaltung der Produktionsverhältnisse im Süden bis 1980«. Sie führte zur Kollektivierung der Landwirtschaft. Als 1978 zudem jeglicher Privathandel verboten wurde, flohen Hunderttausende, vorwiegend enteignete Geschäftsleute, ins Ausland – zumeist mit dem Boot (*boat people*).

Nach Massakern auf vietnamesischem Territorium durch das **Pol-Pot-Regime** marschierten Ende 1978 Truppen Hanois in Kambodscha ein. Dies hatte nicht nur einen Straffeldzug des Pol-Pot-Unterstützers China zur Folge, sondern isolierte das Land auch weitgehend von der westlichen Welt. Vietnam rutschte in eine schwere ökonomische Krise.

Nach dem Vorbild der Reformpolitik von Deng Xiaoping in China erlaubte das Zentralkomitee der Kommunistischen Partei Vietnams 1979 in geringem Maße **private Wirtschaftsinitiativen**. Langsam verbesserten sich die Lebensverhältnisse.

Wirtschaftsboom nach Doi Moi

Mit ihrer **Politik der Neuen Struktur**, Doi Moi, beschloss die KPV auf ihrem Sechsten Parteitag im Dezember 1986 tiefgreifende Wirtschaftsreformen. Vorausgegangen war ein katastrophales Erntejahr und der Tod ihres Gründungsmitglieds und konservativen Generalsekretärs (1976–1986), Le Duan. In den Folgejahren wurden ausländische Investitionen und private Landwirtschaft zugelassen, auch wenn Grund und Boden Staatseigentum blieben. Schon bald entfachte das bitterarme Land eine eindrucksvolle Wirtschaftsdynamik. Nach der Aufhebung des US-Embargos im Februar 1994 und der Aufnahme von diplomatischen Beziehungen mit den USA sowie der Mitgliedschaft Vietnams in der ASEAN 1995 war das Land nun gänzlich in der globalisierten Welt angekommen. Ende der 1990er-Jahre avancierte Vietnam nach China zu einem der Lieblinge ausländischer Investoren. Seit 2007 ist das Land Mitglied der Welthandelsorganisation. Allerdings kommen die jährlichen Wachstumsraten von 7–8 % vorwiegend den Ballungszentren zugute, die Landbevölkerung profitiert davon wenig. Folglich wandern Hunderttausende in die Städte ab.

Da Doi Moi politischen Pluralismus ausschließt, hat das Land seit geraumer Zeit mit den typischen Problemen eines Landes ohne funktionierende Gewaltenteilung zu kämpfen. Der Alleinherrschaftsanspruch der Partei führt häufig zur **Willkürherrschaft** kommunistischer Funktionäre, was regelmäßig **Protestaktionen** nach sich zieht. Angesichts der Gründerzeitstimmung nimmt die **Korruption** frappierende Ausmaße an – laut Transparency International steht das Land auf der

Korruptionsskala an 111. Stelle (von 163). **Zensur** bestimmt die Medienlandschaft: Eine freie Presse gibt es nicht, auch das Internet unterliegt scharfen Kontrollen.

Auf ihrem Zehnten Parteitag im April 2006 beschloss die KPV unter Führung ihres Generalsekretärs Nong Duc Manh die **Fortsetzung der Wirtschaftsreformen**. Nachdem sich das Durchschnittseinkommen von 200 US-$ im Jahr 1986 auf derzeit rund 650 US-$ jährlich mehr als verdreifacht hat, sollen bis 2010 weniger als 15 % der Bevölkerung unter der Armutsgrenze (1 US-$/Tag) leben. Auch hat die KPV entschieden, dass der innerparteiliche **Demokratisierungsprozess** fortgeführt werden soll. Solange sie glänzende Wirtschaftszahlen präsentieren kann, hat die Parteiführung wenig Opposition zu fürchten. Die meisten Vietnamesen sind mit sich selbst beschäftigt und froh, ihr Leben weitgehend selbst bestimmen zu können. Das Land blickt optimistisch in die Zukunft.

Sozialistische Propaganda gehört auch nach Doi Moi zum Alltag

Zeittafel

ca. 30 000 v. Chr.	Frühsteinzeit: Funde belegen die Besiedlung Nordvietnams.
ab 800 v. Chr.	Bronzezeitliche Dong-Son-Kultur im Roten-Fluss-Delta. Austronesische Völker lassen sich in Zentralvietnam nieder.
3. Jh. v. Chr.	Erster nachweisbarer Staatenverbund Au Lac. Dessen Hauptstadt Co Loa wird 207 v. Chr. von Yue-König Trieu Da erobert.
111 v. Chr.	Mit der Eroberung von Au Lac beginnt die 1000-jährige Oberherrschaft Chinas.
ab 4. Jh. n. Chr.	Hindu-Tempel in My Son zeugen von indischem Einfluss im Cham-Reich.
938–1009	General Ngo Quyen vertreibt 938 die chinesischen Besatzer. Einer Periode des Bürgerkrieges folgt ab 968 die Reichseinigung unter Dinh Bo Linh. Er wird 979 von der Frühen Le-Dynastie abgelöst.
1009–1407	Ly Thai To begründet das erste zentralistische Reich Dai Viet. Blüte des Buddhismus, Etablierung des konfuzianischen Bildungssystems. Ab 1225 Fortsetzung der Konsolidierung Dai Viets durch die Tran-Dynastie. Trotz Bedrohung durch die Mongolen (drei Invasionen) erlebt das Land im 13. Jh. eine kulturelle Hochphase. Der Bevölkerungsdruck führt zum ›Zug nach Süden‹, Niedergang der Tran.
1407–1427	Erneute chinesische Besatzung durch die Ming-Dynastie. 1418 formiert sich der Lam-Son-Aufstand unter Führung von Le Loi.
1427–1673	Nach Vertreibung der Chinesen begründet Le Loi die Späte Le-Dynastie. Durch die Eroberung Vijayas 1471 ist der Niedergang der Cham endgültig besiegelt. Die mächtigen Trinh- und Nguyen-Klans streiten um die Macht. 1673 wird das Reich geteilt.
1771–1801	Die Tay-Son-Rebellion ab 1771 führt zum Sturz der Trinh und Nguyen. Nguyen Phuc Anh, einziger Überlebender der Nguyen, kann das Land einen.
1802–1887	Krönung Nguyen Phuc Anhs zum Gia-Long-König der Nguyen-Dynastie. Sie erlebt unter dem Minh-Mang-König eine Blüte, zerfällt dann unter dem Tu-Duc-Herrscher. Ab 1858 Unterwerfung Vietnams durch Frankreich. 1887 Gründung der Kolonie Union Indochinoise.

Antikoloniale Widerstände scheitern an Frankreichs Übermacht. 1930 Gründung der Kommunistischen Partei Vietnams (später Indochinas).	**frühes 20. Jh.**
Japanische Besatzung und Gründung des Viet Minh. Am 2. Sept. 1945 proklamiert Ho Chi Minh die Demokratische Republik Vietnam.	**1940–1945**
Der Erste Indochina-Krieg endet 1954 mit der Niederlage Frankreichs in Dien Bien Phu. Die Genfer Konferenz beschließt die Teilung Vietnams am 17. Breitengrad.	**1946–1954**
Unterstützt von den USA regiert in Südvietnam Präsident Ngo Dinh Diem mit großer Härte. Ab 1960 kontrolliert die als Viet Cong bekannte Nationale Befreiungsfront (FNL) weite Teile Südvietnams. Diems Kommunisten- und Buddhistenverfolgung führt 1963 zu dessen Ermordung.	**1954–1963**
Nach der Tongking-Affäre Kriegseintritt der USA. Doch die zeitweise über 500 000 US-Soldaten können nie den Widerstand der Nordvietnamesen brechen. Die Tet-Offensive läutet 1968 die Kriegswende ein. Das Pariser Abkommen beschließt den Abzug der US-Armee. Mit dem Einmarsch nordvietnamesischer Truppen am 30. April 1975 in Saigon endet der Krieg.	**1964–1975**
Etablierung der Sozialistischen Republik Vietnam. Die nun folgende Kollektivierung der Landwirtschaft und die Abschaffung der Privatwirtschaft lösen eine enorme Flüchtlingswelle aus. Der Einmarsch in Kambodscha (1978) und der Grenzkrieg mit China (1979) führen zur Isolierung des Landes.	**1976–1986**
Auf ihrem Sechsten Parteitag beschließt die Kommunistische Partei das wirtschaftliche Reformprogramm Doi Moi (Erneuerung).	**1986**
Wirtschaftlicher Aufschwung nach Ende des US-Embargos (1994) und Aufnahme Vietnams in die ASEAN (1995).	**1990er-Jahre**
Hohe Wachstumsraten und viele Auslandsinvestitionen. Doch schlechte Arbeitsbedingungen und Korruption unter den Funktionären führen zu zunehmenden Protesten.	**2000–2006**
Aufnahme Vietnams in die Welthandelsorganisation (WTO)	**2007**

Gesellschaft, Alltagskultur und Glaubenswelten

Die Religiosität der Vietnamesen ist so verwirrend und pragmatisch wie der Verkehr in den Städten und zeigt sich als ein buntes Gemisch verschiedener Traditionen. Ähnlich vielfältig ist die ethnische Zusammensetzung: 54 Volksgruppen sind in Vietnam beheimatet.

Ahnenkult und Geisterglaube

Die vietnamesische Familie endet nicht bei den Lebenden, sondern schließt die toten Angehörigen mit ein. Dem Ahnenkult nach besitzt die Frau neun und der Mann sieben körperbezogene Seelen – *phach* oder *via* genannt – sowie drei geistbezogene Seelen, *hon*. Während die körperbezogenen Seelen nach dem Tod beim Leichnam bleiben, wandern die *hon* nach 49 Tagen ins Totenreich. Um die Seelen des Verstorbenen in der Familie zu halten, errichten die Angehörigen ihnen an exponierter Stelle im Haus einen Altar mit einer Ahnentafel und dem Porträt des Toten. Täglich zünden sie dort Räucherstäbchen an und bringen zu ihren Gedenktagen oder an Familienfesten Opfergaben dar. Vorsteher der Zeremonien ist traditionell der älteste Sohn. Stehen wichtige Entscheidungen oder freudige Ereignisse an, so werden die Ahnen konsultiert und zur Feier eingeladen. Als Teil der Familie bieten die Verstorbenen den Lebenden Schutz und Hilfe, können sie aber auch bestrafen.

Schwierig wird es, wenn das Verhältnis zu ihnen zu Lebzeiten getrübt war oder die Totenrituale nicht korrekt durchgeführt wurden. Gar gefährlich werden können die Seelen kinderloser Verstorbener. Findet sich niemand, der für sie die Zeremonien durchführt, werden sie zu hungrigen Geistern (*ma*) oder gar bösartigen Dämonen (*qui*). Damit sie nicht heimatlos umherirren, errichtet man ihnen vielerorts Schreine (*am*) als Heimstatt. Die Toten werden traditionell an ausgewählter Stelle auf dem Feld oder Familiengrundstück bestattet. Im Norden Vietnams bettete man sie früher nach drei Jahren nochmals um. Infolge der Urbanisierung gehen immer mehr Familien zur Feuerbestattung über.

Über den Ahnenkult hinaus glauben die Vietnamesen an Natur- und Territorialgeister. Diese herrschen über ein Gebiet, wohnen in Bäumen oder leben in Flüssen. Sie wandern durch die Berge und fliegen durch die Lüfte. Teilweise besitzen sie außerordentliche Kräfte – positive wie negative –, weshalb auch ihnen geopfert werden muss. Aus diesem Grund entdeckt der aufmerksame Beobachter häufig Räucherstäbchen am Stamm alter Bäume oder kleine Altäre an einem Bergpass. In jedem Dorf steht zu Ehren seines jeweiligen Schutzgeistes (*thanh hoang*) ein Tempel (*den*).

Konfuzianismus

Der hohe Stellenwert des Lernens, der Respekt vor den Älteren, der Vorrang der Gemeinschaft vor dem Individuum, emotionale Zurückhaltung und Verantwortungsbereitschaft – das sind Werte, die tief in der vietnamesischen Gesellschaft verankert sind. Sie gehen vorwiegend auf die Lehren einer Gestalt zurück, die wie keine andere die ostasiatische Geistesgeschichte geprägt hat: auf den chinesischen Gelehrten Konfuzius.

Meister Kong

Im Westen unter dem lateinischen Namen Konfuzius bekannt, begann Kong Fuzi (viet. Khong Tu) seine Gelehrtenkarriere im kleinen Staat Lu (heute: Provinz Shandong). Dort wurde er 551 v. Chr. in eine verarmte Adelsfamilie hineingeboren. Im Studium lernte er die alten Schriften und Riten Chinas kennen. Nach eher blassen Jahren in fürstlichen Diensten als Verwalter und Lehrer zog er als Wanderlehrer umher und sammelte eine wachsende Gefolgschaft um sich. Noch in seinem Todesjahr 479 v. Chr. war er jedoch nur regional bekannt.

Es waren spätere Schüler, die ihn postum zum großen Lehrmeister werden ließen, allen voran Mengzi (Menzius, 372–289 v. Chr.) und Xunzi (um 310–220 v. Chr.). Während der Han-Dynastie (206 v. Chr.–220 n. Chr.) avancierte der Konfuzianismus in China zur Staatsdoktrin. Der ›Lehrmeister der 10 000 Generationen‹ genoss religiöse Verehrung. Das Bildungssystem wurde standardisiert und ein straff hierarchisches Beamtensystem geschaffen, das Mandarinat. In dieser Form gelangte der Konfuzianismus dann auch ins chinesisch besetzte Vietnam. 1076 eröffnete König Ly Nhan Tong im heutigen Hanoi die erste Nationale Akademie zur Ausbildung der Gelehrten und Beamten, Quoc Tu Giam. Bis 1915 fanden dort Beamtenprüfungen statt. Während der Nguyen-Dynastie erstarrte das Bildungssystem in leeren Ritualen. So klagte der Minh-Mang-König (reg. 1820–1840) einmal: »Die Beamten legen Wert auf veraltete Klischees und hohle Formulierungen und wollen durch unnützes Wissen glänzen.« Gegen das westliche Bildungssystem chancenlos, ging das konfuzianische Bildungssystem während der Kolonialzeit unter. Doch ist der Konfuzianismus nach wie vor kulturprägend.

Die Lehre

Konfuzius hat keine Religion begründet. Eher ein Lebensphilosoph, schuf er keine Gedankensysteme, sondern entwickelte seine

Ein kleines Mädchen bereitet Opfergaben zur Ahnenverehrung vor

Lehre im Dialog mit den Schülern. Geprägt von den gesellschaftlichen Erschütterungen seiner Zeit, ist sein Denken von Fragen der Sittlichkeit und Moral bestimmt. Ethisches Handeln und genormtes soziales Verhalten sind für ihn die Schlüssel zu einer harmonischen stabilen Gesellschaft.

Edler Mensch: Vom gewöhnlichen Menschen unterscheidet er sich, weil er handelt, wie er denkt, und erst dann darüber spricht, wie er handelt: Allen gegenüber verhält er sich gleich und steht den Dingen vorurteilslos gegenüber. Nach Gerechtigkeit strebend, geht es ihm um die inneren Werte. Er kennt seine Pflichten. Sein richtiges Verhalten befreit ihn von Sorgen, seine Weisheit bewahrt ihn vor Zweifeln, seine Entschlossenheit überwindet seine Furcht. Zum edlen Menschen wird man nicht durch Geburt, sondern durch lebenslanges Lernen und gutes Handeln. »Erst der Tod beendet sein Streben« heißt es im »Lun Yu« (Gespräche VIII, 7).

Fünf Beziehungen: Das Zusammenleben kann nur gelingen, wenn jeder Mensch seine Rolle im hierarchisch geprägten Beziehungsgeflecht kennt. »Der Herrscher muss Herrscher sein, der Untertan muss Untertan bleiben. Der Vater sei Vater, der Sohn Sohn«, »Lun Yu« (Gespräche XII, 11). Frauen spielen eine untergeordnete Rolle. Das zeigt sich auch in der Lehre von den Fünf Beziehungen zwischen: 1. dem gütigen Herrscher und seinen loyalen Untertanen, 2. dem großherzigen Vater und seinem gehorsamen Sohn, 3. dem wohlwollenden älteren Bruder und dessen respektvollem jüngeren Bruder, 4. dem gerechten Mann und seiner devoten Frau, 5. zwischen zwei sich in Treue verbundenen Freunden.

Fünf Kardinaltugenden: »Was du selbst nicht wünschst, das tue auch anderen nicht an«, »Lun Yu« (Gespräche XII, 2). Diese globale goldene Regel gilt auch bei Konfuzius. Als ethische Grundtugenden führt er an: 1. Mitmenschlichkeit (chin. *ren*), 2. Gerechtigkeit (chin. *yi*), 3. Rücksichtnahme (chin. *shu*); 4. Befolgung der Sitten und Riten (chin. *li*) und 5. Einsicht (chin. *zhi*).

Daoismus

Leben in Harmonie, die enge Verbundenheit mit der Natur und eine pragmatische, wenig spekulative Weltanschauung prägen das Lebensgefühl der Vietnamesen. Vieles davon ist in der geistigen Tradition des Daoismus verwurzelt, wie er sich in China und später auch in Vietnam entwickelt hat.

Der Alte Meister

»Das Dao, das sich aussprechen lässt, ist nicht das ewige Dao« oder »Ist man beim Nicht-Tun angekommen, bleibt nichts ungetan«. Mit nebulösen Aussprüchen dieser Art hat der vermutliche Verfasser der 81 Sinnsprüche des »Daode Jing« eine ganz eigene Weltanschauung geschaffen. Ob der Alte Meister (chin. Laozi, viet. Lao Te), so die Bedeutung seines Namens, überhaupt existiert hat, bezweifeln jedoch manche Historiker. Der daoistischen Tradition zufolge soll Laozi im 7./6. Jh. v. Chr. in der heutigen nordchinesischen Provinz Henan gewirkt haben.

Im Zentrum seines Denkens steht das **Dao** – mal mit Sinn, mal mit Weg übersetzt –, das allen Dingen innewohnende Urprinzip. Mit ihm sollen die Menschen in Einklang leben, geleitet von Nicht-Eingreifen (chin. *wuwei*) und Spontaneität (chin. *ziran*). Dies können sie am besten durch ein Leben in Einfachheit und Zurückgezogenheit. Bildung ist dabei eher hinderlich. Selbst die Mächtigen sollten diese Haltung einnehmen. Wahre Herrscher zeichnen sich dadurch aus, dass sie vom Volk kaum wahrgenommen werden, meint Laozi. Um keine neuen Begierden zu wecken, sollen sie nicht gestalten, sondern das Dao bewahren. Der Mensch soll frei von Zwängen leben. Wie die äußere Natur, so muss er seine innere Natur frei wirken lassen. Eifersucht und Konkurrenzdenken sind ihm fremd.

Die daoistische Kosmologie folgt dem **Yin-Yang-Schema** (s. Thema S. 47). Beide polarisierende, aber voneinander abhängige Kräfte gehen aus der alles bestimmenden Lebensenergie (chin. *qi*) des Dao hervor. Durch ihr Wechselspiel und ihre kontinuierliche Wandlung (chin. *yi*) manifestiert sich der ge-

Yin und Yang des Lebens

Thema

Ob beim Essen, der traditionellen Medizin oder beim Hausbau – überall folgen die Vietnamesen den Prinzipien des Yin und Yang. Alles sehen sie im Spannungsfeld polarer Kräfte. Ihr ganzes Streben zielt daher auf Ausgleich und Harmonie.

Aus dem **Höchsten Einen** (chin. *tai ji*), so der altchinesische Glaube, hat sich die Polarität von **Yin und Yang** entwickelt, aus denen wiederum die **Fünf Elemente** – Feuer, Wasser, Erde, Holz und Metall – hervorgehen. Mit dem **Yin** (viet. *am*), dessen chinesisches Schriftzeichen Schattenseite eines Berges bedeutet, sind die Aspekte Erde, Weiblichkeit, Schwarz, Passivität, Dunkelheit, Weichheit, Kälte, Wechselhaftigkeit verbunden, mit **Yang** (viet. *duong*) – sein Zeichen steht für Sonnenseite eines Berges – die Aspekte Himmel, Männlichkeit, Rot, Aktivität, Licht, Härte, Wärme und Beständigkeit. Der Kosmos – und somit auch das Leben – zeigt sich als das Chaos ordnende Wechselspiel zwischen Yin und Yang. Ziel ist es, diese beiden Elemente in ein ausgewogenes Verhältnis zu bringen.

Dies hat ganz praktische Konsequenzen, etwa beim **Essen**. Dort wirken manche Speisen im Körper kühlend wie z. B. Tofu, Balsambirne, gekochtes Enten- und Hühnerfleisch oder Bananen. Andere führen zur körperlichen Erhitzung, darunter Ingwer, Curry, Koriander, Pfeffer, Knoblauch, Lamm- und Rindfleisch. Ein gutes Gericht muss also eine entsprechende Balance aufweisen.

Gleiches gilt in der **traditionellen Medizin**. Dort werden die Körperorgane sowohl den Fünf Elementen als auch den beiden Polen zugeordnet. Yin-Organe sind Milz, Niere, Lunge, Leber und Herz. Zu den Yang-Organen zählen Magen, Blase, Galle, Dick- und Dünndarm. Auch die Energieströme im Körper (chin. *qi*) werden von ihnen bestimmt. Über zwölf Meridiane strömt das Qi zwischen den Organen. Krankheiten führen zur Unterbrechung des Energiestromes. So können Kopfweh und Rückenschmerzen durchaus etwas miteinander zu tun haben. Schmerzen sind nichts anderes als ein Stau des Energieflusses. Heilung heißt, die Energie wieder frei fließen zu lassen. Richtige Ernährung und Sport helfen dabei. Gesund sein ist somit Harmonie von Geist und Leib.

Bedeutsam ist die Yin-Yang-Beziehung schließlich in der **Geomantik**, der Lehre von Wind und Wasser (chin. *fengshui*, viet. *phong-thuy*), d. h. etwa bei der Auswahl eines Bauplatzes oder einer Grabstätte. Der in Hue als Minh-Mang-König regierende Nguyen (reg. 1820–1841) war erst nach 14 Jahren intensiver Suche mit dem Ort für sein Grab zufrieden. Erst dann glaubte er den richtigen Ort gefunden zu haben, an dem die kosmischen Kräfte positiv wirkten und die Energien ungehindert fließen konnten. Für viele Vietnamesen ist dies nach wie vor wichtig. Sie beauftragen Geomantiker, die geeignete Stelle für den Hausbau zu finden. Da die negative Energie aus dem Norden kommt, muss der Haupteingang im Süden liegen. Berge sollten sich im Norden erheben, ein offenes weites Terrain und Wasser sich im Süden erstrecken. Ist dies anhand der natürlichen Gegebenheiten nicht möglich, kann man durch Aufschütten von Hügeln und dem Anlegen von Wasserstellen nachhelfen.

samte Kosmos in Gestalt der **Fünf Elemente** Wasser, Feuer, Holz, Metall und Erde. Sie schaffen sich gegenseitig und überwinden sich dabei. Der zyklisch angelegte Kosmos ist somit als ein dynamisches organisches Ganzes zu betrachten.

Volksdaoismus

Etwa ab dem 2. Jh. formierte sich in China in ziemlich unorganisierter Weise ein religiöser Daoismus mit Heerscharen von Mystikern, Alchimisten, Einsiedlern und Schamanen. Manche entwickelten magische Methoden, die zur Verlängerung des Lebens oder gar zur Unsterblichkeit verhelfen sollten. Andere stellten strenge Meditation und Körperübungen in den Vordergrund. Wieder andere suchten in asketischen Techniken oder astrologischen Berechnungen ihr Heil. Auch die Götterverehrung gewann an Bedeutung. Je mehr sich die Religion verbreitete, desto gewaltiger wurde die Götterwelt. Darin fanden reale Helden ebenso Aufnahme wie legendäre Gestalten. Auch Laozi als Personifikation des Dao bekam als Laojun Götterstatus. Als Spiegel zur Herrscherelite nahm das Pantheon immer hierarchischere Züge an. Einzelnen Gottheiten wurden Zuständigkeitsbereiche zugeordnet. Die Einflüsse des monastisch organisierten Buddhismus, der sich zeitgleich im Reich der Mitte verbreitete, führten auch im Daoismus zu mehr Strukturen und zur Kanonisierung der Schriften. Nach Vietnam gelangte der Daoismus vermutlich in den ersten Jahrhunderten der chinesischen Besatzung. Die Gottheiten werden heute selten in rein daoistischen Tempeln verehrt, sondern meist in buddhistischen Klöstern und Gemeinschaftshäusern.

Daoistischer Pantheon

Die daoistischen Gottheiten sind für alle Lebenslagen zuständig. Unzählige Tempel und Schreine sind ihnen gewidmet. Ohne die daoistische Himmelsbürokratie läuft nichts in Vietnam.

Ngoc Hoang: Der Jadekaiser ist oberster Herrscher über Himmel und Erde. In prachtvollen Gewändern sitzt er in seinem Palast auf dem Thron. Vier Wächter, Vier Diamanten genannt, stehen ihm zur Seite.

Nam Tao und **Bac Dao:** Der Gott des Südlichen Polarsterns, Nam Tao, flankiert rechts den Jadekaiser und ist für Geburten zuständig. Bac Dao, der Gott des Nördlichen Polarsterns, zur Linken des Jadekaisers oder eines Tempeleingangs trägt Verantwortung für die Toten.

Tu Bat Tu: Viele Abenteuer mussten die Helden bestehen, um zu den Vier Unsterblichen (Tu Bat Tu) zu werden. Entsprechend werden sie in Not angerufen: Tan Vien, der Herr der Berge, bei Hochwasser, Giong, der Himmlische König von Phu Dong, bei Eindringlingen, Chu Dong Tu in Karriere-Angelegenheiten, Lieu Hanh wegen ihrer großen Macht bei schwerwiegenden Problemen.

Ong Tao oder **Tao Quan:** Der Herd- oder Küchengott ist in fast jedem Haus zu finden und für die Alltagsanliegen zuständig. Vor dem Tet-Fest wird er mit Geld und Süßspeisen umschmeichelt, informiert er doch zum Ende des Mondjahres den Jadekaiser über die guten und schlechten Taten der Hausbewohner.

Ong Dia oder **Ong Cong:** Der Erdgott ist als Wächter und Beschützer unabkömmlich. Geburtstag feiert er am Mittherbstfest. Beim Drachentanz tritt der Erdgott als freundliche menschliche Figur mit rundem, lächelndem Gesicht auf.

Ong Than Tai: Der Gott des Geldes ist der Bankier unter den Göttern. Ohne ihn kommt kein Laden und Marktstand aus.

Quan Cong: Seine Karriere begann er als General Guan Yu im China der Drei Reiche (220–265). Das Kennzeichen des Beschützers vor Dämonen und Streiter für die Gerechtigkeit: rotes Gesicht und rotes Pferd.

Thien Hau: Die Gemahlin des Himmels stammt aus der Provinz Fujian am Südchinesischen Meer. Als Beschützerin der Fischer und Seefahrer genießt sie vor allem unter Auslandschinesen Verehrung. Einst rettete sie als junges Mädchen auf wundersame Weise ihren Vater und ihren Bruder aus Seenot.

Thanh Mau oder **Chua Ba:** Verschiedene weibliche Gestalten erhielten die Titel Gött-

Einen Ausschnitt aus dem bunten Pantheon der daoistischen Gottheiten findet man im Den Ngoc Son in Hanoi

liche Mutter (Thanh Mau) oder Ehrenwerte Dame (Chua Ba). Im Norden Vietnams finden sich häufig die drei Statuen der Mutter der Erde (Mau Dia), des Wassers (Mau Thoai) und der Berge und Wälder (Mau Thuong Ngan).

Buddhismus

Parallel zum konfuzianischen Ethos und der daoistischen Erdverbundenheit spielt der Buddhismus eine elementare Rolle in der Kultur Vietnams. Glaube an die Vergänglichkeit allen Daseins, die Wiedergeburt und das moralische Vorbild des Bodhisattva beeinflussen das Handeln und Denken vieler Menschen.

Der Erleuchtete

Die buddhistische Lehre geht auf Siddharta Gautama zurück. In ein nordindisches Adelsgeschlecht hineingeboren, wurde ihm der Titel Shakyamuni, der Weise (aus dem Stamm) der Shakya (viet. Thich Ca Mau Ni), verliehen. Kern seiner Lehren sind die Vier Edlen Wahrheiten: 1. alles Dasein ist leidvoll, 2. Ursache allen Leidens ist Begierde und Anhaftung, 3. nur durch das völlige Vernichten/das Erlöschen (Sanskrit: *nirvana*) von Gier und Hass kann Leiden überwunden werden, 4. zu diesem Ziel führt der Edle Achtfache Pfad. Er besagt, dass jeder Mensch durch sittliches Verhalten, wissende Einsichtigkeit und Konzentration Nirvana erlangen kann.

Zudem lehrt Buddha, dass alle Erscheinungen dem ständigen Prozess des Werdens und Vergehens unterworfen sind. Auch das Ich ist unbeständig. Daher wird nicht die menschliche Person wiedergeboren, sondern die im Laufe eines Lebens angesammelte karmische Energie – das Denken und Tun (Sanskrit: *karma*) der Person. Solange das Karma von Gier, Hass und Verblendung mo-

Gebetsprozession in der Chua Tran Quoc, Hanoi

tiviert ist, bleibt es Teil des Wiedergeburtenkreislaufs. Erst wenn es vollkommen frei davon ist, endet dieser. Dann ist das Nirvana erreicht.

Nach Buddhas Tod – die Datierung variiert zwischen 544/543 und ca. 370 v. Chr. – begann sich die Religion in mehrere Schulen aufzuspalten. Etwa im 2. Jh. v. Chr. entwickelte sich der **Mahayana-Buddhismus**. Großes Fahrzeug wurde diese Richtung genannt, weil sie das Konzept des **Bodhisattva** in den Mittelpunkt ihrer Lehre stellt. Jeder kann zum Erleuchtungswesen (Sanskrit: *bodhi sattva*) werden, wenn er vollkommene Erleuchtung anstrebt, von Mitgefühl und Weisheit erfüllt ist und aus Mitgefühl zu den leidenden Wesen auf das vollkommene Erlöschen verzichtet. Dabei helfen ihm andere Erleuchtungswesen, deren Bedeutung in vielen religiösen Texten (Sutren) beschrieben wird. Um diese Bodhisattvas entwickelten sich verschiedene Kulte. An die Stelle des historischen Erleuchteten traten die **Transzendenten Buddhas**. Der Buddha wird eher als Wesensbestimmung gesehen. Allen Dingen, so ist die Überzeugung, wohnt die Buddha-Natur inne.

Richtungen des Mahayana

Im Laufe seiner Entwicklungsgeschichte entwickelten sich im Mahayana eine Vielzahl von Schulen, darunter ab dem 6. Jh. in China der **Meditations-Buddhismus** (chin. *chan*, jap. *zen*, viet. *thien*). Bei ihm steht die Lehre von der Leerheit im Zentrum. Sie leitet sich von der Vorstellung ab, dass alle Erscheinungen dem Prozess des Werdens und Vergehens unterworfen sind. Leer sein heißt, ohne bleibende Identität zu sein. »Der Leerheit verdanken alle Phänomene ihr Dasein«, so der berühmte indische Philosoph des 2. Jh., Nagarjuna. Jede Art von Unterscheidung und Abgrenzung wird als rein gedankliches Konstrukt verworfen. Um 580 brachte der indische Mönch Vinitaruci (gest. 591) diese Schulrichtung nach Vietnam. Besonders während der Ly- (1009–1224) und der Tran-Dynastie (1225–1400) entstanden zahlreiche Klöster, die wegen ihrer strengen Meditations- und Lehrpraxis zu bedeutenden kulturellen Zentren wurden. Durch Dichtung und Kalligraphie strahlte der Thien über die Klostermauern hinaus und beeinflusste aufgrund seiner klaren Bildersprache das Denken der geistigen Elite. Bis heute ist der Ausspruch des Königs und späteren Mönchs, Tran Thai Ton (reg. 1225–1258), bekannt: »Nur wer selbst trinkt, weiß genau, ob der Trank warm oder kalt ist.« Damit verwirft er philosophische Spekulationen und stellt die Erfahrung in den Mittelpunkt.

Als Gegenstück zu dieser elitären Schule fand ab dem 11. Jh. der **Reine-Land-Buddhismus** Verbreitung. Bei ihm steht nicht Meditation, sondern die Anrufung des Buddha-Namens im Mittelpunkt der religiösen Praxis. Ziel ist es, an einem Ort ewiger Freude (Sukhavati), dem Reinen Land des Westens, wiedergeboren zu werden. Amitabha (viet. A Di Da), der Buddha des Unermesslichen Lichts, hilft dabei. Man muss ihn nur ständig mit den Worten »Nam Mo A Di Da Phat«, Verehrung dem Buddha Amitabha, anrufen.

Bodhisattvas im Dienst der Welt

In den buddhistischen Klöstern – vor allem des Nordens – stößt man auf die Statuen zahlreicher Bodhisattvas. Um diese Gestalten kreisen viele Geschichten und religiöse Vorstellungen. Trotz aller Unterschiede haben sie eines gemeinsam: Sie haben das Ideal eines Erleuchtungswesens verwirklicht. Zu den wichtigsten zählen:

Quan Am: Der Herr, der die Welt betrachtet (Sanskrit: Avalokiteshvara), ist der Bodhisattva des Mitgefühls bzw. des Mit-Leidens. Häufig finden sich Figuren mit elf Köpfen und unzähligen Armen. Zumeist sieht man ihn in seiner aus China stammenden weiblichen Form als Mutter/Göttin der Barmherzigkeit (chin. Guanyin, jap. Kannon) – stehend oder sitzend, gelegentlich auch mit Kind.

Van Thu: Der von lieblicher Schönheit ist (Sanskrit: Manjushri, chin. Wenshu), ist der Bodhisattva der Weisheit und hilft beim Verstehen der buddhistischen Lehre. Er steht auch Gelehrten und Studierenden zur Seite. Sehr häufig wird er auf einem blauen Löwen sitzend (Symbol für Intelligenz) dargestellt.

Pho Hien: Der Allumfassend Gute (Sanskrit: Samantabhadra, chin. Puxian) beschützt die buddhistische Lehre und ist an seinem Reittier, dem weißen Elefanten (Symbol für Wahrheit), zu erkennen.

Di Lac: Der All-Liebende (Sanskrit: Maitreya, chin. Mile) erscheint im nächsten Zeitalter als zukünftiger Buddha. Populär ist seine Gestalt als fröhlicher ›Dickbauch-Buddha‹.

Kinh Dia Tang: Dessen Mutterschoß die Erde ist (Sanskrit: Kshitigarbha, chin. Dizang), ist Patron der Reisenden und hilft den in den Höllen leidenden Wesen. In seiner Hand den langen Rasselstab der Bettelmönche haltend, steht seine Statue in den Urnenräumen der Klöster.

The Chi: Der große Macht erlangt hat (Sanskrit: Mahasthamaprapta, chin. Dashizhi), erweckt im erlösungsbedürftigen Menschen den Wunsch, im Reinen Land wiedergeboren zu werden.

Miss Saigon zwischen Gehorsam und Freiheit

Schön und tadellos (*dung*) soll sie sein, fleißig und geschickt (*cong*), zurückhaltend (*ngon*) und wohlerzogen (*hanh*). So besang der große Poet Nguyen Trai im 15. Jh. die vier Tugenden (*tu duc*) der Frau. Zudem hat sie der konfuzianischen Tradition zufolge drei Pflichten (*tam tong*) zu erfüllen: als Tochter ihrem Vater gehorchen, als Ehefrau ihrem Mann und als Witwe ihrem ältesten Sohn. Durch die Öffnung des Landes jedoch versuchen immer mehr Frauen diesem starren Muster zu entfliehen. Attraktiv wollen sie nach wie vor sein – die Beauty-Industrie boomt –, doch nicht mehr im Schatten der Männer stehen.

Wenn eine Vietnamesin Karriere machen möchte, stößt sie schnell an ihre Grenzen. Noch sind es wenige, die Führungspositionen innehaben. Die oberen Etagen von Wirtschaft und Politik sind Domäne der Männer, auch wenn in der Verfassung die Gleichberechtigung verankert ist.

Viele junge Frauen arbeiten als billige Arbeitskraft in den Textil- und Schuhfabriken oder in der Servicebranche. Zwei Drittel der Frauen leben auf dem Land. Dort dominieren

Ao dai – zwischen Tracht und Fashion

Anmutig und grazil wirken die Schulmädchen in ihren weißen Ao dai. Das lange Oberkleid über der weiten Hose darf auch bei Familienfesten nicht fehlen. Trotz westlicher Konkurrenz hat Vietnams Nationaltracht wieder ihren festen Platz in der Modewelt.

Im Fashion Design Institute (Fadin) von Ho-Chi-Minh-Stadt herrscht aufgeregtes Treiben. Mit flinken Händen zupft Dang Thi Minh Hanh an den jungen Models die Seidenstoffe zurecht, bevor ein Fotograf sie für eine geplante Fotostrecke in Szene setzt. In allen Variationen tragen die Mannequins den Ao dai – Vietnams Nationaltracht. Mal das Obergewand mit überlangen Ärmeln, mal ärmellos, einmal weit ausgeschnitten und transparent, dann wieder eng anliegend und hochgeschlossen. Seit Eröffnung des Modeinstituts 1995 hat die Designerin Minh Hanh mit ihren eleganten Varianten des Langen Gewandes, so die Übersetzung von Ao dai, wichtige Impulse gesetzt. Auf lockere Weise kombiniert sie die über weiten Hosen getragene seitlich geschlitzte Tunika mit westlichen Schnitten oder Mustern der ethnischen Minderheiten. Selbst westliche Modeschöpfer wie Ralph Lauren ließen sich davon inspirieren. Immer mehr vietnamesische Designer besinnen sich auf die eigene Modetradition und finden damit auch im Ausland Anerkennung. Labels wie Lega Fashion, Viet Lien, Nhat Minh und Nguyen Sa erfreuen sich in der modebewussten Mittelklasse zunehmender Beliebtheit.

In Vietnams Mode hat der Ao dai erst seit dem 18. Jh. seinen Platz. Während der Tran-Dynastie (1225–1400) trugen die Adeligen weite Hosen und schwarze Seidenhemden. Unter der Herrschaft der chinesischen Ming ab 1407 mussten die Männer kurze Hemden über Hosen tragen. Dann erließ 1744 der Fürst Nguyen Phuoc Khoat (reg. 1738–1765) ein Dekret, das den Untertanen beiderlei Geschlechts das Tragen einer lang geschnittenen Tunika über weiten Hosen vorschrieb. Die bei Frauen beliebten Röcke wurden 1837 durch ein Verbot des Minh-Mang-Königs gänzlich aus dem Kleiderschrank verbannt. Sein zweiter Nachfolger, der Tu-Duc-König, erließ eine bis ins Detail ausgearbeitete Kleiderordnung. Goldgelb und Tangerine (Rotorange) mit Drachenmotiv waren dem Herrscher vorbehalten, Violett den höheren und Blau den niederen Mandarinen. Das Design des Ao dai ähnelte jenem, das heute noch im Norden zum Tet-Fest getragen wird: ein vierteiliges erdfarbenes Obergewand, das über der Satinhose mit einem Stoffband zusammengebunden wird.

Der heutige körperbetonte Schnitt des Ao dai geht auf europäisch beeinflusste Künstler der Hanoier École Supérieure des Beaux-Arts zurück. Sie experimentierten in den 1930er-Jahren mit gepolsterten Schultern, runden Kragen und engen oder aufgeschlagenen Ärmeln. Zudem wurden die Stoffe farbenfroher und transparenter. Nach 1975 fiel die Nationaltracht in einen Dornröschenschlaf, der Ao dai war als Schuluniform verboten. Erst seit den 1990er-Jahren erlebt er eine Renaissance. Bunt bedruckt, bestickt oder in schlichten Farben, taillenbetont und seitlich weit geschlitzt, versprüht er den Charme Vietnams weit über die Landesgrenzen hinaus.

Thema

sie in den Märkten, Reisfeldern und Geschäften. Zu Hause sind sie zwar die Managerinnen des Einkommens, doch lastet auf ihren Schultern die Mehrfachverantwortung von Hausarbeit, Erziehung und Erwerb. Macht sich der Ehemann aus dem Staub, so können sie und ihre Kinder keine Unterstützung erwarten.

Auch wenn ökonomischer Druck und konfuzianisch geprägte Strukturen das weibliche Geschlecht auf die hinteren Plätze verweisen, präsentiert sich ›Miss Saigon‹ heute selbstbewusster denn je. Die Volksweisheit »er kann der größte Trottel sein und ist doch der Herr« gilt immer weniger. Schließlich können vietnamesische Frauen in der Geschichte auf herausragende Vorbilder verweisen. Unter König Le Thanh Tong (reg. 1460–1497) genossen sie infolge des Hong-Doc-Erlasses in Familien- und Erbangelegenheiten für damalige Verhältnisse ungewöhnliche Rechte. In Zeiten der Not und Unterdrückung waren es in erster Linie Frauen, die die größten Opfer brachten. So kennt jedes Kind die beiden Trung-Schwestern, die im 1. Jh. einen Aufstand gegen die chinesischen Besatzer anführten, oder Trieu Thi Trinh, die 248 ebenfalls eine Revolte gegen China anzettelte. Straßennamen wie Duong Vo Thi Sau oder Duong Nguyen Thi Minh Khai erinnern an zwei Heldinnen im Kampf gegen die französische Kolonialmacht. Fast 40 % der Mitglieder des Viet Cong waren weiblich. Doch zählen Frauen auch schnell zu den Verlierern der Globalisierung. Sie sind die Ersten, die Jobs verlieren. Armut treibt viele in die Prostitution. Bis zur wirklichen Chancengleichheit ist es noch ein langer Weg – wie im Rest der Welt.

Land der ethnischen Vielfalt

Die Kinder von Ao Co

Nach offiziellen Angaben leben insgesamt 54 verschiedene Volksgruppen auf vietnamesischem Territorium. Verglichen mit den 86 % **Viet** (oder Kinh) bilden die meisten jedoch eine verschwindend geringe Minderheit. Während sich die Viet vorwiegend entlang der Küste und in den Deltagebieten drängeln, siedeln 75 % der anderen Volksgruppen in den Bergen und auf den Hochplateaus, also auf fast zwei Dritteln der Gesamtfläche. Unter den Franzosen hießen sie daher *montagnards*, die Bergvölker. Sind manche der Gruppen wie etwa die **Cham** schon über 2000 Jahre in Vietnam ansässig, wanderten andere erst in den vergangenen 150 Jahren ein, darunter die **Hmong** und die **Dao**. Neben den Viet überschreiten nur vier Gruppen die Millionengrenze: die **Tay**, die **Thai**, die **Khmer** und die **Muong**. Fünf hingegen zählen weniger als 1000 Angehörige, die **Si La**, **Pu Peo**, **Ro Mam**, **Brau** und **Odu**.

Die geschichtliche Verbundenheit der Viet mit den Bergvölkern wird gerne mit folgender Legende demonstriert: In grauer Vorzeit lebten der Drachengeist Lac Long Quan und die Berggöttin Au Co in glücklicher Zweisamkeit. Au Co wurde schwanger und legte 100 Eier. Daraus schlüpften 100 Söhne. Doch mit der Zeit wurden die unterschiedlichen Naturen von Lac Long Quan und Au Co immer sichtbarer. Er als Drachengeist dem Wasser zugewandt, sie dagegen den Bergen, beschlossen sie, sich zu trennen. Er zog mit der einen Hälfte der gemeinsamen Söhne hinunter in das Deltagebiet. Sie wurden die Vorfahren der Kinh – Bewohner der Ebene –, wie sich die Viet daher nennen. Au Co siedelte mit der anderen Hälfte in den Bergen. Von ihnen stammen die Muong und andere Bergvölker ab.

Trotz dieser mythologischen Verbundenheit sind die Bergvölker weit davon entfernt, die in der Verfassung festgeschriebenen gleichen Rechte zu genießen. Zwar werden sie heute nur noch selten als *moi*, Wilde, bezeichnet. Trotzdem sind Formen der Diskriminierung nicht zu übersehen. Jeder Dritte lebt unter der Armutsgrenze. Die fortschreitende Industrialisierung lässt die Kluft nur noch größer werden. Die abgelegene Lage, der unzureichende oder gar fehlende Zugang zur staatlichen Fürsorge und das niedrige Bildungsniveau sind nur einige Gründe für diese Situation. Die verstärkten Bemühungen der Regierung in der ländlichen Entwicklung greifen nur langsam.

Diese Co-Ho-Kinder sind Angehörige der Mon-Khmer

Acht Sprachfamilien

Die Volksgruppen werden in acht Sprachfamilien eingeteilt. Zur **austronesischen Familie** zählen die Cham, Ede oder Giarai (Jarai), die vermutlich aus dem malayo-indonesischen Raum nach Vietnam migrierten. Bei ihnen ist noch die matrilineare Gesellschaftsordnung verbreitet. Zu den ältesten Bewohnern des kontinentalen Südostasien zählen die Angehörigen der **Mon-Khmer**. Benannt nach den beiden größten Gruppen, den in Myanmar lebenden Mon und den Khmer, gehören ihnen in Vietnam 21 Volksgruppen an. Zu den **Kadai-Familien** zählen acht Ethnien, zur Tai-Gruppe vier, darunter mit 1,5 Mio. Tay und 1,3 Mio. Thai (Tai) die größten Minderheiten des Landes. Seit Jahrhunderten siedeln sie vorwiegend im Nordwesten und sind auch in Thailand, Laos, Myanmar und Yunnan beheimatet. Relativ späte Einwanderer sind die seit dem 17. Jh. auf vietnamesischem Boden siedelnden Angehörigen der **tibeto-birmanischen Sprachgruppe**, wie etwa die wenige tausend Mitglieder zählenden Lo Lo oder Ha Ni. Das gilt auch für die im nordwestlichen Bergland lebenden **Hmong-Dao**. Politische und soziale Umwälzungen in China führten zu ihrem Zug nach Süden. Ebenfalls politische Gründe ließen die Vorfahren der heute etwa eine Million **Chinesen** (*hoa*) nach Vietnam einwandern, vor allem nach dem Zusammenbruch der Ming-Dynastie 1644. Das Rote-Fluss-Delta gilt als das alte Stammland der Viet. Zusammen mit den 1,2 Millionen Muong, die im nördlichen Bergland siedeln, sind sie die einzigen Angehörigen der nach ihnen benannten **Viet-Muong-Gruppe**.

Die vietnamesische Sprache

Sechstonmusik

Auf den ersten Blick meint man die einsilbigen Wörter einfach aussprechen zu können. Kompliziert wird Vietnamesisch jedoch aufgrund der sechs **Tonhöhen**, denn nur sie definieren die Bedeutung der Wörter. Es ist ein gewaltiger Unterschied, ob der böse Geist (*ma*), das Pferd (*mã*) oder im südvietnamesischen Dialekt die Mama (*má*) gemeint sind. Viele Grundbegriffe sind dem Chinesischen entlehnt, moderne Bezeichnungen wie etwa *ga* für Bahnhof oft aus dem Französischen (*gare*). Durch die Kombination der zumeist einsilbigen Grundwörter bilden sich neue Begriffe. So entsteht aus den zusammengesetzten Bezeichnungen für Vater (*bo*) und Mutter (*me*) das Wort für Eltern (*bo me*).

Die **Grammatik** folgt strikt der Subjekt-Prädikat-Objekt-Regel. Mehrzahl und Zeitangaben erkennt man an den eingesetzten Hilfswörtern, während das Grundwort immer unverändert bleibt. Zur näheren Bestimmung von Wörtern werden Klassifikatoren verwendet etwa *nguoi* für Menschen, *cai* für Dinge oder *con* für Tiere. Dadurch ist klar, ob es sich um das lebendige Huhn (*con gai*) oder das Hühnerfleisch (*thit gai*) handelt.

Das Erbe von Alexandre de Rhodes

Einem Jesuitenmissionar ist es zu verdanken, dass Europäer die vietnamesische Schrift zumindest entziffern können. Nach seiner Ankunft 1627 schuf Alexandre de Rhodes (1591–1660) ein **Transkriptionssystem** mit lateinischen Buchstaben. Aus dem Griechischen entlehnte der aus Avignon stammende Gelehrte für die Kennzeichnung der Tonhöhen die dort verwendeten diakritischen Zeichen. Anfangs wurde die Umschrift nur von Ausländern verwendet, setzte sich ab dem frühen 20. Jh. jedoch auch im vietnamesischen Volk immer mehr durch. Trotz des Widerstandes der einheimischen Bildungselite avancierte es schließlich zur **nationalen Schrift** (*quoc ngu*).

All die Jahrhunderte zuvor wurde das **chinesische Schriftzeichensystem** (*chu nho*) benutzt, blieb letztlich jedoch einer intellektuellen Minderheit vorbehalten. Parallel dazu hatte sich unter den Tran-Königen im 13. Jh. das Schriftsystem *chu nom* durchgesetzt. Durch die Neukombination chinesischer Zeichen wurde ein schlichteres System geschaffen – ähnlich wie in Korea und Japan –, um vietnamesische Begriffe besser wiedergeben zu können. Durch die **Nom-Schrift** entstand eine eigenständige vietnamesische Literatur. Heute beherrschen jedoch nur noch wenige Gelehrte dieses System. Angesichts der wachsenden Bedeutung des nördlichen Nachbarn lernen hingegen immer mehr junge Vietnamesen wieder die chinesischen Schriftzeichen.

Feste und Veranstaltungen

Der vietnamesische Festkalender ist prall gefüllt. Kaum eine Woche, in der nicht in irgendeinem Dorf der Jahrestag des Schutzgeistes mit prächtigen Prozessionen gefeiert wird. Hinzu kommen die regional bedeutenden Tempelfeste, die Feiern der ethnischen und religiösen Gemeinschaften und nicht zuletzt die staatlichen Feiertage. Im Jahreslauf folgen die meisten – allen voran die Jahreszeiten-Feste (*tet*) – dem Mondkalender. Er besteht der sino-vietnamesischen Tradition folgend aus zwölf Monaten mit 29 oder 30 Tagen. Um ihn immer wieder an den Sonnenkalender anzupassen, wird etwa alle drei Jahre zwischen dem dritten und vierten Mondmonat ein Schaltmonat (*thang nhuan*) eingeschoben.

Tet Nguyen Dan

Wichtigstes Ereignis im Jahreslauf ist das **Neujahrsfest**, schlicht Tet oder Tet ca (großes Fest) genannt. Es beginnt am Vortag des ersten Neumondes nach der Wintersonnenwende und dauert offiziell drei Tage, meist jedoch länger, und fällt zwischen den 21. Januar und 19. Februar. Die Wochen davor sind mit hektischem Treiben ausgefüllt. Einkäufe werden erledigt, Wohnungen gereinigt und mit Blumen geschmückt, Schulden beglichen und Streitigkeiten nach Möglichkeit beendet. Nicht fehlen darf der Gang zum bunten Blumenmarkt, um im Norden Kumquat-Bäumchen (*cam quat*) oder im Süden gelb blühende Aprikosenbäume (*hoa mai*) zu erstehen. Auch

Mit Blumen – vor allem gelben – wird zum Tet-Fest geschmückt

die zartrosa Blütenzweige des Pfirsichbaums (*hoa dao*) sind beliebte Mitbringsel.

Am 23. Tag des zwölften und letzten Mondmonats muss alles blitzblank sein, denn dann geht der Küchengott Ong Tao zur Berichterstattung zum Jadekaiser und soll nur Gutes zu vermelden haben. Wer kann, reist zum Fest nach Hause, weshalb die Verkehrsmittel um diese Zeit hoffnungslos ausgebucht sind. Tet ist ein Fest der Familie. Sie kommt zusammen, um das Jahr zu Ende zu bringen und das neue gut zu beginnen. Höhepunkt ist in der Neujahrsnacht das gemeinsame Festessen, bei dem als Spezialität *banh chung*, in Bananenblätter gewickelter Klebereiskuchen, gereicht wird. Früher wurde das neue Jahr mit Feuerwerksknallern begrüßt, heute ist dies verboten. Am ersten Tag des Jahres besucht man gerne buddhistische Pagoden, Kirchen oder Gedenktempel. Anschließend geht es zu Freunden und Bekannten, um ihnen »*chuc mung nam moi*«, ein gutes neues Jahr zu wünschen.

Weitere Tet-Feste

Tet Thanh Minh: Am fünften oder sechsten Tag des dritten Mondmonats besuchen die Vietnamesen zum Fest der Helligkeit die Gräber ihrer Vorfahren. Dort gedenken sie mit Opfergaben und einem Picknick der Toten der Familie.

Tet Doan Ngo: Zum Mittsommerfest am fünften Tag des fünften Mondmonats werden zur Besänftigung der bösen Geister und zur Wiederherstellung der Yin- und Yang-Kräfte Tempel aufgesucht, um durch Opfergaben potenzielle Gefahren abzuwehren – die dem Glauben nach im Hochsommer besonders häufig lauern. Manche fahren zum Sammeln von Heilkräutern hinaus in die Natur. Wahr-

Gesetzliche Feiertage

1. Jan.: Neujahr
30. Tag des 12. Mondmonats: letzter Tag des Mondjahres
1.–3. Tag des 1. Mondmonats: Neujahrsfest (Tet Nguyen Dan)
10. Tag des 3. Mondmonats: Gedenktag der Hung-Könige (Gio To Hung Vuong)
30. April: Tag der Befreiung
1. Mai: Tag der Arbeit
2. Sept. Unabhängigkeitstag
An diesen neun gesetzlichen Feiertagen sind Behörden, Ämter und Banken geschlossen. Außer zum Neujahrsfest haben jedoch die meisten Geschäfte geöffnet. Die Läden bleiben über die offiziellen Neujahrsfeiertage hinaus oft bis zu einer Woche zu.

Staatliche Gedenktage

3. Feb.: Gründungstag der KP Indochina
19. Mai: Geburtstag Ho Chi Minhs

Wichtige religiöse Feste

5. oder 6. Tag des 3. Mondmonats: Totengedenktag (Tet Thanh Minh)
15. Tag des 4. Mondmonats: Buddhas Geburtstag (Le Phat Dan)
5. Tag des 5. Mondmonats: Mittsommerfest (Tet Doan Ngo)
15. Tag des 7. Mondmonats: Fest der Wandernden Seelen (Tet Trung Nguyen)
15. Tag des 8. Mondmonats: Mittherbstfest (Tet Trung Thu)
10. Tag des 10. Mondmonats: Fest des neuen Reises (Tet Trung Thap)

Wichtige regionale Feste

1.–3. Mondmonat: Pilgersaison an der Chua Huong (Parfümpagode)
20.–23. Tag des 3. Mondmonats: Thap-Ba-Po-Nagar-Festival in Nha Trang
12.–15. April: Neujahrsfest der Khmer (Chol Chnam Thmay)
Ende Sept./Anfang Okt.: Kate-Festival der Cham im Po-Klong-Garai-Tempel
14. Tag des 10. Mondmonats: Ok-Om-Bok-Fest der Khmer in Soc Trang

sager und Amuletthändler haben Hochkonjunktur.

Tet Trung Nguyen: Am 15. Tag des siebten Mondmonats kommen die umherirrenden Seelen auf die Erde zurück. Zu ihrer Besänftigung werden vor den Ahnenaltären Speiseopfer zubereitet und Papieropfer verbrannt. Auch an diesem Tag besuchen viele Vietnamesen die Gräber ihrer Vorfahren.

Tet Trung Thu: Am 15. Tag des achten Mondmonats, wenn der Mond am weitesten von der Erde entfernt ist, findet das Mittherbstfest statt. Es ist besonders bei Kindern beliebt, die mit Masken und Laternen durch die Straßen ziehen. Als kulinarische Spezialität wird der Mondkuchen (*banh trung thu*) aus Klebereis gereicht. Rund um dieses Fest finden häufig Verlobungen und Hochzeiten statt.

Tet Trung Thap: Das letzte größere Ereignis im Jahreslauf findet am zehnten Tag des zehnten Mondmonats statt. Zu diesem Fest des neuen Reises, eine Art Erntedankfest, zieht der Jadekaiser Bilanz bezüglich der guten und schlechten Taten. Um seine Berichterstatter gut zu stimmen, werden ihnen – ebenso den Ahnen – Opfer dargebracht.

Gio To Hung Vuong

Erst seit 2007 wird der zehnte Tag des dritten Mondmonats (April) als offizieller Gedenktag zu Ehren der legendären 18 Hung-Könige (Hung Vuong) gefeiert. Sie sollen von der Urmutter Au Co (s. S. 54) abstammen und gelten als Begründer des ersten vietnamesischen Reiches Van Lang (Land der Tätowierten). Ihre Existenz liegt allerdings im Dunkeln.

Le Phat Dan

An Vollmond im Mai/Juni – dem 15. Tag des vierten Mondmonats – findet weltweit das wichtigste buddhistische Fest statt, Vesakh (Sanskrit: *vaisakha*) genannt. Die Gläubigen gedenken der Geburt des Erleuchteten. An den geschmückten Pagoden weht die bunt gestreifte buddhistische Flagge. Prozessionen und Vorträge der Mönche werden abgehalten, Jung und Alt amüsieren sich bei zahlreichen Aktivitäten.

Architektur und Kunst

Krieg, politische Ideologie und das aggressive Klima haben die zahlreichen architektonischen Zeugnisse Vietnams stark in Mitleidenschaft gezogen. Nun werden sie liebevoll restauriert oder gar neu aufgebaut. Auch die moderne Kunst erlebt derzeit eine Blüte.

Traditionelle Architektur

Die vietnamesische Tempelarchitektur folgt chinesischen Vorbildern. Im Gegensatz zur indischen Tradition, die Sakral- und Profanbauten durch die Verwendung des Baumaterials unterscheidet – Stein war religiösen Bauten vorbehalten –, kennt die chinesische Tradition diese Trennung nicht. Zunächst ist daher kaum zu erkennen, ob es sich um eine Palasthalle oder einen Tempel handelt, ob eine daoistische Gottheit oder ein Schutzgeist verehrt wird. Denn sowohl Profan- als auch Sakralbauten besitzen in Vietnam denselben Aufbau: Mehrere Gebäude reihen sich hintereinander auf einer Nord-Süd-Achse, der Eingang ist nach Möglichkeit gen Süden ausgerichtet. Die einzelnen Gebäude sind länglich und einstöckig, mit zuweilen tief geschwungenem Walmdach. Die Größe und damit die Bedeutung des Bauwerks lässt sich an der Anzahl der *gian* (chin. *jin*) ablesen. So nennt man die Abstände zwischen je vier Stützsäulen, die das Walmdach tragen. Das Gebäude besteht fast komplett aus Holz, nur die Seiten sind gemauert. Das schwere Walmdach ist mit Ziegeln gedeckt, die auf einem stabilen Dachstuhl mit ineinander verzapften Längs- und Querbalken ruhen. Die Stämme sind traditionell aus Eisenholz, heute wird auch Teak verwendet.

Dinh

Das Gemeinschaftshaus – **Dinh** genannt – ist Symbol des Dorfes und Stolz seiner Bewohner. Hier wird der Schutzgeist des Ortes verehrt, hier finden aber auch Zusammenkünfte des Dorfrats, Versammlungen der Bewohner und Gemeindefeste statt. Für den Erhalt ist die Dorfgemeinschaft verantwortlich. Daher lässt die Größe des Dinh auf deren Reichtum schließen. Die ältesten noch erhaltenen Bauwerke gehen auf das 16. Jh. zurück und haben zumeist die Form eines umgedrehten T. Größere Dinh sind mit Seitengebäuden versehen und liegen am Ende eines großen Vorplatzes. Der künstlerische Wert zeigt sich vor allem an den Schnitzarbeiten im Dachgebälk. Bis ins frühe 18. Jh. griffen die Kunsthandwerker eher Naturmotive auf wie etwa Wolken, Flammen, Pflanzen oder die vier mythischen Tiere, allen voran der Drache. Ab dem 19. Jh. wurden höfische Szenen populär. Im Süden, besonders im Mekong-Delta, finden sich schöne Beispiele von Dinh aus dem frühen 20. Jh., die vorwiegend aus Stein errichtet sind. Im Inneren der länglichen Hallen befinden sich teilweise sehr bunte und große Altäre zur Verehrung des Schutzgeistes.

Nghe und Den

Kleinere Tempel zur Verehrung eines Schutzgeistes werden **Nghe** genannt. An den Dachbalken im Innern können sie feine Schnitzarbeiten aufweisen. Bedeutendere Anlagen zur Verehrung von Schutzgeistern, verstorbenen Königen oder nationalen Helden – etwa die beiden Schwestern Hai Ba Trung oder die Generäle Ngo Quyen und Tran Hung Dao – heißen **Den**. Die verehrte Gestalt wird durch eine Statue oder einen leeren Thron sowie eine Namenstafel repräsentiert. Für den Transport bei Prozessionen stehen häufig Sänften, hölzerne Pferde oder Elefanten bereit. Vor dem Altar sind beidseitig Waffen und Standarten als Zeichen der Würde des Verehrten aufgestellt.

Chua

Kaum ein anderes religiöses Bauwerk hat die vietnamesische Kulturlandschaft so geprägt wie die buddhistische Pagode, **Chua** genannt. Sie steht pittoresk auf der Anhöhe eines Flusses wie die Chua Thien Mu in Hue, am Fuß eines Hügels wie die Chua Thay oder mitten in der Ebene wie Chua But Thap oder Chua Keo. Ihre erste Blütezeit erlebten die buddhistischen Kultstätten während der Ly- und Tran-Dynastien zwischen dem 11. und 14. Jh., als sie zudem bedeutende Stätten des Lernens waren. Auch im 17./18. Jh. entstanden berühmte Klöster, nachdem infolge des Zusammenbruchs der chinesischen Ming-Dynastie 1644 buddhistische Mönche nach Vietnam einwanderten und dort zu wichtigen religiösen Impulsgebern wurden.

Stilistisch werden die Anlagen in erster Linie hinsichtlich der Anordnung der Bauten unterschieden. Man benennt sie nach chinesischen Schriftzeichen, denen sie in ihrer Form ähneln.

Noi cong ngoai quoc: Die Gliederung der Gebäude des Innenbereichs (*noi*) ähnelt einem liegenden H bzw. dem chinesischen Zeichen *cong* (chin. *gong* 工). Die äußere (*ngoai*) Umfassungsmauer ist rechteckig angelegt und entspricht dem äußeren Teil des chinesischen Zeichens *quoc* (chin. *guo* 国).

Tam: Schlichtere Klöster oder Einzelensemble einer Anlage (s. Chua Thay) bestehen aus drei hintereinander parallel gelegenen Querbauten. Sie gleichen dem chinesischen Symbol für die Zahl Drei (viet. *tam*, chin. *san* 三).

Tam quan: Viele größere Klosterkomplexe – darunter Chua But Thap oder Chua Tay Phuong – sind im *tam-quan*-Stil errichtet, benannt nach dem dreiteiligen Eingangstor. Eingerahmt von einer Umfassungsmauer folgen auf einer Nord-Süd-Achse mehrere Querbauten, die häufig wie ein liegendes H angeordnet sind. An eine Vorhalle (*tien duong*) schließt sich der Saal der Räucheropfer (*thieu huong*) an, dem die Haupthalle (*thuong dien*) mit dem Hauptaltar folgt. Es reihen sich weitere Querbauten zur Verehrung der verstorbenen Äbte oder Stifter an. Seitlich als Grabmal für Mönche, aber auch manchmal an prominenter Stelle steht der Pagodenturm (*thap*).

Götterwelt auf dem Altar

Auf den Altären einer Chua zeigt sich, wie sehr der Buddhismus mit anderen Glaubensvorstellungen verwoben ist. Da vereinen sich Erdgott und Höllenwächter mit Buddhas, Bodhisattvas stehen neben dem Jadekaiser. Die Gesamtzahl geht nicht selten weit über die Hundert hinaus. Bei aller verwirrenden Vielfalt gibt es eine klar strukturierte Hierarchie. Die wichtigste Gestalt thront in der Mitte und im hinteren Bereich. Meist ist sie von Begleitern flankiert.

Auf dem aufsteigenden Hauptaltar eines buddhistischen Tempels ist häufig folgende Anordnung zu finden: Vorne stehen Bodhisattvas, zumeist mit Buddha Amitabha in der Mitte; es folgt der kindliche Buddha (Thich Ca), stehend und mit erhobenem Zeigefinger; danach macht es sich der dickbäuchige Buddha Maitreya (Di Lac) gemütlich, zuweilen von zwei Wächterfiguren flankiert; gelegentlich gibt es Darstellungen der Buddhaschüler Ananda und Kasyapa; etwa im vorderen Drittel thronen der Jadekaiser mit seinen Ministern Nam Tao und Bac Dau sowie die Göttin der Barmherzigkeit (Quan Am). Am Altarende sind oft mehrere Dreiergruppen von Buddha-Statuen zu sehen. Den Abschluss bilden die Buddhas der Drei Zeiten (Tam The Phat), von links nach rechts die Buddhas der Vergangenheit (Amitabha), der Gegenwart (Shakyamuni) und der Zukunft (Maitreya).

Auf Seitenaltären stehen die 18 Arhats (La Han), die als erleuchtete Nachfolger Buddhas für die Ausbreitung des Mahayana-Buddhismus eine wichtige Rolle spielten. Neben ihnen oder im hinteren Tempelbereich auf eigenen Altären werden die zehn Höllenrichter oder -könige (*diem vuong*) verehrt.

Traditionelle Kunst

Holzschnitzkunst

Traditionelle Schnitzarbeiten sind in erster Linie im Sakralbereich zu finden: bei den Holzskulpturen und den Verzierungen an Dachbalken und Stützsäulen eines Tempels. Die Figuren – zumeist aus dem Holz des Jackfruchtbaumes (*Artocarpus heterophyllus*) geschnitzt und mit mehreren Schichten Lack überzogen – künden von höchster künstlerischer Qualität. Leider haben nur wenige frühe Exemplare die Zeit überstanden. Ältestes bekanntes Beispiel ist ein Buddha-Torso aus dem 6. Jh., der im Mekong-Delta gefunden wurde. Zu den schönsten Skulpturen Vietnams zählt die 1656 geschnitzte Quan-Am-Figur aus dem Chua But Thap. Sie entstand während der Mac-Dynastie (1527–1667), als die Sakralkunst einen Aufschwung erlebte. Darüber hinaus zeigt sich die Kunstfertigkeit der Holzschnitzer bei den Balken- und Säulenverzierungen eines Tempels. Neben religiösen und höfischen Themen sind Darstellungen der vier heiligen Tiere (Drache, Einhorn, Kranich und Schildkröte) oder der vier heiligen Pflanzen (Aprikose, Orchidee, Chrysantheme und Bambus) beliebt. Schöne Beispiele dafür lassen sich im Dinh Hang Kenh in Hai Phong (s. S. 169) und im Chua Giac Lam in Saigon (s. S. 372) bewundern.

Lackkunst

Wie die meisten Handwerkstraditionen Vietnams hat auch die Lackkunst ihren Ursprung in China. Dort wurde das Harz des Lacksumach (*Rhus vernicifera*) bereits in der Shang-Zeit (ca. 1600–1030 v. Chr.) als Schutzanstrich und Bindemittel verwendet. Während der Westlichen Han-Dynastie (206 v. Chr.–9 n. Chr.) benutzte man den Lack für **Schnitzereien** und **Einlegearbeiten**. In dieser Zeit verbreitete sich die Kunst auch im chinesisch besetzten Vietnam, wie frühe Funde beweisen. Dort wurde außerdem der klebrige Saft des Talgsumach (*Rhus succedanea*) genommen.

Spätestens im 11. Jh. begannen die Künstler neben Einlegearbeiten damit, **Holzskulpturen** zu lackieren und zu bemalen. Da unter den Ly- und Tran-Königen (11.–14. Jh.) viele Tempel gebaut wurden, gab es einen enormen Bedarf an religiösen Figuren.

Mitte des 15. Jh. führte der Mandarin Tran Tuong Cong die Technik der **Lackmalerei** aus China ein. Er organisierte die Handwerker in Gilden und wies Dörfer an, sich auf bestimmte Künste zu spezialisieren, darunter den Ort Dinh Bang in der Provinz Bac Ninh auf Lack. Schnell gewannen bemalte Schirme, Sänften, Schatullen, Schränkchen und vieles mehr unter Vietnams Reichen und Schönen an Popularität. Ab dem 18. Jh. erfreuten sich auch lacküberzogene Perlmutteinlagen für Paravents und Mobiliar großer Beliebtheit. Zur Popularisierung dieser Kunstform trug Meister Nguyen Kim bei, dem bis heute Gedenktempel gewidmet sind. Eine ganz neue künstlerische Ausrichtung erhielt die Lackmalerei im frühen 20. Jh. durch Mitglieder der Hanoier Kunstakademie, die mit neuen Farben und verschiedenen Materialien wie etwa Eierschalen experimentierten.

Malerei

Ein Blick in die Kunstgeschichte zeigt, dass deren Entwicklung eng mit jener in China verwoben ist, selten aber die dortige Qualität erreicht hat. Das betrifft vor allem die **Kalligraphie**, die **Lack-** und die **Landschaftsmalerei**. Gerade Letztere erlangte nie die Bedeutung wie an den Höfen Ostasiens.

Holzschnitt

Wohl wegen seiner kulturellen Bedeutung und der volkstümlichen Motive genießt der **Holzschnitt** bis heute ungebrochene Popularität. Dies liegt insbesondere an den Neujahrsbildern (*thanh tet*), die alljährlich zum Tet-Fest als Glücksbringer gekauft werden. Das Dorf Dong Ho, ca. 40 km nordöstlich von Hanoi, hat sich seit Generationen deren Herstellung verschrieben. Die dortigen Künstler

fertigen die Bilder im Holzdruckverfahren an. Dabei zeichnen sie zunächst das Motiv auf den Druckstock und schnitzen es anschließend heraus. Die gestaltete Fläche des Druckstocks bestreichen sie dann mit schwarzer Farbe und pressen ihn schließlich auf Papier. Später bemalen sie die freien Flächen mit bunter Farbe. Traditionell wird das Papier aus der Rinde der Do-Pflanze (Familie der Kreuzdorngewächse) hergestellt.

Moderne Kunst

Für Bilder und Skulpturen aus Vietnam werden auf dem asiatischen Kunstmarkt teilweise hohe Beträge gezahlt. Der Besuch einer der vielen Galerien zeigt, wie kreativ und lebendig die Kunstszene des Landes ist. Das war nicht immer so.

Die École Supérieure des Beaux-Arts

Für die Anfänge der künstlerischen Avantgarde spielt der Maler **Le Huy Mien** (1873–1943) eine wichtige Rolle. Der Absolvent der Pariser Kunstakademie machte europäische Maltechniken auch in Vietnam bekannt. Von großer Bedeutung war vor allem die 1925 in Hanoi etablierte École Supérieure des Beaux-Arts de l'Indochine. Dort bemühten sich die französischen Begründer, **Victor Tardieu** (1867–1937) und **Joseph Inguimberty** (1896–1971), um eine fundierte akademische Ausbildung der Studenten. Dabei experimentierten sie auch mit traditionellen vietnamesischen Verfahren wie Lack- und Seidenmalerei (s. S. 61). Die Kunstakademie brachte namhafte Künstler hervor, darunter **Nguyen Phan Chanh** (1892–1984), ein Experte der Seidenmalerei, und **Nguyen Gia Tri** (1906–1993), der in seinen Lackarbeiten mit neuen Farben und Materialien experimentierte.

Der kreativen Anfangsphase folgten kriegs- und teilungsbedingt schwierige Zeiten für die Künstler. Kaum einer konnte von der Kunst leben. Erschwerend kam hinzu, dass die Kreativität durch ideologische Vorgaben eingeschränkt war. Die Bilder sollten die Ideale des Sozialismus verkörpern. Von diesen Zwängen waren Maler wie **Bui Xuan Phai** (1921–1988), **Nguyen Sang** (1923–1988) und **Nguyen Tu Nghiem** (geb. 1922) geprägt.

Holzschnitzer in Hoi An

Lebendige Kunstszene

Erst seit den 1990er-Jahren genießen die Künstler größere Freiheiten. Inspiriert von der internationalen Kunstszene können sie ihrer individuellen Richtung folgen und sind damit teilweise sehr erfolgreich. Zu ihnen zählen **Le Hong Thai** (geb. 1966) und **Bui Huu Hung** (geb. 1957), die sich mit Lackbildern einen Namen gemacht haben, oder **Do Quang Em** (geb. 1942), ein Meister des Realismus, und **Nguyen Trung** (geb. 1940), der führende Vertreter der abstrakten Malerei. Zu den Protagonisten der jüngeren Generation zählt **Le Thiet Cuong** (geb. 1960), dessen von klaren Linien und Formen geprägte Bilder mittlerweile in aller Welt ausgestellt werden.

Musik

Für europäische Ohren klingt die vietnamesische Musik recht gewöhnungsbedürftig, da sie dem Prinzip der für Ostasien typischen **Fünftonmusik** (Pentatonik) folgt. Einerseits von der chinesischen Musik beeinflusst, finden sich andererseits auch Einflüsse aus der Musikkultur der Cham. Dies verwundert nicht, waren doch Musiker der Cham seit König Ly Thai To im 11. Jh. am vietnamesischen Hof beliebt. Musik zählte neben Bogenschießen, Reiten, Rechnen, den Riten und dem Schreiben von Briefen zu den sechs freien Künsten, durfte also von jedem Freien ausgeübt werden. Entsprechend vielseitig hat sie sich im Laufe der Jahrhunderte entwickelt: höfisch förmlich und streng – wie etwa die **Hofmusik von Hue** (*nha nhac*) oder **volkstümlich** lebendig und humorvoll. Ähnlich vielseitig zeigt sich die **zeitgenössische Musik**, in der sich durchaus traditionelle mit westlichen und anderen asiatischen Richtungen verbinden können.

Instrumente

Ein Ensemble für klassische vietnamesische Musik besteht aus acht Musikern. Neben Trommeln, Tamburinen und Zimbeln spielen sie primär Saiten- und Blasinstrumente.

Dan Bau (Dan Doc Huyen): Der Ursprung des einsaitigen Instruments mit länglichem Resonanzkörper soll auf das 7. Jh. zurückgehen. Meist übernimmt es die Melodieführung. Der Ton verändert sich durch Berühren der Saite bei gleichzeitigem Bewegen des Saitenhalters am Ende des Klangkörpers.

Dan Tranh (Thap Luc): Die aus China stammende Zither (chin. *guzheng*) kann bis zu 21 Saiten haben und besticht mit einem klaren, durchdringenden Ton. Er wird dadurch erzeugt, dass der Spieler mit der rechten Hand die Saite anzupft und mit der linken die gleiche Saite herunterdrückt oder schwingt.

Dan Nguyet und **Dan Nhat:** Die zweisaitige Mondlaute (Dan Nguyet) besitzt einen langen schmalen Hals und einen rundlichen Klangkörper, im Gegensatz dazu weist die fünfsaitige Sonnenlaute (Dan Nhat) einen kurzen Hals und einen großen runden Klangkörper auf.

Dan Ty Ba: Ursprünglich kommt die viersaitige Laute mit dem birnenförmigen Klangkörper, der elegant in den schmaler werdenden Hals übergeht, aus China (chin. *pipa*). Sie ist ein beliebtes Soloinstrument.

Dan Nhi (Dan Co): Mit einem schmalen Bogen gestrichen, gibt die zweisaitige Fiedel durchdringende Töne von sich. Der mit Schlangenhaut bespannte Klangzylinder ruht auf den Knien des Spielers, der dünne lange Hals wird senkrecht gehalten. Sie ist chinesischen Ursprungs (chin. *erhu*).

Ong Dich (Ong Sao): Die Bambusflöte mit normalerweise sechs Löchern gibt es in verschiedenen Ausführungen.

Ken: Ziemlich schrill kann die vietnamesische Oboe (chin. *suona*) mit sechs Öffnungen und trompetengroßem Trichter klingen, besonders wenn es in die höchste der drei möglichen Oktaven geht.

Dan T'rung: Das Xylophon aus Bambus ist nicht immer Teil des Ensembles. Seinen Ursprung hat es bei den Völkern des zentralen Hochlands.

Literatur

Die vietnamesische Literatur wurde bis in die Neuzeit von zwei Hauptquellen gespeist: der mündlich überlieferten **Volksdichtung** (*van hoc dan gian*) in Form von Märchen, Sagen und Sinnsprüchen sowie der **Gelehrtenliteratur** (*van hoc bac hoc*), die am Königshof, den Akademien und in den buddhistischen Klöstern zu Hause war. Aus dem Mund bekannter Mönche entstanden viele bis heute bekannte **Verse** (*gatha*), in denen sich buddhistische Lehre und Dichtkunst vermischten. Allein der Mönch Van Hanh (gest. 1018) soll Hunderte solcher Gathas verfasst haben, darunter folgendes: »Der menschliche Leib ist wie ein Aufleuchten des Blitzes, der nur existiert, um ins Nichts zurückzukehren. Wie der Frühling erblüht, um im Herbst zu verwelken. Verschwende keine Gedanken über den Fortlauf, denn er ist ohne Zweck. Kommen und Gehen sind wie Tau.«

Am Hof und in den Akademien benutzten die Gelehrten das chinesische Schriftsystem, ab dem 13. Jh. auch die Nom-Schrift. Erstes bedeutendes Werk in *chu nom* war die 1272 erschienene »Geschichte von Dai Viet« (»Dai Viet Su Ky«) aus der Hand des Chronisten **Le Van Huu**. Als bedeutendster Literat des 15. Jh. gilt **Nguyen Trai** (1380–1442), ein Mitstreiter von Le Loi im Kampf gegen die Ming-Besatzer. Aus seiner Feder stammen über 200 Gedichte in Nom-Schrift. Um die Nom-Dichtung weiteren Gesellschaftskreisen zugänglicher zu machen, gründete König Le Thanh Tong eine **Literaturakademie**.

Hellster Stern am vietnamesischen Literatenhimmel ist fraglos **Nguyen Du** (1765–1820). Seine 1802 auf Basis einer chinesischen Erzählung in vietnamesischer Prosa geschriebene »Geschichte von Kim Van Kieu« (»Truyen Kieu«) gilt als wichtigstes literarisches Werk. Fast jedes Kind kennt die Abenteuer der jungen Kieu, die ihre Liebe zu dem jungen Gelehrten Kim Trong aufgeben muss, um einen anderen Mann zu heiraten. Denn nur so glaubt sie, Vater und Bruder aus der Gefangenschaft befreien zu können. Ganz unten angelangt, muss sie sich sogar im Bordell verdingen. Doch schließlich werden Kieu und Kim Trong wieder vereint. Das Werk ist voller Kritik an den sozialen Verhältnissen. Auch die ›Königin der Nom-Dichtung‹ und Zeitgenossin von Nguyen Du, **Ho Xuan Huong** (1768–1839), sparte nicht mit Gesellschaftskritik. Ihre Gedichte sind voller Hintersinn und erotischer Anspielungen, mit denen sie die Doppelmoral und Selbstverliebtheit der Männergesellschaft thematisierte. So schreibt sie, die Konkubine eines Mandarins: »Die Hand, die mich knetet, mag grob sein, aber ich halte mein wahres rotes Herz rein.«

Literarische Moderne

Mit dem 1922 unter dem Pseudonym Song An erschienenen Liebesroman »To Tam« läutete **Hoang Ngoc Phach** (1896–1973) die literarische Moderne ein. Die folgenden Jahrzehnte dominierten die Themen Krieg und Unabhängigkeit. Seit den 1980er-Jahren lässt sich in den Romanen eine eher kritische Auseinandersetzung mit der eigenen Geschichte beobachten. Dies gilt vor allem für die Werke von **Vu Trong Phung**, **Ma Van Khang**, **Le Minh Khue** und **Nguyen Huy Thiep**. Die Hauptwerke von **Duong Thu Huong**, die aufgrund der in ihnen geübten Gesellschaftskritik zeitweise Schreibverbot erhielt, liegen in deutschen Übersetzungen vor. In Zeiten des globalisierten Buchmarktes, der auch Vietnams Buchhandlungen mit westlicher Literatur überschwemmt, wird es für vietnamesische Autoren jedoch immer schwieriger, eine interessierte Leserschaft zu finden.

Theater

Derzeit lassen sich für das vietnamesische Theater zwei gegenläufige Trends beobachten. Einerseits nimmt in Zeiten elektronischer Medien das allgemeine Interesse am Bühnenspiel ab. Andererseits findet die traditionelle Schauspielkunst nicht zuletzt dank des Tourismus deutlich mehr Beachtung als in der jüngeren Vergangenheit. Im Rahmen von Tempelfesten und Festivals werden heute wieder häufiger Theaterstücke aufgeführt.

Die Anfänge des Schauspiels in Vietnam lassen sich bis ins 12. Jh. zurückverfolgen. Damals förderte das Königshaus Aufführungen, und die Zahl der Tempelfeste nahm zu. Doch erst im 17. Jh. hatten sich jene beiden klassischen Formen herausgebildet, die auch heute noch dominieren: das Volkstheater und das höfische Theater.

Volkstheater (Cheo)

Das volkstümliche Theater findet sein Auditorium vor allem auf dem Land. Zu den Dorf- und Tempelfesten bauen die herumreisenden Theaterensembles für einige Tage ihre Wanderbühne auf. Die zumeist religiösen Feste bestehen aus dem rituellen (*le*) und dem weltlichen Part (*hoi*) mit Jahrmarkttreiben und Schauspiel. Die Hauptakteure in den Stücken – eine Mischung aus Satire, Melodram und Gesang – sind niedrige Beamte, Mönche, Studenten oder Bauern, aber auch Geister, Dämonen und Götter. Es geht vor allem um moralische Themen mit dem Fazit: Gutsein zahlt sich aus, Bosheit wird bestraft. Aktuelle Bezüge dürfen nicht fehlen, so kommen heute auch Themen wie HIV/AIDS, Korruption und Auswüchse des Kapitalismus zur Sprache.

Höfisches Theater (Tuong)

Das höfische Theater ist thematisch stark von China beeinflusst und präsentiert sich wie dort als eine Mischung aus Gesang, Akrobatik und Mimenspiel. Im Zentrum des Geschehens steht in den meisten Stücken der Königshof. Eine typische Geschichte kann so verlaufen: Dem Tod eines Königs folgt eine Rebellion. Königin und Thronfolger werden festgenommen. Trotz aller Versuche vermögen die Rebellen den kleinen Kronprinzen nicht zu töten. Nach vielen Abenteuern gelingt es jenem schließlich, zusammen mit loyalen Untertanen den Thron zurückzuerobern. Die über 500 bekannten Stücke sind oft Lobeshymnen auf konfuzianische Tugenden wie Opferbereitschaft und Loyalität. Mimik und Tonlage im Sprechgesang der bunt geschminkten Akteure sind exakt festgelegt.

Auch Herrscher wie der Minh-Mang- und der Tu-Duc-König griffen zu Tusche und

Schreibfeder, um Tuong-Stücke zu schreiben. Modernere Inszenierungen greifen allgemeine Themen auf. Mit dem Niedergang der Monarchie hat das Tuong an Bedeutung eingebüßt.

Reformtheater (Cai luong)

Im Saigon der 1920er-Jahre entstand eine Reformbewegung in der Schauspielkunst. Beeinflusst vom europäischen Theater ist die Themenwahl im Gegensatz zum Cheo und Tuong relativ flexibel. Die Stoffe können historisch, aber auch modern sein, die Stücke kurz oder lang. Aufgrund dieser Offenheit hat es sich im ganzen Land schnell ausgebreitet und regionale Eigenheiten entwickelt. Heute spielen über die Hälfte aller Schauspielensembles Cai luong.

Wasserpuppentheater (Mua roi nuoc)

Am ehesten kommen Touristen mit dem Wasserpuppentheater in Berührung und erfreuen sich an den lustigen Szenen: wie der Fuchs dem Entenhüter das Federvieh stibitzt oder die Phönixe sich tief in die Augen schauen, wie Bauern singend den Reis pflanzen und Drachen rauchend Feuer spucken. In dieser Form ist das Puppentheater weltweit einmalig. Die Puppenspieler stehen hüfttief im Wasser und bewegen hinter der Kulisse mit langen Bambusstangen und Fäden die bis zu 70 cm großen Figuren. Nicht selten wiegen die mit Lackfarben bemalten Puppen 15 kg und sind aus dem leichten, doch festen Holz der Trauben- (*Ficus racemosa*) oder Doldenfeige (*Ficus glomerata*) geschnitzt. Seinen Ursprung hat das Mua roi nuoc in den Reisfeldern des Roten-Fluss-Deltas. Möglicherweise wurde es erstmals im 12. Jh. an der Chua Thay aufgeführt, bis heute ist das Dorf Phu Da unweit der Chua Tay Phuong für seine Wasserpuppenspieler bekannt. An den Königshöfen des 17./18. Jh. erlebte es einen Höhepunkt. Auch die Nguyen-Herrscher liebten das Puppenspiel. Wie beim Cheo zogen die Puppenspieler von Tempelfest zu Tempelfest, um die Dorfbewohner zu belustigen und zu belehren.

Die Wasserpuppen sind mit Lackfarben bemalt

Essen und Trinken

»Glücklich sein heißt satt sein«, lautet ein bekanntes Sprichwort. Kein Wunder, dass Essen zu den Lieblingsbeschäftigungen der Vietnamesen zählt. An jeder Straßenecke wird gebrutzelt und gekocht. Zwar gibt es immer mehr Edelrestaurants mit schönem Ambiente, doch die besten Gerichte stammen nicht selten aus der Garküche. Eine Reise durch Vietnam geht auch immer durch den Magen.

»*An com chua*«, »Hast du schon gegessen?«, schallt es zur Mittagszeit durch die Büroräume und Straßen. Dann bewegen sich Chefs und Angestellte gleichermaßen in Richtung Garküche und Restaurant, um sich zu stärken. Oft kommt das Essen auch direkt zu ihnen. Frauen ziehen durch die Straßen und verkünden lautstark ihr Angebot, die Tragekörbe sind voll mit Gekochtem und Gegrilltem.

Die Offenheit der Vietnamesen Fremdem gegenüber hat auch ihre Küche beeinflusst. Im Laufe der langen Geschichte vermischte sie sich mit Chinesischem, Indischem und Französischem. So schmeckt der Hummer- und Süßkartoffel-Curry, *ca ri tom tum voi khoai lang*, unverkennbar südasiatisch. Dass die Vietnamesen passionierte Kaffeetrinker sind und gerne Baguettes (*banh mi*) verzehren, etwa mit gegrilltem Schweinefleisch (*banh mi thit nuong*), ist ein Relikt aus jener Epoche, als die Grande Nation das Sagen hatte.

Die drei Unverzichtbaren

Ohne die folgenden drei Elemente kommt die vietnamesische Küche einfach nicht aus: Reis, frische Kräuter und Fischsoße. Allein ca. 20 Sorten **Reis** (*com*) finden ihren Weg in die Küchen des Landes, pro Tag konsumiert ein Vietnamese über 500 g des weißen Korns (China: ca. 250 g).

Ein Teller mit **duftenden Kräutern** (*rau thom*) darf ebenfalls nicht fehlen. Dazu gehören: Basilikum (*rau que*), Vietnamesische Melisse oder Kammminze (*rau kinh gioi*), Koriander (*rau mui* oder *ngo*), Minze (*rau hung cay*), Petersilie (*rau mui tay*), die Reisfeldpflanze (*rau om*), Schwarznessel oder Rotes Perillakraut (*rau tia to)* und der Vietnamesische Koriander (*rau ram*). Die frischen Kräuter werden einfach mit den anderen Beigaben gemischt und geben dem Gericht die nötige Frische und Vitamine.

In einem kleinen Schälchen oder einem Fläschchen kommt **Fischsoße** (*nuoc mam*) auf den Tisch. Um diese streng riechende, wie Bernstein hellbraun leuchtende Flüssigkeit wird ein Kult getrieben wie in Europa um Wein und Whiskey. Zu den bekanntesten Produktionsstätten gehören Phan Thiet und die Insel Phu Quoc. Kleine Fische – zumeist Sardellen (*ca com*) – legt man in Salz ein und lässt sie über mehrere Monate in großen Fässern fermentieren. Das abgelassene Wasser wird oben wieder hineingefüllt. Nuoc mam liefert die richtige Würze und deckt den Salzbedarf.

Kulinarische Vielfalt

In Vietnam gibt es eine erstaunliche Vielfalt an **Frühlingsrollen**. Gebraten und mit einer Gemüse-Fleisch-Mischung gefüllt nennt man sie im Norden *nem saigon* und im Süden *cha* *gio*. Als gedämpfte Reismehlrollen heißen sie *banh cuon*, mit Schweine- und Garnelenfleisch gefüllt *banh cuon tom*, mit Rind *banh cuon thit bo* und vegetarisch *banh cuon chay*. Bei den rohen ›Glücksrollen‹, *goi cuon*, kommen die Beigaben getrennt zum Selberwickeln auf den Tisch.

Wahre Gaumenfreuden verheißen auch die **Salate** (*goi*), etwa jene mit Schweinefleisch und Pomelostückchen, *rau tron thit xay cua va buoi*. Beim *goi ngo sen* werden Lotosstängel in kleine Stücke geschnitten und mit Karotten, Garnelen und Zwiebeln gemischt. Ähnlich wird auch der *goi bap chuoi* zubereitet, wobei anstelle der Lotosstängel das kleingehackte Innere der Bananenblüte genommen wird. Genannte Salate werden gerne als Entree zusammen mit Garnelen-Crackern (*banh phong tom*) gegessen.

Nudeln gibt es in vielen Varianten, etwa als weiche runde Reisnudeln (*bun*) oder als etwas härtere Reisnudeln (*banh pho*), die in sehr dünner Ausführung *banh hoi* genannt werden. Dann gibt es gelbe Weizennudeln (*mi*), etwas dickere aus Bohnenmehl hergestellte Glasnudeln (*mien lon*; *lon* bedeutet dick) und die sehr dünnen Glasnudeln aus Tapiokamehl (*mien nho*; *nho* bedeutet dünn).

Nicht jedermanns Geschmack

Die putzigen Hündchen, die sich im beengten Käfig vor dem Laden drängen, werden wohl nie mit Kindern durch eine Wohnung tollen. Sie sind für den Verzehr gedacht. **Hundefleisch** (*thit cho*) ist im Norden Vietnams eine Delikatesse. Mit *thit cho* oder *thit cay* locken die einschlägigen Lokale ihre Kundschaft. Traditionell wird Hund jedoch nur in der zweiten Hälfte des Mondmonats verspeist. Was auf den Tisch kommt, sieht durchaus schmackhaft aus: gebratener Hund (*thit cho xao ban*) mit Galgant (*rieng*), einer Ingwerart etwa, oder gekochter Hund (*thit cho hap*) mit Reisnudeln (*bun*). Zum Dippen gibt es Garnelensoße (*mam tom*) und zum Löschen Reisschnaps.

Geduld benötigt man bei der Herstellung von Frühlingsrollenteig

Auch **Schlange** (*ran*), **Frosch** (*ech*), **Schildkröte** (*rua*), **Stachelschwein** (*nhiem*), **Wiesel** (*chon*) oder **Makaken** (*khi*) bereichern den Speiseplan einschlägiger Geschäfte. Oder soll es *tiet canh vit*, **warmes Entenblut mit Innereien** sein, das traditionell zum Jahrestag eines Verstorbenen verzehrt wird? Die Liste gewöhnungsbedürftiger und Arten vernichtender Gerichte ließe sich fortsetzen. Dass die Jagd auf Wildtiere in Vietnam nach wie vor ein großes Problem ist, hat damit zu tun, dass immer mehr Vietnamesen bereit sind, für solche ›Köstlichkeiten‹ viel Geld zu bezahlen.

Regionale Besonderheiten der Küche

Bei diesem lang gezogenen Land verwundert es nicht, dass sich regionale Eigenheiten herausgebildet haben. Durch die verstärkte Mobilität der Bewohner verändert sich jedoch der Geschmack. So sind in Saigon nun auch viele nordvietnamesische Gerichte populär.

Nordvietnamesische Speisen

Im kühleren Norden wird weniger gewürzt, dafür mehr Suppe gegessen. Am bekanntesten ist sicherlich *pho bo*, **Reisnudelsuppe mit Rindfleisch**. Seit eine wachsende Zahl von einschlägigen Lokalen, wie etwa die Nudelsuppen-Kette Pho 24, sich darauf spezialisiert hat, avanciert die *pho* zum nationalen Schnellgericht.

Eine beliebte Freizeitbeschäftigung – etwa bei Familien oder unter Jugendlichen – ist das gemeinsame Sitzen rund um den **Feuertopf** (*lau*). Salatblätter, Kräuter, Fleisch und Fisch werden dazu wie beim Fondue in einer Brühe gegart und gegessen.

Eine Spezialität aus Hanoi ist *cha ca*, **gebratener Fisch mit Dill**. Es erfreut sich unter Touristen ebenso einer wachsenden Fangemeinde wie *bun cha*, **kalte Reisnudeln**, die mit gebratenem Schwein oder Rind und frischen Kräutern kredenzt werden.

Etwas gewöhnungsbedürftig ist das bitter schmeckende *canh kho qua nhoi thit*, **mit Schweinefleisch gefüllte Balsambirne** (*kho qua*), die wegen ihrer heilenden Wirkung geschätzt wird.

Zentralvietnamesische Speisen

Die feine Küche der letzten Könige hat ihre Spuren hinterlassen, ließen sich die Herrscher doch pro Mahlzeit Dutzende Gerichte kredenzen. Hue gilt als die Stadt der Haute Cuisine Vietnams. Über 600 Rezepte sollen heute noch verbreitet sein, darunter Leckereien wie *bo ba lot*, **in Blätter des Betelpfeffers gelegte Rindfleischröllchen**, oder *banh beo*, **gedämpfter Reispudding mit zerkleinerten Garnelen**.

Wie ein **Pfannkuchen** wird *banh khoai* zusammen mit Schwein oder Garnele und Sojabohnensprossen zubereitet und vor dem Verzehr in eine Erdnuss-Sesamsoße getunkt. *Khoai* ist der Name der verwendeten Pfanne. *Com sen*, **Klebereis mit Samen der Lotosblume**, oder *banh it*, **gemahlener Klebereis**, sind weitere Spezialitäten aus der Mitte Vietnams. Gemahlenen Klebereis gibt es in verschiedenen Variationen: *banh it ram* sind kleine Klebereisbällchen mit Shrimps- und Schweinefleischstückchen, *banh it la gai* besteht aus Klebereis, Zucker, Gemüse und grünen Bohnen. Eine eigene Variante davon findet sich in Hoi An: *banh it la gai tran*.

Als eine Delikatesse gilt **auf einem Zuckerrohrstück gegrilltes Garnelen- und Schweinefleisch**, *chao tom voi thit lon xay*. Auch **Schweinefleisch oder Fisch in Karamellsoße**, *thit kho to* bzw. *ca kho to*, erfreut sich großer Beliebtheit. Das Gericht wird in einem Tontopf serviert. Als Zwischenmahlzeit dient *che dau xanh*, eine **süße Suppe mit Bohnen, Tapioka und Bananenblüte** oder **Lotossamen**.

Südvietnamesische Speisen

Den Bewohnern des tropischen Südens wird eine gewisse Tendenz zur Hitzköpfigkeit nachgesagt. Möglicherweise liegt dies daran, dass sie ihr Essen stärker würzen, zuweilen auch recht scharf. Bevorzugte Gewürze sind alle Varianten und Größen von **Chili** – sei es frisch (*ot*), als Pulver (*ot mau*), Soße (*tuong ot*) oder Paste (*tuong ot tuoi*) – sowie **Ingwer** (*gung*), **Zitronengras** (*cay xa*) und **Sternanis** (*hoi huong*). Aus Kambodscha kommt vielleicht die Vorliebe, bei der Zubereitung der Gerichte in den Wok auch **Kokosnuss** (*dua*) zu mischen, seien es die Raspeln (*dua co*) oder die Milch (*nuoc cot dua*).

Zu den populären Gerichten Südvietnams zählen *nem nuong*, **Schweinefleischbällchen auf Spießchen**, und *bun thit nuong*, **gegrilltes Schweinefleisch mit weichen Reisnudeln**. Auch **Hühnerfleisch mit Zitronengras**, *ga xao xa ot*, landet gerne in den Tellern. **Pfannkuchen aus Reismehl** mit Fleisch oder Garnelen, *banh xeo* genannt, werden mit Sojabohnensprossen serviert.

Fischgerichte sind zwar im ganzen Land populär, aber auch da gibt es lokale Spezialitäten. Phu Quoc ist nicht nur aufgrund der Fischsoße bekannt, sondern auch wegen *ca thu chien*, **frischen Makrelen**, die mit Pfeffer eingerieben, gebraten und dann mit Gemüse serviert werden. Die Insulaner schlürfen auch gerne *canh chua tom*, eine **süßsaure Garnelensuppe**.

Essen gehen

Wie in vielen Ländern Asiens stellt man auch in Vietnam eine Auswahl von Gerichten zusammen, um sie mit den Tischgenossen zu teilen. Jeder bedient sich mit seinen Stäbchen. Isst man mit Vietnamesen, so bekommt man nicht selten das beste Stück. Wer ins Restaurant oder nach Hause eingeladen ist, sollte die Teller mit den Beilagen nie leer essen; täte man es, würde dies signalisieren, dass der Gastgeber nicht ausreichend aufgetischt hat.

In einfachen Lokalen und Garküchen ist Trinkgeld unüblich, wer will, kann ein paar Scheine liegen lassen. Bei besseren Restaurants wird die Rechnung oft in einem kleinen Mäppchen gebracht. Dort kann man etwas Restgeld (etwa 10 % des Rechnungsbetrags) hineinlegen. Einzelabrechnungen sind unüblich, traditionell übernimmt einer die Gesamtrechnung.

Restaurants

Wer zu Beginn der 1990er-Jahre Vietnam besuchte, hatte große Schwierigkeiten, ein einigermaßen gutes Lokal zu finden. Dies hat sich völlig geändert. In den Metropolen konkurrieren die großen Hotels mit Themen-Dinners wie Summer Italian Flavours oder Seafood Night. Auch ansonsten ist die internationale Küche gut vertreten. Doch auch die vietnamesische Küche wird immer raffinierter präsentiert, sei es mit kolonialem Touch, in traditionell vietnamesischem Ambiente oder im hypermodernen Lounge-Stil.

Fernab der Touristenzentren zeigt sich die Küche bescheidener – und unverfälschter. Mit *com* oder *pho* weisen die Lokale darauf hin, ob sie Reisgerichte, Suppen oder beides im Angebot haben. Die *com binh dan* genannten Lokale bereiten zur Mittagszeit einige Speisen vor, aus denen die Gäste wählen können. Gaststätten mit vegetarischen Gerichten – oft in der Nähe buddhistischer Tempel zu finden, da Mönche, Nonnen und fromme Gläubige kein Fleisch essen – werben mit *com chay*. Das Ambiente der Lokale ist eher schlicht, auch lässt die Reinlichkeit zu wünschen übrig, doch was auf den Tisch kommt, kann sich sehen lassen. Wie überall auf der Welt lässt sich auch in Vietnam die Popularität eines Lokals daran erkennen, wie voll es ist.

Verlockende Garküchen

Das beste Essen gibt es zumeist in den Garküchen. Sie bieten zwar nur wenige Gerichte an, doch die wurden über die Jahre stetig verfeinert. Oft ist nur Platz für wenige Kunden, die sich auf Hockern um einen Tisch zwängen. Vor allem abends breiten sich vielerorts größere Garküchen aus, in denen man bei Feuertopf oder Fischgerichten richtig schlemmen kann. So schmackhaft dies alles oft aussieht, um den Essensgenuss nicht zu verderben, sollte man die Faustregel der Weltgesundheitsorganisation (WHO) beherzigen: ungekochte oder nicht gebratene Nahrungsmittel ebenso vermeiden wie unge-

Schnelle Küche im Victoria Express Train auf der Strecke Hanoi–Lao Cai

schältes Obst und Gemüse. Wer aber allzu ängstlich ist, wird einige wunderbare kulinarische Erlebnisse versäumen.

Essenszeiten

In Vietnam wird traditionell früh gegessen. Zum **Frühstück** sind Nudelsuppen beliebt. Das **Mittagessen** wird nach Möglichkeit zwischen 11 und 13 Uhr eingenommen, das **Abendessen** nicht selten bereits ab 18 Uhr.

Stäbchen, Löffel, Schale

Stäbchen und **Reisschale** gehören zur Grundausstattung. Die Beigaben werden in die Schale gelegt und zusammen mit dem Reis gegessen. Der Umgang mit dem Stäbchen ist sicherlich gewöhnungsbedürftig, aber weniger schwierig, als es scheint. Während das untere Stäbchen fest auf dem Ringfinger und in der Falte zwischen Daumen und Zeigefinger ruht, bleibt das obere Stäbchen beweglich, indem man den vorderen Teil zwischen Zeige- und Mittelfinger einklemmt und den hinteren mit dem Daumen gegen den Zeigefinger drückt. Es gilt: Übung macht den Meister. Für Suppen gibt es **Porzellanlöffel**, größere Ingredienzen werden mit Stäbchen herausgefischt – was dem Hungrigen bei langen Reisnudeln schon eine gewisse Fingerfertigkeit abverlangt.

Getränke

Tee und Kaffee

Es ist fast schon ein kleines Begrüßungsritual: Kaum hat man sich bei einem Geschäftstermin oder Privatbesuch gesetzt, bietet der Gastgeber **Tee** an. Dazu stehen auf dem Tisch ein kleines Teeservice und eine Thermoskanne mit heißem Wasser bereit. Der **grüne Tee** – im Norden *che xanh* und im Süden *tra xanh* genannt – ist Vietnams Nationalgetränk und wird zu jeder Gelegenheit getrunken. Als Varianten gibt es **Lotos-** (*tra sen*) oder **Jasmintee** (*tra hoa lai*), gelegentlich auch **Schwarztee** (*tra den*).

Vietnam zählt zu den führenden Exportnationen für **Kaffee**, kein Wunder also, dass das schwarze Gebräu auch im Land selbst gern konsumiert wird. Zumeist serviert man ihn im Glas mit Filteraufsatz. Schwarzer Kaffee ohne Milch und Zucker heißt *ca phe den*, Kaffee mit (meist süßer) Kondensmilch wird *ca phe voi dua* (sprich: *sua*) genannt. Wer noch Zucker will, bestellt *ca phe voi sua va duong*.

Alkoholische Getränke

An alkoholischen Getränken ist – zumindest in den Städten – nahezu alles erhältlich. Jede Region in Vietnam hat ihr eigenes **Bier**, sei es bia Ha noi in der Hauptstadt, Huda in Hue, Larue in Da Nang oder bia Saigon in der Südmetropole. Landesweit gibt es das bia 333 (sprich: bababa) sowie eine Reihe internationaler Marken, allen voran Tiger Beer. Anfangs wurde Fassbier (*bia hoi*) nur im Norden ausgeschenkt, doch inzwischen ist es im ganzen Land zu finden.

Auch in Sachen **Wein** (*ruou vang*) hat sich einiges getan. Aus der Gegend um Da Lat stammt der gleichnamige Vang Da Lat (www.dalatwine.com). In der Stadt des ewigen Frühlings werden auch **Fruchtweine** und **Liköre**, beispielsweise aus Erdbeeren, produziert.

Lieblingsgetränk der (männlichen) Vietnamesen ist und bleibt der **Reisschnaps** (*ruou de*), den es in verschiedenen Varianten gibt. Der *ruou nep* wird aus Klebereis gebrannt. Beim *ruou ran*, dem Schlangenschnaps, ist etliches Getier eingelegt, nicht nur Schlange. Er soll gesundheitsfördernd sein und der männlichen Potenz auf die Sprünge helfen. Den Zöllner erfreut das beliebte Mitbringsel bei der Einreise allerdings nicht – also nicht als Souvenir mit im Gepäck verstauen.

Kulinarischer Lesetipp

Bingemer, Susanna/Gerlach, Hans: Vietnam. Küche und Kultur. München 2004. Schon beim Blättern läuft einem angesichts der leckeren Rezepte und tollen Fotos das Wasser im Mund zusammen. Dazu gibt es spannende Reportagen über die Kultur Vietnams.

Ein Blick in die Töpfe – Kochschulen

Thema

Was hat es mit dem Yin und Yang des Essens auf sich, wie kann ich die vielen Kräuter auseinanderhalten? Wie koche ich am besten die Reisnudeln, welche Gewürze nehme ich? Fragen, die immer mehr Hotels und Restaurants ihren Gästen erläutern und Letztere in die Kochkünste Vietnams einführen.

Als Trinh Diem Vy 1991 ihr erstes bescheidenes Restaurant in Hoi An eröffnete, ahnte sie nicht, welche Entwicklung der Tourismus in ihrer Heimatstadt nehmen würde. Heute leitet sie drei Restaurants und auch eine Kochschule, denn immer mehr Gäste wollen nicht nur die vielen Köstlichkeiten probieren, sondern wissen, wie sie gekocht werden. Für Europäer sind all die Zutaten und Gewürze fremd und exotisch. Vietnams Küche ist ganz anders als jene in Thailand, und was dort schon lange erfolgreich geboten wird, wollen nun vietnamesische Hotels und Restaurants ihren Gästen bieten: einen Kochkurs.

Zunächst geht es auf den Markt, um die Zutaten kennenzulernen. Bei Fisch und Fleisch scheint das noch unproblematisch zu sein, aber bei der Auswahl von Kräutern wird es schwieriger. Was ist da nun Basilikum, was die Reisfeldpflanze? Und wie unterscheide ich Koriander vom Vietnamesischen Koriander? Beim Kochen wird es dann spannend. Mit großen Hackmessern wird zerkleinert, in Mörsern zerstampft und mit Stäbchen verrührt, und dann brutzeln die Köstlichkeiten im Wok oder liegen auf dem Grill.

Möglicherweise ist das Gericht nicht perfekt geworden, aber die Schüler sind um einige Erfahrungen reicher. Vielleicht wissen sie nun mehr über die Zutaten und Gewürze für die berühmte Fischsoße oder wie ihnen die Frühlingsrollen am besten gelingen. Sie haben gelernt, welche Gerichte zusammenpassen, um das Yin und Yang ins Gleichgewicht zu bringen. Und möglicherweise ist ihnen nun endlich klar, warum die bittere Balsambirne (*kho qua*) so gesund ist.

Im Folgenden seien einige Kochschulen genannt.

Morning Glory: 106 D. Nguyen Thai Hoc, Hoi An, Tel. 0510-24 15 55, www.hoianhospitality.com. Unter der Anleitung von Frau Vy und Frau Lu werden Halbtagskurse mit verschiedenen Schwerpunkten angeboten, darunter ein Kurs Gesundes Kochen.

Red Bridge Restaurant & Cooking School: Thon 4, Cam Thanh, Hoi An, Tel. 0510-93 32 22, www.visithoian.com. Nach dem Besuch des Marktes bringt das Boot die Gäste zum wunderschön am Fluss gelegenen Restaurant. Dort gibt es eine gute halbtägige Einführung.

Sofitel Metropole: 15 Ngo Quyen, Hanoi, Tel. 04-826 69 19, www.accorhotels-asia.com. Das Spices Garden Restaurant des legendären Hotels gibt Mo–Fr spannende Einführungen in die Kochkunst Vietnams. Neben den Halbtagskursen am Vormittag und Nachmittag kann man sich auch für einen Ganztagskurs entscheiden.

Vietnam Cookery Center: M1 Cu Xa Tan Cang (362/8 Ung Van Khiem), Binh Thanh Dist., Ho-Chi-Minh-Stadt, Tel. 08-512 14 91, www.vietnamcookery.com. Theorie und Praxis sind hier gut ausbalanciert. Es gibt auch Kochkurse für Kinder. Filiale in Nha Trang.

Kulinarisches Lexikon

Allgemeines

Einen Tisch für zwei Personen, bitte.	Xin cho ban hai nguoi.
Die Speisekarte, bitte.	Xin cho toi xem thuc don.
Die Rechnung, bitte.	tinh tien
Ich bin Vegetarier.	Toi an chay.
Bitte bringen Sie ...	Lam on cho ...
Vorspeise	mon an choi
Suppe	canh, xup
Hauptgericht	mon an
Nachspeise	mon trang mieng
Teller	dia
Schälchen	bat/do
Stäbchen	dua
Messer	dao
Gabel	nia/dia
Löffel	thia
Glas	coc/ly
Flasche	chai
Salz/Pfeffer	muoi/hat tieu
Zucker	duong
Süßstoff	duong hoa hoc, chat ngot gia
Bedienung	nguoi hau ban

Zubereitung/Spezialitäten

an chay	vegetarisch
chien/ran	gebraten
luoc	gekocht
nuong	gegrillt
xao	gedünstet
cay xa	Zitronengras
da	Eis
muoi ot	Salz-Chili-Mix
nuoc leo	Erdnusssoße
nuoc (mam) cham	Fischsoße mit Zucker und Chili
nuoc mam	Fischsoße
nuoc tuong	Sojasoße
ot	Chili
ot mau	Chilipulver
rau thom	frische Kräuter
tuong ot	Chilisoße
banh cuon tom	Garnelenrolle
canh chua	scharfsaure Suppe
chao	Reissuppe
lau	Feuertopf
mien	Suppe mit Glasnudeln
pho	Suppe mit Reisnudeln
canh chua tom	süßsaure Garnelensuppe
bun thit bo nuong	gegrilltes Rind mit Nudeln und Zitronengras
chao tom voi thit lon xay	gegrilltes Garnelen- und Schweinefleisch am Zuckerrohrstück
cua rang voi sot me	Krebs in Tamarindensoße
ga kho gung	gekochtes Huhn mit Ingwer
goi bap chuoi	Bananenblütensalat
goi du du	grüner Papayasalat
goi ngo sen	Salat mit Lotos
rau thom com ga	Reis mit Minze und zerkleinertem Huhn
thit kho to	Schweinefleisch in Karamellsoße

Fisch und Meeresfrüchte

ca chien	gebratener Fisch
ca hap	gedünsteter Fisch
ca ho	getrockneter Fisch
cua	Garnelen
ech	Frosch
luon	Aal
muc	Tintenfisch
so	Muschel
tom	Krebs
tom hum	Hummer

Fleisch und Geflügel

bo	Rind
cho	Hund
cuu non	Lamm
ga	Huhn
heo	Schwein
vit	Ente

Gemüse und Beilagen

bap	Mais
bap cai	Kohl
ca chua	Tomate
ca rot	Karotte
ca tim	Aubergine
dau	Bohnen
dau xanh	Mung-Bohnen
dau bap	Okra (Lady's Fingers)
dau phu	Tofu
dua chuot	Gurke
gung	Ingwer
hanh	Zwiebel
khoai tay	Kartoffel
la lot	Wilde Betelblätter
mang tay	Grüner Spargel
mang tre	Bambussprossen
nam	Pilz
ngo sen	Lotoswurzel
rau den	Amaranth, Chinesischer Spinat
rau diep/rau xa lach	grüner Salat
rau muong	Wasserwinde
rieng	Galgant
su su	Chayote
sup lo, bong cai	Blumenkohl

Obst

buoi	Pomelo
cam	Orange
chanh	Limette
chuoi	Banane
du du	Papaya
dua	Kokosnuss
dua hau	Wassermelone
khe ngot	Karambola
lac tien	Passionsfrucht
mang cut	Mangostane
mia	Zuckerrohr
mit	Jackfrucht
nhan	Longan
oi	Guave
qua dua/trai gai	Ananas
sau rieng	Durian
thanh long	Drachenfrucht
vai	Litschi
xoai	Mango

Eier und Käse

bo	Butter
cha trung	Rührei
pho mat	Käse
sua chua	Joghurt
trung chien	Omelette
trung luoc	gekochtes Ei
trung op la	Spiegelei

Nachspeisen und Gebäck

banh kep	Pfannkuchen
que	Waffeln
bot nhoi	Gebäck
che chuoi	Bananenpudding mit Kokosmilch
che dau den	Schale mit süßen schwarzen Bohnen
chuoi voi nuoc	Bananen in
cot dua	Kokosmilch
dua chien	Gebackene Ananas mit Honig
kem	Eiscreme
kem caramel	Karamellcreme

Getränke

bia/bia hoi	Bier/Fassbier
ca phe	Kaffee
… voi/khong duong	… mit/ohne Zucker
… voi/khong dua	… mit/ohne Milch
ca phe den	schwarzer Kaffee
che xanh	grüner Tee
nuoc	Wasser
nuoc cam	Orangensaft
nuoc chanh	Limettensaft
nuoc dua	Kokosmilch
nuoc soda	Sodawasser
nuoc suoi	stilles Wasser
ruou chat trang	Rotwein
ruou chat do	Weißwein
ruou de	Reisschnaps
tra da	Eistee
tra den	Schwarztee

Ein alltägliches Bild: Lastenträger in der Altstadt von Hanoi

Wissenswertes für die Reise

Infos im Internet

... in Deutsch

www.vietnam-guide.de
Dieses informative Reiseforum ermöglicht Interessierten, Fragen aller Art zu stellen.

www.vietnam-freunde.net
Hier geben Vietnam-Enthusiasten Tipps und Hintergrundinformationen. Im Reiseforum stößt man auf Aktuelles und Wissenswertes.

www.vietnam-dvg.de
Die Webseite der Deutsch-Vietnamesischen Gesellschaft besticht durch vielfältige Hinweise zu Land und Leuten und berichtet über einschlägige Veranstaltungen.

www.asienhaus.de/suedostasien
Webseite der Südostasien-Informationsstelle im Asienhaus mit gelegentlichen Online-Berichten zu Vietnam. Link zum hauseigenen Archiv.

... in Englisch

www.vietnamtourism.gov.vn
Veröffentlichungen der Vietnam National Administration of Tourism zu Neuigkeiten im Tourismussektor.

www.vietnamtourism.com
Offizielle Webseite der Vietnam National Administration of Tourism mit Informationen zu Attraktionen, Festivals und aktuellem Wetter.

www.vietnamnet.vn
Hier findet man täglich Neuigkeiten zu Politik, Wirtschaft und Gesellschaft.
www.viettouch.com
Gut aufgemachte Webseite über Geschichte und Kultur Vietnams mit vielen Bildern.
www.nhandan.com.vn
Webseite der Kommunistischen Partei mit durchaus lesenswerten Informationen.

www.vnagency.com.vn
Hier gibt es seitens der staatlichen Vietnam News Agency (VNA) die aktuellsten Nachrichten. Informativ, aber nicht objektiv.

Auskunft

... in Deutschland, Österreich, Schweiz

Es gibt kein offizielles Fremdenverkehrsamt in diesen Ländern. Folgende Agentur hilft:
Indochina Services
Enzianstr. 4a, 82319 Starnberg
Tel. 08151-77 02 22, Fax 08151-77 02 29
info@is-eu.com
www.indochina-services.com

... in Vietnam

Vietnam National Administration of Tourism
80 Quan Su, Hanoi
Tel. 04-942 37 60, 942 10 61
Fax 04-942 41 15

Diplomatische Vertretungen von Vietnam

... in Deutschland

Vietnamesische Botschaft
Elsenstr. 3
12435 Berlin
Tel. 030-53 63 01 08, Fax 030-53 63 02 00
www.vietnambotschaft.org

Vietnamesisches Generalkonsulat
Siesmayerstr. 10
60323 Frankfurt
Tel. 069-79 53 36 50

Vietnamesisches Honorargeneralkonsulat
Baumwall 7
20459 Hamburg
Tel. 040-36 97 96 61, Fax 040-36 20 88

... in Österreich

Vietnamesische Botschaft
Felix-Mottl-Str. 20, 1190 Wien
Tel. 01-368 07 55, Fax 01-368 07 54
embassy.vietnam@aon.at

... in der Schweiz

Vietnamesische Botschaft
Schlösslistr. 26, 3008 Bern
Tel. 031-388 78 78, Fax 031-388 78 79
www.vietnam-embassy.ch

Vietnamesisches Konsulat
Chemin des Corbillettes 30, 1200 Genève
Tel. 022-798 24 85, Fax 022-798 24 69

... in Thailand

Vietnamesische Botschaft
83/1 Witthayu (Wireless) Rd., Bangkok 10330
Tel. 0-22 51 58 36-7-8, Fax 0-22 51 72 03
www.vietnamembassy.or.th

Diplomatische Vertretungen in Vietnam

Deutsche Botschaft
29 Tran Phu, Hanoi
Tel. 04-845 38 36-7, 843 02 45-6
Fax 04-845 38 38
www.hanoi.diplo.de
Deutsches Generalkonsulat
126 Nguyen Dinh Chieu, G 6, Dist. 3
Ho-Chi-Minh-Stadt
Tel. 08-829 19 67, Fax 08-823 19 19

Österreichische Botschaft
c/o Prime Center, 8th floor
53 Quang Trung, Hanoi
Tel. 04-943 30 50-1, Fax 04-943 30 55
hanoi-ob@bmeia.gv.at

Schweizerische Botschaft
c/o Hanoi Central Building Office, 15th floor
44B Ly Thuong Kiet, Hanoi
Tel. 04-934 65 89, Fax 04-934 65 91
han.vertretung@eda.admin.ch
www.eda.admin.ch/hanoi
Schweizerisches Generalkonsulat
The Nam An Building, ground floor
124 Dien Bien Phu, Dakao, Dist. 1
Ho-Chi-Minh-Stadt
Tel. 08-820 54 02, Fax 08-820 48 56

Karten und Stadtpläne

Eine Gesamtkarte Thailand – Vietnam – Laos – Kambodscha (1 : 2 000 000) hat MAIR DUMONT im Angebot, die Marco Polo Länderkarte für 9,95 €. Gute Städte- und Regionalkarten gibt es zudem günstig vor Ort in Buchgeschäften und an Straßenständen zu kaufen.

Derzeit beste Vietnamkarte ist die Nature Tourism Map (1 : 250 000) mit einigen Detailkarten zu den Schutzgebieten. Leider ist sie nur schwer erhältlich. Informationen unter: **Flora & Fauna International,** 340 Nghi Tam, Hanoi, Tel. 04-719 41 17.

Lesetipps

Sachbücher

Chong, Denise: Das Mädchen hinter dem Foto. Die Geschichte der Kim Phuc. Bergisch Gladbach 2003. Als 1972 das Foto mit der neunjährigen Kim Phuc, die nach einem Napalmbombenangriff um ihr Leben lief, durch alle Welt ging, wurde die Südvietnamesin zum Symbol für sinnloses Leiden. Sensibel schildert dieses Buch ihre Lebensgeschichte.

Heyder, Monika: KulturSchock Vietnam. Bielefeld 2005. Die Vietnamistin und einstige Mitarbeiterin an der Humboldt-Universität gibt wertvolle Einblicke und Hintergrundinformationen über die vietnamesische Kultur. Sehr empfehlenswert.

Kotte, Heinz / Siebert, Rüdiger: Vietnam hautnah. Ein Land im Umbruch. Bad Honnef 2006. Durch Reportagen, Interviews und Geschichten ziehen die Autoren eine Zwischenbilanz der Veränderungen Vietnams.

Macchietto della Rossa, Elle: Frühlingsrollen auf dem Ahnenaltar. Vietnamesische Aufbrüche. Wien 2006. Der einstigen Vietnam-Korrespondentin gelingen eindringliche Porträts unterschiedlichster Persönlichkeiten. Tolles Lesebuch.

Schneider, Wolfgang: Apokalypse Vietnam. Reinbek 2001. Das Buch gibt eine ausführliche Darstellung des Vietnamkrieges.

Belletristik

Duong, Thu Huong: Liebesgeschichte, erzählt vor der Morgendämmerung. München 1995. Eine tragische Liebesgeschichte zwischen einem Kommandanten und einer Schauspielerin. Dabei stehen die gesellschaftlichen Schranken und die von Krieg geprägten Jahre im Vordergrund.

Duong, Thu Huong: Bitterer Reis. München 1993 (antiquarisch). Einfühlsam und doch ungeschminkt entwirft der Roman anhand der Lebensgeschichte von Hang ein vielschichtiges Bild der vietnamesischen Gesellschaft.

Duong, Thu Huong: Roman ohne Namen. Zürich 1997. Der Krieg in Vietnam ist bereits in der Endphase, als der junge Kommandant Quan auf geheime Mission geschickt wird. Erinnerungen an seine Jugend und der Schrecken des Kriegsalltags prallen aufeinander. Haben sich all die geleisteten Opfer gelohnt?

Duras, Marguerite: Der Liebhaber. Frankfurt a. M. 2004. Tropisch-schwül geschilderte Liebesgeschichte zwischen einer jungen Französin und einem doppelt so alten Chinesen im kolonialen Vietnam.

Greene, Graham: Der stille Amerikaner. München 2003. Der mehrfach verfilmte ›Vietnam-Klassiker‹ schildert die Dreiecksbeziehung zwischen dem ambitionierten Agenten Pyle, dem alternden Engländer Fowler und der jungen Vietnamesin Phuong im Indochina der 1950er-Jahre. Ein spannender Krimi und hochpolitisch.

Nguyen, Kien: Im Schatten des Mangobaums. Bergisch Gladbach 2005. Ein tragisch-schöner Schicksalsroman im Vietnam des frühen 20. Jh. Dabei gelingt es dem Autor, die fiktiven Geschichten der Helden mit der Schilderung der erstarrten Traditionen des feudalen Vietnam zu verbinden.

Pham, Thi Hoai: Sonntagsmenü. Zürich 2005. In elf Geschichten analysiert die 1960 geborene Autorin scharfsinnig und voller Ironie die Licht- und Schattenseiten der vietnamesischen Gesellschaft. Ein wahres Lesevergnügen.

Bildbände und Magazine

Geo Special: Vietnam, Laos, Kambodscha. Hamburg 2007. Bestechende Reportagen über die Länder Indochinas mit einigen guten praktischen Tipps.

Südostasien Informationsstelle: Südostasien. Asienhaus, Essen. Viermal jährlich erscheinendes Journal mit vielen kritischen Hintergrundberichten zu den Ländern Südostasiens.

Weigt, Mario / Krüger, Hans H.: Reise durch Vietnam. Würzburg 2007. Spätestens wenn man diesen wunderschönen Bildband durchgeblättert hat, heißt das nächste Reiseziel Vietnam.

Englischsprachige Sachbücher in Vietnam: In Vietnam sind in größeren Buchhandlungen oder Läden wichtiger Sehenswürdigkeiten teilweise sehr interessante englischsprachige Sachbücher zu kulturellen Themen zu finden. Besonders der Hanoier Verlag The Gioi Publishers ist hier sehr engagiert.

Vietnam als Reiseland

Während zurzeit noch ein Großteil der Besucher im Rahmen einer Pauschalreise das Land besucht, wollen immer mehr Touristen Vietnam individuell bereisen. Zu Recht, denn es ist überhaupt kein Problem, vor Ort die Route nach eigenem Geschmack zusammenzustellen. Vom Aktivurlaub bis zum Wellness-Aufenthalt, vom Golfspielen bis zum Strandaufenthalt ist alles möglich. Derzeit dominiert noch die Kultur- und Naturreise, die häufig in Hanoi beginnt und in Ho-Chi-Minh-Stadt endet (oder umgekehrt).

Sehenswertes im Norden

Das stimmungsvolle **Hanoi** mit seinen vielen Sehenswürdigkeiten eignet sich als Ausgangsbasis für ein- oder mehrtägige Ausflüge ins Umland, allen voran in die **Ha-Long-Bucht**. Im **Roten-Fluss-Delta** gibt es einige Perlen zu entdecken, seien es alte Pagoden und Tempel, rege Handwerksdörfer oder die wunderbare **Trockene Ha-Long-Bucht**. Immer mehr Besucher erkunden von **Sa Pa** aus den multikulturellen **Nordwesten** mit seinen vielen Bergvölkern. **Dien Bien Phu** ist nicht nur für Kriegsveteranen interessant, sondern auch wegen der schönen Berglandschaft. Wenig bekannt ist der hohe Norden, wo der vietnamesische Königssee, **Ho Ba Be**, zu Bootstouren einlädt.

... im Zentrum

In der Mitte Vietnams liegen drei Welterbestätten nahe beieinander: die letzte Königsstadt **Hue**, die Cham-Ruinen von **My Son** und das einstige Hafenstädtchen **Hoi An**. Seltener besucht ist der ebenfalls in die Unesco-Liste aufgenommene **Phong-Nha-Ke-Bang-Nationalpark** mit interessanten Tropfsteinhöhlen bei Dong Hoi. Auch das **Zentrale Hochland** mit teilweise sehr schönen Berglandschaften rund um **Kon Tum** und **Plei Ku** wird häufig links liegen gelassen. Dort liegen auch einige Nationalparks, etwa der **Yok Don** in der Provinz Dak Lak. Entlang der Küste bieten sich **Qui Nhon**, **Nha Trang** und **Phan Thiet** für einige Tage Entspannung am Strand an.

... im Süden

Abgesehen von der quirligen Metropole **Saigon** fasziniert im Süden die riesige Wasserlandschaft des **Mekong-Deltas**. Hier kann man problemlos mehrere Tage verbringen, um das Labyrinth aus Flussarmen und Kanälen per Boot zu erkunden, sei es von **My Tho**, **Vinh Long** oder **Can Tho** aus. Schließlich wartet im Golf von Thailand mit der Insel **Phu Quoc** ein wahres Tropenparadies. Ein populärer Ausflug führt zu den **Tunneln von Cu Chi** und der Cao-Dai-Hochburg **Tay Ninh**. Wem es zu heiß wird, der kann ins Hochland nach **Da Lat** entfliehen. Stadt und Landschaft muten eher europäisch an.

Öffnungszeiten

Museen: Di–So 8–11.30, 14–16.30 Uhr
Behörden: Mo–Fr 7.30–16.30 Uhr. Die Zeit zwischen 11.30 und 13.30 Uhr sollte man wegen der ausgiebigen Mittagspausen meiden.

Vorschläge für Rundreisen

Eine Woche

»Vietnam lässt sich in vier oder fünf Tagen bereisen – das genügt, um sich in das Land zu verlieben«, meint der Deutsch-Vietnamese Loan Brossmer. Zu Recht, aber nur, wenn man nicht durch das Land rast. Natürlich kann man im Rahmen einer einwöchigen Tour Hanoi und die Ha-Long-Bucht, Hue und Hoi An sowie Ho-Chi-Minh-Stadt bewältigen. Es macht jedoch mehr Sinn, sich auf eine Region zu konzentrieren. Hier zwei Vorschläge.
Vorschlag 1: Ankunft in Hanoi (Tag 1) – Stadtbesichtigung (Tag 2) – Fahrt nach Ha Long

mit Übernachtung auf dem Boot (Tag 3) – Weiterfahrt nach Ninh Binh (Tag 4) – Besuch der Trockenen Ha-Long-Bucht (Tag 5) – Fahrt zum Cuc-Phuong-Nationalpark (Tag 6) – Rückfahrt nach Hanoi (Tag 7)

Vorschlag 2: Ankunft in Saigon (Tag 1) – Stadtbesichtigung (Tag 2) – Fahrt nach Can Tho mit Bootstouren (Tag 3) – Fahrt nach Soc Trang (Tag 4) – Rückkehr nach Saigon (Tag 5) – Fahrt nach Da Lat, Stadtbesichtigung (Tag 6) – Rückfahrt nach Saigon (Tag 7).

Zwei Wochen

Vorschlag 1: Ankunft in Hanoi (Tag 1) – Stadtbesichtigung (Tag 2) – Fahrt nach Hai Phong (Tag 3) – mit Schnellboot nach Cat Ba und von dort mit Privatboot durch die Ha-Long-Bucht, zurück nach Hanoi (Tag 4) – Flug nach Hue und Besichtigung (Tag 5) – Besichtigung in Hue (Tag 6) – Fahrt über Da Nang nach Hoi An (Tag 7) – Ausflug nach My Son (Tag 8) – Flug nach Nha Trang (Tag 9) – Tag in Nha Trang (Tag 10) – Fahrt nach Saigon (Tag 11) – Stadtbesichtigung (Tag 12) – Fahrt nach Can Tho (Tag 13) – Zurück nach Saigon (Tag 14).

Vorschlag 2: Ankunft in Hanoi (Tag 1) – Stadtbesichtigung (Tag 2) – Fahrt nach Ha Long mit Übernachtung auf dem Boot (Tag 3) – Weiterfahrt nach Ninh Binh (Tag 4) – Besuch der Trockenen Ha-Long-Bucht, nächtliche Zugfahrt nach Dong Hoi (Tag 5) – Besichtigung der Phong-Nha-Höhle, Weiterfahrt nach Hue (Tag 6) – Besichtigungen in Hue (Tag 7) – Fahrt über Da Nang nach Hoi An (Tag 8) – Ausflug nach My Son (Tag 9) – Fahrt nach Qui Nhon mit Stop in My Lai (Tag 10) – Halbtagsfahrt nach Nha Trang, Besichtigungen (Tag 11) – Ganztagsfahrt nach Saigon (Tag 12) – Stadtbesichtigung (Tag 13) – Halbtagsausflug nach Cu Chi (Tag 14).

Drei Wochen

Ankunft in Hanoi (Tag 1) – Stadtbesichtigung (Tag 2) – Flug nach Dien Bien Phu (Tag 3) – Fahrt nach Sa Pa (Tag 4) – Wanderungen zu den Bergdörfern (Tag 5) – von Lao Cai mit dem Zug nach Hanoi (Tag 6) – Fahrt nach Ha Long mit Übernachtung auf dem Boot (Tag 7) – Weiterfahrt von Ha Long nach Ninh Binh (Tag 8) – Besuch der Trockenen Ha-Long-Bucht, nächtliche Zugfahrt von Ninh Binh nach Dong Hoi (Tag 9) – Besichtigung der Phong-Nha-Höhle, Weiterfahrt nach Hue (Tag 10) – Besichtigungen in Hue (Tag 11) – Fahrt über Da Nang nach Hoi An (Tag 12) – Ausflug nach My Son (Tag 13) – Fahrt nach Qui Nhon (Tag 14) – Flug nach Saigon (Tag 15) – Stadtbesichtigung (Tag 16) – Fahrt nach Can Tho mit Bootstouren (Tag 17) – Fahrt nach Rach Gia (Tag 18) – Bootsfahrt nach Phu Quoc (Tag 19) – Inseltour (Tag 20) – Rückflug nach Saigon (Tag 21).

Natur und Abenteuer

Schutzgebiete: Auch wenn die Nationalparks durchaus sehenswert sind, zumeist fehlt die Infrastruktur. Sehr gut erschlossen ist Vietnams ältestes Schutzgebiet, **Cuc Phuong** südwestlich von Hanoi, das im Rahmen einer Halb- oder Ganztagestour erkundet werden kann. Südlich von Mai Chau liegt ein Schutzgebiet, das in Vietnam das größte Potenzial für Trekkingtourismus hat: **Pu Luong.** Auf der Insel Cat Ba gibt es ebenfalls einige nette Wanderrouten.

Auch die Nationalparks im südlichen Hochland haben einiges zu bieten, etwa **Cat Tien** zwischen Da Lat und Saigon mit einer bunten Tierwelt oder **Yok Don** an der kambodschanischen Grenze. Dort wird auch Elefantenreiten angeboten.

Trekkingtouren: Die Bergwelt im Nordwesten und Norden Vietnams hat das größte Potenzial für Trekkingtourismus (s. S. 93). Der Reiz liegt nicht nur in der Landschaft, sondern auch in der Vielzahl von Volksgruppen, die dort leben. Zumeist nächtigt man in Privathütten. Am beliebtesten sind eintägige Wanderungen rund um **Sa Pa.** Die Sommerfrische ist auch Ausgangspunkt für die Besteigung des **Fan Si Pan** (mindestens drei Tage) und verschiedener Wanderungen in der Gegend rund um **Phong Tho**.

Eine äußerst reizvolle mehrtägige Wanderroute führt durch die **Provinz Cao Bang** im hohen Norden des Landes. Sie wird derzeit nur von wenigen Veranstaltern angeboten. Das sehr pittoresk gelegene **Mai Chau** im Südwesten Hanois ist ebenfalls eine gute Basis für Wanderungen.

Strandurlaub

Urlaub unter Palmen ist ganzjährig möglich. Zu den Klassikern des Strandurlaubs zählt **Mui Ne** bei Phan Thiet. Das wird sich wohl ändern, wenn sich die Infrastruktur auf der Insel **Phu Quoc** bessert, da dort die Strände schöner sind. **Nha Trang** ist das Richtige für jene, die es etwas lebhafter wollen. Nördlich des lebendigen Seebades gibt es einige ruhigere Buchten. Dort ist auch die bislang wenig bekannte ›Walfischinsel‹, **Hon Ong,** zu finden, ein wahres Schnorchlerparadies.

In **Qui Nhon, Cua Dai** bei Hoi An und **Dong Hoi** nördlich von Hue gibt es teilweise sehr schöne Resorts und Strandabschnitte. Das gilt auch für den **China Beach** (My Khe) südlich von Da Nang. Seit sich im Vietnamkrieg die US-Soldaten dort erholten, ist er in aller Welt bekannt. Badesaison für diese vier Strände sind die Monate März bis Oktober.

Organisierte Touren

In den touristischen Zentren Vietnams gibt es **örtliche Reiseagenturen** wie Sand am Meer. Wer dort eine Reise bucht, sollte die Programme kritisch vergleichen. Gerade bei verlockend günstigen Angeboten hapert es häufig an Kompetenz. Die hier aufgeführten sind nicht preiswert, bieten aber exzellenten Service und gute Qualität. Zudem bemühen sie sich um einen nachhaltigen Tourismus.

Einige Agenturen haben auch Niederlassungen in Laos und Kambodscha, sodass sie kombinierte Touren arrangieren können.

Asian Trails
43 Nguyen Truong To, Hanoi
Tel. 04-716 27 36, Fax 04-716 27 38
5th floor, 21 Nguyen Trung Ngan, Dist. 1
Ho-Chi-Minh-Stadt
Tel. 08-910 28 71-3, Fax 08-910 28 74
www.asiantrails.info

Buffalo Tours
94 Ma May, Hanoi
Tel. 04-828 07 02, Fax 04-826 93 70
Jardine House, 58 Dong Khoi, Dist. 1
Ho-Chi-Minh-Stadt
Tel. 08-827 91 69, Fax 08-827 91 68
www.buffalotours.com

Exotissimo
26 Tran Nhat Duat, Hanoi
Tel. 04-828 21 50, Fax 04-828 21 46
Saigon Finance Center
9 Dinh Tien Hoang, Dist. 1
Ho-Chi-Minh-Stadt
Tel. 08-825 17 23
Fax 08-829 58 00
www.exotissimo.com

Haivenu
12 Nguyen Trung Truc, Hanoi
Tel. 04-927 29 17, Fax 04-927 29 16
www.haivenu-vietnam.com

Lam & Green Tours
86 H 2, Lane 3, Le Van Huu
Hai Ba Trung Dist., Hanoi
Tel./Fax 04-943 66 81
www.vietnamgreentours.com

Mit Kindern unterwegs

Der lange Flug und die Zeitverschiebung sind immer beschwerlich. Gerade mit Kindern sollte man am besten Flüge mit kurzen Umsteigzeiten wählen. Eine Rückentrage für die Kleinsten hat sich bewährt, man kann sie notfalls auch im Flugzeug aufstellen und dem Kind somit ein Minimum an Bewegungsfreiheit geben. Es empfiehlt sich, Windeln, Babynahrung und Wechselwäsche für zwei Tage ins Handgepäck zu nehmen, falls der Koffer nicht ankommen sollte. Für die ersten Nächte besser ein möglichst ruhiges Hotel reservieren und in der Nacht etwas Ess- und Trinkbares bereithalten.

Als familienfreundliches Land ist Vietnam auch für ausländische Besucher mit Kindern problemlos bereisbar. Wenn Eltern den richtigen Mix von Kultur, Natur und Strand wählen, dann wird der Nachwuchs viel Spaß haben. Fast in jeder größeren Stadt gibt es Parks mit Karussell und Rutschbahn. Auch das Wasserpuppentheater in Hanoi oder ein Dorfbesuch sind spannend. Und eine Bootsfahrt begeistert nicht nur Erwachsene.

Andererseits können das Gedränge, der immer wuselige Straßenverkehr und die zuweilen überschwängliche Kinderliebe der Einheimischen – besonders bei Blonden und Lockenköpfen – ziemlich anstrengend sein.

Es hat sich bewährt, beim Reisen ein gemächlicheres Tempo einzulegen und stundenlange Fahrten zu vermeiden. Wichtig ist, Kinder bei der Reiseplanung zu Hause und der Ausflugsgestaltung vor Ort mit einzubeziehen.

Tipps für die Reiseorganisation: In der Hochsaison und rund ums Tet-Fest sollte man rechtzeitig buchen. Längere Strecken kann man per Flugzeug oder Zug zurücklegen und für Rundtouren vor Ort sich einen Wagen mit Fahrer mieten. Mietwagen zum Selberfahren können derzeit von Touristen noch nicht gebucht werden. Beliebt und günstig sind die sog. Open Tours privater Reiseunternehmen, die regelmäßige Busverbindungen zwischen den wichtigsten Orten unterhalten.

In den Sanddünen von Mui Ne können Kinder wunderbar spielen

Reisen mit Behinderung

Menschen mit Handicap begegnen den ›üblichen‹ Barrieren: fehlende Lifte, steile Treppen, schlechte Gehwege, hohe Bordsteinrampen. Vietnam hat eine recht unterentwickelte Infrastruktur für Behinderte. Nur große Hotels und Resorts verfügen über entsprechende Einrichtungen. Doch helfen die Einheimischen bei Bedarf gerne.

Bei der Reisevorbereitung hilft **www.metareha.de** mit Links, Erfahrungsberichten und Kontakten oder die **Nationale Koordinationsstelle Tourismus für Alle**: Kirchfeldstr. 149, 40215 Düsseldorf, Tel. 0211-336 80 01, Fax 0211-336 87 60, www. natko.de.

Einreise- und Zollbestimmungen

Visum

Vor der Einreise muss bei der diplomatischen Vertretung Vietnams ein Visum beantragt werden (Bearbeitungszeit mindestens eine Arbeitswoche). Voraussetzung für die Visumerteilung ist ein Reisepass, der über das Ende der Reise hinaus mindestens zwei Monate gültig ist. Auf den Webseiten der Botschaften (s. S.79) kann das Antragsformular heruntergeladen werden. Zusammen mit einem aktuellen Passfoto, der Visagebühr (Verrechnungsscheck oder bar) und einem ausreichend frankierten Rückumschlag für Einschreiben wird der ausgefüllte Antrag an die Botschaft geschickt. **Mitreisende Kinder unter 14 Jahren** sind im Antrag mit einem Foto anzugeben. Wenn die Namen der Kinder bis 14 Jahre in den Pass eines Elternteils eingetragen sind, benötigen sie kein eigenes Visum. Es genügt der Kinderausweis mit Lichtbild. Falls sie einen Reisepass besitzen, müssen sie ebenfalls das Visum beantragen.

Ein 30 Tage gültiges **Touristenvisum** kostet bei einmaliger Einreise 64 €, bei mehrmaliger Einreise (Double Entry) 88 €. Für ein Visum mit dreimonatiger Gültigkeit und mehrmaliger Einreise werden 100 € verlangt. Falls man das Visum am selben Tag benötigt, wird ein Expresszuschlag von 24 € erhoben.

Visadaten und Verlust von Reisepapieren: Nach Erhalt des Visums sollten Sie unbedingt prüfen, ob die Einreisedaten mit dem Reisetermin übereinstimmen. Visum-Beginn und Einreisetermin müssen identisch sein.

Eine Kopie des Reisepasses vereinfacht bei Verlust das Ausstellen eines Ersatzpasses. Nähere Infos dazu unter www.hanoi.diplo.de. Man sollte auch weitere Passfotos mitnehmen.

Visum bei Einreise: Wer seine Reise über einen Veranstalter organisiert hat, kann das Visum gegebenenfalls auch bei der Ankunft (Visa on arrival) für 25 US-$ bekommen. Dazu ist jedoch ein Einladungsschreiben (Invitation Letter) des Immigration Office erforderlich, das der Veranstalter vorab gegen eine Gebühr besorgen muss. Diese Möglichkeit besteht jedoch nur bei der Einreise über die internationalen Flughäfen in Hanoi, Da Nang und Ho-Chi-Minh-Stadt.

Visaverlängerung: Bei den Einwanderungsbehörden (Immigration Office) kann das Visum für etwa 25 US-$ um 30 Tage verlängert werden. Viele örtliche Agenturen übernehmen gegen eine Servicegebühr diese zeitraubende Arbeit.

Einfuhr von Waren

Ausländische Währungen können in unbegrenzter Höhe eingeführt werden, müssen jedoch ab einem Wert von 3000 US-$ deklariert werden. Die Ein- und Ausfuhr vietnamesischer Dong ist verboten. Für den Eigenbedarf kann Folgendes zollfrei eingeführt werden: 400 g Zigaretten oder 100 Zigarren oder 500 g Tabak; 1,5 l Spirituosen mit über 22 % Alkohol oder 2 l Spirituosen mit weniger als 22 % Alkohol oder 3 l andere alkoholische Getränke wie etwa Bier. Schmuck bis zu 300 g. Dass Waffen, Munition, Drogen und Pornografie nicht eingeführt werden dürfen, muss wohl nicht betont werden.

An- und Weiterreise

... mit dem Flugzeug

Vietnam verfügt über drei **internationale Flughäfen**: in Hanoi, Da Nang und Ho-Chi-Minh-Stadt. Da fast jede größere Fluglinie sowohl Hanoi als auch Ho-Chi-Minh-Stadt anfliegt, bietet sich ein Gabelflug an.

... aus Europa

Lufthansa (www.lufthansa.com) steuert 3 x wöchentlich von Frankfurt aus Ho-Chi-Minh-Stadt mit Zwischenstopp in Bangkok an. **Vietnam Airlines** (www.vietnam-air.de) bedienen mehrmals in der Woche nonstop die Strecke Frankfurt–Ho-Chi-Minh-Stadt und Frankfurt–Hanoi. Über ihre Drehscheiben Bangkok bzw. Singapur fliegen **Thai Airways** International (www.thaiair.com) und Singapore Airlines (www.singaporeair.com) teilweise 2 x tgl. von Frankfurt und Zürich – Thai auch von München – nach Hanoi und Ho-Chi-Minh-Stadt. Eine gute Anreiseoption ist **Qatar Airways** (www.qatarairways.com), die von Berlin, Frankfurt, München, Wien und Zürich aus über Doha nach Ho-Chi-Minh-Stadt fliegen.

Der **Noi Bai International Airport** befindet sich 45 km nördlich von Hanoi und ist über eine Schnellstraße in knapp einer Stunde zu erreichen. Es verkehren Minibusse und Flughafentaxen (ca. 10 US-$).

Der **Tan Son Nhat International Airport** in Ho-Chi-Minh-Stadt liegt etwa 7 km nördlich des Stadtzentrums. Taxis mit Taxameter (ab 5 US-$) warten vor der Ankunftshalle. Zudem gibt es eine regelmäßige Busverbindung in die Innenstadt.

Die **internationale Flughafensteuer** beträgt auf beiden Flughäfen 14 US-$.

... aus der Region

Die zentralvietnamesische Stadt Da Nang wird mehrmals wöchentlich von Singapur aus mit **Silk Air** (www.silkair.com) angeflogen. Vom 3 km westlich des Stadtzentrums gelegenen **Da Nang International Airport** hat man gute Verbindungen, u. a. auch nach Hoi An (45 Min., Taxi ab 10 US-$). Die **internationale Flughafensteuer** in Da Nang beträgt 8 US-$.

Vietnam Airlines unterhält ein dichtes Streckennetz in der Region mit Zielflughäfen in Thailand (Bangkok), Laos (Vientiane, Luang Prabang) und Kambodscha (Phnom Penh und zzt. 7 x tgl. Siem Reap). Auch viele **ostasiatische Airlines** fliegen regelmäßig Vietnam an.

Die Billigfluglinie **Air Asia** (www. airasia. com) verbindet je 2 x tgl. Bangkok und Kuala Lumpur mit Hanoi. Vom Budget Terminal (www.btsingapore.com) des Changi Airport in Singapur steuert **Tiger Airways** (www.tiger airways.com) Hanoi und Ho-Chi-Minh-Stadt an. Schließlich ist **Bangkok Airways** (www. bangkokair.com) mehrmals wöchentlich zwischen Bangkok und Ho-Chi-Minh-Stadt unterwegs.

Rückbestätigung: Einige Airlines – bitte von Fall zu Fall vorab aktuell nachfragen – verlangen 72 Std. vor Abflug eine Rückbestätigung.

... auf dem Landweg

Die Zahl der offiziellen Grenzübergänge nahm in den vergangenen Jahren stetig zu, sodass es nun eine Reihe attraktiver Landverbindungen mit den Nachbarländern gibt. Während bei der Einreise nach Vietnam immer ein Visum benötigt wird, erhält man bei der Einreise nach Laos und Kambodscha an wichtigen Grenzübergängen **Visa on Arrival** (V.o.A.).

... von/nach China

Wer viel Zeit hat, kann mit der berühmten Transsibirischen Eisenbahn von Moskau in sechs Tagen nach Beijing (7622 km) fahren. Von dort verkehren 2 x wöchentlich Züge nach Hanoi (2300 km, 42 Std.) mit Stopps u. a. in Zhengzhou, Guilin und Nanning. Der Grenzübertritt ist in **Dong Dang**. In Hanoi kann man mit dem Zug nach **Lao Cai** (296 km, 8 Std.) fahren, dort über die Grenze gehen und im chinesischen **Hekou** einen Direktbus nach Kunming (11–15 Std.) nehmen. Ein weiterer Grenzübergang liegt in **Mong Cai/Dong Xing**. Genannte Übergänge sind tgl. 8.30–17 Uhr geöffnet.

... von/nach Laos

Im Nordwesten Vietnams kann man über den Übergang **Muang Khua/Dien Bien Phu** (V.o.A.) ein- und ausreisen. Dies ermöglicht attraktive Reisekombinationen mit Nordlaos. Von Vientiane verkehren tgl. Direktbusse über Vinh (14 Std.) nach Hanoi (20 Std.). Grenzübertritt ist in **Cau Treo/Lak Xao** (8–17 Uhr, V.o.A.). Von der laotischen Hauptstadt fahren auch Busse über **Lao Bao/Dan Savan** (7.30–19 Uhr, V.o.A.) nach Hue (16 Std.) und Da Nang (19 Std.). Denselben Grenzübergang nehmen Direktbusse zwischen Dong Ha und Savannakhet (9 Std.). Die Stadt am Mekong ist dank einer Brücke mit dem thailändischen Mukdahan verbunden, wo es Anschluss nach Bangkok und andere Städte gibt. Von Vinh fährt 1 x wöchentlich ein Bus über **Nameo/Xam Neua** nach Phonsavan. Kleinere Grenzübergänge gibt es in **Chalo/Mahaxai**, **Ky Son (Nam Khan)/Nong Het** (V.o.A.) und in **Bo Y**, 80 km nordwestlich von Kon Tum.

... von/nach Kambodscha

Zwischen Ho-Chi-Minh-Stadt und Phnom Penh bestehen Bus- und Taxiverbindungen über die Grenze **Moc Bai/Bavet** (V.o.A.). Von Chau Doc aus fahren Boote über **Vinh Xuong/Kaam Samnor** (V.o.A.) nach Phnom Penh. Ebenfalls aus dem Mekong-Delta kann man mit dem Auto über die Grenze **Nha Bang-Tinh Bien/Phnom Den** oder **Ha Tien-Xa Xia/Prek Chak** nach Kambodscha einreisen. Der Übergang **Xa Mat/Trapeang Phlong** ist für Fahrten nach Kompong Cham interessant.

Unterwegs im Land

... mit dem Flugzeug

Vietnam Airlines (www.vietnam-air.de) verfügt über ein dichtes Streckennetz innerhalb Vietnams und fliegt mit modernen Maschinen von ihren Drehscheiben Hanoi und Ho-Chi-Minh-Stadt aus die meisten Provinzstädte an. **Pacific Airlines** (www.pacificairlines.com.vn) verkehrt derzeit zwischen Hanoi, Da Nang und Ho-Chi-Minh-Stadt.

In den Monaten Dezember bis März sollte unbedingt rechtzeitig gebucht werden, allen voran in den Wochen um Tet (s. S. 56ff.). Viele Strecken sind aber ganzjährig stark ausgelastet, darunter Hanoi–Saigon (Ho-Chi-Minh-Stadt), Hanoi–Hue und Saigon–Phu Quoc.

Die **Flughafensteuer** ist im Ticketpreis enthalten.

... mit der Eisenbahn

Nach vierjähriger Bauzeit fuhr am 20. Juli 1885 der erste Zug von Saigon nach My Tho. Heute unterhält die staatseigene **Vietnam Railways** (www.vr.com.vn) ein Streckennetz von insgesamt über 2600 km. Es verläuft vorwiegend eingleisig als Schmalspur (1 m) und ist hoffnungslos veraltet. Zwar gibt es große Pläne, das Schienennetz zu verbessern, aber bislang ist wenig geschehen. Da die Ausstattung der Züge jedoch in Ordnung ist, ist eine Bahnreise unbedingt empfehlenswert. Die **Hauptlinie** führt von Hanoi entlang der Küste über Hue, Da Nang und Nha Trang ins 1726 km weiter südlich gelegene Saigon. **Weitere Linien** führen von Hanoi gen Norden nach Dong Dang (162 km) an der chinesischen Grenze, in Richtung Nordwesten nach Lao Cai (296 km) und nach Hai Phong (102 km).

Hanoi–Saigon: Die schnellsten Züge (SE 3/4) benötigen knapp 30 Std. und verfügen über drei klimatisierte Klassen: Weichliegen im Vierer-Abteil, Hartliegen im Sechser-Abteil und Waggons mit Weichsitzen.

Hanoi–Lao Cai: Den Zügen zwischen Hanoi und Lao Cai werden von den privaten Unternehmen TSC, Friendly, Tulico und Ratraco komfortable Schlaf- und teilweise Speisewagen beigestellt. Am edelsten fährt man auf dieser pittoresken Strecke jedoch mit Victoria Express Train (www.victoriahotels-asia.com). Dieses Unternehmen hängt zwei Schlafwagen- und einen Speisewagen an.

Saigon–Nha Trang: Hier verkehrt der Five Star Travel Train (www.5starexpress.com.vn), er benötigt knapp 6 Std.

Viele Infos und Bilder zum Thema Bahnfahren in Vietnam und anderswo gibt es unter **www.seat61.com**. Wie überall auf der Welt sollte man in den Zügen das Gepäck vor Diebstahl schützen und gut verstauen.

... mit dem Bus

Mit Bussen gelangt man in Vietnam zu den abgelegensten Orten. Sie sind das am meisten genutzte und auch günstigste Verkehrsmittel Vietnams. Auch wenn zumindest auf den Hauptstrecken neuere Busse eingesetzt werden, sind sie zumeist überfüllt und aufgrund der engen Sitze unbequem. Fernziele werden mit guten **Expressbussen** (*xe do toc hanh*) angesteuert, die zu festen Zeiten – vorwiegend frühmorgens oder abends – vom Busbahnhof (*ben xe buyt*) abfahren und nur wenige Stopps einlegen. Die **lokalen Busse** (*xe buyt*) fahren los, wenn sie voll sind, und halten an jeder Gießkanne. Die größte Fahrfrequenz besteht vormittags.

Alternativ kann man auf den Hauptrouten die privaten **Open-Tour-Busse** nutzen. Sie sind komfortabel, pünktlich und preisgünstig. Eine Direktfahrt von Hanoi nach Saigon kostet ab 27 US-$. Man wird von der Unterkunft abgeholt. Fast alle Busse verkehren auf der Strecke **Hanoi–Ninh Binh–Hue–Hoi An–Nha Trang–Da Lat–Saigon** bzw. **Nha Trang–Mui Ne–Saigon**. Man kann problemlos die Tickets bei einem der zahlreichen Reisebüros vor Ort für die jeweilige Teilstrecke besorgen. Zu den **etablierten Unternehmen** zählen Sinh Cafe (www.sinhcafe.com.vn) in Kooperation mit Hanoi Toserco (www.tosercohanoi.com) und Kim Cafe Travel (www.kimcafetravel.com).

Ein gängiges Verkehrsmittel in Vietnam: die Fahrrad-Rikscha

... mit dem Mietwagen

In Vietnam ist es Touristen nicht gestattet, selbst ein Auto zu steuern, da hilft auch der internationale Führerschein nichts. Ein Wagen mit Fahrer ist an nahezu jedem Ort aufzutreiben und fraglos die komfortabelste Option, das Land zu bereisen. Etablierte Agenturen stellen gute Fahrzeuge zur Verfügung und verlangen entsprechend mehr als jene kleinen Reisebüros, die Wagen mit Fahrer vermitteln. Dort ist es wichtig, Route und Preis exakt festzulegen, um Missverständnisse auszuräumen – etwa die Frage, ob Kost und Logis des Chauffeurs inbegriffen sind oder nicht. Die meisten Fahrer sprechen nämlich kaum Englisch, was die Kommunikation unterwegs erschwert. Pro Reisetag muss man je nach Entfernung pauschal mit 40–60 US-$ rechnen. Dabei sind die Fahrkilometer bereits eingerechnet. Alternativ kann man einen Basispreis mit Kilometerpauschale vereinbaren. Es herrscht Rechtsverkehr.

... mit Booten

Die Bootstouren gehören in Vietnam zu den schönsten Reiseerlebnissen, allen voran in der **Ha-Long-Bucht**, wo tagtäglich eine Armada von Touristenbooten unterwegs ist. Zwischen **Hai Phong** und der Insel **Cat Ba** verkehrt ein Schnellboot chinesischer Bauart.

Überleben im Verkehr: Als Fußgänger merkt man sofort, wer das schwächste Glied im Verkehr ist. Zebrastreifen sind ihre Farbe nicht wert, immerhin haben Ampeln mehr als Symbolwert. Die größte Herausforderung ist das Überqueren einer belebten Straße. Hier heißt es, nicht in Panik zu geraten. Am besten atmet man tief durch (falls die Luft nicht zu sehr verpestet ist) und beginnt langsam zu gehen. Nicht rennen und nur notfalls anhalten. Auf diese Weise gelangt man einigermaßen heil auf die andere Seite.

Das Mekong-Delta mit seinen zahlreichen Flussarmen und Kanälen bietet viele Reisevarianten auf dem Wasser. In **My Tho**, **Vinh Long** bzw. **Cai Be** und **Can Tho** unterhalten die Fremdenverkehrsämter der jeweiligen Provinzen Flotten kleiner Ausflugsboote. Sie können an den Schaltern bei den Anlegestellen gebucht werden.

Rach Gia und **Ha Tien** sind Ausgangspunkte für Fähren auf die Insel **Phu Quoc**.

Von **Saigon** aus fahren täglich Tragflügelboote von Vina Express (www.vinaexpress.com.vn) nach **Vung Tau** und von Green Tours über **My Tho** nach **Can Tho**.

Eine beliebte Reisevariante ist mit dem Schnellboot von **Chau Doc** nach **Phnom Penh** in 4 Std. Zzt. bedienen Tu Trang Travel, Blue Cruiser und Victoria Hotels die Strecke.

Nahverkehr

In jeder größeren Stadt gibt es **Taxis** (*tac-xi*) mit Taxameter. Der Grundbetrag variiert je nach Stadt zwischen 7000 und 12 000 Dong, der Rest wird nach gefahrenen Kilometern berechnet. Ein national agierendes Taxiunternehmen ist Mai Linh (www.mailinh.vn).

Die berühmte aus der Kolonialzeit stammende Fahrradrikscha, das **Cyclo** (*xich-lo*), ist eine aussterbende Spezies und wird nun vorwiegend für den lokalen Transport und für Touristen eingesetzt. Wichtig ist, den Preis vorher auszuhandeln und hart zu feilschen, denn Cyclo-Fahrer sind bekannt für überzogene Preisforderungen. Eine einstündige Rundtour, etwa durch die Gassen Hanois, sollte um die 40 000 Dong kosten.

Die schnellste Option im Nahverkehr ist das **Mopedtaxi** (*honda om* oder *xe om*). Oft warten die Fahrer an Kreuzungen oder kurven durch die Straßen. Man winkt sie herbei, vereinbart das Ziel, handelt den Preis aus und los geht es. Einen Schutzhelm gibt es selten.

Darüber hinaus besteht in den großen Städten ein gut funktionierendes öffentliches **Bussystem**.

In den Touristenzentren nimmt die Zahl der Unterkünfte rasant zu. Da die Konkurrenz größer wird, sinken die Preise, sodass in Vietnam insgesamt ein gutes Preis-Leistungs-Verhältnis herrscht. Von 5 US-$ bis 1000 US-$ ist alles zu haben. In abgelegenen Orten ist die Auswahl zuweilen jedoch sehr eingeschränkt. Die wenigen Unterkünfte sind oft gesichtslos und eher auf den lokalen Geschmack abgestimmt.

Bei den Hotelneubauten kann man unterschiedliche architektonische Trends beobachten: klotzige Hochhäuser mit großer Lobby und eher gesichtslosen Zimmern, handtuchschmale Minihotels und stimmungsvolle Hotels mit kolonialem oder lokalem Flair.

Von einfach bis Luxus

Die Übernachtung in einfachen Gästehäusern und Mittelklassehotels kostet im Schnitt 5–20 US-$ pro Zimmer. Mittelklassehotels verlangen für ihre Standard-, Superior- und Deluxe-Räume ca. 25–50 US-$. Zimmer in Hotels der gehobenen Kategorie sind für 60–90 US-$ zu haben, während Luxusherbergen ihre Gemächer selten unter 90 US-$ vermieten. Die teuren Unterkünfte addieren auf ihre Rechnung noch 10 % Mehrwertsteuer (VAT = Value-added tax) und 5 % Service Charge. Die Zimmerpreise sind stark saisonabhängig. Während der Hauptsaison sollte man unbedingt frühzeitig reservieren. In der Nebensaison kann man mit starken Preisnachlässen rechnen. Für gewöhnlich besteht zwischen Einzel- und Doppelzimmer kaum ein preislicher Unterschied. Die in Vietnam von staatlicher Seite vergebene Sternekategorie ist nur bedingt auf den internationalen Standard übertragbar.

Hotels und Resorts

Die **internationalen Hotelketten** von Hyatt bis Sheraton haben auch in Vietnam kräftig investiert und Häuser eröffnet. An den Stränden sind teilweise sehr stilvolle Luxusresorts entstanden. Darüber hinaus haben **lokale oder regionale Hotelgruppen** wie Victoria Hotels (www.victoriahotels-asia.com), Life Resorts (www.life-resorts.com) oder Six Senses (www.sixsenses.com) eigene Akzente gesetzt, etwa im Wellness-Bereich. Schließlich existieren einige wenige **Hotels mit kolonialem Flair**, allen voran das Sofitel Metropole in Hanoi, das Saigon Morin in Hue und das Majestic in Ho-Chi-Minh-Stadt.

Ferner gibt es eine Vielzahl optisch wenig ansprechender **Touristen- und Geschäftshotels**, die mit ihren Karaoke- und Massage-Angeboten eher die asiatische Klientel ansprechen. Aber für jene, die nicht viel Wert auf Ambiente legen, sind sie angesichts der oft günstigen Preise eine durchaus gute Wahl.

Minihotels und Gästehäuser

Angesichts der touristischen Entwicklung mancher Orte haben Privatleute ihr Haus in ein **Minihotel** umgewandelt. In größeren Orten handelt es sich dabei meist um schmale Gebäude mit mehreren Stockwerken. Gewöhnlich stimmt das Preis-Leistungs-Verhältnis. Zimmer mit Klimaanlage und Warmwasser-Bad gibt es nicht selten ab 5 US-$, Frühstück eingeschlossen. Bei diesen ›Handtuchhäusern‹ sind die der Straße zugewandten Zimmer häufig recht laut, die mittleren meist fensterlos und die hinteren zuweilen etwas dunkel. Viele einfache Gästehäuser verfügen nur über Zimmer mit Ventilator, Moskitonetzen und Gemeinschaftsbad. Da in Billigunterkünften selten Bettwäsche bereitgestellt wird, sollte man, so man in diesen nächtigen möchte, von zu Hause einen Leinenschlafsack oder ein Bettlaken mitnehmen.

Homestay und Herbergen

Wer auf Trekkingtour in den Bergen unterwegs ist, wird zwangsläufig in einem **Privathaus** übernachten. Der Standard ist so einfach wie das Leben der Bewohner. Als Toi-

Entspannte Atmosphäre bietet die Poolanlage des Evasion Hideaway, Nha Trang

lette dient zuweilen der nächste Fluss. Zudem kann es in der Nacht empfindlich kühl werden. Hier empfiehlt es sich, den eigenen Schlafsack ebenso mitzunehmen wie Toilettenpapier und andere Hygieneartikel. Es gibt aber auch komfortablere Übernachtungsmöglichkeiten in Privathäusern, allen voran im Mekong-Delta. Dies kann über die örtlichen Fremdenverkehrsämter oder lokale Agenturen arrangiert werden.

Einige einfache Herbergen sind Mitglied des Verbandes **Hostelling International** und können über dessen Webseite (www.hihostels.com) gebucht werden. Voraussetzung ist die Mitgliedschaft bei den heimischen Jugendherbergsverbänden. **Campingplätze** sind in Vietnam nicht vorhanden.

Zimmerreservierung

Schnäppchenjäger können auch in Vietnam glücklich werden, wenn sie bei den großen heimischen Veranstaltern nach Last-Minute-Angeboten Ausschau halten. Bei Hotels der gehobenen Klasse empfiehlt sich die Reservierung über eine vietnamesische Reiseagentur, einen Veranstalter oder das Internet – eventuell in Kombination mit einer Flugbuchung. Bei Luxushotels lohnt der Blick auf deren Webseite. Im Allgemeinen ist es jedoch kein Problem, ohne Reservierung ein Zimmer zu bekommen. Beim Einchecken muss zumeist der Reisepass hinterlegt werden.

Buchung im Internet

Folgende Seiten stellen eine kleine Auswahl an **Buchungs-Webseiten** dar:
www.worldhotel-link.com
www.vietnamhotels.net
www.hoteltravel.com
www.expedia.de

Hotelbewertungen finden Sie bei:
www.holidaycheck.de
www.hotelbewertung.de

Fahrradtouren

Beliebt ist es, Vietnam mit dem Fahrrad (*xe dap*) zu erkunden. Mancherorts, etwa in Hoi An, Ninh Binh oder Hue, verleihen Gästehäuser einfache Drahtesel für Fahrten in die Umgebung. Wer anspruchsvollere Touren unternehmen möchte, sollte sein eigenes Gefährt samt Ersatzteilen mitbringen oder im Land ein Mountainbike (*xe dap leo nui*) kaufen. Trotz Rechtsverkehr ist der Fahrstil gerade in den Städten gewöhnungsbedürftig.

Einige Veranstalter bieten schöne Radtouren an, etwa in der Trockenen Ha-Long-Bucht, bei Hoi An oder im Mekong-Delta. Ungeachtet der Strapazen lohnen sich zudem Touren in der Bergwelt mit fantastischen Ausblicken.

Golf

Die Zahl der Golfplätze in Vietnam nimmt stetig zu. Sehr gute Anlagen mit internationalem Standard sind der **Dalat Palace Golf Club** in Da Lat und der **Ocean Dunes Golf Club** bei Phan Thiet. Infos zu beiden Anlagen finden Sie unter www.vietnamgolfresorts.com.

Stadtnah liegen der **Vietnam Golf & Country Club** (vietnamgolfcc.com) bei Ho-Chi-Minh-Stadt und **Kings' Island Golf** (www.kingsislandgolf.com) bei Hanoi.

Infos zu diesen und weiteren Plätzen unter www.vietnamgolftours.com.

Trekking

Bevorzugte Wandergebiete sind die Nationalparks und Bergregionen. Vor allem der Norden bietet sich für ein- oder mehrtägige Trekkingtouren an. Gute Ausgangspunkte sind **Sa Pa** und **Bac Ha** im Nordwesten oder **Mai Chau** und **Pu Luong** südwestlich von Hanoi. Man sollte nie ohne einheimischen Führer unterwegs sein, denn weder gibt es gute Pläne noch ausgeschilderte Wanderwege. Zudem spricht kaum jemand der Einheimischen Englisch. Es empfiehlt sich, bei anspruchsvollen Touren die eigene Ausrüstung (Wanderschuhe, Daunenjacken und -schlafsäcke etc.) mitzunehmen. Bei mehrtägigen Touren wird meist in Privathäusern – einfache Holz- oder Bambushütten – übernachtet. Man muss sich auf fehlenden Komfort und mangelnde Hygiene einstellen. Zudem sollte man die lokalen Gepflogenheiten berücksichtigen (s. S. 96).

Vogelbeobachtung

Mit 850 Vogelarten, davon zehn endemischen, ist Vietnam ein interessantes Land für Vogelfreunde. Zu den besten Orten zählt der **Bac-Ma-Nationalpark** 40 km südlich von Hue mit über 300 Arten, darunter einigen endemischen Fasanenarten. Eine interessante Vogelwelt bietet sich auch **rund um Da Lat** und dem südwestlich davon gelegenen **Cat-Tien-Nationalpark**.

Für die Beobachtung von Wasservögeln eignet sich das Mekong-Delta, allen voran der **Tram-Chim-Nationalpark** westlich von Chau Doc und der **Mui-Ca-Mau-Nationalpark** südlich von Ca Mau. Von Chau Doc aus kann man auch das kleine Schutzgebiet **Tra Su**, Heimat Hunderter Störche und Kraniche, besuchen.

Wassersport

Wer an Vietnams Stränden nicht nur in der Sonne liegen möchte, hat vielerlei Möglichkeiten, sich sportlich zu betätigen. Die großen Resorts verleihen gewöhnlich entsprechendes Equipment. Am China Beach südlich von Da Nang und in Mui Ne bestehen gute **Windsurf-Bedingungen.**

Kajaking

Die schönste Kulisse für Meereskajak-Touren bietet die **Ha-Long-Bucht.** Bei mehrtägigen Bootstouren durch die Bucht sind Kajakboote meist an Bord. Es ist ratsam, sich vorher etwas einweisen zu lassen.

Tauchen und Schnorcheln

Vietnam zählt zwar nicht zu den klassischen Tauchzielen wie die Malediven oder das Rote Meer, doch auch hier gibt es eine faszinierende Unterwasserwelt – etwa in der **Bucht von Nha Trang**. Dort bieten einige Tauchschulen ihre Dienste an. Rund um die **Walfischinsel** (Hon Ong) in der Ben-Goi-Bucht entdeckte Jacques Cousteau 1933 seine Leidenschaft für das Tauchen – angesichts der schönen Korallen kein Wunder.

Eine gute Ausgangsbasis für Tauchgänge bildet ferner die **Cham-Insel** (Cu Lao Cham) vor Hoi An. Vor **Phu Quoc** und dem **Con-Son-Archipel** befinden sich weitere interessante Tauchgründe, allerdings steckt hier der Tauchsport noch in den Kinderschuhen.

Bei den meisten der genannten Orte lässt sich die Meeresflora und -fauna auch schnorchelnd beobachten. Nähere Infos zu den Tauchgründen bieten **Rainbow Divers** (www.divevietnam.com). Viele gute Tipps gibt es zudem unter **www.taucher.net**.

Wellness

In den größeren Resorts und Hotels gehört auch ein stilvolles Spa, obwohl Vietnam keine eigene Wellness-Tradition hat, fast obligatorisch zur Einrichtung. Für die Massagen und Beauty-Behandlungen muss man teils tief in die Tasche greifen. Zu den etablierten Anbietern zählen **Qi** (www.qispa. com.vn), **Six Senses Spas** (www.sixsensesspas.com) und **Life Resorts** (www.life-resorts.com).

Vietnamesen halten sich gerne mit Taiji fit

Soll es moderne Kunst sein oder ein typisch vietnamesischer Hut, will man sich einen Anzug schneidern lassen oder ein gesticktes Bild erwerben? In Vietnam ist alles kein Problem. Das Land ist ein Einkaufsparadies. Wäre nicht gelegentlich die Hammer-und-Sichel-Flagge zu sehen, nie käme man auf die Idee, in einem sozialistischen Land zu reisen.

Beim Einkauf beachten

Von der gefälschten Rolex über Computerprogramme bis zum Tigerzahn ist im Land alles zu haben. Doch es empfiehlt sich, dem Rat des Zolls zu folgen: Am besten keine Souvenirs kaufen, zu deren Herstellung Tiere oder Pflanzen oder Teile davon verwendet wurden. Das gilt allemal für jene, die dem Washingtoner Artenschutzübereinkommen unterliegen. Dazu zählen Korallen, Schildkröten und Orchideen genauso wie Schlangenschnaps. Gefälschte Marken und Produkte dürfen nur für den eigenen Gebrauch innerhalb der Einreisefreimenge von derzeit 175 € bzw. 300 SFr mitgebracht werden. Anderenfalls ist mit Beschlagnahme und einem Straf- oder Bußgeldverfahren zu rechnen.

Wer Antiquitäten kauft, muss sich vor Ausreise mit der vietnamesischen Zollverwaltung in Verbindung setzen. Bei teuren Souvenirs daran denken, dass sie im Heimatland zu verzollen sind.

Bitte feilschen: Beim Einkauf auf dem Markt oder am Souvenirstand heißt es hart feilschen. Mit etwas Verhandlungsgeschick erzielt man einen Preis, der um 30–50 % unter dem liegt, den der Händler zuerst genannt hat. Hat man sich geeinigt, so gilt der Handel als abgeschlossen. Ein Rückzug ist nur unter Gesichtsverlust möglich. In etablierten Geschäften und Boutiquen ist die Handelsspanne geringer. Oft gibt es für die Waren Festpreise oder es wird nur ein Nachlass um 10 % gewährt.

Kunsthandwerk

Rund um Hanoi gibt es eine Reihe von **Handwerksdörfern**, die sich auf die Herstellung eines Produktes spezialisiert haben – etwa auf Keramik, Neujahrsbilder oder Holzschnitzereien. Eine Vielfalt an kunstgewerblichen Produkten, u. a. **Lackarbeiten**, sind in der Altstadt von Hanoi im Angebot. Sa Pa im Nordwesten wiederum ist bekannt für **Web- und Flechtarbeiten** der Bergvölker. Galerien in Hanoi und Saigon offerieren **moderne Kunst. Seidenstoffe** kann man in Hue erstehen oder in Hoi An, wo man sich über Nacht etwas schneidern lassen kann.

Märkte und Einkaufszentren

Wie überall in Asien, ist der Besuch eines **Marktes** (*cho*) eine Wonne für alle Sinne. Für gewöhnlich sind die Stände für Haushaltswaren, Konsumgüter, Kleidung oder Souvenirs in den Markthallen untergebracht, während außerhalb oder in einem abgetrennten Bereich Lebensmittel feilgeboten werden. Gut und günstig bekommt man Gewürze, Tee, Kaffee oder lokale Spirituosen. Auch Kleidung und Schuhe (jedoch vorwiegend asiatische Größen) sind zuweilen billig zu erstehen.

Die Zahl der **Supermärkte** (*sieu thi*) und **Einkaufszentren** nimmt stetig zu. Dort ist alles zu Festpreisen erhältlich, was der globale Markt zu bieten hat.

Öffnungszeiten

Geschäfte haben in Vietnam täglich etwa von 8 bis 21 Uhr geöffnet. Allerdings kann dies individuell sehr unterschiedlich sein.

Nachtleben

Ein Land für Nachteulen ist Vietnam nicht. In den meisten Bars und Diskotheken ist gegen Mitternacht Schluss. Die Ausnahme bilden einige Läden in Ho-Chi-Minh-Stadt und Hanoi.

Unter einheimischen Männern sind **Bierhallen** oder **Ausschänke** mit *bia hoi* (Fassbier) populär. Zuweilen entsenden die Brauereien Hostessen, um den Konsum anzukurbeln.

Die **Kneipen- und Barszene** ist in den beiden Metropolen bunt und kreativ. Regelmäßig öffnen neue Läden, die eine anspruchsvoller werdende Gefolgschaft an sich binden möchten. Von Hardrock bis Asienpop, von cooler Lounge-Musik bis zu heißen Salsa-Rhythmen reicht das Angebot.

Livemusik wird vorwiegend in den großen Hotels geboten. Zumeist handelt es sich dabei um Bands aus den Philippinen. Zudem gibt es gute lokale Bands, die regelmäßig auftreten. Gepflegtem **Jazz** kann man in einigen Lokalen in Hanoi und Saigon lauschen. Da auch die Vietnamesen dem panasiatischen Karaoke-Wahn verfallen sind, gibt es in nahezu jeder Stadt und jedem besseren Hotel **Karaoke-Bars**. Gelegentlich wird dort versteckt **Prostitution** ausgeübt.

Nachtclubs und **Diskotheken** mit edlem Design und modernen Musikanlagen sind vorwiegend in den großen Hotels zu finden. Meist wird Eintritt erhoben, in dem ein oder zwei Getränke enthalten sind.

Aktuelle Veranstaltungshinweise findet man in der Tageszeitung Viet Nam News und den Monatsmagazinen The Guide (Beilage der Vietnam Economic Times) und Timeout (Beilage der Vietnam Investment Review).

Theater und Konzerte

Für Freunde der kultivierten Unterhaltung finden in der **Oper von Hanoi** und dem **Stadttheater in Ho-Chi-Minh-Stadt** Konzerte und Theatervorführungen statt. Auf Einladungen der Botschaften gastieren dort ausländische Ensembles.

Wer lokales Theater erleben möchte, hat es mit Ausnahme des **Wasserpuppentheaters** in Hanoi etwas schwerer. Gelegentlich finden Aufführungen im **Hoa-Binh-Theater** in Ho-Chi-Minh-Stadt statt.

Wassertheater – besuchenswert: das Hanoier Nationaltheater

Bettler

In den Augen der Einheimischen sind ausländische Touristen automatisch reich. Bettler erhoffen sich daher besonders von ihnen Geld. So mitleiderregend sie aussehen mögen, man sollte bedenken, dass Almosengeben das Betteln fördert. Das gilt allemal bei Kindern, die nicht selten von ihren Eltern oder einem Bandenchef geschickt werden. Minderjährigen sollte man nicht willkürlich und grundlos Süßigkeiten, Kugelschreiber oder andere Geschenke geben.

Wer Notleidenden effektiv helfen möchte, kann einer gemeinnützigen Organisation vor Ort oder im Heimatland spenden. Viele internationale Hilfsorganisationen fördern Projekte in Vietnam.

Drogen und Prostitution

Die vietnamesischen Behörden sind bei Rauschgiftdelikten nicht zimperlich. Schon der Besitz geringer Drogenmengen führt zu hohen Freiheitsstrafen. Ab dem Besitz von 20 kg Opium bzw. 600 g Heroin droht die Todesstrafe.

Auf sexuellen Missbrauch von Kindern steht ebenfalls die Todesstrafe. Im Heimatland wird er auch dann strafrechtlich verfolgt, wenn die Tat im Ausland stattfand (Infos unter: www.ecpat.de). Prostitution ist in Vietnam illegal.

Fotografieren

Da sich auch in Vietnam **Digitalkameras** in rasantem Tempo verbreiten, erhält man in den Fotogeschäften die gebräuchlichen Speicherchips. In guten Internetcafés ist es kein Problem, die Bilder auf eine CD-ROM zu brennen.

Fotobatterien werden in allen Variationen verkauft, meist wesentlich billiger als in Europa.

Fotografieren ist nahezu überall gestattet, sogar in den meisten Museen. Ausnahmen sind militärische Einrichtungen und Flughäfen. Dass bei der Motivwahl die Privatsphäre der Einheimischen gewahrt wird, muss wohl nicht eigens betont werden. Dies gilt vor allem an religiösen Orten und bei Angehörigen der Bergminderheiten.

Frauen allein unterwegs

Frauen können in Vietnam recht unbehelligt reisen. Die Einheimischen begegnen ihnen höflich distanziert. Allerdings empfiehlt es sich, hinsichtlich Kleidung und Kontakt mit einheimischen Männern etwas zurückhaltend zu sein. In alkoholisiertem Zustand können auch in Vietnam die Herren der Schöpfung aufdringlicher werden. Man sollte sie in so einem Falle ignorieren oder den Ort wechseln.

Personennamen

Vietnamesische Personennamen bestehen überwiegend aus drei Teilen: Nach- bzw. Familienname, Mittel- und Vorname. Der Nachname wird zuerst geschrieben, dann folgt der Mittel- und zuletzt der Vorname. Mit dem Mittelnamen wird häufig auf das Geschlecht verwiesen, da der Vorname nicht immer geschlechtsspezifisch ist. Bei dem Namen Le Van Lien verweist das Van auf einen Mann, bei Nguyen Thi Phung das Thi auf eine weibliche Person.

Trotz Heirat behalten die Frauen normalerweise ihren Familiennamen, die Kinder nehmen im Allgemeinen den Nachnamen des Vaters an.

Verhaltenstipps

Im Allgemeinen sind die Vietnamesen Ausländern gegenüber aufgeschlossen, freundlich und tolerant. Man kommt mit den Einheimischen schnell ins Gespräch – und wenn es nur mit Händen und Füßen ist. Sie erwarten nicht, dass man die vietnamesische Lebensweise vollständig versteht und nachahmt. Folgende Hinweise mögen helfen, kulturelle Fettnäpfchen zu vermeiden.

Begrüßung

Bei der Begrüßung die Hände nur schütteln, wenn die Initiative von einem Einheimischen ausgeht. Zur Untermauerung der Wertschätzung wird die rechte Hand gerne von beiden Händen umfasst. Ansonsten reicht ein wohlwollendes Nicken und Lächeln. Die Anrede ist im Vietnamesischen etwas kompliziert, daher genügt ein freundliches *xin chao*.

Besuch bei den Minderheiten

Ein Besuch bei den Bergvölkern ist nur mit einem einheimischen Führer sinnvoll, der mit den Bewohnern kommunizieren kann und sie bereits kennt. Es geziemt sich Zurückhaltung zu zeigen und ein Haus nur auf Einladung zu betreten. Fotografieren sollte man nur auf Nachfrage (evtl. Zeichensprache). Respekt vor dem Hausaltar und die Achtung von Tabuzonen oder -zeichen, das Vermeiden von Berührungen sind weitere Grundregeln. Zur Unterstützung des Dorfes anstelle willkürlicher Geldspenden besser lokale Produkte erwerben.

Gastgeschenke

Ist man irgendwo eingeladen, so freuen sich die Gastgeber über Mitbringsel. Beliebt sind Souvenirs aus dem Heimatland – von der Schweizer Schokolade über Berliner Ampelmännchen bis zu Salzburger Mozartkugeln. Postkarten, Kalender oder kleine Spielsachen für Kinder kommen auch immer gut an.

Kommunikation

So freundlich die Vietnamesen Ausländern gegenüber sind – die Kommunikation ist nicht nur aufgrund der fehlenden Sprachkenntnisse oft von Missverständnissen geprägt. Folgende Grundregeln vereinfachen die Begegnung mit den Einheimischen: Auch bei Auseinandersetzungen höflich bleiben und auf Kompromisse bedacht sein. Ein zögerndes Ja oder verlegenes Lächeln ersetzt bei Vietnamesen häufig ein Nein. Nie laut werden oder gar schreien. Als oberstes Prinzip gilt, dass jeder sein Gesicht wahren kann. Bitte keine überschwänglichen Gefühlsregungen zeigen. Älteren und Höhergestellten mit besonders freundlicher Zurückhaltung begegnen.

Kopf und Fuß

Als bedeutendster Körperteil darf der Kopf nicht berührt werden, was auch bei Kleinkindern gilt. Die Füße bitte niemals gegen Personen oder religiöse Objekte wie etwa Buddha-Figuren ausstrecken. Vor dem Betreten von Privathäusern und bestimmter Orte (meist mit Matten gekennzeichnet) oder Räume in einem Tempelgebäude bitte die Schuhe ausziehen.

Lächeln

Grundsätzlich gilt: Ein Lächeln öffnet viele Türen, und Humor hilft über manche Unpässlichkeit hinweg.

Mimik und Gestik

Freundschaftliches Schulterklopfen, mit dem Finger auf jemanden zeigen, herzhaftes Lachen oder wildes Gestikulieren – in Europa völlig selbstverständlich, in Vietnam verpönt. Dies gilt auch für verschränkte Arme vor der Brust oder in die Hüften gestemmte Hände. Überschwängliche Gefühlsregungen sollte man genauso vermeiden wie Körperkontakte. Das gilt auch dem noch so geliebten Partner gegenüber. Zärtlichkeitsbekundungen sollte man in der Öffentlichkeit unterlassen.

Reisekasse und Reisebudget

Währung

Offizielle Landeswährung ist der **Vietnamesische Dong** (VND). Ihn gibt es als Schein in folgenden Stückelungen: 200, 500, 1000, 2000, 5000, 10 000, 20 000, 50 000, 100 000 und 500 000. Zudem sind Münzen im Wert von 200, 500, 1000, 2000 und 5000 im Umlauf. In Hotels, Restaurants oder teuren Geschäften sind jedoch häufig Preise in **US-Dollar ($)** ausgezeichnet, der als inoffizielle Zweitwährung weit verbreitet ist. Den ausgeschriebenen Dollarbetrag kann man jedoch zumeist auch in Dong begleichen. Da der Dong als Binnenwährung nicht konvertierbar ist, kann man ihn erst in Vietnam tauschen.

Geld- und Zahlungsmittel

Es empfiehlt sich, von zu Hause folgende Zahlungsmittel mitzunehmen: Euros und US-$ in bar, Reiseschecks, Kredit- und EC-Karten. Bei mehrtägigen Reisen in abgelegene Gebiete sollte man angesichts mangelnder Tauschmöglichkeiten und schlechterer Kurse genügend US-$ und Vietnamesische Dong mit sich führen. **Euros** in bar lassen sich in jeder besseren Wechselstube eintauschen.

Die **US-$-Scheine** müssen sauber und unbeschädigt sein. Zudem sollte man eher kleinere Einheiten (10, 20, 50 US- $) mitnehmen, denn nicht selten mangelt es an Wechselgeld. Da 100-$-Scheine aus Angst vor Fälschungen gelegentlich nicht akzeptiert werden, sollte man diese besser gar nicht erst mitführen.

Reiseschecks, in US-$, € oder Schweizer Franken ausgestellt, sind aufgrund der Ersatzmöglichkeiten vor Ort im Falle eines Verlustes empfehlenswert. Sie können in Wechselstuben und vielen Hotels problemlos eingelöst werden. Wichtig ist es, die Schecks getrennt vom Kaufbeleg aufzubewahren.

Bessere Unterkünfte, Restaurants oder Geschäfte akzeptieren gängige **Kreditkarten** wie MasterCard, Visa, American Express und Diners Club. Sie verlangen gelegentlich zusätzlich 3–4 % des Rechnungsbetrages. Zum Schutz vor Missbrauch bitte die Karte während des Zahlvorgangs immer im Auge behalten, damit kein Zweitbeleg erstellt wird.

Mit Kreditkarten erhält man Vietnamesische Dong auch an **Geldautomaten** (ATM = Automated Teller Machine), die an jeder größeren Bankfiliale zu finden sind. Falls der Bankautomat das Maestro- oder Cirrus-Zeichen trägt, sind Bargeldabhebungen auch mit EC-Karten möglich. In beiden Fällen wird nach der Geheimnummer (PIN) gefragt. Es wird zum aktuellen Tageskurs abgerechnet und ein Zuschlag (ca. 3,50–4 €) erhoben. Wer ein Konto bei der **Citibank** hat, kann in den Filialen in Hanoi (Automat auch am Flughafen) und Ho-Chi-Minh-Stadt gebührenfrei Geld ziehen.

Banken

Unter den einheimischen Geldinstituten verfügen **Vietcombank** und **Sacombank** über das dichteste Filialnetz. In den großen Städ-

Sperrung von EC-und Kreditkarten bei Verlust oder Diebstahl*:

0049-116 116

oder 0049-30 4050 40509
(* Gilt nur, wenn das ausstellende Geldinstitut angeschlossen ist, Übersicht: www.116116.eu)
Weitere Sperrnummern:
- MasterCard: 0049-69-79 33 19 10
- VISA: 0049-69-79 33 19 10
- American Express: 0049-69-97 97 1000
- Diners Club: 0049-69-66 16 61 23

Bitte halten Sie Ihre Kreditkartennummer, Kontonummer und Bankleitzahl bereit!

ten sind auch internationale Banken vertreten. Bei internationalen Bargeldtransfers kann man sich an **MoneyGram** oder **Western Union** wenden, die in Deutschland und Vietnam mit verschiedenen Banken kooperieren.

Öffnungszeiten der Banken

Mo–Fr 8–11.30, 13–16 Uhr, in Touristenorten gelegentlich auch länger und am Wochenende geöffnet.

Wechselkurs

Der Wechselkurs in den großen Hotels ist zumeist ähnlich wie der Bankenkurs.

Stand 2007

1 € = 21 600 VND
1 US-$ = 16 050 VND
1 CHF = 13 050 VND
10 000 VND = 0,46 €, 0,76 CHF, 0,62 US-$
Aktuelle Kurse unter www.xe.com oder www.vietcombank.com.vn.

Preisniveau

Vietnam ist ein recht günstiges Reiseland. Anspruchslose Reisende, die in Gästehäusern wohnen und in einfachen Lokalen einkehren, kommen problemlos mit einem Tagesbudget von 15–20 US-$ aus. Wer etwas gediegener reisen will, wird Ausgaben von 40–60 US-$ haben. Nach oben hin sind keine Grenzen gesetzt. Folglich ist Vietnam sowohl für Rucksacktouristen als auch für Luxusurlauber attraktiv.

Preisbeispiele

Essen und Trinken: Eine Nudelsuppe kostet in der Garküche weniger als 10 000 VND. Im einfachen Lokal kann man mit zwei Personen bereits ab 50 000 VND speisen. Ein gepflegtes Restaurant ist mit Menüpreisen, die unter 150 000 VND liegen, immer noch günstig. Getränke sind ebenfalls nicht teuer. Softdrinks kosten etwa 7000 VND, ein Kaffee auf der Straße 6000 VND, ein Glas Bier vom Fass ab 4000 VND und aus der 0,33-l-Flasche etwa 10 000 VND. In besseren Lokalen ist mit 15 000–25 000 VND pro Flasche zu rechnen. Eine Flasche mit 0,7 l Reisschnaps ist bereits für 25 000 VND erhältlich.

Übernachten: Auch das Übernachten ist in Vietnam recht günstig, kosten doch Betten im Schlafsaal einer Jugendherberge ab 2 US-$. Ein schlichtes Zimmer im Gästehaus bekommt der Reisende ab 5 US-$, im Mittelklassehotel zahlt man 25–50 US-$, Zimmer in 4-Sterne-Hotels sind für 60–90 US-$ zu haben, in 5-Sterne-Häusern ab 90 US-$.

Transport: Ein Ticket mit den Open-Tour-Bussen ist für die Strecke Saigon–Hanoi bereits unter 30 US-$ zu bekommen, eine Bahnfahrt zwischen den beiden Städten kostet 28–60 US-$. Bei den Flügen offeriert Vietnam Airlines Tarife zwischen 70 und 120 US-$. Für einen Halbtagesausflug mit Mietwagen sind ca. 25 US-$ zu veranschlagen, für eine Ganztagstour je nach Entfernung ab 40 US-$.

Eintritt: Die Eintrittspreise sind relativ günstig und liegen in den Museen bei durchschnittlich 15 000 VND. In Hue werden die Eintrittskarten für Königspalast und -gräber zu je 55 000 VND verkauft, ein Sammelticket in Hoi An für 75 000 VND pro Person.

Trinkgeld

Trinkgeld ist traditionell unüblich, doch wird es heute in Hotels und Restaurants erwartet, da das Einkommensniveau der Angestellten entsprechend ausgelegt ist. Im Restaurant sind je nach konsumierter Menge bis zu 10 % auf den Rechnungsbetrag zu addieren. Für Kofferträger sind 5000–10 000 VND angemessen, für Fahrer oder Reiseführer pro Reisegast und Reisetag umgerechnet ca. 1 €. Die großen Hotels addieren auf die Rechnung neben 10 % Mehrwertsteuer (VAT = Value-added Tax) eine Service Charge von 5 %.

Klima

Land der zwei Monsune

Wie ganz Südostasien unterliegt Vietnam dem Einflussbereich zweier Monsune, dem **Südwestmonsun** zwischen Mai und Oktober und dem **Nordostmonsun** zwischen Oktober und April. Sie haben ihre Ursachen in folgender klimatischen Konstellation: Ein von März bis Mai über Süd- und Zentralasien dominierendes umfangreiches Hitzetief nimmt feuchte Luftmassen aus dem Indischen Ozean auf und führt als Südwestmonsun zu ergiebigen Regenfällen. In dieser Zeit gehen im Süden von Vietnam 90 % der jährlichen Niederschlagsmenge nieder.

Umgekehrt ist es im Winter, wenn sich die aus einem kräftigen Kältehoch über Sibirien entstehenden trockenen Luftmassen in Richtung Indischer Ozean bewegen. Dabei erwärmen sie sich und sorgen als kühler Nordostmonsun für eine mehrmonatige Trockenphase. Da der Nordostmonsun auf seinem Weg über das Südchinesische Meer Feuchtigkeit aufnimmt, führt er an der Küste von Zentralvietnam zu starken Regenfällen.

Regionale Unterschiede

Da sich das Land von Norden nach Süden auf über 1800 km erstreckt, besitzt es kein einheitliches Klima. Aktuelle Wetterdaten unter www.wetteronline.de.

Norden: Hier sind die vier Jahreszeiten am stärksten ausgeprägt. Während Oktober und November bei Durchschnittstemperaturen um 22–26 °C und gelegentlichen Niederschlägen recht angenehm sind, führt der Nordostmonsun zwischen Dezember und Januar zu einer relativ stabilen Hochdrucklage mit sonnigem Wetter, aber kalten trockenen Böen. In den Bergen kann die Quecksilbersäule auf den Gefrierpunkt fallen. Ostwinde führen ab Februar bei höheren Temperaturen zu beständigem feinem Nieselregen. Es folgt von Mai bis September der feuchtheiße Sommer. Ihn kennzeichnen regelmäßige Regenfälle, hohe Temperaturen bis über 38 °C (vor allem Juni–Aug.) und gelegentliche Taifune.

Zentrum: Die Landesmitte liegt zwischen

Klimadaten Hanoi

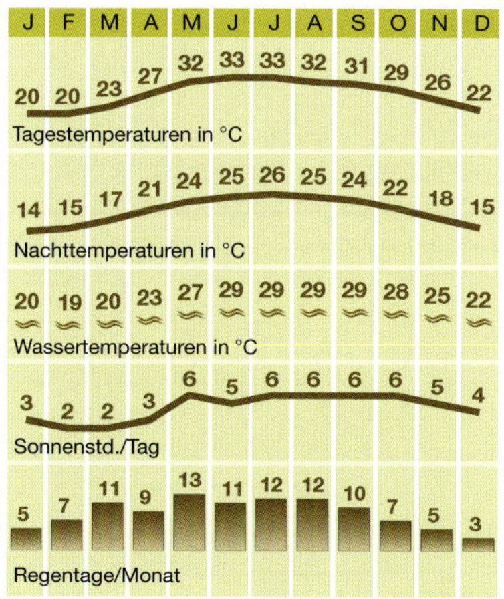

Klimadaten Saigon (Ho-Chi-Minh-Stadt)

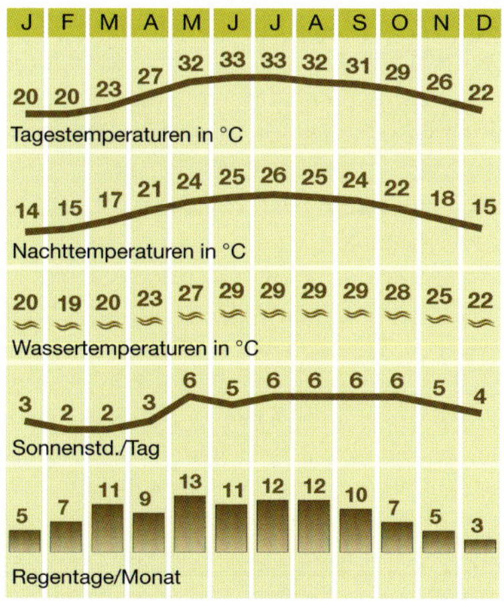

November und März im Einflussbereich des feuchten Nordostmonsuns. Nördlich des Wolkenpasses kann es dann zu tagelangem Dauerregen kommen. In Hue liegt die jährliche Niederschlagsmenge bei fast 3000 mm. Im November und Anfang Dezember wird die Region regelmäßig von gelegentlich zerstörerischen Taifunen heimgesucht. Im April und Mai sorgen aus Westen kommende heiße Winde für trockenes Wetter. Der Südwestmonsun wird von den Truong-Son-Kordilleren abgehalten, führt aber von Juni bis Oktober in Küstennähe zu einem feuchtheißen Klima mit Temperaturen zwischen 35 und 40 °C. Es gibt jedoch erhebliche regionale Unterschiede. So wirkt der Wolkenpass je nach Großwetterlage als Klimagrenze. Die Temperaturen südlich von Da Nang sind meist angenehmer als in Hue und nördlich davon.

Süden: Hier kann man drei Jahreszeiten unterscheiden. Die Winterzeit von November bis Anfang März mit angenehmen Temperaturen und viel Sonne; die heiße Zeit von Mitte März bis Mai, in der die Quecksilbersäule auf 40 °C klettern kann; die Regenzeit von Mai bis Oktober, welche im Mekong-Delta nicht selten zu Überschwemmungen führt. Im 1500 m hoch gelegenen Da Lat ist das Wetter mit durchschnittlich 18 °C ganzjährig recht wechselhaft. Da das Zentrale Hochland von beiden Monsunen betroffen ist, fallen die Niederschläge regelmäßig, wobei es zwischen Dezember und März am trockensten ist.

Reisesaison

Angesichts der großen Unterschiede gibt es im lang gestreckten Vietnam nicht *die* beste Reisezeit. Während man im Dezember in Hanoi eine Winterjacke benötigt und in Hue den Regenschirm aufspannen muss, kann man in Saigon mit dem T-Shirt herumlaufen. Andererseits braucht man im Juli im Süden einen Schirm, während in Zentral- und Nordvietnam feuchtheißes Badewetter herrscht. Das Land ist folglich ganzjährig bereisbar, wobei für Europäer die Monate Januar bis März sicherlich am besten geeignet sind. November und Dezember können im Norden recht kalt sein, während in Zentralvietnam viel Regen fällt.

Kleidung und Ausrüstung

Die Vietnamesen legen Wert auf saubere, korrekte Kleidung. Bewährt hat sich die goldene Reiseregel »So viel wie nötig, so wenig wie möglich«. Die Kleidung sollte bequem, leicht und nicht zu empfindlich sein. Shorts und knappe T-Shirts sind am Pool oder Strand angebracht, nicht jedoch unterwegs und schon gar nicht an religiösen Stätten – auch wenn es noch so heiß sein sollte. Empfehlenswert sind leichte strapazierfähige Schuhe. Für den Aufenthalt in klimatisierten Räumen oder Fahrzeugen empfiehlt es sich, eine leichte Jacke oder ein Halstuch griffbereit zu halten. Unabhängig davon, zu welcher Jahreszeit man in Vietnam unterwegs ist, ein Regenschutz wird große Dienste leisten. Wer zwischen November und Februar reist, sollte die niedrigen Temperaturen im Norden nicht unterschätzen. Warme Pullover und windfeste Jacken sind dann unabdingbar. Dies gilt besonders für die Bergregionen.

Taschenmesser, Taschenlampe, Schirm und Tuch sind gute Reisebegleiter, denn immer wieder gibt es etwas zu schneiden, kommt man in unterkühlte Räume oder fehlt ein schattiges Plätzchen. Ein Moskitonetz oder ein Schlafsack sind nur dann sinnvoll, wenn man eine längere Trekkingtour plant.

Elektrizität

Die Netzspannung beträgt nahezu überall 220 V/50 Hertz. Da verschiedene Steckernormen verbreitet sind, leistet ein Weltreiseadapter gute Dienste (kann auch vor Ort besorgt werden). In abgelegenen Orten ist das Stromnetz schwach oder schlicht gar nicht vorhanden.

Gesundheit

Gute Informationen finden sich unter www.fit-for-travel.de, www.gesundes-reisen.de.

Apotheken

Recht gut sortierte Apotheken (*hieu thuoc*) gibt es in jeder Stadt. Auf dem Land wendet man sich an die – schlechter bestückten – Ambulanzstationen (*tram y te*). Zuweilen ist das Haltbarkeitsdatum überschritten. Vorsicht vor gefälschten Medikamenten, die auf Märkten oder auf der Straße verkauft werden!

Ärztliche Versorgung

Die Versorgung hat sich zwar gebessert, ist aber von westlichen Standards weit entfernt. Während in den Städten immer mehr private Krankenhäuser öffnen, ist die Lage auf dem Land schlechter. Notfalls sollte man sich nach Bangkok oder Singapur ausfliegen lassen, also eine Auslandskrankenversicherung, die den Rücktransport einschließt, abschließen: Behandlungskosten werden nach Einreichung einer detaillierten Rechnung (Name, Behandlungsort, -datum, Diagnose, Leistungsbeschreibung, Unterschrift des Arztes) erstattet.

Krankenhäuser

... in Da Lat:
Lam Dong Hospital
4 Pham Ngoc Thach, Tel. 063-82 21 54

... in Da Nang:
Family Medical Practice
50–52 Nguyen Van Linh, Hai Chau Dist.
Tel. 0511-58 26 99, 58 27 00

... in Hanoi:
International SOS
Central Bldg., 31 Hai Ba Trung
Tel. 04-934 06 66 (24 Std.)
www.internationalsos.com
VN International Hospital
1 Phuong Mai, Tel. 04-574 07 40

... in Ho-Chi-Minh-Stadt (Saigon):
International SOS
65 Nguyen Du, Dist. 1
Tel. 08-829 84 24 (24 Std.)
Columbia Asia – Gia Dinh International Hospital
1 No Trang Long, Binh Thanh Dist.
Tel. 08-803 06 78, www.columbiaasia.com
Family Medical Practice
Diamond Plaza, 34 Le Duan, Dist. 1
Tel. 08-822 78 48
www.vietnammedicalpractice.com

... in Hue:
Hue Central Hospital
16 Le Loi, Tel. 054-82 23 25, 82 23 26

... in Nha Trang:
Central Hospital
19 Yersin, Tel. 058-82 21 68

... in Phan Thiet:
Central Hospital
Hai Thuong Lan Ong, Tel. 062-82 17 33

Schutzimpfungen

Schutzimpfungen sind nur notwendig, wenn man aus einem Infektionsgebiet einreist. Es empfiehlt sich eine Auffrischung des Impfschutzes gegen Diphtherie, Tetanus, Polio, Hepatitis A und B. Vor Abreise sollte ein mit Tropenkrankheiten vertrauter Arzt konsultiert werden – insbesondere wegen der Wahl der Malariaprophylaxe (s. u.) wichtig.

Gesundheitsrisiken

Dengue-Fieber: Es wird über infizierte Mücken übertragen und tritt sporadisch auf. Während der Regenzeit kann es zu epidemischen Ausbrüchen kommen. Zu den Symptomen zählen Muskel- und Gelenkschmerzen sowie Fieber. Mückenschutz verwenden!

Magen- und Darmerkrankungen: Sie sind meist Folge unhygienischer Nahrungsmittel. Nur abgekochtes Wasser oder Wasser aus

geschlossenen Behältern trinken, Kaltspeisen, ungeschältes Obst, Salat, Eiswürfel meiden.
Malaria: Ein ganzjähriges Malariarisiko besteht vorwiegend in Gebieten unter 1500 m Meereshöhe. Besonders betroffen sind die Provinzen Dak Lak, Gia Lai und Kon Tum im Zentralen Hochland, das Gebiet nordwestlich von Saigon sowie die Provinzen Ca Mau und Bac Lieu im Mekong-Delta. Kein Malariarisiko besteht in den Großstädten, dem Roten-Fluss-Delta und entlang der Küste nördlich von Nha Trang. Erhöhte Übertragungsgefahr besteht im Norden von April bis Oktober. Neben dem Schutz vor Moskitostichen durch lange helle Kleidung, Mückenschutzmittel und eventuell Moskitonetze ist ein Standby-Mittel unerlässlich. Die Weltgesundheitsorganisation rät zu einer Prophylaxe.
Vogelgrippe: Ihr Erreger konnte noch nicht nachhaltig bekämpft werden. Daher bitte nur durchgegartes Geflügel und gut gegarte Eier(speisen) essen. Bei 70 °C stirbt das Virus ab. Es gibt bisher keinen Impfstoff.

Kindliche Gesundheit

Es ist sinnvoll, Kinder **vor der Abreise** nach Vietnam medizinisch untersuchen und frühzeitig impfen zu lassen – auch gegen Kinderkrankheiten. Für die Auswahl der Malariaprophylaxe sollte man einen erfahrenen Tropenarzt aufsuchen. Art und Dosierung der Medikamente müssen auf das Körpergewicht des Kindes abgestimmt sein. **Vor Ort** noch stärker auf saubere Nahrung und eine hygienische Umgebung achten als zu Hause. Bitte darauf achten, dass die Kinder viel trinken, und sie eindringlich vor dem Berühren noch so niedlicher Haustiere warnen. Babynahrung und Wegwerfwindeln gibt es fast nur in den Städten und Touristenzentren.

Reiseapotheke

Mitnehmen sollte man Mittel gegen Übelkeit, Magenbeschwerden, Darmerkrankungen und Erkältungen, Sonnen- und Mückenschutz, Schmerzmittel sowie Einwegspritzen. Bei Wunden und Entzündungen sind Desinfektionsmittel, Wundheilsalben und Verbandszeug hilfreich. Chronisch Kranke sollten daran denken, regelmäßig einzunehmende Medikamente in genügender Menge einzupacken.

Notruf

Polizei: 113
Feuerwehr: 114
Ambulanznotruf: 115

Sicherheit

Blindgänger

Auch Jahrzehnte nach Kriegsende schlummern noch Zigtausende Blindgänger in der Erde. Immer wieder kommt es zu Todesopfern. Besonders betroffen: das Gebiet rund um den 17. Breitengrad bei Dong Ha und entlang des einstigen Ho-Chi-Minh-Pfades im Zentralen Hochland.

Kriminalität

Im Großen und Ganzen gilt Vietnam als sicheres Reiseland. Trotzdem sollte man allgemeine Vorsicht walten lassen, Wertsachen und Reisedokumente im Hotelsafe einschließen und das Geld am Körper sicher verstauen. Es hat sich bewährt, von Pass und Ticket eine Kopie anzufertigen und separat aufzubewahren. In Ho-Chi-Minh-Stadt ist größere Vorsicht als im übrigen Land geboten: Hier passiert es immer wieder, dass Mopedräuber Taschen und Kameras entreißen. Auch Taschendiebe sind an Touristenorten häufig unterwegs.

Auf den **Internetseiten der Auswärtigen Ämter** finden Sie die jeweils aktuellsten Informationen zur Sicherheitslage, aber auch allgemeine Reisetipps:
Deutschland: www.auswaertiges-amt.de
Österreich: www.bmaa.gv.at
Schweiz: www.eda.admin.ch

Internetcafés

Internetcafés mit äußerst günstigen Gebühren (durchschnittlich 3000 VND/Std.) gibt es in fast jeder Stadt. Man sollte allerdings die Rushhour (17–18 Uhr) meiden, da dann die Verbindungen sehr langsam sein können.

Mit dem Laptop unterwegs

Wer mit Laptop reist, findet in vielen Hotels und einer zunehmenden Zahl von Cafés Wi-Fi Hot Spots, die über WLAN drahtlosen Internetzugang ermöglichen, oft auch kostenlos. Alternativ stellt jedes bessere Hotel einen Breitbandanschluss zur Verfügung.

Post

Eine Post (*buu dien*) gibt es selbst in kleinen Dörfern, geöffnet Mo–Sa 6.30–21 Uhr, mancherorts auch täglich. Sie ist meist zuverlässig und effektiv. Aus größeren Orten benötigt eine Postkarte eine gute Woche. Eine Karte nach Europa kostet 8000–9000 VND, ein Brief 12 000 VND. Oft werden am Schalter Aufkleber angebracht. Wer eine Briefmarke (*tem*) möchte, sollte es vorher sagen. Bei Paketen empfiehlt es sich, sie erst auf dem Postamt zu verschließen. Auf dem Luftweg sind sie gut zwei Wochen unterwegs, über den günstigeren Seeweg bis zu zwei Monate.

Telefonvorwahlen

nach Vietnam	00 84
von Vietnam	
... nach Deutschland	00 49
... nach Österreich:	00 43
... in die Schweiz:	00 41
Internationale Vermittlung	110

Radio und Fernsehen

Vietnam Television (VTV) sendet zzt. auf sechs Programmen. In VTV 1 gibt es in der Regel tgl. um 22 Uhr englischsprachige Nachrichten. Die meisten großen Hotels verfügen über Satellitenfernsehen, wo neben CNN und BBC World auch DW TV zu sehen ist. Infos über das Programm (auch Radiofrequenzen) unter www.dw-world.de.

Telefonieren

IDD-Telefone (International Direct Dialling) sind in fast jedem Hotel vorhanden. Allerdings sind die internationalen Gebühren mit 2–3 US-$/Min. recht hoch. Günstiger sind die Postämter. Mit den Call-to-Call-Nummern 171, 177 oder 178 fällt der Minutenpreis unter 2 US-$. Nach Berlin wählt man z. B. 171-00-49-30-Nummer des Teilnehmers.

Im vietnamesischen **Mobilfunknetz** ist man mit eigenem Handy erreichbar. Alle führenden Anbieter haben Verträge mit einem vietnamesischen Roaming-Partner abgeschlossen. Für Pre-Paid-Tarife gibt es Sonderregelungen. Die Roaming-Gebühren – sie gelten auch für eingehende Anrufe – sind sehr hoch (bitte beim eigenen Anbieter informieren!). Vieltelefonierer können bei **Vinaphone** (www.vinaphone.com.vn) oder **Mobiphone** (www.mobiphone.com.vn) eine SIM-Karte mit neuer Nummer besorgen. Sie sind in jedem Handy-Laden mit Einsteigerpaketen ab 50 000 VND erhältlich.

Zeitungen

Unter den 600 Publikationen sind trotz Zensur die englischsprachigen Tageszeitungen Viet Nam News und Saigon Times lesenswert. Wöchentlich erscheinen Vietnam Economic Times und Vietnam Investment Review.

Sprachführer

Allgemeines

guten Tag	xin chao
auf Wiedersehen/ wir sehen uns	dam biet/ hen gap lai
Entschuldigung	xin loi
bitte	xin moi
danke/vielen Dank	cam on/cam on nhieu
ja/nein	da/vang bzw. khong
Wann?	bao gio?
Wie?	lam sao?

Unterwegs

Bus	xe buyt
Auto	xe hoi
Taxi	tac xi
Boot	ghe, thuyen
Schiff	tau thuy
Zug	xe lua
Fahrrad	xe dap
Flugzeug	may bay
Ausfahrt/-gang	loi ra
rechts	phai
links	trai
geradeaus	thang toi truoc
Auskunft	tin tuc
Telefon	dien thoai
Postamt	buu dien
Bahnhof	ga
Busbahnhof	ben xe buyt
Flughafen	san bay
Stadtplan	ban dao
Einbahnstraße	duong mot chieu
Eingang	loi vao
geöffnet	mo cua
geschlossen	dong cua
Kirche	nha to
Tempel	den, dinh, chua
Museum	bao tang
Strand	bai tam/bai bien
Brücke	cau
Platz	quang truong

Zeit

3 Uhr morgens	ba gio sang
3 Uhr nachmittags	ba gio chieu
Minute/Stunde	phut/gio
Tag/Woche	ngay/tuan
Monat/Jahr	thang/nam
heute/gestern	hom nay/hom qua
morgen	ngay may
morgens	sang
mittags	trua
nachmittags	chieu
abends	nay
früh	som
spät	muon
Montag	thu hai
Dienstag	thu ba
Mittwoch	thu tu
Donnerstag	thu nam
Freitag	thu sau
Samstag	thu bay
Sonntag	chu nhat
Feiertag	ngay le
Winter	mua dong
Frühling	mua xuan
Sommer	mua he
Herbst	mua thu

Notfall

Hilfe!	cuu voi!
Polizei	canh sat/cong an
Arzt	bac si
Zahnarzt	nha si
Apotheke	hieu thuoc
Krankenhaus	nha thuong
Unfall	tai nan
Schmerzen	dau
Fieber	cam sot
Durchfall	tieu chay
Rettungswagen	xe cap cuu
Notfall	cap cuu

Übernachten

Hotel	khach san
Gästehaus	nha khach
Einzelzimmer	phong rieng
Doppelzimmer	phong doi
mit zwei Betten	hai giuong
mit Bad	co phong tam

Toilette	nha ve sinh
Dusche	voi sen
Warm-/Kaltwasser	nuoc nong/nuoc lanh
Klimaanlage	may dieu hoa/ may lanh
Moskitonetz	man muoi
Schlüssel	chia khoa
Bade-/Handtuch	khan tam/khan mat
Seife	xa phong
Toilettenpapier	giay ve sinh
mit Frühstück	bua an sang
Gepäck	hanh
Rechnung	hoa don

Einkaufen

Geschäft	cua hang
Markt	cho
Kreditkarte	the tin dung
Geld	tien
Geldautomat	may rut tien tu dong
Bäckerei	lo banh mi
Lebensmittel	luong thuc
teuer	dat
billig	re
Größe	co
bezahlen	tra tien

Zahlen

1	mot	20	hai muoi
2	hai	21	hai muoi mot
3	ba	22	hai muoi hai
4	bon	30	ba muoi
5	nam	40	bon muoi
6	sau	100	mot tram
7	bay	101	mot tram mot
8	tam	150	mot tram nam muoi
9	chin		
10	muoi	500	nam tram
11	muoi mot	1000	mot nghin
12	muoi hai	10 000	muoi nghin
13	muoi ba	100 000	mot tram nghin
14	muoi bon	1 000 000	mot trieu

Die wichtigsten Sätze

Allgemeines

Sprechen Sie Deutsch/Englisch?	Noi tieng Duc/Anh?
Ich verstehe nicht.	Toi khong hieu.
Ich spreche kein Vietnamesisch.	Toi khong noi tieng Viet.
Ich heiße …	Toi den la … …
Wie heißt du/ heißen Sie?	… ten la gi?
Wie geht es Ihnen?	… co khoe khong?
Danke, gut.	Khoe, cam on!
Wie viel Uhr ist es?	May gio roi?
Bis bald (später).	Hen gap lay.

Unterwegs

Ich/wir möchte(n) nach …?	Toi/chung toi muon di toi …
Wo ist …	… o dau?
Könnten Sie mir bitte … zeigen?	… co the chi toi …?

Notfall

Helfen Sie mir bitte!	Xin giuo!
Ich brauche einen Arzt.	Toi can den bac si.
Hier tut es weh.	Toi bi dau o day.

Übernachten

Haben Sie ein freies Zimmer?	… co phong trong khong?
Wie viel kostet das Zimmer pro Nacht?	Gia bao nhieu mot dem?
Ich habe ein Zimmer bestellt.	Toi co truoc mot phong.

Einkaufen

Wie viel kostet das?	Cai nay gia bao nhieu …?
Ich brauche …	Toi can … …
Wann öffnet / schließt …?	… se mo cua/dong/ cua luc may gio?

Unesco-Welterbe der Menschheit: die Ha-Long-Bucht

Unterwegs in Vietnam

Erholsamer Zeitvertreib: Männer beim Brettspiel am Hoan-Kiem-See

Kapitel 1

Hanoi und Umgebung

Auf einen Blick: Hanoi und Umgebung

Traditionsverliebte Metropole

Mit anderen Hauptstädten Asiens wie Bangkok, Kuala Lumpur oder Singapur kann sich Hanoi wahrlich nicht messen – und will es auch nicht. Die Hochhäuser sind schnell gezählt und mehrspurige Stadtautobahnen muss man mit der Lupe suchen. Hier glitzern weniger die Fassaden, sondern das Wasser des Hoan-Kiem-Sees. Angesichts der rapide wachsenden Bevölkerungszahl werden zwar ganze Stadtteile aus dem Boden gestampft und neue Ring- und Ausfallstraßen gebaut, doch verliert die Stadt am Roten Fluss nicht den Blick auf ihre 1000-jährige Geschichte. Sakralbauten werden liebevoll restauriert, den ehemaligen Königen Denkmäler gesetzt und alte Traditionen neu belebt. Die Spuren der einstigen Kolonialherren werden nicht verwischt, sondern fein herausgeputzt. Kaum eine Großstadt Asiens besitzt noch so viele Alleen, französische Villen und Prachtbauten. Die 1911 eröffnete Oper lässt manch europäische Kulturmetropole vor Neid erblassen.

In seinen Sehenswürdigkeiten präsentiert sich Hanoi als Kaleidoskop einer bewegten Geschichte – sei es im Nationalmuseum, im Literaturtempel, dem Ethnologischen Museum oder in der Tran-Quoc-Pagode. Ein Besuch wäre jedoch nicht vollständig ohne einen Streifzug durch die Altstadt, eine Nudelsuppe am Straßenrand, die Einkehr ins Café oder den Besuch des Wasserpuppentheaters.

Eingebettet in eine außergewöhnliche Kulturlandschaft lohnt sich der Blick über den Stadtrand Hanois: zu geschäftigen Handwerksdörfern, altertümlichen Pagoden und geschichtsträchtigen Orten.

Highlight

1 **Hanoi:** Die Metropole des Nordens präsentiert sich als Mix aus kolonialem Charme und asiatischer Emsigkeit, gespickt

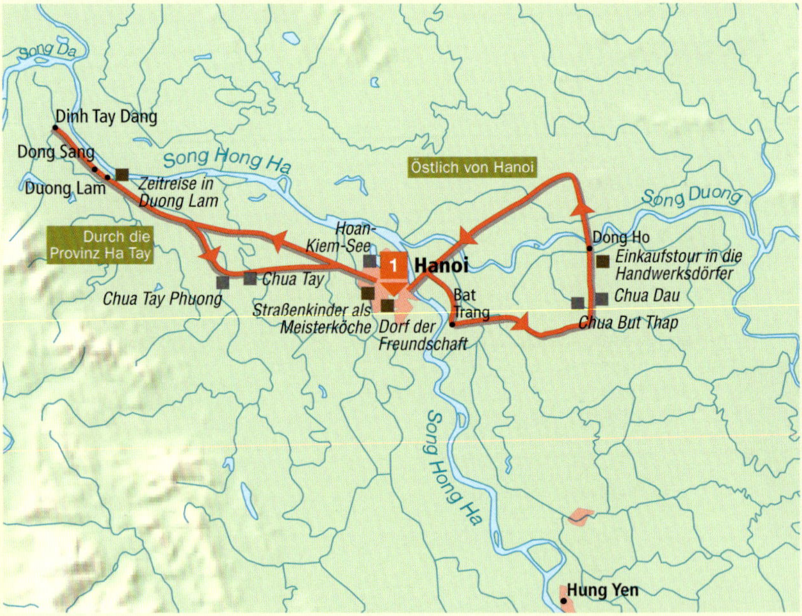

mit einer Prise Sozialismus und konfuzianischem Pflichtbewusstsein (s. S. 114ff.).

Empfehlenswerte Routen

Östlich von Hanoi: An das Ostufer des Roten Flusses schmiegt sich das berühmte Keramikdorf Bat Trang. Von dort führt der Weg in Richtung Nordosten zu den beiden Pagoden Chua Dau und Chua But Thap. Hier liegt die Wiege des vietnamesischen Buddhismus. Nicht weit entfernt werden im Dorf Dong Ho am Ufer des Duong-Flusses die bekannten Neujahrsbilder per Holzschnittverfahren hergestellt (s. S. 152ff.).

Durch die Provinz Ha Tay: Die Tagestour führt zunächst ca. 50 km in Richtung Südwesten zum Dorf Duong Lam. Neben dem Versammlungshaus (*dinh*) sind im Ortsteil Mong Phu einige jahrhundertealte Häuser sehenswert. Nicht weit entfernt liegt in Dong Sang die buddhistische Chua Mia. Weiter geht es in Richtung Osten zu der auf einem Hügel gelegenen Chua Tay Phuong sowie zur Chua Thay, die pittoresk am Fuß eines Hügels liegt (s. S. 154ff.).

Reise- und Zeitplanung

Wer seine Reise auf Hanoi beschränkt, gewinnt in zwei Tagen einen guten Eindruck von der vietnamesischen Hauptstadt. Vormittags kann man sich etwa den Sehenswürdigkeiten rund um das Ho-Chi-Minh-Mausoleum und dem Literaturtempel widmen. Am Nachmittag bieten sich das Historische Museum und der Hoan-Kiem-See an. Der Morgen des zweiten Tages ist mit dem Besuch des Ethnologischen Museums ausgefüllt, während der Rest des Tages schnell durch einen Altstadtbummel vergeht.

Als Ausgangspunkt für mehrere Tagesausflüge bietet sich die Stadt für weitere drei bis vier Übernachtungen an. Neben der Provinz Ha Tay und den Handwerksdörfern im Norden (s. S. 154ff.) lohnt sich eine Ganztagestour zur Parfümpagode (Chua Huong) im Süden inklusive einer idyllischen Bootsfahrt (s. S. 160f.). Die Besichtigung der But-Thap-Pagode kann man im Rahmen einer Halbtagestour gut mit dem Besuch einiger Handwerksdörfer verbinden (s. S. 153f.).

Richtig Reisen-Tipps

Besuch im Dorf der Freundschaft: Ein Besuch der anderen Art. Das Heim für Agent-Orange-geschädigte Kinder steht Besuchern offen, die sich auch für die Schattenseite des Landes interessieren (s. S. 138).

Straßenkinder als Meisterköche: Köstlich in der Hanoier Altstadt speisen und dabei Straßenkinder unterstützen (s. S. 143).

Zeitreise in Duong Lam: Der beschauliche Weiler mit uralten Häusern und Tempeln gewährt nostalgische Einblicke in das traditionelle Leben im Roten-Fluss-Delta (s. S. 155).

Einkaufstour in die Handwerksdörfer: Sei es Reisschnaps oder Keramik, seien es Seidenstoffe oder Neujahrsbilder – in vielen Dörfern rund um Hanoi kann man die Herstellung ihrer Produkte beobachten (s. S. 159).

Klima und Reisezeit

Im Oktober und November ist es bei Temperaturen um 22–26 °C in dieser vietnamesischen Region angenehm warm. Zwar zeigt sich die Stadt im Dezember und Januar von ihrer sonnigen Seite, doch kann es empfindlich kalt werden, vor allem nachts. Wolkenverhangen und regnerisch präsentieren sich häufig die Monate Februar bis April. Dann wird es wärmer und zwischen Juli und September unangenehm schwül. Teilweise klettert die Quecksilbersäule auf über 38 °C. Es kann in dieser Zeit heftig regnen, manchmal gibt es Taifune.

1 Hanoi

Citypläne S. 118/119, 124

Die Stadt des aufsteigenden Drachen wendet sich liebevoll ihrer 1000-jährigen Geschichte zu und wandelt sich dennoch zu einer modernen Metropole. Auf eine unkomplizierte Art vereint sie koloniale Lässigkeit mit konfuzianischem Arbeitseifer, kommunistischen Drill mit kleinkapitalistischer Anarchie.

Stadtgeschichte

Seit König Ly Thai To vor 1000 Jahren eine alte Zitadelle zu seinem Herrschersitz erkor und ihr den Namen Thang Long, Aufsteigender Drache, gab, sah sich die Stadt am Roten Fluss vielen Bedrohungen ausgesetzt: Überschwemmungen, Taifune, chinesische Gewaltherrscher, französische Besatzer, amerikanische Bomben, sozialistische Misswirtschaft.

Doch der Drache hat sich nicht unterkriegen lassen. Nun steigt er wieder auf. Mit den rasanten wirtschaftlichen Entwicklungen im ganzen Land macht auch Hanoi Tempo in Richtung Fortschritt. Und führt dabei ein bemerkenswertes Doppelleben. Während das Politbüro die Vorzüge der Kommunistischen Partei rühmt, fahren Zigtausende mobile ›Ich-AGs‹ durch die Straßen. Politische Kontrollsucht und kleinkapitalistische Anarchie gehen Hand in Hand. Liefert sich Hanois Jugend nachts mit Mopeds halsbrecherische Wettrennen, stehen die Soldaten tagsüber stocksteif vor dem Mausoleum des Freiheitshelden. Unter den strengen Blicken Ho Chi Minhs vom Bild an der Wand probieren kichernde Mädchen die neueste Minirock-Kollektion.

Dieses verspielte Nebeneinander von Ernsthaftigkeit und Lebensfreude, von Traditionsergebenheit und Zukunftsverliebtheit macht Hanoi so sympathisch. Hanoi ist nicht so erschlagend wie viele andere Städte Asiens und nicht mehr so provinziell wie sein Ruf. Die Stadt hat viele Gesichter: der ernst blickende Kriegsveteran bei der Parade und das lebenslustige Mädchen im Café, der experimentierfreudige Künstler in seinem engen Atelier und die emsige Geschäftsfrau auf dem Moped.

1000 Jahre Stadtgeschichte

Lange schon war der Norden Vietnams Teil des chinesischen Riesenreiches, als die dort herrschende Tang-Dynastie (618–907) zur Befestigung ihrer Provinzkapitale Tong Binh um 866 die Zitadelle Dai La errichten ließ. Doch schon bald begann die Vorherrschaft der Tang zu bröckeln, 72 Jahre später war Vietnam unabhängig.

Nach Jahrzehnten des politischen Chaos erwählte Ly Thai To die alte Zitadelle um 1010 zu seiner Hauptstadt Thang Long und gestaltete sie nach chinesischem Vorbild. Als Zentrum der Macht entstand die quadratische Königsresidenz, wörtlich Gelbe Stadt (Hoang Thanh) genannt, mit Thronhalle und Verwaltungsgebäude samt Purpurner Verbotener Stadt (Tu Cam Thanh). Um sie herum lag wie ein Ring die ebenfalls quadratische Äußere Stadt (Kinh Thanh) mit den Vierteln der Handwerker und Händler. Zum Schutz vor Überschwemmungen und Feinden ließen die nachfolgenden Ly- und Tran-Könige die Metropole am Westufer des Roten Flusses immer wieder durch Deichbau und Befestigungsanlagen sichern.

Der Niedergang der Kapitale begann um 1400, als der Emporkömmling Ho Quy Ly seinen Herrschersitz in die Gegend von Thanh Hoa verlegte. Wenige Jahre später wurde die alte Hauptstadt durch Truppen des chinesischen Ming-Imperiums zerstört. Nachdem Le Thai To (reg. 1428–1433) die Besatzer aus dem Reich der Mitte endlich vertrieben hatte, ließ sich der Begründer der Späten Le-Dynastie wieder in der Stadt seiner früheren Vorgänger nieder. Ab 1430 hieß sie Dong Kinh, Östliche Königsstadt – daraus sollte sich später der französische Name für den Norden Vietnams, Tongking, ableiten. Ab dem 16. Jh., als das Land unter den beiden Klans der Trinh und Nguyen politisch aufgerieben und sogar geteilt wurde, versank Dong Kinh in die Bedeutungslosigkeit. Dies spiegelte sich letztlich auch im Namen wider, als der von Hue aus regierende Minh-Mang-König (reg. 1820–1841) ihr 1831 die schlichte Bezeichnung Ha Noi (*ha* = Fluss und *noi* = innerhalb), Stadt zwischen den Flüssen, gab.

Metropole mit europäischem Flair

Mit der Ankunft der Franzosen 1883 begann ein neues Kapitel. Die damals 150 000 Einwohner erlebten, wie ihre Stadt ein zusehends europäisches Gesicht erhielt. Der Hoan-Kiem-See wurde zur Hälfte zugeschüttet, die Zitadelle geschleift und die engen Stadtteile dem Erdboden gleichgemacht. Sie machten Platz für breite Alleen, Kirchen, Prachtvillen und Geschäftshäuser.

Seit Ho Chi Minh am 2. September 1945 auf dem Ba-Dinh-Platz die Unabhängigkeit verkündete, ist Hanoi wieder Hauptstadt. Ende der 1960er-/Anfang der 1970er-Jahre mussten die Bewohner die Bombardierungen durch die US-Luftwaffe ertragen. Am schlimmsten war es in den Weihnachtstagen 1972 während der Operation Linebacker II, als B-52-Flieger über 20 000 t Bomben auf strategische Ziele fallen ließen. Nach der Wiedervereinigung avancierte Hanoi 1976 schließlich zur Hauptstadt Gesamtvietnams, litt aber wie das gesamte Land unter der sozialistischen Mangelwirtschaft. Heute leben

Mit dem Autor unterwegs

Sehenswert

Lustiges Puppenspiel: Das Wasserpuppentheater ist einmalig auf der Welt und lustig obendrein. Es gehört ebenso zu Hanoi wie der Hoan-Kiem-See, an dem das bekannte Thang-Long-Theater liegt (s. S. 117f.).

Ethnologisches Museum: Mit Videos, Originalhäusern, Schautafeln und vielen Exponaten bringt das Ethnologische Museum das Leben der vielen Volksgruppen näher. Das macht auch Kindern Spaß (s. S. 139).

Besuch der Galerien: In der Altstadt Hanois zeigen Kunstgalerien sehenswerte Werke vietnamesischer Künstler (s. S. 145).

Wege durch den Altstadtdschungel: In den Altstadtgassen mit ihren Läden, Lokalen und Galerien ballt sich das geschäftige Leben Hanois (s. S. 125ff.). Wer mag, kann die Altstadt auch per Fahrradrikscha erkunden (s. S. 148).

Sich zur Ruhe betten

Wo einst Chaplin logierte: Das 1901 als Le Grand Hôtel Métropole Palace eröffnete Sofitel Metropole ist nach wie vor Hanois schönste Bleibe (s. S. 141).

Wohnen in der Altstadt: In der Altstadt Hanois gibt es zahlreiche Unterkünfte für jeden Geldbeutel. Eine Auswahl empfehlenswerter Hotels gibt es auf S. 142f.

Genießen in Hanoi

Leckere Suppengerichte: *Pho,* Reisnudelsuppe mit Rind (*pho bo*) oder Huhn (*pho ga*), hat von Hanoi einen Siegeszug durch Vietnam angetreten. Doch in der Hauptstadt mundet sie immer noch am besten (s. S. 143ff.).

Unbedingt probieren: Cha Ca, in Kurkuma eingelegter Fisch mit Dill, ist eine Spezialität Hanois. Am besten schmeckt die Köstlichkeit nach wie vor in der Traditionswirtschaft Cha Ca La Vong. Sie liegt in der – wie könnte es anders sein – Cha-Ca-Straße (s. S. 144).

Hanoier Kaffeekultur: Seit 1936 dreht sich im Café Mai alles um die schwarze Bohne. *Der* Ort für eine gute Tasse Kaffee (s. S. 144f.).

weit über 3,6 Mio. Menschen in der Metropole, die immer weiter ins Umland hinauswächst. Der rasante Zuwachs und der daraus resultierende Bevölkerungsdruck stellen die Stadtverwaltung vor große Herausforderungen – von der Müllentsorgung bis zur Verkehrsplanung.

Hoan-Kiem-See

Cityplan: S. 118

Der See (*ho*) des Zurückgegebenen Schwertes, **Ho Hoan Kiem** 1 (Hoan-Kiem-See), im Zentrum Hanois ist für Besucher ein guter Orientierungspunkt. Von hier aus kann man zu Fuß oder mit dem Cyclo eine Reihe interessanter Touren starten, sei es in das alte Französische Viertel, das sich zwischen dem Ostufer des Sees und Rotem Fluss erstreckt, oder durch die Altstadt. Dieses Labyrinth von Straßen und Gassen breitet sich im nördlichen Anschluss bis zur Bahnlinie aus. Die knapp 2 km entfernten Sehenswürdigkeiten im Westen – vom Ho-Chi-Minh-Mausoleum bis zum Literaturtempel – sind mit dem Taxi oder dem Cyclo leicht erreichbar.

Am Hoan-Kiem-See geben sich die Hanoier gerne ein Stelldichein. Hier treffen sich am frühen Morgen die Aktiven zum Taiji, tagsüber die Jungen zum Tête-à-Tête und frühabends die Alten zum Schwätzchen. Dazwischen mischen sich die Touristen, schlendern entlang der netten Uferpromenade oder sitzen in einem der Cafés. Der 2 m tiefe Ho Hoan Kiem ist wie viele andere Seen im Stadtbezirk Hanois, allen voran der Westsee, das Überbleibsel eines natürlichen Reservoirs, welches die Wassermassen des Roten Flusses aufnahm.

Schildkrötenpavillon

In der Seemitte erhebt sich auf einer kleinen Insel der Schildkrötenpavillon, **Thap Rua** 2 genannt. Er erinnert, wie auch der vietnamesische Name Hoan Kiem, an die Legende von dem Wundersamen Schwert und der Goldenen Schildkröte Kim Qui: Als der Anführer des antichinesischen Widerstandes Le Loi im Jahr 1427 auf dem damals noch größeren Gewässer einen Triumphzug zum Sieg gegen die Ming-Besatzer veranstaltete, erschien Kim Qui und verlangte von ihm die Herausgabe seines Schwertes. Jenes soll ihm auf wunderbare Weise zum Sieg verholfen haben. Einer Version zufolge hatte er es zuvor von einem Fischer erhalten, einer anderen zufolge von der Schildkröte selbst. Wie auch immer, mit dem Schwert im Maul verschwand Kim Qui im Wasser.

Das Amüsante an der Geschichte: Heute noch wird gelegentlich eine knapp 2 m große Yangtze-Riesenweichschildkröte (*Rafetus swinhoei*) gesichtet, die über 500 Jahre alt sein soll. Sie ist eines von weltweit nur fünf bekannten Exemplaren. Eine 1967 aufgefundene, kurz danach verendete und nun ausgestopfte Schildkröte wird im Den Ngoc Son gezeigt.

Zum Jadeberg-Tempel

Die rote **Brücke der Aufgehenden Sonne** (Cau The Huc), ein beliebtes Fotomotiv, führt vom Nordostufer hinüber auf die Jadeberg-Insel (Ngoc Son). Bevor man die Brücke betritt, passiert man ein **Zugangsportal,** das rechts mit dem chinesischen Schriftzeichen für Glück (*phuc*) und links mit dem für Reichtum (*loc*) geschmückt ist. Links dahinter erhebt sich auf einer Steinaufschüttung der Pinselturm **Thap But** zum Gedenken an die Literaten.

Auf der Jadeberg-Insel verbirgt sich hinter alten Bäumen der **Jadeberg-Tempel** 3 (Den Ngoc Son). Der langgezogene **Haupttempel** ist nach Süden hin geöffnet. 1865 erbaut, wurde er später immer wieder renoviert. Sein Inneres ist dreigeteilt. Dem Raum der Zeremonien folgt der Hauptraum mit dem Altar zur Verehrung dreier daoistischer Gottheiten: Quan Cong, der rotgesichtige General mit seinem Pferd, La To, der Gott der Heilkundigen, und Van Xuong (chin. Wenchang), der auf einem Thron sitzende Schutzgott der Literaten. Im letzten Raum verehrt man Tran Hung Dao, den gegen die Mongolen siegreichen General und Nationalhelden (tgl. 8–18 Uhr, 3000 VND).

Hanoi: Cityplan

Sehenswürdigkeiten

1 Hoan-Kiem-See
2 Thap Rua
3 Den Ngoc Son
4 Thang-Long-Wasserpuppentheater
5 Chua Ba Da
6 St.-Josephs-Kathedrale
7 Ly-Thai-To-Park
8 Außenhandelsbank
9 Palais du Résident supérieur du Tonkin
10 Sofitel Metropole Hanoi
11 Oper
12 Hilton Hanoi Opera
13 Revolutionsmuseum
14 Historisches Museum
15–25 s. Altstadt-Karte Hanoi S. 124
26 Ba-Dinh-Platz
27 Ho-Chi-Minh-Mausoleum
28 Präsidentenpalast
29 Holzhaus
30 Einsäulenpagode
31 Chua Dien Huu
32 Ho-Chi-Minh-Museum
33 Botanischer Garten
34 B-52-Bomber
35 Chi-Lang-Park
36 Museum für Militärgeschichte
37 Flaggenturm
38 Nordtor der Zitadelle
39 Museum der Schönen Künste
40 Literaturtempel
41 Westsee
42 See der Weißen Seide
43 Den Quan Thanh
44 Chua Tran Quoc
45 Chua Kim Lien
46 Zoologischer Garten Hanoi
47 Den Voi Phuc
48 Chua Lang
49 Ethnologisches Museum
50 Markt des 19. Dezember
51 Hoa-Lo-Gefängnis
52 Chua Quan Su
53 Den Hai Ba Trung

Übernachten

1 Sofitel Metropole Hanoi
2 Hilton Hanoi Opera
3 Sofitel Plaza Hanoi
4 Melia Hanoi
5 Guoman Hotel
6 Zéphyr Hotel
7 Sunway Hotel
8 Platinum Hotel
9–16 s. Altstadt-Karte S. 124

Essen und Trinken

17 Verticale Restaurant
18 Bobby Chinn's
19 Le Tonkin
20 Indochine
21 Nam Phuong
22 Com for Rice
23 Minh Anh
24 Au Lac Café
25 Koto
26 Pho 24
27–29 S. Karte Altstadt
30 Café Mai
31 Moca Café
32–33 s. Altstadt-Karte S. 124

Thang-Long-Theater

Das an der Nordostseite des Sees gelegene **Thang-Long-Wasserpuppentheater** 4 (Nha Hat Mua Roi Nuoc Thang Long) ist seit 1993 in einem architektonisch nicht sehr überzeugenden Bau untergebracht. Doch was im Inneren allabendlich mehrmals aufgeführt wird, ist weltweit einmalig. Begleitet von einem Musikensemble mit traditionellen Instrumenten präsentieren die Puppenspieler in der knapp einstündigen Aufführung ein lustiges und unterhaltsames Repertoire mit tanzenden Elfen, Reis pflanzenden Bauern, Enten jagenden Füchsen und turtelnden Phönixen. Auch die Legende vom zurückgegebenen Schwert wird präsentiert. Die im Was-

Hanoi: Cityplan

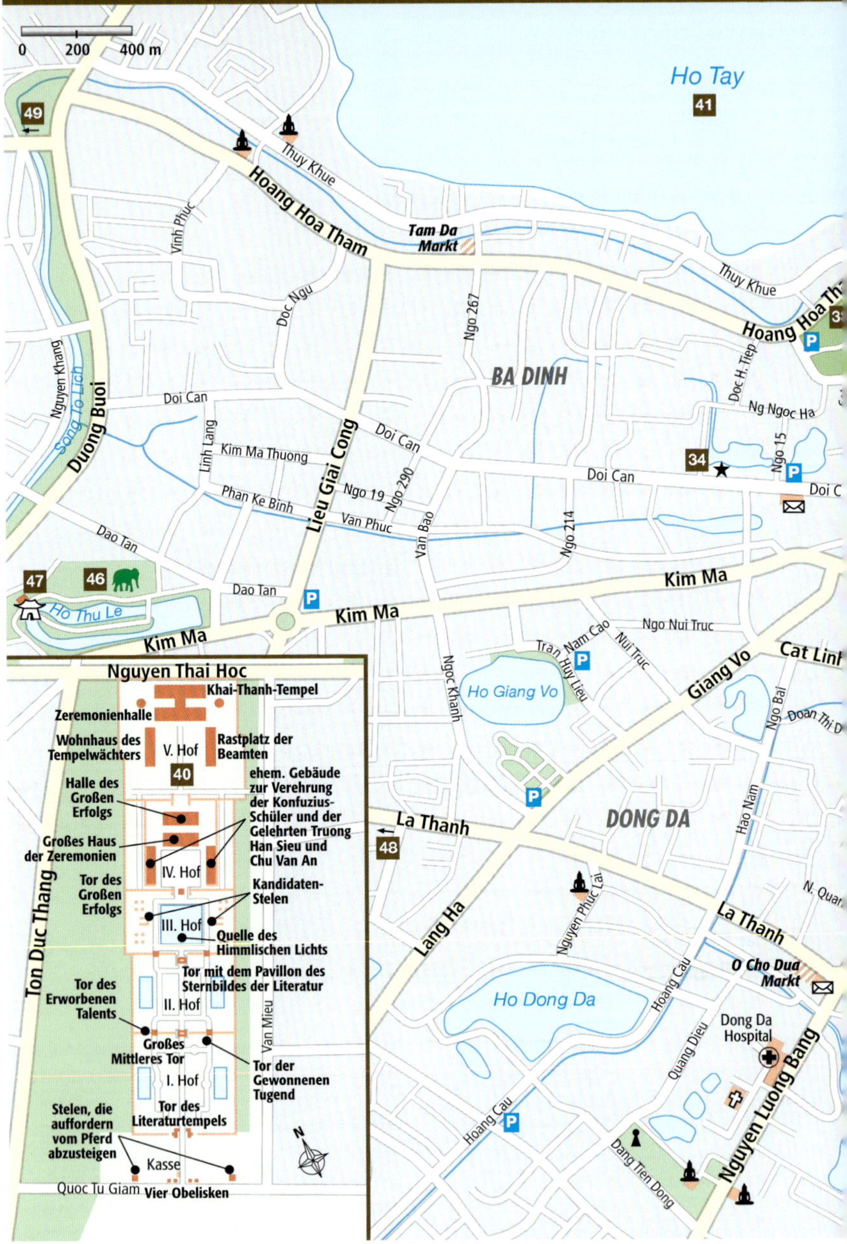

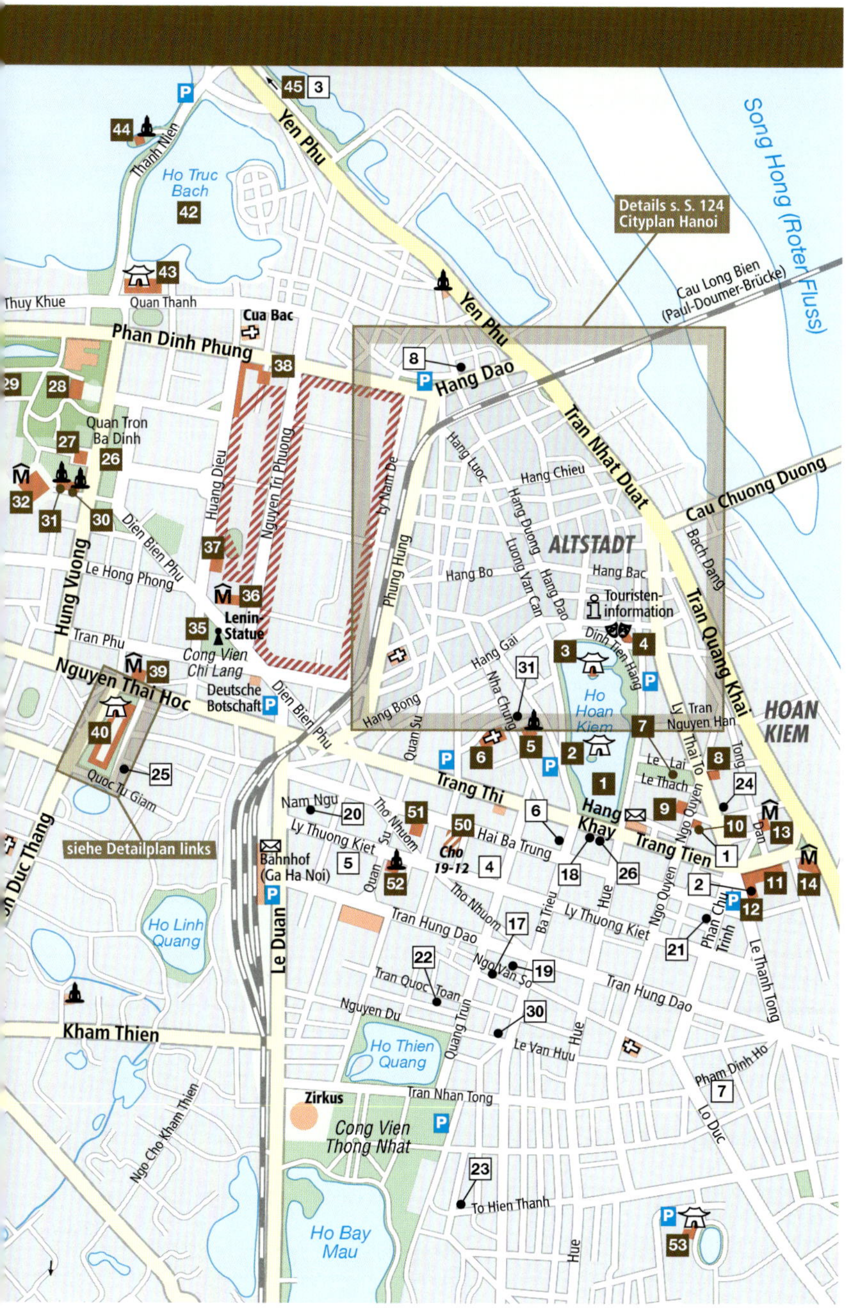
Yen Phu
Ho Truc Bach
Thanh Nien
Song Hong (Roter Fluss)
Details s. S. 124 Cityplan Hanoi
Cau Long Bien (Paul-Doumer-Brücke)
Thuy Khue
Quan Thanh
Cua Bac
Phan Dinh Phung
Hang Dao
Quan Tron Ba Dinh
Tran Nhat Duat
Hang Luoc
Hang Chieu
Hang Duong
Cau Chuong Duong
Huang Dieu
Nguyen Tri Phuong
Ly Nam De
ALTSTADT
Luong Van Can
Bach Dang
Dien Bien Phu
Phung Hung
Hang Bo
Hang Bac
Le Hong Phong
Hung Vuong
Touristen-information
Tran Quang Khai
Hang Dao
Lenin-Statue
Tran Phu
Dinh Tien Hang
Hang Gai
Cong Vien Chi Lang
Ho Hoan Kiem
Nguyen Thai Hoc
Deutsche Botschaft
Nha Chung
Tran Nguyen Han
HOAN KIEM
Hang Bong
Ly Thai To
Quan Su
Tong
Le Lai
Le Thach
Quoc Tu Giam
Trang Thi
Nam Ngu
Tho Nhuom
Hang Khay
Ngo Quyen
Dan
Ly Thuong Kiet
Hai Ba Trung
Trang Tien
siehe Detailplan links
Ton Duc Thang
Bahnhof (Ga Ha Noi)
Cho 19-12
Ngo Quyen
Ba Trieu
Hue
Tran Hung Dao
Phan Chu Trinh
Ho Linh Quang
Le Thanh Tong
Le Duan
Tran Quoc Toan
Ngo Van So
Nguyen Du
Quang Trung
Kham Thien
Ho Thien Quang
Le Van Huu
Pham Dinh Ho
Tran Nhan Tong
Zirkus
Lo Duc
Cong Vien Thong Nhat
Ngo Cho Kham Thien
To Hien Thanh
Ho Bay Mau

ser stehenden Spieler sind hinter einem Bambusvorhang verborgen und bewegen die an langen Stangen befestigten Puppen über Schnüre (57 Dinh Tien Hoang, Tel. 04-825 54 50, www.thanglongwaterpuppet.org; s. auch S. 146).

Westlich des Ho Hoan Kiem

Cityplan: S. 118

Der Bezirk zwischen Ho Hoan Kiem und St.-Josephs-Kathedrale hat sich in den letzten Jahren zum Trendviertel mit gemütlichen Cafés, avantgardistischen Galerien und schicken Boutiquen entwickelt. Sie ziehen vor allem ein modebewusstes junges Publikum an. Neben dem katholischen Gotteshaus lohnt auch ein Besuch in der ehrwürdigen Chua Ba Da.

Chua Ba Da

Westlich des Hoan-Kiem-Sees versteckt sich hinter einer Häuserzeile die **Chua Ba Da** 5. Um das buddhistische Kleinod zu finden, muss man von der parallel zum Westufer des Sees verlaufenden Le Thai Tho in die links abgehende Hang Trong einbiegen. Von dort zweigt die Nha Tho in Richtung Kathedrale ab. Auf der linken Straßenseite führt beim Haus Nummer Nr. 3 ein schmaler Weg schließlich zur Pagode der Steinernen Frau. Dieser Name stammt aus der Ära des Königs Le Thanh Tong (reg. 1460–1497), als Bauarbeiter beim Neubau seiner Zitadelle eine Frauenplastik fanden. Da sie als wundertätig galt, wurde ihr das Kloster gestiftet. Die Steinstatue ist heute verschollen, nur die Grabstupas im ersten Innenhof stammen noch aus dieser Zeit. Alle anderen Gebäude sind späteren Datums, wie etwa die Haupthalle aus dem 19. Jh. In ihrem Inneren birgt sie eine attraktive Skulpturensammlung, darunter die drei Buddhas der Vergangenheit, Gegenwart und Zukunft, sowie den dickbäuchigen Di Lac und den kindlichen Shakyamuni auf dem Hauptaltar. Dem Erdgott Ong Dia ist ein Seitenaltar gewidmet (3 Nha Tho, tgl. 7–18 Uhr, Eintritt frei).

St.-Josephs-Kathedrale

Die nur 100 m lange Nha-Tho-Straße führt zu einem großen Vorplatz, an dessen Ende sich der düster wirkende neogotische Bau der **St.-Josephs-Kathedrale** 6 (Nha Tho Chinh Toa Thanh Gui Se) wie ein Gruß des alten Europa erhebt. Hier hat der katholische Erzbischof von Hanoi seinen Sitz. Die Pariser Notre Dame stand Pate für die Kathedrale mit den beiden quadratischen Ecktürmen. Auf Initiative des agilen Missionarbischofs Paul-François Puginier errichtet, wurde sie an Weihnachten 1886 nach 5-jähriger Bauzeit eingeweiht. Ihr musste eines der bedeutendsten buddhistischen Heiligtümer der Stadt, die Chua Bau Thien, weichen (tgl. 17–19 Uhr und zu Gottesdienstzeiten).

Handtuchschmale Privathäuser mit kolonialem Touch in Hanoi

Die ehemalige Ville Française

Cityplan: S. 118
Ein Spaziergang führt durch das einstige Französische Viertel (Ville Française) mit einer Reihe architektonischer Perlen aus der Kolonialzeit. Ausgangspunkt ist die parallel zum Ostufer des Sees verlaufende Dinh Tien Hoang. Hier befinden sich das mit Marmor verkleidete Rathaus, zugleich der Sitz des Volkskomitees sowie das Post- und Telegrafenamt.

Zwischen den beiden wenig attraktiven Funktionalbauten liegt der schmale, 1886 angelegte **Ly-Thai-To-Park** 7 (Cong Vien Ly Thai To) mit einer imposanten 9 m hohen Statue des namensgebenden Stadtgründers. Sie wurde 2004 aufgestellt, als der Grünstreifen auch seinen heutigen Namen (zuvor hieß er Chi-Linh-Park) erhielt. Die beiden parallel zum Park verlaufenden Straßen Le Lai und Le Thach führen zur Querstraße Ngo Quyen, die sich hier mit der Ly Thai To kreuzt.

An der Ngo Quyen

Östlich von dieser Kreuzung ist in einem größeren Komplex die **Außenhandelsbank** 8 untergebracht. Das imposante, im Art-déco-Stil erbaute Gebäude mit mächtigen Rundsäulen war nach seiner Vollendung 1930 Sitz der Banque de l'Indochine.

Durch ein elegantes schmiedeeisernes Tor von der Straße getrennt, beeindruckt an der

Einer der schönsten Kolonialbauten Hanois: der ehemalige Amtssitz des Gouverneurs von Tongking

Ecke Le Thach/Ngo Quyen das attraktive **Palais du Résident supérieur du Tonkin** 9. 1918 als Amtssitz des Gouverneurs von Tongking errichtet, dient es seit 1954 als Gästehaus der Regierung. Ebenfalls faszinierend ist das ihm schräg gegenüber liegende **Sofitel Metropole Hanoi** 10 mit seiner gleißend weißen neoklassizistischen Fassade. Seit es 1901 als Le Grand Hôtel Métropole Palace seine Pforten öffnete, hat es manch illustren Gast beherbergt, darunter 1923 Somerset Maugham und 1936 Charlie Chaplin, der mit Paulette Goddard auf Hochzeitsreise durch Asien tingelte. Auch französische Präsidenten ließen sich hier verwöhnen.

Entlang der Trang Tien

Im Süden stößt die Ngo Quyen auf die belebte Trang Tien mit einer Vielzahl an Geschäften, Galerien, Bürogebäuden – und nicht zuletzt einer der beliebtesten Eisdielen der Stadt. Die Trang Tien zählt zu den ersten von den Franzosen gebauten Straßen und erfreute sich unter dem Namen Rue Paul Bert als Flaniermeile großer Beliebtheit. Der Namensgeber war 1886 zum ersten Gouverneur

des damaligen Protektorats Annam-Tongking ernannt worden.

Am östlichen Ende dominiert die neobarocke **Oper** 11, offiziell heute Nha Hat Lon (Stadttheater) genannt, das Straßenbild. Sie wurde 1902 bis 1911 nach dem Vorbild des 25 Jahre zuvor eröffneten Pariser Opernhauses Palais Garnier errichtet und steht jenem an Pracht wenig nach. Nach Jahren der kulturellen Erbauung für die Franzosen diente sie während der Augustrevolution als Versammlungshalle des Viet Minh. Hier holten die Revolutionäre am 17. August 1945 erstmalig die Trikolore ein und ersetzten sie durch ihre rote Flagge mit dem goldenen Stern. Zu Beginn des Millenniums grundlegend renoviert, erstrahlt das Haus nun in neuem Glanz. Neben dem Hanoi Symphony Orchestra (HSO) treten zahlreiche Gastensembles aus dem Ausland auf.

Das benachbarte Nobelhotel **Hilton Hanoi Opera** 12 schmiegt sich architektonisch wunderbar angepasst an das Opernhaus an.

Revolutionsmuseum

Wer wissen will, wie der kommunistische Staat seine Errungenschaften bejubelt, kann einen Blick in das 1959 eröffnete **Revolutionsmuseum** 13 (Bao Tang Cach Mang) werfen. Es liegt gegenüber dem Historischen Museum zwischen den Straßen Tong Dan und Tran Quan Khai. Das 1926 erbaute Kolonialgebäude diente einst als Zollhaus. Die mäßig interessanten Exponate – Foto- und Textdokumente, Memorabilien und Kunstwerke – veranschaulichen auf zwei Etagen den revolutionären Kampf gegen die »französischen Kolonialisten, japanischen Faschisten und amerikanischen Imperialisten« (216 Tran Quan Khai, Di–So 8–11.45, 13.30–16.15 Uhr, 10 000 VND).

Historisches Museum

Gegenüber dem Revolutionsmuseum besticht das **Historische Museum** 14 (Bao Tang Lich Su) durch seine bemerkenswerte Architektur. Das längliche gelbe Gebäude mit dem achtseitigen, turmartigen Eingangsbereich öffnete 1932 als Musée Louis Finot seine Pforten. Auf dem Gelände hatte auch das 1901 in Hanoi gegründete renommierte Forschungsinstitut École Française de l'Extrème Orient (EFEO) seinen Sitz. Auf zwei Etagen wird auf informative, wenn auch ideologisch gefärbte Weise die Geschichte Vietnams von der Frühgeschichte bis 1945 präsentiert.

Erdgeschoss: Während in zwei Seitenräumen des vorderen Bereiches Funde aus prähistorischer Zeit (rechts) und wechselnde Ausstellungen (links) untergebracht sind, beginnt der lang gezogene Hauptraum mit Ex-

Hanoi: Altstadt

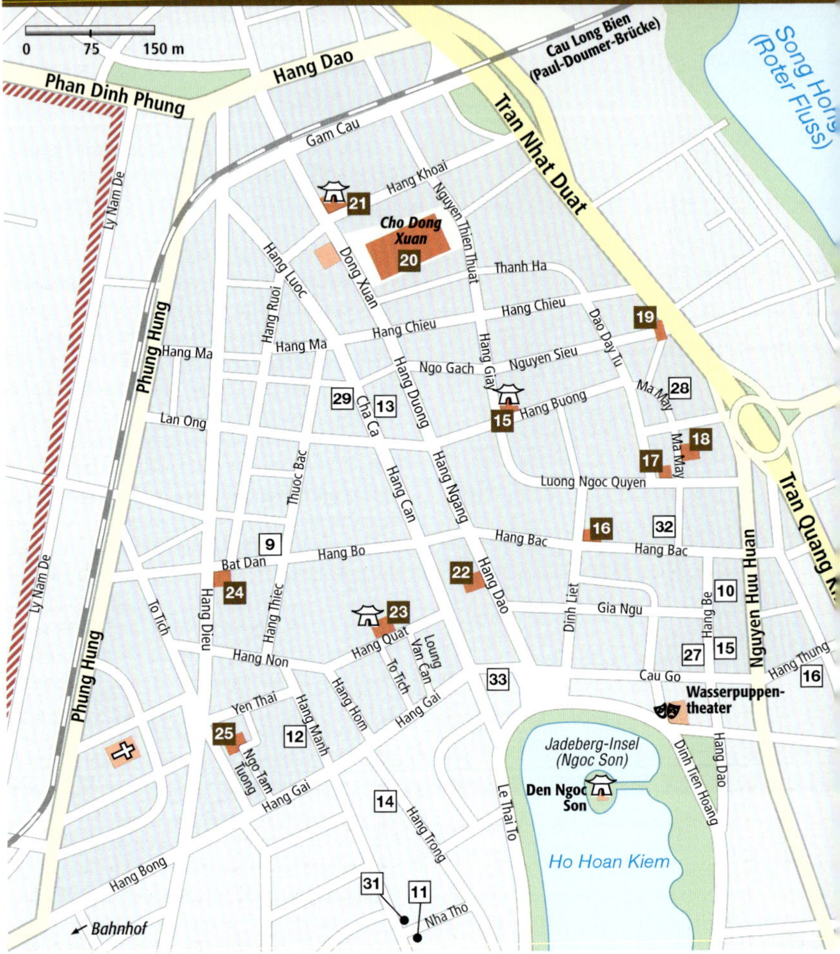

ponaten der zentralvietnamesischen Sa-Huynh- und der nordvietnamesischen Dong-Son-Kultur. Von Letzterer sind mehrere Bronzetrommeln aus der Zeit zwischen dem 1. Jt. v. Chr. und der Zeitenwende ausgestellt. In je eigenen Abschnitten geht es dann im Galopp durch die Geschichte Vietnams: von der 1000-jährigen chinesischen Besatzungszeit (sehenswert ein Bauernhaus als Terrakotta-Modell) zu den goldenen Jahrhunderten der Ly- und Tran-Dynastien (11.–14. Jh.). Mangels Originalstücken illustrieren Modelle, Kopien berühmter Statuen und monumentale Gemälde wichtige geschichtliche Ereignisse, wie etwa am Raumende der Sieg des Generals Tran Hung Dao über die Mongolen.

Obergeschoss: Im Turm-Oktogon wird eine kleine Skulpturensammlung aus der Cham-Kultur präsentiert. Dann geht es erneut rasant durch die Geschichte: beginnend mit

Sehenswürdigkeiten

1–14 s. Cityplan Hanoi S. 118
15 Den Bach Ma
16 einstiges Chuang-Vong-Theater
17 Dinh Huong Tuong
18 Haus Nr. 87
19 O Quan Chuong
20 Dong-Xuan-Markt
21 Den Huyen Thien Tu
22 Haus Nr. 48
23 Den Dau
24 Dinh Nhan Noi
25 Dinh Yen Thai
26–53 s. Cityplan Hanoi S. 118

Übernachten

1–8 s. Cityplan Hanoi S. 118
9 Quoc Hoa Hotel
10 Hoa Binh Palace Hotel
11 Church Hotel
12 Hong Ngoc Hotel
13 Thien Tan Hotel
14 Golden Lotus Hotel
15 Classic Street Hotel
16 Tien Thuy Hotel

Essen und Trinken

1–26 s. Cityplan Hanoi S. 118
27 Green Tangerine
28 Old Hanoi
29 Cha Ca La Vong
30 Café Mai, s. Cityplan Hanoi S. 118
31 Moca Café
32 Tamarind Café
33 Café Pho Co

dem Kampf Le Lois gegen die Ming-Besatzung (1407–1427) über die Nguyen-Dynastie (19 Jh.) bis zur Unabhängigkeitserklärung am 2. September 1945, die ebenfalls in einem großen Gemälde verewigt ist (1 Trang Tien, Di–So 8–11.30, 13.30–16.30 Uhr, 15 000 VND).

Die Hanoier Altstadt

Altstadt-Karte: S. 124
Die Altstadt von Hanoi ist einer jener Orte, in denen man sich gerne mit Absicht verläuft. Dieses verwirrende Gewirr von Straßen und Gassen breitet sich zwischen Hoan-Kiem-See und Bahnlinie aus, die zunächst entlang der Phung Hung in Richtung Norden und dann weiter östlich zur Long-Bien-Brücke verläuft, um schließlich den Roten Fluss zu überqueren. Im Osten begrenzt die parallel zum Fluss verlaufende Tran Nhat Duat das Viertel.

In diesem Gebiet lag seit dem 13. Jh. das Viertel der Handwerker. Sie wurden von den Königen aus ihren Dörfern teilweise zwangsumgesiedelt und entsprechend ihrer Produkte in Zünften organisiert. Hier lebten und arbeiteten sie in eigenen, durch Mauern abgeschlossenen Quartieren (*phuong*). Aus ihren Heimatdörfern brachten sie ihre Schutzgottheiten mit, denen sie jeweils eigene Tempel widmeten. Im 15. Jh. kristallisierten sich 36 Gilden heraus, weshalb das Viertel heute noch **Ba Muoi Sau Pho Phuong,** Stadt der 36 Straßen und Gilden, genannt wird.

Da die Quartiere im Laufe der Zeit infolge der wachsenden Bevölkerung aus allen Nähten platzten, ließen die Franzosen nach ihrer Ankunft die alten Gebäude abreißen. Sie mussten neuen Straßenzügen weichen. Die Kolonialherren ließen zudem die im Westen der Altstadt liegende Zitadelle schleifen, um auch dort neue Straßen (*pho*) anzulegen. 1898 kam die Bahnlinie hinzu, welche über die 1682 m lange Paul-Doumer-Brücke – heute Cau Long Bien – in Richtung Norden führte. Die Jungfernfahrt fand am 28. Februar 1902 statt. Mit an Bord waren der namensgebende Generalgouverneur von Indochina,

Paul Doumer (reg. 1897–1902), und der Tanh-Thai-König aus Hue.

Die ältesten Gebäude stammen aus dem ausgehenden 19. Jh., sind nur wenige Meter breit, aber teilweise bis zu 80 m tief. Daher nennt man sie **Rohr-** oder **Tunnelhäuser** (*nha ong*). Dieser Architekturtyp ist auch in Südchina weit verbreitet und findet sich daher häufig an jenen Orten, wo sich Chinesen niedergelassen haben, etwa in Hoi An. Der vordere, an der Straße gelegene repräsentative Teil dient als Werkstatt oder Laden, der hintere, meist von einem offenen Lichthof abgetrennt, als Wohnbereich. Trotz Bemühungen, die Gebäude zu erhalten, werden viele aufgrund der beengten Verhältnisse durch mehrstöckige Neubauten ersetzt.

An den **Namen der Gassen** kann man ablesen, was Handwerker dort einst produzierten und es teilweise noch tun. Denn sie wurden nach den hergestellten Waren (*hang*), benannt. So gibt es die Hutgasse (Hang Non), die Gasse der Trommelfelle (Hang Trong), die Seidengasse (Hang Dao) und die Bambusgasse (Hang Tre). Nudeln gab es in der Hang Bun und Fisch in der Hang Ca.

Den Bach Ma

Der Tempel des Weißen Pferdes, **Den Bach Ma** 15, liegt an der Ecke Hang Buong/Hang Giay. Als König Ly Thai To (reg. 1009–1028) ihn stiftete, lag er noch außerhalb der Stadt und diente mit drei anderen Tempeln dem spirituellen Schutz der neuen Metropole Thang Long. Der Legende zufolge soll dem König ein weißes Pferd erschienen sein und ihm, indem es einmal um die Stadt herumlief, die beste Position der schützenden Wallanlagen gezeigt haben. Der liebevoll renovierte Schutzgott-Tempel geht in seiner heutigen Gestalt auf das 19. Jh. zurück.

Das Innere der länglichen ummauerten Tempelanlage ist mehrfach untergliedert. Einem Innenhof folgt die Haupthalle, in deren Mitte eine Pferdestatue verehrt wird. Ein Altar auf der rechten Wandseite ist den Drei Müttern gewidmet, einer zur linken den Buddhas der Drei Zeiten (tgl. 7–11, 14–17 Uhr, Eintritt frei).

Wege durch den Altstadtdschungel

Angesichts der verwinkelten Gassen und dem Gewimmel von Straßenverkäufern und Mopedfahrern geht man schnell verloren. Aber eigentlich macht das nichts, denn überall gibt es etwas zu sehen und zu erleben. Hier zwei Vorschläge für Spaziergänge:

Vorschlag 1 (ca. 2,5 km): Vom Hoan-Kiem-See gen Norden gewandt, geht es in die Hang Dao, die Straße der Seidenfärber. Sie ist nach dem bevorzugten Pink, der Farbe des Pfirsichbaumes (*dao*), benannt. Nur wenige alte Häuser sind dort noch erhalten, darunter die Nummern 18, 20 und 38. Bald geht es rechts hinein in die Silberstraße Hang Bac, deren Ursprünge bis ins 13. Jh. zurückgehen. Hier hatten sich einst die Silberschmiede niedergelassen. Noch heute sind einige Edelsteingeschäfte zu finden, am östlichen Ende aber auch Grabsteine und Urnen. An der Kreuzung zur Dinh Liet steht das 1920 erbaute einstige **Chuong-Vang-Theater** 16. Nachdem man links in die Ma May eingebogen ist, wo es noch viele Beispiele von Tunnelhäusern gibt, passiert man an der Kreuzung zur Luong Ngoc Quyen das Gemeindehaus (Haus Nr. 64) **Dinh Huong Tuong** 17 (unregelmäßig geöffnet, Eintritt frei). Das etwas weiter gelegene **Haus Nr. 87** 18 (tgl. 8–17 Uhr, 5000 VND) stammt aus dem ausgehenden 19. Jh. und wurde zu einem Museum umfunktioniert. Die Straße der Papieropfer (*ma*) und des Rattans (*may*) macht einen Linksbogen hinein in die Hang Buong, deren frühere Bewohner Segelmacher aus dem Reich der Mitte waren. Während der Kolonialzeit war dieser von Chinesen dominierte Straßenzug bekannt für seine Opiumhöhlen und Bordelle. Diese sind alle verschwunden, doch sehenswert ist der Schutzgeisttempel **Den Bach Ma** (15; s. links) an der Ecke zur Hang Giay. Ihr folgt man bis zur Nguyen Sieu. Gen Osten gewandt und über die Dao Duy Tu nach links trifft man auf der Höhe der Hang Chieu auf das einzige erhaltene Stadttor, **O Quan Chuong** 19. Das Alte Osttor wurde zusammen mit 20 anderen Eingängen 1749 errichtet und 1817 rekonstruiert.

In der Altstadt von Hanoi

Um von dort zum **Dong-Xuan-Markt** 20 (Cho Dong Xuan; tgl. 6–18 Uhr) zu gelangen, kann man einen kleinen Umweg über die Nguyen Thien Thuat nehmen, in der zahlreiche Garküchen zu einer Rast einladen. Die 1889 von den Franzosen erbaute Markthalle an der Hang Dong Xuan wurde 1996 nach einem Großbrand durch einen wenig attraktiven Markthallenneubau ersetzt. Innen macht das üppige Angebot jedoch dem alten Spruch alle Ehre: »Was immer Du brauchst, geh zu diesem Markt und kauf es«. Nördlich des Marktes, hinter der Süßkartoffelgasse, Hang Khoai, liegt der **Den Huyen Thien Tu** 21 (tgl. 8–17 Uhr, Eintritt frei). Einer Stele zufolge wurde er 1643 zu Ehren des Schutzgottes Tran Vu gestiftet. Der Hauptteil des Tempels ist jedoch buddhistisch.

Der Weg zurück führt entlang der Dong Xuan, die in der südlichen Verlängerung Zuckergasse, Hang Duong, heißt, um schließlich Hang Ngang genannt zu werden. Die Franzosen nannten sie Rue Cantonnaise, da hier ab dem 17. Jh. viele Chinesen siedelten. Von gewisser historischer Bedeutung ist das **Haus Nr. 48** 22, denn hier wohnte Ho Chi Minh in der letzten Augustwoche 1945 und verfasste die berühmt gewordene Unabhängigkeitserklärung. Heute erinnert ein kleines Museum daran (Mo–Fr 8–11.30, 14–16.30 Uhr, Eintritt frei). Von hier führt die Straße unter dem Namen Hang Dao wieder zurück zum See.

Vorschlag 2 (1,8 km): Zunächst geht es vom See ein Stück in die Hang Gai und von dort rechts in die schmale To Tich. Sie endet an der Hang Quat, welche aufgrund der dort zum Verkauf angebotenen bunten Fahnen und Hausaltäre zu den fotogensten Gassen zählt. Dort kann man auch einen Blick in den **Den Dau** 23 (unregelmäßig geöffnet, Eintritt frei) werfen, der zu Ehren von Lieu Hanh, einem der vier Unsterblichen, errichtet wurde. Über die Straße der Reisstrohhüte, Hang Non, geht es rechts in die Hang Thiec hinein. Die Straße der Zinnschmiede trägt angesichts der vielen Blechnereien noch zu Recht den Namen. In der Bat Dan, wo einst vorwiegend Keramik feilgeboten wurde, ist der **Dinh Nhan Noi** 24 (Nr. 33; unregelmäßig geöffnet, Eintritt frei) sehenswert. Biegt man dann nach links in die Hang Dieu hinein und folgt ihr Richtung Süden, gelangt man über die Yen Thai in die Ngo Tam Tuong. Hier ist der **Dinh Yen Thai** 25 (unregelmäßig geöffnet, Eintritt frei) zu finden. Die Gasse mündet in die Baumwollstraße Hang Bong, die in östlicher Verlängerung Hang Gai, Hanfgasse, heißt. Hier wird jedoch kein Hanf mehr verkauft, sondern in vielen Boutiquen schicke Mode.

Ba-Dinh-Distrikt

Cityplan: S. 118

Der Ba-Dinh-Distrikt (Quan Ba Dinh) breitet sich südlich des Westsees (Ho Tay) aus. Hier liegt das politische Zentrum des Landes, und hier befand sich das Herrschaftszentrum der frühen Dynastien. Doch davon ist nahezu nichts erhalten geblieben. Bereits die Franzosen hatten die Zitadelle geschleift und das Gebiet zu einem noblen Stadtteil mit mondänen Villen und schattigen Alleen umgestaltet. Neben Ministerien und politischen Einrichtungen haben sich hier zahlreiche Botschaften angesiedelt.

Auf Pfählen und aus Holz errichtet: das Wohnhaus Ho Chi Minhs

Ba-Dinh-Platz

Er wirkt etwas einschüchternd, der 35 000 m^2 große **Ba-Dinh-Platz** 26 (Quan Truong Ba Dinh) im Süden des Westsees. Wenn Hanois Herz noch links schlägt, dann hier. Eingerahmt vom klobigen Ho-Chi-Minh-Mausoleum im Westen und der Nationalversammlung (Hoi Truong Ba Binh) im Osten, herrscht rund um die mächtige Landesflagge ein strenges Regiment. Der Verkehr ist verbannt und die Ordner achten darauf, dass die Besucher des Mausoleums sich ordentlich in die Warteschlange einreihen. Das vier Fußballfelder große Areal ist ein geschichtsträchtiger Ort, denn auf dem damaligen Place Puginier verkündete Ho Chi Minh am 2. September 1945 um 14 Uhr vor einer halben Million Menschen die Unabhängigkeit Vietnams. Alljährlich finden zum Jahrestag Paraden statt. Der Name Ba Dinh bezieht sich auf eine Region in der Provinz Thanh Hoa, wo 1886 eine antikoloniale Rebellion ausbrach.

Ho-Chi-Minh-Mausoleum

Das **Ho-Chi-Minh-Mausoleum** 27 (Lang Chu Tich Ho Chi Minh) steht mit seiner protzigen Klobigkeit in Kontrast zu jenem schmächtigen Mann, der in seinem Inneren aufgebahrt ist. Der am 2. September 1969 verstorbene Landesvater hatte es in seinem Testament anders bestimmt: Sein Leichnam solle verbrannt und die Asche über dem Land verstreut werden – doch sein letzter Wille blieb ihm verwehrt. Und so ruht er, in ein schlichtes Khakihemd gekleidet, von vier Soldaten ständig bewacht, seit Jahrzehnten in einem gläsernen Sarkophag. Ehrfurchtsvoll frierend ziehen kommunistische Kader, Abordnungen vom Land und Touristen durch die unterkühlte Halle an ihm vorbei. Den Eingangsbereich ziert ein berühmter Spruch des Präsidenten: »Es gibt nichts Wertvolleres als Unabhängigkeit und Freiheit«. Der knapp 22 m hohe kubische Bau wurde zwischen 1973 und 1975 nach dem Vorbild des Moskauer Lenin-Mausoleums aus grauem Marmor errichtet. Vor dem Besuch müssen Kameras und Taschen abgegeben werden, es wird ordentliche Kleidung verlangt (30. April–30. Sept. Di–Do, Sa–So 7.30–11 Uhr, 1. Dez.–29. April Di–Do, Sa–So 8–11 Uhr, Okt.–Nov. geschlossen, Eintritt frei).

Präsidentenpalast und Ho-Chi-Minh-Haus

Eingebettet in den Botanischen Garten liegt nördlich des Mausoleums der **Präsidentenpalast** 28 (Phu Chu Tich). Der ockerfarbene koloniale Prachtbau wurde nach Plänen deutscher Architekten zwischen 1900 und 1906 erbaut und diente bis 1954 den französischen Generalgouverneuren als Dienstsitz. Heute werden die 60 neobarocken Säle für offizielle Empfänge genutzt. Das Gebäude ist nicht zugänglich.

Von Ho Chi Minh wurde der Palast nie bewohnt. Der anspruchslose Junggeselle residierte ab 1954 in Nebengebäuden, bis er am 17. Mai 1958 ein schlichtes, auf Pfählen errichtetes **Holzhaus** 29 (Nha San Bac Ho) bezog. Pate dafür standen die Stelzenhäuser der Bergminderheiten, in denen er während des langen antikolonialen Kampfes oft nächtigte. Im unteren Bereich steht ein großer Konferenztisch für die Treffen mit dem Politbüro, im Obergeschoss kann man sein Arbeits- und Schlafzimmer sehen. Der schlichte Bau liegt idyllisch an einem Teich und strahlt zusammen mit den mächtigen Mango- und Indischen Mandelbäumen eine natürliche Schönheit aus. Am Uferrand stehen einige Sumpfzypressen (*Taxodium distichum*) mit ihren eigentümlichen, aus dem Boden ragenden Kniewurzeln (April–Okt. tgl. 7.30–11, 14–16, Nov.–März tgl. 8–11, 13.30–16 Uhr, 10 000 VND).

Chua Mot Cot

Die **Einsäulenpagode** 30 (Chua Mot Cot) wirkt im Schatten des Mausoleums und des nur einen Steinwurf entfernten Ho-Chi-Minh-Museums wie eine Miniaturanlage. Und doch zählt sie zu den bekanntesten Pagoden Hanois. Dies hat vor allem mit ihrer Ursprungsgeschichte zu tun. König Ly Thai Tong träumte eines Nachts von der Göttin der Barmherzigkeit. Sie stand auf einer Lotosblüte und streckte ihm einen Knaben entgegen. Der zweite Ly-Herrscher betrachtete dies als Zeichen dafür, dass ihm doch noch ein Thronfolger geschenkt würde. Schon sehr bald gebar ihm ein Bauernmädchen den lang ersehnten Sohn. Aus Dankbarkeit stiftete er 1049 eine Pagode in Form einer Lotosblüte. Leider wurde das Heiligtum mehrfach zerstört, zuletzt 1954 beim Abzug der Franzosen.

Die heutige schlichte Konstruktion aus dem Jahr 1955 wirkt etwas unglücklich, denn der Tempelbau aus Holz mit quadratischem Grundriss (3 x 3 m) ruht auf einer massiven Betonsäule, die aus einem Teich ragt. Über eine Treppe können Gläubige zum Schrein gelangen, um die dortige Figur der Quan Am zu verehren.

In direkter Nachbarschaft liegt die Pagode des Lange Währenden Glücks, **Chua Dien Huu** 31, ein einfacher Bau mit schönem Innenhof.

Ho-Chi-Minh-Museum

Das Thema Lotosblume griffen die Architekten auch beim **Ho-Chi-Minh-Museum** 32 (Bao Tang Ho Chi Minh) auf, denn der kantige weiße Bau soll den edlen Charakter des ersten Präsidenten symbolisieren. Zu dessen 100. Geburtstag wurde es am 19. Mai 1990 feierlich eröffnet. Auf 13 000 m² haben Künstler und Historiker anhand von Installationen und Dokumentationen die Schlüsselrolle Ho Chi Minhs in der jüngeren Geschichte Vietnams herausgearbeitet und in Beziehung zu weltgeschichtlichen Entwicklungen gesetzt. Ein geeigneter Ort, um sich mit dem berühmten Vietnamesen zu beschäftigen (Di–Do, Sa–So 8–11.30, 14–16 Uhr, 5000 VND).

Botanischer Garten und B-52-Bomber

Der 20 ha große **Botanische Garten** 33 (Vuon Bach Thao) erstreckt sich westlich des Präsidentenpalastes und wurde 1890 von französischen Landschaftsarchitekten angelegt. Mit seinen schattigen Bäumen und Teichen eignet er sich für einen entspannenden Spaziergang. Am Morgen treffen sich die Hanoier hier zum Taiji und Joggen, nachmittags Alt und Jung zum Schwätzchen. Der Eingang ist an der Hoang Hoa Tham (tgl. 7.30–22 Uhr, 1000 VND).

Von der Hoang Hoa Tham zweigt am Westende des Gartens die Ngoc Ha in Richtung Süden ab. Folgt man ihr und biegt dann rechts in die Ngo Ngoc Ha ein, so gelangt man über einen Seitenweg zu einem See (ausgeschildert). Hier liegen seit dem Abschuss am 27. Dezember 1972 die Reste eines **B-52-Bombers** 34 (Chien Thang B 52) und erinnern an die verheerende Weihnachtsoffensive von 1972, als während der Operation Linebacker II vom 18. bis 29. Dezember US-amerikanische Langstreckenbomber über 700 Einsätze flogen. Nach nordvietnamesischen Angaben wurden 23, nach US-Angaben zehn Maschinen abgeschossen. Hunderte Bewohner Hanois verloren ihr Leben.

Chi-Lang-Park und Armeemuseum

Im **Chi-Lang-Park** 35 (Cong Vien Chi Lang) an der Ecke Hoang Dieu/Dien Bien Phu hat Lenin noch nicht »Good bye« gesagt, sondern steht nach wie vor auf dem Podest. Seit 1985 wacht die 5 m hohe Statue des russischen Revolutionärs in dieser gepflegten Parkanlage, die von den Franzosen anstelle eines Teiches angelegt wurde.

Schräg gegenüber befindet sich an der Dien Bien Phu das **Museum für Militärgeschichte** 36 (Bao Tang Quan Doi). 1959 wurde es zum 15. Jahrestag der Volksarmee eröffnet und verherrlicht die heroischen Taten und Schlachten der vietnamesischen Soldaten. Neben zahlreichen Waffen und Fotodokumentationen kann man im Garten amerikanischen Kriegsschrott sowie sowjetische Waffen und Flugzeuge bestaunen. Prunkstück ist eine Mig 21 (Di–Do, Sa–So 8–11.30, 13–16.30 Uhr, 20 000 VND).

Das Museum liegt auf jenem Teil der einstigen Zitadelle, wo die Franzosen später Militärbaracken errichteten. Während sie fast alle Gebäude dem Erdboden gleichmachten, ließen sie Teile der Befestigungsmauer und den 33,4 m hohen **Flaggenturm** 37 (Cot Co Ha Noi) stehen. Er erhebt sich auf zwei qua-

Die Einsäulenpagode: Chua Mot Cot

Ho Chi Minh – der Übervater

Kein öffentliches Gebäude ohne sein Bild, keine Stadt ohne seine Statue, keine offizielle Feier ohne ein Zitat von ihm. Auch vier Jahrzehnte nach seinem Tod ist der schmächtige Mann mit dem schütteren Bart überall präsent im Land. Ho Chi Minh ist die Ikone des souveränen Vietnam.

»Etwas zum Lächeln
Der Staat ernährt mich mit Reis;
Ich bewohne seine Paläste
Seine Wachen lösen sich ab,
mir zu dienen als Geleit.
Auf seine Berge und Flüsse seh ich
wie ich will.
Mit solchen Privilegien überhäuft
ist man wirklich Mensch.«
Aus dem Gefängnistagebuch

»Die Menschen werden frei und gleich an Rechten geboren und bleiben es.« Dieses Zitat aus der französischen Menschen- und Bürgerrechtserklärung von 1789 rief Ho Chi Minh seinen langjährigen Widersachern entgegen, als er am 2. September 1945 in Hanoi die Unabhängigkeitserklärung verlas. Der Tag war der Höhepunkt im bisherigen entbehrungsreichen Leben des damals 55-Jährigen. Doch die schlimmsten Jahre lagen noch vor ihm.

Wer ist dieser Mann, der wie Che Guevara zur internationalen Ikone des Befreiungskampfes geworden ist? Obwohl er im Land überall präsent ist, bleibt seine Persönlichkeit merkwürdig vage. In seiner Biografie ist vieles unklar, vor allem seine frühen Jahre. So soll der lebenslange Junggeselle zweimal verheiratet gewesen sein. Nach offiziellen Angaben kam er am 19. Mai 1890 als Nguyen Sinh Cung im Dorf Hoang Tru, Gemeinde Kim Lien, unweit von Vinh zur Welt. Sein Vater, Nguyen Sinh Sac, hatte eine konfuzianische Ausbildung durchlaufen und arbeitete als Dorfschullehrer. Bei der Einschulung ins Quoc-Hoc-Gymnasium in Hue 1906 ließ er seinen lerneifrigen Sohn unter dem Namen Nguyen Tat Thanh eintragen. Der blieb bis 1909 an dieser Eliteschule. Zwei Jahre später verließ der inzwischen 21-Jährige Vietnam und heuerte auf einem französischen Dampfer an. Einige Jahre tingelte er als Matrose durch die Welt und arbeitete nach Ausbruch des Ersten Weltkriegs zwei Jahre lang als Küchenhilfe im Londoner Carlton-Hotel. 1917 kam er nach Paris und schloss sich dort der Sozialistischen Partei an. Um seine in Frankreich lebenden Landsleute zu mobilisieren, gründete er die Association des Patriotes Annamites. Von nun an arbeitete er unter dem Pseudonym Nguyen Ai Quoc, Nguyen, der Patriot. Als sich 1920 der radikale Flügel der französischen Sozialisten in der kommunistischen Partei zusammenschloss, gehörte Nguyen Ai Quoc zu den Gründungsmitgliedern. Sein Engagement sollte Früchte tragen. 1923 lud ihn die Kommunistische Internationale (Komintern) nach Moskau ein. Dort erhielt er den ideologischen Schliff für seinen Kampf gegen den Kolonialismus, der in seinen Augen der »Kopf der Schlange des Kapitalismus« war. In Hong Kong gründete er am 3. Februar 1930 die Kommunistische Partei Vietnams, die auf Anweisung der Komintern zur KP Indochina erweitert wurde. Ein Jahr später inhaftierte ihn dort die Polizei der britischen Kronkolonie. Nach der Flucht aus einem Gefängniskrankenhaus setzte er sich 1932 nach China ab,

Thema

um von dort aus den antifranzösischen Widerstand zu organisieren.

Mit einem Rattankoffer und seiner geliebten Schreibmaschine in der Hand betrat der unbeugsame Mann Anfang 1941 erstmalig seit drei Jahrzehnten wieder heimatlichen Boden. Hier gründete er kurz darauf die Liga für die Unabhängigkeit Vietnams, Viet Nam Doc Lap Dong Minh Hoi – besser bekannt als Viet Minh. Unter seinem neuen Namen Ho Chi Minh, Ho, der nach Erleuchtung strebt, avancierte er zum unumstrittenen Führer der Unabhängigkeitsbewegung. Als er in China für Unterstützung werben wollte, wurde er 1942 von den chinesischen Nationalisten der Guomindang für zwei Jahre interniert. In dieser Zeit entstanden seine im Gefängnistagebuch gesammelten Gedichte. Derweil vermochte sein Mitstreiter, General Vo Nguyen Giap, die Viet Minh zu einer effektiven Guerillatruppe zu formen. Bis 1945 konnten sie weite Gebiete Nordvietnams unter ihre Kontrolle bringen und marschierten im August in Hanoi ein.

Nachdem die Viet Minh von den Franzosen 1946 wieder vertrieben worden war, leitete Ho Chi Minh als erster Präsident der Demokratischen Republik Vietnam (DRV) von Cao Bang aus die Exilregierung. Nach Jahren des Guerillakampfes konnte er sich jedoch erst 1954 nach dem Sieg von Dien Bien Phu endgültig in Hanoi niederlassen. 1960 übernahm Ho Chi Minh auch das wichtige Amt des Generalsekretärs der KPV. Während des Vietnamkrieges avancierte er weltweit zur Symbolfigur für den antiimperialistischen Kampf. Seinen Traum eines vereinigten Vietnam sollte er nicht mehr erleben. Er starb am 2. September 1969.

Fast 40 Jahre nach seinem Tod immer noch verehrt: Ho Chi Minh

dratischen Terrassen und wurde 1812 unter dem in Hue residierenden Gia-Long-König erbaut. In den vergangenen Jahren kamen auf dem nördlich anschließenden Gelände bei Grabungen Tausende von Relikten zutage, die teilweise aus der Zeit der Ly- und Tran-Dynastie stammen. Möglicherweise wird das bislang vom Militär genutzte Gebiet später einmal öffentlich zugänglich gemacht. Außer dem Flaggenturm ist bis dato lediglich das **Nordtor der Zitadelle** 38 gegenüber der Cua-Bac-Kirche zu besuchen.

Museum der Schönen Künste

An der 66 Nguyen Thai Hoc liegt gegenüber dem Literaturtempel das äußerst sehenswerte **Museum der Schönen Künste** 39 (Bao Tang My Thuat Viet Nam). Seit 1966 präsentiert es in drei Stockwerken die Geschichte der vietnamesischen Kunst und organisiert in einem Seitengebäude temporäre Ausstellungen zeitgenössischer Künstler.

Erdgeschoss: Anhand von Originalen und teilweise wenig gelungenen Nachbildungen sind in acht Räumen prähistorische Funde (Dong-Son-Trommeln, Leuchter), Statuen und Reliefs aus nordvietnamesischen Tempeln sowie hinduistische Plastiken der Cham ausgestellt. Im letzten Raum schmücken Königs- und Beamtenporträts aus dem 18./19. Jh. die Wände.

Erster Stock: Neben volkstümlicher Handwerkskunst sind die Ölgemälde mit vorwiegend ländlichen Genreszenen sehenswert. Sie sind meist in den ersten vier Jahrzehnten des 20. Jh. entstanden. Bei den Lackbildern im Hauptraum ist schön zu sehen, wie westlicher Malstil mit asiatischen Techniken verbunden wurde – etwa bei den Werken »Landschaften« und »Kleine Mädchen im Garten« von Nguyen Gia Tri. Vorwiegend unter dem Eindruck von Krieg und Sozialismus stehen die nach 1975 gemalten Bilder.

Zweiter Stock: Auch hier greifen viele Arbeiten das Thema Krieg auf. Besonders eindrucksvoll ist das 1984 entstandene Bild von Dang Duc Sinh, »In jedem Dorf«, das drei Witwen mit den Porträts ihrer gefallenen Männer zeigt. Ein kleiner Raum ist den auf Seide gemalten expressionistischen Werken von Nguyen Phan Chanh gewidmet (Di, Do, Fr, So 8.30–17, Mi, Sa 8.30–21 Uhr, 20 000 VND).

Literaturtempel (Van Mieu)

Zwischen den Straßen Nguyen Thai Hoc und Quoc Tu Giam erstreckt sich der langgezogene **Literaturtempel** 40 (Van Mieu, chin. *wenmiao*), der als Nationalakademie, Quoc Tu Giam, über 800 Jahre hinweg Vietnams Zentrum für konfuzianische Bildung war. Als Vorbild diente der Konfuziustempel im chinesischen Qufu, dem Geburtsort des Gelehrten.

Die Anfänge des Van Mieu gehen auf König Ly Thanh Tong (reg. 1054–1072) zurück, der 1070 einen Tempel zu Ehren des Konfuzius (Khong Tu) und seiner Schüler stiftete. Sein Nachfolger Ly Nhan Tong (reg. 1072–1128) erweiterte ihn sechs Jahre später und gliederte ihm die Nationalakademie an. Zunächst konnten hier nur männliche Sprösslinge des Herrscherklans studieren, später auch Söhne aus den Aristokratenfamilien. Mit den Jahren entwickelte sich der Van Mieu zum Zentrum der Gelehrsamkeit. Im Rahmen einer grundlegenden Bildungsreform unter König Le Thai To (reg. 1427–1433) wurden hier ab 1428 ausschließlich erfolgreiche Absolventen der Regionalakademien zugelassen. Die maximal 300 Studenten (*giam sinh*) wohnten und studierten hier etwa drei Jahre. Sie mussten die fünf konfuzianischen Klassiker und vier klassischen Bücher auswendig lernen sowie offizielle Schriftwerke, literarische Texte und Gedichte verfassen. Nur wenige schnitten bei den abschließenden dreitägigen Prüfungen erfolgreich ab und erlangten den begehrten Doktortitel (*tien si*). Als der Gia-Long-Herrscher 1807 die Nationalakademie nach Hue verlegte, stufte er die Quoc Tu Giam zur Regionalakademie herunter und widmete sie den Eltern des Konfuzius. Die letzten Prüfungen fanden 1915 statt. In den vergangenen Jahren wurde die im Krieg beschädigte Anlage grundlegend renoviert.

Der 350 m lange und 75 m breite Van Mieu ist auf einer Nord-Süd-Achse ausgerichtet und in fünf ummauerte Innenhöfe untergliedert. Der **Eingang** befindet sich im Süden an

Über Jahrhunderte das Zentrum konfuzianischer Bildung in Vietnam: Van Mieu

der Straße Quoc Tu Giam, auf deren anderer Seite der See der Literatur (Ho Van) liegt. Vier parallel zum Eingang stehende **Obelisken** dienen dem Lob der konfuzianischen Lehre.

Durch das prächtige zweistöckige **Tor des Literaturtempels** (Van Mieu Mon) gelangt man zum unbebauten **I. Hof**, der durch die beiden Teiche und Seitenwege ausgesprochen harmonisch wirkt. Damit soll die Ausgewogenheit der polarisierenden Kräfte ausgedrückt werden.

Drei Portale führen zum zweiten Hof: Das dem König vorbehaltene Große Mittlere Tor (Dai Trung Mon), links das Tor des Erworbenen Talents (Dat Tai Mon) und rechts das Tor der Gewonnenen Tugend (Thanh Duc Mon). Am Ende des **II. Hofes**, der durch den alten Baumbestand und die beiden parallelen Lotosteiche ebenfalls sehr wohlproportioniert wirkt, erhebt sich das Wahrzeichen von Hanoi: das **Tor mit dem Pavillon des Sternbildes der Literatur** (Khue Van Cac Mon). Unter dem Gia-Long-König 1805 errichtet, diente der von vier Säulen gestützte Holzpavillon (*cac*) den Gelehrten zu Rezitationen und Diskussionen. Seine vier runden Öffnungen symbolisieren den Himmel, die quadratische Basis die Erde. Flankiert wird es von zwei weiteren Portalen.

Der **III. Hof** wird von einem quadratischen Teich, der **Quelle des Himmlischen Lichts** (Thien Quang Tinh), dominiert. An den seitlichen Außenmauern stehen in je zwei Reihen insgesamt 82 von Schildkröten getragene Steinstelen, die **Kandidatenstelen**. Sie listen in chinesischen Schriftzeichen die Namen von 1306 Doktoren auf, die zwischen 1442 und 1779 erfolgreich die harten Prüfungen absolviert hatten. Jede Stele steht für einen Prüfungsjahrgang. Die von Dächern geschützten Stelenreihen sind jeweils in der Mitte von Pavillons unterbrochen, in denen die beiden ältesten Stelen stehen.

Tor des Großen Erfolgs (Dai Thanh Mon) heißt der mittlere Durchgang zum vierten und wichtigsten Innenhof. Er wird links vom Tor des Jadeechos (Ngoc Chan Mon) und rechts vom Tor des Goldenen Klangs (Kim Thanh

Mon) flankiert. Im **IV. Hof** befinden sich vier größere Flachbauten. Die beiden **Seitengebäude** dienten der Verehrung der 72 wichtigsten Schüler des Konfuzius und werden heute als Andenkenladen und Aufenthaltsraum genutzt. An der Stirnseite des Hofes liegen parallel hintereinander das **Große Haus der Zeremonien** (Dai Bai Duong) und die **Halle des Großen Erfolgs** (Dai Thanh Dien). Die vordere Zeremonienhalle birgt einen Altar zu Ehren des Konfuzius und darüber ein Paneel mit den Worten »Lehrer der 1000 Generationen«. Zwei auf Schildkröten stehende Bronzekraniche vor dem Altar symbolisieren Langlebigkeit und Weisheit. Im hinteren Gebäude stehen die Statuen des Konfuzius und seiner vier Schüler, darunter vorne links die Statue des Menzius (Manh Tu). Auf Tafeln an den Seitenaltären sind die Namen weiterer bedeutender Schüler aufgeführt.

Im letzten Komplex, dem Thai Hoc genannten **V. Hof,** waren seit 1076 die Lehrräume der Nationalakademie, ab dem 15. Jh. auch die Schlafsäle der Absolventen untergebracht. Erst 2001 wurde das gegenwärtige Ensemble fertiggestellt. Wiederum sind vier Gebäude zu finden. Zwei seitliche Flachbauten dienten einst als **Wohnhaus des Tempelwächters** (links) bzw. **Rastplatz der Beamten** (rechts). Heute birgt das linke eine interessante Dauerausstellung zur Geschichte des Van Mieu. Der einem liegenden H gleichende Gebäudekomplex am Hofende unterteilt sich in die vordere **Zeremonienhalle** und den zweistöckigen **Khai-Thanh-Tempel.** Dort befindet sich im Erdgeschoss die mächtige Bronzestatue des berühmten Akademieleiters Chu Van An (1292–1370). Im Obergeschoss thronen auf drei Altären die Statuen der Könige Le Thanh Tong, Ly Thanh Tong und Ly Nhan Tong (tgl. 7.30–17 Uhr, 5000 VND).

Am Westsee

Cityplan: S. 118
Hanoi gilt als Stadt der Seen und Alleen, was sie nicht zuletzt dem **Westsee** **41** (Ho Tay) zu verdanken hat. Das 538 ha große Gewässer war ursprünglich Teil des Roten Flusses, der mit der Zeit seinen Lauf änderte. Seinen Namen erhielt der See im 15. Jh., zu anderen Zeiten hieß er Froschsee (Dam Dam) und weniger schmeichelhaft Fuchskadaver (Xac Cao). Da er weniger als 2 m tief ist, muss er regelmäßig ausgebaggert werden. Einst lagen an seinem Ufer die Sommerpaläste der Könige und Landsitze der Adligen, heute stehen hier die Villen der Neureichen und kommunistischen Funktionäre. Zudem ist der Ho Tay ein beliebtes Naherholungsgebiet. Die Südostecke des Sees wurde 1620 durch einen Damm abgetrennt, um dort Fische zu züchten. An dessen Ufer ließ der Fürst Trinh Giang (reg. 1729–1740) das Lustschlösschen Truc Lam für seine Konkubinen erbauen. Später wurden dort ungehorsame Palastdamen unter Hausarrest gestellt, die für ihren Lebensunterhalt Seidenstoffe weben mussten, die im ganzen Land heiß begehrt waren. Daher wird dieser Teil **See der Weißen Seide** **42** (Ho Truc Bach) genannt.

Den Quan Thanh

An der Straßenkreuzung Thanh Nien/Quan Thanh liegt unweit des südlichen Seeufers der **Den Quan Thanh** **43**, der Tempel des Himmelswächters. Er geht auf das Jahr 1010 zurück und ist eines von vier Heiligtümern, die der Stadtgründer Ly Thai To zum spirituellen Schutz der Metropole errichten ließ. Der Tempel ist Tran Vu, dem Herrscher des Schwarzen Himmels gewidmet. Im daoistischen Pantheon Chinas ist er unter dem Namen Zhuanxu bekannt und für die Bewachung des Nordens zuständig. Für die Vietnamesen ist Tran Vu zudem Beschützer vor Kriegen, die aus ihrer leidvollen Erfahrung heraus immer aus dem Norden, nämlich von China, drohten. Einer Legende zufolge soll Tran Vu nach heftigen Kämpfen einen grausamen Fuchs mit neun Schwänzen besiegt haben. Dabei gruben sich die Kontrahenten immer tiefer in die Erde ein, sodass ein tiefes Loch entstand, aus dem Wasser sprudelte – auf diese Weise soll sich der Westsee gebildet haben.

»Gewaltig verströmt sich die heilige Stimmung und erstrahlt hell in der Nacht«, heißt es in einem Gedicht über den Tempel, und in der Tat wirkt die 1893 neu gestaltete Anlage nicht zuletzt dank der über 100 Jahre alten Mangobäume im Innenhof sehr friedlich. Besonders eindrucksvoll ist die im hinteren Bereich des länglichen Tempelgebäudes verehrte 3,7 m große und 4 t schwere Bronzefigur des Schutzgottes. Sie wurde ab 1677 in einem dreijährigen Prozess gegossen und kündet von großer Kunstfertigkeit. An den Gießermeister Duc Ong Trum Trong erinnert eine Statue (tgl. 8–16.30 Uhr, 2000 VND).

Chua Tran Quoc

Von der Dammstraße Thanh Nien ragt eine Halbinsel in den Westsee. Hier liegt Hanois ältestes buddhistisches Heiligtum, die Pagode der Verteidigung der Nation, **Chua Tran Quoc** 44. Ihre Geschichte geht auf das 6. Jh. zurück, als sie in einem nahe gelegenen Dorf am Roten Fluss stand. Nach einem Dammbruch wurde sie 1615 an die jetzige Stelle verlegt. Von der Thanh Nien führt ein von Arecapalmen gesäumter Weg auf die Halbinsel. Dabei passiert man den ummauerten **Tempelfriedhof** mit zahlreichen Grabstupas verstorbener Mönche. »Ruheplatz der Erwählten« heißt es über dessen Eingangsportal. In einem kleinen Raum dienen Altäre dem Gedächtnis der Toten und der Verehrung der drei Himmelsmütter (Thanh Mau). In den anschließenden ummauerten Tempelbereich führt ein Seitentor.

Den **Vorplatz** beherrscht ein prächtiger Bodhi-Baum, ein Geschenk des indischen Präsidenten Rajendra Prasad anlässlich seines Besuches 1959.

Vor allem sehenswert aber ist der stattlich mit Statuen bestückte **Hauptaltar** im Inneren der Haupthalle. Von zwei Dharma-Wächtern und jeweils fünf Höllenrichtern flankiert, folgen einer schönen Darstellung des liegenden Buddha der Erleuchtete als Kind, eine vielarmige Quan Am, der dickbäuchige Di Lac mit

Der Hauptaltar in der Chua Tran Quoc

Richtig Reisen-Tipp: Besuch im Dorf der Freundschaft

Es herrscht eine fröhliche Stimmung. Kinder lachen und singen zum Takt der Lehrerin. Die Wände des zweistöckigen Gebäudes sind in freundlichem Gelb gestrichen und mit bunten Bildern geschmückt. Von draußen ist Vogelgezwitscher zu hören. Im Nebenhaus rattern die Nähmaschinen, an denen junge Mädchen neue Schnittmuster lernen. Währenddessen übt ein italienischer Volontär mit ein paar Jungs Fußballtricks im Garten. Alltag im Dorf der Freundschaft (Lang Huu Nghi Viet Nam). Hier leben derzeit 120 Kinder und Jugendliche im Alter von 6 bis 20 Jahren. Sie kommen aus unterschiedlichen Provinzen Vietnams und haben eines gemeinsam: Sie sind Spätopfer von Agent Orange. Manche sind taubstumm, einige können nicht laufen, andere sind geistig schwerstbehindert oder haben Missbildungen. Das dioxinhaltige Entlaubungsmittel zeigt auch Jahrzehnte nach seinem Einsatz noch seine grausame Wirkung.

Das Dorf der Freundschaft wurde auf Initiative des US-Veteranen George Mizo (1945–2002) gegründet und 1998 eingeweiht. Träger ist der Vietnamesische Verband der Kriegsveteranen. Finanziell wird es von verschiedenen Organisationen unterstützt, u. a. vom Verein Dorf der Freundschaft e. V. Die Kinder sind hier manchmal nur einige Monate, bisweilen auch jahrelang untergebracht. Von jeweils drei Müttern betreut, leben sie in Hausgemeinschaften. Abhängig von ihrem Zustand können sie eine Schule besuchen, Nähen und Sticken lernen, im Computerraum experimentieren oder Papierblumen basteln, um später ihren Lebensunterhalt selbst bestreiten zu können. In der Gesundheitsstation werden sie medizinisch und therapeutisch betreut.

Das Dorf liegt in der Siedlung Hoai Duc, Gemeinde Van Canh, Ha-Tay-Provinz, etwa 11 km westlich vom Zentrum Hanois unweit des National Sport Center. Besucher und Volontäre sind willkommen. Sie können mit den Kindern spielen oder im Biogarten arbeiten. Wer medizinische Kenntnisse hat, kann auch in der Reha mithelfen.

Nähere Informationen zum Dorf gibt es unter Tel. 04-837 45 27, www.dorfderfreundschaft.de. Die Hanoier Agentur Buffalo Tours, Tel. 04-828 07 02, www.buffalotours.com, arrangiert auf Wunsch kürzere oder längere Aufenthalte.

den Bodhisattvas Manjushri und Samantabhadra an seiner Seite, Buddha Shakyamuni mit seinen beiden Schülern Ananda und Kashyapa, Buddha Amitabha, von den Bodhisattvas Avalokiteshvara (links) und Mahasthamaprapta (rechts) begleitet, und zuletzt die Buddhas der Drei Zeiten. Auf dem linken **Seitenaltar** wird General Quan Cong, auf dem rechten der Erdgott, Ong Dia, verehrt (tgl. 7–11.30, 13.30–18 Uhr, Eintritt frei).

Chua Kim Lien

Ein Juwel buddhistischer Architektur entdeckt man an der Nordostseite des Westsees, die Pagode des Goldenen Lotos, **Chua Kim Lien** 45. Sie ist über die Ausfallstraße Yen Phu zu erreichen und liegt unweit des Thang-Loi-Hotels, einem betonreichen Geschenk Kubas zum Sieg 1975. Das Heiligtum soll im 12. Jh. anstelle eines Palastes der Prinzessin Tu Hoa gestiftet worden sein. Dort hatte die Tochter des Königs Ly Than Tong (reg. 1128–1138) eine Farm für Seidenraupen angelegt. In ihrer heutigen Form geht die Chua laut Inschrift auf das Jahr 1792 zurück. Später wurde die Anlage mehrfach renoviert. Durch ein dreiteiliges Tor betritt man den Innenhof. Dort beeindrucken die doppelten Fußwalmdächer mit geschwungenen Ecken, welche die drei hintereinander liegenden und miteinander verbundenen Hallen bedecken. Das Innere ist aufgrund der meisterhaften Figuren auf den Altären sehenswert (tgl. 7–11.30, 13.30–18 Uhr, Eintritt frei).

Westliche Stadtteile

Cityplan: S. 118
In den Westen Hanois verlieren sich wenige Touristen, obwohl hier einige interessante Sehenswürdigkeiten liegen, allen voran das Ethnologische Museum. Darüber hinaus warten einige sakrale Stätten auf ihre Entdeckung.

Zoo und Den Voi Phuc

Zwischen dem gewaltigen Hanoi-Daewoo-Hotel und der Kreuzung der Straßen Buoi und Cau Giay breitet sich rund um den Thu-Le-See der **Zoologische Garten Hanoi** 46 (Vuan Thu Ha Noi) aus. Das 28 ha große Gelände mit Tiger-, Vogel- und Affengehegen ist ein beliebtes Naherholungsgebiet für die Einheimischen, für Touristen eher mäßig spannend (tgl. 9–17 Uhr, 3000 VND).

Wesentlich sehenswerter ist der auf dem westlichen Teil des Geländes liegende Tempel des Knienden Elefanten, **Den Voi Phuc** 47. Er ist einer der vier Schutzgeisttempel der Stadt und soll auf Anordnung König Ly Thanh Tongs (reg. 1054–1072) zu Ehren seines im Kampf gegen chinesische Invasoren gefallenen vierten Sohnes Ly Hoang Chan, alias General Linh Lang, errichtet worden sein. Einer originellen Geschichte zufolge war nicht Ly Thanh Tong der leibliche Vater, sondern ein Drache. Auch starb der Sohn nicht im Krieg, sondern verjagte die Chinesen mit einer Elefantenarmee und kehrte auf einem Dickhäuter reitend als siegreicher General zurück. Später soll er sich in einen schwarzen Drachen (oder eine weiße Schlange) verwandelt haben und im Westsee verschwunden sein.

Der Linh Lang gewidmete Schutzgeisttempel strahlt eine friedliche Atmosphäre aus. Zwei am Tempeltor kniende Steinelefanten erinnern an die Legende. Im hinteren Bereich der Haupthalle steht die Statue des Generals. Dort wird auch ein Stein aufbewahrt, auf den Ly Hoang Chan sein Haupt gelegt haben soll, bevor er verschwand. General Linh Lang zu Ehren finden alljährlich zwei Feste statt: das eine zum Gedenken an seinen Tod am 10. Tag des zweiten Mondmonats und das andere zum Gedenken an seine Geburt am 13. Tag des zwölften Mondmonats (tgl. 8–11.30, 13.30–18 Uhr, Eintritt frei).

Chua Lang

Etwa 1 km südwestlich des Zoos stößt man auf ein buddhistisches Kleinod, auf die **Chua Lang** 48 aus dem 12. Jh. Die Pagode liegt an der gleichnamigen Straße und soll eine Stiftung König Ly Anh Tongs (reg. 1138–1175) zu Ehren Tu Dao Hanhs (gestorben 1117) sein. Dieser berühmte Mönch wuchs in dem damals an diesem Platz gelegenen Dorf Lang auf und wird auch in der Chua Thay (s. S. 157) verehrt. Im 19. Jh. wurde das Kloster völlig neu gestaltet.

Die in Nord-Süd-Richtung ausgerichtete ummauerte Anlage gliedert sich in mehrere Teile: Einem langgezogenen Hof mit schattigen Bäumen folgt ein freier Platz mit einem achteckigen Pavillon und einem Gebäudeensemble mit der Struktur eines liegenden H. Sehenswert sind in dessen Inneren Reliefs, welche die drei Welten darstellen: unten die Hölle, darüber die Erde in Gestalt eines Berges, der in den oberen Götterhimmel ragt. Die Statue von Tu Dao Hanh ist nur an Festtagen zu sehen. Den Blickfang in der Haupthalle bildet der fantasiereich gestaltete Hauptaltar mit einer Vielzahl von Statuen des buddhistischen Pantheons. An der Stirnseite eines weiteren Innenhofs befinden sich in einem separaten Gebäude mehrere Altäre für die verstorbenen Äbte und die heiligen Mütter (tgl. 7–11.30, 13.30–18 Uhr).

Ethnologisches Museum

Etwa 7 km westlich des Hoan-Kiem-Sees liegt an der breiten Straße Nguyen Van Huyen das **Ethnologische Museum** 49 (Bao Tang Dan Toc Hoc Viet Nam). Für alle, die sich für die verschiedenen Volksgruppen des Landes interessieren, ist ein Besuch unbedingt empfehlenswert. Aufgrund der kreativen Präsentation wird es auch Kindern nicht langweilig. Unter Mitwirkung französischer Experten 1997 eröffnet, wird es seitdem kontinuierlich erweitert.

Im zweistöckigen **Rundbau** werden in mehreren Abschnitten die 54 Volksgruppen

Vietnams vorgestellt – sei es anhand von Kleidungsstücken, religiösen Alltagsgegenständen oder nachgestellten Szenen, beispielsweise der Zeremonie eines Tay-Schamanen. Zudem wurde ein Haus der Schwarzen Thai nachgebaut. Schautafeln und Kurzfilme informieren über Sprache, Musik, Rituale, Sitten und Gebräuche.

Im **Freigelände** stehen Nachbauten oder rekonstruierte Originalhäuser einiger Volksgruppen. Zu sehen sind ein über 100 Jahre altes vietnamesisches Haus mit Ahnenaltar und Kräutergarten sowie ein 42,5 m langes Haus der Ede. Besonders beeindruckend ist das mit bundesdeutscher Hilfe errichtete Gemeindehaus der Bahnar aus der Provinz Kon Tum. Dessen wie ein Segel wirkendes 19 m hohes Dach soll den Reichtum des Dorfes und die Stärke der Bewohner widerspiegeln.

Schließlich sind einige **Grabstätten** interessant, darunter eines der Gia Rai. Dort drücken die Holzfiguren von Männern mit erigierten Penissen und schwangeren Frauen die Fruchtbarkeit des Toten aus. Mit dem Taxi sind es vom Zentrum etwa 20 Min., für den Besuch sollte man einen halben Tag einplanen (Di–So 8.30–17.30 Uhr, 20 000 VND).

Südliche Stadtteile

Cityplan: S. 118

Die Straßen südlich des Hoan-Kiem-Sees sind wie ein Schnittmuster angelegt. In diesem Geschäftsviertel residieren viele internationale Unternehmen und Organisationen. Die hier herrschende eher mondäne Atmosphäre bestand schon während der Kolonialzeit, an die noch viele Kolonialvillen erinnern. Hier zeigt sich Hanoi aber zugleich von seiner modernen Seite, was vor allem an einer wachsenden Zahl glitzernder Hochhäusern liegt – etwa dem Hotel Melia Hanoi an der Ly Thuong Kiet oder den Hanoi Towers in der Hai Ba Trung. Neben dem bunten **Markt des 19. Dezembers** 50 (Cho 19-12) an der Pho 19-12 (Ecke Ly Thuong Kiet), laden noch einige geschichtsträchtige Orte zu einem Besuch ein (tgl. 7–18 Uhr).

Hoa-Lo-Gefängnis

Im Schatten der Hanoi Towers liegt an der Hoa-Lo-Straße der übrig gebliebene Flügel des einst berüchtigten **Hoa-Lo-Gefängnisses** 51 (Du Tich Hoa Lo). Von den Franzosen 1896 eröffnet, erlangte das damalige Maison Centrale schnell einen zweifelhaften Ruf. Die Räumlichkeiten waren für 450 Insassen ausgerichtet, doch drängelten sich hier oft viermal so viele. Beengte Zellen, Fußfesseln und die Guillotine erinnern daran, dass die Kolonialherren mit ihren Gefangenen wenig zimperlich umgingen. Dies taten sicherlich auch nicht die Kommunisten nach ihrer Machtübernahme 1954 – worüber nichts geschrieben steht. International bekannt wurde das Hoa Lo erst, als zwischen 1964 und 1973 US-amerikanische Kriegsgefangene – meist Piloten abgeschossener Flugzeuge – hier interniert waren. Den Dokumentationen zufolge soll es ihnen im ›Hanoi Hilton‹, wie sie es spöttisch nannten, den Umständen entsprechend gut gegangen sein. Ein Großteil der Haftanstalt wich Mitte der 90er-Jahre dem Neubau des benachbarten Hochhauskomplexes (Di–So 8–11.30, 13.30–16.30 Uhr, 10 000 VND).

Chua Quan Su

An der Ecke Ly Thuong Kiet/Quan Su liegt die Botschafter-Pagode, **Chua Quan Su** 52. Sie ist der offizielle Sitz des hier 1981 gegründeten Vietnam Buddhist Sangha (Giao Hoi Phat Giao Viet Nam). In dieser Vereinigung sind heute fast alle buddhistischen Einrichtungen des Landes zusammengeschlossen. Die Ursprünge der Pagode reichen in das 15. Jh. zurück, als sie während der Späten Le-Dynastie für Abgesandte aus buddhistischen Ländern zur Ausübung ihrer Religion errichtet wurde – daher ihr Name. Die erhöht liegende Haupthalle stammt von 1942. Im Inneren ist eine Quan Am mit 1000 Armen sehenswert. In der angeschlossenen Hochschule gehen Mönche und Nonnen den höheren Studien nach (tgl. 7–11.30, 13.30–18 Uhr, Eintritt frei).

Den Hai Ba Trung

Etwa 1,5 km südlich der Oper liegt unweit eines kleinen Sees der **Den Hai Ba Trung** 53.

Er wird nach dem Viertel auch Den Dong Nhan genannt und ist am besten über die Straße Lo Duc und die von ihr abzweigende Tho Lo zu erreichen. Die Anlage zählt aufgrund der Schnitzereien im Inneren zu den schönsten Hanois. 1143 ließ König Ly Anh Tong (reg. 1138–1175) sie zum Gedenken an die Schwestern Trung Trac und Trung Nhi am Ufer des Roten Flusses errichten. Nachdem das Gebäude kollabierte, wurde der Tempel 1819 hierher verlegt. Der Den weist im Inneren schöne Schnitzereien auf. Die beiden Heldinnen sind in Siegespose mit erhobenen Armen dargestellt. Zu ihren Ehren findet jährlich am 5. Tag des zweiten Mondmonats ein großes Fest statt (tgl. 7–11.30, 13.30–18 Uhr, Eintritt frei).

Tourist Information Center: 7 Dinh Tien Hoan, Tel. 04-926 33 66, tgl. 8–21 Uhr. Eine gute Info-Börse mit hilfsbereitem Personal, Stadtplänen, touristisch relevanten Broschüren und einer Wechselstube.

Handspan Adventure Travel: Tamarind Café, 80 Ma May, Tel. 04-926 05 81, www.handspan.com, tgl. 9.30–17 Uhr. Vermittelt Unterkünfte und organisiert anspruchsvolle Touren auch über Hanoi hinaus.

Diethelm Travel: 44 B Ly Thuong Kiet, Tel. 04-934 48 44, Fax 934 48 50, www.diethelm travel.com, Mo–Fr 9.30–17 Uhr. Der Veteran im Tourismusgeschäft bietet vielfältige Informationen und maßgeschneiderte Rundreisen.

Vietnam Tourism: 30 A Ly Thuong Kiet, Tel. 04-826 40 89, www.vn-tourism.com, Mo–Fr 9.30–17 Uhr. Die halbstaatliche Agentur dient mit vielen Tipps und kann Touren aller Art zusammenstellen.

Hotels außerhalb der Altstadt

Cityplan: S. 118

Sofitel Metropole [1]: 15 Ngo Quyen, Tel. 04-826 69 19, Fax 826 69 20, www.sofitel.com. 1901 als Le Grand Hôtel Métropole Palace im Herzen der Ville Française eröffnet, ist es noch immer die Grande Dame unter den Hotels von Hanoi. 265 Zimmer und Suiten mit allem Komfort. Im Le Beaulieu kann man französisch, im Spices Garden vietnamesisch schlemmen. Das Angebot reicht von einem Schwimmbad über vier Bars bis zum Fünf-Gang-Menü. DZ mit Frühstück ab 220 US-$, Suite ab 360 US-$.

Hilton Hanoi Opera [2]: 1 Le Thanh Tong, Tel. 04-933 05 00, Fax 933 05 30, www.hilton.com. Architektonisch behutsam an die benachbarte Oper angepasst, ist es selbst zur Attraktion geworden. Es verbindet koloniale Vergangenheit mit heutigen Komfortansprüchen. Die geräumigen Zimmer haben einen vietnamesischen Touch. Außenpool, Spa und Bar sorgen für Entspannung. Vier Restaurants und Cafés stehen zur Auswahl, u. a. das Restaurant Ba Mien mit regionaler Küche. DZ mit Frühstück ab 150 US-$, Suite ab 300 US-$.

Sofitel Plaza Hanoi [3]: 1 Thanh Nien, Tel. 04-823 88 88, Fax 829 38 88, www.sofitel.com. Riesige Luxusunterkunft am Westsee mit über 340 Zimmern und Suiten. Pool, Businesscenter und andere Annehmlichkeiten werden selbstverständlich geboten. Das Hotel ist bei asiatischen Reisegruppen beliebt. Die Summit Lounge mit abendlicher Livemusik gewährt einen tollen 360-Grad-Panoramablick. DZ mit Frühstück ab 120 US-$, Suite ab 230 US-$.

Melia Hotel [4]: 44 B Ly Thuong Kiet, Tel. 04-934 33 43, Fax 934 33 44, www.solmelia.com. Der 22-stöckige Glitzerturm liegt zentral und zählt zu den ersten Adressen Hanois. 306 komfortable Zimmer und Suiten. Die thailändischen und chinesischen Gerichte im Lotus Thai and China Restaurant werden ebenso geschätzt wie die heißen Rhythmen der Livebands in der Latino Bar. Swimmingpool. DZ mit Frühstück ab 110 US-$, Suite ab 200 US-$.

Guoman Hotel [5]: 83 A Ly Thuong Kiet, Tel. 04-822 28 00, Fax 822 28 22, www.guomanhotels.com. Wegen seiner Lage und dem effektiven Service beliebtes Geschäftshotel mit 149 Komfortzimmern. Spa, Fitness- und Businesscenter sind gut, leider fehlt ein Pool. DZ mit Frühstück ab 100 US-$.

Zéphyr Hotel [6]: 4 Ba Trieu, Tel. 04-934 12 56, Fax 934 12 62, www.zephyrhotel.com.vn. Tolles Designerhotel nur wenige Schritte vom

Im Herzen der Ville Française liegt das luxuriöse Grandhotel Metropole

Hoan-Kiem-See entfernt. 40 sachlich eingerichtete Zimmer und ein gutes Restaurant. Tipp: die Zéphyr Bar & Lounge im 8. Stock, 16–24 Uhr. DZ mit Frühstück ab 98 US-$.

Sunway Hotel 7: 19 Pham Dinh Ho, Tel. 04-971 38 88, Fax 971 35 55, www.sunway-hotel.com. Das 3-Sterne-Hotel ist ebenfalls wegen seiner Lage und dem guten Service beliebt. Die 143 heimeligen Zimmer sind im Superior-Segment etwas klein. Im Allanté Restaurant wird durchweg gute Küche geboten. Lauschige Bar im Lobby-Bereich. DZ mit Frühstück ab 90 US-$.

Platinum Hotel 8: 67 Hang Than, Tel. 04-927 42 22, Fax 927 42 23, www.platinumhotelhanoi.com. Handtuchschmales Hotel nördlich der Altstadt. Kleine durchgestylte Zimmer mit Komfort. Das Focus Restaurant im Erdgeschoss (vietnamesische und westliche Küche) wirkt etwas nüchtern. DZ mit Frühstück ab 50 US-$.

Hotels in der Altstadt

Altstadt-Karte: S.124

Quoc Hoa Hotel 9: 10 Bat Dan, Tel. 04-828 45 28, Fax 826 74 24, www.quochoahotel.com. Die 1991 eröffnete Unterkunft hat sich zu einem charmanten Boutiquehotel gemausert. 37 Zimmer und Suiten in modernem Design warten auf Gäste. Business- und Fitnesscenter. Im obersten Stock gibt es ein schönes Restaurant. DZ mit Frühstück ab 80 US-$, Suite ab 130 US-$.

Hoa Binh Palace Hotel 10: 27 Hang Be, Tel. 04-926 36 46, Fax 926 27 68, www.hoabinhpalacehotel.vn. Freundliches Geschäftshotel mit 40 funktionalen, wenn auch etwas kleinen Zimmern. Hilfreicher Service. Vom oberen der beiden Restaurants hat man eine schöne Aussicht. DZ mit Frühstück ab 65 US-$.

Church Hotel 11: 9 Nha Tho, Tel. 04-928 81 18, Fax 828 57 93, www.churchhotel.com.vn. Das Church Hotel mit seinen 26 klassisch-modern gestalteten Zimmern ist zu Recht ein sehr beliebtes Boutiquehotel, liegt es doch zudem im Trendviertel westlich des Hoan-Kiem-Sees, nur einen Steinwurf von der St.-Josephs-Kathedrale entfernt. 26 klassisch-moderne Zimmer. Kostenloser Internetzugang. Zeitig reservieren! DZ mit Frühstück 40–70 US-$.

Hong Ngoc Hotel 12: 30–34 Hang Manh, Tel. 04-828 50 53, Fax 828 50 54, www.hongngoc hotel.com. Freundlicher Service, eine Toplage und 50 teils sehr geräumige Zimmer, die mit schweren Möbeln im klassisch chinesisch-vietnamesischen Stil eingerichtet sind. Angesichts des guten Preis-Leistungs-Verhältnisses ist dieses Hotel eine exzellente Option. In der Altstadt liegen drei weitere Hotels der Gruppe. DZ mit Frühstück ab 45 US-$.

Thien Tan Hotel 13: 12 Cha Ca, Tel. 04-824 40 05, Fax 824 40 04, www.thientanhotel.com. Das handtuchschmale Minihotel in der berühmten Fischgasse zeichnen gemütliche Zimmer und hilfsbereite Angestellte aus. DZ mit Frühstück ab 45 US-$.

Golden Lotus Hotel 14: 32 Hang Trong, Tel. 04-928 85 83, Fax 928 85 84, www.golden lotushotel.com.vn. Das sympathische Minihotel verfügt über 12 teilweise geräumige Zimmer. Tipp: Nr. 701 hat eine große Veranda. Das Restaurant mutet ein wenig spartanisch an. DZ mit Frühstück 40–50 US-$.

Classic Street Hotel 15: 41 Hang Be, Tel. 04-825 24 21, Fax 934 59 20, www.classic street-phocohotel.com. Das komfortable Mittelklassehotel im Herzen der Altstadt besitzt 15 kleine, stilvolle Zimmer. Das Speisenangebot im einfachen Restaurant ist ausreichend. Insgesamt bietet das Haus ein gutes Preis-Leistungs-Verhältnis. DZ ab 25 US-$.

Tien Thuy Hotel 16: 9 Hang Thung, Tel. 04-934 36 08, Fax 934 85 02, hanoitienthuyhotel @yahoo.com. Solide Budgetunterkunft mit 25 sauberen, unspektakulären Zimmern. Die Angestellten sind sehr hilfsbereit. Kostenloser Internetzugang. DZ mit Frühstück ab 20 US-$.

Restaurants außerhalb der Altstadt

Verticale Restaurant 17: 19 Ngo Van So, Tel. 04-944 63 17, tgl. 9–24 Uhr. Hanois Haute-Cuisine-Tempel. In einer Villa aus den 1940er-Jahren zelebriert der langjährige Chefkoch des Metropole Sofitel, Didier Corlou, französisch-vietnamesische Fusion-Küche. Da wird selbst eine einfache pho zum kulinarischen Ereignis. Reservierung empfehlenswert. Gerichte ab 200 000 VND.

Bobby Chinn's 18: 1 Ba Trieu, Tel. 04-934 85 77, www.bobbychinn.com, tgl. 11–24 Uhr. Hanois angesagtestes Restaurant, so stylish und multikulturell wie der ägyptisch-chinesische Eigentümer Bobby Chinn aus San Francisco. Kreative und optisch ansprechende Fusion-Küche. Große Auswahl an Weinen. In der Lounge kann man Wasserpfeife rauchen. Hauptgerichte ab 150 000 VND.

Le Tonkin 19: 14 Ngo Van So, Tel. 04-943 34 57, tgl. 11–14, 17.30–22 Uhr. Hier kredenzt man vietnamesische Küche im französischen Ambiente einer Kolonialvilla, die in einer ruhigen Nebenstraße liegt. Gute und optisch ansprechend zubereitete Gerichte. Menüs ab 140 000 VND.

Indochine 20: 16 Nam Ngu, Tel. 04-942 40 97, tgl. 11–14, 17.30–22 Uhr. Die französische Villa zaubert ein schönes Ambiente für das Candlelight-Dinner. Hervorragende vietnamesische Gerichte zu soliden Preisen. Menüs ab 120 000 VND.

Nam Phuong 21: 19 Phan Chu Trinh, Tel. 04-828 09 26, tgl. 11–14, 17.30–22 Uhr. Zu lauschigen Saitenklängen kann man in schönem kolonialem Ambiente speisen. Gute Seafood-Gerichte. Menüs ab 120 000 VND.

Com for Rice 22: 74 Tran Quoc Toan, Tel. 04-942 72 95, tgl. 11–14, 17.30–22 Uhr. Stilvolles Lokal in französischer Villa. Authenti-

Richtig Reisen-Tipp: Straßenkinder als Meisterköche

Straßenkindern eine Berufsperspektive zu geben ist der Sinn des **Restaurantprojekts Koto.** Man kann es unterstützen und dabei köstlich speisen. Im Angebot finden sich westliche und asiatische Gerichte. Im dritten Stock lockt die Temple Bar und auf der Dachterrasse der tolle Blick auf den Literaturtempel nebenan. Gerichte ab 40 000 VND.

Koto 25**:** 59 Van Mieu, Tel. 04-747 03 37, www.koto.com.au, Di–So 7–22.30, Mo 7–17 Uhr.

sche vietnamesische Küche in gehobenem Ambiente, die man auch bei einem Kochkurs kennenlernen kann. Menüs ab 120 000 VND.

Minh Anh 23: 65 C To Hien Thanh, Tel. 04-976 04 01, tgl. 11–14, 17.30–22 Uhr. Die gastfreundliche Familie hat aus einem bescheidenen Lokal ein stilvolles vietnamesisches Restaurant mit leckeren Gerichten gemacht. Oft voll. Menüs ab 100 000 VND.

Au Lac Café 24: 57 Ly Thai To, Tel. 04-825 78 07, tgl. 11–23 Uhr. Die alte Kolonialvilla und der nette Garten bieten einen schönen Rahmen für ein lauschiges Dinner. Solide vietnamesische und europäische Gerichte. Nebenan liegt das populäre Diva Art Café mit ähnlichem Angebot. Gerichte ab 70 000 VND.

Koto 25: s. Richtig Reisen-Tipp S. 143.

Pho 24 26: 1 Hang Khay, Tel. 04-936 52 59, www.pho24.com.vn, tgl. 7–23 Uhr. Vietnams Antwort auf den Pho-Boom. In Hanoi und anderen Städten gibt es zahlreiche Niederlassungen dieser Nudelsuppenküche. Sauber und schnell für den Hunger zwischendurch. Suppen ab 24 000 VND.

Restaurants in der Altstadt

Altstadt-Karte: S. 124

Green Tangerine 27: 48 Hang Be, Tel. 04-825 12 86. Eine kulinarische Oase in der geschäftigen Altstadt. Chefkoch Stéphane Yvin versteht sein Handwerk und bietet originelle französische Küche mit asiatischen Zutaten. zu soliden Preisen. Menüs ab 100 000 VND.

Old Hanoi 28: 106 Ma May, Tel. 04-824 52 51, tgl. 7–22.30 Uhr. Typisches Tunnelhaus in der Altstadt mit schlichtem Interieur und hervorragenden Gerichten zu günstigen Preisen. Der Eigentümer, Nguyen Thuong Quan, bietet auch Kochkurse an. Gerichte ab 60 000 VND.

Cha Ca La Vong 29:14 Cha Ca, Tel. 04-825 39 29, tgl. 18–23 Uhr. Seit 1871 wird in diesem Restaurant nur ein Gericht aufgetischt: Fischpfanne mit frischem Dill. Vielfach kopiert, nie erreicht. Reservierung empfehlenswert. Portion ab 60 000 VND.

Cafés

Bis auf das Café Mai und das Moca Café liegen die folgenden Cafés in der Altstadt.

Café Mai 30: 52 Nguyen Du, westlich der Kreuzung mit der Ba-Trieu-Straße, Tel. 04-822 77 13, tgl. 7–23 Uhr. Seit 1936 ist das Café Mai Hanois erste Adresse für Arabica-

Die Apricot Gallery ist eine der zahlreichen Kunstgalerien Hanois

Kaffee. Schon der Gründer Pham Duy Sen war ein Liebhaber der schwarzen Bohne. Einfaches Café-Ambiente. Nicht weit, in der 96 Le Van Huu, Tel. 04-822 77 51, gibt es Kaffee zum Mitnehmen.

Moca Café [31]: 14–16 Nha Tho, Tel. 04-825 63 34, tgl. 8–23 Uhr. Beliebtes Café und Restaurant im Trendviertel rund um die Kathedrale. Angenehmes Ambiente für einen Snack oder einen Kaffee. Gerichte ab 45 000 VND.

Tamarind Café [32]: 80 Ma May, Tel. 04-926 05 80, tgl. 7–23 Uhr. Die Speisen sind nicht gerade Haute Cuisine, aber dafür gibt es hier gute Shakes und Fruchtsäfte. Ein angenehmer Ort zum Relaxen. Kostenloses Wi-Fi. Gerichte ab 45 000 VND.

Café Pho Co [33]: 11 Hang Gai, Tel. 04-828 50 80, tgl. 7–21 Uhr. Etwas versteckt im hinteren Bereich eines Tunnelhauses. Der Zugang liegt seitlich eines Souvenirgeschäfts. Entspannte Atmosphäre im Innenhof und auf verschiedenen Etagen. Gute Kaffeeauswahl. Kaffee ab 7000 VND.

Angesichts der unzähligen Geschäfte, Galerien und Souvenirshops wird spätestens beim Gang durch die Altstadt deutlich, dass Hanoi ein Einkaufsparadies ist. In den Straßen rund um die **St.-Josephs-Kathedrale** gibt es trendige Shops und Boutiquen. Die **Hang Gai** hat sich mit Boutiquen am laufenden Meter zur ›Seidenstraße‹ von Hanoi entwickelt. Papierlampen in allen Größen gibt es in der **Hang Giay** und Schuhe in der **Hang Dau.** Die meisten Geschäfte sind tgl. 9–21 Uhr oder länger geöffnet.

Kleidung und Accessoires

Khai Silk: 96 Hang Gai, Tel. 04-825 42 37, und 121 Nguyen Thai Hoc, Tel. 04-747 05 83. Bekannte Boutique mit tollen Seidenstoffen und Kleidern, die allerdings ihren Preis haben. Hier gibt es auch Maßgeschneidertes.

Hanoi Silk: 77 Hang Bac, Tel. 04-926 21 34, www.hanoisilkvn.com. Hanoi Silk bietet eine große Auswahl an Seidenkleidern und Accessoires in erstklassiger Qualität. Filialen im Sofitel Plaza und Sheraton.

Song: 27 Nha Tho, Tel. 04-928 87 33, www.valeriegregorimckenzie.com. Hochwertige Kleidung und Accessoires, von Valerie Gregori McKenzie gestaltet, von lokalen Schneidern und Künstlern hergestellt.

Le Chat Fashion: 14 A Hang Chuoi, Tel. 04-971 85 85, tgl. 8–22 Uhr. Schöne Seiden- und Baumwollkleider, darunter viele Einzelstücke, aus der Hand der jungen Modeschöpferin Quynh. Dazu gibt es Schmuck, den ihre Mutter gestaltet hat.

Ipa Nima: 59 G Hai Ba Trung, Tel. 04-942 18 72. Der ultimative Shop für Handtaschen-Fetischistinnen. Um die Taschen der Hong-Kong-Chinesin Christina Yu ist ein wahrer Kult entstanden. Gleiches im Angebot hat **Tina Sparkle:** 17 Nha Tho, Tel. 04-928 76 16.

Kunsthandwerk

Craft Link: 43 Van Mieu, Tel. 04-733 61 01, www.craftlink-vietnam.com. Tolle Qualitätsarbeiten der ethnischen Minderheiten.

Mosaique: 22 Nha Tho, Tel. 04-928 61 81. Hochwertige Haushaltswaren, zumeist aus Lack und Keramik.

Minh Tam: 2 Hang Bong. Eines der besten Geschäfte Hanois für gute Lackarbeiten.

Galerien

Hanoi ist das Zentrum der vietnamesischen Kunstszene. Hier leben die bekanntesten Künstler des Landes. Nicht wenige haben sich auch weit über die Grenzen hinaus einen Namen gemacht. In vielen Galerien, meist tgl. 9–21 Uhr geöffnet, kann man ihre Werke bewundern. Hier eine Auswahl.

Alder Gallery: 29 Hang Bong, Tel. 04-828 82 98.

Apricot Gallery: 40 B Hang Bong, Tel. 04-828 89 65, www.apricot-artvietnam.com.

Thanh Binh Gallery: 25–27 Trang Tien, Tel. 04-825 15 32,www.thanhbinhgallery.com.

Green Palm Gallery: 110 Hang Gai, Tel. 04-828 92 93 und 15 Trang Tien, www.greenpalmgallery.com.

Dong Phong Art Gallery: 14 Ngo Quyen, Tel. 04-936 04 81, www.dongphonggallery.com.

Hanoi Gallery: 17 Nha Chung, Tel. 04-928 79 43. Hat neben Bildern alte Propagandaposter im Angebot.

Dies und Das

Map & Photo Shop: 5 Hang Be, Tel. 04-926 05 64. Landkarten, Stadtpläne, Postkarten und Fotos.

Thai Khue: 1 A Hang Manh, Tel. 04-828 94 69, www.thaikhue.com. Traditionelle Instrumente.

Thang Long Bookshop, 53 Trang Tien, und **Hanoi Bookshop,** 34 Trang Tien: Auch englischsprachige Literatur.

Die Zeiten, als Hanoi kollektiv um 22 Uhr in den Schlaf versank, sind vorüber. Doch verglichen mit anderen asiatischen Metropolen ist Hanois Nachtleben noch bescheiden. Gegen Mitternacht ist mit einigen Ausnahmen überall Schluss, einem unterhaltsamen Abend steht trotzdem nichts im Wege.

Apocalypse Now: 25 C Hoa Ma, Tel. 04-971 27 83, tgl. ab 20 Uhr. Der Veteran unter den Bars von Hanoi. Ab 23 Uhr tanzt hier der Bär. Am Wochenende sehr voll.

Minh's Jazz Club: 31 Loung Van Can, Tel. 04-828 78 90. Allabendlich ab 20.30 Uhr wird hier Livemusik geboten, zumeist ist auch der Eigentümer und Saxophonist Quyen Van Minh mit von der Partie.

Piano Bar & Lounge: 93 Phung Hung, Tel. 04-923 26 77, tgl. 17–24 Uhr. Gemütliche Lounge mit regelmäßig spielender Liveband. Die Dachterrasse dieser Piano Bar ist ausgesprochen stimmungsvoll und beliebt.

I-Box Bar und Café: 32 Le Thai To, Tel. 04-828 88 20, tgl. 8–24 Uhr. Szenebar mit modernem Design, Chill-out-Musik und einer reichhaltigen Cocktail-Auswahl. Auch beliebt für den Businesslunch.

Spotted Cow: 23 C Hai Ba Trung, Tel. 04-824 10 28, tgl. 14–1 Uhr. Schlechtes Essen, aber ein beliebter Ort für bierselige Gäste.

Ilu Lounge Bar: 8./9. Stock, Ilu Building, 18 Yen Phu bzw. 37 Pho Duc Chinh, Tel. 04-715 04 88. Coole Bar für coole Typen mit cooler Aussicht. Sehr beliebt bei Hanois Trendsettern. Auch Restaurantbetrieb. Fr und Sa Livemusik und 22–2 Uhr Disco.

Polite Pub: 5 Bao Khanh, Tel. 04-825 09 59, tgl. 17–24 Uhr. Beliebte Bar und immer gut für ein Bier und einen Snack.

Relax Bar: 60 Ly Thuong Kiet, Tel. 04-942 44 09, tgl. 17–24 Uhr. Der Name ist Programm. In entspannter Atmosphäre gibt es günstiges Bier und Essen – ein recht beliebter Ort zum Abhängen.

Red Beer: 97 Ma May Tel. 04-826 02 47, tgl. 10–23 Uhr. Hanois berühmtestes Bierlokal mit eigener Mikrobrauerei. Gutes und günstiges Pils und Dunkles vom Fass. Solide Küche.

Das vietnamesische **Neujahrsfest,** Tet, wird in Hanoi prächtig gefeiert. Besonders fotogen sind in den Tagen zuvor die Blumenmärkte mit Kumquat- und Pfirsichbäumchen. In der Neujahrsnacht finden Feuerwerke statt. Der **Unabhängigkeitstag** am 2. September wird mit Paraden auf dem Ba-Dinh-Platz begangen.

Bich Cau Ky Ngo Quan: 14 Cat Linh. Jeden 2. und 4. Sonntagvormittag im Monat spielt der Hanoi Ca Tru Club die berühmte nordvietnamesische Ca-Tru-Musik.

Cheo Theatre: 15 Nguyen Dinh Chieu. Wöchentlich mehrere Aufführungen von Cheo-Dramen. Obwohl nur in vietnamesischer Sprache gespielt wird, ist es für Theaterinteressierte durchaus sehenswert.

Goethe-Institut: 56–58 Nguyen Thai Hoc, Tel. 04-734 22 51, www.goethe.de. Das deutsche Kulturinstitut zeigt regelmäßig Filme und organisiert Konzerte oder Lesungen.

Hanoi Cinematheque: 22 A Hai Ba Trung, Tel. 04-936 26 48. Der richtige Ort für Cineasten. Hier werden regelmäßig nationale und ausländische Filme gezeigt. Selbst bei kurzem Aufenthalt lohnt sich die Mitgliedsgebühr von 100 000 VND pro Jahr.

Ly Club: 51 Ly Thai To, Tel. 04-936 30 69. Bietet mehrmals wöchentlich ein Potpourri traditioneller vietnamesischer Musik.

Stadttheater/Oper (Nha Hat Lon): 1 Trang Tien, Tel. 04-825 43 12. Regelmäßige Aufführungen von in- und ausländischer Ensembles.

Thang-Long-Wasserpuppentheater (Nha Hat Mua Roi Nuoc Thang Long): 57 Dinh Tien Hoang, Tel. 04-825 54 50. Täglich ab 16 Uhr mehrere Aufführungen (s. S. 117f.). Tickets zu 20 000 und 40 000 VND.

Hanoi Kultour: Goethe-Institut, 56–58 Nguyen Thai Hoc, Tel. 04-217 11 77, www.hanoikultour.com, organisiert ausgefallene Stadtgänge und Touren rund um Hanoi.
Wellness: Neben den großen Hotels offerieren **Zen Spa – Red River Ha Noi,** 310 Nghi Tam, Tel. 04-719 98 89, www.zenspa.com.vn, tgl. 8.30–21.30 Uhr, und Qi Saigon, 27 Ly Thuong Kiet, Tel. 04-824 47 03, www.qispa.com.vn, ausgezeichnete Massagen und andere Therapieangebote.
Ho Tay Lake Water Park (Cong Vien Nuoc Ho Tay): 614 Lac Long Quan, tgl. 9–23 Uhr. Am Nordufer des Westsees werden auf 35 ha Wasser- und Landvergnügungen aller Art angeboten. Das Richtige für einen Familientag Mo–Fr 50 000 VND, Sa/So 70 000 VND.
Jewel of the Delta: Buffalo Tours, Tel. 04-828 07 02. Offenes Boot für 12 Personen für Fahrten auf dem Roten Fluss.

Flüge
Der **Noi Bai International Airport** liegt 45 km nördlich von Hanoi. Zwar ist er über die Schnellstraße gut zu erreichen, trotzdem dauert die Fahrt bis zu 1 Std. Die Taxen verlangen etwa 10 US-$. Airport Minibus und Noi Bai-Minibus starten von 5 bis 21 Uhr alle 30 Min. unweit des Hauptbüros von Vietnam Airlines (45 000 VND). Ansonsten kann man Bus Nr. 7 (5–21 Uhr, alle 15–20 Min. bis Busbahnhof Kim Ma) oder Nr. 17 (5–21 Uhr, alle 15–20 Min. bis Busbahnhof Long Bien) nehmen.
Internationale Anbindung s. S. 87.
Die **Inlandsflüge** werden von zwei Fluglinien bedient. Vietnam Airlines fliegt von Noi Bai nonstop nach Buon Ma Thuot, Da Lat, Da Nang, Dien Bien Phu, Hue, Ho-Chi-Minh-Stadt und Nha Trang-Cam Ranh. Pacific Airlines verbindet die Hauptstadt mit Da Nang und Ho-Chi-Minh-Stadt.

Wichtige Airlines sind:
Air Asia, 303 Kim Ma, Tel. 04-726 22 62
Lao Airlines, 40 Quang Trung, Tel. 04-942 53 62
Pacific Airlines, 152 Le Duan, Tel. 04-851 53 50
Singapore Airlines, International Centre, 17 Ngo Quyen, Tel. 04-826 88 88
Thai Airways, 44 B Ly Thuong Kiet, Tel. 04-826 79 21
Vietnam Airlines, 25 Trang Thi, Tel. 04-832 03 20
Züge
Der **Hauptbahnhof** (Ga Ha Noi), 120 Le Duan, liegt ca. 1 km westlich des Hoan-Kiem-Sees. Es empfiehlt sich, die Fahrkarten spätestens am Vortag der Abreise zu besorgen. Für die jeweiligen Destinationen gibt es eigene Ticketschalter in der Eingangshalle. Dort ist auch der Informationsschalter, Tel. 04-942 36 97, tgl. 7–12.30, 13–21 Uhr, zu finden.
... nach Süden: tgl. 6 Züge über Ninh Binh (3 Std.), Thanh Hoa (3,5 Std.), Vinh (5 Std.), Dong Hoi (11 Std.), Hue (13 Std.), Da Nang (16 Std.), Quang Ngai (18,5 Std.), Nha Trang (25,5 Std.), Thap Cham (27 Std.) nach Saigon (30–34 Std.).
... nach Nordwesten: tgl. 6 Züge via Yen Bai (4 Std.), Pho Lu (7 Std.) nach Lao Cai (8–9 Std.).
... nach Norden: tgl. 2 Züge über Bac Ninh (1 Std.), Bac Giang (1,5 Std.), Bac Le (2,75 Std.) nach Dong Dang (5,75 Std.).
Busse
Die drei **Busbahnhöfe** liegen außerhalb, Tickets am Vortag kaufen! Die meisten Fernbusse starten zwischen 5 und 10 Uhr. Auch Ziele in der näheren Umgebung werden vormittags am häufigsten angefahren.
Vom **Ben Xe Giap Bat,** Giai Phong, Tel. 04-864 14 67, ca. 6 km südlich des Stadtzentrums, fahren alle Busse in Richtung Süden ab, darunter nach Ninh Binh (93 km, 3 Std.), Thai Binh (109 km, 4 Std.), Thanh Hoa (153 km, 4 Std.) und Vinh (291 km, 8–9 Std.).
Der **Ben Xe Gia Lam,** Nguyen Van Cu, Tel. 04-827 15 29, jenseits des Roten Flusses, ist Ausgangspunkt für Fahrten u. a. nach Hai Phong (103 km, 2,5 Std.), Bai Chay (160 km, 5 Std.) oder Cao Bang (272 km, 8 Std.).
Für Busse nach Nordwesten muss man sich zum **Ben Xe My Dinh,** 20 Pham Hung, Tel. 04-768 55 48 begeben. Er liegt nahe dem National Stadium, ca. 10 km westlich des Stadt-

zentrums. Dort starten Busse nach Hoa Binh (76 km, 2 Std.) und Son La (308 km, 14 Std.). Die Hauptstrecken werden auch von den **Open-Tour-Bussen** bedient. Beliebt sind die Fahrten von Hanoi über Ninh Binh und Dong Hoi nach Hue. Tickets und Informationen gibt es in den zahlreichen Agenturen in der Altstadt.

Stadtverkehr

Stadtbus: Die staatseigene Hanoi Transerco, Tel. 04-843 63 93, www.hanoibus.com.vn, unterhält ein hervorragendes Busnetz mit günstigen Ticketpreisen (3000–5000 VND). Die Linien verkehren 5–21 Uhr alle 10–20 Min. Bus Nr. 3 verbindet die Busbahnhöfe Giap Bat und Gia Lam, Bus Nr. 16 Giap Bat und My Dinh, Bus Nr. 34 My Dinh und Gia Lam. Bus Nr. 9 passiert bei seiner Rundtour von und zur Endstation Bo Ho wichtige Straßen der Innenstadt, darunter Ly Thai To, Ngo Quyen, Hai Ba Trung, Quan Su, Tran Hung Dao, Nguyen Du und Le Duan.

Taxi

Unzählige Taxiunternehmen buhlen um Kundschaft. Daher muss man in Hanoi nicht lange warten, bis ein Taxi vorbeifährt. Zudem warten sie vor Hotels und Sehenswürdigkeiten. Die legalen Unternehmen haben ihre Wagen mit einem Taxameter ausgestattet. Vorsicht: Nicht wenige Fahrer haben den Kilometerzähler ihres Fahrzeugs manipuliert. Eine Fahrt von 3 km sollte ca. 30 000 VND kosten. Zu den **etablierten Anbietern** zählen:
Airport Taxi, Tel. 04-825 42 50
Hanoi Taxi, Tel. 04-853 53 53
Taxi CP, Tel. 04-824 19 99
Red Taxi, Tel. 04-856 86 86.

Fahrradrikscha und Motorradtaxi: Während sich ein Cyclo vor allem für eine gemütliche Besichtigungstour empfiehlt, ist die Fahrt auf dem Honda Om (›Umarmungs-Honda‹) für Eilige sinnvoll. Bei beiden Varianten muss man vorher den Preis aushandeln und am Schluss bezahlen.

Immer noch Verkehrsmittel in Vietnam: die Fahrradrikscha

Umgebung von Hanoi

Karte S. 151

Vietnams Hauptstadt liegt in einer geschichtsträchtigen Kulturlandschaft mit geschäftigen Dörfern, altertümlichen Tempeln und den endlosen Weiten der Reisfelder. Neue Häuser künden vom wirtschaftlichen Aufschwung. Gleichzeitig legen die Menschen Wert auf Tradition. Altes wird restauriert und Handwerkskünste werden lebendig gehalten.

Im fruchtbaren Umland von Hanoi liegen viele Ausflugsziele: Handwerksdörfer, die sich auf die Herstellung eines Produktes spezialisiert haben, jahrhundertealte Tempel, historische Dörfer und schöne Landschaften. Sie alle zu besuchen würde fast eine Woche in Anspruch nehmen. Im Rahmen einer Halbtags- oder Ganztagestour kann man zumindest einige besichtigen.

Die im Folgenden genannten Routen und Sehenswürdigkeiten können nicht mit öffentlichen Verkehrsmitteln besucht werden. Am besten mietet man sich in Hanoi einen Wagen mit Fahrer und Guide (Adressen s. S. 141 und 147). Für eine Tagestour muss man je nach Programm und Komfortanspruch mit 60–80 US-$ rechnen. Da kaum ein Fahrer Englisch spricht, macht es durchaus Sinn, auch einen lokalen Reiseführer zu engagieren.

Co Loa

Karte: S. 151

Nördlich des Roten Flusses liegt ca. 18 km vom Stadtzentrum Hanois unweit der Nationalstraße 3 eine der ältesten Siedlungen Vietnams, Co Loa **1**. Co Loa ist einer jener Orte, in dem historische Wahrheit und Legende schwer zu trennen sind. Chroniken zufolge soll König An Duong Vuong von 257 v. Chr. an über 50 Jahre lang hier das Au-Lac-Reich regiert haben. Über sein trauriges Ende heißt es: Viele Male hatte sein Gegenspieler, der chinesische Yue-König Zhao Tuo (viet. Trieu Da), vergeblich versucht, Au Lac zu erobern. Schließlich entsandte Zhao Tuo seinen Sohn, um die Tochter An Duong Vuongs, My Chau, zu ehelichen. Nach der Hochzeit zeigte My Chau ihrem Gemahl das Geheimnis, dem An Duong Vuong seine Unbesiegbarkeit verdankte – einen Zauberbogen, den der König einst von einer goldenen Schildkröte erhalten hatte. Heimlich ersetzte Zhao Tuos Sohn den Bogen durch eine Kopie. Als An Duong Vuong den bald darauf anrückenden Truppen des Yue-Königs nichts entgegensetzen konnte, bemerkte er den Betrug und schlug seiner Tochter wutentbrannt das Haupt ab. Angesichts ihres Todes bereute ihr Mann seinen Verrat und stürzte sich in einen Brunnen. Au Lac war nun in der Hand von Zhao Tuo.

Archäologische Funde wie Pfeilspitzen und Bronzetrommeln belegen, dass Co Loa etwa ab dem 3. Jh. v. Chr. eine befestigte Siedlung war. Gesichert ist auch, dass hier über ein Millennium später von 939 bis 965 der Bezwinger der chinesischen Besatzer, Ngo Quyen, und sein Sohn residierten. Mit etwas Fantasie lässt sich heute noch die ovale Form der Wallanlagen aus der Anfangszeit erahnen, die zum Schutz der Königsstadt auf eine Höhe von fast 10 m aufgeschüttet wurden. Da sie aus der Vogelperspektive wie eine Meeresmuschel aussieht, erhielt die Stadt den Namen Thanh Co Loa, Muschelzitadelle. Zwischen dem 7,6 km langen äu-

Mit dem Autor unterwegs

Sehenswert

Tempelidyll: Die auf einem Hügel gelegene Chua Tay Phuong, 42 km westlich von Hanoi, birgt über 60 hervorragend gearbeitete Holzfiguren aus dem buddhistischen und daoistischen Pantheon (s. S. 154ff.). Nur 10 km entfernt lohnt sich der Besuch der Chua Thay aufgrund ihrer fotogenen Lage am Fuß eines Karstberges (s. S. 157).

Zu Fuß im Ba-Vi-Nationalpark unterwegs: Etwa 60 km südwestlich von Hanoi erstreckt sich das Schutzgebiet rund um die drei Gipfel des Ba-Vi-Berges. Nur eineinhalb Autostunden von der Hauptstadt entfernt, eignet es sich hervorragend für Wanderungen und Vogelbeobachtungstouren. Stimmungsvolle Resorts bieten gute Übernachtungsmöglichkeiten (s. S. 157f.).

Pilgerfahrt per Boot und Seilbahn: Die Parfümpagode (Chua Huong) zählt zu den wichtigsten buddhistischen Wallfahrtsorten. Per Ruderboot geht es durch eine pittoreske Karstlandschaft und weiter mit der Seilbahn zum Grottenheiligtum Huong Tich (s. S. 160f.).

ßeren und dem 6,1 km langen inneren Schutzwall verlief wahrscheinlich ein Wassergraben.

Die heutige Anlage

Zum Gedenken an den Gründerkönig von Au Lac wurde bereits im 11. Jh. unter den Ly-Herrschern der **Den An Duong** errichtet. Die heutige Gestalt des Gedenktempels stammt jedoch aus dem frühen 20. Jh., als er umfassend restauriert wurde. Das dreiteilige Eingangstor zur länglichen Anlage erhebt sich fotogen hinter einem Teich. In der Haupthalle wird An Duong Vuong durch eine Bronzestatue symbolisiert. Alljährlich am 6. Tag des ersten Mondmonats findet das Tempelfest statt.

Nicht weit entfernt liegt der kleine **Den My Chau** zum Gedächtnis an die unglückselige Königstochter. Sie wird durch einen dreieckigen Stein symbolisiert, der von einem goldenen Gewand umhüllt ist und wie der Torso eines Menschen aussieht. Außerhalb steht ein über 1000 Jahre alter Banyanbaum. Sehenswert ist auch der benachbarte **Dinh Ngu** aus dem 17. Jh., in welchem der Schutzgeist des Dorfes Co Loa verehrt wird. Die rot lackierten Stützsäulen und die Schnitzarbeiten im Inneren zeugen von großer Kunstfertigkeit. Aufgrund der vielen sehenswerten Statuen, darunter die 18 La Han, lohnt sich auch ein Blick in das buddhistische Nonnenkloster **Chua Bao Son** (tgl. 8–17 Uhr, 10 000 VND).

Nördlich von Hanoi

Karte: S. 151

Dinh Dinh Bang

Kurz vor dem Ort Tu Son, etwa 15 km nordöstlich von Hanoi, liegt unweit der Nationalstraße 1 A eines der schönsten Gemeinschaftshäuser der Region, der **Dinh Dinh Bang** 2. Die 20 m lange Halle kündet vom einstigen Reichtum des Dorfes. Dessen Bewohner waren über 30 Jahre mit der Holzkonstruktion beschäftigt, bis sie 1736 den Dinh zu Ehren ihrer Schutzgeister einweihen konnten. 60 massige Eisenholzsäulen tragen das schwere, tief nach unten reichende Walmdach. Sehenswert sind die Holzschnitzereien im Inneren, vor allem an den Balkenenden. Alljährlich zum Hauptfest am 12. Tag des zweiten Mondmonats finden Hahnenkämpfe, Schachturniere und Aufführungen des traditionellen Cheo-Theaters statt (tgl. 7.30–11.30, 13.30–16.30 Uhr, Eintritt frei).

Dong Ky

Eine kurz vor Tu Son links abzweigende Straße führt zum 4 km entfernten Dorf **Dong Ky** 3. Ursprünglich waren seine Bewohner vorwiegend mit der Produktion von Feuerwerkskörpern beschäftigt, die in ganz Vietnam zum Tet-Fest gekauft wurden. Doch als die Regierung 1995 die Knallerei verbot, mussten sie sich auf ihr zweites Standbein konzentrieren – die Herstellung von Möbeln und Figuren mit Perlmutteinlagen. Entlang der Hauptstraße des Dorfes gibt es mehrere Werkstätten mit Verkaufshallen. Die Auf-

Umgebung von Hanoi

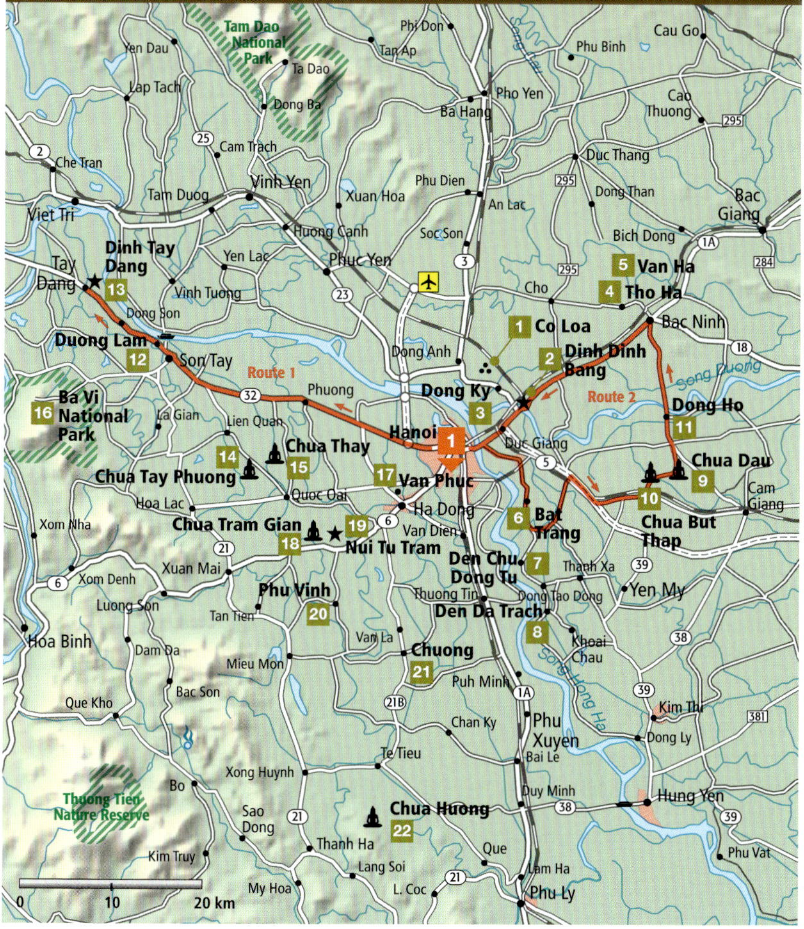

tragslage ist gut, was auch an den vielen neuen Häusern zu erkennen ist.

Tho Ha und Van Ha

Über Bac Ninh – 30 km nördlich von Hanoi – gelangt man zum Dorf **Tho Ha** 4. Es liegt einige Kilometer westlich der Provinzhauptstadt in einem Knie des Flusses Song Cau und ist nur per Fährboot zu erreichen. Seit dem 11. Jh. war es neben Bat Trang und Phu Lang eines der drei bedeutendsten Töpferdörfer, aber davon ist nichts mehr geblieben. Die sich am Fluss entlangziehende Siedlung strahlt mit ihren engen Gassen, den geduckten Häusern und dem freistehenden Dorftor eine beschauliche Atmosphäre aus. Schon deshalb lohnt sich der Ausflug. Sehenswert sind zudem der 1692 erbaute Dinh Tho Ha und die benachbarte Chua. Höhepunkt des Dorflebens ist das Schutzgeistfest vom 20.–22. des ersten Mondmonats mit Prozessionen und Wettkämpfen.

Auf größeres Interesse mag jedoch der Nachbarort **Van Ha** 5 (Lang Van) stoßen, der in der Region zum Markennamen für guten Reisschnaps geworden ist. Mehrere Familien haben sich auf seine Herstellung spezialisiert. Dazu wird Klebereis in großen Tongefäßen über eine Woche lang fermentiert, um danach die abgeschöpfte Flüssigkeit zu brennen. Zum Sortiment zählt auch Likör aus Tapioka. Man kann einige Familienbetriebe besichtigen, darunter den von Nguyen Van Tuong.

Östlich von Hanoi

Karte: S. 151

Eine abwechslungsreiche Tagestour führt in das Gebiet östlich der Hauptstadt. Dabei lernt man Handwerksdörfer und eine der schönsten Pagoden des Landes kennen.

Bat Trang

Erste Station ist das Keramikdorf **Bat Trang** 6. Es liegt am Ostufer des Roten Flusses, 13 km von Hanoi entfernt. Bereits der Name des Dorfes weist auf die dort ausgeübte Handwerkstradition hin: bat bedeutet Schüssel und trang Werkstätte. Schon im 12. Jh. war die Region bekannt für den hellen Lehm, der sich hervorragend für die Keramikproduktion eignete. Technik und Design soll von vietnamesischen Gesandten aus Guangdong in Südchina mitgebracht worden sein. Besonders im 18./19. Jh. war die Bat-Trang-Keramik sehr gefragt. Auch heute blüht das Geschäft mit den weißblauen Vasen, Teeservice und Schalen wieder. Der Jahresumsatz beträgt mehrere Millionen US-$. Bei einem Rundgang kann man die Werkstätten und Verkaufsräume besichtigen und natürlich die edlen Stücke kaufen.

Bat Trang kann auch im Rahmen einer schönen Fahrradtour entlang des Roten Flusses besucht werden. Sie wird u. a. von Buffalo Tours in Hanoi (s. S. 147) organisiert. Die schließt neben Bat Trang auch den Besuch des Tempels Chu Dong Tu ein.

Den Chu Dong Tu

Ca. 12 km südöstlich von Bat Trang liegt im Weiler Da Hoa (Gemeinde Binh Minh) am Roten Fluss der sehenswerte **Den Chu Dong Tu** 7 idyllisch in Flussnähe. Er ist nach einem der vier Unsterblichen (s. S. 48) benannt. Chu Dong Tu war ein armer Fischer, der den Unmut des dritten Hung-Königs auf sich zog, als er dessen schöne Tochter Tien Dung ehelichte. Als jener eine Strafexpedition gegen sie losschickte, entschwanden beide gen Himmel. Später stand er dem König bei einer Invasion der Chinesen bei. Vom 10. bis 13. des zweiten Mondmonats findet im Dorf eines der größten religiösen Feste in der Umgebung mit Prozessionen zu Land und Wasser statt (tgl. 8–17 Uhr, Eintritt frei).

Ein ebenfalls dem mächtigen Schutzgeist gewidmeter Gedenktempel, der **Den Da Trach** 8, liegt ca. 1 km vom Den Chu Dong Tu im Dorf Yen Vinh (beide tgl. 7–17 Uhr, Eintritt frei).

Chua Dau

Im Ort Phu Thuy zweigt eine Landstraße von der Nationalstraße 5 Richtung Norden ab. Sie führt an Reisfeldern und mehreren Ziegeleien vorbei. Nach einigen Kilometern gelangt man zum Dorf Thanh Tuong mit der Pagode des Maulbeerbaumes, **Chua Dau** 9. Historiker vermuten in diesem Gebiet die Wiege des vietnamesischen Buddhismus, denn hier lag im 2./3. Jh. wahrscheinlich die Hafenstadt Luy Lau. Viele Schiffe legten auf ihren Fahrten zwischen China und Indien dort einen Zwischenstopp ein. Neben Händlern waren buddhistische Mönche aus Indien an Bord, welche die Lehre des Erleuchteten verbreiteten.

Von fern grüßt bereits der 17 m hohe **Hoa-Phong-Glockenturm.** Im Jahr 1737 wurde das massive quadratische Bauwerk aus Ziegelstein errichtet. Die heutigen, wie ein liegendes H angeordneten Gebäude bergen im Inneren zahlreiche Statuen. Hinter dem Hauptaltar werden die dunklen Statuen der weiblichen Regengottheit Phap Vu verehrt. Dieser ist die Pagode gewidmet, weshalb sie auch Chua Phap Van Tu genannt wird. Am achten Tag des vierten Mondmonats findet

2,40 m hoch ist die Holzskulptur des Avalokiteshvara in der Darstellung als tausendarmige Quan Am, Göttin der Barmherzigkeit

das Pagodenfest statt (tgl. 8–17 Uhr, 10 000 VND).

Chua But Thap

Einige Kilometer weiter liegt am Ortsrand von Dinh To im Schatten eines Deiches, der sich am Südufer des Duong-Flusses entlangzieht, die **Chua But Thap** 10, die Pagode des Pinselturms. Von weitem wirkt die auf einer Nord-Süd-Achse ausgerichtete Tempelanlage eher unscheinbar. Doch in ihrem Inneren birgt sie eine hervorragende Sammlung von buddhistischen Figuren.

Auf der Basis eines älteren Klosters aus dem 13. Jh. wurden die heutigen Gebäude in den Jahren 1646 und 1647 errichtet worden. Den erhaltenen Steleninschriften zufolge gehen sie auf eine Stiftung der Königin Trinh Thi Ngoc Truc und der Prinzessin Le Tho Ngoc Thuyen zurück. Hier fanden die nach dem Zusammenbruch der Ming-Dynastie (1644) aus China geflohenen Mönche Chuyet Cong (Chuyet Chuyet) und Minh Hanh eine neue Heimat. Bis zum Jahr 1993 wurde die Anlage mit bundesdeutscher Hilfe restauriert.

Durch das **Tor der Drei Einsichten** (Tam Quan) und den **Glockenturm** gelangt man in den ummauerten Bereich mit den wichtigsten Tempelhallen.

Der erste Gebäudekomplex ist wie ein liegendes H angeordnet. In der **Vorhalle** schüchtern zwei mächtige auf Löwen sitzende Dharma-Wächter (*ho phap*) durch ihre grimmigen Blicke ein. Durch den schmalen **Raum der Weihrauchopfer** gelangt man in die düstere **Haupthalle,** die aufgrund der vielen Statuen sehr beengt wirkt. An deren beiden Wandseiten sind die lebendigen Darstellungen der 18 La Han genauso sehenswert wie die beiden Bodhisattvas seitlich des Hauptaltars: links Samantabhadra auf dem weißen Elefanten und rechts Manjushri auf dem blauen Löwen. Das absolute Meisterwerk vietnamesischer Bildhauerkunst ist auf dem rechten Seitenaltar zu finden, die 2,4 m große Holzskulptur des Avalokiteshvara. »An einem schönen Tag im Herbst 1656«, so die

Inschrift, hat sie Meister Truong vollendet. 42 große und 900 kleine Hände mit jeweils einem Auge in der Handfläche sowie die elf Köpfe drücken das allumfassende Mitgefühl (Mit-Leiden) dieses Bodhisattva aus. Im Haarschmuck ist Buddha Amitabha zu erkennen.

Die gebogene **Steinerne Brücke** führt zum **Haus der Güte,** das eine fast 8 m hohe Gebetsmühle birgt. Die Gebetsmühlen sind eher im tibetischen Buddhismus populär und ›ersetzen‹ durch ihre Umdrehungen das Rezitieren von Mantras. Hier verkündet eine Drehung 3 542 400 Mal den Namen Buddhas. Während im **Stifterhaus** die Porträtstatuen der Königin und späteren Nonne Trinh Thi Ngoc Truc sowie von Prinzessin Le Tho Ngoc Thuyen zu finden sind, werden im **abschließenden Gebäude** auf mehreren Altären verstorbene Äbte, der Mönch Minh Hanh und die Himmlischen Mütter verehrt.

Außerhalb des Pagodenkomplexes erhebt sich im Osten der achtseitige **Bao-Nghiem-Turm** mit den sterblichen Überresten von Chuyet Cong und im Norden der **Ton-Duc-Turm** mit jenen von Minh Hanh (tgl. 8–17 Uhr, 15 000 VND).

Dong Ho

Einige Kilometer östlich des Chua But Thap liegt das Künstlerdorf **Dong Ho** **11**, das im ganzen Land für die hier gefertigten Neujahrsbilder berühmt ist. Dabei handelt es sich vorwiegend um kolorierte Holzschnitte, deren Motive Glück und Wohlstand symbolisieren – kugelrunde Schweine, lachende Kinder, stolze Hähne oder prächtige Fische. Die Bilder zieren zum Tet-Fest die Wohnungen und Geschäfte.

Naturgemäß sind die Auftragsbücher der vielen Familienbetriebe besonders in den Monaten vor dem Neujahrsfest voll. Beim Gang durch das Dorf Dong Ho kann man neben den Bildern auch Bücher und Papierbögen erstehen. Das Papier wird aus der Rinde eines in Vietnam als Do Giay (*Rhamnoneuron balansae*) bekannten Strauches gewonnen, der zur Familie der Seidelbastgewächse gehört.

Durch die Provinz Ha Tay

Karte: S. 151

Die Provinz Ha Tay erstreckt sich südlich von Hanoi entlang des Roten Flusses und ist ein Hort vietnamesischer Kultur. Etwa 2,5 Mio. Menschen leben hier, die meisten von der Landwirtschaft. Keine andere Provinz birgt eine solche Vielzahl an historisch bedeutsamen Orten. Hier liegen die berühmtesten buddhistischen Pagoden, über 200 anerkannte Handwerksdörfer und mehrere historische Dörfer. Bei einer Tagestour kann man einige der schönsten Sehenswürdigkeiten kennenlernen. Zunächst geht es zum Dorf Duong Lam und zum Dinh Tay Dang. Von dort führt der Weg zu den beiden Pagoden Chua Tay Phuong und Chua Thay.

Dinh Tay Dang

Nur 5 km nordwestlich von Duong Lam steht etwas außerhalb des namensgebenden Dorfes der **Dinh Tay Dang** **13**, ein wunderbares Beispiel einer Versammlungshalle aus dem späten 16. Jh. Die drei um einen Platz gruppierten offenen Hallen wurden 1583 erbaut und sind dem Bergschutzgeist Tan Vien Son Tinh geweiht, der die Bewohner vor den Fluten des nahen Roten Flusses beschützen soll. Er wird auch zu den vier Unsterblichen gerechnet (s. S. 48). Sehenswert sind in erster Linie die gut erhaltenen Holzschnitzereien mit Darstellungen der vier mythologischen Tiere an den Balkenenden sowie im Dachstuhl volkstümliche Szenen aus dem Alltag der Dorfbewohner (tgl. 8–11.30, 13.30–17 Uhr, Eintritt frei).

Chua Tay Phuong

Von Son Tay kommend erreicht man über die Nationalstraße 21 die **Chua Tay Phuong** **14**. Sie liegt im Kreis Thach That, 42 km westlich von Hanoi. Die Pagode im Westlichen Land des Vollkommenen Glücks erstreckt sich auf einer nur 50 m über der weiten Deltaebene herausragenden Erhöhung, dem Angelhakenberg, Cau Lau Son. Aufgrund ihrer eindrucksvollen Galerie von Holzskulpturen zählt sie zu den sehenswertesten Pagoden im Roten-

Richtig Reisen-Tipp: Zeitreise in Duong Lam

Eingebettet in eine fruchtbare Ebene mit sanften Hügeln und dem träge dahinfließenden Song Tich liegt **Duong Lam** 12. Die nächstgrößere Stadt ist Son Tay, etwa 50 km nordwestlich von Hanoi. Die Gemeinde ist Heimat von zwei berühmten Helden: Phung Hung, der 791 einen landesweiten Widerstand gegen die chinesischen Besatzer organisierte, und Ngo Quyen, der 938 Vietnam die Unabhängigkeit brachte. Die Regierung stellte in den neun Ortsteilen viele Häuser unter Denkmalschutz, allein in Mong Phu über 140, darunter mehrere hundert Jahre alte Gebäude. Als Baumaterial fand oft Laterit Verwendung, ein eisenhaltiger Lehm, der durch Lufttrocknung steinhart wird und wie ein löchriger Käse aussieht. Von den engen Gassen durch eine hohe Mauer abgetrennt, öffnen sich die einstöckigen Häuser innen zu einem Hof. Einige der Gebäude können besichtigt werden, z. B. das **Haus von Herrn Ha Nguyen Huyen,** in dem die Familie seit zehn Generationen Sojasoße produziert. Sehenswert ist auch die Versammlungshalle, **Dinh Mong Phu,** in der seit 1638 der Bergschutzgeist Tan Vien Son Tinh verehrt wird.

Im wenige Kilometer entfernten Ortsteil Cam Lam sind zu Ehren von Phung Hung und Ngo Quyen in der Nähe des Tich-Flusses je eigene **Gedenktempel** errichtet worden.

Ein weiterer Ortsteil, Dong Sang, birgt eine der bekanntesten Pagoden der Region, die **Chua Mia.** Eine betuchte Dame namens Ngoc Dong hatte sie 1632 am Fuß eines Hügels errichten lassen und mit vielen Statuen ausgestattet. Heute sind es 287 unterschiedlich große Figuren aus Holz oder Ton. Zu den bekanntesten zählen ein Buddha auf dem Schneeberg (Tuyet Son) und die Göttin der Barmherzigkeit mit Kind (Quan Am Thi Kinh).

Anfahrt: Um Duong Lam zu besuchen, mietet man sich am besten in Hanoi einen Wagen mit Fahrer (ca. 60 US-$). Die Tempel sind in der Regel tgl. 8–17 Uhr geöffnet.

Skulpturen in Chua Mia

Das Dorf – Heimat hinter Bambushecken

Thema

Selten verspürt man die kulturelle Identität der Vietnamesen so deutlich wie in einem Dorf im Norden Vietnams. Das enge Zusammenleben der Bewohner wirkt wie ein Bollwerk gegen äußere Bedrohungen – seien es despotische Könige oder aggressive Besatzer. Mit der Globalisierung droht nun eine neue Gefahr.

Drei Bauwerke symbolisieren traditionell die Eigenständigkeit eines Dorfes im Roten-Fluss-Delta: das **Dorftor** (*cua lang*) mit Banyanbaum und Bambushecke (*luy tre*) als Einfriedung, das **Gemeinschaftshaus** (*dinh*) und die **buddhistische Pagode** (*chua*). Dorftor und Bambushecke stellten früher die weitgehende politische und wirtschaftliche Unabhängigkeit der Gemeinschaft sicher. Zwar mussten die Bewohner auf ihr Einkommen und Land Steuern an den König abführen, wurden zu Kriegen eingezogen und hatten Arbeitsdienste zu verrichten – etwa beim Deich- oder Straßenbau –, darüber hinaus waren jedoch die Dorfgemeinschaften recht autonom. Kommunale Angelegenheiten wie die Verteilung des Gemeindelandes oder die Schlichtung von Konflikten lag in ihrer Hand. Der Einzelne ging in der Gemeinschaft auf. Fast jede Tätigkeit wurde zusammen verrichtet, ob auf dem Reisfeld oder beim Hausbau. Dank ihres ausgeprägten Zusammengehörigkeitsgefühls konnten sich die Bewohner den Zentralisierungsbestrebungen der Herrschenden meist erfolgreich widersetzen. Für sie waren ihre Dorfsitten (*le lang*) wichtiger als die Gesetze des Königs (phep vua). Ein altes Sprichwort besagt: »Das Gesetz des Königs weicht den Sitten des Dorfes« (*phep vua thua le lang*).

Doch mit der Kolonialisierung begann die dörfliche Trutzburg zu bröckeln. Verwaltungsreformen ab dem frühen 20. Jh. führten zu einer Stärkung der französischen Zentralmacht. Tiefgreifender waren jedoch die Landenteignungen und die Kollektivierung der Landwirtschaft ab 1954. Damit wurde faktisch jegliche kommunale Eigenständigkeit aufgehoben. Seit den 1990er-Jahren feiern die Dörfer infolge der wirtschaftlichen Liberalisierung ein Comeback. So ist etwa bei den Handwerksdörfern zu beobachten, wie sie sich als Gemeinde erfolgreich vermarkten. Der Dinh ist wieder Zentrum des kulturellen und religiösen Lebens. Die alljährlichen Feste zu Ehren des Dorfschutzgeistes (Thanh Hoang) werden ausgiebig gefeiert. Mit ihren feierlichen Prozessionen, bunten Märkten und unterhaltsamen Wettspielen scheinen sich die Dörfer gegenseitig überbieten zu wollen. Gleiches gilt für die Pagodenfeste zu Ehren eines buddhistischen Heiligen. Dank des zunehmenden Wohlstands ist mehr Geld vorhanden, um die alten Sakralbauten zu restaurieren oder durch einen Neubau zu ersetzen.

Durch die Globalisierung droht jedoch neue Gefahr. Die Jugend interessiert sich mehr für Coca-Cola und Karaoke als für alte Dorftraditionen. Sie trifft sich zum Tête-à-Tête auch nicht mehr im Schatten des Banyanbaums, sondern im Chatraum des Internetcafés. Durch die zunehmende Urbanisierung werden die Dörfer im Großraum von Hanoi Teil eines riesigen Siedlungskonglomerats. Schließlich führt der Wirtschaftsboom zu einer verstärkten Abwanderung in die Städte. Zurück bleiben die Alten und Kranken.

Fluss-Delta. Möglicherweise entstand sie im 11./12. Jh. während der Ly-Dynastie. Laut Inschrift wurde sie 1632 erweitert, nach Zerstörungen 1794 in der heutigen Gestalt errichtet. Nach Beschädigungen im Indochinakrieg wurde sie zuletzt 1958 umfassend restauriert.

237 Stufen sind zu erklimmen, bis über einen **Vorplatz** mit schönen Frangipani- und Jackfruchtbäumen das aus drei Hallen bestehende **Hauptheiligtum** erreicht ist. Schon die schweren zweistufigen Walmdächer auf den Hallen sind eindrucksvoll. Deren elegant geschwungene Ecken sind mit Drachen- und Phönixdarstellungen aus Terrakotta verziert.

Im Gebäudeinneren sind über 60 Skulpturen zu finden, die größtenteils am Ende des 18. Jh. aus dem harten Holz des Jackfruchtbaumes geschnitzt und mit Lack überzogen wurden. In der Vorhalle stehen als Wächter der buddhistischen Lehre acht mächtige Halter des Diamantzepters (*kim cuong*). Auf dem Hauptaltar ragt aus den Buddha- und Bodhisattva-Darstellungen der abgemagerte Fasten-Buddha (Tuyet Son) heraus. Berühmt ist die Chua Tay Phuong jedoch aufgrund der 18 La Han an der Stirnseite des Raums. La Han (skt. Arhat) sind Nachfolger Buddhas, die auf jeweils individuelle Weise Erleuchtung erlangt haben. Den unbekannten Bildhauern ist es hervorragend gelungen, diese Individualität durch die lebhafte Gestik der Plastiken darzustellen. Bemerkenswert sind zudem die insgesamt zehn Höllenrichter (*diem vuong*), die auf einem eigenen Altar am Raumende stehen (tgl. 8–17 Uhr, 5000 VND).

Chua Thay

Die **Chua Thay** 15 liegt knapp 10 km östlich der Chua Tay Phuong im Quoc-Oai-Distrikt, 30 km südwestlich von Hanoi. Die Pagode des Meisters bezieht ihren Namen auf den seinerzeit berühmten Mönch Tu Dao Hanh (gestorben 1117), dem zu Ehren König Ly Nhan Tong (reg. 1072–1128) das Kloster errichten ließ. Tu Dao Hanh war ein Lehrer von Meditation, Magie und Heilkunde sowie ein Förderer der Künste. So wird ihm die Erfindung des Wasserpuppentheaters zugeschrieben. Die auch unter dem Namen Thien Phuc (Himmlischer Segen) bekannte Pagode ist nicht nur wegen Tu Dao Hanh ein beliebtes Pilger- und Ausflugsziel, sondern auch aufgrund ihrer fotogenen Lage am Fuß eines 105 m hohen Karsthügels, der sich im künstlichen Drachensee (Long Chieu) spiegelt. Anlässlich des Pagodenfestes vom 5. bis 7. Tag des dritten Mondmonats finden Aufführungen des Wasserpuppentheaters statt.

Zwischen dem **Drachensee** mit dem aus dem Wasser ragenden **Thuy-Dinh-Pavillon** und dem Berg liegen jeweils etwas erhöht hintereinander drei längliche Hallen. Richtet sich in der **vorderen Halle** das Augenmerk insbesondere auf die beiden grimmig blickenden Dharma-Wächter, so sind es in der **dritten Halle** die Darstellungen des Tu Dao Hanh in seinen drei Erscheinungsformen: als Buddha auf einem Lotusthron aus Stein, als in eine gelbe Robe gewandeter Mönch und drittens als der auf einem Thron residierende König Ly Than Tong (reg. 1128–1138). Da dieser Regent ein großer Förderer der buddhistischen Lehre war, wurde er später als eine Wiedergeburt des Mönchs angesehen. Unter den Statuen auf dem Hauptaltar ragen der im 17. Jh. geschaffene Buddha Amitabha, flankiert von den Bodhisattvas Avalokiteshvara (links) und Mahasthamaprapta (rechts) hervor.

Der Aufstieg auf den Berg lohnt sich nicht nur der Aussicht wegen. Dort finden sich auch einige **Grotten,** darunter die Hang Thanh Hoa, in der Tu Dao Hanh nach sieben Monaten kontinuierlicher Meditation gestorben und ins Nirvana eingegangen sein soll. Die Jugend aus dem Umkreis trifft sich gern zum Tête-à-Tête in der weiter oben liegenden Hang Cac Co (tgl. 8–17 Uhr, 5000 VND).

Ba-Vi-Nationalpark

Der 60 km südwestlich von Hanoi gelegene 7377 ha große **Ba-Vi-Nationalpark** 16 ist vor allem in den heißen Monaten ein beliebtes Naherholungsgebiet der Hanoier. Da die Biodiversität in den Primärwäldern rund um die drei Berggipfel *(ba vi)* äußerst vielfältig ist, wurde das höher als 400 m ü. d. M. liegende Gebiet 1991 zum Nationalpark erklärt. Unter den 5000 bekannten Pflanzenarten wurden über 250 Spezies medizinisch wertvoller Bäume identifiziert. Ornithologen indes erhoffen eine der 114 Vogelarten zu erspähen. Mehrere Bergpfade laden zu ausgedehnten Wanderungen ein. Sie führen zu Wasserfällen oder zu einem der drei oft wolkenverhangenen Gipfel: dem 1296 m hohen **Dinh Vua,** dem 1226 hohen **Tan Vien** oder dem 1120 m hohen **Ngoc Hoa.**

An vielen Stellen eröffnen sich bei klarer Sicht herrliche Ausblicke auf die nahe Ebene des Schwarzen Flusses (Song Da). Beliebte Stopps sind die Gedenktempel **Den Thuong** und **Den Tung** am Südhang des Berges. Dem Berggott Tan Vien Son Tinh ist an der höchsten Erhebung ein **Schrein** gewidmet. Dieser Herr der Berge (Son Tinh) ist mit dem Nui Ba Vi besonders verbunden, hatte er der Legende nach diese Erhebung doch aufgeschüttet, um die Menschen vor den Fluten des Wassergottes (Thuy Tinh) zu schützen. Seinen Rivalen im Kampf um die Tochter des 18. Hung-Königs konnte er schließlich besiegen (tgl. 7–18 Uhr, 6000 VND).

Tan Da Spa Resort: Tan Linh, Ba-Vi-Distrikt, Tel. 034-88 10 47, 88 01 93 www.tandahotspring.com.vn. Wunderschön gelegenes 30-ha-Resort am Rand eines Sees in der Nähe des Nationalparks. Mehrere Bungalows und Häuser im historischen Stil. Heiße Quellen, Spa, eine Schwimmhalle und ein aus Quellwasser gespeistes Schwimmbad machen müde Glieder munter. Zwei Restaurants. DZ mit Frühstück ab 70 US-$.
Thac Da Eco Resort: Muong Chau, Van Hoa, Ba-Vi-Distrikt, Tel. 034-88 14 11, Fax 88 15 57, www.thacda.com. Das Resort liegt am Rand des Nationalparks und offeriert 60 Zimmer, zum Teil im Stil der Bergvölker. Beliebt für Konferenzen und an Wochenenden bei einheimischen Familien. Viele Sportmöglichkeiten wie Tennis und Schwimmen. DZ mit Frühstück ab 25 US-$.

Für das leibliche Wohl der Pilger sorgen zahlreiche Lokale und Essensstände im Dorf Ben Duc und an der Hauptanlegestelle Ben Tro.

Kings' Island Golf: Dong Mo, Son-Tay-Distrikt, Tel. 034-68 65 55, Fax 68 66 06, www.kingsislandgolf.com. 36 km südwestlich von Hanoi. Der 350 ha große Golfplatz liegt auf einer Halbinsel am Rand des Dong-Mo-Sees und verfügt über zwei 18-Loch-Anlagen – den Mountain View Course und den Lakeside Course. Golfplatz, Clubhaus und Restaurant sind auch für Nichtmitglieder offen. Greenfee für Nichtmitglieder Mo–Fr 70 US-$, Sa/So 100 US-$.

Viele Anbieter der Open Tours bieten täglich offene Gruppenfahrten ab 14 US-$ pro Person an. Empfehlenswerter ist jedoch die individuelle Anreise mit Wagen und Fahrer ab 60 US-$. Am besten informiert man sich bei einer der zahlreichen Agenturen in Hanoi, s. S. 41 und 47.

Im Süden der Ha-Tay-Provinz

Karte: S. 151

Van Phuc

Der Ort **Van Phuc** 17, ca. 10 km südwestlich von Hanoi unweit der Stadt Ha Dong, ist weithin als Seidendorf bekannt. Bereits im 11. Jh. hat sich die geschäftige Siedlung am Song Nhue auf handgefertigte Webarbeiten spezialisiert. Heute reicht der gute Ruf der Ha-Dong-Seide weit über die Grenzen hinaus. Mit Erfolg wird auch ins Ausland exportiert. In vielen Werkstätten kann man die Produktion von Brokatstoffen, Ao dai, Satinwäsche oder Handtaschen aus Rohseide beobachten und die Waren natürlich auch kaufen. Weit über die Hälfte der 1300 Haushalte im Dorf lebt vom Webgeschäft.

Chua Tram Gian und Nui Tu Tram

Etwa 4 km westlich des Song Day verbirgt sich beim Dorf Tien Phuong (Hoai-Duc-Distrikt) auf einer Anhöhe hinter hohen Bäumen die Pagode der 100 Zwischenräume, **Chua Tram Gian** 18. Zusammen mit dem alten Baumbestand zaubert das wenig be-

Richtig Reisen-Tipp: Einkaufstour in die Handwerksdörfer

Viele Dörfer rund um Hanoi haben sich auf die Fertigung bestimmter Produkte spezialisiert. Teilweise blicken sie auf eine 1000-jährige Tradition zurück. Mancherorts lag die traditionelle Kunst jahrzehntelang brach und wurde erst im Rahmen der wirtschaftlichen Liberalisierung wieder belebt. Allein in der Provinz Ha Tay südlich von Hanoi sind mittlerweile über 200 Handwerksdörfer von der Regierung anerkannt. Zumindest einige von ihnen können im Rahmen von Halb- oder Ganztagsausflügen problemlos besucht werden.

Hier einige Vorschläge:

Bat Trang: Die Dorfbewohner haben sich auf die Herstellung von Keramik spezialisiert (s. S. 152).

Chuong: Im Dorf der Hüte werden die markanten konischen Kopfbedeckungen, *non la*, hergestellt. An den Tagen des Mondkalenders, die mit einer Vier oder Null enden, findet ein bunter Markt statt, wo sie stapelweise verkauft werden (s. S. 160).

Dong Ho: Der Ort am Südufer des Song Duong ist für die Fertigung von Neujahrsbildern im Holzdruckverfahren bekannt (s. S. 154).

Dong Ky: Bis 1995 hatten sich die Dorfbewohner auf die Produktion von Neujahrsböllern spezialisiert, nun zimmern sie Möbel und Wohnungseinrichtungen aus Holz mit Perlmutteinlagen (s. S. 150f.).

Phu Vinh: Der Ort im Bezirk Chuong My in der Ha-Tay-Provinz ist seit dem 17. Jh. auf die Herstellung von Rattan- und Bambusprodukten spezialisiert. Das Repertoire reicht von Bilderrahmen bis Untersetzern.

Van Ha (Lang Van): Seit Generationen wird hier aus Klebereis Hochprozentiger gebrannt. Darüber hinaus lädt der Ort am Cau-Fluss unweit von Bac Ninh zu einem gemütlichen Spaziergang ein (s. S. 151f.).

Van Phuc: Die hier gewobene Ha-Dong-Seide ist weit über die Grenzen hinaus begehrt. In den Geschäften des Dorfes südwestlich von Hanoi werden Taschen, Kleider und Stoffe verkauft (s. S. 158).

Keramiktransport bei Bat Trang

suchte Heiligtum eine beschauliche Stimmung. 1185 wurde das Kloster gegründet, später aber mehrfach erweitert. Beim Rundgang passiert man eine Gruppe von Grabstupas für verstorbene Mönche, darunter den des berühmten Nguyen Binh An aus dem 14. Jh. Der Mönch soll bei Trockenheit Regen gebracht haben. Etwas erhöht liegt der zweistöckige Turm mit einer 1794 gegossenen Glocke (tgl. 8–17 Uhr, 5000 VND).

Eine äußerst pittoreske Szenerie erwartet Besucher auch am **Nui Tu Tram** 19 einige Kilometer östlich der Chua Tram Gian. Der schönste Stern am Himmelszelt, so erzählt die Legende, habe sich in diesen markanten Karstberg verwandelt. Rund um die bewaldete Erhebung kann man noch einige Pagoden besichtigen, u. a. die 1669 gestiftete **Chua Long Tien** (auch Chua Tram genannt). Auf dem Berg sind einige **Grotten** zu finden.

Phu Vinh

Ca. 10 km südlich von Chuc Son erstreckt sich entlang der Landstraße 60 im Bezirk Chuong My das Dorf **Phu Vinh** 20 (auch Phu Nghia). Es ist eines von 18 Dörfern in der Ha-Tay-Provinz, die sich auf die Herstellung von Rattan- und Bambusprodukten spezialisiert haben. In Phu Vinh wird das Handwerk seit dem 18. Jh. betrieben. Bereits 1712 wurden acht Kunsthandwerker aufgrund ihrer Fertigkeiten vom König geehrt. Heute verdient ein Großteil der 600 Haushalte sein Einkommen mit der Verarbeitung dieser Naturprodukte. Pro Person sind das immerhin umgerechnet 50–60 US-$ im Monat. Zahlreiche Geschäfte entlang der Straße bieten die Endprodukte wie Mobiliar, Bilderrahmen und viele Arten von Haushaltsgegenständen an. Der gute Ruf reicht nunmehr bis ins Ausland, wohin viele Produkte exportiert werden. So wird die Ortsbezeichnung immer mehr zur Realität: phu bedeutet Reichtum, vinh heißt Ruhm.

Chuong

Die alte Frau mit den betelgeschwärzten Zähnen sitzt entspannt vor ihrem Haus und näht auf einem konischen Gestell mit Bambusringen die geglätteten Blätter der Latanpalme zusammen. Nach einem Tag hält sie das fertige Produkt in ihren Händen: der berühmte vietnamesische Hut, non la. Ihre Mutter ging schon dieser Beschäftigung nach und auch ihre Töchter und Enkel tun es. Vier von fünf Familien des Dorfes **Chuong** 21 sind seit Generationen vorwiegend mit der Herstellung der markanten Kopfbedeckung beschäftigt. Der Ort liegt knapp 30 km südlich von Hanoi an der Nationalstraße 21 B und lohnt vor allem zum Markttag einen Besuch. Er findet an jenen Tagen im Mondkalender statt, die mit einer Vier oder Null enden, also dem 4., 10., 14., 20., 24. und 30. Tag. Bei Mondmonaten mit 29 Tagen fällt der letzte Markttag auf den 1. des Folgemonats.

Chua Huong

Etwa 60 km südlich von Hanoi liegt das wichtigste Pilgerziel im Roten-Fluss-Delta, die Parfümpagode, **Chua Huong** 22. Während der Saison, die am 6. Tag des ersten Mondmonats beginnt und am 15. des dritten Mondmonats endet, pilgern Hunderttausende Buddhisten zu den Tempeln und Grotten rund um den bis zu 381 m hohen Berg der Wohlriechenden Spur, Huong Tich Son. Ausgangspunkt ist das Dorf **Ben Duc,** wo Heerscharen geschäftstüchtiger Frauen in ihren flachen Ruderbooten aus Metall auf Kundschaft warten. Die einstündige Bootsfahrt auf dem Yen-Strom ist angesichts der grünen Reisfelder und Karsthügel äußerst malerisch. Unterwegs hält man beim **Den Trinh,** dem Gedenktempel zu Ehren eines Generals der Hung-Könige. Diesem Wächter der Berge bringen die Gläubigen die Gründe ihrer Pilgerfahrt vor, damit er sie passieren lässt. An der Hauptanlegestelle **Ben Tro** gibt es Andenken- und Essensstände für die materiellen Bedürfnisse. Dem Geistigen dient die auf mehreren Ebenen angelegte Pagode, die zum Himmel führt, **Chua Thien Tru.** Sie geht auf die Zeit des Königs Le Thanh Tong (reg. 1460–1497) zurück und wurde später immer wieder erneuert. Die Karstberge im Hintergrund bilden eine wunderschöne Kulisse. Ein Weg seitlich der Pagode führt einige hundert Meter bergauf zum Höhlenheiligtum **Tien**

Auf dem Weg zur Parfümpagode

Son mit zauberhaften Tropfsteinformationen im Innern.

Von der Chua Thien Tru führt der mühsame 2 km lange Pfad zum wichtigsten Pilgerziel, dem Grottenheiligtum **Hang Huong Tich.** Bei feuchter Witterung ist gutes Schuhwerk angebracht, bei schönem Wetter Sonnenschutz und Wasser. Für den Aufstieg benötigt man etwa 1 Std. Alternativ kann man die Seilbahn mit kleinen Kabinen nehmen, die für die 1200 m nur einige Minuten benötigt. Für die Berg- und Talfahrt werden zusammen 60 000 VND verlangt. Die Bahn macht einen Zwischenstopp bei einem kleineren Höhlentempel, der Quelle der Reinigung, **Giai Oan.** Das dort hervortretende Quellwasser soll die Pilger von ihren schlechten Taten reinigen. Es gibt noch einige weitere kleine Tempel in dem Gebiet. Wie ein Drachenmaul öffnet sich schließlich die geräumige **Grotte des Hang Huong Tich.** Fürst Trinh Sam (reg. 1767–1782) beschrieb sie in fünf chinesischen Zeichen über dem Eingang als »schönste Höhle des Südens« – allerdings sind viele ausländische Besucher eher enttäuscht, da es außer ein paar Statuen wenig zu sehen gibt. 120 Treppenstufen führen hinunter ins Innere der Grotte, wo die Gläubigen der Göttin der Barmherzigkeit ihre Bitten und Danksagungen vorbringen. An Pilgertagen drängen sich so viele Menschen, dass man fast Platzangst bekommen kann. Besonders voll wird es an geraden Mondtagen und Wochenenden. Es empfiehlt sich, diese Zeiten zu meiden.

Warum die Quan Am gerade hier so sehr verehrt wird, hängt mit der Erzählung »Göttin der Barmherzigkeit vom Südlichen Meer«, Quan Am Nam Hai, zusammen. Dabei geht es um die Königstochter Dieu Thien, die sich gegen den Willen ihres Vaters ganz der Lehre Buddhas widmete, sich in diese Höhle zurückzog und durch aufopfernde Taten – so überließ sie ihrem schwer erkrankten Vater Augen und Arme – zu einem Bodhisattva wurde. Ihr legendärer Geburtstag wird am 19. des zweiten Mondmonats gefeiert (22 500 VND Eintritt plus 20 000 VND Bootsmiete pro Person bei mindestens vier Passagieren).

Thai-Frauen unterwegs

Kapitel 2

Vietnams Norden

Auf einen Blick: Vietnams Norden

Landschaftliche Vielfalt

Im Norden Vietnams zeigt sich das Land von seiner landschaftlich und kulturell vielfältigsten Seite. In den fruchtbaren Ebenen des **Roten-Fluss-Deltas** kann man altertümliche Sakralbauten und die pittoreske Karstlandschaft der **Trockenen Ha-Long-Bucht** kennenlernen. Und auch die zum Unesco-Welterbe zählende **Ha-Long-Bucht** selbst mit ihren Tausenden von Inseln ist weltweit berühmt. Kaum bekannt hingegen ist das wilde Bergland im hohen **Norden** Vietnams mit seiner bunten Mischung von Volksgruppen. Dort liegen auch Vietnams schönster See und Wasserfall. Schließlich bietet der ebenso multikulturelle **Nordwesten** mit der höchsten Erhebung des Landes und fotogenen Reisterrassen entlang der Flusstäler zahlreiche landschaftliche Highlights. Diese Region ist ein Eldorado für Trekkingtouristen. Von Sa Pa, Dien Bien Phu, Son La oder Mai Chau bieten sich viele Wanderungen an.

Highlights

2 **Ha-Long-Bucht:** Eine Bootsfahrt durch die bizarre Inselwelt im Golf von Tongking zählt zu den landschaftlichen Höhepunkten Vietnams (s. S. 174ff.).

3 **Trockene Ha-Long-Bucht:** Bei einer Bootsfahrt durch diese Karstlandschaft inmitten von Reisfeldern ergeben sich immer wieder neue Fotomotive (s. S. 183ff.).

4 **Cuc-Phuong-Nationalpark:** Das älteste Schutzgebiet des Landes beeindruckt durch eine intakte Dschungellandschaft und gewaltige Baumriesen (s. S. 190f.).

5 **Sa Pa:** Der beliebte Ferienort am Fuß des höchsten Berges Vietnams lädt zu spannenden Trekkingtouren und Begegnungen mit interessanten Volksgruppen ein (s. S. 202ff.).

Empfehlenswerte Routen

Von Ha Long nach Ninh Binh: Entlang der Nationalstraße 10 geht es von der Ha-Long-Bucht ins Herz des Roten-Fluss-Deltas, vor-

bei an geschichtsträchtigen Tempeln und Pagoden (s. S. 181ff.).
Rundtour über Dien Bien Phu und Sa Pa: Von Hanoi führt die erlebnisreiche Rundtour durch fruchtbare Flusstäler und eine abwechslungsreiche Berglandschaft (s. S. 201f.).
Von Thai Nguyen bis Lang Son: Diese Reise im hohen Norden erschließt ein bislang wenig besuchtes Gebiet. Höhepunkt ist die Bootsfahrt auf dem Ba-Be-See und der Besuch des Ban-Gioc-Wasserfalls (s. S. 211ff.).

Reise- und Zeitplanung

Um die landschaftliche Vielfalt des Nordens richtig kennenzulernen, benötigt man zwei Wochen. Doch kann man bereits in vier Tagen mit dem Besuch der Ha-Long-Bucht und den Bergen bei Mai Chau einen guten Eindruck erhalten. Von Ha Long besteht die Möglichkeit zur Weiterfahrt über die Nationalstraße 10 ins Rote-Fluss-Delta. Dort ist Ninh Binh ein guter Ausgangspunkt für Abstecher nach Phat Diem, in die Trockene Ha-Long-Bucht oder zum Cuc-Phuong-Nationalpark.

Das Gros der Besucher erkundet die Bergwelt im Nordwesten von Sa Pa aus, das per Zug über Lao Cai zu erreichen ist. Wer eine intensive Rundtour über Son La, Dien Bien Phu und Sa Pa unternehmen möchte, sollte eine Woche einkalkulieren. Wenn man sich nur auf den Ba-Be-See beschränkt, lässt sich der hohe Norden von Hanoi aus in drei Tagen bereisen. Doch angesichts der fantastischen Landschaft rund um Cao Bang und der ethnischen Vielfalt sind mind. fünf Tage sinnvoll.

Klima und Reisezeit

Während der Hauptreisezeit der Europäer zwischen Oktober und März zeigt sich das Wetter durchwachsen. Im Oktober und November kann es bei Durchschnittstemperaturen um 22–26 °C in der Ebene zu gelegentlichen Regenfällen kommen. Die geringste Niederschlagsmenge fällt im Dezember und Januar. Dann herrscht eine relativ stabile Hochdrucklage mit vorwiegend sonnigem Wetter, doch kann es sehr kalt werden. In den Bergen werden nachts nicht selten Temperaturen um den Gefrierpunkt gemessen. Ab Februar ist der Himmel oft tagelang wolkenverhangen und bei Tagestemperaturen um 18–25 °C kommt es vielfach zu feinem Nieselregen. Von April bis September übersteigt die Quecksilbersäule im Roten-Fluss-Delta tagsüber bei schwülem Wetter die 30-Grad-Marke, ab Juni sind es zuweilen fast 40 °C. Regenfälle sind keine Seltenheit. An der Küste herrscht dann wunderbares Badewetter.

Richtig Reisen-Tipps

Kajaking in der Ha-Long-Bucht: Fantastische Eindrücke ergeben sich bei einer Kajakfahrt durch die vielen Buchten (s. S. 178).

Per Fahrrad von Hoa Lu nach Tam Coc: Von der Königsstadt des 10./11. Jh. führt eine Fahrradtour durch die Karstlandschaft der Trockenen Ha-Long-Bucht (s. S. 187).

Touren im Cuc-Phuong-Nationalpark: Flora und Fauna des beliebten Nationalparks erschließen sich am besten mit dem Fahrrad oder per Pedes (s. S. 189).

Trekking im Pu-Luong-Schutzgebiet: Die von Karstbergen geprägte Landschaft südöstlich von Mai Chau ist aufgrund ihrer besonderen Biodiversität geschützt und eignet sich gut für Trekkingtouren (s. S. 196).

Wanderungen rund um Sa Pa: Das Gebiet rund um den Bergort bietet sich für Wanderungen unterschiedlichen Schwierigkeitsgrades an – von Halbtagsspaziergängen bis zur mehrtägigen Besteigung des Fan Si Pan (s. S. 206).

Am Golf von Tongking

Cityplan S. 168, Karte S. 177

Am Golf von Tongking gleicht der Küstenverlauf mit den zahlreichen Buchten, Flussmündungen und ufernahen Inseln einer am Rand zerbrochenen Glasscheibe. Hier zaubern der Cat-Ba-Archipel ebenso wie die bizarren Karstinseln der Ha-Long- und Bai-Tu-Long-Buchten fantastische Bilderbuchlandschaften.

Dank der gut ausgebauten Nationalstraßen 5 und 18 erreicht man von Hanoi aus in lediglich 3–4 Std. die Hafenstadt Hai Phong bzw. die Touristenhochburg Ha-Long-Stadt. Der Übergang von Hanoi zum Umland wirkt verschwommen, denn die vielen Dörfer am Rand werden immer mehr von den zahlreichen Neubausiedlungen verschluckt. Entlang der Straße künden die bunten Handtuchhäuser ebenso vom wirtschaftlichen Aufbruch wie die nüchternen Fabrikhallen. Moderne Industrieanlagen und altertümliche Anbaumethoden bilden faszinierende Parallelwelten. Während der Bauer mit seinem Wasserbüffel die Reisfelder pflügt, schweißen in der Halle nebenan computergesteuerte Geräte Autoteile zusammen.

Bucht mit Geschichte

Der in Vietnam als Vinh Bac Bo bekannte Golf von Tongking war immer wieder Schauplatz historisch bedeutsamer Ereignisse. Zweimal gelang es den Vietnamesen am Bach-Dang-Fluss nördlich von Hai Phong, die chinesischen Eindringlinge endgültig in die Flucht zu schlagen – 938 unter Führung von General Ngo Quyen und 1288 unter General Tran Hung Dao. Beide Male wählten sie die gleiche Taktik: Sie ließen metallbeschlagene spitze Holzpfähle in den Flussboden rammen und lockten die feindliche Flotte in den Mündungsbereich. Bei Ebbe verfingen sich die schweren Dschunken aus dem Reich der Mitte und waren damit leichte Beute für die in Unterzahl kämpfenden Vietnamesen.

In der Bucht fand zudem der bis heute umstrittene Tongking-Zwischenfall statt: am 2. August 1964 sollen Boote der nordvietnamesischen Küstenwache den US-Zerstörer USS Maddox beschossen haben. Der Konflikt bildete den Startschuss für den verheerenden Vietnamkrieg. In der friedlicheren Gegenwart machen sich immer mehr Touristen auf, um eine der schönsten Landschaften Vietnams zu erkunden – die Ha-Long-Bucht.

Hai Phong

Cityplan: S. 168

Die Hafenstadt Hai Phong liegt am Verbotenen Fluss, dem Song Cua Cam, etwa 20 km von dessen Mündung entfernt. Für die nordvietnamesische Wirtschaft spielt Hai Phong als Warenumschlagplatz eine bedeutende Rolle. Da infolge der Verlandung das Flussbett jedoch immer wieder ausgebaggert werden muss, läuft ihr der Tiefseehafen Cang Cai Lan nördlich von Ha Long den Rang ab. So hinkt die Hauptstadt der 1507 km² großen gleichnamigen Provinz dem wirtschaftlichen Wachstum anderer Metropolen sichtbar hinterher. Neben der kleinindustriellen Produktion von Elektrogeräten ist Hai Phong für die Werft- und Stahlindustrie von Bedeutung.

Vom Gros der Touristen wird Hai Phong mangels Attraktionen links liegen gelassen. Zumeist dient die Stadt lediglich als Zwischenstation auf der Weiterreise zur Insel Cat

Ba. Doch so unspektakulär sich Hai Phong in den Randbezirken auch präsentieren mag, besitzt es im Zentrum mit seinen Flamboyant-Alleen und einigen kolonialen Gebäuden doch genügend Charme, um einige Stunden zu verweilen.

Geschichte

Der Stadtname leitet sich von dem vietnamesischen hai tan phong thu ab, was so viel wie Verteidigung am Meer bedeutet. Hier nämlich soll die Generalin Le Chan den antichinesischen Aufstand der Trung-Schwestern von 39 bis 43 n. Chr. mit ihrer Armee unterstützt haben. Bevor die Franzosen ab 1873 den Norden Vietnams zu besetzen begannen, lagen entlang des Cua-Cam-Flusses nur einige Fischerdörfer. Als offizielles Gründungsdatum gilt das Jahr 1888, als der französische Präsident die Etablierung einer Metropole anordnete. Dank des drei Jahre zuvor angelegten Hafens erlebte Hai Phong einen rapiden Aufstieg. Nach Fertigstellung der Bahnlinie konnten ab 1901 Güter und Personen in das 100 km entfernte Hanoi gelangen. Der Hafen diente als Umschlagplatz für die bei Ha Long abgebaute Kohle, für Edelhölzer und Mineralien. Hier landeten aber auch heiß begehrte Konsumgüter aus Europa wie die neuesten Citroën-Modelle, alte Bordeaux-Weine oder die aktuelle Pariser Mode.

Hai Phong war Anfangs- und Endpunkt des ersten Indochinakrieges, denn mit der Bombardierung der Stadt am 23. November 1946 begann die militärische Rückeroberung der Kolonie. Damals verloren über 6000 Bewohner ihr Leben. Schließlich verließen im Mai 1955 von hier die letzten französischen Truppen das Land. Während des Vietnamkrieges war die strategisch wichtige Stadt häufig Ziel von Bombardierungen, vor allem während der Weihnachtsoffensive 1972. Damals ließ der amerikanische Präsident den Hafen fast ein Jahr lang verminen. Schließlich verließen Zehntausende Flüchtlinge Ende der 1970er- und Anfang der 1980er-Jahre von Hai Phong aus per Boot ihre Heimat. Heute ist Hai Phong mit 750 000 Einwohnern Vietnams viertgrößte Metropole.

Mit dem Autor unterwegs

Sehenswert

Tempel und Märkte: Hai Phong ist schon lange keine Schmuddelstadt mehr und lädt mit seinen Tempeln, Märkten und Flamboyant-Alleen zu einer netten Besichtigungstour ein (s. S. 166ff).

Durch das Kalksteinlabyrinth: Die Dschungellandschaft im Herzen der Insel Cat Ba eignet sich hervorragend für Wanderungen (s. S. 171ff.).

Schöner wohnen

Hotel mit Ambiente: Allein das stilvolle Harbour View Hotel ist schon den Besuch von Hai Phong wert (s. S. 169).

Übernachtung mit Traumkulisse: Viele Veranstalter bieten im Rahmen von mehrtägigen Bootstouren durch die Ha-Long-Bucht Übernachtungen auf dem Schiff an (s. S. 180).

Das alte Quartier Français

Das einstige Viertel der Franzosen breitet sich zwischen Song Cua Cam, dem schmalen Zufluss Song Tam Bac und der Bahnlinie aus. Zu Beginn des 20. Jh. lebten hier ca. 1200 Europäer. Noch heute erinnern einige Stellen an koloniale Zeiten, vor allem entlang der Straße Dien Bien Phu.

Als dritte Stadt Vietnams kann Hai Phong neben Saigon und Hanoi mit einer **Oper** 1 (Nha Hat Lon) aufwarten. Das zartrosa Gebäude liegt an der Tran Hung Dao und wurde 1904 eröffnet. Nahezu alle beim Bau verwendeten Materialien stammen aus Europa. Der nur zu Veranstaltungen geöffnete Zuschauerraum fasst 400 Plätze und birgt schöne Deckengemälde. Anstelle von Verdi und Mozart wird heute eher vietnamesischer Pop geboten. Gegenüber der Oper bietet der **Blumenmarkt** 2 auf dem Grünstreifen zwischen Tran Hung Dao und Tran Phu wunderschöne Fotomotive (tgl. 7–19 Uhr). Einige hundert Meter weiter nördlich erhebt sich auf einem großen Platz an der Hoang Van Thu die **Kathedrale** 3 (Nha Tho Chanh Toa) zu Ehren

Hai Phong: Cityplan

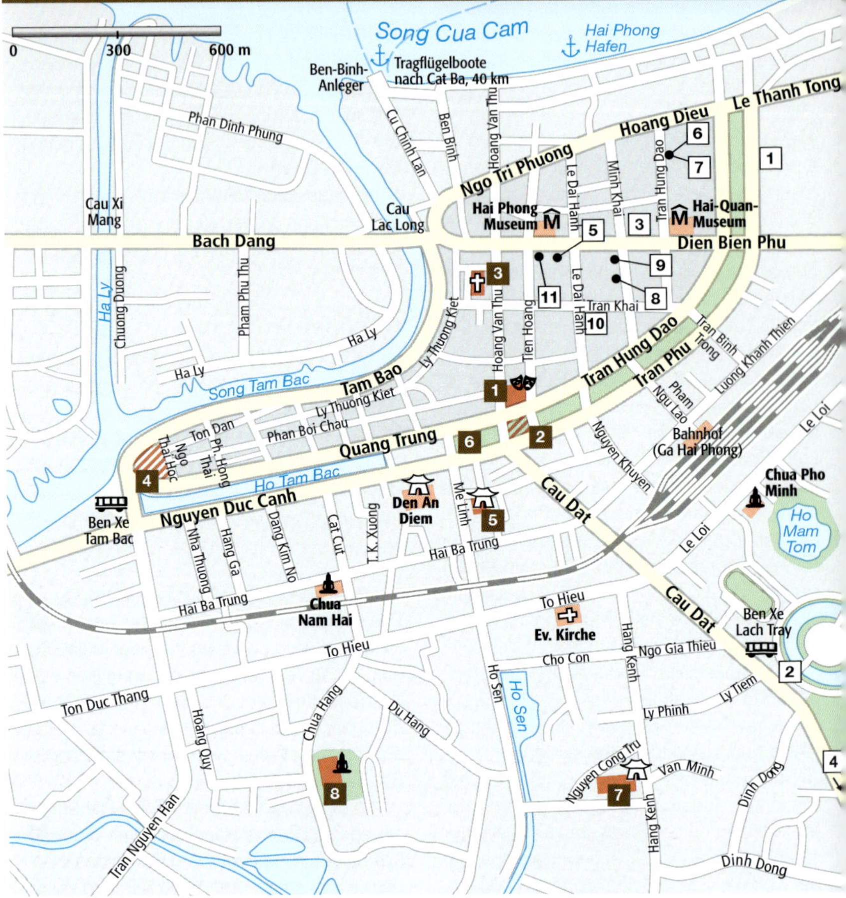

der Königin des Rosenkranzes (religiöser Titel der Gottesmutter Maria). Der mächtige Bau stammt aus dem frühen 20. Jh. und ist seit 1960 Sitz eines katholischen Bischofs (nur zu Gottesdiensten geöffnet).

Am westlichen Ende der Quang Trung wirkt der sechsstöckige Betonkoloss des **Stadtmarktes Cho Sat** 4 aus dem Jahr 1992 von außen eher abweisend, doch im Inneren und rund um ihn herum herrscht stets ein geschäftiges buntfröhliches Treiben (tgl. 9–17 Uhr).

An der Me Linh wurde zwischen 1919 und 1926 der kleine, mit reichem Schnitzwerk ausgestattete **Den Nghe** 5 zu Ehren von Le Chan erbaut (tgl. 9–17 Uhr, Spende). Diese Generalin hatte im 1. Jh. mit ihrer Armee die beiden aufständischen Trung-Schwestern im Kampf gegen die chinesischen Besatzer unterstützt. Ihr Todestag wird am 8. Tag des zweiten Mondmonats gefeiert. Eine moderne **Statue** 6 erinnert einige hundert Meter nördlich des Gedenktempels an der Nguyen Duc Canh an die Heldin.

Sehenswürdigkeiten

- 1 Oper
- 2 Blumenmarkt
- 3 Kathedrale
- 4 Cho Sat
- 5 Den Nghe
- 6 Statue von Le Chan
- 7 Dinh Hang Kenh
- 8 Chua Du Hang

Übernachten

- 1 Harbour View Hotel
- 2 Tray Hotel
- 3 Bach Dang
- 4 Hai Nam Hotel
- 5 Dai Duong
- 6 Maxim Hotel

Essen und Trinken

- 7 Truc Lam Restaurant
- 8 Lucky Restaurant
- 9 Maxim's
- 10 Hai Phong Club
- 11 Saigon Café

Dinh Hang Kenh

Etwa 1 km südlich des Stadtzentrums lohnt der Besuch des **Dinh Hang Kenh** 7. Er ist über die gleichnamige Straße zu erreichen. Im 1856 errichteten und 1905 erweiterten Gemeinschaftshaus wird General Ngo Quyen als Schutzgeist verehrt. Die von einem schweren Walmdach getragene Halle beeindruckt durch hervorragende Schnitzarbeiten an den 32 Eisenholzsäulen und Dachbalken im Inneren. Dabei handelt es sich um mehr als 300 unterschiedlich gestaltete Drachenmotive, die reliefartig aus dem Holz geschnitzt wurden. Der verehrte Sieger über die chinesischen Besatzer aus dem 10. Jh. wird auf dem Hauptaltar durch Kopfbedeckung und Schuhe repräsentiert. Seitlich stehen Pferd und Elefant sowie ein großes Tragegestell mit leerem Thron. Sie werden zum Jahresfest vom 16. bis 18. des zweiten Mondmonats bei einer Prozession feierlich mitgeführt (tgl. 9–17 Uhr, 10 000 VND).

Chua Du Hang

Einige hundert Meter westlich des Dinh Hang Kenh liegt an der Du-Hang-Straße die bunte **Chua Du Hang** 8 mit einem schönen Innenhof und buddhistischen Figuren im **Dhyana-Garten,** darunter Buddha Shakyamuni, Maitreya und buddhistische Erleuchtete (*la han*). Der Ursprung der Pagode geht auf das 10. Jh. zurück, doch wurde sie mehrfach umgebaut. 1672 erhielt der auch unter dem Namen Wald des Glücks (Phuc Lam Tu) bekannte Tempel seine heutige Gestalt (tgl. 9–18 Uhr, Eintritt frei).

i **Hai Phong Administration of Tourism**: 44 Lach Tray, Tel. 031-84 37 82, www.haiphongtourism.com, Mo–Fr 9.30–17 Uhr.

Vietnamtourism: 60 A Dien Bien Phu, Tel. 031-84 29 57, www.vietnamtourism-info.com, Mo–Fr 9.30–17 Uhr. Bei beiden Stellen weiß man auch nicht viel mehr als jede bessere Hotelrezeption. Man ist eher an der Vermittlung von Zimmern und Touren interessiert.

Harbour View Hotel 1: 4 Tran Phu, Tel. 031-82 78 27, Fax 92 78 28, www.harbourviewvietnam.com. Bestes und mit Abstand schönstes Hotel der Stadt. Es verbindet kolonialen Charme mit modernen Komfortansprüchen. Die 122 Zimmer sind auf drei Etagen verteilt. Zu den Angeboten zählen zwei gute Restaurants, ein Pool, eine lauschige Bar und ein Spa. DZ mit Frühstück ab 80 US-$, Suiten ab 155 US-$.

Tray Hotel 2: 47 Lach Tray, Tel. 031-82 85 55, Fax 82 86 66, www.trayhotel.com.vn. Das moderne, in der Lobby etwas protzige Geschäftshotel mit 78 komfortablen Zimmern liegt zentral; alle Annehmlichkeiten von Spa bis Bar. DZ mit Frühstück ab 60 US-$.

Bach Dang 3: 42 Dien Bien Phu, Tel. 031-84 24 44, Fax 84 16 25, bachdanghotel hp@hn. vnn.vn. Das zentral gelegene Hotel mit 34 soliden Zimmern ist zwar etwas in die

Humorvolle Werbung für einen Laden mit alkoholischen Getränken

Jahre gekommen,wird aber effektiv geführt. Gute Wahl in dieser Kategorie. DZ mit Frühstück ab 35 US-$.

Hai Nam Hotel [4]: 8 Nguyen Binh, Tel. 031-72 92 80, Fax 73 67 77. Das fünfstöckige Gebäude gegenüber der Stadtbibliothek wirkt schon von außen recht einladend. Die 35 Zimmer sind wohnlich und sauber. DZ mit Frühstück ab 30 US-$.

Dai Duong [5]: 20 Le Dai Hanh, Tel. 031-82 28 49. Das kleine Geschäftshotel mit 38 sauberen Zimmern und etwas nüchternem Restaurant bietet ein gutes Preis-Leistungs-Verhältnis. DZ mit Frühstück ab 20 US-$.

Maxim Hotel [6]: 3 K Ly Tu Trong, Tel. 031-74 65 40, Fax 74 65 41. Das Minihotel bietet 24 funktionale, saubere Zimmer (Bad, TV) und ist die richtige Wahl für Sparsame. Das Truc Lam Restaurant im ersten Stock hat darüber hinaus einen guten Ruf (s. rechts). DZ mit Frühstück ab 15 US-$.

Auf den Trottoirs der Tran Phu und Tran Hung Dao gibt es eine Vielzahl kleiner Lokale und bia hoi, urige Ausschankstellen mit Fassbier und ein paar Tischen. In der geschäftigen Dien Bien Phu liegen ebenfalls einige nette Lokale.

Truc Lam Restaurant [7]: Maxim Hotel, 3 K Ly Tu Trong, Tel. 031-74 65 40, tgl. 10–22 Uhr. Das Restaurant im ersten Stock des Hotels ist stadtbekannt und bietet auch deftige deutsche Küche wie Lammkotelett. Gute Menüs um 100 000 VND.

Lucky Restaurant [8]: 22 B 2 Minh Khai, Tel. 031-84 20 09, tgl. 8–22 Uhr. Hier werden asiatische und europäische Speisen zu günstigen Preisen serviert. Gerichte ab 50 000 VND.

Maxim's [9]: 51 Dien Bien Phu, Tel. 031-82 29 34, tgl. 7.30–24 Uhr. Nicht gerade ein Gourmettempel, aber die asiatischen Menüs sind für den Preis in Ordnung. Bier vom Fass, ab 20.30 Uhr meist Livemusik. Solide Gerichte ab 40 000 VND.

Hai Phong Club [10]: 17 Tran Quang Khai, tgl. 8–24 Uhr. Tagsüber speisen hier die Geschäftsleute, abends ist Livemusik angesagt.

Es gibt Tiger-Bier vom Fass. Snacks und Gerichte werden im Hai Phong Club zu moderaten Preisen ab 35 000 VND angeboten.
Saigon Café 11: 107 Dien Bien Phu/Ecke Dinh Tien Hoang, Tel. 031-82 21 96, tgl. 8–22 Uhr. Das vor allem bei der Jugend beliebte Stadtcafé wirkt etwas steril und bietet neben Fingerfood solide asiatische Schnellküche. Snacks ab 25 000 VND.

Büffelfestival (Hoi Choi Trau) in Do Son am 9. Tag des achten Mondmonats (s. rechts).

Flüge
Der **Cat Bi Airport,** Tel. 031-82 33 22, liegt 5 km südöstlich von Hai Phong. Von ihm starten täglich Maschinen nach Ho-Chi-Minh-Stadt. Gelegentlich werden Charterflüge nach Macau durchgeführt. Eine Taxifahrt aus der Stadt kostet etwa 60 000 VND.
Vietnam Airlines: Cat Bi Hotel, 30 Tran Phu, Tel. 031-92 12 42.
Züge
Vom **Bahnhof** (Ga Hai Phong) fahren tgl. fünf Züge nach Hanoi, einige davon jedoch nur bis zur Station Long Bien östlich des Roten Flusses. Die Zugfahrt dauert 2–2,5 Std.
Busse
Die Stadt Hai Phong verfügt über drei Busbahnhöfe. Vom Ben Xe Niem Nghia an der Tran Nguyen Han, etwa 2 km südwestlich des Stadtzentrums, starten Busse in Richtung Süden, darunter nach Ninh Binh (197 km, 4–5 Std.). Für Busse nach Hanoi (102 km, 3 Std., alle 15 Min.), Ha Long (75 km, 2 Std.) und Mong Cai (265 km, 8 Std.) ist der **Ben Xe Tam Bac** gegenüber dem Sat-Markt (Cho Sat) Ausgangs- und Endpunkt. Der **Ben Xe Lach Tray,** an der gleichnamigen Straße unweit des Volkstheaters (Nha Hat Nhan Dan) gelegen, ist Abfahrtsort für Busse nach Do Son.
Boote
Vom **Ben-Binh-Anleger** unweit der Mündung des Song Tam Bac in den Song Cua Cam starten tgl. mehrere Tragflügelboote (*ve tau cao toc*) nach Cat Ba (40 km, 1 Std.). Darüber hinaus steuern 2 x tgl. langsamere Fähren (2,5–3 Std.) den Archipel an. Morgens verkehrt ein Tragflügelboot nach Mong Cai (200 km, 4 Std.). Vorsicht: Schlepper versuchen gefälschte oder überteuerte Tickets zu verkaufen.

Do Son

Reiseatlas: S. 8, D 2
Von Einheimischen wird der 21 km südöstlich von Hai Phong gelegene **Strand Do Son** besonders an heißen Wochenenden im Juli und August geschätzt. Er erstreckt sich entlang einer hügeligen, etwa 4 km langen Halbinsel. Allerdings ist der Strand steinig und schmal, das Wasser häufig trübe. Das stört aber jene ausländischen, vorwiegend ostasiatischen Besucher nicht, die ihr Glück im 1994 als Joint Venture eröffneten **Do-Son-Casino** versuchen. Einheimischen ist der Zutritt in die Welt der Spieler verwehrt. Als Tourist kann man Do Son ruhig links liegen lassen, da mit der Insel Cat Ba eine weitaus bessere Badealternative besteht.

Am 9. Tag des achten Mondmonats findet in Do Son das berühmte **Büffelfestival** (Hoi Choi Trau) statt. Bereits Monate zuvor suchen die beteiligten Dörfer aus der Umgebung geeignete 4- bis 5-jährige Wasserbüffel aus, um sie entsprechend zu trainieren und aufeinander loszulassen. Mit dem von einer feierlichen Prozession begleiteten Spektakel soll der Schutzgeist des Wassers geehrt werden.

Cat-Ba-Archipel

Reiseatlas: S. 8, D/E 1/2
Wer mit dem Boot in den Hafen von **Cat-Ba-Stadt** einfährt, hat eine Miniaturversion von Hong Kong vor sich. Zahlreiche schmale mehrstöckige Minihotels reihen sich an den steilen grünen Berghängen des größten Inselortes nebeneinander – ein wahrlich beeindruckender Anblick. In den letzten Jahren hat sich der **Cat-Ba-Archipel** (Dao Cat Ba) zu ei-

ner beliebten Touristendestination entwickelt. Während in den heißen Sommermonaten von Juni bis August vor allem Hauptstädter hier einfallen, um ihre Ferien zu verbringen, sind es zwischen November und April vor allem Rucksacktouristen, die hier im Rahmen der beliebten Open-Tour-Programme nächtigen.

Der an den südlichen Teil der Ha-Long-Bucht angrenzende Archipel besteht aus 366 Inseln, wovon die Cat-Ba-Insel mit 285 km^2 die größte ist. 2004 wurde das Gebiet zum Unesco-Biosphärenreservat erklärt. Nicht ohne Grund, denn es weist eine enorme Artenvielfalt auf. Über 1400 Pflanzenarten wurden bislang identifiziert, darunter 357 medizinische Nutzpflanzen und der äußerst seltene Kim-Giao-Baum (*Podocarpus fleuryi Hickel*), dessen Holz traditionell für Essstäbchen und Ornamentverzierungen Verwendung findet. Unter den 32 bekannten Säugetierarten sind seltene Spezies wie die Bengalkatze (*Prionailurus bengalensis*) und das Malaysische Riesenhörnchen (*Ratufa bicolor*) zu finden. Der nur auf der Insel heimische Goldkopflangur (*Trachypithecus poliocephalus*) hat Cat Ba unter Primatenforschern berühmt gemacht. Das scheue Tierchen mit dunkelbraunem Fell und goldgelbem Schopf ist extrem bedroht. Zählte man 1960 über 2500 Exemplare auf der Insel, so sind es heute nur noch um die 50. Am Schutz des Primaten ist die Zoologische Gesellschaft für Arten- und Populationsschutz e. V. (www.catbalangur.de) federführend beteiligt.

Der Nationalpark

Das Innere der **Hauptinsel Cat Ba** steigt zur Mitte hin an und ist durch die vielen bewaldeten Kalksteinhügel extrem zerklüftet. Höchste Erhebung ist mit 322 m der **Cao Vong.** 1986 wurde ein Teil der Insel zum Nationalpark erklärt. Heute sind 109 km^2 der Landfläche und 52 km^2 Küstengewässer samt Mangrovenwäldern geschützt. Einen Teil des Schutzgebietes kann man im Rahmen einer Wanderung oder bei einer Kajaktour durch die östlich gelegene Lan-Ha-Bucht erkunden. Der Parkeingang liegt etwa 16 km von Cat-Ba-Stadt entfernt.

Auf halbem Weg von der Stadt zum Nationalpark passiert man die **Lazaretthöhle,** Hang Quan Y, eine Tropfsteinhöhle, in der während des Vietnamkrieges Verletzte behandelt wurden (tgl. 8–17 Uhr, 15 000 VND). Eine weitere Höhle, **Hang Trung Trang,** liegt kurz vor dem Parkeingang – Taschenlampe nicht vergessen! Sie birgt im Inneren schöne Tropfsteinformationen (tgl. 8–17 Uhr, 15 000 VND).

Hat man den **Parkeingang** passiert, so führen interessante Wanderungen durch die fantastische Dschungellandschaft, beispielsweise zum 20 ha großen **Kim-Giao-Wald** mit den gleichnamigen Bäumen. Von dort führt ein steiler Pfad hinauf zum 215 m hohen Berg **Ngu Lam,** von dessen Gipfel aus sich ein sehr schöner Ausblick bietet (hin und zurück 2–3 Std.).

Abwechslungsreicher, aber auch sehr anspruchsvoll ist die ca. 18 km lange Wanderung zum Froschsee, **Ao Ech,** und dann weiter zum Fischerdorf **Viet Hai** (5–6 Std.). Von dort kann man ein Boot zurück nach Cat-Ba-Stadt nehmen.

Es empfiehlt sich zumindest für die längere Tour, über das Hotel einen Führer zu engagieren. Gutes Schuhwerk, Mückenschutz und reichlich Trinkwasser sind unverzichtbar (Park tgl. 7–17 Uhr, Eintritt 15 000 VND).

Radtour nach Hien Hao

Eine interessante Tagestour mit dem Drahtesel führt entlang der südlichen Küstenstraße zum Fischerdorf **Hien Hao.** Die Gemeinde mit 400 Einwohnern liegt von Cat-Ba-Stadt etwa 20 km entfernt am Rand der Karstberge. Die Fahrt ist sehr pittoresk, und es bieten sich immer wieder herrliche Blicke in die Landschaft. In der Nähe des Ortes befindet sich die Grotte **Hang Ma.** Rund um das Dorf gibt es auch einige Wanderwege.

In Cat-Ba-Stadt konkurrieren zahlreiche einfache Minihotels mit ähnlichem Angebot, sodass das Preis-Leistungs-Verhältnis recht gut ist. Zwei schöne Resorts liegen an den Stränden Cat Co 1 und 3 an der Südostseite der Insel. Wer es ruhiger haben

Hunde bewachen die schwimmenden Wohnungen

möchte, sollte die Wochenenden meiden. Während der vietnamesischen Ferien (Juni –Aug.) kann es zu Engpässen kommen.

Catba Island Resort & Spa: Cat Co 1 Beach, Tel. 03 13-68 86 86, Fax 68 89 89, www.cat baislandresort-spa.com. Das schöne Resort liegt etwas zurückversetzt auf einem Felsrücken direkt am Strand und offeriert in seinen 112 Zimmern und Suiten jeden Komfort. Gutes Freizeitangebot mit Swimmingpool, Tennis und Sauna. DZ mit Frühstück ab 90 US-$, Suiten ab 180 US-$.

Sunrise Resort: Cat Co 3 Beach, Tel. 03 13-88 73 60, Fax 88 73 65. Das direkt am Strand gelegene Boutiqueresort verfügt über 38 geschmackvoll eingerichtete Zimmer. Bei freundlichem Service und großem Pool lässt es sich gut entspannen. DZ mit Frühstück ab 70 US-$.

Princes Hotel: Nui Ngoc (Ost), Tel. 03 13-88 88 99, Fax 88 76 66, www.princeshotel-catba.com. Das Princes ist eines der besseren unter den vielen handtuchschmalen Minihotels. Es besitzt eine freundlich gestaltete Lobby und 80 saubere Zimmer. Auf Wunsch werden Trekking- und Kajaktouren arrangiert. DZ mit Frühstück 20–35 US-$.

Sunflower One Hotel: Nui Ngoc (West), Tel. 03 13-88 84 29, Fax 88 84 51. Das Sonnenblumen-Hotel ist auf Gruppen ausgerichtet. Der Service ist effektiv, lässt aber die Individualität etwas vermissen. Die 104 Zimmer sind in Ordnung, wenn auch etwas klein. Sehr schön ist das Restaurant auf dem Dach. Auf Wunsch werden Ausflüge arrangiert. DZ mit Frühstück ab 20 US-$.

Naturgemäß ist auf Cat Ba Seafood angesagt und entsprechend groß ist das Angebot. Im Hafen gibt es zahlreiche Floating Restaurants, schwimmende Restaurants, die alle gute und frische Fischgerichte offerieren, jedoch bei der Rechnung gerne saftig aufrunden. Man sollte sich daher bezüglich der Preise vorher vergewissern.

Green Mango: Block 4, 1-4 Street, Tel. 03 13-88 71 51, tgl. 11–23 Uhr. Das modern eingerichtete Restaurant tischt gute Fusion-

Küche auf und hat eine große Auswahl an Weinen. Menüs um 100 000 VND.

Tuyet Beo Restaurant: Am Hafen, tgl. 11–22 Uhr. Das schwimmende Restaurant ist eines der besseren unter den vielen Anbietern. Bitte die Preise vorher genau abklären. Fischgerichte ab 70 000 VND.

Noble House Youth Hostel: 1-4 Street, Tel. 03 13-88 83 63, tgl. 7–21 Uhr. Das Restaurant in der dreistöckigen Jugendherberge ist vor allem bei Rucksackreisenden beliebt. Wer Heißhunger auf Europäisches hat, kann sich von (mittelmäßiger) Pasta und Pizza ernähren, doch gibt es darüber hinaus gute Fischgerichte ab 40 000 VND.

Flightless Bird Café: Am Westende der Hafenpromenade, tgl. 17–24 Uhr. Die von einem Neuseeländer geführte Kneipe ist ein beliebter Treffpunkt für Brot und Spiele. Gutes Fassbier, essbare Kleinigkeiten, Dart und heiße Rhythmen ziehen vor allem ein junges Publikum an. Gute Infobörse. Fingerfood ab 15 000 VND.

Neben dem Flightless Bird Café vermieten viele Hotels **Mountainbikes** (3–4 US-$ am Tag) für Rundfahrten auf der Insel und arrangieren Wanderungen im Nationalpark.

Kajaking: Zu den schönsten Gebieten für Kajakfahrten zählt die **Lan-Ha-Bucht** (Vinh Lan Ha) auf der Ostseite des Archipels. Touren kann man entweder über Veranstalter in Hanoi oder über die Hotels in Cat Ba buchen. Kajaks werden ab 3 US-$/Std. vermietet.

Baden: Im Südosten der Cat-Ba-Insel liegen die drei schönen Strandabschnitte Cat Co 1 bis 3. Man kann sich auch zu einigen Inseln fahren lassen wie etwa Cat Trai Gai und Duong Gianh.

Zwischen Hai Phong und Cat Ba verkehren täglich **Tragflügelboote** (1 Std.) und **Fähren** (2,5–3 Std.). Nach Hong Gai in Ha-Long-Stadt legt 1 x tgl. eine Fähre ab (2,5 Std.). Die privaten **Charterboote** für Fahrten durch die Ha-Long-Bucht machen an der Anlegestelle Ben Beo an der Ostseite der Insel Halt.

2 Ha-Long-Bucht

Karte: S. 177

Zu den Höhepunkten einer Vietnam-Reise zählt fraglos eine Bootsfahrt durch die Ha-Long-Bucht (Vinh Ha Long). Ob im Morgendunst, bei Nebel oder im Abendlicht – die Insellandschaft zaubert zu allen Zeiten eine grandiose Kulisse. Die zarten Farben lassen die üppig grünen Karstinseln und schroff aus dem Wasser ragenden Kalksteinfelsen verwunschen und verträumt wirken.

»Ein Wunder der Erde, das in den Himmel ragt«, besang der große Literat Nguyen Trai schon im 15. Jh. diese poetische Landschaft. Der Name Herabsteigender Drache, Ha Long, erinnert an die Ursprungslegende. Um die bedrängten Bewohner vor fremden Angreifern zu schützen, sei auf Befehl des Jadekaisers eine Drachenmutter mit ihren Kindern herabgestiegen und habe Perlen ausgespien. Jene hätten sich zu Jadeinseln verwandelt und wie eine Zitadelle den Eindringlingen den Zugang versperrt. Der Landeplatz der Drachenmutter war Ha Long, der Ort, wo ihre Kinder niedergingen, die nordöstlich sich anschließende Bucht Bai Tu Long.

Die Geowissenschaft hat für die auf 1553 km^2 verteilten 1969 Karstinseln (*dao*) eine ebenso faszinierende Erklärung. Sie bildeten einst als Ablagerungen von Muschelkalk den Grund des Urmeeres Tethys, der infolge der alpidischen Faltung vor etwa 30–50 Mio. Jahren freigelegt wurde.

Durch den bis heute andauernden Verwitterungsprozess entstanden die unterschiedlich geformten Karstkegel. Seit der Anhebung des Wasserspiegels nach der letzten Eiszeit vor 30 000–40 000 Jahren ragen diese als Inseln aus dem Wasser. Im Jahr 1994 nahm die Unesco einen 434 km^2 großen Teil der Ha-Long-Bucht in die Welterbeliste auf.

Faszinierende Karstkegel und ein schwimmendes Fischerdorf in der Ha-Long-Bucht

Ha-Long-Stadt

Ausgangspunkt für eine Fahrt durch die Ha-Long-Bucht ist **Ha-Long-Stadt** 1, die aus den beiden Orten Bai Chay und Hong Gai besteht. Obwohl die einst eigenständigen Siedlungen bereits seit 1994 administrativ zusammengefasst sind, werden ihre Namen unter Einheimischen und bei öffentlichen Verkehrsmitteln zumeist noch benutzt. Bai Chay und Hong Gai sind durch eine Brücke miteinander verbunden, welche die dazwischen liegende Meerenge Cua Luc überspannt. Über diesen schmalen Durchfluss zu einer Bucht gelangen die Frachter zum Tiefseehafen Cang Cai Lan, der in den letzten Jahren zum wichtigsten Warenumschlagplatz im Norden Vietnams avancierte.

Hong Gai 2 schmiegt sich an einen Berghang und konnte trotz vieler Neubauten seinen ursprünglichen Charakter einigermaßen bewahren. Sehenswert sind der Markt am Hafen und die freundlich bunte Chua Long Tien aus dem Jahr 1941. Das buddhistische Heiligtum liegt am Fuß des Berges der Poesie, Nui Bai Tho. Dieser Name geht auf das Jahr 1468 zurück, als hier König Le Thanh Tong vorbeikam und beim wunderbaren Ausblick ins dichterische Schwärmen geriet. Auch heute zeigt sich von der 106 m ü. d. M. liegenden Erhebung die Bucht mit den im Wasser schaukelnden Fischerbooten und Karstinseln besonders pittoresk.

Bai Chay 3 hingegen hat sich in den letzten Jahren zu einem modernen Touristenort entwickelt, der etwa so viel Charme versprüht wie die vielen Bettenburgen am Mittelmeer. Entlang des Berghangs reihen sich zahlreiche moderne Hotels wie Dominosteine aneinander. Eine saubere breite **Strandpromenade** lädt zum Flanieren ein. Der 8 ha große **International Royal Park** (Hoang Gia) verläuft entlang des Strandes und offeriert mit vielen Geschäften, Restaurants, Galerien und kulturellen Veranstaltungen ein abwechslungsreiches Programm (tgl. 7–24 Uhr, Eintritt für die Programme). In Bai Chay befindet sich auch die Anlegestelle für die Touristenboote, die jeden Morgen wie eine Armada ausschwärmen.

Auf der landnahen **Tuan-Chau-Insel** 4 westlich von Bai Chay gibt es einen Freizeitpark mit Hotels, Theater, Swimmingpool und einem künstlich aufgeschütteten Strand.

Die Bucht

Die meisten Besucher unternehmen eine Fahrt durch die Ha-Long-Bucht als Teil einer organisierten Reise, Rucksacktouristen bevorzugt im Rahmen der preiswerten Open-Tour-Programme. Man kann aber ebenso gut zur Anlegestelle gehen und direkt buchen (s. S. 180). Dort ist auch der Eintritt für die gern besuchten Höhlen Dong Thien Cung und Sung Sot (je 30 000 VND) zu entrichten.

Um den Touristenstrom zu kontrollieren, sind von der Behörde bestimmte, vorwiegend halbtägige Bootsrouten festgelegt. Hier eine Auswahl:

Route 1: Die 4-stündige Fahrt führt zunächst zur Treibholz-Insel, **Dau Go** 5. Der Legende nach soll auf ihr General Tran Hung Dao die Pfähle für seine Falle am Bach-Dang-Fluss gegen die Mongolen (s. S. 33) versteckt gehalten haben. Auf dem Eiland gibt es drei Höhlen, darunter die 140 m lange Grotte des Himmlischen Palastes, **Dong Thien Cung** 6. Die Beleuchtung verwandelt die fantastischen Tropfsteinformationen im Inneren in eine bunte Märchenwelt. Vorbei an den markanten, aus dem Wasser ragenden Felsen **Dinh Huong** (Räucherstäbchen-Gefäß) und **Hon Ga Troi** (Insel des Kampfhahns) geht es zurück.

Route 2: Bei dieser etwa 6-stündigen Fahrt ankert das Boot zusätzlich noch vor der Insel **Bo Hon** 7. Dort ist die 10 000 m² große Höhle der Überraschung, **Hang Sung Sot** 8, mit bunt illuminierten Tropfsteinformationen sehenswert. Abschließendes Ziel ist die Insel **Ti Top** 9 mit einem sehr schönen Sandstrand. Die Insel ist nach dem sowjetischen Kosmonauten Titov German Stepanovich benannt, der 1961 mehrfach die Erde umrundete. Alternativ kann man **Soi Sim** 10 ansteuern, die ebenfalls einen schönen Sandstrand besitzt.

Route 3: Diese vierstündige Tour hat die Eilande **Soi Sim** und **Lom Bo** 11 samt **Grotte**

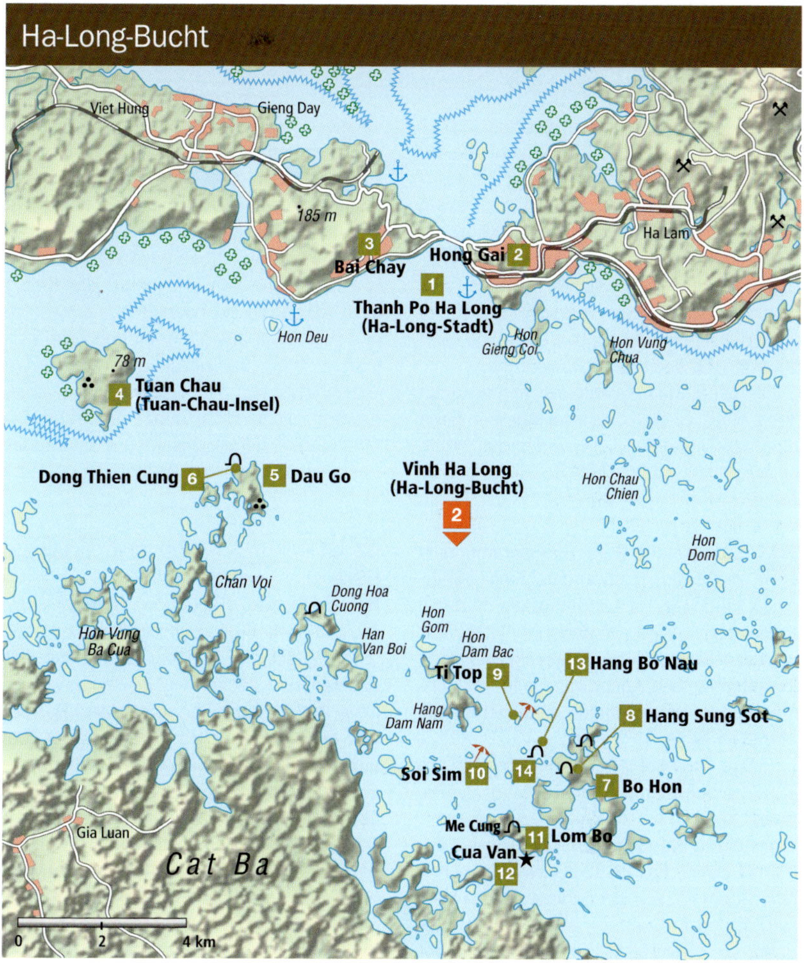

Me Cung zum Ziel. Die auf Lom Bo gelegene Grotte beeindruckt durch fantasiereiche Formationen von Stalagmiten und Stalaktiten. Archäologische Funde ergaben, dass sie bereits vor 10 000 Jahren während des Neolithikums besiedelt war. Schließlich wird auch noch das schwimmende Fischerdorf **Cua Van** 12 angesteuert, wo seit Generationen ca. 800 Menschen in Hausbooten leben.

Route 4: Diese Ganztagsfahrt ist eine Verlängerung der Route 2 und führt weiter zur offenen Pelikangrotte, **Hang Bo Nau** 13, die sich wie ein Drachenmaul öffnet und einen fotogenen Blick auf die umliegenden Karstinseln freigibt. Alternativ kann man die Grotte **Me Cung** auf der Insel **Lom Bo** besuchen.

i **Tourist Information:** Am Hafen, Tel. 033-84 74 81, 84 65 92, www.halong.org.vn, tgl. 6.30–16 Uhr. Hier kann man sich über die Routen durch die Bucht informieren, den Eintrittspreis für die Höhlen entrichten und ein Boot mieten.

Richtig Reisen-Tipp: Kajaking in der Ha-Long-Bucht

Angesichts der vielen Inseln, Grotten und der ruhigen See sind die Ha-Long-Bucht und der Cat-Ba-Archipel ein Eldorado für Seekajaking. Mit etwas Übung können auch Laien diesen Sport ausüben und werden mit einem Naturerlebnis der besonderen Art entschädigt. Die besten Bedingungen herrschen aufgrund der angenehmen Wassertemperaturen zwischen April und Oktober, allerdings kann zuweilen die See recht stürmisch sein.

Die schönsten Kajaktouren führen nach Tung Gau, einer Höhle, die nur bei Ebbe durchfahren werden kann und in das Innere einer Karstinsel führt, nach Ho Ba Ham, einer von hohen Karstwänden umschlossenen Lagune auf Dao Be (Kalbskopfinsel) östlich der Lan-Ha-Bucht, und schließlich zur Hang Luon, einer Grotte, die in das Innere der Bo-Hon-Insel führt und nur mit kleinen Booten und Kajaks durchfahren werden kann.

Es empfiehlt sich eine mehrtägige Kreuzfahrt durch die Ha-Long-Bucht zu wählen und vom Boot aus dann mit den Kajaks zu starten. Unter den unzähligen Anbietern in Hanoi haben sich die etablierten Veranstalter bewährt. Sie verfügen über komfortable Kabinenboote, sichere Kajaks und erfahrenes Personal. Eine Auswahl finden Sie auf S. 147.

Es herrscht Goldgräberstimmung in der Tourismusbranche. Einer Hotelneueröffnung in Ha Long folgt die nächste. Zumeist handelt es sich dabei um funktionale 3- oder 4-Sterne-Hotels mit wenig Charakter. Die Internet- und Agenturpreise für die Zimmer sind meist wesentlich günstiger als die offiziellen Tarife.

Einige Minihotels mit Zimmerpreisen um 20 US-$ befinden sich im Zentrum von Bai Chay.

Tuan Chau Resort: Tuan-Chau-Insel, Tel. 033-84 29 99, Fax 84 23 33, www.tuanchauresort.com.vn. Auf der 675 ha großen Insel sind in den Freizeitpark zwei Resorts integriert: Die **Pine Hill Villas** mit 148 Zimmern und die **Seaside Villas** mit 71 Zimmern, die Hälfte davon direkt am Privatstrand gelegen. Zum Restaurant und Pool müssen teilweise weite Wege zurückgelegt werden. DZ und Suiten mit Frühstück 150–300 US-$.

Heritage Halong Hotel: 88 Ha Long Rd., Bai Chay, Tel. 033-84 68 88, Fax 84 69 99, www.heritagehalong.com. Das etablierte Hotel mit freundlichem Service ist vor allem bei Europäern beliebt und verfügt über 101 geräumige Zimmer mit Blick auf die Bucht. Im Restaurant wird Fusion-Küche geboten. Netter Swimmingpool, unterhaltsamer Nachtclub. DZ mit Frühstück ab 130 US-$, Suiten 250 US-$.

Halong Dream: 10 Ha Long Rd., Bai Chay, Tel. 033-84 42 88, Fax 84 48 55, www.halongdreamhotel.com. Das Luxushotel mit 181 Zimmern und 3 Suiten liegt im Herzen von Bai Chay. Neben guter Küche im Hanoi Restaurant und im Trang An Bar Café verfügt es über einen netten Pool. Eine gute Wahl. DZ mit Frühstück ab 100 US-$, Suiten 200 US-$.

Grand Halong Hotel: Ha Long Rd., Bai Chay, Tel. 033-84 40 41, Fax 84 64 40, www.grandhalonghotel.com.vn. Das 4-Sterne-Hotel mit protziger Lobby hat 117 Zimmer und Suiten. Im unterkühlten Bellevue Restaurant des Hotels wird internationale Küche geboten. Schöner Pool. DZ mit Frühstück ab 80 US-$, Suiten 150 US-$.

Halong Plaza: 8 Ha Long Rd., Bai Chay, Tel. 033-84 58 10, Fax 84 68 67, www.halong-plaza. com. Ein elegantes 4-Sterne-Hotel mit 12 Etagen und glitzernder Lobby. Die insgesamt 200 Zimmer und Suiten sind geräumig und etwas steril. Fast alle bieten Meerblick. Das etwas unpersönliche Restaurant bietet gute Speisen, schöner Pool. DZ mit Frühstück ab 100 US-$.

Mithrin Hotel: Hung Thang Rd., Bai Chay, Tel. 033-84 80 90, Fax 84 17 70, www.mith rinho telhalong. com.vn. Das empfehlenswerte Hotel liegt im westlichen Bereich von Ha Long und verfügt über 88 elegante Zimmer und Suiten sowie Restaurants und Swimmingpool. Wenn in der Bay View Bar nicht zu schräge Karaoke-Musik geboten wird, kann man den Blick auf die Bucht genießen. DZ mit Frühstück ab 80 US-$, Suiten ab 160 US-$.

Halong Spring Hotel: 10 Ha Long Rd., Bai Chay, Tel. 033-84 63 81, Fax 84 67 29, suoimohotel@hn.vnn.vn. Ein solides Touristenhotel mit 167 Zimmern und zwei Restaurants. Das Restaurant im 11. Stock bietet ein schönes Panorama. Insgesamt ein recht gutes Preis-Leistungs-Verhältnis. DZ mit Frühstück ab 40 US-$.

Die kulinarische Auswahl ist ziemlich bescheiden, da die meisten Touristen in den Hotelrestaurants essen. In Bai Chay reihen sich westlich des Postamtes (*buu dien*) entlang der Hauptstraße einige gemütliche Seafood-Lokale aneinander.

Royal Restaurant: International Royal Park, Ha Long Rd., Bai Chay, Tel. 033-84 72 08, tgl. 11–23 Uhr. Zwar etwas touristisch und überteuert, trotzdem kann man zu den Klängen traditioneller Musik gute vietnamesische Küche genießen. Gerichte ab 60 000 VND.

Jumbo Restaurant: 119 Le Thanh Tong, Hon Gai, Tel. 033-62 48 88, tgl. 9–22 Uhr. Das dreistöckige Holzgebäude mit 300 Plätzen liegt unweit des Hafens und bietet leckere chinesische und vietnamesische Gerichte ab 40 000 VND.

Van Song: Ha Long Rd., Bai Chay (unweit des Postamts), Tel. 033-84 60 84, tgl. 9–23 Uhr. Gute und günstige Speisen mit Fisch und Meeresfrüchten ab 40 000 VND.

Die Bootstouren in der Ha-Long-Bucht führen auch in die beeindruckenden Tropfsteinhöhlen

International Royal Park (Hoang Gia): Ha Long, Bai Chay, Tel. 033-84 66 58. Neben Ausstellungen und kulturellen Veranstaltungen finden allabendlich 45-minütige Aufführungen des Wasserpuppentheaters statt (60 000 VND).

Tuan Chau Island: Tel. 033-84 21 15, www.tuanchauresort.com.vn. Die Insel liegt einige Kilometer westlich von Ha-Long-Stadt und ist über einen Damm erreichbar. Der große Freizeitpark hat zahlreiche Angebote, die von Zirkus über Tieraufführungen bis zu einer Poollandschaft reichen (tgl. 9–19 Uhr, individuelle Eintritte).

Bootstouren

Huong Hai Junks: 1 Vuong Dao, B, Tel. 033-84 50 42, www.halongdiscovery.com. Zählt zu den führenden Reedern in Ha Long und bietet mit seiner auf Nostalgie getrimmten Flotte ein- und mehrtägige Fahrten an. Eine Tagestour kostet ab 50 US-$/Person.

Bai Tho Tourist: 175 Cao Xanh, Tel. 033-82 62 74, Fax 62 64 09, www.baithojunk.com. Bai Tho Tourist verfügt über Kabinenboote für 4–36 Passagiere und über Touristenboote für Tagestouren. Ab 50 US-$/Person bei mindestens vier Teilnehmern.

Emeraude Classic Cruises: Press Club, 59 A Ly Thai To, Hanoi, Tel. 04-934 08 88, Fax 825 53 42, www.emeraude-cruises.com. Das Boot mit 36 Kabinen ist ein Nachbau jener Schaufelraddampfer, die im frühen 20. Jh. einige Jahre lang durch die Bucht schipperten. Tgl. Kreuzfahrten mit einer Übernachtung, ab 375 US-$/Person.

Life Resorts: 64/28 Pho Quang, Tan Binh, Ho-Chi-Minh-Stadt, Tel. 08-844 36 05, Fax 844 35 61, www.life-resorts.com. Die luxuriösen Boote sind für Individualtouristen konzipiert und bieten jeglichen Komfort. Ab 2008.

Busse

Vom **Ben Xe Mien Tay** in Bai Chay fahren Busse u. a. nach Hai Phong (75 km, 2 Std.) und jede halbe Stunde nach Mong Cai (190 km, 5 Std.). Der populäre Hoang Long Express Bus steuert den **Ben Xe Kim Ma** in Hanoi etwa alle 30 Min., ein Minibus den **Ben Xe Gia Lam** in Hanoi (165 km, 4 Std.) alle 20 Min. an.

Boote

Tragflügelboote (ve tau cao toc) verbinden je 2 x tgl. Ha-Long-Stadt mit Mong Cai (3 Std.) und mit der 50 km nordöstlich gelegenen Insel Van Don (Dao Cai Bau, 1 Std.15 Min.). Abfahrt ist von einem Ableger in Bai Chay, einige hundert Meter vor der Brücke.

Bai Tu Long

Nordöstlich von Ha Long schließt sich die Bucht der Drachenkinder, Vinh Bai Tu Long, an. Hier sind der Legende nach die Kinder der Drachenmutter gelandet. Bislang sind die unzähligen Inseln touristisch wenig erschlossen, obwohl auch hier pittoreske Landschaftsszenerien und ursprüngliche Dschungellandschaften zuhauf zu finden sind. Bai Tu Long ist vielfach Programmteil einer mehrtägigen Kreuzfahrt. 2001 wurde eine Fläche von 15 783 ha zum Nationalpark erklärt, um die hohe Artenvielfalt zu schützen. Das Schutzgebiet umfasst neben vielen kleinen Eilanden die 20 km lange Insel **Ba Mun,** wo sich auch das Hauptquartier der Parkverwaltung befindet. Auf der Insel der Wolkenburg, **Van Don** (Dao Cai Bau), locken einsame Strände.

Bai Tu Long Eco-Tourism Resort: Van Don Island, Tel. 033-79 31 56, Fax 79 36 74, www.baitulong.com. Derzeit bestes Resort mit 24 originellen Stelzenhäusern und 20 Villen. Es liegt direkt am Strand vor einer schönen Kulisse von Karstbergen. Viele Ausflugsmöglichkeiten in die Umgebung. DZ mit Frühstück ab 30 US-$.

Zwischen Ha-Long-Stadt und Van Don verkehrt 2 x tgl. ein Tragflügelboot. Ansonsten muss man ein Privatboot mieten. Man kann auch von Ha-Long-Stadt mit dem Bus nach Cua Ong fahren und von dort mit der Fähre übersetzen.

Das Rote-Fluss-Delta

Karte S. 189

Die von Kanälen durchzogenen weiten Ebenen des Roten-Fluss-Deltas muten wie ein holländisches Landschaftsbild an. Mit 14 700 km^2 etwas kleiner als Schleswig-Holstein, zählt das Delta zu den am dichtesten besiedelten Gebieten des Landes. In dieser uralten Kulturlandschaft liegt die Wiege Vietnams.

Jahrtausende haben die gleichförmige, zuweilen monoton wirkende Landschaft des Roten-Fluss-Deltas geformt. Eigentlich sind es drei Flüsse – Song Hong, Song Da und Song Ma –, die aus den Bergen kommend sich immer mehr verästeln, um sich schließlich ins Meer zu ergießen. Für die Menschen sind die gewaltigen Wassermassen Fluch und Segen zugleich. Zum einem werden ihre Felder bis in die letzen Winkel mit so viel Wasser gespeist, dass sie zwei Reisernten im Jahr einfahren können. Zum anderen aber drohen alljährlich während der Regenzeit die Flüsse über die Ufer zu treten. Daher gehört es seit Menschengedenken zur Überlebensstrategie der Bewohner dieser Region, die Ströme einzudeichen.

Um diese eigentümliche Region kennenzulernen, benötigt man mehrere Tage. Zu den Höhepunkten zählen die Karstlandschaft in der Trockenen Ha-Long-Bucht, einige sehenswerte Sakralbauten und der Cuc-Phuong-Nationalpark.

Von Ha Long nach Ninh Binh

Reiseatlas: S. 8/7, E 1–B 3

Von Ha Long führt die gut ausgebaute Nationalstraße 10 in die 257 km entfernte Provinzstadt Ninh Binh. Entlang der Route sollte man sich Abstecher zu einigen reizvollen Heiligtümern nicht entgehen lassen, die wirklich den Besuch lohnen.

Chua Keo

Reiseatlas: S. 7, C 2

Etwa 10 km südlich von Thai Binh liegt im Vi-Tien-Distrikt unweit des Dorfes Vu Nghia die Chua Keo. Das buddhistische Kloster liegt herrlich eingebettet in die Deltalandschaft und zählt zu den schönsten der Region. Der längliche Komplex erstreckt sich am Fuß eines Deiches, hinter dem sich der Rote Fluss in Richtung Meer windet, das nur 10 km entfernt liegt.

Das Kloster des Heiligen Lichts, Than Quang Tu, wie die Chua Keo auch genannt wird, wurde laut Inschrift 1611 an die jetzige Stelle verlegt, nachdem der ursprüngliche Bau aus dem 11. Jh. durch Überschwemmungen zerstört wurde. Im Zentrum der Verehrung steht der als wundertätig geltende Mönch Duong Khong Lo (1066–1141), zu dessen Ehren alljährlich vom 13. bis 15. des neunten Mondmonats ein großes Fest mit Umzügen, Bootsrennen und Aufführungen des Wasserpuppentheaters begangen wird. Ein weiteres Fest findet am 4. Tag des ersten Mondmonats statt.

Die Gebäude sind von einer Außenmauer umgeben und reihen sich auf einer Nord-Süd-Achse hintereinander. Einem halbmondförmigen **See** folgt das dreiteilige **Eingangstor** (*tam quan*) mit schönen Drachen- und Wolkenmotiven an den 300 Jahre alten Holzflügeln des Mittelportals. Das **erste Bauensemble** gleicht einem liegenden H und wird von einem schweren Walmdach geschützt. Im Inneren der Vorhalle wachen die bei-

Mit dem Autor unterwegs

Sehenswert

Pagode am Deich: Die Chua Keo mit ihrem berühmten Glockenturm liegt einsam in einer reizvollen Deltalandschaft (s. S. 181f.).

Prächtiger Kirchenbau: In Phat Diem steht einer der außergewöhnlichsten Kirchenbauten Vietnams (s. S. 188f.).

Affenstark

Primaten am Kliff: Mit Glück erspähen Sie bei der Bootsfahrt durch die traumhaft schöne Karstlandschaft im Landschaftsschutzgebiet Van Long die seltenen Delacour-Languren (s. S. 188).

Primatenraritäten: Im Endangered Primate Rescue Center, einer Auffangstation für Primaten am Eingang zum Cuc-Phuong-Nationalpark, können Sie die seltensten Affenarten der Welt bestaunen (s. S. 190).

den mächtigen Statuen des weißgesichtigen Khuyen Thien, Förderer von Edelmut und Großzügigkeit, und des rotgesichtigen Trung Ac, Richter über die Bösewichte. In der Haupthalle zeigen die Figuren auf dem Hauptaltar die für nordvietnamesische Pagoden typische Anordnung. Ein weiteres, zumeist verschlossenes **Hallenensemble** in Form eines liegenden H dient der Verehrung von Duong Khong Lo.

Hauptattraktion ist jedoch der 11,5 m hohe **Glockenturm.** Im frühen 18. Jh. aus Eisenholzstämmen errichtet, weisen die Säulen und Querbalken hervorragende Schnitzarbeiten auf.

Die länglichen **Boote** an der Stirnseite der Außenmauer der Tempelanlage werden beim Tempelfest für eine Regatta eingesetzt (tgl. 8–17 Uhr, 3000 VND).

In der Nähe von Nam Dinh

Reiseatlas: S. 7, C 2

Etwa 3 km nordwestlich der Provinzhauptstadt Nam Dinh, einem wenig ansehnlichen Zentrum der Textilindustrie mit etwa 250 000 Einwohnern, liegt im Dorf Tuc Mac der **Den Tran** (Thien Truong). Die Anlage besteht aus drei Gedenktempeln zur Verehrung der Tran-Dynastie, die hier ihre Heimat hatte. 14 Könige brachte der einstige Fischerklan hervor, dessen von 1225 bis 1400 dauernde Ära als eine Zeit der politischen Stärke und kulturellen Blüte Vietnams gilt. In der linken Halle werden die Statuen der 14 Könige gezeigt, in der mittleren Halle sind deren Ahnenaltäre zu finden.

Das rechte Gebäude, der Den Tran Hung Dao, dient der Verehrung eines berühmten Generals. Der um 1300 verstorbene Tran Hung Dao war der Sohn eines Halbbruders von König Tran Thai Tong (reg. 1225–1258) und konnte dank seiner brillanten Taktik dreimal die Angriffe der Mongolen abwehren. Aus diesem Grund gilt er als besonders mächtiger Schutzgeist. Ein kleines Museum erinnert an die Dynastie und illustriert mit Plänen und Exponaten vor allem die Schlachten gegen die Mongolen (tgl. 8–17 Uhr, Eintritt frei).

Wenige hundert Meter entfernt liegt die **Chua Pho Minh,** wegen ihrer Hauptsehenswürdigkeit auch Turm-Pagode, Chua Thap, genannt. In ihrer heutigen Gestalt geht sie auf König Tran Thanh Tong (reg. 1258–1278) zurück, der sie 1262 zusammen mit einem heute verschwundenen Palastgebäude errichten ließ. Das kleine Bauensemble wirkt aufgrund der beiden runden Lotosteiche und dem sich dahinter erhebenden 21 m hohen Turm sehr beschaulich. Der 1305 erbaute Thap birgt die Asche des hochgeachteten Königs Tran Nhan Tong (reg. 1278–1293), der nach seiner Abdankung zurückgezogen als Mönch lebte und zur Übung strenger Meditation die Bambuswald-Schule, Truc Lam, gründete. Er verstarb 1308.

Die **Haupthalle** ist dreigeteilt und stellt im hinteren Teil in einem gläsernen Schrein die wertvollste Figur aus – eine liegende Buddha-Statue, die als Manifestation von Tran Nhan Tong gilt. Links daneben stehen die Figuren der beiden Mitbegründer der Truc-Lam-Schule, Phap Loa (1284–1330), ein hochbegabter Prediger, und Huyen Quang (1254–

1334), der dritte Patriarch der Truc-Lam-Schule (tgl. 8–17 Uhr, Eintritt frei).

Ninh Binh

Reiseatlas: S. 7, B 3

Die Hauptstadt der 1387 km² großen Ninh-Binh-Provinz ist ein guter Ausgangspunkt für die Besichtigungen in der Umgebung. Mit ihrer Zementindustrie ist sie zwar keine Schönheit, aber ein Besuch des **Marktes** ist durchaus lohnenswert. Es gibt einige passable Übernachtungsmöglichkeiten.

Life Wellness Resort Ninh Binh: Info: 64/28 Pho Quang, Tan Binh, Ho-Chi-Minh-Stadt, Tel. 08-844 36 05, Fax 844 35 61, www.life-resorts.com. Das wie ein traditionelles Dorf konzipierte Resort liegt traumhaft schön in einem Tal unweit von Ninh Binh. Es besteht aus 40 Bungalows und 10 zweistöckigen Gebäuden. Spa- und Ausflugsangebot. Eröffnung Ende 2008. DZ mit Frühstück ab 150 US-$.

Thuy An Hotel: 55A Truong Han Sieu, Tel. 030-87 16 02, Fax 87 69 34, www.thuyanhhotel.com. Das freundliche Familienhotel verfügt über 37 saubere Zimmer und Suiten und wird gern von Reisegruppen gebucht. Im Erdgeschoss offeriert das Restaurant solide asiatische Gerichte. Im 6. Stock gibt es eine offene Bar. Fahrradverleih, Tourbuchung und gute Informationsquelle. DZ mit Frühstück 20-40 US-$.

Thanh Thuy Hotel: 128 Le Hong Phong, Tel. 030-87 18 11, Fax 88 04 11, tuc@hn.vnn.vn. Bezüglich des Preis-Leistungs-Verhältnisses bis dato unschlagbares Minihotel mit 20 sauberen Zimmern. Beliebt bei Rucksacktouristen. Die hilfsbereiten Besitzer arrangieren Touren und verleihen Fahrräder. DZ mit Frühstück 10–15 US-$.

Xuan Hoa Hotel: 31 D Minh Khai, Tel. 030-88 09 70, xuanhoa@hotmail.com. Das handtuchschmale Minihotel mit schlichten Zimmern ist bei sparsamen Rucksacktouristen beliebt. Der freundliche Besitzer organisiert Touren, seine Frau managt die von Gästen gerühmte Küche dieser Unterkunft. DZ mit Frühstück um 10 US-$.

Die größte Menüauswahl wird von den Hotels geboten, wobei das Xuan Hoa Hotel aufgrund seiner guten Hausmannskost gelobt wird. Wer außerhalb essen möcte, findet entlang der Hauptstraße des Ortes, der Tran Hung Dao, einige Essensstände und Cafés. Spezialität von Ninh Binh sind Gerichte mit Ziegenfleisch (*thit de*).

Nahezu jedes Hotel verleiht **Fahrräder** für Touren in die Umgebung. Sie kosten ab 15 000 VND/Tag.
Wer nicht in die Pedale treten möchte, kann sich für die Ausflüge statt dessen **Mopeds** mit Fahrer (honda om) ab 6 US-$/Tag mieten.

Busse: Vom **Busbahnhof** an der Ecke Tran Hung Dao/Le Dai Hanh unweit des Flusses starten Busse in Richtung Hanoi (92 km, 2,5 Std.), Hai Phong (197 km, 3,5 Std.), Phat Diem/Kim Son (28 km, 1 Std.) und Thanh Hoa (60 km 1,5 Std.).
Ninh Binh ist auch Haltepunkt der Open-Tour-Busse zwischen Hanoi und Hue. Infos und Tickets in den Hotels.
Züge: Im kleinen **Bahnhof Ga Ninh Binh** halten 4 x tgl. Züge in Richtung Süden und gen Hanoi (2,5 Std.).

3 Trockene Ha-Long-Bucht

Reiseatlas: S. 8, D/E 1

Im Westen von Ninh Binh erstreckt sich eine der schönsten Karstlandschaften des Roten-Fluss-Deltas. Wegen der bizarren Hügelformationen wird sie **Trockene Ha-Long-Bucht** (Vinh Ha Long Can) genannt. Hier befinden sich einige äußerst reizvolle Ziele, die man im Rahmen einer Tagestour von Hanoi aus oder (besser) als Teil einer mehrtägigen Rundfahrt durch die Deltaregion besuchen kann: Hoa Lu, die einstige Königsstadt aus dem 10. Jh., Tam Coc, drei Höhlen, die von dem Ngo-Dong-Fluss durchbrochen werden, und die Chua Bich Dong, eine alte buddhistische Einsiedelei.

Wasserbüffel helfen bei der schweren Arbeit
in der Trockenen Ha-Long-Bucht

Hoa Lu

Reiseatlas: S. 7, B 3

Ca. 12 km nordwestlich von Ninh Binh liegt die einstige Königsstadt Hoa Lu. Sie ist mit dem Fahrrad gut zu erreichen. Im Schutz der Karstberge – daher auch der Name Trockene Ha-Long-Bucht (Vinh Ha Long Can) – etablierte hier 968 Dinh Tien Hoang (Dinh Bo Linh, reg. 968–979) seine Hauptstadt für das neu geeinte Reich der Großen Viet, Dai Co Viet. Nach elf Jahren wurde der gefürchtete Autokrat samt Sohn und potenziellem Thronfolger, Dinh Lien, von seinem General Le Hoan ermordet. Jener ließ sich 980 zum Herrscher Le Dai Hanh ausrufen und begründete die Frühe Le-Dynastie. Sein Tod 1005 führte zu Thronstreitigkeiten zwischen seinen drei Söhnen, bis schließlich ein Mitglied des Ly-Klans 1009 zum König erhoben wurde und unter dem Namen Ly Thai To (reg. 1009–1028) seine Residenz in das von ihm gegründete Thang Long (heute Hanoi) verlegte.

An einer überdachten Ausgrabungsstelle kann man einige **Fundamentreste des Palastes** sehen, ansonsten ist nichts mehr erhalten geblieben. Den frühen Herrschern und ihren Familien errichtete man im 17. Jh. Gedenktempel, die bis in die Gegenwart immer wieder erneuert wurden. Sie sind architektonisch wenig interessant, beeindrucken aber aufgrund ihrer Lage inmitten der Karstlandschaft.

Der **Den Tho Vua Dinh Tien Hoang** stammt aus dem Jahr 1696 und wurde im frühen 20. Jh. umfassend restauriert. Wie üblich ist der ummauerte Komplex nach geomantischen Prinzipien errichtet – mit Bergen im Hintergrund und einem Teich im Vordergrund. Im Haupttempel thront auf dem Altar die Statue des Königs Dinh Tien Hoang, flankiert von seinem ältesten Sohn Dinh Lien. Einen Steinwurf entfernt befindet sich der ähnlich konzipierte **Den Le Dai Hanh** mit Statuen des gleichnamigen Königs und seiner Frau Duong Van Nga.

Ein Pfad führt von den Gedenktempeln auf den Sattelberg, **Nui Ma Yen,** wo sich ein schöner Panoramablick eröffnet. Dort sind

Drachenskulpturen am Tempel zu Ehren König Dinh Tien Hoangs

Richtig Reisen-Tipp: Per Fahrrad nach Hoa Lu und Tam Coc

Eine insgesamt etwa 30 km lange Fahrradtour führt von Ninh Binh zunächst in Richtung Nordwesten ins 12 km entfernte Hoa Lu. Nach der Besichtigung der dortigen Sehenswürdigkeiten geht es weiter durch eine idyllische Karstlandschaft. Eine schmale Teerstraße verläuft in Richtung Süden, vorbei an Gehöften, Siedlungen und Reisfeldern. Zusammen mit den markanten Erhebungen ergeben sich immer wieder neue Motive. Nach etwa 12 km mündet der ebene Weg in die breite Zufahrtsstraße nach Tam Coc. Ihr folgt man in Richtung Westen bis zum Dorf Van Lam, wo die Bootstouren beginnen. Zum Abschluss geht es in Richtung Nationalstraße 1 A und dort zurück nach Ninh Binh (ca. 7 km). Einschließlich Besichtigungen und Bootsfahrt benötigt man einen ganzen Tag. Fahrräder können in den meisten Unterkünften von Ninh Binh gemietet werden.

auch die vermeintlichen Grabstätten der Könige zu finden. Alljährlich vom 8. bis 10. Tag des dritten Mondmonats findet das Hoa-Lu-Fest statt (tgl. 7–18 Uhr, Eintritt zu den Tempeln 10 000 VND).

Tam Coc

Reiseatlas: S. 7, B 3

Der Weiler Van Lam – von Ninh Binh aus mit dem Fahrrad in 30–40 Min. zu erreichen – unweit des Dorfes Ninh Hai, etwa 7 km südwestlich von Ninh Binh, ist Ausgangspunkt für eine wunderschöne **Bootsfahrt** auf dem flachen Ngo-Dong-Fluss. Mit geflochtenen Ruderbooten gleitet man lautlos an Reisfeldern und Karstbergen vorbei. Insgesamt dauert die Fahrt 2–3 Std. und führt durch die drei **Höhlen Tam Coc** mit jeweils 127 m, 70 m und 40 m Länge. Hinter der letzten Höhle wird man von Souvenirjägern bestürmt, bevor nach einer kleinen Verschnauf- und Kaufpause die Rückfahrt beginnt. Man sollte früh starten, um den Tagestouristen aus Hanoi zuvorzukommen. Ins Handgepäck gehören Sonnen- oder Regenschutz.

i An der Bootsanlegestelle in Van Lam gibt es einen Verkaufsschalter. Dort muss man das Eintrittsticket für die Höhlen (30 000 VND) kaufen und das Boot mieten (ab 40 000 VND). Tgl. 7–17 Uhr.

Entlang der Hauptstraße von Van Lam servieren mehrere Restaurants im Akkordtempo überteuerte Gerichte. Sie sind vor allem auf die vielen Tagestouristen aus Hanoi eingestellt (tgl. 8–20 Uhr).

Lang Khanh: Tel. 030-61 80 73, tgl. 8–19 Uhr. Das einfache Lokal liegt an der Straße in Richtung Bootsanlegestelle und ist für seine Ziegenfleisch-Gerichte wie gebratene (*thit de xao lan*), gegrillte (*thit de nuong*) und gekochte Ziege (*thit de hap*) bekannt. Um 30 000 VND.

Chua Bich Dong

Reiseatlas: S. 7, B 3

Ein schmaler Weg führt vom Weiler Van Lam zur 2 km entfernten Pagode der Smaragd-Grotte, Chua Bich Dong. Sie schmiegt sich im Schutz von Bäumen an den Berg Nga Nhac Son. Ihre Ursprünge gehen auf das Jahr 1699 zurück, als die beiden Mönche Thich Tri Kieu und Thich Tri The in dieser abgeschiedenen Berglandschaft eine Einsiedelei gründeten.

Die Klostergebäude verteilen sich auf drei Ebenen. Vorbei an einem Lotosteich gelangt man durch ein schönes Tor zur Unteren Pagode, **Chua Ha.** Von ihr führen Treppen zur Mittleren Pagode, **Chua Trung,** mit hübschen Buddha- und Bodhisattva-Statuen. Vom Vorplatz bietet sich ein schöner Blick in die Umgebung. Das Gebäude der Chua Trung wurde vor den Zugang zu einer erhöht liegenden Grotte gebaut, in der sich die **Obere Pagode** befindet. Dabei handelt es sich um einige schlichte Altäre mit Statuen der Göttin der Barmherzigkeit, Quan The Am, des Berggottes Son Than und des Erdgottes Son Dia (tgl. 8–17 Uhr, 15 000 VND).

Van Long

Reiseatlas: S. 7, B 2
Etwa 23 km nordwestlich von Ninh Binh erstreckt sich das 2001 etablierte **Landschaftsschutzgebiet Van Long** (Bao Ton Thien Nhien Van Long), Drache in den Wolken. Es handelt sich um ein 260 km^2 großes Karstgebiet mit zahlreichen Kanälen und Höhlen. Hier leben noch Asiatische Schwarzbären (*Selenarctos thibetanus*) und mehrere Affenarten, darunter über 50 Exemplare der extrem bedrohten Delacour-Languren (*Trachypithecus delacouri*). Das landschaftlich attraktive Gebiet bildet eine gute Alternative zu der sehr touristisch gewordenen Bootstour in Tam Coc.

Ausgangspunkt ist die **Tourist Ecological Area** (Khu Du Lich Sinh Thai) unweit des Dorfes Me im Gia-Vien-Distrikt. Dort beginnen ca. 1,5-stündige Touren mit flachen Sampans aus Bambus. Es gibt mehrere Tourvarianten. So führt eine Route beispielsweise zur 250 m langen Fischhöhle, Hang Ca, die bei entsprechendem Wasserstand durchfahren werden kann. Bei einer anderen Variante kann man mit Glück und einem Fernglas an den Felswänden Languren erspähen (Eintritt 15 000 VND, Boot ab 40 000 VND).

Kenh Ga

Reiseatlas: S. 7, C 2
Eine weitere Bootstour beginnt etwa 4 km südlich von Me an einem Kanal. Per Motorboot geht es zu dem Dorf im Hühner-Kanal, **Kenh Ga.** Die Ortschaft ist vollständig von Wasser umgeben, einige der Bewohner leben noch in geräumigen Hausbooten aus Beton. Landschaftlich ist der Ausflug zwar weitaus weniger interessant als nach Tam Coc oder Van Long, dafür erfährt man beim Dorfrundgang mehr über das Leben der Bewohner. Etwas außerhalb des Ortes zweigt vom Kanal ein Pfad zur Tropfsteinhöhle **Dong Van Trinh** ab (15 000 VND, Boot ab 60 000 VND).

Phat Diem (Kim Son)

Reiseatlas: S. 7, C 3
Von Ninh Binh führt eine gute Landstraße ins 28 km südöstlich gelegene Städtchen des Goldberges, **Kim Son.** Es ist eine holländisch anmutende Landschaft, die einem begegnet, wo »junge grüne Reissprösslinge und goldene Erntefelder den Platz der Tulpen einnehmen und Kirchen jenen der Windmühlen«, wie Graham Greene in »Der stille Amerikaner« trefflich schrieb. In der Tat ragen am Horizont immer wieder Kirchtürme auf und erinnern daran, dass die Region eine Hochburg des Katholizismus ist. Nachdem das einstige Marschland unter Führung des einflussreichen Mandarins Nguyen Cong Tru (1778–1858) urbar gemacht wurde, ließen sich hier vorwiegend Katholiken nieder. Nach der Teilung Vietnams 1954 flohen Hunderttausende in den Süden.

In Kim Son steht das eindrucksvollste Gotteshaus des Landes, der **Dom Phat Diem** (Nha Tho Phat Diem). Dieser gewaltige Komplex mit einer Haupt- und vier Nebenkirchen ist eine Mischung aus europäischen und asiatischen Bauelementen. Mit ihm realisierte der Priester Tran Luc – auch als Père Six bekannt – seine Vision einer Kirche mit vietnamesischem Antlitz. 1891 fand nach 20-jähriger Bauzeit die feierliche Einweihung statt. 1933 wurde in der Kathedrale der erste Vietnamese zum Bischof geweiht. Im Ersten Indochinakrieg war Phat Diem zwischen Viet Minh und französischen Truppen hart umkämpft. 1972 wurden Teile der Kirche bei einem US-amerikanischen Fliegerangriff beschädigt.

Die Besucher werden zunächst von einer 3 m großen **Christusfigur** begrüßt, die sich seit 1925 auf einer Insel in der Mitte eines Teiches erhebt. Einem großen **Platz** mit den 1991 gestifteten Statuen der Apostel Petrus und Paulus schließt sich der massige 25 m hohe **Glockenturm** an, der mit seinen Portalen und geschwungenen Dächern einem

Richtig Reisen-Tipp: Touren im Cuc-Phuong-Nationalpark

Im Nationalpark bestehen eine Reihe von Trekkingmöglichkeiten mit unterschiedlichen Schwierigkeitsgraden. Es empfiehlt sich, über die Parkverwaltung oder eine Agentur einen Führer zu engagieren (s. S. 190f.). Durch den Taleinschnitt verläuft eine Teerstraße vom Eingang bis zum 20 km entfernten Parkcenter, die von Autos und Fahrrädern gut befahren werden kann (Fahrradverleih am Hauptquartier). Unterwegs lohnt sich ein kurzer Halt bei der **Dong Nguoi Xua,** Grotte des prähistorischen Menschen, die im Neolithikum bewohnt war. Weitere sehenswerte Ziele sind zwei uralte **Baumriesen** der Gattung *Terminalia myriocarpa.* Wer wenig Zeit hat, kann den **Botanischen Garten** (Vuon Thuc Vat) südlich des Parkeingangs besuchen und einen ca. 3 km langen Rundgang (Botanical Garden Loop Trail) unternehmen (ca. 1,5 Std.).

Weitere Tourenvorschläge:

Route 1: Sie führt zunächst entlang der geteerten Hauptstraße zur 7 km vom Eingang entfernten Grotte Dong Nguoi Xua (besser mit Fahrrad). Nach deren Besuch folgt man noch ein Stück weiter der Teerstraße und biegt in einen links abgehenden Waldweg hinein. Der ausgeschilderte Weg führt zu einem über 1000 Jahre alten Baumriesen und endet an anderer Stelle wieder an der Teerstraße.

Route 2: Mit dem Fahrrad oder Auto fährt man bis zum Parkzentrum, wo die Teerstraße endet. Dort geht es weiter zu Fuß auf einen etwa 4 km langen, etwas beschwerlichen Rundweg, der ebenfalls zu einem 1000-jährigen Baum führt (ca. 2 Std.). Alternativ kann man vom Parkzentrum die Palasthöhle, Dong Son Cung, besuchen oder die höchste Erhebung im Park, den Dinh May Bac, erklimmen.

Route 3: Eine zweitägige Trekkingtour führt zu einem Muong-Dorf (engl. Muong Hamlet) an der äußersten Westseite des Parks. Dort kann man übernachten und eventuell auf dem Buoi-Fluss raften. Vom Dorf geht es wieder zurück zum Parkeingang.

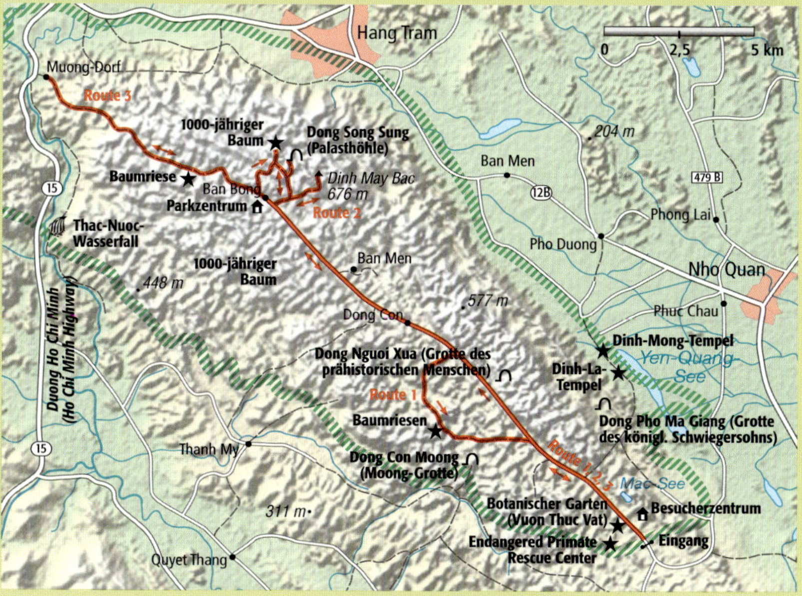

vietnamesischen Tempeltor nachempfunden wurde.

Das Herzstück der Anlage bildet die 74 m lange und 21 m breite **Hauptkirche** mit einem fünfteiligen Portalbereich aus massiven Steinquadern und Seitenwänden aus Holz, die bei Bedarf entfernt werden können. Das Innere beeindruckt durch die 52 massiven Teakholzsäulen und das filigrane Schnitzwerk am Hochaltar. Zwei kleinere **Nebenkapellen** ähnlicher Gestalt flankieren die Kathedrale beidseits. Im angrenzenden **Priesterseminar** bereitet sich der zukünftige Klerus vor (zu den Gottesdiensten, ansonsten unregelmäßig geöffnet, Eintritt frei).

Kim Son ist wegen der **Garnelensoße** Mam Tom und dem 40-prozentigen **Reisschnaps** Ruou Nep Kim Son bekannt. Diese Spezialitäten kann man in vielen Geschäften entlang der Hauptstraße kaufen.

Von Ninh Binh fahren regelmäßig Busse nach Kim Son (28 km, 1 Std.). Man kann auch einen Privatwagen oder ein Moped mieten.

4 Cuc-Phuong-Nationalpark

Reiseatlas: S. 7, A/B 2/3

Etwa 45 km nordwestlich von Ninh Binh beginnt der 225 km² große **Cuc-Phuong-Nationalpark** (Vuon Quoc Gia Cuc Phuong). Das 1962 etablierte Schutzgebiet ist das erste seiner Art in Vietnam und erstreckt sich entlang eines abgelegenen Tales, das von zwei bewaldeten Karstgebirgszügen eingerahmt ist. Höchste Erhebung ist der 656 m hohe Silberwolkenberg, Dinh May Bac. In dieser Region existiert eine außergewöhnlich hohe Artenvielfalt. Über 2000 Pflanzenarten, 64 Säugetier- und 307 Vogelarten wurden bislang identifiziert. Darunter sind endemische Spezies wie etwa der erst 1991 wieder entdeckte Delacour-Langur, der sich bevorzugt an den Felswänden aufhält, oder der Cuc-Phuong-Wels (*Pterocryptis cucphuongensis*). Das Gebiet ist auch Heimat von Nebelpardern (*Neofelis nebulosa*), Asiatischen Schwarzbären (*Ursus thibetanus*) und Fleckenrollern (*Chrotogale owstoni*), einer Schleichkatzenart.

Der Park ist ganzjährig interessant. In den westlich gelegenen Höhenlagen liegen noch einige Dörfer der Muong, die im Rahmen von zweitägigen Wanderungen besucht werden können. Von Oktober bis Januar ist es angenehm kühl, zuweilen recht kalt. In den frühlingshaften Monaten Februar und März blühen viele Blumen, und im März und April sind Zigtausende Schmetterlinge aktiv.

Tierschutzzentren

Entlang der Straße zum Park reihen sich mehrere Tierschutzzentren, die sich dem Erhalt bedrohter Tierarten verschrieben haben, darunter das bekannte **Endangered Primate Rescue Center** (www.primatecenter.org). Seit seiner Eröffnung 1993 päppelt es mit Unterstützung der Zoologischen Gesellschaft Frankfurt bedrohte Primaten auf. Derzeit sind es über 140 Tiere 15 verschiedener Arten. Teilweise wurden sie in letzter Minute vor dem Verkauf auf Märkten gerettet oder verletzt im Dschungel geborgen. Es ist ein Wettlauf mit der Zeit, denn viele Arten gelten schon als ausgestorben. Das Gehege mit Hatinh-Languren, Rotschenkligen Kleideraffen und anderen flauschigen Artgenossen kann besichtigt werden (tgl. 9–11, 13.30–16 Uhr, Einlass alle 30 Min., 10 000 VND).

Im benachbarten **Turtle Conservation Center** (www.nytts.org/Vietnam) sind seit 1998 Hunderte von Schildkröten vor ihrem Schicksal bewahrt worden, als Delikatesse im Kochtopf zu enden. Insgesamt werden 16 Arten gehalten und nach einiger Zeit in Cuc Phuong oder anderen Schutzgebieten freigelassen. Das Gelände kann man nach Voranmeldung besuchen. Nicht zu besichtigen ist das **Zentrum zum Schutz des Fleckenrollers,** einer für Wilderer äußerst lukrativen Schleichkatzenart.

i Am Parkeingang befindet sich das **Hauptquartier der Verwaltung** mit ei-

Delacour-Langur mit Jungem: Ein Zuchtprogramm soll die Population erhalten

nem kleinen Besucherzentrum, Tel. 030-84 80 06, www.cucphuongtourism.com (tgl. 8–16.30 Uhr, 40 000 VND).

In der Nachbarschaft des Hauptquartiers gibt es ein **Gästehaus** mit erstaunlich komfortablen Räumen mit Warmwasser-Bad. DZ mit Frühstück 10–25 US-$. Etwas günstigere, aber primitivere **Bungalows** befinden sich innerhalb des Parks am Ende einer 20 km langen Teerstraße. DZ 6–12 US-$. Sie können über die Parkverwaltung (Tel. 030-84 80 06, www.cucphuongtourism.com) gebucht werden.

Die Auswahl an Restaurants ist im Park gering. Sowohl im Hauptquartier als auch im Zentrum des Parks gibt es jeweils ein Restaurant mit solider vietnamesischer Küche.

Die nächste größere Stadt ist Nho Quan. Von dort bestehen Busverbindungen ins 120 km entfernte Hanoi (3–3,5 Std.). Von Ninh Binh aus kann man über die lokalen Hotels Tagestouren buchen. Mietwagen mit Fahrer ab 30 US-$. Wer mit Privatwagen unterwegs ist, kann nach Hoa Binh weiterfahren.

Das Bergland im Nordwesten

Karte S. 196, 206

Die Bergwelt im Nordwesten von Vietnam hat einen ganz eigenen Charakter. Sie ist geprägt vom Lebensrhythmus der vielen Volksgruppen. Anstelle des geschäftigen Treibens in der Ebene dominiert die Langsamkeit des Seins. Arm und trotzdem voller Selbstbewusstsein folgen die Menschen ihren uralten Lebensweisen – doch wie lange noch?

Bergminderheiten in ihren bunten Trachten auf dem Gang zum Markt, einfache Dörfer, die sich an die von Wolken eingehüllten Berghänge schmiegen, saftiggrüne Reisterrassen entlang der reißenden Flussläufe – der Nordwesten entfaltet eine Landschaft, die atemberaubend schön, zuweilen rau, auf jeden Fall sehr eindrucksvoll ist. Die Region in der Größe Bayerns ist landschaftlich von zerklüfteten Bergen und tief eingeschnittenen Tälern bestimmt. Nahezu parallel durchschneiden der Rote und der Schwarze Fluss, Song Hong und Song Da, die im Schnitt 1000–2000 m hohen Berge. Höchste Erhebung des Landes ist der 3143 m hohe Fan Si Pan unweit von Sa Pa. Er ist Teil des Bergmassivs Hoang Lien Son, das die Franzosen aufgrund seiner alpinen Gestalt Alpes Tonkinoises nannten.
Ein Großteil der Besucher beschränkt seinen Besuch auf Sa Pa und Umgebung. Doch es bietet sich auch eine intensive Rundtour an. Sie führt von Hanoi zunächst nach Hoa Binh und eventuell Mai Chau. Über Moc Chau und Son La fährt man entlang der recht gut ausgebauten Nationalstraße 6 mit einem Abstecher nach Dien Bien Phu. Durch eine herrliche Berglandschaft geht es über Muong Lay weiter nach Sa Pa und von dort zurück nach Hanoi. Für diese Tour sollte man 6–7 Tage veranschlagen. Es empfiehlt sich, diese Tour in Hanoi zu arrangieren und einen guten Geländewagen zu mieten, denn bei Regen kommt es immer wieder zu Erdrutschen. Zudem sind die meisten Seitenwege nicht geteert.

Hoa Binh und Umgebung

Reiseatlas: S. 7, A 2
Die Stadt des Friedens, Hoa Binh, liegt etwa 75 km südwestlich von Hanoi auf einer Höhe von ca. 200 m ü. d. M. Die Ebene des Schwarzen Flusses und sanfte Bergzüge prägen die Landschaft. Karstberge ragen wie Inseln aus dem flachen Land. Der wenig spannende Ort mit etwa 100 000 Einwohnern ist vor allem als Verwaltungszentrum der Hoa-Binh-Provinz und für die Stromversorgung des Landes von Bedeutung, denn er liegt unweit der Talsperre des auf 230 km Länge aufgestauten Song Da. Die gewaltige, 128 m hohe und 670 m lange Staumauer wurde mit sowjetischer Hilfe 1988 nach neunjähriger Bauzeit fertiggestellt. Seit 1994 liefert das dazugehörige Wasserkraftwerk mit seinen acht Turbinen eine Leistung von 1920 Megawatt.

In der Umgebung der Stadt leben insgesamt fünf Minderheiten, die Muong, Thai, Tay, Dao und Hmong. Einige Dörfer haben sich auf den Tourismus eingestellt wie etwa das Muong-Dorf **Giang Mo.** Es liegt 12 km südwestlich der Stadt im Gemeindebezirk Binh Thanh in einer landschaftlich sehr schönen Gegend am Fuß des Berges Mo. Bei einem Rundgang lernt man nicht nur das Leben in den typischen Langhäusern, sondern auch die Geschäftstüchtigkeit der Bewohner kennen. Nur 1 km entfernt befindet sich ein **Dorf der Dao.** Man kann auch auf dem **Song-Da-Stausee** eine Bootsfahrt unternehmen. Etwa

30 km südöstlich von Hoa Binh sprudelt in einem breiten Tal aus 153 m Tiefe mineralreiches Wasser aus den heißen Quellen von Kim Boi. Kim Boi Spa verfügt über mehrere Pools mit bis zu 34 °C heißem Wasser.

Hoa Binh Tourism: Tel. 018-85 43 74, www.hoabinhtourism.com. Informationen zu den Hotels Hoa Binh I und II.

... in Hoa Binh:
Hoa Binh Hotel I: 54 Phuong Lam, Tel. 018-85 20 51, Fax 85 43 72. Das halbstaatliche Hotel liegt 1 km westlich des Stadtzentrums. Die 42 rustikalen Zimmer befinden sich in Langhäusern auf Stelzen im Stil der Muong. Gutes Restaurant. DZ ab 30 US-$.
Hoa Binh Hotel II: 160 An Duong Vuong, Tel. 018-85 25 37, Fax 85 43 72. Im selben Stil wie Hotel Nr. I errichtet mit 32 geräumigen Zimmern. Auf Wunsch werden traditionelle Tänze der Muong aufgeführt. DZ um 25 US-$.
... in Kim Boi:
V Resort: Kim Duc, Vinh Tien, Kim Boi, Tel. 018-87 15 23, Fax 87 17 51, www.vresort.com.vn. Das schöne Resorthotel liegt unweit der heißen Quellen von Kim Boi in der Nähe von Que Kho, etwa 30 km südöstlich von Hoa Binh. Die 90 Zimmer sind komfortabel und stilvoll eingerichtet, einige im traditionellen Bungalowstil mit Bambus und Rattan. Im weitläufigen Gelände gibt es einen Swimmingpool, einen schönen Garten und einen Tennisplatz. DZ mit Frühstück ab 50 US-$.

Hoa Binh liegt an der Nationalstraße 6, die von Hanoi parallel zum Song Da nach Muong Lay verläuft. Regelmäßige Busverbindungen nach Hanoi (75 km, 2 Std.).

Mai-Chau-Tal und Pu Luong

Reiseatlas: S. 6, F 2

Mai Chau

Von Hoa Binh verläuft die serpentinenreiche Nationalstraße 6 weiter in Richtung Südwesten. Nach ca. 55 km zweigt auf dem 1200 m hoch gelegenen Pass Deo Cun die Straße Nr. 15 gen Süden ab und passiert nach 5 km den kleinen Marktflecken Mai Chau. Von der Passstraße bietet sich ein grandioser Blick auf das traumhaft schöne Mai-Chau-Tal. Der etwa 400 m hoch gelegene Ort, nicht viel mehr als eine Ansammlung von Häusern entlang der Straße, ist vor allem wegen seines **Sonntagsmarktes** bekannt, bei dem sich die verschiedenen Bergminderheiten aus den umliegenden Dörfern einfinden. In den frucht-

Mit dem Autor unterwegs

Sehenswert

Krieg und Frieden: Dien Bien Phu ist nicht nur als einstiger Kriegsschauplatz interessant, sondern auch aufgrund der friedvollen umgebenden Landschaft (s. S. 197ff.).
Dramatische Berglandschaft: Entlang der Straße zwischen Sa Pa und Dien Bien Phu heißt es La Montanara für das Objektiv, denn die Aussicht auf die umliegenden Berge ist traumhaft schön. Passend zur Stimmung gibt es unterwegs einige rustikale Übernachtungsmöglichkeiten (s. S. 201f.).

Schöne Fahrgefühle

Fast wie im Orientexpress: Mit dem Victoria Express können Sie auf äußerst komfortable und stilvolle Weise von Hanoi nach Lao Cai fahren (s. S. 207).

Gut zu wissen

Bunte Markttage: Zu den schönsten Reiseerlebnissen zählt der Besuch eines Dorfmarktes. Dort treffen sich die Volksgruppen aus der Region. Bevor Sie zu einem Ausflug aufbrechen, sollten Sie sich nach den Markttagen erkundigen.
Respekt vor Privatsphäre: Nicht jeder freut sich, von Touristen fotografiert zu werden. Viele Angehörige der Bergminderheiten sind Fremden gegenüber sehr zurückhaltend. Bitte vor dem Fotografieren das Einverständnis einholen.

Die Häuser der Muong stehen auf Pfählen

baren Flussebenen sind vorwiegend Angehörige der Weißen Thai, die Thai Khao, beheimatet. In den Höhenlagen leben auch Hmong und Dao. Mai Chau ist ein guter Ausgangspunkt für Trekkingtouren. Eine beliebte Tour führt mit dem Fahrzeug zunächst zum **Hmong-Dorf Sa Linh.** Von dort kann man in ca. 3 Std. ins abgelegene **Hmong-Dorf Hang Kia** wandern.

Ban Lac

Schon sehr touristisch ist das nur 1 km westlich von Mai Chau gelegene Ban Lac. Das Dorf (Thai: *ban*) besteht aus etwa 70 Häusern mit insgesamt 400 Einwohnern. Viele Thais haben sich ganz dem Tourismus verschrieben und verkaufen Webarbeiten und Kunsthandwerk oder offerieren in ihren Stelzenhäusern leckere lokale Gerichte. Man kann auch in den Häusern übernachten. Das Innere besteht aus einem großen, leeren Wohnraum, kleinen Schlafkammern und einer Kochecke.

Mai Chau Lodge: Mai Chau, Tel. 018-86 89 59, Fax 86 89 52, www.maichaulodge.com. Die rustikale, aber äußerst komfortable Unterkunft mit 16 Zimmern und einer Suite liegt wunderschön 1 km außerhalb von Mai Chau und wird von Einheimischen geführt. Zu den Angeboten gehören ein Swimmingpool, Sauna und Kräutergarten. DZ mit Vollpension 180 US-$.

Ban Lac: In den einfachen, aber durchaus wohnlichen Stelzenhäusern der Weißen Thai kann man erstaunlich gut übernachten. Auf dem Bambusboden der Gemeinschaftsräume werden Matratzen und Decken ausgelegt und Moskitonetze gespannt. Die Toiletten befinden sich meist im unteren Bereich der Häuser. Eine Vorreservierung ist nicht notwendig. Etwa 5 US-$ pro Person und Nacht (ohne Essen).

In Ban Lac werden Mountainbikes zur Erkundung der Umgebung vermietet. Eine schöne Tour führt entlang der Straße Nr. 15 zum 22 km südlich gelegenen Dorf der Weißen Thai, Ban Sai (20 000 VND/Tag).

Ohne eigenes Fahrzeug kommt man nur schwerlich nach Mai Chau. Am besten arrangiert man von Hanoi oder Hoa Binh einen Wagen mit Fahrer.

Pu Luong

Das 17 662 ha große **Pu-Luong-Schutzgebiet** (Khu Bao Ton Thien Nhien Pu Luong) erstreckt sich südöstlich von Mai Chau entlang des Song Ma. Getrennt durch ein lang gestrecktes Tal besteht das Gebiet aus zwei parallel verlaufenden Karstbergrücken. Aufgrund ihrer hohen Biodiversität wurde die Region 1999 unter Naturschutz gestellt. Wie Cuc Phuong ist sie Heimat extrem bedrohter Tierarten, darunter Delacour-Languren, Nebelparder und Asiatische Schwarzbären. Auch hier ist der Mensch Hauptfeind Nummer eins. Rund 80 % der ca. 25 000 Bewohner leben unter der Armutsgrenze, viele verdingen sich als Holzfäller und Wilderer. Nun soll der Ökotourismus den Menschen eine Einkommensverbesserung verschaffen. Das Potenzial ist groß, denn die Besucher erwartet eine traumhaft schöne Berglandschaft. Allerdings steckt der Fremdenverkehr noch in den Kinderschuhen. Die touristische Infrastruktur ist extrem unterentwickelt. Das Wegenetz ist schlecht, es fehlen Hotels und Restaurants. Einzige Übernachtungsmöglichkeit sind die Häuser der hier siedelnden Minderheiten. Der Mangel an Komfort wird jedoch durch die landschaftlichen Eindrücke und die Begegnungen mit den Einheimischen mehr als wettgemacht. Noch bieten nur Spezialveranstalter Touren durch Pu Luong an, doch das Angebot wird stetig ausgeweitet (s. Tipp S. 196).

Moc Chau

Reiseatlas: S. 6, E 1

Von Hoa Binh oder Mai Chau kann man die Nationalstraße 6 weiter Richtung Nordwesten fahren. Die kurvenreiche Straße ist zwar nicht unbedingt etwas für Magenempfindliche, doch ergeben sich immer wieder herrliche Ausblicke. Nach 3–4 Fahrstunden hat man das von Hoa Binh knapp 120 km entfernte **Moc Chau** auf ca. 1500 m ü. d. M. erreicht.

Die wenig ansehnliche Marktstadt, die sich entlang der Hauptstraße zieht, ist ein wichtiges landwirtschaftliches Zentrum. Im Umland finden sich Felder mit Teesträuchern und Maulbeerplantagen für die Seidenproduktion. Seit den 1970er-Jahren wird hier auch intensive Milchwirtschaft betrieben. Die schwarzweiß gefleckten Kühe erhalten ihr Futter von den saftiggrünen Weiden rund um die Stadt. Durchreisende decken sich hier gerne mit Joghurt und anderen Milchprodukten ein, die am Straßenrand verkauft werden.

In der Umgebung von Moc Chau gibt es viele Dörfer der Grünen Hmong (Hmong Xanh), Dao, Thai und Muong.

Binh Nguyen: Tieu Khu 4, Tel. 022-86 63 98. Einfaches Minihotel, 20 klimatisierte Zimmer. DZ mit Frühstück 10 US-$.

Son La

Reiseatlas: S. 6, D 1; S. 2, D 4

Vorbei an den uninteressanten Orten Yen Chau und Hat Lot erreicht man nach weiteren 120 km die Provinzhauptstadt Son La. Sie liegt am Ufer des Flusses Nam La und eignet sich als Übernachtungsstopp auf der Weiterfahrt nach Dien Bien Phu oder Muong Lay. Nach Hanoi sind es 308 km. Dass sie bis heute kaum eine attraktive Stadt genannt werden kann, ist eine Folge des Vietnamkrieges. Auf dem Rückflug entluden die schweren B-52-Bomber über Son La häufig ihren tödlichen Ballast. Trotzdem lohnt sich ein kleiner Rundgang.

Hauptsehenswürdigkeit ist das **einstige Zuchthaus der Franzosen** (Nha Tu Cu Cua Phap), das auf einem Hügel über der Stadt thront. 1908 hatten die Kolonialherren in dieser isolierten Region ein pénitencier erbaut, um unliebsame Oppositionelle einzukerkern. Zu den aus kommunistischer Sicht prominentesten Insassen zählen die späteren Parteisekretäre Le Duan und Truong Trinh. Während des Ersten Indochinakrieges wurde das Gefängnis 1952 weitgehend zerstört und später teilweise rekonstruiert. Wieder aufgebaut sind der zweistöckige Küchenblock und einige Kerkerzellen. Auch der ehemalige Wächterraum ist wiedererstanden und birgt

Richtig Reisen-Tipp: Trekking im Pu-Luong-Schutzgebiet

Mit seinen schönen Bergpanoramen, fotogenen Reisterrassen und ursprünglichen Dörfer der Minderheiten ist das touristische Potenzial des Pu-Luong-Schutzgebietes enorm. Mehrere Wanderrouten führen über die beiden Bergzüge des Schutzgebietes an rauschenden Bächen entlang und durch urige Dörfer. Allerdings muss man bei den mehrtägigen Trekkingtouren auf jegliche Komfortansprüche verzichten. Eine gute Kondition und eine gute Ausrüstung (Wanderschuhe, strapazierfähige Kleidung etc.) sind unabdingbar. Übernachtet wird in Privathäusern der Thai- und Muong-Minderheiten. Die Touren können keinesfalls auf eigene Faust unternommen werden, sondern müssen von einschlägigen Anbietern in Hanoi organisiert werden (s. S. 241).

Im Folgenden seien als Vorschlag mögliche Routen umrissen:

Route 1 (2 Tage): Startpunkt für die Tour ist die La-Han-Fähre am Ma-Fluss. Dort führt ein 8 km langer Weg den Suoi-Cham-Strom entlang. Beim Dorf Ban Cong entdeckt man altertümliche Wasserräder. Von dort geht es über das Dorf Ban Cao in die Berge nach Ban Son (7–8 Std., Übernachtung). Am nächsten Tag führt der Weg in Richtung Norden über mehrere Dörfer nach Ban Xom Da, das am Nachmittag erreicht wird.

Route 2 (2–3 Tage): Am ersten Tag führt der Trek von Ban Hin über Ban Nua zum reizvoll gelegenen Thai-Dorf Ban Cao Hoong (5–6 Std., Übernachtung). Weiter geht es durch eine schöne Berglandschaft über mehrere Dörfer zurück nach Ban Hin (6–7 Std.). Oder man wandert weiter nach Ban Kho Muong (6–7 Std., Übernachtung) und gen Nordwesten über die Dörfer Ban Pa Kha, Ban Eo Ken nach Ban Hang (6–7 Std.).

Exponate der zwölf in der Provinz beheimateten Volksgruppen, darunter Kleidungsstücke und Kunsthandwerk (tgl. 7.30–11, 13.30–17 Uhr, 10 000 VND).

Umgebung von Son La

Einige Höhlen bieten sich als Ziel kleinerer Wanderungen an wie etwa die **Que Lam Ngu** (tgl. 7.30–11, 13.30–17.30 Uhr, Eintritt frei) unweit des Hotels Hoa Ban 2 im Norden von Son La. Von diesem Hotel führt ein panoramareicher Weg ca. 2 km weiter nach Norden zur **Tham Tat Tong.** Auch wenn diese Tropfsteinhöhle fast immer verschlossen ist, lohnt sich doch der Spaziergang dorthin.
In der Son-La-Provinz soll eine riesige **Talsperre** von 177 m Höhe errichtet werden, um den Song Da und seinen Zufluss Nam Lay bei Muong Lay auf eine Fläche von 441 km^2 aufzustauen. Sechs Turbinen werden eine Gesamtleistung von 2400 Megawatt erzeugen. Allerdings ist das Projekt infolge der gravierenden Auswirkungen auf Natur und Bewohner äußerst umstritten. Zehntausende sind von der Umsiedlung betroffen.

Sunrise Hotel: 53 Duong 26-8, Tel. 022-85 87 99, Fax 85 97 99. Mit 35 sauberen Zimmern ist dieses Hotel derzeit die beste Wahl in Son La. Das Interieur ist etwas unterkühlt, dafür sind die Bediensteten recht warmherzig. DZ mit Frühstück um 15 US-$.
Cong Doan Hotel: 4 Duong 26-8, Tel. 022-85 28 04, Fax 85 53 12. Das Hotel der Gewerkschaft ist für staatliche Verhältnisse durchaus akzeptabel. Die 42 Zimmer wirken sehr steril, sind aber für eine Nacht in Ordnung. DZ mit Frühstück um 15 US-$.

Die Hotelrestaurants sind die beste Option. An Straßenständen kann man dunklen Bergreis, *com gao cam,* probieren.

Flüge: Etwa 20 km südöstlich liegt der **Flughafen Na San.** Nach Ausbau der Nationalstraße 6 wurde jedoch der zivile Flugverkehr bis auf Weiteres eingestellt.
Busse: Der nächstgelegene **Busbahnhof** liegt 5 km östlich von Son La. Von dort bestehen vormittags mehrere Busverbindungen nach Hanoi (308 km, 7–8 Std.) und Dien Bien Phu (165 km, 4–5 Std.).

Dien Bien Phu

Reiseatlas: S. 1, B 4
Eine landschaftlich sehr schöne, jedoch sehr kurvenreiche Fahrt haben Weiterreisende ins 165 km entfernte Dien Bien Phu vor sich. Zunächst überwindet man einen Steilpass, der nicht von ungefähr Himmel-und-Erde-Pass, **Deo Pha Din,** genannt wird, da er sehr häufig wolkenverhangen ist. In **Tuan Giao,** einem belebten Verkehrsknotenpunkt mit schönem Morgenmarkt, zweigt die Straße Nr. 279 in Richtung Südwesten ab und führt weiter nach Laos. Nach etwa 80 km erreicht man die Provinzhauptstadt **Dien Bien Phu.** Sie liegt 480 m ü. d. M. in einer von Nord nach Süd verlaufenden Ebene mit 20 km Länge und bis zu 8 km Breite. Es herrscht eine Durchschnittstemperatur von 20 bis 24 °C. Die etwa 80 000 Einwohner leben vorwiegend vom regionalen Handel und Import-Export-Geschäften mit Laos, das nur 35 km entfernt liegt.

Dien Bien Phu ist in Vietnam zum Mythos geworden. Nahezu jede größere Stadt besitzt eine Straße, die nach diesem Ort benannt ist. Jedes Kind erfährt in der Schule die Bedeutung dieses Ortes für den Unabhängigkeitskampf.

Geschichte

Auf diesen Moment hatte General Vo Nguyen Giap lange gewartet. Am 7. Mai 1954 um 17.30 Uhr hissten seine Soldaten die rote Flagge des Viet Minh über dem gewölbten Bunker des französischen Kommandanten Oberst Christian de Castries. Damit war die als uneinnehmbar geltende Festung Dien Bien Phu in der Hand der vietnamesischen Befreiungsarmee und der acht blutige Jahre dauernde Erste Indochinakrieg beendet.

Als der französische Oberbefehlshaber General Henri Navarre ab November 1953 die französische Garnison Dien Bien Phu anlegen ließ, ahnte er nicht, dass hier der Untergang der Kolonie Indochina entschieden werden würde. Er hatte geplant, auf dem Hochtal die in Guerillataktik geübten Viet Minh in offener Schlacht zu schwächen und ihre Kollaboration mit der kommunistischen Pathet Lao in Laos zu unterbinden. Doch während die Franzosen die Festung mit Bunkern und Schützengräben sicherten und 17 000 kriegserfahrene Soldaten zusammenzogen, ließ General Giap unter Einsatz von Zigtausenden Bauern und Soldaten auf umgebauten Fahrrädern (*xe tho*), auf Mauleseln und Lastwagen schwere Geschütze in die umliegenden Berge transportieren. Von seinem Hauptquartier in Muong Phang, nur 10 km Luftlinie von Dien Bien Phu entfernt, ordnete er am 13. März 1954 die Beschießung der französischen Festung mit schwerer Artillerie an. Mit dem Schlachtruf *»quyet chien, quyet thang«*, »bereit zum Kampf, bereit zum Sieg«, feuerten sich seine Kämpfer gegenseitig an. Mit Erfolg. Zwei Tage später waren bereits die Stellungen Gabrielle und Beatrice in der Hand der Viet Minh, am 17. fiel auch Anne Marie. Aufgrund der Zerstörung der Landepisten konnten nur noch Fallschirmjäger die eingeschlossenen Franzosen versorgen. Die Lage war so aussichtslos, dass die USA den Einsatz von Nuklearwaffen erwogen. Nach einer zweiwöchigen Pause begann Ende März ein verlustreicher Stellungskrieg, bei dem die Franzosen Napalm einsetzten. Nach 55 Tagen kapitulierte die Grande Nation. Oberst de Castries ging mit seinen 9000 Mitkämpfern in Kriegsgefangenschaft. Über 8000 seiner Soldaten waren gefallen, darunter viele deutsche Fremdenlegionäre. Auf vietnamesischer Seite waren die Verluste viel höher. Mehr als 20 000 Viet-Minh-Kämpfer ließen ihr Leben.

Museum

In Dien Bien Phu erinnern viele Orte an die blutige Schlacht. Die meisten können zu Fuß erreicht werden. Es empfiehlt sich, zunächst das **Museum** (Bao Tang Chien Tang Lich Su Dien Bien Phu) an der Duong 7-5 aufzusuchen. Außerhalb des Gebäudes sind Kriegsschrott und Geschütze gesammelt, im Inneren illustrieren Fotodokumentationen,

Schlachtpläne und Modelle die Ereignisse von 1954. Zu den Memorabilien gehören Flaggen, Waffen, zerschossene Helme und die Badewanne des Oberst De Castries (tgl. 7.30–11, 14–18 Uhr, 5000 VND).

Hügel A 1

Gegenüber dem Museum erhebt sich der strategische **Hügel A 1.** An dessen Fuß wird in einem Ausstellungsraum ein Modell des kleinen Berges gezeigt, kleine Lichter illustrieren die Truppenbewegungen. Der A 1

Im Norden Vietnams wird seit mehr als 800 Jahren Tee angebaut

gleicht mit den vielen Schützengräben und Bunkern einem überdimensionierten Ameisenhügel. Ein übrig gebliebener Panzer des Typs Bazeille wurde am 1. April 1954 zerstört. Seitlich des Hügels befindet sich ein **Soldatenfriedhof** (Nghia Trang A 1), auf dem die Gefallenen des Viet Minh bestattet sind (tgl. 7.30–11, 13.30–17 Uhr, 5000 VND).

Weitere Sehenswürdigkeiten

Auf der rechten Seite des Museumsgeländes führt ein Weg über den Fluss Song Nam Rom und mündet in eine parallel zum Wasser verlaufende Straße. Einige hundert Meter weiter rechts liegt der 20 m lange und 8 m breite **Bunker** (Ham Chi Huy) Oberst Christian de Castries'. Hier ergab sich der Kommandant den Viet Minh (tgl. 7.30–11, 13.30–17 Uhr, 5000 VND). Schräg gegenüber erinnert ein kleines **Denkmal** an die gefallenen Franzosen. Über die alte Muong-Thanh-Brücke kann man zurück in das Stadtzentrum spazieren. Entlang der schmalen Straße findet jeden Morgen ein **Markt** statt.

Es gibt weitere Erhebungen rund um die Stadt, auf denen einst französische Stellungen waren, etwa der **Hügel D 1,** von den Franzosen hoffnungsfroh Dominique genannt. Zum 50. Jahrestag wurde hier 2004 eine 120 t schwere Bronzeskulptur enthüllt, die der Kriegsveteran und Künstler Nguyen Hai schuf. Nur der Aussicht wegen lohnt der Aufstieg auf den etwas außerhalb gelegenen **Hügel Him Lam** (Cu Diem Him Lam) unweit eines Resorts.

Him Lam Hotel: Phuong Him Lam, Tel. 023-81 19 99, Fax 81 13 69. Das weitläufige Resorthotel liegt etwa 3 km außerhalb der Stadt am See Huoi Pha. 45 wohnliche Zimmer befinden sich in dem mehrstöckigen Gebäude, weitere 30 Räume in sechs rustikalen Holzbungalows im Stil der Minderheiten. Das Freizeitangebot reicht von Tennis bis Swimmingpool. Das Him Lam Hotel ist derzeit die erste Adresse von Dien Bien Phu. DZ mit Frühstück 18–30 US-$.
Muong Thanh Hotel: 25 Pho 1, Tel. 023-81 00 43, Fax 81 07 13. Bezüglich Service das angenehmste Hotel mit 60 ordentlichen Zimmern. Im etwas übergroßen Restaurant wird u. a. Wildschwein serviert. Da bei Reisegruppen beliebt, ist es oft ausgebucht. Der Pool könnte sauberer sein. DZ mit Frühstück 12–25 US-$.
Cong Dien Hotel: 7 A Duong 7-5, Tel. 023-82 43 19, Fax 82 43 19. Das gewerkschaftseigene Trade Union Hotel offeriert 60 ziemlich bescheidene Zimmer und ein dürftiges Restaurant, ist dafür recht günstig und liegt zentral. DZ mit Frühstück 10–20 US-$.

Die kulinarische Szene von Dien Bien Phu präsentiert sich ziemlich fantasielos. Sehr gut isst man im **Muong Thanh Hotel** (s. o.). Ansonsten finden sich entlang der Hauptstraße Duong 5-7 und beim Verkehrskreisel einige bescheidene **Lokale.**
Lien Tuoi: Hoang Van Thai, an der Straße, die zwischen dem Hügel A 1 und dem Soldatenfriedhof von der Duong 7-5 abzweigt, Tel. 023-82 49 19, tgl. 11–21 Uhr. Hier gibt es solide vietnamesische Kost ab 30 000 VND.

Der 35 km von Dien Bien Phu entfernte laotisch-vietnamesische **Grenzübergang Tay Trang** ist für internationale Durchreisende geöffnet. Dies ermöglicht die Weiterreise nach Laos.
Flüge: Der **Flughafen** liegt 3 km westlich der Stadt und wird 1–2 x tgl. von Propellermaschinen angeflogen.
Büro der Vietnam Airlines: Am Flughafen, Tel. 023-82 55 36, 82 46 92. Bitte Rückflugdaten unbedingt rückbestätigen, es kommt häufig zu Änderungen.
Busse: Vom **Busbahnhof** im Westen des Stadtzentrums an der Tran Dang Ninh verkehren vormittags mehrere meist überfüllte Minibusse nach Muong Lay (103 km, 3–4 Std.) und Son La (165 km, 4–5 Std.). In den frühen Morgenstunden starten auch Busse nach Hanoi (503 km, ab 14 Std.).

Ausflüge von Dien Bien Phu

Reiseatlas: S. 1, B 4

Muong Phang

Über eine landschaftlich schöne, etwas kurvenreiche Straße in Richtung Nordosten gelangt man zur 42 km entfernten Erhebung **Muong Phang.** Am Fuß dieses 2172 m hohen Berges, der fast immer in Wolken gehüllt ist, bezog der legendäre General Vo Nguyen Giap am 31. Januar 1954 sein Hauptquartier (So Chi Huy Chien Dich). Von der Festung Dien Bien Phu lag es nur 10 km Luftlinie entfernt. Mit seinen Generälen und chinesischen Militärberatern dirigierte er von hier aus die Operation. Ein Rundgang durch das Waldgebiet führt durch Tunnel, zu Bunkern und rekonstruierten Hütten. In der reizvollen Umgebung kann man auch Dörfer der Schwarzen Thai, Thai Dam, besuchen, z. B. Ban Fang und Ban Dong Met (tgl. 9–17 Uhr, 5000 VND).

Den Hoang Cong Chat und heiße Quellen

An der Straße Nr. 279, etwa 10 km weiter in Richtung Laos, liegt der **Den Hoang Con Chat,** ein sehenswerter Gedenktempel. Erst

2003 wurde er auf jenem Gelände errichtet, wo einst die Festung Ban Phu stand. Von ihr aus hatte der Bauernführer Hoang Con Chat (1739–1769) die regelmäßigen Überfälle brutal agierender Horden aus Laos erfolgreich zurückgeschlagen. Vom 24. bis 25. des zweiten Mondmonats wird ihm zu Ehren ein großes Fest gefeiert.

Etwa 7 km weiter sprudeln die bis zu 78 °C **heißen Quellen von Uva** (Uva Nuoc Khoang) aus dem Boden. Auf dem weiträumigen Gelände gibt es ein Restaurant, und es werden hier auch Massagen angeboten. In mehreren Becken kann man sich im wohltuenden Nass tummeln. Nicht weit entfernt fließt der Nam Rang durch das immer enger werdende Tal. Wer am Fluss entlang ein wenig spazieren geht, kommt dabei auch durch Siedlungen der Schwarzen Thai.

Von Dien Bien Phu nach Sa Pa

Reiseatlas: S. 1, C 2

Die etwa 300 km weite Strecke von Dien Bien Phu nach Sa Pa zählt zu den schönsten von ganz Vietnam: grandiose Bergkulissen, reißende Flüsse, zartgrüne Reisfelder, schlichte Dörfer der Minderheiten am Straßenrand oder am steilen Berghang. Aufgrund der schlechten Straßenverhältnisse – insbesondere bei Regen – kann man den Weg nicht an einem Tag zurücklegen. Urgemütliche Übernachtungsmöglichkeiten bestehen in Muong Lay und Pa So. Von dort bieten sich Wanderungen zu umliegenden Dörfern oder der Besuch eines Marktes an.

Muong Lay

Die Tage von Muong Lay (ehemals Lai Chau) sind gezählt. Etwa 100 km nördlich von Dien Bien Phu liegt dieser Ort auf 600 m ü. d. M. unweit der Mündungen der Flüsse Nam Lay und Nam Na in den 544 km langen Song Da. Und das ist der Grund, warum die Gemeinde bald in den Fluten eines riesigen Stausees verschwinden wird. Von Son La ab soll der Song Da samt einiger Zuflüsse auf 441 km² aufgestaut werden. Daher wirkt der 2000-Seelen-Ort ziemlich heruntergekommen. Niemand investiert Geld in die Infrastruktur. Es ist geplant, auf einem nahe gelegenen Berg die Stadt neu erstehen zu lassen.

Namenskarusell am Staudamm: Die Namensänderung einiger Städte infolge des riesigen Staudammprojektes kann zu erheblicher Verwirrung führen. Das heutige Muong Tra hieß nämlich bislang Muong Lay, während das heutige Muong Lay früher Lai Chau genannt wurde. Lai Chau wiederum ist der heutige Name der einst Tam Duong genannten Stadt. Tam Duong gibt es auch noch: So heißt jetzt das einstige Binh Lu.

Lan Anh Hotel 1: Tel./Fax 023-85 23 70, www.lananhhotel.com. In dem trostlosen Ort wirkt das sympathische Hotel wie eine Oase und überrascht mit engagiertem Service und 60 freundlichen Zimmern mit Warmwasser-Bad und Himmelbett. Die Küche des Hauses bereitet gute Speisen zu. Bei Bedarf werden Mietwagen und Wanderungen in die Umgebung arrangiert. DZ mit Frühstück 10–50 US-$.

Trotz düsterer Zukunft ist Muong Lay zzt. noch ein hervorragender Ausgangspunkt für Wanderungen zu **Dörfern der Minderheiten,** etwa nach Ban Chi Luong, einem Dorf der Schwarzen Thai mit 90 Familien. Es liegt 6 km entfernt am Nam Lay und soll ebenfalls in den Fluten verschwinden. In den höheren Berglagen liegen Dörfer der Weißen und Blauen Hmong. Wanderungen werden vom Lan Anh Hotel (s. o.) arrangiert.

Über Pa So und Lai Chau nach Sa Pa

Auf der Weiterfahrt entlang des Nam Na in Richtung Sa Pa fährt man durch eine dramatische Berglandschaft. Sie zeigt sich zwischen Juli und Anfang November besonders schön, weil zu dieser Zeit die Reisterrassen prachtvoll grün sind. Nach 76 km passiert man den Ort **Pa So.** Hier findet jeden Sonntag ein schöner **Markt** statt, zu dem die Volksgruppen aus der Umgebung kommen, darunter Weiße Hmong, Schwarze Dao und Weiße Thai.

Weitere **Märkte** gibt es sonntags in **Sin Ho,** 50 km südlich, und ebenfalls sonntags in **Pa Tan,** ca. 16 km südwestlich von Pa So. Im knapp 40 km nördlich gelegenen **Da San** wird am 1. und 15. jedes Mondmonats ein Markt abgehalten. Im 8 km entfernten **Muong So** (ehemals Phong Tho) wiederum ist montags Markttag. Dort treffen sich viele Angehörige der Thai.

Östlich von Pa So werden die Berge immer höher. Sie sind Teil des Bergmassivs Hoang Lien Son, das sich bis nach Sa Pa erstreckt. Nach 27 km erreicht man **Lai Chau,** das einstige Tam Duong. In dieser schön gelegenen, aber wenig ansehnlichen Verwaltungsstadt findet jeden Sonntag ein großer **Markt** statt. Ansonsten bietet sie sich nur als Übernachtungsstopp an.

In **Tam Duong** (bislang Binh Lu), ca. 28 km östlich von Lai Chau, gibt es ebenfalls einen attraktiven **Sonntagsmarkt.** Vorbei an Teeplantagen und Reisfeldern steigt die Straße bis zum 1900 m hoch gelegenen Pass **Deo Tram Ton** steil an. Nach weiteren 15 km – von Pa So sind es insgesamt 45 km – ist Sa Pa erreicht.

... in Pa So:

Lan Anh Hotel 2: Tel. 023-89 63 37, Fax 85 22 98, www.lananhhotel.com. Eine äußerst geschmackvolle Lodge im Stil der Minderheiten wartet mit 40 einfachen, rustikalen Zimmern auf Besucher. Von den oberen Räumen bietet sich ein herrliches Bergpanorama. Das rege Personal kann Bootsfahrten und Wanderungen in die umliegenden Dörfer arrangieren. DZ mit Frühstück 12–50 US-$.

... in Lai Chau:

Muong Thanh: Huong Phong, Tel. 023-79 08 88, Fax 87 88 24. Mit 120 klimatisierten Zimmern ein typisches Geschäftshotel mit wenig Charme, aber die derzeit beste Unterkunft in Lai Chau. Im Restaurant gibt es schmackhafte regionale Gerichte. DZ mit Frühstück 28–48 US-$.

Phuong Thanh: 2 Phong Chau, Tel. 023-87 52 35, Fax 023-87 51 58. Ein weiteres charakterloses Stadthotel mit 55 Zimmern. Hier weht zuweilen der Muff der Jahre durch das Haus. Im Restaurant wird regionale Küche aufgetischt. DZ mit Frühstück 10–20 US-$.

5 Sa Pa

Reiseatlas: S. 2, D 2

Ein Jesuitenmissionar soll 1918 den hitzegeplagten Kolonialherren von der wunderschönen Landschaft am Fuß des Bergmassivs Hoang Lien Son mit dem angenehm ›mitteleuropäischen‹ Klima erzählt haben. Vier Jahre später gründeten die beglückten Franzosen auf der 1560 m hoch gelegenen Ebene die Stadt des Sandes, Sa Pa. Sie bauten eine Kirche, einen Tennisplatz und ein Wasserkraftwerk im Dorf Cat Cat. Zwischen Lao Cai und Muong Lay ließen sie eine Straße anlegen. Bald war die Sommerfrische auf 200 Villen angewachsen. Hier, in den Alpes Tonkinoises, wie sie das alpine Gebiet nannten, fühlten sich die Kolonialherren wie daheim. Während des Indochinakrieges verfiel die Stadt immer mehr. Einen Tiefpunkt erlebte Sa Pa, als 1979 chinesische Truppen im Zuge einer Strafexpedition – weil Vietnam in Kambodscha einmarschiert war – die Stadt dem Erdboden gleichmachten. Vom alten kolonialen Ambiente ist daher kaum etwas erhalten geblieben.

Seit Mitte der 1990er-Jahre erlebt die Stadt einen Boom. Sa Pa ist übersät mit Hotels. Während im Winter europäische Touristen einfallen, entfliehen in den Sommermonaten die Hanoier in die Kühle der Berge. Zu Recht, denn bei einer durchschnittlichen Jahrestemperatur von 15 °C kommt man hier selten ins Schwitzen. In der kalten Jahreszeit zwischen Dezember und Februar fällt in der Nacht die Quecksilbersäule oft unter den Gefrierpunkt. Dann kann auch mal leise der Schnee rieseln. Im Schnitt zeigt sich Sa Pa an 137 Tagen im Jahr wolkenverhangen. Man sollte sich daher auf eine nasskalte Witterung einstellen und warme und regenfeste Kleidung im Gepäck haben.

Sehenswertes

Die Stadt mit etwa 12 000 Einwohnern hat keine besonderen Sehenswürdigkeiten zu bieten. Vielmehr ist sie Ausgangspunkt für eine Vielzahl von Spaziergängen und Wanderungen in die herrliche Umgebung. Bekannt war Sa Pa einst für den **Liebesmarkt** am Samstag. Dort trafen sich die Volksgruppen aus der Umgebung, vor allem Angehörige der Schwarzen Hmong (Hmong Dam) und Roten Dao (Dao Do), nicht nur zum Shopping, sondern auch zur Brautschau. Heute hat sich der Samstagsmarkt auf das ganze Wochenende ausgeweitet und ist zu einer Touristenshow geworden.

Ein recht steiler Spaziergang führt zu einer hübschen **Parkanlage** oberhalb der Stadt. Sie liegt auf einem zerklüfteten Bergvorsprung, der von den Einheimischen Drachenklaue, Ham Rong, genannt wird. Von zwei Aussichtspunkten bietet sich – sofern das Tal nicht wolkenverhangen ist – ein herrlicher Panoramablick bis zum Fan Si Pan. Besonders schön zeigt sich die Parkanlage in der Blütezeit von März bis April.

i **Tourist Information Center:** 28 Cau May, tgl. 8–11.30, 13.30–17.30 Uhr. Bietet Informationen und Pläne für Ausflüge rund um Sa Pa.

Zwar herrscht in Sa Pa ein großes Hotelangebot, doch kann es in den Sommermonaten und an Wochenenden zu Engpässen kommen. Die Zimmerpreise unterliegen großen Saisonschwankungen.

Life Heritage Resort Sapa: Info 64/28 Pho Quang, Tan Binh, Ho-Chi-Minh-Stadt, Tel. 08-844 36 05, Fax 844 35 61, www.life-resorts.com. Das Resort breitet sich auf einem 15 ha großen Gelände unweit von Sa Pa aus und offeriert einen grandiosen Ausblick. Es besteht aus 28 Villen im Kolonialstil, 18 Chalets und 4 Lodges. Zur Anlage gehören Restaurant und Wellnessbereich. Eröffnung Ende 2008. DZ mit Frühstück 150 US-$.

Lodge im Grünen: Topas Eco-Lodge, Ban Ho, ca. 15 km von Sa Pa, Tel. 020-87 13 31. Kontaktbüro in Sa Pa, 24 Muong Hoa, 020-87 24 04, Fax 87 24 05, www.topas-eco lodge.com. Ein traumhaft schön gelegenes Resort mit 25 Bungalows, etwa eine Fahrstunde außerhalb von Sa Pa. Mit Solarenergie und lokalen Angestellten fördert es den nachhaltigen Tourismus. Kostenloser Shuttle nach Sa Pa. DZ mit VP ab 115 US-$.

Victoria Sapa Resort: Hoang Dieu, Tel. 020-87 15 22, Fax 87 15 39, www.victoriahotels-asia.com. Das luxuriöse Resort im Chaletstil überblickt von einem Hang das Zentrum von Sa Pa. Die insgesamt 77 Zimmer sind bis ins Detail durchgestaltet und äußerst atmosphärisch. Zu den Einrichtungen zählen ein überdachter und beheizter Pool, Tennisplatz und Spa. DZ mit Frühstück ab 126 US-$.

Chau Long Sapa Hotel: 24 Dong Loi, Tel. 020-87 12 45, Fax 87 18 44, www.chaulong hotel.com.vn. Das in Marktnähe gelegene Hotel mit 75 schönen Zimmern und Suiten ist bei Tourgruppen sehr beliebt. Im alten Hoteltrakt auf der anderen Straßenseite gibt es auch 32 günstigere, trotzdem angenehme Räume. DZ mit Frühstück ab 80 US-$, Suite ab 170 US-$, im alten Trakt DZ mit Frühstück ab 28 US-$.

Bamboo Sapa Hotel: Muong Hoa, Tel. 020-87 10 75, Fax 87 19 45, www.sapatravel.com. Die 45 geräumigen Zimmer sind mit Elektroöfen ausgestattet und verfügen zumeist über eine gute Aussicht. Es gibt ein großes Restaurant. In der Bamboo Bar ist Fr und Sa Ethnoshow mit Volkstanz und Sapa-Pop angesagt. DZ mit Frühstück 40–60 US-$.

Royal View Sapa: 16 Cau May, Tel. 020-87 29 89, Fax 87 29 92, www.royalsapa.com. Das Panorama von diesem schönen Haus aus ist wahrlich königlich. Die großen Zimmer mit Balkon sind recht komfortabel. Einige eignen sich gut für Familien. Aus der Küche kommen hervorragende Gerichte. Es gibt

Sa Pa mit dem Fan Si Pan im Hintergrund

Sauna, Massage und Pool. DZ mit Frühstück 30–40 US-$.

Baguette & Chocolat: Thac Bac, Tel./Fax 020-87 17 66, hoasuaschool@hn.vnn.vn. Die französisch inspirierte gastronomische Perle besteht aus einem Café mit Bäckerladen im Erdgeschoss und vier lauschigen Zimmern im ersten Stock. Das Richtige für Ruhesuchende. Die französischen Eigentümer unterhalten eine Schule für benachteiligte Jugendliche (www.hoasuaschool.com). DZ mit Frühstück 15 US-$.

Auberge Dang Trung Hotel: 7 Muong Hoa, Cau May, Tel. 020-87 12 43, Fax 87 16 66, www.sapadiscovery.com. Der Pionier unter den Budgetunterkünften mit 28 einfachen Zimmern mit Kamin ist nach wie vor eine empfehlenswerte Adresse. Das Restaurant mit schmackhaften Gerichten wird effektiv geführt. Gute Infobörse. DZ mit Frühstück 10–30 US-$.

Gecko: Ham Rong, Tel. 020-87 15 04, tgl. 11–23 Uhr. Das französisch geführte Lokal ist eine der ersten Adressen, will man europäische Küche genießen. Sehr empfehlenswert, wenn auch nicht billig. Menüs um 150 000 VND.

Camellia: Tue Tinh, Tel. 020-87 14 55, tgl. 10–22 Uhr. Das Lokal in Marktnähe wird häufig von Reisegruppen besucht und offeriert solide lokale Küche um 50 000 VND.

Friendly Restaurant: 31 Cau May, Tel. 020-87 19 67, tgl. 7–21 Uhr. Bei gutem Wetter kann man auf der Terrasse speisen, sonst abends im beheizten Inneren. Die regionalen und günstigen Spezialitäten erfreuen viele Rucksacktouristen. Gerichte ab 40 000 VND.

Viet Emotion: Cau May. Weckt bei Müsli wohl eher Schweizer Emotionen, doch gibt es auch gute Spezialitäten der Hmong wie etwa Fisch mit Reis und Gemüse im Bambusrohr. Gerichte um 45 000 VND.

Baguette & Chocolat: Thac Bac, Tel. 020-87 17 66, tgl. 7–21 Uhr. Wer Heißhunger auf Gebäck und französische Speisen hat, ist hier richtig. Das Angebot reicht von Croissant und Baguette bis Kuchen und Quiche. Gebäck um 20 000 VND.

Suon Bac: 30 Tue Tinh, tgl. 9–21 Uhr. Das kleine Silver Stream genannte Lokal liegt direkt am Markt und ist das Richtige für die Mittagseinkehr. Hier gibt es preiswerte Gerichte um 30 000 VND.

Der einst berühmte **Liebesmarkt** am Samstag ist zum Touristenrummel verkommen. Auf den Straßen von Sa Pa bedrängen Angehörige der Hmong und Dao die Touristen mit ihren ›Handarbeiten‹, nicht selten ›Made in China‹. Am besten kauft man in den Dörfern außerhalb. Achtung: Wer die dunkelblauen Indigo-Stoffe der Hmong kauft,

Richtig Reisen-Tipp: Wanderungen rund um Sa Pa

Die bildschöne Umgebung von Sa Pa lädt zu einer Vielzahl von Ausflügen ein. Das Spektrum reicht von kleinen Wanderungen bis zu mehrtägigen Trekkingtouren. Aufgrund der Steigungen erfordern jedoch alle Touren eine gewisse Kondition. Die nahen Ziele wie Cat Cat und Ta Phin sind oft ziemlich überlaufen. Wer es ruhiger haben möchte, sollte sich ein entfernteres Ziel wählen, am besten einschließlich Übernachtung in einem Dorf der Minderheiten. Dazu sollte man jedoch unbedingt über die Hotels und Agenturen einen lokalen Führer anheuern.

Cat Cat und Sin Chai: Die Halb- bis Ganztagstour beginnt westlich des Marktplatzes von Sa Pa und führt von dort steil hinunter zum Dorf der Schwarzen Hmong, Cat Cat. Unterhalb des Dorfes stürzt bei einem Kraftwerk lautstark ein Bach in die Tiefe. Man kann entweder zurückgehen oder weiter zum 4 km entfernten Dorf Sin Chai wandern.

Ta Van: Eine insgesamt 14 km lange Tageswanderung führt über die Hmong-Dörfer Y Linh Mo und Lao Chai ins Giai-Dorf Ta Van. Von dort kann man sich zurückfahren lassen oder am nächsten Tag über Giang Ta Chai, einer Siedlung der Roten Dao, und Su Pan zum Tay-Dorf Ban Ho (15 km) wandern.

Ta Phin: Für diesen Ausflug lässt man sich zunächst mit Wagen oder Moped zu einem verfallenen Klosterkonvent fahren. Nicht weit davon entfernt beginnt ein schöner Fußweg nach Ta Phin. Man kann von dort zurück nach Sa Pa wandern oder mit dem wartenden Fahrzeug wieder zurückfahren.

Fan Si Pan: Um den mit 3143 m höchsten Berg Vietnams zu erklimmen, muss man zu Fuß 19 km zurücklegen und wegen des steilen Aufstiegs 3–4 Tage einkalkulieren. Viele Agenturen haben diese Tour im Angebot. Eine gute Ausrüstung ist zwingend notwendig (Schlafsack, Schuhwerk, Jacke).

sollte beim Waschen daran denken, dass sie stark abfärben.

Red Dragon Pub: Muong Hoa, tgl. 11–22 Uhr. Im ersten Stock des gleichnamigen Restaurants kann man bei Bier und Musik entspannt den Tag ausklingen lassen.
Bamboo Bar: Bamboo Sapa Hotel, Muong Hoa, Fr–Sa 20.30–22 Uhr. Fünf Minderheiten präsentieren jedes Wochenende ihre traditionellen Tanzkünste. Zwar recht touristisch, doch durchaus sehenswert.

Das Personal im **Auberge Dang Trung Hotel** und im **Cat Cat Hotel** kann Jeeps vermitteln, Touren arrangieren und die Weiterreise organisieren.
Die folgenden Agenturen sind nicht billig, folgen aber bei ihren Tourangeboten den Prinzipien eines nachhaltigen Tourismus (gute Guides, Respekt vor den Volksgruppen).
Handspan: 17 Cau Mai, Tel. 020-87 21 10, www.handspan.com. Zum Angebot gehören auch geführte Mountainbike-Touren.
Topas Adventure Vietnam: 24 Muong Hoa, Tel. 020-87 13 31, Fax 87 15 96, www.topas-adventure-vietnam.com. Arrangiert Jeeps und Wandertouren aller Art bis hin zum mehrtägigen Aufstieg auf den Fan Si Pan.

Busse: Zumeist überfüllte Minibusse frequentieren die Strecken von Sa Pa nach Lai Chau (45 km, 2 Std.) und Muong Lay (186 km, 7–8 Std.).
Züge: Die klassische An- und Abreise erfolgt mit der Bahn über Lao Cai (s. unten). Zwischen Sa Pa und der Grenzstadt verkehren Touristen- und private Shuttlebusse (34 km, 1 Std.). Zugtickets besorgen die Hotels.

An der chinesischen Grenze

Lao Cai

Reiseatlas: S. 2, D 2
Die Stadt an der Grenze zu China ist touristisch nur als Durchgangsstation nach Sa Pa oder China relevant. Wirtschaftlich spielt sie als Warenumschlagplatz eine gewisse Rolle und politisch als Provinzhauptstadt. In der nach ihr benannten 6357 km² großen Provinz leben nur ca. 600 000 Menschen, die sich in 27 verschiedene Volksgruppen unterteilen. Der Grenzübergang (tgl. 7.30–17 Uhr) liegt am Ende der Brücke, die über den Roten Fluss nach Hekou führt.

Lao Cai International Hotel: 88 Thuy Hoa, Tel. 020-82 66 68, Fax 82 66 69, www.laocaihotel.com. Das 4-Sterne-Hotel liegt in Grenznähe am Roten Fluss und ist wegen seines Kasinos besonders bei chinesischen Geschäftsleuten und Spielsüchtigen beliebt. Die komfortablen Zimmer und das Restaurant machen es zur ersten Adresse der Stadt. DZ mit Frühstück 50–70 US-$.

Busse: Vom **Busbahnhof** an der Phan Dinh Phung (neben dem Stadtmarkt) verkehren regelmäßig Minibusse nach Sa Pa (34 km, 1 Std.).
Züge: Der **Bahnhof** liegt am Ostufer des Roten Flusses, etwa 3 km südlich des Stadtzentrums. Es bestehen 6 x tgl. Verbindungen zwischen Lao Cai und Hanoi (296 km, 8–9 Std.). An die offiziellen Züge werden komfortable Schlaf- und Speisewagen der privaten Unternehmen TSC, Friendly, Tulico, Ratraco und Victoria Express Train (www.victoriahotels-asia.com) angehängt. Nach Ankunft der Züge wird man von Schleppern bestürmt, um eines ihrer Fahrzeuge zu nehmen. Man sollte die Offerten in Ruhe prüfen. Beim Warten auf den Zug bitte immer das Gepäck im Auge behalten. Es kommt nicht selten zu Diebstählen.
Weiterreise nach China: Weiterreisende nach China nehmen im benachbarten Hekou einen der Busse nach Kunming, der Hauptstadt der Autonomen Region Yunnan (mehrmals tgl., 520 km, 12 Std.). Die Bahnlinie nach Kunming ist derzeit unterbrochen.

Bac Ha

Reiseatlas: S. 2, E 2
Die Marktstadt liegt 65 km östlich von Lao Cai und ist über die Straße Nr. 70 zu errei-

Vietnamesische Völkerkunde

Hmong, Giay, Nung, Phu La – die Namen der 54 Volksgruppen hören sich mitunter sehr exotisch an. Mit ihren jeweils eigenen Traditionen und Lebensstilen machen sie Vietnam zu einem multikulturellen Flickenteppich. Die fortschreitende Entwicklung hilft ihnen aus der Armut, bedroht jedoch auch ihre Identität.

Babel in den Bergen Vietnams. Eine Blumen-Hmong in ihrem bunt gestreiften Rock diskutiert mit einer Angehörigen der Phu La über den Preis eines Ferkels, daneben sitzen zwei rauchende Rote-Dao-Frauen mit ihren kissenförmigen roten Kopfbedeckungen und beobachten gebannt den Handelsstreit. Der Besuch eines Marktes im Norden oder Nordwesten des Landes ist fraglos ein Erlebnis. Er kann aber auch recht verwirrend sein, denn zuweilen treffen ein halbes Dutzend Volksgruppen aufeinander. In manchen Provinzen wie etwa Lai Chau oder Lao Cai leben mehr als 25 verschiedene Bergstämme zum Teil in unmittelbarer Nachtbarschaft. Hier sind die Viet – sie machen 86 % der Gesamtbevölkerung aus – in der Unterzahl.

Außerhalb der Touristenorte, allen voran in Sa Pa, haben die meisten Volksgruppen kaum Kontakt mit Ausländern. Für sie sind Europäer genauso exotisch wie umgekehrt. Da treffen zwei Welten aufeinander. Damit die Begegnung trotz Sprachbarrieren zu einem positiven Erlebnis wird, sollte man sich offen für die kulturellen Eigenheiten zeigen und lokale Gepflogenheiten respektieren. Nie aber darf Sympathie ›erkauft‹ werden, indem man wahllos Geschenke verteilt und Kinder mit Bonbons überhäuft. Im Folgenden einige Volksgruppen im Porträt.

Dao: Mit 500 000 Angehörigen sind die Dao (sprich: Dzao) eine der größeren Ethnien und vorwiegend im Norden beheimatet. Sie gehören der Hmong-Dao-Sprachgruppe an und wanderten ab Mitte des 19. Jh. infolge innenpolitischer Spannungen aus dem chinesischen Yunnan ein. Heute sind sie vor allem in den höheren Bergregionen zu finden, wo sie Bergreis und Gemüse kultivieren. Es gibt eine Reihe von Untergruppen, von denen die Roten Dao (Dao Do) aufgrund der markanten Kopfbedeckung am augenfälligsten sind. Religiös folgen sie einem Ahnenkult.

Hmong: Die insgesamt 600 000 Hmong gliedern sich in mehrere Untergruppen, die sich nach der Farbe ihrer Tracht benennen wie die Schwarzen Hmong (Hmong Den), Blumen-Hmong (Hmong Hoa) oder die Grünen Hmong (Hmong Xanh). Wie die Dao sind sie erst im 19. Jh. nach Vietnam gekommen. Ihre Dörfer mit den markanten ebenerdigen Häusern liegen vorwiegend in den Hochlagen, wo die Hmong Bergreis, Mais und Gemüse pflanzen. Sie treten sehr selbstbewusst auf und sind in streng hierarchisch und patriarchalisch ausgerichteten Klans organisiert. Polygamie ist keine Seltenheit. In der Religion dominieren Ahnenkult und Geisterglaube.

Muong: Die über 900 000 Muong leben vorwiegend in der Provinz Hoa Binh. Sprachlich sind sie mit den Viet verwandt, kulturell jedoch sehr verschieden. Sie leben in geräumigen Stelzenhäusern entlang der Flusstäler, wo sie Nassreis anbauen. Oft haben sie ihre traditionelle Kleidung abgelegt. Als Volksgruppe sind sie recht eigenständig organisiert. So

Thema

werden mehrere Dörfer in Siedlungsgemeinschaften, *muong,* zusammengefasst. Ihr Schatz an Liedgut und Geschichten ist ziemlich groß. Jedes Dorf besitzt einen Schutzgeist, dem ein Tempel errichtet ist.

Tay: Die mehr als 1,5 Mio. Tay bilden die größte Minderheit des Landes und sind vorwiegend im hohen Norden entlang der chinesischen Grenze beheimatet. China ist auch ihr Ursprungsland, aus dem sie vor über 1000 Jahren einwanderten. Im 16. Jh. entwickelten sie auf Grundlage chinesischer Zeichen ihre eigene Schrift. Ihre Dörfer (*ban*) bestehen im Durchschnitt aus 40–60 Stelzenhäusern entlang der Flussniederungen. In den fruchtbaren Niederungen bearbeiten die Tay Obstplantagen und Felder mit Nutzpflanzen wie etwa Soja, Tee oder Tabak. Ihre Religion ist ein Mix aus Ahnenkult, Geisterglaube und Buddhismus.

Thai (Tai): Ein Großteil der etwa 1,3 Mio. Thai lebt im bergigen Nordwesten Vietnams entlang der Grenze zu Laos. Ethnisch sind sie mit den Tay, den Laoten und Thailändern verwandt. Sie gliedern sich in Untergruppen, etwa die Weißen (Thai Khao) und die Schwarzen Thai (Thai Dam). Traditionell leben sie entlang der Flusstäler. Ihre länglichen Stelzenhäuser bestehen aus einem großen, leeren Raum mit kleiner Schlafkammer und Kochplatz. Früher waren die Thai feudal organisiert. Mehrere Dörfer (*ban*) waren einem Hauptort (*muong*) zugeordnet, in dem ein Fürst residierte. Sie besitzen ein Schriftsystem, das dem Laotischen ähnelt. Die religiöse Praxis ist ein ähnliches Gemisch wie jenes der Tay.

Altar in einem Haus der Schwarzen Hmong

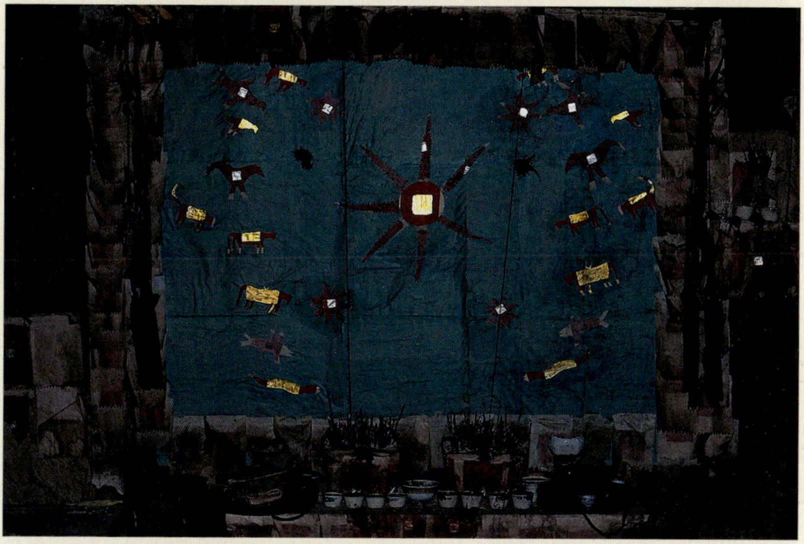

chen. Von ihr zweigt ein Weg ab und windet sich Richtung Norden auf eine Höhe von 900–1000 m empor. Dort liegt auf einer Anhöhe Bac Ha. Die Umgebung ist allerdings weniger spektakulär als jene von Sa Pa. Die Stadt mit ca. 80 000 Bewohnern zieht vor allem am Wochenende Besucher an, denn sonntags ist **Markttag** mit dem für diese Region so typischen bunten Treiben. Dann treffen sich vormittags derart unterschiedliche Volksgruppen, dass selbst erfahrene Völkerkundler Schwierigkeiten haben, sie auseinanderzuhalten. Dazu zählen Blumen-Hmong (Hmong Hoa), mehrere Dao-Gruppen, Giay, Thai, La Chi, Nung und Phu La.

Bac Ha ist ein guter Ausgangspunkt für Wanderungen in die Umgebung wie etwa nach **Ban Pho,** einem Dorf der Blumen-Hmong, oder zum **Vua Meo,** einer 1924 erbauten Kitschvilla eines Hmong-Anführers. Weitere interessante **Märkte** finden samstags in **Can Cau,** 20 km nördlich, sonntags in **Lung Phin,** 12 km nördlich, und dienstags in Coc Ly, 48 km westlich von Bac Ha, statt.

Sao Mai: Tel./Fax 020-88 02 88, soamaibh@hn.vnn.vn. Die beste Unterkunft der Stadt mit 50 großen Zimmern bietet darüber hinaus in ihrem Restaurant eine gute Regionalküche und organisiert Trekkingtouren. DZ mit Frühstück 15–20 US-$.
Minh Quan Hotel: Tel. 020-88 02 22. Die 18 Zimmer mit Warmwasser-Bad sind klein, aber akzeptabel. Auf Wunsch können die freundlichen Besitzer Ausflüge organisieren. DZ mit Frühstück um 10 US-$.

Cong Fu Restaurant: Hinter dem Markt, tgl. 8–21 Uhr. So einfach das Ambiente, so lecker und günstig sind die regionalen Gerichte, die hier dem hungrigen Gast serviert werden. Sehr empfehlenswerte Gerichte um 20 000 VND.

Busse: Vormittags fahren mehrere Busse nach Lao Cai (65 km, 2,5 Std.) und Pho Lu (30 km, 1 Std.), von wo Weiterreisemöglichkeiten mit Zug und Bus nach Hanoi bestehen.

Sonntäglicher Markt in Bac Ha

Vietnams hoher Norden

Reiseatlas S. 3, 4

Die dünn besiedelten Provinzen im hohen Norden sind touristisch noch wenig erschlossen. Daher sind sie genau das Richtige für neugierige Entdecker, die auch mal ohne Komfort auskommen. Sie können wunderschöne Gebirgslandschaften, Dörfer der Bergvölker und den von Bergen umschlossenen Ba-Be-See erkunden.

Von Hanoi verläuft die gut ausgebaute Nationalstraße 3 in Richtung Norden über Thai Nguyen und Cao Bang bis zur chinesischen Grenze. Im Rahmen dieser landschaftlich abwechslungsreichen Fahrt kann man einen Abstecher zum größten und schönsten Binnensee Vietnams unternehmen, dem Ho Ba Be. Für diese Tour sollte man 3–5 Tage einplanen.

Thai Nguyen

Reiseatlas: S. 3, B 4

Die Provinzhauptstadt mit 500 000 Einwohnern liegt 80 km nördlich von Hanoi auf ca. 300 m Höhe. Sie ist ein wichtiger Standort für die Stahlindustrie. In der fruchtbaren Umgebung spielt neben Reis der Anbau von Gemüse eine wichtige Rolle. Touristisch ist die Stadt wenig interessant.

Eine Ausnahme bildet das sehr beeindruckende **Völkerkundemuseum** (Bao Tang Van Hoa Cac Dan Toc). In dem imposanten roten Bauwerk von 1960 sind fünf Sektionen den jeweiligen Sprachgruppen zugeordnet. Zu den Exponaten zählen Trachten, Alltagsgegenstände, Fotografien, nachgestellte Szenen und Videopräsentationen (359 Tu Minh, Di–So 8–17.30 Uhr, 20 000 VND).

Ganztags verkehren zahlreiche Busse und Minibusse zwischen Thai Nguyen und dem Ben Xe Gia Lam in Hanoi (80 km, 2,5 Std.).

Ba-Be-See

Reiseatlas: S. 3, B 2

Vietnams größter Binnensee liegt inmitten des gleichnamigen Nationalparks und ist von einem bis zu 1100 m hohen Karstmassiv umgeben. Seine pittoreske Lage erinnert an den bayerischen Königsee und macht ihn zu einem der schönsten Ausflugsziele im Norden. Das schmale Gewässer erstreckt sich 8 km in Nord-Süd-Richtung und gliedert sich in drei Teile, daher sein Name ba be, eine Abwandlung des Tay-Wortes *slam pe,* drei Seen. Der See liegt 150 m ü. d. M., ist bis zu 35 m tief und misst an seiner breitesten Stelle 2 km. Am stimmungsvollsten zeigt sich der stille See in den nebelverhangenen Morgenstunden, dann ist es allerdings noch empfindlich kalt.

Der 500 ha große See ist Teil einer vorwiegend bewaldeten Berglandschaft mit Flüssen und Höhlen. Aufgrund der Artenvielfalt wurde 1992 ein 100 km² großes Gebiet unter Naturschutz gestellt. Während Tiger schon ausgestorben sind, gibt es noch einige äußerst seltene Primatenarten wie den Francois'-Langur (*Trachypithecus francoisi francoisi*) und den nachtaktiven Plumplori (*Nycticebus coucang*). Bislang wurden 233 Vogelarten und 354 Schmetterlingsarten identifiziert.

Eine mehrstündige **Bootstour** führt über den See und anschließend den Nang-Fluss entlang. Ziel ist die 300 m lange und bis zu 50 m hohe **Tropfsteinhöhle Hang Puong,** durch die der Song Nang fließt. In ihr hält sich

Mit dem Autor unterwegs

Sehenswertes

Vietnamesischer ›Königsee‹: Eine Bootsfahrt auf dem von Bergen umgebenen Ba-Be-See zählt zu den schönsten Reiseerlebnissen im hohen Norden (s. S. 211f.).

›Rheinfall Vietnams‹: Eingerahmt von Karstbergen liegt an der chinesischen Grenze der Ban-Gioc-Wasserfall (s. S. 213).

Gut zu wissen

Bargeld: Bitte genügend US-$ und Vietnamesische Dong mitnehmen, es gibt kaum Umtauschmöglichkeiten.

eine große Fledermauskolonie auf, die allerdings durch die lärmenden Touristen empfindlich gestört wird. Einen sehenswerten Zwischenstopp stellt auch der **Wasserfall Thac Dao Dang** dar, bei dem der Song Nang über mehrere Kaskaden in die Tiefe stürzt. Nicht weit entfernt liegt das Tay-Dorf Hua Tang.

Schließlich bieten sich hier mehrtägige **Wanderungen** an, bei denen in einem Dorf der Tay, Hmong oder Dao übernachtet wird.

i **Ba-Be-Nationalpark** (Vuon Quoc Gia Ba Be): Ba-Be-Distrikt, Tel. 02 81-89 40 26, 89 40 27, www.babenationalpark.org. Die Verwaltung mit dem informativen Besucherzentrum liegt an der Ostseite des Sees. Dort kann man auch einen Führer engagieren und Zimmer buchen (tgl. 8–17 Uhr, 11 000 VND).

Der Nationalparkverwaltung hat im Park Besucherunterkünfte, etwa das **Gästehaus A 1** (10 Zimmer), **A 2** (24 Zimmer) und **Bungalows.** DZ mit Frühstück 10–20 US-$.

... in Cho Ra (17 km östlich)

Ba Be 1 Hotel: Tel. 02 81-87 61 15. Die einfache Unterkunft verfügt über akzeptable Zimmer. Der freundliche Eigentümer arrangiert Touren. DZ mit Frühstück ab 15 US-$.

Thuy Dung: Tel. 02 81-87 63 54. Freundliche Herberge mit schöner Aussicht. Annehmbare Zimmer. DZ mit Frühstück um 15 US-$.

Der See liegt 250 km nördlich von Hanoi und ist mit öffentlichen Verkehrsmitteln schlecht zu erreichen. Am besten bucht man eine der Open Tours in Hanoi oder einen Mietwagen für eine mehrtägige Rundfahrt. Fahrzeit: 6–7 Std.

Cao Bang

Reiseatlas: S. 3, C 2

Das 272 km von Hanoi entfernte Cao Bang hat knapp 50 000 Einwohner und ist Verwaltungszentrum für Vietnams nördlichste Provinz. Während der Kolonialzeit war Cao Bang eine strategisch wichtige Garnisonsstadt, versank dann während der chinesischen Strafinvasion 1979 jedoch in Schutt und Asche. Nun profitiert sie von dem zunehmenden Grenzhandel mit dem großen Nachbarn, da es in der Provinz drei Grenzübergänge gibt. Touristisch ist Cao Bang von geringem Interesse, liegt aber sehr schön auf einer Halbinsel am Zusammenfluss von Song Hien und Song Bang Giang. Ein **Kriegerdenkmal** thront auf einem Hügel, von dem sich ein schöner Rundblick bietet. Im Stadtzentrum erhebt sich eine **Ho-Chi-Minh-Statue.** Außen zwar äußerst hässlich, aber in ihrer Größe wiederum beeindruckend ist die **Markthalle** mit einem riesigen Angebot billiger China-Ware.

Ausflüge von Cao Bang

Die Umgebung von Cao Bang zählt mit schroffen Karstbergen, sanften Hügeln und breiten Flusstälern zu den schönsten Landstrichen im Norden Vietnams. Dieses Gebiet war in den 1940er- und 1950er-Jahren eine Hochburg der Viet Minh.

Manche Orte erinnern noch an damalige Ereignisse, allen voran der Ort **Pac Bo** (**Reiseatlas:** S. 3, C 1) 55 km nordwestlich von Cao Bang und nur wenige Kilometer von der chinesischen Grenze entfernt. Für Vietnams Kommunisten ist dies heiliger Boden, denn hier betrat Ho Chi Minh am 25. Januar 1941 nach 30-jähriger Abwesenheit erstmals wieder seine Heimat. Für einige Zeit lebte er in der nahe gelegenen **Höhle Hang Coc Bo.** Es gibt ein kleines **Museum** (tgl. 7.30–11.30, 13.30–16.30 Uhr, Eintritt frei). Ziele kleiner Spaziergänge sind die **Lenin-Quelle,** Suoi Le Nin, und der **Karl-Marx-Berg,** Nui Cac Mac.

Von landschaftlichem Reiz ist der **Wasserfall Thac Ban Gioc** (**Reiseatlas:** S. 4, D 1), 85 km nordöstlich von Cao Bang. Umgeben von kegelförmigen Karstbergen stürzt sich an der chinesischen Grenze der Quay-Son-Fluss auf einer Breite von 300 m in mehreren Kaskaden in die Tiefe. Ein Teil des Wassers fällt auf chinesischen Boden. Am beeindruckendsten ist das Naturspektakel in den regenreichen Monaten Mai bis September.

Huong Thom Hotel: 45 Kim Dong, Tel. 026-85 58 88, Fax 85 62 28. Unweit des Marktes gelegen ist das Hotel die derzeit beste Schlafoption der Stadt mit komfortablen Zimmern mit Bad. Das hilfsbereite Personal arrangiert auch Touren. DZ mit Frühstück ab 25 US-$.

Thanh Loan Hotel: V 159 Vuon Cam, Tel. 026-85 70 26, Fax 85 70 28. Unweit der Brücke gelegen. Die Zimmer sind geräumig und einigermaßen sauber. Am besten sind jene zur Straße hin. DZ mit Frühstück ab 15 US-$.

Bang Giang Hotel: 1 Kim Dong, Tel. 026-85 34 31, Fax 85 59 84. Solides Geschäftshotel mit 72 funktionalen Zimmern mit Bad, teilweise mit schönem Flussblick. DZ mit Frühstück ab 15 US-$.

Es bestehen mehrere Verbindungen nach Thai Nguyen (168 km, 4–5 Std.), Hanoi (272 km, 7 Std.) und Lang Son (131 km, 4 Std.). Mietwagen mit Fahrer für Ausflüge lassen sich über die Hotels besorgen.

Lang Son

Reiseatlas: S. 4, D 3

Die 250 m ü. d. M. gelegene Provinzhauptstadt Lang Son ist von Cao Bang (131 km) und Hanoi (154 km) aus gut zu erreichen und kann im Rahmen einer mehrtägigen Rundfahrt besucht werden. In der nach ihr benannten Provinz leben ca. 750 000 Menschen, zumeist Angehörige ethnischer Minderheiten wie Nung und Tay. Die Bevölkerung lebt vorwiegend vom Anbau landwirtschaftlicher Produkte, vor allem Reis, Mais, Maniok und Obst. Wirtschaftlich profitiert die Region inzwischen vom Handel mit dem nahen China, was unschwer in den Märkten und Geschäften zu sehen ist. Der Grenzübergang in Dong Dang liegt nur 18 km entfernt.

Auch Lang Son wurde 1979 Opfer chinesischer Zerstörungswut. Bis heute ist die Stadt am Ky-Cung-Fluss wahrlich keine Schönheit und touristisch nur als Ausgangspunkt für den Besuch umliegender Höhlen relevant.

Hauptattraktion sind die bunt beleuchteten **Tropfsteinhöhlen Thang Canh Chua Tam Thanh** und **Dong Nhi Thanh,** 2,5 km südwestlich der Stadt. In ihnen befinden sich auch Altäre mit daoistischen und buddhistischen Gottheiten, weshalb sie beliebte Pilgerziele sind (tgl. 6–18 Uhr, je 5000 VND).

Einheimische zieht es am Wochenende zum 1541 m hohen **Nui Mau Son,** 15 km nordöstlich der Stadt. Dort gibt es einige bescheidene Übernachtungsmöglichkeiten.

Kim Son Hotel: 3 Nguyen Thi Minh Khai, Tel. 025-87 03 78, Fax 87 21 18. Ein gesichtsloses Stadthotel mit 35 funktionalen Zimmern. DZ mit Frühstück 20 US-$.

Bac Son Hotel: 41 Le Loi, Tel./Fax 025-87 18 49. Das Hotel hat etwas mehr Charme, seine 22 Zimmer mit Warmwasser-Bad sind aber recht verwohnt. Arrangiert Mietwagen, organisiert Ausflüge. DZ mit Frühstück 15 US-$.

Eine Spezialität ist gefüllte, geröstete That-Khe-Ente, *vit quay that khe.*

New Century: Am Phai-Loan-See, tgl. 10–22 Uhr. Bei einheimischen Familien beliebtes Restaurant mit vietnamesischen und chinesischen Speisen um 40 000 VND.

Züge: Zwischen Ga Lang Son und Hanoi verkehren 2 x tgl. langsame Züge (5,5 Std.).

Busse: Tgl. bestehen mehrere Busverbindungen nach Hanoi (154 km, 3 Std.) und Cao Bang (131 km, 4 Std.).

Im Tempel der Segensreichen Wohltat, der zur beeindruckenden Grabanlage von Kaiser Minh Mang gehört, wurde der Nguyen-Herrscher verehrt

Kapitel 3

Zentralvietnam

Auf einen Blick: Zentralvietnam

Bergland und Meer

Die stellenweise nur 50 km schmale Mitte Vietnams schiebt sich wie eine gebogene Tragestange ins Chinesische Meer. Die Landschaft ist geprägt von den bis zu 2000 m hohen Erhebungen der Langen Berge, Truong Son, und dem Küstenstreifen. Hier wechseln sich ins Meer abfallende Höhenzüge und weite fruchtbare Mündungsgebiete der zahlreichen Flüsse ab. Dort liegen auch die größten Städte und schönsten Strände Vietnams. Viele architektonische Zeugnisse sind Relikte aus jener Zeit, als die Cham in der Region das Sagen hatten.

Das Zentrale Hochland mit seiner sanft geschwungenen Mittelgebirgslandschaft ist Heimat zahlreicher Volksgruppen, außerdem Refugium seltener Tierarten.

Highlights

6 **Phong-Nha-Ke-Bang-Nationalpark:** Das landesweit größte Karstgebiet birgt faszinierende Höhlensysteme. Einige davon stehen Besuchern offen (s. S. 226f.).

7 **Hue:** Die in Pracht erstarrte letzte Königsdynastie hinterließ grandiose Paläste und Grabanlagen (s. S. 232ff.).

8 **Hoi An:** Der einstige Welthafen beeindruckt durch ein harmonisches Stadtensemble (s. S. 276ff.).

9 **My Son:** Geschützt von Bergen verbreitet die alte Tempelstadt der Cham eine melancholische Stimmung (s. S. 294ff.).

10 **Nha Trang:** Im quirligen Seebad dreht sich alles um Sonne, Strand und Meer (s. S. 308ff.).

11 **Mui Ne:** Vietnams bekanntester Badestrand lockt mit feuerroten Sanddünen, bunten Fischerbooten und schönen Resorts (s. S. 324ff.).

12 **Da Lat:** Die ›Stadt des ewigen Frühlings‹ lädt zu reizvollen Ausflügen in die Umgebung ein (s. S. 338ff.).

Empfehlenswerte Routen

Über den Wolkenpass nach Hoi An: Die Fahrt von Hue in die alte Hafenstadt Hoi An zählt wegen der herrlichen Ausblicke auf

Richtig Reisen-Tipps

Spaziergang durch Kim Long: In diesem grünsten Stadtteil von Hue laden historische Gartenhäuser zum Besuch ein (s. S. 250).

Wanderungen im Bach-Ma-Nationalpark: Spektakuläre Ausblicke und Naturerlebnisse bieten sich in ursprünglichen Bergwäldern zwischen Hue und Da Nang (s. S. 264).

Rundgang durchs Cham-Museum: Die weltweit bedeutendste Sammlung Cham-Skulpturen zeigt Kunst vom Feinsten (s. S. 268).

Kunst des Kochens: Hoi An ist der perfekte Ort, um sich in die Geheimnisse vietnamesischer Küche einführen zu lassen (s. S. 287).

Wellness-Oasen am Meer: In luxuriösem Ambiente wieder einmal auftanken und dabei alle sechs Sinne revitalisieren – dies ermöglichen zwei Edelresorts in Nha Trang (s. S. 313).

Ausflüge in die Umgebung von Da Lat: Der beliebte Bergferienort ist ein hervorragender Ausgangspunkt für spannende Wanderungen und Bootspartien (s. S. 344).

Touren durch den Cat-Tien-Nationalpark: Zu Fuß, per Jeep, mit dem Fahrrad oder vom Boot aus lässt sich eines der artenreichsten Schutzgebiete Vietnams erkunden (s. S. 347).

das Meer zu den schönsten Vietnams (s. S. 262ff.).

Von Kon Tum nach Buon Ma Thuot: Eine landschaftlich abwechslungsreiche Straße windet sich durchs Zentrale Hochland – mit Kaffeeplantagen bis zum Horizont und interessanten Dörfern der Minderheiten (s. S. 330ff.).

Entlang der Nationalstraße 20: Von Da Lat führt die 310 km lange Route durch eine schöne Berglandschaft vorbei an Wasserfällen und Plantagen (s. S. 346f.).

Reise- und Zeitplanung

Wer wenig Zeit hat, kann den Abschnitt zwischen Thanh Hoa und Hue durchaus ignorieren und von Hanoi direkt nach Hue weiterreisen. Ansonsten sollte man für diesen 500 km langen Streckenabschnitt drei Tage rechnen. Die Weiterfahrt von der letzten Königsstadt gen Süden nach Ho-Chi-Minh-Stadt nimmt je nach Interesse etwa eine Woche in Anspruch.

Eine interessante, bislang wenig wahrgenommene Variante ist der Besuch des Zentralen Hochlandes. Dazu verlässt man in Qui Nhon die Küste und fährt ins 165 km entfernte Plei Ku. Dort kann man das nördlich gelegene Kon Tum besuchen und sich anschließend nach Süden wenden. In Buon Ma Thuot führt die N 26 in Richtung Meer nach Ninh Hoa bei Nha Trang. Es besteht auch die Möglichkeit zur Weiterfahrt ins 180 km entfernte Da Lat, einen beliebten Bergferienort.

Klima und Reisezeit

Die zentrale Küste zwischen Thanh Hoa und Nha Trang liegt von November bis März im Einflussbereich des feuchten Nordostmonsuns, der vor allem im November zu heftigen Niederschlägen und gelegentlichen Taifunen führen kann. Die Badesaison beginnt im April mit zunehmend feuchtheißer Luft und endet im Oktober. Zwischen Juni und September kann die Quecksilbersäule auf 40 °C klettern.

Die Küste südlich von Nha Trang ist vom Südwestmonsun geprägt, mit regelmäßigen Niederschlägen zwischen Mai und Oktober sowie angenehmen Temperaturen und viel Sonne von November bis April. Dies ist auch die beste Zeit für einen Badeurlaub.

Im Zentralen Hochland ist das Wetter mit Durchschnittstemperaturen von 18 °C in Da Lat und 26 °C in Buon Ma Thuot ganzjährig eher wechselhaft. Die meisten Niederschläge fallen während des Südwestmonsuns zwischen Mai und Oktober.

Von Thanh Hoa nach Hue

Reiseatlas S. 7, 10, 12

Wie ein Flaschenhals verengt sich Vietnam in Zentralvietnam. Bei Dong Hoi sind es nur 50 km zwischen der Grenze zu Laos und dem Meer. Die Region sieht wenige ausländische Touristen. Nicht ganz zu Unrecht, denn die Sehenswürdigkeiten sind rar gesät. Zu den Highlights zählt fraglos die Höhle von Phong Nha.

Die Provinzen zwischen dem Roten-Fluss-Delta und Hue zählen zu den ärmsten des Landes. Die sandigen Böden geben wenig her und alljährlich zwischen August und November drohen Taifune über das Land zu ziehen. Während Naturinteressierte sich vor allem für die Tropfsteinhöhle von Phong Nha interessieren mögen, wird die einstige Grenze zwischen Nord- und Südvietnam am 17. Breitengrad eher für Geschichtsinteressierte von Relevanz sein.

Thanh Hoa und Umgebung

Reiseatlas: S. 7, B 3
Die Provinzmetropole mit 200 000 Einwohnern ist wahrlich keine Schönheit. Gesichtslose Neubauten und Straßenzüge prägen das großflächige Stadtbild. Nur Reisenden mit besonderem historischen Interesse mag ein Halt lohnenswert erscheinen, da in der Umgebung einige geschichtsträchtige Orte liegen. Neben Dong Son (s. u.) ist dies **Lam Kinh** im Tho-Xuan-Distrikt, etwa 35 km westlich (**Reiseatlas:** S. 7, A 3). Hier befindet sich die Grabstätte von Le Loi, der nach der Vertreibung der chinesischen Besatzer als König Le Thai To (reg. 1427–1433) den Thron bestieg. An ihn erinnert auch im Zentrum von Thanh Hoa eine gewaltige Statue. Wer übernachten möchte, kann auch in das 16 km südöstlich gelegene Seebad Sam Son (s. S. 219f.) ausweichen.

Thanh Hoa hatte besonders stark unter den Auswirkungen des Vietnamkrieges zu leiden und wurde vielfach bombardiert. Bevorzugtes Ziel der US-amerikanischen Luftwaffe war die Drachenkiefer-Brücke, Cau Ham Rong, die 2 km nördlich der Stadt den Song Ma überspannt. Ihr eigentümlicher Name rührt von einer schroffen Hügelkette westlich des Flusses her.

Von den Franzosen 1905 errichtet, war die 165 m lange Eisenkonstruktion Ziel von Sabotageakten der Viet Minh. Später wurde sie wieder aufgebaut und 1964 von Ho Chi Minh persönlich eingeweiht. Doch nur ein Jahr danach begannen US-Bomber die ersten Einsätze zu fliegen. Dank der fünf Luftabwehrsysteme blieb die Brücke jedoch lange Zeit intakt und wurde somit zum Symbol des eisernen Widerstandes Nordvietnams. Erst sieben Jahre und über 100 Einsätze später gelang es einem US-Jet im Mai 1972 durch lasergesteuerte Bomben die Brücke komplett zu zerstören. Doch die Freude der USA währte nur kurz, schon sehr bald hatte die nordvietnamesische Armee eine provisorische Pontonbrücke errichtet.

Dong Son

Etwa 8 km nordwestlich von Thanh Hoa liegt am Ma-Fluss das Dorf Dong Son. Der Ort wäre nicht weiter erwähnenswert, würde sein Name nicht für die bedeutendste südostasiatische Kultur stehen, die sogenannte Dong-Son-Kultur. Sie markiert den Übergang von der Bronzezeit zur Eisenzeit und hatte zwischen dem 7. und 1. Jh. v. Chr. ihren Höhepunkt. Bei 1924 begonnenen Ausgrabungen kamen Grabbeigaben wie Dolche mit dekorierten Griffen, Waffen, Schmuck und Statuen ans Tageslicht. Eine Sensation waren jedoch die Funde reichlich verzierter, bis zu 1 m großer Bronzetrommeln. Aus den Darstellungen gut gekleideter Menschen folgern die Forscher, dass es sich um eine hierarchisch organisierte Gesellschaftsform mit ausgebildeter Oberschicht gehandelt haben muss. Bootsdarstellungen auf den Trommeln und der Fund von Holzsärgen in Bootsform legen die Vermutung nahe, dass neben dem Nassreisanbau der regionale Seehandel von Bedeutung war. Diese Annahme wird dadurch gestützt, dass in anderen Teilen Asiens wie etwa in Südchina und Indonesien ebenfalls derartige Trommeln ausgegraben wurden. Neben dem Mündungsgebiet des 426 km langen Song Ma sind im gesamten Roten-Fluss-Delta ähnliche Grabbeigaben freigelegt worden. Wer jedoch in Dong Son großartige Ausgrabungen erwartet, wird enttäuscht. An den Fundstätten ist kaum etwas zu sehen. Die schönsten Beispiele von Dong-Son-Trommeln finden sich im Historischen Museum in Hanoi.

Sam Son

Das bei Einheimischen beliebte Seebad liegt 16 km südöstlich von Thanh Hoa und ist über eine gut ausgebaute Straße zu erreichen. Der etwa 10 km lange Sandstrand erstreckt sich von dem Bergzug Truong Le im Süden bis zur Mündung des Song Ma. Aufgrund der relativen Nähe zu Hanoi machen viele Hauptstädter an verlängerten Wochenenden oder in den Sommermonaten Juni bis August Ferien in Sam Son.

Bereits die Franzosen hatten hier 1907 ein Seebad gegründet. Ab den 1990er-Jahren entstanden eine Vielzahl von wenig ansehnlichen Minihotels. Mittlerweile gibt es auch eine Reihe guter Unterkünfte. Trotzdem verlieren sich nur wenige Ausländer hierher. Zu den Sehenswürdigkeiten zählen drei markante Felsblöcke, Hon Trong Mai genannt, auf dem Bergzug Truong Le.

Mit dem Autor unterwegs

Strandleben

Ozeanische Gefühle: Das Seebad Cua Lo liegt 18 km nordöstlich von Vinh und verfügt über einen der schönsten Sandstrände Zentralvietnams (s. S. 223).

Meer und mehr: Dong Hoi ist nicht nur ein guter Ausgangspunkt für den Besuch der Phong-Nha-Höhle, sondern bietet mit dem Sun Spa Resort eine schöne Bleibe direkt am Meer (s. S. 224ff.).

Sehenswert

Onkel Ho's Wiege: In zwei Ortschaften der Gemeinde Kim Lien verbrachte Ho Chi Minh seine Kindheit. Heute pilgern jährlich Zigtausende Vietnamesen dorthin (s. S. 222f.).

Am 17. Breitengrad: Die Genfer Konferenz erklärte die neue Grenze zwischen Nord- und Südvietnam 1954 zur »entmilitarisierten Zone«. Tatsächlich fielen auf keinen Ort der Welt so viele Bomben wie auf diesen (s. S. 227ff.).

i **Thanh Hoa Tourism:** 34 Le Loi, Tel. 037-85 41 40, www.thanhhoatourism.com.vn. Im Thanh Hoa Hotel, 25 A Quang Trung, gibt es darüber hinaus einen Kundenschalter von Thanh Hoa Tourism. Es werden Führer und Wagen für Ausflüge vermittelt.

... in Thanh Hoa:

Sao Mai Hotel: 20 Phan Chu Trinh, Tel. 037-71 28 88, Fax 71 29 99. Das funktionale Geschäftshotel mit 150 großen Zimmern ist derzeit erste Wahl in der Stadt. Ein effektives Businesscenter und ein solides Restaurant gehören ebenso zur Ausstattung wie Tennisplatz und Bar. DZ mit Frühstück ab 45 US-$.

Thanh Hoa Hotel: 25 A Quang Trung, Tel. 037-85 25 17, Fax 85 39 63. Typisches staatliches Provinzhotel mit 100 gesichtslosen Zimmern. Angesichts des günstigen Preises jedoch für ein bis zwei Nächte in Ordnung. DZ mit Frühstück ab 25 US-$.

Der Name ihres Dorfes steht für die bedeutendste Kultur in Südostasien: Kinder in Dong Son

... in Sam Son:

Van Chai Resort: Quang Cu, Tel. 037-79 33 33, Fax 79 38 01, www.vanchai-vn.com. Das äußerst schöne Resort liegt an der nördlichen Seite des Strandes und verfügt über 70 Zimmer, davon 42 in geräumigen Villen. Viele sind im traditionellen Stil errichtet und haben Meerblick. Zu den Angeboten des Hotels gehören ein großer Pool und Spa. DZ mit Frühstück ab 70 US-$.

Pacific Hotel: Thanh Nien, Sam Son Beach B, Tel. 037-82 38 88, Fax 82 26 89, www.samsonpacific.com. Neunstöckiges Ferienhotel mit 84 Zimmern, Swimmingpool, Sauna und Bar im obersten Stock. Von den vorderen Zimmern hat man Meerblick. DZ mit Frühstück ab 35 US-$.

Bo Xay Dung: Ho Xuan Huong, Tel 037-82 10 50, Fax 82 10 51. Ein betonlastiges Hotel am Strandboulevard mit 100 klimatisierten Zimmern. Die vorderen Zimmer verfügen über einen Balkon mit Meerblick. Großes Restaurant und Tennisplatz. DZ mit Frühstück 15–45 US-$.

Busse: Vom Ben Xe Thanh Hoa nördlich des Stadtzentrums an der Nationalstraße 1 bestehen regelmäßige Verbindungen nach Hanoi (150 km, 3 Std.) und Ninh Binh (60 km, 1,5 Std.). Der Ben Xe Nga Ba Voi, 3 km südlich der Stadt, ist Ausgangspunkt für Fahrten nach Vinh (139 km, 3,5 Std.) und andere Orte im Süden.

Züge: Im Ga Thanh Hoa halten 5 x tgl. Züge nach Hanoi (4 Std.) und in Richtung Süden. Zudem verkehren 2 x tgl. Züge zwischen Vinh und der Hauptstadt mit Halt in Thanh Hoa.

Vinh

Reiseatlas: S. 10, D 2

Vinh liegt am Nordufer des Blauen Flusses, Song Lam, zwischen Hanoi (291 km) und Hue (368 km). Über 250 000 Einwohner leben in diesem wichtigen Industriestandort und Verwaltungszentrum der 16 487 km² großen Nghe-An-Provinz. Auch als Verkehrsknotenpunkt spielt die Hafenstadt eine bedeutende Rolle, denn über die gut ausgebaute Nationalstraße 8 ist man recht schnell an der nur 105 km entfernten Grenze zu Laos. Klimatisch steht die Stadt jedoch unter einem schlechten Stern. Regelmäßig wird sie von Taifunen heimgesucht, weshalb der Volksmund davon spricht, dass der Taifun in Vinh geboren worden sei und regelmäßig dorthin zurückkehre. Überschwemmungen und Trockenheiten sind ebenfalls keine Seltenheit.

Stadt der Revolutionäre

Als Vinh 1788 unter dem Quang-Trung-Herrscher offiziell gegründet wurde, entwickelte sie sich zu einer schmucken Garnisons- und Verwaltungsstadt. Der Gia-Long-König erkannte dann ihre strategisch interessante Lage und ließ 1804 eine sternförmige Zitadelle errichten, die von seinen Nachfolgern, dem Minh-Mang- und dem Tu-Duc-König, verstärkt wurde.

In der Kolonialzeit avancierte Vinh zu einer Hochburg des Widerstands. Zahlreiche prominente Oppositionelle stammen aus der Provinz, wie etwa der Nationalist Phan Boi Chau (1867–1940), die von den Franzosen hingerichtete Kommunistin Nguyen Thi Minh Khai (1910–1941) und ihr Vorbild und Geliebter Ho Chi Minh. In diesem ohnehin armen Gebiet drückte die Last der kolonialen Ausbeutung besonders schwer. Nachdem die Weltwirtschaftskrise von 1929 und mehrere Naturkatastrophen die Bevölkerung weiter ins Elend stürzten, kam es am 1. Mai 1930 zum Aufstand. Angeführt von kommunistischen Räten – den sogenannten Sowjets – besetzten über 10 000 Arbeiter und Bauern Verwaltungsgebäude, Fabriken und Plantagen. In den Folgemonaten formierte sich eine radikalisierte Bewegung, die sich nach den beiden betroffenen Provinzen, Nghe An und Ha Tinh, Xo Viet-Nghe Tinh (Nghe-Tinh-Räte) nannte. Erst nach einem Jahr und unter Anwendung brutalster Gewalt gelang es französischen Elitetruppen, den Aufstand niederzuschlagen.

Während des Vietnamkrieges nahm Vinh mit seinem Hafen als wichtiger Knotenpunkt des Ho-Chi-Minh-Pfades eine Schlüsselstellung ein. Dies zog massive Bombardierungen der US-Luftwaffe nach sich, weshalb vom ursprünglichen Stadtbild kaum etwas erhalten geblieben ist. Beim Wiederaufbau nach dem Krieg war auch die DDR engagiert, woran noch heute breite Straßen und Plattenbauviertel erinnern.

Sehenswürdigkeiten in Vinh

Vinh bietet kaum Attraktionen. An den kommunistischen Aufstand erinnert das **Museum der Nghe-Tinh-Sowjet-Bewegung** (Bao Tang Xo Viet Nghe Tinh) an der Dao-Tan-Straße mit Fotos und Dokumenten. Auf dem Grundstück des Museums war während der Kolonialzeit das Gefängnis untergebracht.

Im hinteren Teil des Geländes verläuft noch ein Teil des **Wassergrabens,** der einst die Zitadelle umgab. Während die Außenmauer der Befestigungsanlage nahezu verschwunden ist, sind die drei **Tore** noch erhalten geblieben. Zwei davon liegen in der Nähe des Museums (tgl. 7–17 Uhr, Eintritt frei).

Phuong Dong Hotel: 22 Truong Thi, Tel. 038-56 22 99, Fax 56 25 62, kspdong@hn.vnn.vn. Derzeit mit über 170 modernen Zimmern die erste Adresse in Vinh. Das Angebot reicht von Shopping über Sauna bis zum Swimmingpool. DZ mit Frühstück ab 50 US-$.

Saigon Kim Lien Hotel: 25 Quang Trung, Tel. 038-83 88 99, Tel. 83 88 98, www.saigon-tourist.com. Das beliebte Geschäftshotel mit 77 Zimmern, dem stadtbesten Restaurant, Pool und Businesscenter liegt im Herzen der Stadt. Gutes Preis-Leistungs-Verhältnis. Am Tourschalter können Sie Ausflüge buchen. DZ mit Frühstück 30–80 US-$.

Auf den Trottoirs der Straßen Le Loi und Phan Boi Chau gibt es eine Reihe von Garküchen und kleinen Ausschankstellen mit Fassbier, *bia hoi*. Vielerorts werden die beliebten Erdnussbonbons angeboten, eine Spezialität von Vinh.

Quan Vuon Tram: 49 B Le Loi, tgl. 10–21.30 Uhr. Das Lokal ist zu Recht beliebt, hat es doch einen netten Biergarten und serviert wirklich schmackhafte vietnamesische Speisen. Empfehlenswert sind die Currygerichte. Menüs ab 45 000 VND.

Noi Hoa Sen: Inmitten eines Sees am Westende der Phan Dinh Phung, tgl. 11–21 Uhr. Das Restaurant ist nicht nur stimmungsvoll gelegen, sondern bietet auch gute Gerichte um 35 000 VND.

Zulu Bar: 51 Quang Trung, Tel. 038-84 89 97, tgl. 18–24 Uhr. Populärer Ort zum entspannten Abhängen. Beeindruckende Getränkekarte und ein paar schlichte Gerichte ab 25 000 VND.

Ca. 100 km südwestlich von Vinh befindet sich der laotisch-vietnamesische Grenzübergang Cau Treo/Lak Xao (tgl. 8–17 Uhr). Über ihn kann man auch nach Thailand weiterreisen.

Flüge: Der **Vinh Airport,** Tel. 038-85 27 77, liegt 3 km nördlich der Stadt. Derzeit bestehen tägliche Verbindungen nach Ho-Chi-Minh-Stadt. Eine Taxifahrt zum Flughafen kostet ca. 25 000 VND. **Vietnam Airlines,** 2 Le Hong Phong, Tel. 038-59 57 77.

Züge: Im **Ga Vinh** am westlichen Ende der Phan Boi Chau gibt es 8 x tgl. Anschluss nach Hanoi (5–6 Std.) und 6 x tgl. in Richtung Süden.

Busse: Vom **Ben Xe Vinh** an der Le Loi starten mehrere Busse nach Thanh Hoa (139 km, 3,5 Std.) und Hanoi (291 km, 8 Std.). Zudem ist er Ausgangspunkt für Busverbindungen in Richtung Süden, darunter Dong Hoi (197 km, 4–5 Std.) und Hue (368 km, 8–9 Std.). Die **Open-Tour-Busse** machen auf ihrer Fahrt zwischen Hanoi und Hue bei Bedarf auch Halt in Vinh. Vom **Ben Xe Cho** hinter dem Stadtmarkt verkehren Busse nach Tay Son (ehemals Trung Tam) unweit der laotischen Grenze.

Taxis: In Vinh gibt es genügend Taxis mit Taxameter, mit denen man auch die Fahrten nach Kim Lien (s. unten) und Cua Lo (s. rechts) unternehmen kann.

Kim Lien

Reiseatlas: S. 10, D 2

Etwa 12 km westlich von Vinh liegt wohl Vietnams bedeutendster nationaler Wallfahrtsort, das Dorf **Hoang Tru** – auch Lang Chua genannt – in der Gemeinde Kim Lien. Hier, in der Heimat seiner Mutter, erblickte der Nationalheld Ho Chi Minh am 19. Mai 1890 unter dem Namen Nguyen Sinh Cung das Licht der Welt und verbrachte dort die ersten fünf Jahre.

Besucher können hier die **Wohnstatt der Familie** besichtigen: zwei schlichte Bambushäuser mit Palmblattdächern. Dabei handelt es sich jedoch um Rekonstruktionen, die von den Dorfbewohnern 1959 zu Ehren ihres Präsidenten errichtet wurden. Abgesehen von wenigen Dokumentationen gibt es jedoch nicht viel zu sehen.

Nachdem sein Vater Nguyen Sinh Sac in Hue die konfuzianische Ausbildung als Zweitbester des Jahrgangs abgeschlossen hatte, zog er 1901 mit seinen drei Kindern ins nur 2 km entfernte Lotosdorf, **Lang Sen,** das heute ebenfalls zu Kim Lien gehört. Dort arbeitete der mittlerweile verwitwete Sac – seine Frau Hoang Thi Loan war 1901 verstorben – als einfacher Dorfschullehrer. Im Mai 1906 ließ sich der Gelehrte in Hue nieder, um im Ministerium für Riten zu arbeiten. Seine beiden Söhne Cung und Khiem sandte er an das renommierte Quoc-Hoc-Gymnasium.

Auch in Lang Sen steht ein 1955 errichteter **Nachbau des einstigen Wohnhauses** mit wenigen Exponaten. In einem nahe gelegenen **Museum** werden Memorabilien und Fotodokumentationen ausgestellt (Öffnungszeiten für alle Sehenswürdigkeiten April–Sept. tgl. 7–11.30, 14–17, Okt.–März tgl.

7.30–12, 13.30–17 Uhr, Eintritt frei, aber an beiden Orten kommt man kaum umhin, jeweils ein Blumengebinde zu 10 000 VND zu erwerben, das vor einer Statue Ho Chi Minhs niedergelegt wird).

Für den Halbtagsausflug nach Kim Lien kann man sich in Vinh ein Taxi oder Mopedtaxi mieten (hin- und zurück ca. 50 000 VND).

Cua Lo

Reiseatlas: S. 10, D 2
Das Seebad Cua Lo liegt 18 km nordöstlich von Vinh und zählt zu den schönsten Zentralvietnams. Entlang des ca. 10 km langen Strandes zieht sich zwischen Meer und dem Strandboulevard Binh Minh ein grüner Streifen mit Kasuarinenbäumen. Sie spenden Schatten und verhindern die Erosion.

Als Cua Lo 1994 zur Stadt erhoben wurde, gab es nur acht Unterkünfte. Heute reihen sich eine Vielzahl von Hotels und Resorts entlang des Binh-Minh-Boulevards. Sie sind vorwiegend auf einheimische Urlauber ausgerichtet, die während der Hauptsaison zwischen Juni und September den Ort in Massen bevölkern.

Saigon Kim Lien Resort: 80 Binh Minh, Tel. 038-82 45 64, Fax 82 49 20, www.saigon-tourist.com. Freundliches Resort mit 80 komfortablen Zimmern, nur wenige Minuten vom Cua-Lo-Strand entfernt. Gutes Restaurant und großes Schwimmbad. DZ mit Frühstück 30–80 US-$.
Green Hotel: Binh Minh, Tel. 038-94 95 95, Fax 94 99 49. Das ›Grüne Hotel‹ (Khach San Xanh) ist außen eher blau und verfügt über 183 klimatisierte Zimmer. Sehr freundlich geführt, mit Pool, Massage, Sauna und Einkaufsmöglichkeiten. DZ mit Frühstück 30–50 US-$.
Hon Ngu Hotel: 42 Binh Minh, Tel. 038-82 41 27, Fax 82 44 46. Die Jahre haben ihre Spuren an dem Hotel hinterlassen, doch die 88 Zimmer sind durchaus annehmbar. Über den Touristenschalter können Ausflüge gebucht werden. DZ mit Frühstück ab 30 US-$.

Entlang des Strandes gibt es während der Sommermonate herrliche Seafood-Gerichte. Zudem bietet das Restaurant des Saigon Kim Lien Resort gute Küche.

Sehr beliebt sind **Bootsfahrten** zu den vorgelagerten Inseln Hon Ngu, Hon Chu und Hon Mat, wo man hervorragend schnorcheln kann. Dies ist noch nicht touristisch organisiert, man muss einfach schauen, ob man mitgenommen wird. Zuweilen bieten Fischer auch an, mit ihnen auf Garnelen- und Fischfang hinauszufahren.

Am besten fährt man von Vinh mit dem Taxi nach Cua Lo. Die Fahrt kostet ca. 120 000 VND.

Über den Ngang-Pass

Reiseatlas: S. 10, F 3/4
Auf der Höhe des 18. Breitengrads bildet der bis zur Küste verlaufende Waagerechte Berg, Hoanh Son, eine natürliche Barriere, den **Deo Ngang** (Ngang-Pass). Hier lag bis zum Jahr 1069 die Grenze zwischen den Reichen Dai Viet und Champa. Dann erweiterte König Ly Thanh Tong (reg. 1054–1072) auf Kosten der Cham sein vietnamesisches Imperium bis nach Lao Bao an der heutigen Nationalstraße 9. Nachdem der Gia-Long-Herrscher Anfang des 19. Jh. die Straße der Mandarine von Hanoi nach Saigon angelegt hatte, ließ sein Nachfolger, der Minh-Mang-König, hier das Tor des Waagerechten Berges, **Hoanh Son Quan,** zur Eintreibung von Steuern erbauen. Während der französischen Kolonialzeit avancierte der Pass zur Grenze zwischen den beiden Protektoraten Tongking im Norden und Annam im Zentrum. Daran erinnert bis heute noch die auf der Passhöhe errichtete **Porte d'Annam.** Seit 2005 müssen sich die Fahrzeuge nicht mehr über die bis zu einer Höhe von 256 m ü. d. M. ansteigende Passstraße mühen, sondern können den 495 m langen

Ham Deo Ngang (Ngang-Pass-Tunnel) benutzen.

Als eine weitere historische Grenze diente einst der **Song Gianh** (Gianh-Fluss), der sich südlich des Hoanh Son von den Bergen Richtung Meer windet. Hier verlief ab 1673 über ein Jahrhundert hinweg die Trennlinie zwischen den Machtbereichen der Familien Trinh im Norden und Nguyen im Süden.

Dong Hoi

Reiseatlas: S. 11, C 1
Eingebettet in eine attraktive Landschaft, mit einer fotogenen Bergkette im Westen und Dünen entlang der Küste, schmiegt sich Dong Hoi recht harmonisch an die Mündung des Song Nhat Le. Erst langsam findet sich die Hauptstadt der Provinz Quang Binh auch auf der Routenkarte internationaler Touristen wieder. Dies liegt vor allem an ihrer Nähe zum Phong-Nha-Ke-Bang-Nationalpark. Doch auch als Stranddestination hat Dong Hoi einiges zu bieten, denn von Mai bis September herrschen hier sommerlich-tropische Temperaturen mit weit über 30 °C. Dies ist die Zeit, in der fast ausschließlich einheimische Touristen zum stadtnahen **Nhat Le Beach** pilgern, der sich zwischen Fluss und Meer erstreckt.

Die Stadt mit heute etwa 130 000 Einwohnern ist ein weiterer Ort Zentralvietnams, der unter den heftigen Bombardierungen während des Vietnamkrieges und den Folgen der sozialistischen Einheitswirtschaft immens gelitten hat. Doch nun schlägt sich der wirtschaftliche Aufschwung auch hier nieder, was an den vielen neuen Häusern unschwer zu erkennen ist. Der Aufstieg der Stadt liegt nicht zuletzt am Ausbau des Straßennetzes, denn hier verlaufen die beiden großen Nord-Süd-Verbindungen, die Nationalstraßen 1 A und 5, in streckenweise geringer Entfernung parallel nebeneinander. Zudem gibt es über den Nu-Gia-Pass eine offizielle Verbindung mit Laos, das nur 50 km Luftlinie entfernt ist. Dong Hoi kann sich rühmen, an der schmalsten Stelle des Landes zu liegen.

Eine gute Auswahl an Hotels und das von Einheimischen gepriesene Angebot an Gerichten mit Fisch und Meeresfrüchten sind Grund genug, in der Provinzhauptstadt Dong Hoi einen Stopp einzulegen. Man kann entlang der Promenade oder über die Brücke

Sehr starke Niederschläge innerhalb kürzester Zeit sind in Vietnam keine Seltenheit. Diese Familie nahe Vinh kann sich nur notdürftig schützen

spazieren, um die bunten Fischerboote auf dem Nhat-Le-Fluss zu beobachten. Auch der Markt an der Me-Suot-Straße lohnt sich.

Quang Binh Tourism: 102 Ly Thuong Kiet, Tel. 052-82 82 28, Mo–Fr 10–17 Uhr. Die offizielle Tourismusbehörde kann Wagen und Führer vermitteln, was aber meist günstiger von den Hotels arrangiert wird.

Entlang der Tran Hung Dao und der nördlichen Verlängerung der Quach

Xuan Ky gibt es eine Reihe preiswerter Minihotels.

Sun Spa Resort: My Canh, Bao Ninh, Tel. 052-84 29 99, Fax 84 25 55, www.sunspa resortvietnam.com. Sehr schöne Resortanlage auf der Landzunge zwischen Meer und Fluss mit 234 Zimmern und Suiten. Es gibt viele Sportmöglichkeiten, ein Spa und einen Pool sowie drei gute Restaurants. DZ mit Frühstück ab 75 US-$, Suite ab 110 US-$.

Saigon Quang Binh Hotel: 20 Quach Xuan Ky, Tel. 052-82 22 76, Fax 82 24 04, www.sgquangbinhtourist.com.vn. Schönes Businesshotel an der Flusspromenade. Die 95 Zimmer sind komfortabel eingerichtet. Zum Angebot zählen Pool, Tennisplatz, Businesscenter und Massage. DZ mit Frühstück ab 45 US-$, Suite um 100 US-$.

Cosevco Nhat Le Hotel: 16 Quach Xuan Ky, Tel. 052-82 21 80, Fax 84 03 92. Das halbstaatliche Stadthotel ist wahrlich keine architektonische Schönheit, doch weist es 50 akzeptable Zimmer auf. Auch der Pool, ein effektiver Service und das Restaurant mit seiner guten Menüauswahl sind Pluspunkte. DZ mit Frühstück ab 35 US-$.

Zu den Spezialitäten zählt *chau luon,* eine leckere Aalsuppe. Mehrere Garküchen gruppieren sich rund um den Markt.

Sao Mai Restaurant: Quach Xuan Ky, tgl. 11–22 Uhr. Das schwimmende Restaurant an der Flusspromenade bietet zahlreiche Seafood-Gerichte schon ab 40 000 VND.

Anh Dao Restaurant: Tieu Khu 4, Hai Dinh, Tel. 052-82 08 89, tgl. 11–22 Uhr. Neben dem Hoang-Linh-Hotel. Präsentiert eine große Auswahl an vietnamesischen Gerichten. Um 40 000 VND.

Züge: Der **Ga Dong Hoi** liegt ca. 3 km westlich des Stadtzentrums und ist über die Straßen Tran Hung Dao und Ly Thuong Kiet erreichbar. Es gibt 6 x tgl. Verbindungen nach Hanoi (486 km, 9–10 Std.) sowie 6 x tgl. nach Hue (172 km, 3 Std.) und weiter nach Süden.

Busse: Eine Station für Fernbusse gibt es nicht. Am besten winkt man an der Nationalstraße 1 die passierenden Busse herbei. Viele fahren weiter nach Vinh (195 km, 4–5 Std.) oder über Dong Ha (94 km, 1,5 Std.) nach Hue (172 km, 3 Std.). Dong Hoi ist offizieller Stopp der **Open-Tour-Busse** zwischen Hue und Hanoi. Sie halten am Hotel Kim Lien 1, 465 Ly Thuong Kiet.

6 Phong-Nha-Ke-Bang-Nationalpark

Reiseatlas: S. 11, A/B 1

Seit die Unesco 2003 den erst zwei Jahre zuvor etablierten Nationalpark in die Welterbeliste aufgenommen hat, steigt die Besucherzahl kontinuierlich. Phong Nha-Ke Bang ist Teil einer der größten und mit 400 Mio. Jahren auch ältesten Karstlandschaften Südostasiens und zieht sich bis nach Laos – wo bei gleichem Landschaftsbild weitere Nationalparks existieren. Mit 858 km^2 ist das vietnamesische Schutzgebiet etwas kleiner als Berlin. Flora und Fauna lassen die Herzen der Forscher höher schlagen, da weite Teile der bewaldeten Berglandschaft kaum erforscht sind. Ein Viertel der bislang 2500 identifizierten Pflanzenarten wird als Raritäten eingestuft. Auch bei den Tieren sind viele seltene Exemplare zu finden, darunter Hatinh-Languren, Rotschenklige Kleideraffen, Saola-Rinder und Riesenmuntjaks. Da der Nationalpark ein lukratives Gebiet für Wilderer ist, hat der Kölner Zoo eine Auffangstation für konfiszierte Wildtiere etabliert (s. Thema S. 228).

Das Besucherzentrum befindet sich in dem Dorf **Son Trach,** 55 km nordwestlich von Dong Hoi, und ist über die ausgebauten Nationalstraßen 1 A und 5 gut zu erreichen. Allerdings ist es derzeit Touristen nicht gestattet, den Nationalpark zu erkunden. In naher Zukunft sollen jedoch Wanderrouten etabliert werden.

Phong-Nha-Höhle

Reiseatlas: S. 11, B 1

In der bergigen Karstlandschaft gibt es ausgedehnte Höhlensysteme mit Hunderten von einzelnen Grotten und kilometerlangen unterirdischen Flussläufen. Darunter sind zwei der längsten Tropfsteinhöhlen Asiens: die bislang auf über 44 km erforschte **Phong-Nha-Höhle** (Hang Phong Nha) und die 31 km lange **Vom-Höhle** (Hang Vom). Während Letztere für Touristen nicht zugänglich ist, kann ein Teilstück der Hang Phong Nha sogar mit schmalen Booten befahren werden, denn aus den vielen Wasserläufen, die in den Tiefen des Kalksteinmassivs entspringen, formiert sich der Son-Fluss. Er windet sich durch die Phong-Nha-Höhle und tritt einige Kilometer vor Son Trach ans Tageslicht.

Von Son Trach beginnen die motorisierten Boote ihre Fahrt flussaufwärts in Richtung Berge, die in ihren bizarren Formen wie eine natürliche Opernkulisse wirken. Bevor der Son-Fluss im Berg verschwindet, legt das Boot für den Besuch der 980 m langen Himmelsberghöhle, **Hang Tien Son,** an. Ihr Eingang liegt etwas erhöht. Für den beschwerlichen Aufstieg über steile Treppen entschädigt die fantasievoll beleuchtete Märchenwelt aus Stalagmiten und Stalaktiten. Unten wieder angelangt, geht es mit dem Boot ein Stück weiter, bis der Fluss im Inneren der **Phong-Nha-Höhle** verschwindet. Nach etwa 600 m und einem kleinen Spaziergang entlang einer Seitengrotte wird die Rückfahrt angetreten. Die Gesamtdauer der Bootsfahrt beträgt einschließlich der Höhlenbesichtigungen 3–4 Std.

i Das **Besucherzentrum** mit der Anlegestelle für die Boote befindet sich im Dorf Son Trach, Tel. 052-67 51 56, tgl. 7–16.30 Uhr. Ein Boot kostet 120 000 VND, der Eintritt für Hang Phong Nha und Hang Tien Son zusammen 50 000 VND.

Saigon Phong Nha Hotel: Son Trach, Bo-Trach-Distrikt, Tel. 052-67 50 16, Fax 67 54 66. Sehr nettes Minihotel direkt am Fluss mit sauberen Zimmern und gutem Restaurant. DZ mit Frühstück ab 15 US-$.

Im Dorf gibt es eine Vielzahl einfacher Lokale mit guten Nudelsuppen oder Reisgerichten.

In Dong Hoi kann man sich für den Halbtagestrip ein Taxi für 25–30 US-$ oder aber ein Honda Om für 150 000 VND mieten.

Entlang des 17. Breitengrades

Reiseatlas: S. 12, D 2

Viele Veranstalter in Hue bieten sogenannte DMZ-Tours an, Tagesausflüge zur Demilitarized Zone. So wurde der insgesamt 10 km breite entmilitarisierte Streifen entlang des Ben-Hai-Flusses auf der Höhe des 17. Breitengrades genannt. Hier verlief die auf der Genfer Konferenz beschlossene Grenze zwischen Nord- und Südvietnam. Kein Soldat und schon gar keine fremden Truppeneinheiten sollten sich dort aufhalten. Für 1956 wurden gesamtvietnamesische Wahlen anvisiert. Tatsächlich fanden diese Wahlen nie statt und das Gebiet beiderseits des Grenzstreifens wurde so heftig bombardiert wie kaum ein anderer Landesteil. Die Jahre 1965 bis 1972 waren besonders schlimm, denn mit aller Macht wollten die USA den Nachschub von Waffen und das Eindringen kommunistischer Kämpfer über den Ho-Chi-Minh-Pfad unterbinden. Dazu dienten mehrere Militärstellungen und ab 1967 die sogenannte McNamara-Line, ein milliardenteurer Elektrozaun entlang der Grenze mit Sensoren, die jede Bewegung registrieren sollten. Genutzt hat dies bekanntlich kaum etwas. Denn zu keinem Zeit-

Achtung, Blindgänger: Jährlich kommt es zu 1000 durch detonierende Blindgänger und Landminen verursachten Unfällen. Über 800 000 Unexploded Ordnance (UXO), wie sie auf Warnschildern bezeichnet werden, sollen noch landesweit in der Erde liegen, viele davon in den Provinzen Quang Tri und Quang Binh. Achten Sie daher darauf, wohin Sie treten, und folgen Sie nur den vorgegebenen Pfaden. Berühren Sie niemals unbekannte metallische Gegenstände.

Gejagt und gequält

Ob Affe oder Zibetkatze – viele seltene Tierarten drohen auszusterben, weil sie als Delikatesse gelten oder man ihnen Heilkräfte nachsagt. Trotz strenger Gesetze blüht in Vietnam der illegale Handel mit Wildtieren. Einige deutsche Zoologen versuchen, diesen Trend zu stoppen.

Die stolze Kobra, die sich auf dem Küchenboden windet, hat nur noch kurze Zeit zu leben. Schon greift der Koch zum Messer, schlitzt ihren Bauch auf, entnimmt Herz und Gallenblase und bereitet Fleisch und Innereien für ein köstliches Mahl vor. Den Fleckenroller, eine seltene Schleichkatzenart, ereilt ein ähnliches Schicksal. Sein süßlich duftendes Fleisch macht ihn zum begehrten Braten, für den schon mal 50 US-$ hingeblättert werden. Zwar darf der Asiatische Schwarzbär – auch Kragenbär genannt – weiterhin am Leben bleiben, doch unter qualvollen Umständen. In einen engen Käfig gepfercht, rammt man ihm täglich eine Kanüle in die Seite, um *mat go,* die begehrte Gallenflüssigkeit, abzuzapfen. Die traditionelle Medizin schreibt ihr eine Heilwirkung zu, weshalb sie viel Geld wert ist.

Manche Speisekarte liest sich wie Grzimeks Tierleben, und manche Apotheke sieht aus wie das Ersatzteillager eines Zoos. Das Geschäft mit seltenen Tieren boomt, auch über die Grenzen hinaus. Vielfach kommt die Ware aus Laos und Kambodscha. Zu viele verdienen daran – vom Wilderer über den Restaurantbesitzer bis zum Zollbeamten. Und zu viele sind willens, für die begehrte Ware viel Geld zu bezahlen. Das Kernproblem liegt im Konsumverhalten der Einheimischen, gepaart mit einem fehlenden Umweltbewusstsein, meinen die Experten.

Doch es gibt auch einen Hoffnungsschimmer am Horizont. Und diese Hoffnung hat Namen. Wie jenen von Tilo Nadler. Der Zoologe ist Gründer des Endangered Primate Rescue Center am Cuc-Phuong-Nationalpark (s. S. 190ff.), das zu weiten Teilen von der Zoologischen Gesellschaft Frankfurt finanziert wird. Zusammen mit seinen Mitarbeitern kümmert sich der renommierte Wissenschaftler seit 1993 um konfiszierte und verletzte Primaten. Seit geraumer Zeit sind auch Mitarbeiter des Kölner Zoos aktiv, die sich auf den weitläufigen Karstwald des Phong-Nha-Ke-Bang-Nationalparks konzentrieren. Dort wurde ebenfalls eine Auffang- und Pflegestation für Wildtiere gegründet. Neben der Finanzierung und Ausbildung von Rangern stehen regelmäßige Expeditionen durch das wenig erforschte Schutzgebiet im Vordergrund. Und da gibt es durchaus Überraschungen. So hat der Zoologe Thomas Ziegler eine bislang unbekannte Otternart entdeckt. »In diesem Nationalpark entdecken Wissenschaftler jährlich neue Tierarten«, meint der Kölner Experte. Zur Finanzierung werden über den Verein Biopat (www.biopat.de) die Rechte auf die Namensvergabe verkauft. Dies nimmt zum Teil kuriose Formen an. So heißt eine neu entdeckte Geckoart nun Abenteuer-Wissen-Gecko, weil eine ZDF-Sendung die Patenschaft übernahm. Den vielen seltenen Tierarten ist es letztlich egal, wie sie heißen. Ihnen wäre schon geholfen, wenn sie ihr Leben leben könnten. Zu hoffen bleibt, dass das Engagement der Naturschützer Früchte trägt.

Alles für die Gesundheit: Handelsware Schlange

Thema

punkt war der Ho-Chi-Minh-Pfad unterbrochen.

Reisenden von Dong Hoi ins 94 km weiter südlich gelegene **Dong Ha** bietet sich heute indes ein gänzlich anderes Bild: fruchtbare Reisfelder und Kokospalmen entlang der Küste. Zwar leben die Bewohner weiterhin in Armut, doch ihre wirtschaftliche Lage ist weitaus besser als noch vor einigen Jahren. Wer sich für die Spuren des Vietnamkrieges interessiert, sollte nicht zu viel erwarten. Abgesehen von einigen Gedenkstätten und Relikten ist das meiste verschwunden.

Tunnel von Vinh Moc

Knapp 30 km nördlich von Dong Ha befinden sich an der Mündung des Song Ben Hai die Tunnel von Vinh Moc. Um dorthin zu gelangen, biegt man im Dorf Ho Xa von der Nationalstraße 1 A in Richtung Osten ab und fährt 15 km bis zum Meer. Da der Fluss für den Waffennachschub eine wichtige Rolle spielte, war das Gebiet Ziel zahlloser Flächenbombardierungen durch B-52-Flieger. Dabei wurden die Fischerdörfer entlang der Küste vollständig vernichtet, darunter auch Vinh Moc.

Die Bewohner begannen ab 1966, in den harten Lateritboden ein **Tunnelsystem** zu graben, das am Ende eine Gesamtlänge von über 40 km hatte. Die Gänge wurden in einer Tiefe zwischen 15 m und 23 m auf drei Ebenen angelegt. Hier spielte sich bis 1972 das tägliche Leben ab. Es gab Schulen, Schutzbunker, Versammlungsräume, Krankenstationen, wo immerhin 17 Kinder das (Kerzen-) Licht der Welt erblickten. Jede Familie bewohnte einen nur 2 m^2 großen Raum.

Wer weder zu groß noch zu breit ist und nicht unter Klaustrophobie leidet, kann im Rahmen einer etwa halbstündigen Führung einen 300 m langen Teilabschnitt begehen. In einem angeschlossenen **Museum** sind Fotos und Memorabilien zu besichtigen (Sommer tgl. 7–11.30, 14–17.30, Winter tgl. 7.30–12, 13.30–17 Uhr, 25 000 VND).

Ben-Hai-Fluss

Der von den Bergen in Richtung Meer sich windende Song Ben Hai verdankt seine Berühmtheit allein der Tatsache, dass er auf dem 17. Breitengrad liegt und über 21 Jahre – von 1954 bis 1975 – die Grenze zwischen Nord- und Südvietnam bildete. Zum Symbol der Vereinigung wurde die 1967 zerstörte und 1975 rekonstruierte **Cau Hien Luong** (Hien-Luong-Brücke. Sie wird heute nicht mehr benutzt und dient zusammen mit einem monströsen Monument als Mahnmal.

Etwa 10 km westlich der Nationalstraße 1 erstreckt sich unweit des Südufers der 14 ha große **Heldenfriedhof Truong Son** (Nghia Trang Liet Si Truong Son; **Reiseatlas:** S. 11, C 2). Hier verteilen sich 10 633 Gräber von Märtyrern, *liet si,* wie sie auf den Grabsteinen genannt werden. Die meisten Gefallenen waren Mitglieder der Truong-Son-Einheit, die auf dem Ho-Chi-Minh-Pfad zum Einsatz kam. Nach Kriegsende wurden sie hierher umgebettet, darunter sind viele Namenlose. Die Gräber sind in fünf nach Landesteilen geordnete Sektionen untergliedert.

Dong Ha

Die Stadt ist Verwaltungszentrum der Provinz Quang Tri und nur für jene Touristen interessant, die eine Übernachtung benötigen. Während des Vietnamkrieges diente Dong Ha als Basis der US-Armee und wurde im Zuge der sogenannten Osteroffensive (auch Nguyen-Hue-Offensive genannt) ab Ende März 1972 nahezu komplett zerstört. Nach dem Krieg war das gesamte Gebiet verbrannte Erde.

Zwar profitiert Dong Ha heute von der wichtigen Straßenverbindung nach Laos – von hier führt die Nationalstraße 9 bis an die 83 km entfernte laotische Grenze –, doch an Sehenswürdigkeiten fehlt es ihr völlig. Über die örtlichen Gästehäuser kann man Ausflüge zu den einstigen Kriegsschauplätzen in der Umgebung buchen.

DMZ Cafe: 88 Le Duan, Tel. 053-85 70 26. Das kleine Gästehaus ist eine gute Informationsquelle und organisiert Touren in die Umgebung ab 15 US-$.

Hieu Giang Hotel: 138 Le Duan, Tel. 053-85 68 56, Fax 85 68 59. Das staatliche Stadthotel mit 27 geräumigen Zimmern ist derzeit die erste Adresse der Stadt. DZ mit Frühstück 15–35 US-$.

Mekong Hotel: 66 Le Duan, Tel. 053-85 22 92, Fax 85 52 34. Das etwas nüchterne Stadthotel bietet 34 ordentliche Zimmer. Im Restaurant halten mittags viele Tourgruppen Einkehr. DZ mit Frühstück um 15 US-$.

Thuan An Hotel: 9 Le Van Huu, Tel. 053-55 45 54, Fax 85 27 25. Diese 18-Zimmer-Herberge ist nicht nur eine der billigsten, sondern auch eine der freundlichsten Bleiben. DZ mit Frühstück 5–10 US-$.

Züge: Vom **Ga Dong Ha** hat man 4 x tgl. Anschluss nach Hanoi (617 km, 12–14 Std.), 4 x tgl. nach Hue (74 km, 1,5 Std.).

Busse: Der **Busbahnhof** liegt nördlich der Abzweigung der Nationalstraße 9 und bietet regelmäßige Verbindungen nach Dong Hoi (94 km, 1,5 Std.) und nach Hue (74 km, 1,5 Std.). Zudem fahren Busse zum Grenzübergang in Lao Bao (83 km, 2 Std.). Im laotischen Grenzort Dan Savan gibt es Anschluss nach Savannakhet. Morgens verkehrt auch ein direkter **Touristenbus** von Dong Ha nach Savannakhet.

Entlang der Nationalstraße 9

Reiseatlas: S. 12/11, D2–C2/3

Die Fahrt auf der Nationalstraße 9 in Richtung Laos führt durch eine z. T. sehr schöne Mittelgebirgslandschaft. Erst in den letzten Jahren tragen die Versuche Früchte, die durch Napalmbomben und Entlaubungsmittel verbrannte Erde zu rekultivieren. Durch das Anlegen von Kaffee- und Pfefferplantagen soll das Einkommensverhältnis der Bevölkerung verbessert werden – mit wachsendem Erfolg.

In der Umgebung liegen einige alte Stützpunkte der US-Armee. So diente etwa ein wie eine Beule aus der Ebene herausragender Berg als natürlicher Aussichtspunkt der US-Soldaten. Die Station auf dem Gipfel des als **Rock Pile** (Felspfahl) bekannten Hügels wurde per Hubschrauber versorgt.

Von größerem Interesse ist jedoch der einstige **Militärstützpunkt von Khe Sanh** in der Nähe der Nationalstraße 9, etwa 60 km westlich von Dong Ha. »I had a brother at Khe Sanh fighting off the Viet Cong«, verewigte Bruce Springsteen in seinem Welthit »Born in the U.S.A.« jenen Ort, der auch den letzten Befürwortern des Vietnamkrieges vor Augen führte, dass die USA trotz Übermacht niemals Sieger werden würden. Aus der Landepiste, die 1962 mit US-Hilfe in dem Hochtal angelegt wurde, erwuchs drei Jahre später ein Basislager für Elitetruppen. Dieses eher unbedeutende Camp wurde in der zweiten Jahreshälfte von 1967 immer häufiger Ziel von Viet-Cong-Attacken. Ende des Jahres wurden in dem Hochtal mehrere Einheiten der nordvietnamesischen Armee (NVA) zusammengezogen. Als sie am 21. Januar 1968 zum Angriff übergingen, folgte eine der schwersten Schlachten des Vietnamkrieges. Das Camp von Khe Sanh geriet unter Dauerbeschuss durch NVA-Einheiten, die immer näher an das Militärlager heranrückten. Doch der damalige US-Präsident Johnson wollte unter allen Umständen ein zweites Dien Bien Phu vermeiden und ordnete den Einsatz von B-52-Flugzeugen an. Über 100 000 t Bomben und 10 000 t Napalm gingen während der 77 Tage währenden Schlacht allein über dem Hochtal nieder. Die Verluste waren immens: Tausende von NVA-Soldaten und 248 Angehörige der US-Armee fielen. Im Juni 1968 wurde Khe Sanh geräumt. Zurück blieb eine geschundene Landschaft, deren Wunden auch 40 Jahre später erst langsam heilen.

Ein informatives **Museum** rekonstruiert anhand von Foto- und Textdokumenten die Kriegsereignisse aus kommunistischer Perspektive. Zu den Relikten zählen neben Bombenschrott einige Hubschrauber, darunter ein eindrucksvoller CH-47-Helikopter mit zwei Rotoren und ein M-41-Kampfpanzer (tgl. 7–17 Uhr, 25 000 VND).

Von Dong Ha fahren regelmäßig Busse entlang der Nationalstraße 9. Es empfiehlt sich jedoch, einen Mietwagen zu nehmen.

7 Hue

Citypläne S. 237, 241
Karten S. 253, 255

Jahrzehntelang führte das harmonisch in die Flusslandschaft eingebettete Hue ein Schattendasein. Doch nun erinnert sich Vietnams letzte Königsstadt an ihr reiches kulturelles Erbe. Liebevoll werden die beeindruckenden Palast- und Grabanlagen renoviert und alte Traditionen wiederbelebt.

Als Meisterwerk urbaner Poesie wird die letzte Königsstadt gerne bezeichnet. Zu Recht, denn kaum ein anderer Ort Vietnams ist so mit der Landschaft verwoben wie Hue. Die sanft geschwungenen Hügel im Westen, die weite Ebene bis zum nahen Meer und vor allem der träge dahinfließende Huong Giang (Song Huong), Fluss der Wohlgerüche, bilden mit den Monumenten eine harmonische Einheit.

Ein weiteres Motto von Hue könnte lauten: »Die Könige sind tot, es leben die Könige!«. Mit Vehemenz erinnert die einstige Stadt der Himmelssöhne heute an ihre verblichenen Monarchen. Das war nicht immer so. Die Zerstörungen des Krieges und die ideologische Ablehnung der feudalen Vergangenheit durch die kommunistische Führung haben den Monumenten erheblich zugesetzt. Seitdem aber die Unesco 1993 die wichtigsten Anlagen in die Welterbeliste aufgenommen hat, werden die Schäden Schritt für Schritt beseitigt. Auch in Theater und Musik, ja selbst im kulinarischen Bereich wird an die Zeit der Nguyen-Herrscher angeknüpft. So hat die Unesco im Jahr 2003 die höfische Musik, *nha nhac,* zum schützenswerten Kulturgut erklärt.

Stadt der Nguyen

Seit 1306 ist das Gebiet um Hue vietnamesisches Siedlungsgebiet. In diesem Jahr trat der Cham-König Jaya Simhavarman III. (reg. ca. 1287–1307) den Küstenstreifen an das Dai-Viet-Reich ab, um im Gegenzug eine Tochter des Königs Tran Anh Tong (reg. 1293–1314) zu ehelichen. Fatalerweise starb der Cham-Herrscher ein Jahr nach der Vermählung und die Tochter kehrte zurück. Das Gebiet aber war verloren.

Der als Thuan Hoa bekannte Küstenabschnitt – von Hoa leitet sich der Name Hue ab – gewann jedoch erst im Jahr 1636 an Bedeutung. Damals ließ sich Nguyen Phuc Lan (reg. 1635–1648) vom Adelsgeschlecht der Nguyen in Kim Long, heute ein Stadtteil Hues, nieder. 1687 wurde die Zitadelle Phu Xuan errichtet, von der aus der Nguyen-Klan den Süden Vietnams beherrschte. Als infolge des Tay-Son-Aufstandes die Nguyen in Bedrängnis gerieten, nutzten die rivalisierenden Trinh aus dem Norden deren Schwäche und nahmen 1774 Phu Xuan ein. Zwei Jahre später übernahmen die Tay-Son-Brüder die Kontrolle und liquidierten nahezu den kompletten Nguyen-Klan. Nur einer überlebte: Nguyen Phuc Anh, der sich ins Königreich Siam absetzte.

Glanz und Niedergang

Nach der Rückeroberung des Landes kehrte Nguyen Phuc Anh in die Stadt seiner Väter zurück und rief sich dort am 31. Mai 1802 zum *hoang de* – zur Erhabenen Gottheit (chin. *huangdi*) – aus. Um die Einheit des erstmals in der heutigen Form erweiterten Landes zu unterstreichen, gab er seiner Ära den Titel Gia Long, wobei *gia* Teil des Stadtnamens Gia Dinh (heute Ho-Chi-Minh-Stadt) ist und *long* des Stadtnamens Thang Long (heute Hanoi).

Schritt für Schritt ließen der Gia-Long-Herrscher und seine Nachfolger die Königsresidenz nach chinesischem Vorbild anlegen. Hue wurde zu einer Art Miniaturversion von Beijing. Doch der imperiale Glanz Hues konnte nicht darüber hinwegtäuschen, dass das wiedervereinte Vietnam den bevorstehenden Herausforderungen wenig entgegenzusetzen hatte. Das starre konfuzianische Herrschaftssystem verhinderte Reformen, die angesichts der Bedrohung durch die europäischen Mächte notwendig gewesen wären. Mit dem Tod des Tu-Duc-Königs 1883 endete die Unabhängigkeit Vietnams. Die Monarchen wurden zu Marionetten der Franzosen. Hue war nicht mehr als eine selbstverliebte Residenzstadt, die in ihren Traditionen erstarrt war. Zwei Ereignisse in den 1960er-Jahren rückten die Stadt nochmals ins Rampenlicht der Weltöffentlichkeit. Zum einen war dies 1963 die Krise infolge der Buddhisten-Verfolgung unter dem südvietnamesischen Präsidenten Diem, die zu Massenverhaftungen demonstrierender Mönche und Nonnen führte. Schlimmer war jedoch die Tet-Offensive Ende Januar 1968, als Truppen der Nationalen Befreiungsfront (FNL) Hue für 25 Tage besetzt hielten und etwa 3000 Bewohner niedermetzelten. Im Zuge der Rückeroberung versanken weite Teile der Zitadelle in Schutt und Asche. Am 26. März 1975 fiel Hue endgültig in die Hände nordvietnamesischer Truppen. Nach Jahren des Niedergangs erlebt die Stadt mit etwa 350 000 Einwohnern seit Mitte der 1990er-Jahre einen wirtschaftlichen Aufschwung, wozu der Tourismus einen wesentlichen Beitrag leistet.

Zitadelle (Äußere Stadt)

Die 520 ha große **Zitadelle** **1** schmiegt sich an das Nordufer des Huong Giang, der an dieser Stelle eine Biegung macht. Als der Gia-Long-Herrscher diese Stelle auswählte, berücksichtigte er weitestgehend geomantische Prinzipien. Eine kleine Abweichung betrifft die Ausrichtung der Gebäudekomplexe. Dem natürlichen Lauf des Huong Giang angepasst, sind sie nach Südosten orientiert und nicht nach Süden wie eigentlich üblich.

Mit dem Autor unterwegs

Schöne Fahrgefühle

Mit dem Drahtesel: Die hügelige Umgebung von Hue mit ihren Königsgräbern und Pagoden lässt sich gut mit dem Fahrrad erkunden, falls es die Kondition zulässt (s. S. 251).

Auf dem Drachenboot: Tagtäglich ist auf dem Huong Giang eine Armada von Booten unterwegs, um zur Chua Tien Mu und dem Lang Minh Mang zu fahren. Ruhiger wird es bei der Weiterfahrt zum Grabmal des Gia-Long-Herrschers, Lang Gia Long (s. S. 260).

Schöner wohnen

Savoir-vivre in Hue: Das La Résidence Hôtel & Spa direkt am Huong Giang verbindet Eleganz und Sinnlichkeit (s. S. 257). In kolonialem Ambiente schwelgen können Sie im Saigon Morin Hotel aus dem Jahr 1901. Auf jeden Fall lohnt sich die Einkehr in dessen Innenhof (s. S. 257).

Sehenswert

Hohe Kunst: Wo einst die Herrscher sich Kunstergüssen hingaben, können Sie heute höfische Tänze und Gesänge erleben. In den Theatern innerhalb der alten Königsstadt und im Lang Tu Duc finden mehrmals täglich Aufführungen statt (s. S. 260).

Einkaufen

Poetische Hüte: Hue ist bekannt für die Hüte der Poesie, *non bai tho.* Eine Riesenauswahl der konischen Kopfbedeckungen mit den hübschen Verzierungen finden Sie auf dem Dong-Ba-Markt (s. S. 244). In Hues Ortsteil Phuoc Vinh können Sie die Herstellung beobachten (s. S. 259).

Gut zu wissen

In Hue fallen jährlich über 3000 mm Niederschlag im Jahr, der meiste in den Monaten Oktober bis Dezember. Zudem startet im November die zweimonatige Taifun-Saison. Ein Regenschutz ist daher ebenso ratsam wie ein Blick auf die aktuelle Wettervorhersage.

Das Mittagstor ist das prächtigste der vier Eingangstore in die Königsstadt

Zum spirituellen Schutz dienten der 3 km südöstlich der Zitadelle gelegene 102 m hohe Berg des Königlichen Paravents, Nui Ngu Binh, und zwei Flussinseln: die Insel des Blauen Drachens, Con Hen, und die Insel des Weißen Tigers, Con Da Vien. Der quadratische Grundriss der Zitadelle symbolisiert die Erde, die Thronhalle in ihrem Zentrum die Herrschaft des Königs.

Nach chinesischem Vorbild ist die Zitadelle in drei Teile gegliedert. Die Äußere Stadt (Kinh Thanh) – wegen ihrer massiven Befestigungsanlage gemeinhin Zitadelle genannt – bildet ein Quadrat mit 2235 m Seitenlänge. Darin eingeschlossen ist die ummauerte Königsstadt – wörtlich Gelbe Stadt (Hoang Thanh) oder Große Einfriedung (Dai Noi) – mit 604 m Länge und 622 m Breite, schließlich als Teil der Königsstadt ebenfalls ummauert die Purpurne Verbotene Stadt (Tu Cam Thanh). In der Äußeren Stadt residierten die Mandarine, heute leben hier etwa 50 000 Bewohner. Die königlichen Beamten besaßen zudem im Stadtteil Kim Long teilweise heute noch erhaltene Privatresidenzen. Das einfache Volk war in umliegenden Gemeinden beheimatet.

Als der Gia-Long-Herrscher 1804 mit dem Bau der Zitadelle begann, ließ er sie zunächst durch Erdwälle und einen 23 m breiten Wassergraben schützen. Ab 1818 hatten zeitweise über 80 000 Arbeiter die Aufschüttung durch eine 6,6 m hohe und 21 m dicke Mauer zu ersetzen. Dabei fand auch die Wehrtechnik des großen französischen Festungsbaumeisters Sébastien le Prestre de Vauban (1633–1707) Berücksichtigung, indem in die Befestigung insgesamt 24 Bastionen einbezogen wurden, die der Mauer eine gewellte Form geben. An der Nordostseite wurde der Zitadelle eine weitere, nach außen hin gezackte Bastion vorgesetzt und in ein Kanalsystem eingefügt, das parallel zum Palastgraben um die Zitadelle verläuft.

Flaggenturm und Heilige Kanonen

Auf der Hauptachse des Palastes liegt außerhalb der Zitadelle direkt am Flussufer der **Pavillon der Frischen Luft** 2 (Nghinh Luong Dinh), einst Anlegestelle der königlichen Barken. Markantestes Bauwerk ist jedoch der ebenfalls auf der Achse liegende **Flaggenturm** 3 (Cot Co), ein 21 m hoher Betonmast, der sich auf einem mächtigen Unterbau mit drei Terrassen von jeweils 6 m Höhe erhebt. Anstelle der 1807 zum ersten Mal gehissten 4 x 3,6 m großen Herrscherfahne weht hier heute die Landesflagge.

Auf beiden Seiten des freien Platzes zwischen Flaggenturm und Mittagstor stehen die **Neun Heiligen Kanonen** 4 (Cuu Vi Than Cong). 1803 ließ der Gia-Long-Herrscher diese über 10 t schweren Kanonen aus Bronzegegenständen und Waffen der Tay-Son-Brüder gießen, um so seinen Sieg zu bekunden. Die Vierergruppe auf der linken Seite symbolisiert die Jahreszeiten, die Fünfergruppe auf der rechten die fünf Elemente Erde, Wasser, Luft, Feuer und Metall. Ursprünglich standen die Kanonen seitlich des Mittagstores, wurden jedoch unter dem Khai-Dinh-König an die jetzige Stelle verlegt.

Königsstadt

Königsstadt-Karte: S. 237

Mittagstor

Drei Brücken führen hinüber in die **Königsstadt** 5. Sie überspannen den Goldwasserkanal und laufen auf das hufeisenförmig gemauerte **Mittagstor** 6 (Ngo Mon) an der Südostseite der Königsstadt zu. Sein Name steht in zwei chinesischen Schriftzeichen (chin. *wumen*) über dem mittleren Eingang. Der Minh-Mang-Herrscher ließ es 1833 nach Vorbild des gleichnamigen Tores im Kaiserpalast von Beijing errichten und wie dort mit fünf Durchgängen versehen. Das Mittagstor ist das prächtigste der insgesamt vier Eingangstore in die fast quadratische Königsstadt und dient heute als ihr offizieller Zugang. Die anderen Durchgänge heißen Tor der Menschlichkeit (Hien Nhon) im Osten, Tor der Tugend (Chuong Duc) im Westen und das Friedenstor (Hoa Binh) im Norden (Nov.–Feb.

Hue: Königsstadt

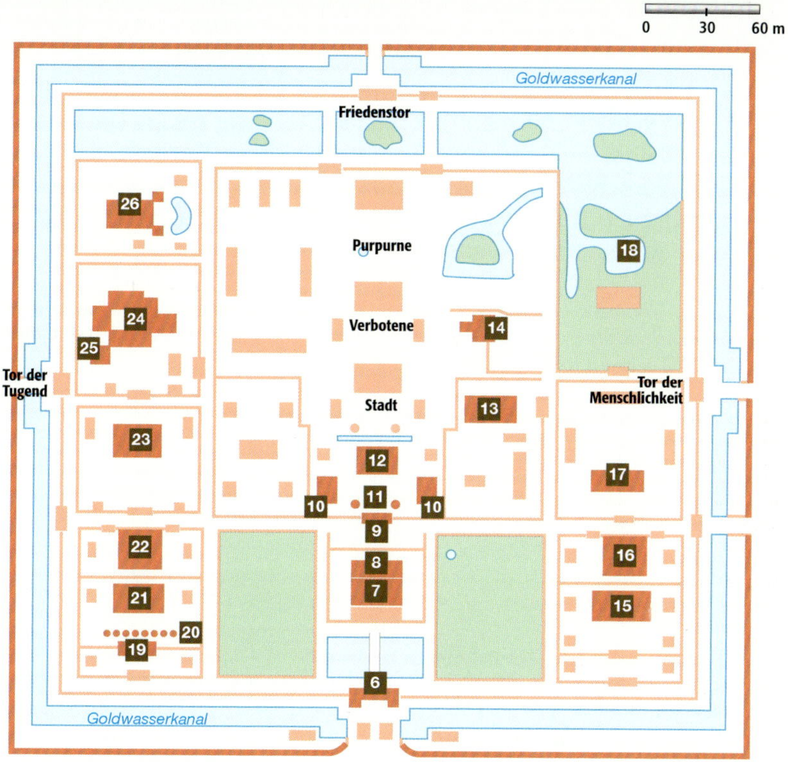

Sehenswürdigkeiten

- 1 – 5 s. Cityplan Hue S. 241
- 6 Mittagstor
- 7 Hof des Großen Empfangs
- 8 Halle der Höchsten Harmonie
- 9 Großes Goldenes Tor
- 10 Hallen der Mandarine
- 11 Bronzegefäße
- 12 Halle der Audienzen (nicht erhalten)
- 13 Königliches Theater
- 14 Lesepavillon
- 15 Thai-Tempel
- 16 Trieu-Tempel
- 17 Schatzkammer
- 18 Co-Ha-Park
- 19 Pavillon der Glorreichen Ankunft
- 20 Neun Dynastische Urnen
- 21 The-Tempel
- 22 Hung-Tempel
- 23 Phung-Tien-Tempel
- 24 Palast der Ewigkeit
- 25 Cung Tinh Minh
- 26 Palast des Langen Lebens
- 27 – 42, 61 – 63 s. Cityplan Hue S. 241
- 43 – 60 s. Karte Lang Tu Duc S. 253
- 64 – 74 s. Karte Lang Minh Mang S. 255

Frauen im Palast – zwischen Pracht und Tristesse

Das Leben in der Purpurnen Verbotenen Stadt war bis ins Detail reglementiert. Selbst die Regenten mussten sich den außerordentlich komplizierten Vorschriften beugen. Die Hauptleidtragenden waren jedoch die Palastfrauen. Abgeschnitten von der Außenwelt, fristeten die meisten von ihnen ein tristes Dasein.

Le Thi Ngoc Binh hatte Glück. Als Nguyen Phuc Anh, der spätere Gia-Long-Herrscher, im Jahr 1801 seinen Eroberungsfeldzug in Hue vollendete, nahm er die Gattin seines vertriebenen Widersachers in seinen Palast auf. Betört von ihrer Schönheit, machte er sie zu seiner dritten Hauptfrau. Bevor sie im zarten Alter von 25 Jahren verstarb, gebar sie dem Begründer der Nguyen-Dynastie vier Kinder. Auch Ngo Thi Chinh führte ein ausgefülltes Leben. Obwohl sie die Tochter eines Generals der Tay-Son-Rebellen war, erhob sie der Minh-Mang-Herrscher zur Konkubine ersten Ranges und zeugte mit ihr neun seiner insgesamt 142 Kinder.

Die meisten Palastdamen fristeten jedoch ein tristes Dasein und bekamen die Erhabene Gottheit, *hoang de,* so der offizielle Herrschertitel, selten zu Gesicht. Zwar gab es in Hue nie die Exzesse wie in China, wo sich zeitweise mehrere tausend Konkubinen in der Verbotenen Stadt drängten. Doch waren es auch hier meist über hundert. Dass die »weiblichen Dämonen«, wie der Gia-Long-Herrscher sie zu nennen pflegte, nicht unbedingt harmonisch zusammenlebten, liegt auf der Hand. Vereinsamung, Langeweile und Gezänk waren in den Sechs Hallen der Konkubinen an der Tagesordnung. Für die meist jungen Frauen wurden die Verse des berühmten Dichters Nguyen Gia Thieu bittere Realität: »Der Herbstwind streicht sanft über die kalten Mauern, meine Kleider sind kalt wie Kupfer. Wie ungerecht ist es für ein armes Mädchen, im Palast zu wohnen. Ist es wegen meiner Schönheit, dass ich ein solch grausames Schicksal erleiden muss?«.

Das Leben der Palastbewohnerinnen war streng reglementiert. An der Hierarchiespitze stand die Mutter des *hoang de.* Nur sie – und die Großmutter, falls noch lebend – durfte den Titel einer Herrscherin, *hoang hau,* tragen. Es folgte die erste Hauptfrau des Königs mit dem Ehrennamen Ehrwürdige, hochgeschätzte Dame, *qui phi,* der das Vorrecht auf den männlichen Thronfolger zustand. Die offiziellen Konkubinen waren seit der großen Verwaltungsreform des Minh-Mang-Königs von 1838 in vier Ränge mit insgesamt neun Graden unterteilt, gefolgt von den Hofdamen und Zofen. Nur wenige der vielen Frauen waren vom König persönlich auserwählt worden. Zumeist wurden sie ihm zugeführt. Hatte ein Mandarin eine besonders hübsche Tochter, so übergab er sie gerne dem König als Präsent. Um den Gesichtsverlust seiner Untertanen zu vermeiden, konnte der Herrscher schwerlich eine Kandidatin ablehnen. »Wenn ein Mandarin seine Tochter dem König als Geschenk macht, erfüllt es ihn mit Stolz. Denn damit zeigt er ihm seine Loyalität«, erklärte der Minh-Mang-König einst einem französischen Abgesandten.

Für die jungen Mädchen war es jedoch ein Gang ohne Wiederkehr. Einmal in der Verbotenen Stadt angekommen, mussten sie bis an ihr Lebensende dort ausharren und konnten nur selten ihre Familie sehen. Zu Beginn

Thema

hatten sie eine harte Ausbildung zu absolvieren, um die komplizierten Regeln zu erlernen. Dies fing schon bei der Sprache an. Negativ besetzte Worte wie Tod oder Krankheit waren verboten. Auch der Herrschername war tabu. Dann galt es, die vielfältigen Dienstleistungen rund um den *hoang de* zu erlernen, denn einige der Palastfrauen hatten fast ständig in der Nähe des Königs zu sein. Besonders herausfordernd waren die Mahlzeiten. Mehrere Frauen waren damit beschäftigt, dem Himmelssohn eines der durchschnittlich 50 Gerichte zu reichen. Der Franzose Charles Gosselin beschreibt das königliche Alltagsleben in seinem Buch »L'Empire d'Annam«: »Als Tu Duc herrschte, warteten jeden Tag 43 Konkubinen in seiner Residenz. 30 von ihnen waren für seinen Schutz zuständig. Die anderen 13 mussten ihn kämmen, ankleiden, seine Fingernägel maniküren, den Tabak anrichten ... Nachts wachten sie als Leibwächterinnen rund um sein Drachenbett«. Auch der königliche Beischlaf war streng reglementiert. Er folgte nicht dem Lustprinzip, sondern dem unerbittlichen Kalender des Chefeunuchen. Neben Rangfolge und Fruchtbarkeitszyklus der Konkubinen war die astrologische Konstellation entscheidend. Doch da die verantwortlichen Eunuchen bestechlich waren, ließen sie sich von den Palastdamen gern hofieren.

Die Abhängigkeit der Konkubinen vom *hoang de* reichte über dessen Ableben hinaus. Nach dem Tod des Tu-Duc-Herrschers 1883 mussten seine 103 Konkubinen noch zwei Jahre lang im Mausoleum ausharren.

Farbenpracht in der Königsstadt – doch die Fassade war trügerisch: Die meisten Palastdamen fristeten ein trauriges Dasein

Hue: Cityplan

Sehenswürdigkeiten

1 Zitadelle
2 Pavillon der Frischen Luft
3 Flaggenturm
4 Neun Heilige Kanonen
5 Königsstadt
6 – 26 s. Karte Königsstadt S. 237
27 Palastmuseum
28 Dong-Ba-Markt
29 Saigon Morin Hotel
30 Quoc-Hoc-Schule
31 Ho-Chi-Minh-Museum
32 Notre-Dame-Kathedrale
33 Chua Bao Quoc
34 Chua Tu Dam
35 Phan-Boi-Chau-Gedenkstätte
36 Altar für Himmel und Erde
37 Chua Tu Hieu
38 Tiger-Arena
39 Kim Long
40 Chua Thien Mu
41 Dien Hon Chen
42 Lang Tu Duc
43 – 60 s. Karte Lang Tu Duc S. 253
61 Lang Dong Khanh
62 Lang Khai Dinh
63 Lang Minh Mang
64 – 74 s. Karte Lang Minh Mang S. 255

Übernachten

1 La Résidence Hôtel & Spa
2 Imperial Hotel
3 Pilgrimage Village
4 Saigon Morin Hotel
5 Huong Giang Hotel
6 Festival Hue Hotel
7 Ngoc Huong Hotel
8 Asia Hotel
9 Thanh Noi Hotel
10 Binh Minh Sunrise I
11 Binh Duong III

Essen und Trinken

12 Club Garden Restaurant
13 The Tropical Garden
14 An Binh
15 Friendly Restaurant
16 La Carambole
17 Royal Park
18 Phuoc Thanh Garden
19 Tinh Tam
20 Bun Bo Hue
21 La Boulangerie
22 Hong Phuong

tgl. 7–17, März–Okt. tgl. 6.30–17.30, 55 000 VND).

Trotz des massiven Mauerwerks wirkt es aufgrund des aufgesetzten **Pavillons der Fünf Phönixe** (Ngu Phung) verspielt und leicht. Im unteren offenen Pavillonteil hielt sich der Herrscher zu Paraden auf, verkündete jährlich den Mondkalender und lauschte der feierlichen Namensverlesung erfolgreicher Absolventen der Beamtenexamen. Im oberen verschlossenen Teil verfolgten die Konkubinen und die Königinmutter das Geschehen. Von besonderer Schönheit ist die Dachkonstruktion. Während der mittlere Bereich mit königlich-gelben Glasurziegeln gedeckt ist, fanden für die seitlichen Bereiche halbrunde Ziegel in grüner Glasur Verwendung. Die Dachfirste sind mit Drachen, Fledermäusen und anderen Glückssymbolen aus Porzellanscherben verziert.

Halle der Höchsten Harmonie

»Auf dem großen Platz standen Soldaten in ihren leuchtenden und fantastischen Uniformen aufgestellt und vor ihnen in zwei Reihen die Mandarine gemäß ihrer Rangordnung; die

zivilen zur rechten, die militärischen zur linken. Etwas weiter unten befanden sich die Eunuchen und die kaiserlichen Orchester. Zu jeder Seite stand ein königlicher Elefant in feierlicher Aufmachung, ein Mann hielt den Ehrenschirm über dem Führer.« So beschreibt W. Somerset Maugham eine Zeremonie anlässlich des Tet-Festes 1923 auf dem **Hof des Großen Empfangs** **7** (San Dai Trieu), der sich an das Mittagstor und den Thai-Dich-See anschließt. Solche Zeremonien fanden an Königsgeburtstagen, Neujahrstagen und bei Gedenkveranstaltungen statt. Dabei dienten kleine Steinstelen an der Seite zur korrekten Aufstellung der Teilnehmer.

Der König saß auf dem Thron in der nördlich anschließenden **Halle der Höchsten Harmonie** **8** (Dien Thai Hoa). Die 44 m breite und 30,5 m tiefe Halle ist mit Abstand das schönste Gebäude des Palastkomplexes. 1833 ließ der Minh-Mang-König die gewaltige Holzkonstruktion auf einer erhöhten Plattform errichten. Im Inneren stützen 80 massive Eisenholzsäulen ein sogenanntes Paralleldach *(trung thiem diep oc)*, das aus zwei hintereinander liegenden Satteldächern besteht und auf allen vier Seiten von leicht geneigten Fußwalmdächern umgeben ist. Zusätzliche Vordächer schützen die Vorder- und Rückseite. Diese Dachkonstruktion ist typisch für Hue, denn sie bietet für die alljährlich wiederkehrenden Taifune weniger Angriffsfläche als die sonst üblichen Walmdächer. Mit Gedichten und Blumenbildern gestaltete Bronzeplatten füllen die Lücke zwischen Fußwalm- und Satteldach aus. Der Dachfirst ist mit elegant geschwungenen Drachendarstellungen verziert, dem Symbol des Herrschers. Wie einst ist die Halle bis auf den Thron, einige dekorative Vasen und Möbelstücke leer.

Purpurne Verbotene Stadt

Hinter der Halle der Höchsten Harmonie begann die abgeschlossene Purpurne Verbotene Stadt (Tu Cam Thanh). Ihr Name bezieht sich auf den Verborgenen Purpurnen Bereich (chin. *ziweiyuan*) im Himmel, wo sich der chinesischen Astronomie zufolge auch der Polarstern befindet. Wie dieser Fixstern als Zentrum des Firmaments und Sitz des himmlischen Herrschers gilt, so ist die Purpurne Verbotene Stadt Zentrum der Erde. Sie war von einer 324 x 290 m messenden Mauer umgeben und teilte sich in einen offiziellen Bereich im Süden und einen privaten Bereich im Norden, wo die Konkubinen lebten. Von den ursprünglich 40 Gebäuden sind fast alle verschwunden, so auch das **Große Goldene Tor** 9 (Dai Cung Mon). 1947 wurde es vollständig zerstört, soll aber bald wieder aufgebaut werden. Mit weit geschwungenen Dächern und Schnitzereien war es einst das prachtvollste Portal innerhalb der Königsstadt und diente als Haupteingang zum offiziellen Teil der Verbotenen Stadt.

Dazu gehörten auch die beiden seitlich gelegenen **Hallen der Mandarine** 10 (Ta Vu und Huu Vu), die den hohen Beamten zum Ankleiden und zur Vorbereitung der Zeremonien dienten. Dekorativen Charakter haben zwei **Bronzegefäße** 11 beidseitig des Tores, die 1660 (links) und 1662 (rechts) unter dem Fürsten Nguyen Phuc Tan (reg. 1648–1687) anlässlich eines Sieges über die rivalisierenden Trinh gegossen wurden. Dem Dai Cung Mon gegenüber lag die ebenfalls vollständig zerstörte **Halle der Audienzen** 12 (Dien Can Chanh).

Im östlichen Bereich der Verbotenen Stadt reihten sich weitere Gebäude- und Gartenanlagen. Sie dienten den Regenten zum Freizeitvergnügen oder zur kulturellen Erbauung, wie etwa das 1826 unter dem Minh-Mang-Herrscher errichtete **Königliche Theater** 13 (Duyet Thi Duong). Der rekonstruierte Bau dient heute mehrmals täglich Vorführungen höfischer Tänze und Musikstücke (s. S. 260). Der fünf Jahre zuvor vollendete zweistöckige **Lesepavillon** 14 (Thai Binh) im nördlichen Anschluss war dem König für seine Tee- und Lesestunden vorbehalten. Die überladene Dekoration aus bunten Porzellanscherben und glasierten Mosaiksteinen an Außenmauern und Dachfirst verleihen dem Bau heitere Leichtigkeit.

Östliche Hofkomplexe

Parallel zur mittleren Achse mit den Haupthallen verliefen beidseitig weitere Achsen, auf denen sich ummauerte Hofkomplexe mit Wohngebäuden oder Tempelhallen aneinanderreihten. Im Osten waren dies im ersten ummauerten Komplex der **Thai-Tempel** 15 (Thai Mieu), 1804 vom Gia-Long-König erbaut und seinen Vorfahren geweiht, und der anschließende **Trieu-Tempel** 16 (Trieu Mieu). Ebenfalls 1804 errichtet, war er dem Ahnherrn des Nguyen-Klans, Trieu To, und seiner Frau gewidmet. Dann folgten die **Schatzkammer** 17 (Phu Noi Vu) und zuletzt der **Co-Ha-Park** 18 (Vuon Co Ha) mit Teichen. Die ursprünglichen Gebäude wurden weitgehend zerstört und sollen in Zukunft rekonstruiert werden.

Westliche Hofkomplexe

Auf der westlichen Seitenachse reihen sich insgesamt vier ummauerte und durch Wege abgetrennte Hofkomplexe hintereinander. Der erste Hofkomplex steht ganz im Zeichen der verstorbenen Nguyen-Herrscher und ist nochmals in drei Teile untergliedert. Auf einen schmalen Innenhof folgt der Hauptbereich,

Der erste Eindruck täuscht: Die den Nguyen-Herrschern geweihten Urnen unterscheiden sich in Gewicht, Größe und Dekoration

den man durch den 1822 vollendeten **Pavillon der Glorreichen Ankunft** 19 (Hien Lam Cac) betritt. Mit 13 m überragte dieser Pavillon bis 1945 alle anderen Gebäude von Hue. Auf der Nordseite des Pavillons reihen sich die **Neun Dynastischen Urnen** 20 (Cuu Dinh) aneinander. Zwischen 1,9 t und 2,6 t schwer, ließ sie der Minh-Mang-König in den Jahren 1835 bis 1837 gießen. Später wurden bei sieben von ihnen die posthumen Namen von Königen hinzugefügt. Die Außenseiten der Urnen sind mit Darstellungen von Landschaften, mythischen Wesen und Pflanzen verziert, welche die Einheit und den Wohlstand des Landes versinnbildlichen sollen.

An der Stirnseite des Hofes liegt der gewaltige **The-Tempel** 21 (The Mieu) zur Verehrung der Nguyen-Könige. In seiner Gestalt folgt der 1822 vollendete Bau der Halle der Höchsten Harmonie. Ursprünglich wurden hier sieben der insgesamt 13 Nguyen-Könige verehrt. 1959 kamen drei weitere Altäre für die im Exil verstorbenen Könige hinzu. Im hinteren ummauerten Bereich steht der **Hung-Tempel** 22 (Hung Mieu) zur Verehrung der Eltern des Gia-Long-Königs.

Der zweite Hofkomplex ist nahezu unbebaut. Hier sind die wenigen Reste des **Phung-Tien-Tempels** 23 (Dien Phung Tien) zu finden, in dem die Palastfrauen die Vorfahren der Dynastie verehrten.

Der dritte ummauerte Komplex ist weitgehend restauriert worden. Hier residierte die Mutter des Herrschers, welche am Hof ein hohes Ansehen genoss. Das größte Gebäude, der **Palast der Ewigkeit** 24 (Cung Dien Tho), geht in seinen Ursprüngen auf das Jahr 1804 zurück. Hier empfing die Königsmutter ihre Gäste, was heute ausgestellte Fotos dokumentieren. Im 1927 erbauten zweistöckigen Haus links daneben, dem **Cung Tinh Minh** 25, lebte bis zu ihrem Tod 1933 Königin Tanh Cung, die erste Frau des Dong-Khanh-Herrschers (reg. 1886–1888). Später hielt sich dort zeitweilig der letzte König Bao Dai auf.

Im letzten Komplex steht der 1843 erbaute **Palast des Langen Lebens** 26 (Cung Truong Sinh), in dem die Großmutter des Herrschers lebte. Mit dem halbmondförmigen See und weiteren Hallen bildete dieser Hof einst ein harmonisches Ensemble, wartet jedoch auf eine grundlegende Restaurierung.

Palastmuseum

Cityplan: S. 241
Verlässt man die Königsstadt durch das Tor der Menschlichkeit (Hien Nhon) nach Osten, gelangt man nach wenigen Schritten zum Long-An-Palast, der das **Palastmuseum** 27 (Bao Tang Co Vat) birgt. Der Palast mit dem weit heruntergezogenen Dach und dem reichen Schnitzwerk an Balken und Türen gehört zu den schönsten Gebäuden von Hue. Ursprünglich 1845 unter dem Thieu-Tri-Herrscher (reg. 1841–1847) innerhalb der Königsstadt errichtet, wurde es nach dessen Tod zum Gedenktempel umgewidmet, musste aber nach der Besetzung von Hue durch die Franzosen 1885 geschlossen werden. Duy Tan (reg. 1907–1916) ließ den Prachtbau 1909 ab- und an der jetzigen Stelle als Bibliothek wieder aufbauen. Seit dem Jahr 1923 ist hier eine umfangreiche Sammlung von Utensilien und Möbeln aus der Königsstadt untergebracht, darunter Porzellangefäße, Bronzefiguren, Münzen, Gewänder, künstliche Bonsais aus Jade und ein Dau-Ho-Ballspiel (3 Le Truc, tgl. 7–17.30 Uhr, 22 000 VND).

Dong-Ba-Markt

Cityplan: S. 241
Der **Cho Dong Ba** 28 liegt südöstlich der Zitadelle zwischen Tran Hung Dao und dem Fluss der Wohlgerüche. Von außen scheint der Betonbau hässlich und kalt, doch innen und um ihn herum herrscht die typische farbenprächtige Anarchie eines vietnamesischen Marktes. Sehr beliebte Mitbringsel sind die konischen Hüte der Poesie, *non bai tho,* die zwischen zwei Schichten von Blättern der Latanpalme im Scherenschnitt angefertigte Motive besitzen. Im hinteren Marktbereich entlang des Flusses befindet sich die Sektion für Gemüse und Fleisch (tgl. 7–18 Uhr).

Europäisches Viertel

Cityplan: S. 241
Auf der Südseite des Huong Giang liegt das sogenannte Europäische Viertel, in dem sich heute die meisten Hotels und Restaurants befinden. Seit 1899 ist es über die Trang-Tien-Brücke (einst Pont Clémenceau) und zwei später hinzugefügte Brücken mit dem nördlichen Stadtteil verbunden. Entlang der parallel zum Huong Giang verlaufenden Le-Loi-Straße – in der Kolonialzeit nach dem damaligen Ministerpräsidenten Rue Jules Ferry genannt – entstanden ab 1875 eine Reihe repräsentativer Kolonialbauten, die teilweise hoch heute existieren.

Saigon Morin Hotel

Mit Abstand das schönste koloniale Bauwerk ist das **Saigon Morin Hotel** 29. Es öffnete 1901 als Grand Hotel Bogaert seine Pforten und wurde sechs Jahre später von Wladimir Morin übernommen, dessen Namen es bis heute trägt. Die Morin-Familie besaß in Da

Nang, Ba Na und Qui Nhon weitere Hotels. Präsident Diem konfiszierte 1957 das Gebäude und übergab es der Universität von Hue. Später diente es als Institut für Naturwissenschaften und wurde erst 1990 wieder in ein Hotel umgewandelt (30 Le Loi).

Quoc-Hoc-Schule

Einige hundert Meter weiter südwestlich liegt ebenfalls an der Le Loi der markante rötliche Gebäudekomplex der **Quoc-Hoc-Schule** 30 (Truong Quoc Hoc). Als die Bildungseinrichtung 1896 gegründet wurde, stand sie nur Söhnen der Königsfamilie und Mandarine offen, die dort von meist französischen Lehrern unterrichtet wurden. Ab 1915 konnten alle Familien ihre Kinder dorthin schicken. Zu den prominentesten Schülern zählen Ho Chi Minh und General Vo Ngyuen Giap. Auch heute noch ist sie eine angesehene Oberschule.

Ho-Chi-Minh-Museum

Dem großen Präsidenten ist seit 1980 das **Ho-Chi-Minh-Museum** 31 (Bao Tang Ho Chi Minh) gewidmet. Mit Hue ist der Nationalheld besonders verbunden, denn hier verbrachte er insgesamt zehn Jahre: von 1895 bis 1901, als sein Vater hier studierte, und von 1906 bis 1909, als er selbst die Quoc-Hoc-Schule besuchte. Sehenswert ist die Ausstellung in dem kolonialen Prachtbau vor allem wegen der historischen Fotodokumente (7 Le Loi, Di–So 7.30–11.30, 13.30–16.30 Uhr, 15 000 VND).

Notre-Dame-Kathedrale

An der Nguyen Hue erhebt sich die imposante **Notre-Dame-Kathedrale** 32 (Dong Chua Cuu The). Sie wurde 1962 von Bischof Ngo Dinh Thuc, dem 1976 exkommunizierten älteren Bruder Präsident Ngo Dinh Diems, nach dreijähriger Bauzeit eingeweiht. Das 20 000 Menschen fassende Gotteshaus ist heute Sitz des Bischofs von Hue. Im Stil folgt die Kathedrale dem Zeitgeschmack der westlichen Moderne, wobei das gestaffelte Dach des Turms von ostasiatischen Pagodendächern inspiriert ist. Als Baumaterial fand Stahlbeton Verwendung, der durch eingefasste Eisenträger stabilisiert wird, weshalb das 72 m lange Schiff ohne Säulen auskommt. Der massive Altar ist aus einem Stück Marmor gefertigt, der von den Marmorbergen bei Da Nang stammt (tgl. 17–19 Uhr und zu Gottesdienstzeiten).

Im Süden der Stadt

Cityplan: S. 241

Entlang der beiden Ausfallstraßen Dien Bien Phu und Phan Boi Chau, die fast parallel aus der Stadt in Richtung Süden bis zum Altar für Himmel und Erde (Dan Nam Giao) führen, reihen sich einige bedeutende buddhistische Klöster und andere Sehenswürdigkeiten.

Chua Bao Quoc

Kurz hinter der Bahnlinie führt ein Seitenweg zur Nationalen Pagode, **Chua Bao Quoc** 33. 1674 erstmals in einer Inschrift erwähnt, wurde sie seitdem mehrfach verändert. 1747 erhob sie Fürst Nguyen Phuc Khoat (reg. 1738–1765) zur Nationalen Pagode und stellte sie unter seine Patronage. Die heutigen Gebäude stammen aus dem Jahr 1957. Damals musste das Kloster, das durch Verwitterung und Termitenfraß baufällig geworden war, komplett erneuert werden. Als im Zuge von Reformbestrebungen 1948 eine Schule für Mönche und Nonnen angeschlossen wurde, avancierte die Chua Bao Quoc zu einem bedeutenden Zentrum für die Erneuerung des Buddhismus. Ab 1963 war das Kloster für einige Jahre ein Hort des Widerstandes gegen Präsident Diem und seine Nachfolger. Die Anlage strahlt mit den Gärten und Grabstupas verstorbener Mönche eine friedliche Atmosphäre aus. In der Haupthalle lohnt sich ein Blick in den hinteren Raum, wo Statuen bedeutender Äbte verehrt werden (tgl. 7–18 Uhr, Eintritt frei).

Chua Tu Dam

Vor einer Verbindungsstraße zwischen Dien Bien Phu und Phan Boi Chau liegt auf etwas erhöhtem Grund eines der größten buddhistischen Klöster der Stadt, die **Chua Tu Dam** 34. Sie wurde 1683 von dem aus China ge-

Der Dong-Ba-Markt … und die typisch farbenprächtige Anarchie eines vietnamesischen Marktes

flohenen Mönch Minh Hoang Tu Dung gegründet. Die heutigen, wenig interessanten Gebäude stammen aus dem Jahr 1936, als das Reformkloster zum Zentrum der Studienorganisation An Nam Phat Hoc wurde. Jene ging 1951 in die erste gesamtvietnamesische Buddhistische Vereinigung Vietnams auf, die in der Chua Tu Dam ihre Gründungsversammlung abgehalten hatte. Auch diese Pagode spielte während der Anti-Diem-Demonstrationen eine zentrale Rolle und wurde vom katholischen Mob geplündert und schwer beschädigt. Aus Protest verbrannte sich ein Mönch am 16. August 1963 an jener Stelle, wo sich heute ein Lotosteich befindet (tgl. 7–18 Uhr, Eintritt frei).

Phan-Boi-Chau-Gedenkstätte

Gegenüber der Chua Tu Dam liegt die **Phan-Boi-Chau-Gedenkstätte** 35 (Khu Di Tich Luu Niem Phan Boi Chau). Sie erinnert an den gleichnamigen Mandarin und Freiheitskämpfer, der hier seine letzten 15 Lebensjahre verbrachte und nach seinem Tod im Innenhof begraben wurde. 1867 in Vinh geboren, gründete der Intellektuelle 1903 die Erneuerungsgesellschaft (Duy Tan Hoi) mit dem Ziel einer modernen Republik. Lange Jahre musste er im Exil in Japan und China verbringen. Nach mehreren gescheiterten Umsturzversuchen wurde Phan Boi Chau 1925 in Shanghai verhaftet und zum Tode verurteilt. Nach Protesten stellten ihn die Franzosen 1925 hier unter Hausarrest, wo er bis zu seinem Tod 1940 lebte. 1974 wurde im Hof die 7 t schwere Bronzebüste aufgestellt (tgl. 8–11.30, 14–16 Uhr, Eintritt frei).

Altar für Himmel und Erde

Etwa 3 km südlich des Stadtzentrums, am Ende der Dien Bien Phu, erhebt sich der **Altar für Himmel und Erde** 36 (Dan Nam Giao). Hier führten die Nguyen-Könige als Söhne des Himmels (*thien tu*, chin. *tianzi*) zwischen 1806 und 1945 Opferzeremonien durch, um ihre Herrschaft religiös zu rechtfertigen und die Harmonie zwischen Himmel und Erde zu erneuern. Bei den mehrtägigen Nam-Giao-Feiern wirkten bis zu 5000 Personen mit. 1807, ein Jahr nach der Fertigstellung, fanden unter dem Gia-Long-Herrscher kurz nach dem Tet-Fest die ersten Nam-Giao-Feierlichkeiten statt. In einer langen Prozession ließ der König sich vom Palast zur Altarstätte bringen, um sich zunächst zur inneren Reinigung für drei Tage in den heute verschwundenen Fastenpalast (Trai Cung) zurückzuziehen. Die Hauptzeremonie begann am vierten Tag um 2 Uhr morgens und dauerte drei Stunden. Dabei wurden Rauch- und Tieropfer dargebracht. Da die Zeremonien äußerst kostspielig waren, führten der Thanh-Thai-König (reg. 1889–1907) und seine Nachfolger sie nur noch alle drei Jahre durch. Seit einigen Jahren werden die Nam-Giao-Feiern wieder gelegentlich abgehalten.

Die Anlage war ursprünglich von einer Mauer (390 x 265 m) umgeben, die jedoch ebenso verschwunden ist wie die Pavillons zur Vorbereitung der Zeremonien. Der **Altar** ist noch intakt und besteht aus drei Ebenen. Auf zwei quadratischen Terrassen mit einer Seitenlange von 165 m bzw. 83 m ruht eine runde Plattform mit einem Durchmesser von 40,5 m und einer Höhe von 2,8 m. Quadrat und Kreis symbolisieren dabei Erde und Himmel. Rund um den Dan Nam Giao wachsen zahlreiche Pinien, die von Mandarinen und Angehörigen des Königshauses gepflanzt wurden.

Chua Tu Hieu

Vom Dan Nam Giao führt die Le Ngo Cat in Richtung Westen zu einigen Königsgräbern. Nach etwa 1 km markieren hinter einer Siedlung rechter Hand zwei Obelisken die Zufahrt zur inmitten eines Pinienwaldes gelegenen Pagode des Mitgefühls, **Chua Tu Hieu** 37. Schon wegen der stimmungsvollen Lage lohnt sich der Besuch. Das buddhistische Kloster ist heute auch deshalb bekannt, weil der durch zahlreiche Bücher auch in Europa beachtete Mönch Thich Nhat Hanh dort seine Novizenzeit verbrachte. Die Ursprünge des Klosters gehen auf das Jahr 1843 zurück, als an seiner Stelle der Mönch Thich Nhat Dinh eine Einsiedelei erbauen ließ. Fünf Jahre später nahmen sich die am Königshof lebenden

Eunuchen des Klosters an und ließen es mehrfach erweitern. Manche Eunuchen zogen sich im Alter hierher zurück, einige fanden in der Chua Tu Hieu auch ihre letzte Ruhestätte. Für ihren Seelenfrieden finden heute noch täglich um 11 und 16 Uhr Gedenkzeremonien statt (tgl. 7–18 Uhr, Eintritt frei).

Tiger-Arena

Westlich der Chua Tu Hieu liegt in einer Schleife des Huong Giang die **Tiger-Arena** 38 (Ho Quyen). Das ovale Bauwerk mit bis zu 1,1 m dicken Außenmauern und einem Durchmesser von 44 m geht auf den Minh-Mang-Herrscher zurück. Er ließ das Miniaturkolosseum 1830 anlegen, nachdem die zuvor auf einem freien Feld abgehaltenen Schaukämpfe zwischen Tigern und Elefanten zu gefährlich geworden waren. Für die stolzen Tiere ging es um Leben und Tod, wobei der Sieger allerdings vorab feststand. Den mächtigen Elefanten als Symbol der königlichen Herrschaft waren die Tiger letztlich unterlegen, hatte man ihnen doch zuvor Zähne und Krallen gezogen. Das letzte der normalerweise jährlich abgehaltenen Gemetzel fand 1904 statt (jederzeit zugänglich, Eintritt frei).

Entlang des Huong Giang

Cityplan: S. 241

Eine interessante Fahrradtour führt entlang des Huong Giang stadtauswärts zur 4 km entfernten Chua Thien Mu. Auf dem Rückweg kann man einen kleinen Abstecher nach Kim Long unternehmen.

Gartenhäuser von Kim Long

Der Stadtteil **Kim Long** 39 (Goldener Drache) schließt sich im Westen unmittelbar an die Zitadelle an und rühmt sich, die Heimat der Nguyen zu sein. Tatsächlich ließ sich Fürst Nguyen Phuc Lan im Jahr 1636 dort nieder, um den Machtbereich seines Klans auszuweiten. Mitte des 17. Jh. durften hier auf Einladung der Nguyen katholische Missionsorden Klöster gründen. Auch heute reihen sich entlang der parallel zum Fluss verlaufenden Kim-Long-Straße mehrere Konvente und Seminare.

Ab dem 19. Jh. wurde Kim Long zum Grünwald von Hue, nachdem eine zunehmende Zahl Mandarine und Minister auf großen Grundstücken vornehme Gartenhäuser *(nha vuon)* errichtete. Einige davon stehen unter Denkmalschutz und können im Rahmen eines gemütlichen Spaziergangs durch die Gassen besichtigt werden (s. Tipp S. 250).

Chua Thien Mu

Entlang der parallel zum Fluss der Wohlgerüche verlaufenden Straße – oder wesentlich beschaulicher per Boot – gelangt man zum Wahrzeichen von Hue, der Pagode der Himmlischen Mutter, **Chua Thien Mu** 40. Auf dem Rücken des Nui Ha Khe gelegen, überblickt sie die stimmungsvolle Flusslandschaft. Ihr Ursprung geht auf eine Legende zurück, derzufolge eine Frau mit weißen Haaren und rotem Gewand erschienen sei, um den Bau einer Pagode durch einen König vorherzusagen. Dies nahm der Fürst Nguyen Hoang (reg. 1558–1622) zum Anlass, an dieser Stelle 1601 ein Kloster zu errichten. Seitdem ist die Chua Thien Mu mit dem Nguyen-Klan besonders verbunden. Viele Fürsten und Könige haben sie vergrößert und verschönert.

Von der Straße führt eine steile Treppe auf den Hügel zum ummauerten Klostergelände, an dessen Beginn der 21 m hohe **Turm der Quelle des Glücks,** Thap Phuoc Duyen, thront. Das achtseitige Bauwerk stammt aus dem Jahr 1844 und ist mit seinen sieben Stockwerken den fünf sogenannten Manushi-Buddhas *(nhu lai)* gewidmet, die dem Mahayana-Buddhismus zufolge in menschlicher Gestalt erschienen sind. Je zwei Pavillons flankieren den Turm und bergen vorwiegend Stelen mit Inschriften.

In einem weiteren Pavillon hinten links hängt eine 2 t schwere **Glocke** aus dem Jahr 1710, die der Fürst Nguyen Phuc Chu (1692–1715) gießen ließ.

Durch ein dreiteiliges **Tor,** das zwölf grimmige Wächterfiguren zum Schutz des Klos-

Richtig Reisen-Tipp: Spaziergang durch Kim Long

Im Süden der Huong Giang, im Osten die Zitadelle und im Westen der schmale Kim-Long-Kanal rahmen die Siedlung Kim Long ein. Mehrere der sogenannten Gartenhäuser können besucht werden (bislang kein Eintritt). Da es sich um Privathäuser handelt, sollte man sich den Bewohnern gegenüber respektvoll verhalten und eine Spende hinterlassen. Offizielle Besichtigungszeiten gibt es nicht, doch empfiehlt sich ein Besuch am Vormittag oder späten Nachmittag, niemals aber während der Mittagszeit.

Die meisten der einstöckigen Häuser sind nach dem traditionellen Architekturprinzip *ba gian hai chai,* drei Abteilungen und zwei Seitenräume, erbaut und gruppieren sich jeweils um einen großen Innenhof. Sie liegen vorwiegend entlang der Phu-Mong-Gasse, die von der Kim-Long-Straße zwischen den Hausnummern 68 und 70 in Richtung Norden abzweigt. Dazu gehören:

Thuong Lac Vien: Das Gebäude geht auf den Prinzen Le Van Yen, der es Ende des 19. Jh. errichten ließ, zurück. Später wurde es jedoch mehrfach umgebaut. Dem Prinzen ist ein Schrein gewidmet (20 Phu Mong).

Thao Trang Vien: Das Haus mit angeschlossenem Lokal zählt mit seinem 1800 m² großen Garten, der französisch beeinflussten Fassade und den dekorierten Innenräumen zu den schönsten von Kim Long. Der Mandarin Ton That Thuyet erbaute es im frühen 20. Jh. (34 Phu Muong).

Xuan Vien Tieu Cung: In diesem Haus, in einer von der Phu Mong rechts abgehenden Seitenstraße, lebte zwischen 1894 und 1909 der Minister für Riten, Pham Huu Dien. Im Garten sind noch viele alte Bäume und Sträucher zu finden (22/3 Phu Mong).

An Lac Vien: Das von einem Minister des Thanh-Thai-Königs errichtete Gebäude aus dem Jahr 1888 liegt eingebettet in ein 2000 m² großes Grundstück mit einem üppigen Garten und einer Fischzucht. Heute lebt hier die dritte und vierte Generation der Ministerfamilie (54/7 Phu Mong).

Prachtvoller Buddha-Altar in einem Gartenhaus in Kim Long

ters birgt, betritt man dann die eigentliche Tempelanlage. An der Stirnseite eines gepflegten Gartens liegt die **Haupthalle** (Dai Hung) mit Altären zur Verehrung von Buddhas, Bodhisattvas und Arhats. Ihr hinterer Teil dient als Mönchsunterkunft.

Ein **seitliches Gebäude** birgt neben dem Refektorium für die Mönche eine Garage mit einem alten Austin. Es ist jener Wagen, mit dem der 73-jährige Mönch Thich Quang Duc sich am 11. Juni 1963 in Saigon zu einer belebten Kreuzung fahren ließ, sich in Meditationshaltung niedersetzte und von Begleitern mit Benzin übergossen wurde, bevor er sich selbst anzündete. Mit seiner Selbstverbrennung demonstrierte der Mönch gegen die Buddhistenverfolgung durch Präsident Diem.

Im hinteren Geländebereich folgen zwei weitere Hallen sowie am Ende ein einzelner **Grabstupa** des im Jahr 1993 verstorbenen Abtes Thich Don Hau (tgl. 7–18 Uhr, Eintritt frei).

Dien Hon Chen

Bei der Weiterfahrt per Boot flussaufwärts erreicht man nach etwa 5 km den **Dien Hon Chen** 41. Er schmiegt sich an den Jadetassen-Berg Ngoc Tran Son, der seinen Namen von einem Trichter an der Spitze erhielt. Das heutige Bauensemble geht auf das Jahr 1886 zurück, als der Dong-Khanh-Herrscher den Tempel aus Dankbarkeit für seine Thronbesteigung erneuerte. Beim Dien Hon Chen wird der für Vietnam so typische religiöse Synkretismus besonders deutlich, denn aus der ursprünglich an dieser Stelle von den Cham verehrten Göttin Po Yang Ino Nagar (s. auch Po Nagar in Nha Trang S. 308ff.) machten die Vietnamesen die Himmlische Mutter, Thien Yana. Die Figur wird im erhöht liegenden Haupttempel **Dien Hue Nam** verehrt. Alljährlich am 15. Tag des siebten Mondmonats wird ihr zu Ehren ein Tempelfest begangen.

Daoistische Elemente sind in der **Chua Thanh** unten am Fluss erhalten, wo der General Quan Cong verehrt wird (tgl. 8–17 Uhr, 22 000 VND).

Die Königsgräber

Cityplan: S. 241

Im Süden von Hue verteilen sich insgesamt sieben Königsgräber. Sie sind in unterschiedlichem Zustand, denn während des Krieges lagen die meisten in umkämpftem Gebiet. Zwar sind die Restaurierungsarbeiten ziemlich fortgeschritten, doch wird es noch lange dauern, bis alle Anlagen wieder im ursprünglichen Zustand sind. Im Rahmen einer schönen Bootsfahrt kann man neben der Chua Thien Mu und dem Dien Hon Chen die Gräber des Minh-Mang- und Gia-Long-Königs besuchen (s. S. 252ff.). Mit etwas Kondition sind die Anlagen des Khai-Dinh- und Tu-Duc-Königs mit dem Fahrrad gut zu erreichen (Fahrradverleih s. S. 261).

»Die weisen Könige von Annam, sie bringen den Tod zum Lächeln«, meinte einmal der Franzose Charles Patris nach seinem Besuch in Hue. Auch heute noch verbreiten die Königsgräber (*lang*) eine gemischte Stimmung aus Melancholie und Heiterkeit – »wo die Trauer lächelt und die Freude weint«, wie es in einem Spruch heißt. Die riesigen Anlagen der Ming-Kaiser bei Beijing vor Augen, ließen sich die Herrscher von Hue für das Weiterleben ihrer Seelen ebenfalls große Grabstätten errichten. Dabei folgten sie jenen architektonischen und geomantischen Prinzipien, die auch in China Anwendung fanden. Bereits die Lage hatte größte Bedeutung, denn nach Möglichkeit sollte das Gelände im Norden von Bergen geschützt und nach Süden offen und zum Wasser orientiert sein. Bei den Gräbern des Gia-Long- und des Minh-Mang-Herrschers ist dies gut zu sehen. Umgeben von Hügeln, liegen sie in unmittelbarer Nähe zum Fluss. Die axiale Ausrichtung der ummauerten Höfe und Gebäudeensemble folgt ebenfalls der traditionellen Architektur. Um die Seele mit Vertrautem zu umgeben, wurden Ehrenhöfe angelegt, auf denen Tiere, Mandarine und Generäle in Form von Steinskulpturen den Hofstaat nachahmen. Zu den wichtigsten Elementen der Anlage zählt eine große Steleninschrift mit einer Huldigung des toten Königs und ein Ahnentempel zu dessen

Verehrung. Die Gräber besitzen eigene Ehrennamen (siehe Namen in Klammern), sind jedoch heute eher unter der Regierungsdevise des Königs bekannt.

Lang Tu Duc (Lang Khiem)

Lang-Tu-Duc-Plan: S. 253

Ca. 5 km südwestlich von Hue erstreckt sich unweit der Siedlung Duong Xuan Thuong die 12 ha große Grabanlage **Lang Tu Duc** 42. Sie gleicht eher einem Sommerpalast als einer Totenstätte. Und in der Tat diente der zwischen 1864 und 1867 gestaltete Landschaftspark mit aufgeschütteten Hügeln, Pavillons und einem verwinkelten See dem Tu-Duc-Herrscher (reg. 1847–1883) schon zu Lebzeiten als Refugium. Hierhin zog er sich oft zurück, schrieb eines seiner über 4000 Gedichte, trank Tee, dessen Wasser aus dem Tau von Lotosblumen gewonnen wurde, jagte Hasen und Vögel oder lauschte mit seinen Konkubinen den stundenlangen Theateraufführungen. Dies war seine Weise, mit den gravierenden politischen Problemen fertig zu werden. Zum einen hatte der vierte Nguyen-König 1862 den gesamten Süden an die immer aggressiver auftretenden Franzosen abtreten müssen, zum anderen machten ihm Unruhen zu schaffen, die 1866 sein Reich erschütterten. Auslöser waren Proteste der 6000 am Bau der Grabanlage beteiligten Arbeiter gegen ihre schlechten Arbeitsbedingungen. Nach der Niederschlagung der Revolte gab der kinderlose Dichterkönig seiner Grabstätte den Namen Palast der Bescheidenheit, Khiem Cung, die seit seinem Tod Grab der Bescheidenheit, Lang Khiem, genannt wird.

Der Zugang in die von hohen Mauern umgebene ovale Anlage erfolgt durch das südliche **Tor des Bescheidenen Ereignisses** 43 (Cua Vu Khiem). Von ihm öffnet sich ein schöner Blick auf den **See des Bescheidenen Bewahrens** 44 (Ho Luu Khiem), der die gesamte Ostseite ausfüllt. Linker Hand liegt der verfallene **Tempel des Bescheidenen Willens** 45 (Chi Khiem Duong) mit drei Hallen rund um einen Innenhof zum Gedenken an die Konkubinen. Von einer Mauer abgetrennt befindet sich ein größerer Hof, wo sich einst die **Wohnräume der Konkubinen** 46 befanden.

Vom **Pavillon des Bescheidenen Schwebens** 47 (Du Khiem Tu) am Seeufer, der als Bootsanlegestelle diente, bietet sich ein schöner Blick auf den **Pavillon der Bescheidenen Vorausschau** 48 (Xung Khiem Ta) an der Nordseite des Sees. Diese offene Holzhalle war einer der Lieblingsplätze des Tu-Duc-Herrschers.

Eine breite Treppe führt westlich des Sees zum erhöht liegenden **Wohnkomplex** mit zwei Gebäudeensembles. Das erste besteht aus dem dreiteiligen **Tor des Palastes der Bescheidenheit** 49 (Khiem Cung Mon) und zwei **Seitengebäuden für die Mandarine** 50.

Mit der **Halle des Bescheidenen Friedens** 51 (Hoa Khiem Dien) beginnt die zweite Gebäudegruppe. Dieser einstige Arbeits- und Empfangsraum des Tu-Duc-Königs dient heute als Ahnentempel für ihn und seine erste Frau. Der Raum öffnet sich nach Westen zu einem Innenhof, den drei weitere Gebäude umschließen, darunter rechter Hand die 1866 errichtete **Halle der Bescheidenen Klarheit** 52 (Minh Khiem Duong). Unter dem Tu-Duc-Herrscher kamen Theaterstücke zur Aufführung, heute sind es Tänze und Gesänge. Diesem ältesten erhaltenen Theater Vietnams gegenüber liegt die **Halle des Bescheidenen Rückblicks** 53 (On Khiem Duong), der ehemalige Speiseraum des Herrschers. Abgeschlossen wird das Ensemble von der **Halle der Bescheidenen Ehrlichkeit** 54 (Luong Khiem Dien). In der einstigen Wohn- und Schlafstätte des Königs wird heute seiner Mutter Tu Du (1810–1901) gedacht.

Sein **Grabkomplex** liegt weiter nördlich und ist nur über den Hauptweg am See zu erreichen. Hier folgen auf einer Achse liegend zunächst ein **Ehrenhof** 55 mit Wächterfiguren aus Granitstein und ein **Stelenpavillon** 56 mit einer 20 t schweren Inschriftenstele aus Granit. Auf ihr beschreibt der König in 5400 chinesischen Schriftzeichen durchaus kritisch seine Regentschaft. Hinter dem halbmondförmigen **Tieu-Khiem-See** 57 folgt die eigentliche **Königliche Grabstätte** 58. Eingefasst von zwei quadratischen Mauern er-

Lang Tu Duc

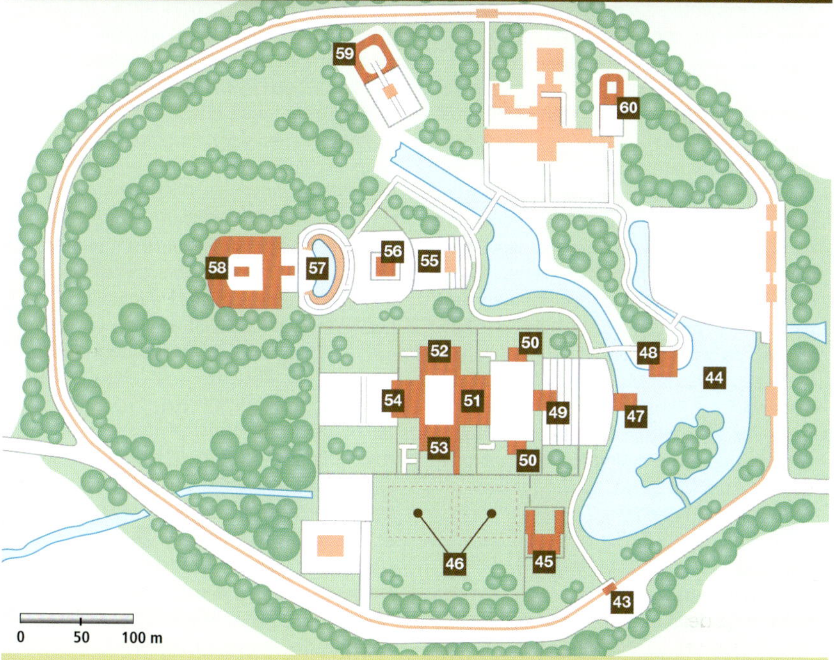

Sehenswürdigkeiten

1 – 42 s. Cityplan Hue S. 241
43 Tor des Bescheidenen Ereignisses
44 See des Bescheidenen Bewahrens
45 Tempel des Bescheidenen Willens
46 Wohnräume der Konkubinen (nicht erhalten)
47 Pavillon des Bescheidenen Schwebens
48 Pavillon der Bescheidenen Vorausschau
49 Tor des Palastes der Bescheidenheit
50 Seitengebäude für die Mandarine
51 Halle des Bescheidenen Friedens
52 Halle der Bescheidenen Klarheit
53 Halle des Bescheidenen Rückblicks
54 Halle der Bescheidenen Ehrlichkeit
55 Ehrenhof
56 Stelenpavillon
57 Tieu-Khiem-See
58 Königliche Grabstätte
59 Grab Königin Le Thien Anhs
60 Grabmal von Kien Phuc
61 – 63 s. Cityplan Hue S. 241
64 – 74 s. Lang-Minh-Mang-Karte S. 255

hebt sich hier der einsam stehende Sarkophag aus Stein. Das Grab ist jedoch leer, denn der königliche Leichnam ruht an unbekanntem Ort in einem von elf Stollen, die zum Schutz vor Plünderern gegraben wurden.

Im nördlichen Bereich der Anlage befinden sich zwei weitere Grabstätten mit Gedenktempeln: das **Grab Königin Le Thien Anhs** 59 (1828–1902) und das **Grabmal von Kien Phuc** 60. Der Adoptivsohn des Tu-Duc-Königs herrschte 1883/84 sieben Monate lang, bevor er einer Palastintrige zum Opfer fiel und vermutlich vergiftet wurde (Nov.–Feb. tgl. 7–17, März–Okt. tgl. 6.30–17.30, 55 000 VND).

Lang Dong Khanh (Lang Tu)

Vom Lang Tu Duc führt ein Seitenweg zum selten besuchten **Lang Dong Khanh** 61, einer eher bescheidenen Grabstätte. Dort hatte der Dong-Khanh-Herrscher (reg. 1886–1888) zunächst einen Tempel für seinen Vater, Prinz Kien Thai, erbaut, doch als er selbst überraschend früh im Alter von 24 Jahren verstarb, widmete sein Nachfolger Thanh Thai (reg. 1889–1907) den Tempel zur Grabstätte um. Die heutigen Bauten gehen auf den Sohn und dritten Nachfolger des Dong-Khanh-Königs, den Khai-Dinh-Herrscher, zurück. Dieser ließ das Mausoleum ein Jahr nach seiner Thronbesteigung 1917 erweitern. Seither zeigen sich die Gebäude als asiatisch-europäische Melange. Während der **Ahnentempel Ngung Hy** traditionellen Vorgaben folgt, ist das 100 m erhöht gelegene **Grab** mit seinem Pavillon eindeutig europäisch inspiriert (Nov.–Feb. tgl. 7–17, März–Okt. tgl. 6.30–17.30 Uhr, 22 000 VND).

Lang Khai Dinh (Lang Ung)

Das **Lang Khai Dinh** 62 liegt am Hang des Nui Chau Chu, einige Kilometer südlich des Lang Tu Duc. Hues jüngste Grabstätte wirkt wie eine Betonmischung aus Versailles und vietnamesischem Königspalast. Zwar folgte auch der Khai-Dinh-Herrscher (reg. 1916–1925) bei Lage und Ausrichtung seiner Grabanlage geomantischen Prinzipien, doch bei der Architektur hatte er die Paläste der Grande Nation vor Augen, die er bei seinem Frankreich-Besuch 1922 kennengelernt hatte. So mischen sich römische Säulen und Torbögen mit asiatischen Drachen und Phönixen. Die verschwenderischen Verzierungen eines Rokokoschlosses bekommen durch die bunten Porzellan- und Glasscherben einen asiatischen Touch. Als Baumaterial des 1931 von Bao Dai abgeschlossenen Grabmals fand dunkelgrauer Beton Verwendung.

Von der Straße führt eine breite, durch Drachengeländer **dreigeteilte Treppe** steil nach oben. Sie wird durch eine **erste Ebene** mit zwei seitlichen Wächterhallen unterbrochen. Es folgt nach 29 weiteren Stufen die **zweite Ebene** mit der traditionellen Ehrenallee und einem achteckigen Pavillon für die Grabstele. Beidseitig ragen zwei mächtige Obelisken wie spitze Nadeln gen Himmel. Von drei schmalen Zwischenebenen unterbrochen endet die Treppe auf der **obersten Ebene,** von der sich ein schöner Rundblick bietet.

Hier erhebt sich das verspielt wirkende **Rokoko-Mausoleum.** Es gliedert sich im Inneren in drei Räume: den Vorraum mit überladener Dekoration aus Porzellan- und Glasscherben, die Ehrenhalle mit der 1922 in Frankreich gefertigten Bronzestatue des auf einem Thron sitzenden Königs und der Halle mit dem üppig verzierten Ahnenaltar. Der Leichnam des Khai-Dinh-Herrschers ruht in einem 18 m tiefen Schacht unterhalb des Gebäudes (Nov.–Feb. tgl. 7–17, März–Okt. tgl. 6.30–17.30 Uhr, 55 000 VND).

Lang Minh Mang (Lang Hieu)

Lang-Minh-Mang-Plan: S. 255

Die Grabstätte des zweiten Nguyen-Herrschers, **Lang Minh Mang** 63, liegt 12 km südlich von Hue am Westufer des Song Tuu Trach, der hier mit dem Song Ta Trach den Huong Giang bildet. Mit der Suche nach der Lage für die auch als Grab des Mitgefühls, Lang Hieu, bekannte Anlage waren die Geomanten 14 Jahre beschäftigt. Als 1840 endlich mit dem Bau begonnen werden konnte, starb überraschend der Herrscher. Ein Jahr später schloss sein Sohn und Nachfolger, der Thieu-Tri-König, die Bauarbeiten ab.

Der ovale Grabkomplex besticht durch seine klare Struktur und Kompaktheit. Alle zentralen Bauwerke liegen auf einer 700 m langen Achse, die am **Großen Roten Tor** 64 (Dai Hong Mon) beginnt. Das seit der Bestattung permanent verschlossene Portal wird außen von einer Geistermauer geschützt. Die Besucher betreten daher die 45 ha große Anlage durch das **Rechte Rote Tor** 65 (Huu Hong Mon) und gelangen über einen Seitenweg zum **Weg der Seelen** 66 (San Chau), wie der Ehrenhof genannt wird. Dort stehen sich zwei Tier- und fünf Menschenfiguren aus Stein gegenüber. Es folgt der auf zwei hohen Terrassen liegende **Stelenpavillon** 67 (Nha Bia) mit der Inschrift, in welcher der Thieu-Tri-

Herrscher die »heiligen Tugenden und großartigen Errungenschaften« seines Vaters würdigt. Die anschließenden, jeweils erhöht liegenden drei Terrassen führen zum **Tor der Glorreichen Tugend** 68 (Cua Hien Duc). Es öffnet sich zu einem Innenhof mit dem wunderbaren **Tempel der Segensreichen Wohltat** 69 (Dien Sung An) an der Stirnseite. Die durch das Satteldach mit umlaufendem Fußwalmdach harmonisch wirkende Halle dient bis heute der Verehrung des Königspaares, dessen Ahnentafeln auf dem hinteren Altar stehen.

Vom schlichten **Tor des Königlichen Weges** 70 (Hoang Trach Mon) eröffnet sich ein schöner Blick auf den **See der Absoluten Helligkeit** 71 (Ho Trung Minh) und den **Pavillon der Helligkeit** 72 (Minh Lau). Dieses quadratische Gebäude zählt zu den schönsten Bauwerken der Grabanlage und wirkt zusammen mit der umgebenden Parklandschaft sehr harmonisch.

Eine anschließende Brücke über den sichelförmigen **See des Neumondes** 73 (Ho Tan Nguyet) endet am ummauerten **Königlichen Grabtumulus** 74, unter dem der Minh-Mang-Herrscher ruht. Der runde Grabhügel und der quadratische Minh-Lau-Pavillon symbolisieren Himmel und Erde (Nov.–Feb. tgl. 7–17, März–Okt. tgl. 6.30–17.30 Uhr, 55 000 VND).

Lang Gia Long (Lang Thien Tho)

Das Lang Gia Long sieht bislang wenige Besucher. Dies liegt einerseits an seiner abgeschiedenen Lage 18 km südlich der Zitadelle und andererseits an dem noch recht verfallenen Zustand, denn bislang wurden nur die wichtigsten Bauten restauriert. Doch keine andere Grabstätte von Hue bildet eine solch stimmungsvolle Einheit mit der umgebenden Natur wie jene des Gia-Long-Herrschers (reg. 1802–1820). Deshalb lohnt sich der verlängerte Bootsausflug vor allem für Naturliebhaber.

Bei der Auswahl für den Standort des Mausoleums fanden wieder geomantische

Lang Minh Mang

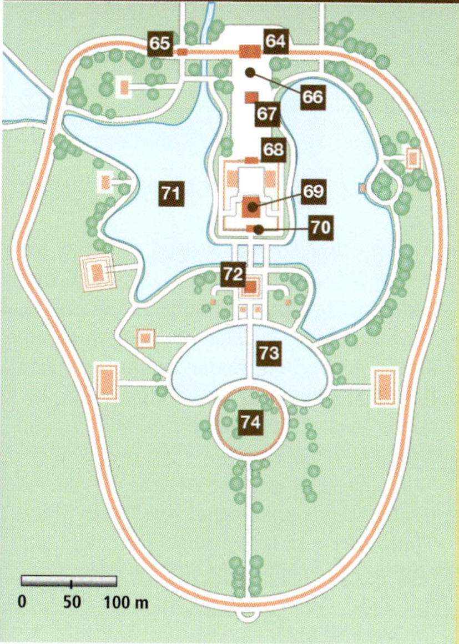

Sehenswürdigkeiten

6 – 26 s. Plan Königsstadt S. 237
1 – 5, 27 – 42, 61 – 63 s. Cityplan Hue S. 241
43 – 60 s. Karte Lang Tu Duc S. 253

64 Großes Rotes Tor
65 Rechtes Rotes Tor
66 Weg der Seelen
67 Stelenpavillon
68 Tor der Glorreichen Tugend
69 Tempel der Segensreichen Wohltat
70 Tor des Königlichen Weges
71 See der Absoluten Helligkeit
72 Pavillon der Helligkeit
73 See des Neumondes
74 Königlicher Grabtumulus

Lang Minh Mang, die Grabstätte des zweiten Nguyen-Herrschers, konnte erst unter seinem Sohn und Nachfolger Thieu Tri beendet werden

Prinzipien Anwendung: Mehrere Hügel im Hinter- und der Song Ta Trach im Vordergrund schützen es vor negativen Kräften. In dem weitläufigen Gelände liegen mehrere Grab- und Tempelanlagen verstreut, denn hier fanden außer dem Begründer der Nguyen-Dynastie weitere Mitglieder des Nguyen-Klans ihre letzte Ruhestätte, darunter die Mutter des Gia-Long-Königs.

Der Herrscher und seine erste Frau Thua Thien Cao (1762–1814) ruhen in zwei Sarkophagen, die von zwei konzentrischen Mauern umgeben sind. Vorgelagert ist der **Ehrenhof** mit einigen wenigen beschädigten Wächterfiguren. Sehr harmonisch wirkt der davor liegende **Dai-See** (Ho Dai). In der Nähe ragt noch die **Stele** des Herrschers in die Höhe, der schützende Pavillon ist verschwunden. Auf der linken Seite des Grabes befindet sich der 1820 vollendete und etwas erhöht liegende **Minh-Thanh-Tempel** zum Gedenken an das Herrscherpaar.

Von hier führt ein Weg zu einer Anhöhe mit **Grab und Gedenktempel von Thuan Thien Thai** (1769–1846), der zweiten Königin und Mutter des Minh-Mang-Königs (Nov.–Feb. tgl. 7–17, März–Okt. tgl. 6.30–17.30 Uhr, 55 000 VND).

In Richtung Meer

Reiseatlas: S. 12, E 3
Als verdiente Abwechslung zu den intensiven Besichtigungen empfiehlt sich ein Ausflug zum 14 km nordöstlich von Hue liegenden **Sandstrand von Thuan An.** Er ist über einen Damm durch die Thanh-Lam-Lagune zu erreichen. Hier kommen Freunde von Meeresfrüchten auf ihre Kosten. Entlang des Strandes stößt man auf zahlreiche Seafood-Stände.

Auf dem Weg zum Meer kann man einen Halt in **Duong No** einlegen. Das stimmungsvolle Dorf liegt 6 km nordöstlich von Hue und ist deshalb bekannt, weil dort von 1898–1900 der junge Ho Chi Minh mit seiner Familie wohnte, während sein Vater die Akademie besuchte. Das schlichte **Holzhaus** (Nha Bac Ho), wo die Familie wohnte, ist heute Gedenkstätte (tgl. 8–17 Uhr, Eintritt frei).

i **Hue Festival Centre:** 15 Le Loi, Tel. 054-82 30 50, Fax 82 25 91, www.huefestival.com, Mo–Sa 9–17 Uhr.
Entlang der Le Loi und Hung Vuong samt Nebenstraßen gibt es eine Vielzahl von kleinen **Touranbietern,** die Open-Tour-Tickets, Mietwagen etc. arrangieren.

... in Hue:
La Résidence Hôtel & Spa [1]: 5 Le Loi, Tel. 054-83 74 75, Fax 83 74 76, www.la-residence-hue.com. Vom Art-déco-Stil der 1920er-Jahre inspiriert, wurde die einstige Residenz der französischen Gouverneure in ein schönes Boutiquehotel mit 122 Zimmern und Suiten umgewandelt. Dass Eleganz und Sinnlichkeit hier großgeschrieben werden, spürt man nicht zuletzt im Restaurant und Spa. DZ mit Frühstück ab 120 US-$.
Imperial Hotel [2]: 8 Hung Vuong, Tel. 054-88 22 22, Fax 88 22 44, www.imperial-hotel.com.vn. Der Protzkasten überragt das Stadtbild und macht mit der imperialen Lobby seinem Namen alle Ehre. Auch bei den 191 Zimmern und Suiten wird nicht gekleckert. Zum Angebot gehören drei Restaurants, Pool und Spa. Tipp: einen Drink mit Aussicht von der King's Panorama Bar. DZ mit Frühstück ab 120 US-$.
Pilgrimage Village [3]: 130 Minh Mang, Tel. 054-88 54 61, Fax 88 70 57, www.pilgrimagevillage.com. Das stimmungsvolle Resort liegt etwa 4 km südlich der Innenstadt von Hue in der Nähe der Königsgräber. Die 99 komfortablen Zimmer und Bungalows sind im traditionellen Stil gestaltet, was auch für Restaurant, Bar und Lounge gilt. Zum Auftanken können Gäste auf den Pool, einen Meditationsraum und das Stillness Spa zurückgreifen. DZ mit Frühstück ab 85 US-$.
Saigon Morin Hotel [4]: 30 Le Loi, Tel. 054-82 35 26, Fax 82 51 55, www.morinhotel.com.vn. Das 1901 errichtete Kolonialhotel ist nach dem langjährigen Besitzer Wladimir Morin benannt und beherbergte 1936 auch Charlie Chaplin und Paulette Goddard während ihrer Hochzeitsreise. Die 180 stilvollen Zimmer und Suiten sind teilweise sehr geräumig. Empfehlenswert für die Einkehr: Garden Rendezvous im lauschigen Innenhof (abends oft voll). DZ mit Frühstück ab 85 US-$, Suite ab 150 US-$.
Huong Giang Hotel [5]: 51 Le Loi, Tel. 054-82 21 22, Fax 82 31 02, www.huonggiangtourist.com. Das von außen nicht unbedingt einladende Hotel liegt direkt am Fluss und verfügt über 160 Zimmer und Suiten (unbedingt Flussblick nehmen). Im neuen Flügel gibt es schöne geräumige Zimmer. Guter Service, sein Pool und vor allem die Lage machen es zu einer guten Adresse. DZ mit Frühstück ab 80 US-$.
Festival Hue Hotel [6]: 15 Ly Thuong Kiet, Tel. 054-82 30 71, Fax 82 32 04, www.festivalhuehotel.com.vn. Das einst staatliche Hotel hat sich zu einem soliden Touristenhotel mit 86 freundlich-plüschigen Zimmern gemausert. Das Angebot reicht von Bar bis Pool. DZ mit Frühstück ab 45 US-$.
Ngoc Huong Hotel [7]: 8–10 Chu Van An, Tel. 054-83 01 11, Fax 82 93 16, www.ngochuonghotels.com. Ein funktionales Stadthotel mit 45 sauberen Zimmern, teilweise mit Balkon. Vom Sky View Restaurant im 7. Stock bietet sich ein schöner Panoramablick. DZ mit Frühstück ab 45 US-$.

Hue Haute Cuisine: Hue gilt als die kulinarische Hauptstadt Vietnams. Zu den Spezialitäten zählen: *banh khoai,* in Pfannkuchen gewickelte Sojasprossen mit Schweinefleisch, *nem lui,* rohe Frühlingsrollen zum Selbstwickeln, *com hen,* Muscheln mit Reis, *banh bot loc,* in Bananenblätter gewickeltes und gedämpftes Garnelen- und Schweinefleisch, *bun ga/bo/heo,* Reisnudelsuppe mit Huhn-, Rind-, Schweinefleisch. Als Snack empfiehlt sich *banh beo,* gedämpfter Reispudding mit zerkleinerten Garnelen.

Asia Hotel 8: 17 Pham Ngu Lao, Tel. 054-83 02 83, Fax 82 89 72, www.asiahotel.com.vn. 60 moderne Komforträume, freundlicher Service, kleiner Pool, Spa und die High Sky Bar machen das Hotel trotz unterkühltem Ambiente zu einer guten Wahl. DZ mit Frühstück ab 40 US-$.
Thanh Noi Hotel 9: 57 Dang Dung, Tel. 054-52 24 78, Fax 52 72 11, www.thanhnoihotel.com. Das sympathische Hotel mit traditionellem Touch liegt innerhalb der Zitadelle und strahlt eine entspannte Atmosphäre aus. Die 50 Zimmer sind etwas plüschig geraten, doch der Garten mit Pool ist nett. DZ mit Frühstück 20–45 US-$.
Binh Minh Sunrise I 10: 36 Nguyen Tri Phuong, Tel. 054-82 55 26, Fax 82 83 62, www.binhminhhue.com. Das gut geführte und daher sehr empfehlenswerte Minihotel mit 39 sauberen Zimmern im Herzen des Touristenviertels besticht durch ein gutes Preis-Leistungs-Verhältnis. Ein Schwesterhotel liegt in der Nähe. DZ mit Frühstück 15–30 US-$.
Binh Duong III 11: 4/34 Nguyen Tri Phuong, Tel. 054-83 01 45, binhduong1@dng.vnn.vn. Der Evergreen unter den Budgethotels mit 26 einfachen, aber ordentlichen Zimmern. Ein Pluspunkt: die Computer in jedem Zimmer. Falls ausgebucht, gibt es ein weiteres Binh-Duong-Hotel in der Nähe. DZ ohne Frühstück ab 15 US-$.
... außerhalb der Stadt:
Abalone Resort & Spa: Thuan An, Phu-Vang-Distrikt, Tel. 054-85 69 67, Fax 86 60 33, www.abaloneresorthue.com. Das Resort liegt 1 km vom Strand an der Tam-Giang-Lagune, etwa 14 km nordöstlich von Hue. 77 moderne Zimmer und Suiten sowie vielerlei Freizeitangebote wie Innen- und Außenpool, Tennisplatz und Wellness-Bereich machen es zu einer exzellenten Option für Erholungssuchende. DZ mit Frühstück ab 70 US-$.

Eine Vielzahl von Lokalen und Bars reiht sich entlang der Straßen Vo Thi Sau und Pham Ngu Lao.
Club Garden Restaurant 12: 8 Vo Thi Sau, Tel. 054-82 63 27, tgl. 8.30–22 Uhr. Das gediegene und bei Touristengruppen beliebte Gartenlokal hat eine reichhaltige Auswahl an vietnamesischen Menüs. Draußen sitzt man am schönsten. Menüs um 120 000 VND.
The Tropical Garden 13: 27 Chu Van An, Tel. 054-84 71 43, tgl. 8.30–22 Uhr. Das Ambiente ähnelt dem des Schwesterlokals Club Garden, und auch hier gibt es gute einheimische Küche. Menüs ab 120 000 VND.
An Binh 14: 65 Vo Thi Sau, Tel. 054-82 53 05, tgl. 10–22 Uhr. Das mehrstöckige Restaurant ist effizient geführt und bietet exzellente vietnamesische Speisen. Menüs ab 100 000 VND.
Friendly Restaurant 15: 7 Pham Ngu Lao/Ecke Le Loi, Tel. 054-83 15 46, tgl. 8–23 Uhr. Bezüglich des Ambientes eines der angenehmsten Restaurants von Hue, sodass die etwas gehobenere Preisklasse gerechtfertigt ist. Die vietnamesischen Speisen werden hier optisch schön arrangiert. Gerichte ab 80 000 VND.
La Carambole 16: 19 Pham Ngu Lao, Tel. 052-81 04 91, www.lacarambole.com, tgl. 11–23 Uhr. Das beliebte und daher oft volle Lokal hat nicht nur exzellente lokale Spezialitäten im Angebot, sondern sorgt sich auch um Ambiente und guten Service. Solide Weinliste. Reservierung empfehlenswert. Gerichte ab 60 000 VND.
Royal Park 17: 38–42 Pham Van Dong, Vi Da, Tel. 054-82 53 05, tgl. 10–23 Uhr. Im nördlichen Stadtteil Vi Da gelegenes Restaurant im traditionellen Stil, das im selben Besitz ist wie das An Binh. Effektiver Service

und eine lange Speisekarte machen es zu einer guten Adresse. Gerichte ab 60 000 VND.

Phuoc Thanh Garden [18]: 30 Pham Ngu Lao, Tel. 054-83 09 89, tgl. 8–22 Uhr. Das bei Gruppen beliebte Gartenrestaurant verbreitet eine etwas kitschig-königliche Atmosphäre, hat aber eine umfangreiche Speisekarte mit den meisten Hue-Spezialitäten. Durchaus empfehlenswert. Gerichte um 45 000 VND.

Tinh Tam [19]: 10 Chu Van An, Tel. 054-82 35 72, tgl. 9–22 Uhr. In diesem netten Lokal zur Ruhigen Seele werden schmackhafte vegetarische Gerichte auf Tofu-Basis aufgetischt. Gerichte ab 25 000 VND.

Bun Bo Hue [20]: 11 B Ly Thuong Kiet, tgl. 6.30–21 Uhr. Außen pfui, innen hui. In dieser wenig einladend wirkenden Garküche wird Hues beste *bun bo,* Reisnudelsuppe mit Rind, zubereitet. Ab 8000 VND.

Cafés

La Boulangerie [21]: 20 Hung Vuong, tgl. 7–17 Uhr. Dank einer französischen Hilfsorganisation lernen hier sozial benachteiligte Jugendliche die hohe Kunst des Backens. Im Café mit Laden kann man die begehrten Ergebnisse kosten und kaufen. Ab 10 000 VND.

Hong Phuong [22]: 34 Nguyen Tri Phuong, tgl. 6.30–17 Uhr. Das handtuchschmale Café liegt links neben dem Binh Minh Sunrise I. An der Straße wird vorzügliches Gebäck verkauft, das im hinteren Hausteil verzehrt werden kann. Ab 5000 VND.

Im **Cho Dong Ba** (Dong-Ba-Markt) an der Tran Hung Dao gibt es wenig, was es nicht gibt. Der Stadtmarkt ist ein guter Ort für den Kauf konischer Hüte. Entlang der Straßen Le Loi, Hung Vuong und Tran Hung Dao reihen sich viele Souvenirshops, Galerien und Boutiquen mit üppigem Angebot.

Seductive: 40 Le Loi, Tel. 054-82 97 94, tgl. 8–22 Uhr. Die kleine Boutique gegenüber dem Huong Giang Hotel hat eine nette Auswahl an Seidenkleidern.

Viet Silk: 68 Le Loi, Tel. 054-82 52 19, tgl. 8–22 Uhr. Ein freundliches Geschäft mit vielen Seidenstoffen und -kleidern.

Handwerkerviertel

In den Straßen rund um die Phu-Cam-Kirche im Stadtteil **Phuoc Vinh** (südlich des An-Cuu-Kanals) widmen sich einige Bewohner schon seit Generationen der Herstellung der konischen Hüte, *non bai tho.* Vor den Häusern sitzen sie, um auf kegelförmigen Gestellen die etwa 50 Blätter der Latanpalme an 16 Bambusringen festzunähen.

Der Herstellung von Glocken, Gongs und Figuren aus Bronze wiederum haben sich die Einwohner von **Phuong Duc** gewidmet. Der Stadtteil erstreckt sich südwestlich des Bahnhofs entlang des Huong Giang. Dort kann man Werkstätten besuchen und natürlich auch die Produkte erwerben.

Hue und Nightlife sind immer noch zwei verschiedene Welten, doch gibt es ein paar nette Kneipen zur abendlichen Entspannung. Für gepflegte Drinks sind das **La Résidence Hôtel** (s. S. 257) und das **Imperial Hotel** (s. S. 257) gute Adressen.

Apokalypse Now: 7 Nguyen Tri Phuong, Tel. 054-82 01 52, tgl. 19–2 Uhr. Wie der Name ist die Disco nicht gerade en vogue, aber einer der wenigen Orte zum Tanzen.

Bar Why Not?: 21 Vo Thi Sau/Ecke Pham Ngu Lao, Tel. 054-92 47 93, tgl. 11–24 Uhr. Ja, warum eigentlich nicht in dieser gemütlichen Bar mit Billardtisch und guter Musik ein Gläschen trinken gehen?

Newspace Bar: 22 Pham Ngu Lao, Tel. 054-81 03 10, tgl. 11–24 Uhr. Billardtisch, Fingerfood, Drinks und Musik garantieren die abendliche Zerstreuung.

DMZ Bar: 60 Le Loi, Tel. 054-82 34 14, tgl. 8.30–24 Uhr. Hues Kneipenklassiker. Pizza und Spaghetti schmecken anderswo besser, trotzdem ist dies die richtige Adresse für ein, zwei, drei Huda-Biere, Billardspielen und gelegentliches Tanzbeinschwingen.

Das vietnamesische **Neujahrsfest,** Tet, ist in Hue besonders stimmungsvoll. Auf dem Cho Dong Ba und anderen Märkten werden in den vorangehenden Tagen Blumen, Kumquat- und Pfirsichbäumchen verkauft. Am Neujahrstag strömen die

Traditionelle Musik: Hue hat eine eigenständige Musiktradition, die seit geraumer Zeit eine Wiederbelebung erfährt. Zum einen ist dies die höfische Musik, *nha nhac,* wie sie einst vor den Königen zur Aufführung kam, zum anderen sind dies volkstümliche Lieder, *ca Hue* genannt. Man kann sie bei Dinnerfahrten auf dem Boot und in manchen Restaurants zu Gehör bekommen. Traditionelle Musikkunst wird auch in den beiden einstigen Königlichen Theatern präsentiert:
Duyet Thi Duong: Zitadelle, Tel. 054-52 92 19. In ansprechendem Rahmen finden mehrmals täglich halbstündige Vorführungen von Tänzen und Ca-Hue-Gesängen statt (9, 10, 14.30, 15.30 Uhr, 20 000 VND).
Minh Khiem Duong: Lang Tu Duc, Tel. 054-52 20 70. Im ältesten erhaltenen Theater Vietnams gibt es ebenfalls mehrmals täglich Tanz- und Musikaufführungen (8.30, 9.30, 14.30, 15.30 Uhr, 20 000 VND).

festlich gekleideten Menschen in die geschmückten Pagoden.
Alle zwei Jahre findet das **Hue Festival** statt, zu dem viele Musik- und Tanzgruppen aus dem In- und Ausland kommen. Infos unter www.huefestival.com.

Bootsfahrt: Ein Besuch in Hue wäre unvollständig ohne eine Fahrt mit **Drachenbooten** auf dem Huong Giang. Einzelreisende können sich halbtägigen Touren anschließen, die von den Gästehäusern und Agenturen angeboten werden. Sie führen zumeist über die Chua Thien Mu zum Lang Minh Mang und wieder zurück (ab 25 000 VND/Person). Die **Bootsanlegestelle** liegt zwischen Truong-Tien-Brücke und Century Hotel. Dort können auch individuelle **Privatboote** für Besichtigungs-, Sunset- oder Dinnertouren angeheuert werden.

Flüge

Der **Phu Bai Airport** liegt 15 km südlich von Hue an der Nationalstraße 1 A. Mehrmals täglich gibt es von dort mit Vietnam Airlines Nonstop-Flüge nach Hanoi und Ho-Chi-Minh-Stadt. Ein Minibus verkehrt zwischen dem Büro der Fluggesellschaft und dem Flughafen (25 000 VND). Eine Taxifahrt vom/zum Flughaen kostet ca. 100 000 VND.
Vietnam Airlines: Thuan Hoa Hotel, 7 B Nguyen Tri Phuong, Tel. 054-82 47 09.

Züge

Das schmucke Bahnhofsgebäude des **Ga Hue** befindet sich an der Ecke Bui Thi Xuan/Le Loi. Ticketbüro: Tel. 054-82 21 75, tgl. 7–11.30, 13.30–17 Uhr.
Züge in Richtung Norden über Dong Hoi (172 km, 3 Std.) und Ninh Binh (566 km, 10–12 Std.) nach Hanoi (658 km, 11–15 Std.) halten 6 x tgl.
Züge gen Süden über Da Nang (105 km, 2,5–3 Std.) und Nha Trang (619 km, 10 Std.) nach Ho-Chi-Minh-Stadt (1066 km, 20–24 Std.) machen ebenfalls 6 x tgl. Halt. Tipp: Sehr schön ist die Strecke von Hue über den Wolkenpass nach Da Nang.

Busse

Insgesamt gibt es drei Busstationen. Vom **Ben Xe Dong Ba** neben dem Dong-Ba-Markt starten lokale Busse in die nähere Umgebung, u. a. auch zum Thuan An Beach. Für Busse in Richtung Norden muss man den **Ben Xe An Hoa** an der Nationalstraße 1 A, etwa 5 km nordwestlich des Zentrums, nehmen. In Richtung Süden starten die Busse vom **Ben Xe An Cuu** an der Hung Vuong, etwa 2 km südlich des Zentrums. Hier gibt es einige Direktbusse nach Saigon und tagsüber im 30-Minuten-Takt nach Da Nang.
Der Bequemlichkeit halber nehmen jedoch die meisten Reisenden die Angebote der **Open Tours** wahr, die schon für 45 000 VND von Hue nach Hoi An (135 km, 3,5–4 Std.) fahren und die Passagiere vom Hotel abholen. Abfahrt ist meist gegen 8 und 13 Uhr.

Nahverkehr

Taxi: Die Fahrpreise betragen 5000–6000 VND/km, für eine einstündige Fahrt muss man mit durchschnittlich 60 000 VND rechnen. Eine Tagestour rund um Hue schlägt mit 20–30 US-$ zu Buche. Folgende **Taxiunternehmen** sind zuverlässig:

ATC Taxi, 44 Le Loi, Tel. 054-83 33 33
Gili Taxi, 28 B Nguyen Hue, Tel. 054-82 82 82
Thanh Do Taxi, 333 B An Duong Vuong, Tel. 054-85 85 85
Mai Linh, 177 Phan Dinh Phung, Tel. 054-89 89 89

Cyclos & Motorradtaxis: Die beliebten **Fahrradrikschas** warten vor vielen Hotels auf Kundschaft und bieten Rundfahrten durch die Stadt an. Wie überall ist engagiertes Feilschen angesagt, bezahlt wird zum Schluss. Eine Rundfahrt kostet etwa 40 000 VND/Std. Fahrer mit einem **Honda Om** kurven zu Tag- und Nachtzeiten durch die Straßen. Für 3 km muss man mit ca. 15 000 VND rechnen.

Fahrräder: Bei weitem die beste Option, um Hue zu erkunden (zumindest für jene mit Kondition). Drahtesel werden von vielen Gästehäusern und Restaurants vermietet; bitte vorab Testfahrt machen (ab 25 000 VND/Tag).

Beliebtes Fortbewegungsmittel in Vietnam: das Fahrrad – mit ihm ist alles möglich

Über den Wolkenpass nach Hoi An

Cityplan S. 266

Entlang der Küstenlinie zwischen Hue und dem nur 135 km entfernten Hoi An reihen sich mehrere kulturelle und landschaftliche Perlen: der Bach-Ma-Nationalpark mit dichten Regenwäldern, der Wolkenpass mit herrlichen Ausblicken auf Meer und Lagunen, ein Traumstrand in Lang Co und das Cham-Museum in Da Nang.

Die Fahrt von der letzten Königsstadt in Richtung Süden führt durch einen der reizvollsten Küstenabschnitte von Zentralvietnam. Hier schieben sich die Langen Berge, Truong Son, wie ein überquellender Hefezopf bis an die Küste, um dann abrupt am Meer zu enden. Die Nationalstraße 1 A und die Bahnlinie winden sich über bewaldete Bergrücken, führen entlang fischreicher Lagunen, durchqueren fruchtbare Ebenen – und offenbaren immer wieder neue Aussichten auf das Meer.

Einer der landschaftlichen Höhepunkte auf dieser Route ist der Bach-Ma-Nationalpark. Er erstreckt sich im Bergland nordwestlich des Wolkenpasses. Um dorthin zu kommen, muss man in Cau Hai nach Westen abbiegen und noch weitere 3 km bis zum Parkeingang fahren.

Bach-Ma-Nationalpark

Reiseatlas: S. 12, E/F 3/4

Die waldreiche Berglandschaft, die Nähe zum Meer und zu den Städten Hue (40 km) und Da Nang (65 km), vor allem aber das angenehme Klima waren in den Augen der Franzosen hervorragende Voraussetzungen, das Gebiet um den 1450 m hohen Berg des Weißen Pferdes, **Nui Bach Ma,** zu einem Höhenluftkurort zu machen. Am 29. Juli 1932 war es so weit. Der Bauingenieur Girard bekam den Auftrag, die Villensiedlung in den Wolken zu bauen. Bald standen 139 Villen und Gästehäuser samt Poststation, Tennisplatz und Krankenhaus. Bach Ma schickte sich an, ein zweites Da Lat zu werden.

Doch es sollte anders kommen. Im Krieg war die Region heiß umkämpft, der Ort verwandelte sich in eine Geisterstadt. 1991 wurde hier ein 220 km^2 großes Gebiet zum **Bach-Ma-Nationalpark** (Vuon Quoc Gia Bach Ma) erklärt, seither ist die vielfältige Flora und Fauna besser geschützt. Bei rekordverdächtigen 8000 mm Niederschlägen im Jahr sprießen etwa 2150 Pflanzenarten, die wiederum den 358 Vogelspezies als Nahrung dienen. Unter den Tieren sind noch wenige Exemplare von Tigern, Leoparden, den erst 1992 entdeckten Vu-Quang-Rindern (Sao La) und Riesenmuntjaks zu finden. Pflanzenfreunde erfreuen sich an Baumfarnen und den im Februar rot blühenden Azaleen. Hobbyornithologen wiederum hoffen eine seltene Schieferdrossel oder den endemischen Edwardsfasan – einen von sieben Fasanenarten im Park – zu erspähen.

Die beste Besuchszeit ist zwischen Februar und September. Allerdings schlägt das Wetter sehr schnell um. Zudem kann es sehr windig sein. In den Sommermonaten Juli und August, wenn die Temperaturen selten über 26 °C steigen, fliehen viele einheimische Touristen aus dem heißen Küstengebiet in die Kühle der Berge. Am regenärmsten sind die Monate März und April, dafür fallen allein im November fast 3000 mm Niederschlag.

Am Parkeingang befindet sich das **Department for Ecotourism** mit dem sehr informativen Besucherzentrum, Tel. 054-87 13 30, www.bachma.vnn.vn (tgl. 7–17 Uhr, 10 500 VND). Es empfiehlt sich, dort einen Guide für die verschiedenen Wandertouren zu engagieren (150 000 VND/Tag). Man kann auch einen Jeep mieten.

Der Nationalpark verfügt über sechs einfache **Gästehäuser,** davon liegen zwei in der Nähe des Parkeingangs. Vier weitere, die Häuser Bach Ma, Saola, Kim Giao und die beliebte Villa Do Quyen, mit insgesamt 26 Räumen, verteilen sich in der Nähe der höchsten Erhebung auf einer Höhe von etwa 1250 m ü. d. M. Die Zimmer können über das **Besucherzentrum** (s. o.) gebucht werden, was in den Sommermonaten empfehlenswert ist. DZ 6–18 US-$.

Wandern: Es gibt ausgewiesene Wanderwege im Park (s. Tipp S. 264). Wer etwas für den Umweltschutz tun möchte, kann bei der Wiederaufforstung kahler Abschnitte helfen und einen Baum stiften. Infos im Besucherzentrum (s. o.).

Der Parkeingang befindet sich etwa 3 km westlich der Ortschaft Cau Hai, die sowohl an der Nationalstraße 1 A als auch an der Bahnlinie liegt und daher mit **Bus** und **Bahn** zu erreichen ist. Man organisiert die Tour jedoch am besten von Hue, Lang Co oder Da Nang aus mit eigenem Fahrzeug.

Von Cau Hai zum Wolkenpass

Reiseatlas: S. 12, F 3/4

Canh Duong und Lang Co

Etwa 50 km südlich von Hue beginnt nach dem Ort Cau Hai der Pass des Glücklichen Elefanten, **Deo Phuoc Tuong.** Er trägt seinen Namen wegen eines Bergrückens, der an den Kopf eines Dickhäuters erinnert. An seiner Nordseite erstreckt sich der bogenförmige **Canh-Duong-Strand.** Mit seinem feinen Sand zählt der 8 km lange Küstenabschnitt zu den schönsten Stränden der Provinz Thua Thien Hue und soll in Zukunft zu einem Seebad entwickelt werden.

Nachdem man den Pass des Wohlstandes, Deo Phu Gia, überwunden hat, folgt die äußerst fotogen gelegene Lagune von **Lang Co.** Durch ein schmales Band ist sie vom Meer getrennt. Hier liegt auch das nach ihr benannte Dorf, dessen katholische Bewohner nach der Landesteilung 1954 aus dem Norden kamen und sich am Meer niedergelassen haben. Sie leben vom Reichtum der Lagune, züchten dort Austern, deren Perlmutt sie für Intarsien verwenden, und Garnelen, deren Fleisch sie einlegen und als rötliche Garnelenpaste, *mam tom,* verkaufen.

An zunehmender Bedeutung gewinnt auch der Tourismus, denn fast alle Reisebusse legen in Lang Co eine Essenspause ein. Zum einen locken die herrlichen Fisch- und Meeresfrüchtegerichte, zum anderen der 10 km

Mit dem Autor unterwegs

Der Umwelt zuliebe

Baumpflanzaktion: Nach dem Motto ›So lasst uns denn ein Bäumchen pflanzen‹ können Sie sich an der Wiederaufforstungsaktion im Bach-Ma-Nationalpark beteiligen und einen Baumsetzling spenden (s. S. 262).

Schöner wohnen

Luxus am Meer: Zu Recht zählt das preisgekrönte Furama Resort & Spa am legendären China Beach zu den besten Unterkünften in der Mitte Vietnams (s. S. 272).

Gut zu wissen

Falsch gemünzt: Auf der Spitze des Wolkenpasses tummeln sich zahlreiche Souvenirjäger. Zu deren Standards gehört die Bitte, Euromünzen, die sie angeblich erhalten haben, zu tauschen. Sie sollten sich nicht darauf einlassen, denn meistens handelt es sich um Falschgeld.

Richtig Reisen-Tipp: Wanderungen im Bach-Ma-Nationalpark

Im Nationalpark existieren einige ausgewiesene Wanderwege. Zudem führt eine 16 km lange Teerstraße bis kurz unter den Gipfel. Ein Plan des Parks wird im Besucherzentrum angeboten. Dort sollte man sich auch über den Zustand der Wege erkundigen, da Stürme und Taifune regelmäßig Waldschäden anrichten. Gutes Schuhwerk, eine wind- und regenfeste Jacke sowie Schutz vor Blutegeln sind sehr zu empfehlen. In Reichweite des Parkeingangs gibt es einige fotogene Wasserfälle.

Pheasant Trail (2,5 km): Der Fasanen-Pfad – auch als Blutegel-Allee bekannt – beginnt bei Km 5 der Teerstraße und führt u. a. zum Pheasant Waterfall. Trotz der Namen bedarf es jedoch großer Geduld, im dichten Regenwald einen Fasan zu erspähen.

Five Lakes Cascade Trail (2 km): Der Fünfseen- und Kaskadenweg startet einige 100 m hinter dem Parkeingang und führt durch dichten Wald vorbei an mehreren Wasserstellen und Kaskaden.

Rhododendron Trail (1,5 km): Ausgangspunkt des Rhododendron-Weges ist Km 16 der Teerstraße. Er kann auch als Verlängerung der zweiten Route genommen werden und ist besonders zur Blütezeit der Azaleen im Februar schön. Höhepunkt ist der Rhododendron-Wasserfall, von dessen Spitze sich ein toller Panoramablick bis an die Küste eröffnet. Es besteht die Möglichkeit, über 689 Treppenstufen an das untere Ende des Wasserfalls zu gehen. Dabei sind 300 Höhenmeter zu überwinden.

Summit Trail (500 m): Vom Ende der Asphaltstraße führt der kurze, steile Gipfelweg bis zur Spitze des Nui Bach Ma. Bei gutem Wetter ist die Aussicht atemberaubend.

Nature Exploration Trail (2 km): Vom Gipfel zurück kann man den besonders bei Vogelkundlern beliebten Naturkundeweg wählen. Unterwegs passiert man Ruinen einstiger Villen. Bei Km 17 trifft er auf die Asphaltstraße unweit des Orchid Collection House, in dem 100 der in Zentralvietnam vorkommenden Orchideen gezüchtet werden.

lange, feinsandige Strand. Bislang bieten sich noch wenige Resorts zum längeren Aufenthalt an, aber es sollen weitere folgen.

Lang Co Beach Resort: Lang Co Beach, Tel. 054-87 35 55, Fax 87 35 04, langco@dng.vnv.vn. Am Strand entlang verteilen sich Villen im traditionellen Stil der alten Hue-Paläste. Die meisten der 60 großen Zimmer haben Meerblick. Netter Pool und bei Durchreisenden beliebtes **Restaurant**. DZ ab 60 US-$ mit Frühstück.

Thanh Tam: Lang Co Beach, Tel. 054-87 44 56. Sympathisches Resort am Nordende von Lang Co mit ordentlichen Zimmern. Sehr schön gelegenes **Restaurant** mit Aussicht aufs Meer. DZ ab 22 US-$ ohne Frühstück.

Lang Co Hotel: Lang Co Beach, Tel. 054-87 44 26, Fax 87 35 27. Ein solides Resort direkt am Meer mit schönem offenem **Restaurant.** Die 50 Zimmer, davon zehn mit Meerblick, sind für den Preis absolut in Ordnung. DZ 15–25 US-$ ohne Frühstück.

Die genannten Hotels bieten in ihren Restaurants sehr gute Speisen mit Meeresfrüchten an.

Sao Bien: Nationalstraße 1 A, kurz vor der Brücke, tgl. 7–21 Uhr. Herrliche Seafood-Gerichte in Hülle und Fülle ab 40 000 VND.

Ein beliebtes Mitbringsel ist die **Garnelenpaste** *mam tom,* die an Straßenständen verkauft wird.

Liegt an der **Bus**strecke Hue–Da Nang. Zudem legen alle Open-Tour-Busse hier einen Zwischenstopp ein.

Wolkenpass

Der Wolkenpass – oder genauer Pass der Meereswolken, **Deo Hai Van** – trägt seinen Namen zu Recht, denn während der langen Regenzeit zwischen November und März sind die bis zu 1100 m hohen Gipfel häufig in Wolken gehüllt. Bei klarer Sicht jedoch hat man von der 496 m hohen Passhöhe eine Traumaussicht auf die Lagune von Lang Co im Norden und auf die Bucht von Da Nang im Süden. Bis zur Eröffnung des 6,3 km langen **Hai-Van-Tunnels** im Jahr 2005 musste sich der gesamte Verkehr über den Berg mühen. Immer wieder passierten Unfälle, nicht selten kam der gesamte Nord-Süd-Verkehr zum Erliegen, weil wieder einmal Taifune und heftige Regenfälle Erdrutsche verursacht und die Straße unpassierbar gemacht hatten.

Bis um 1400 war der Wolkenpass auch eine kulturelle Grenze zwischen dem chinesisch geprägten Dai Viet und dem indisch beeinflussten Champa-Reich. Danach weiteten die Vietnamesen ihr Herrschaftsgebiet nach Süden aus und verdrängten die Cham. Um sein neu geeintes Reich besser kontrollieren zu können, ließ der Gia-Long-Herrscher (reg. 1802–1820) zwischen Hanoi und Saigon die Straße der Mandarine mit Poststationen *(tram)* im Abstand von 20 km anlegen. Unter seinem Nachfolger Minh Mang entstand am höchsten Punkt der Straße das Tor am Pass der Meereswolken, **Hai Van Quan,** zur Eintreibung von Steuern. Das Zolltor aus Ziegelstein ist relativ gut erhalten. Während die königlichen Beamten auf Pferden und Elefanten reisten, konnten die Franzosen nach dem Ausbau der Straße ab 1888 mit ihren Citroëns fahren. Unter den Kolonialherren entstanden Befestigungsanlagen und Geschützstellungen, die später ausgebaut und auch im Vietnamkrieg genutzt wurden.

Während Touristen auf der Passhöhe den Panoramablick genießen und mit den Souvenirhändlern feilschen, besuchen die Einheimischen Schreine zur Verehrung des Berggeistes und zum Gedenken an die umherirrenden Seelen der Verunglückten. Bei der Weiterfahrt nach Da Nang ergeben sich immer wieder schöne Blicke auf die türkis schimmernde Bucht, die bis zur Halbinsel Son Tra reicht.

Da Nang

Cityplan: S. 266

Vietnams drittgrößte Metropole liegt im Mündungsbereich des Song Han und zieht sich entlang einer tief eingeschnittenen Bucht. Im Westen erheben sich die bis zu 1500 m hohen Berge des Truong Son. Mit fast 1 Mio. Einwohnern ist Da Nang das wirtschaftliche Zentrum in der Mitte Vietnams. Jedes Jahr kommen im Schnitt mehrere tausend Neubürger hinzu. Dank des Tiefseehafens Tien Sa und des internationalen Flughafens ist die Stadt hervorragend an die Region angeschlossen. Als Eingangstor Zentralvietnams lockt sie recht erfolgreich ausländische Investoren an. So wurde aus dem Aschenputtel der 1990er-Jahre eine moderne Wirtschaftsmetropole mit vielen bunten Neubauten. Ganze Häuserzeilen werden aus dem Boden gestampft, wie etwa im Lien-Chieu-Distrikt entlang dem nördlichen Küstenabschnitt.

Für Touristen hat Da Nang jedoch nicht viel zu bieten. Nur ein Bruchteil der Besucher übernachtet in der Stadt, die meisten ziehen gleich ins nur 30 km entfernte Hoi An weiter oder zu den südlich gelegenen Stränden. Trotzdem lohnt sich ein Halt schon allein des hervorragenden Cham-Museums wegen.

Geschichte

Da Nang hat seinen Aufstieg der Kolonialmacht Frankreich zu verdanken. Als das südlicher gelegene Hoi An über Jahrhunderte hinweg Handelsschiffe aus aller Welt willkommen hieß, gab es in der Bucht von Da Nang nur einige Fischerdörfer und eine Werft. Doch mit der Verlandung des Hafens von Hoi An und dem Bau immer größerer Schiffe gewann diese Bucht ab dem 18. Jh. an Bedeutung. Der Gia-Long-Herrscher ließ zum Schutz seines Hafens 1813 am Han-Fluss nach Vorbild der Vauban-Festungen das Fort **Dien Hai** erbauen. Unter Minh Mang wurde

Da Nang: Cityplan

Sehenswürdigkeiten
1 Cua Song Han (Han-Brücke)
2 Cao-Dai-Tempel
3 Cho Han (Han-Markt)
4 Kathedrale
5 Tam-Bao-Pagode
6 Pho-Da-Pagode
7 Cham-Museum

Übernachten
1 Saigon Tourane Hotel
2 Elegant Hotel
3 Bamboo Green Central
4 Bamboo Green Harbourside
5 Dai A Hotel
6 Prince Hotel

Essen und Trinken
7 Kim Do Restaurant
8 Truc Lam Vien
9 Apsara
10 Christie's / Cool Spot
11 Hana Kim Dinh
12 Indochine Garden
13 Phi Lu
14 Com Chay Chua Tinh Hoi

es 1832 zur Zitadelle ausgebaut, von dem aus seine Soldaten den internationalen Schiffsverkehr bewachten. Nur in der Mündung des Song Han durften gemäß eines Erlasses von 1835 europäische Schiffe vor Anker gehen.

Mit der Landung einer französisch-spanischen Strafexpedition am 31. August 1858 begann die schrittweise Eroberung Vietnams durch die Kolonialmacht. Als 30 Jahre später ganz Indochina unter französischer Kontrolle war, wurde Da Nang am 24. Mai 1889 unter dem Namen Tourane offiziell gegründet. Schritt für Schritt avancierte Tourane zu einer hübschen Hafenstadt mit Kolonialvillen und Alleen. Noch in den 1950er-Jahren lebten hier nur 50 000 Menschen. Dies sollte sich mit dem Vietnamkrieg ändern. Nachdem am 7. März 1965 die ersten US-amerikanischen Einheiten in der Bucht von Da Nang landeten, wurde die Stadt nach Saigon zum größten Militärstützpunkt des Landes. Innerhalb weniger Jahre wuchs die Einwohnerzahl auf 800 000 an. Da Nang platzte angesichts der vielen Landflüchtlinge aus allen Nähten.

Zwischen 1966 und 1971 ankerte das deutsche Hospitalschiff MS Helgoland vor Da Nang und versorgte während dieser Zeit 12 500 Verletzte stationär und etwa 330 000 ambulant. Fast exakt zehn Jahre später endete das verhängnisvolle Engagement der Amerikaner im Chaos. Als am 29. März 1975 nordvietnamesische Truppen die Stadt einnahmen, versuchten Tausende Vietnamesen verzweifelt, die letzten Evakuierungsflugzeuge zu besteigen. Da Nang versank in den Folgejahren in sozialistischer Tristesse. Infolge der Wirtschaftsreformen hat sich die Metropole heute zu einem modernen Industrie- und Handelszentrum entwickelt.

Sehenswürdigkeiten

Das Zentrum von Da Nang nimmt eine kleine Landspitze zwischen der Mündung des Han-Flusses und der Meeresbucht ein. Der breite Fluss wird von vier Brücken überspannt, u. a. vom 2000 eröffneten Wahrzeichen der Stadt, der drehbaren **Cua Song Han** 1. Sie dient als Verlängerung der Le-Duan-Straße und verbindet das Stadtzentrum mit der **Halbinsel Son Tra** im Osten.

An der 63 Hai Phong liegt gegenüber dem Stadtkrankenhaus der zweitgrößte **Cao-Dai-Tempel** 2 (Hoi Thanh Truyen Giao Cao Dai) des Landes. Wie bei den Cao Dais üblich, werden dort um 6, 12, 18 und 24 Uhr knapp halbstündige Liturgien abgehalten. Das Innere des Gebäudes (1956) ist eine schlichtere Version des Haupttempels in Tay Ninh und wird wie dort vom gewaltigen Augapfel des Allerhöchsten, Cao Dai, dominiert (nur zu den Gottesdiensten geöffnet, Eintritt frei).

Richtig Reisen-Tipp: Rundgang durch das Cham-Museum

Das hufeisenförmig angelegte Gebäude gliedert sich in vier offene Räume mit Seitenkorridoren, die nach den wichtigsten Fundorten benannt sind, und einen Anbau. Der Zugang erfolgt von Norden durch einen Garten mit Garuda- und Dvarapala-Skulpturen. Es empfiehlt sich, den Rundgang im linken Ostflügel zu beginnen und mit dem Westflügel zu enden.

My-Son-Raum: Fast alle der im östlichen Gebäudeflügel ausgestellten Objekte stammen aus der Tempelstadt My Son, die vom 4.–13. Jh. als religiöses Zentrum von Champa diente. Herzstück des Raums sind Teile einer Altarbasis aus dem späten 7. Jh. mit hervorragenden Reliefarbeiten. Sie zeigen vorwiegend Tänzer, Musiker und Asketen. Des Weiteren sind der Elefantengott Ganesha aus dem 8. Jh. und eine fast 2 m große stehende Shiva-Statue (vermutlich 8. Jh.) sehenswert. Bei allen Skulpturen zeigt sich die für diese Periode typische realistische und daher sehr lebendig wirkende Darstellung.

Im anschließenden Verbindungskorridor zählen der Torso einer unbekannten Göttin (10. Jh.) und die Darstellung des auf der Schlange Ananta liegenden Vishnu zu den schönsten Exponaten. Bei dem Vishnu, aus dessen Nabel eine Lotosblume mit dem Gott Brahma erwächst, handelt es sich um eine Schöpfungsszene.

Tra-Kieu-Raum: Blickfang des zentral gelegenen Raums ist der Altar von Tra Kieu (10. Jh.), benannt nach dem heutigen Namen des alten Simhapura. Die quadratische Altarbasis zählt aufgrund der feinen Reliefs zu den Meisterwerken des Museums. Sie zeigen eine Vielzahl von Menschen, die sich zu einem Fest oder einer Prozession versammelt haben. Die Meinungen gehen auseinander, ob es sich dabei um die Hochzeit von Rama und Sita aus dem ›Ramayana‹ oder um eine Szene mit Krishna aus dem ›Bhagavata Purana‹ handelt. Mit ihrer feinen Ausarbeitung und Dynamik in der Bewegung sind die Figuren typisch für den Tra-Kieu-Stil, der sich auch bei den wunderschönen Tänzern einer Altarbasis (10. Jh.) zeigt.

Dong-Duong-Raum: Fast alle Ausstellungsstücke stammen aus dem Mahayana-buddhistischen Kloster Dong Duong, das im 9./10. Jh. unter Indravarman II. eine Blütezeit erlebte und im Vietnamkrieg fast völlig zerstört wurde. Zu sehen sind ein großer **Buddha** in europäischer Sitzhaltung (9. Jh.) und zwei Altarpodeste mit feinsten Reliefs. Besonders ausdrucksstark sind die lebendig wirkenden Szenen beim Altar an der Nordseite, die der legendenreichen Buddha-Biografie ›Lalitavishtara‹ entlehnt sind. Dieser Altar wird von zwei mächtigen Wächterfiguren (skt. Dvarapala) mit Fratzengesichtern flankiert.

Anbau: Der südliche Anbau präsentiert eine Vielzahl von dekorativen Elementen an den Tempelanlagen sowie Lingams und Wächterfiguren. Zu den herausragenden Stücken zählt eine Tara aus dem 8. Jh., die als Emanation des Bodhisattva Avalokiteshvara gilt und wie er das allumfassende Mitgefühl ausdrückt. Sie ist die einzige Bronzefigur im Museum.

Thap-Mam-Raum: Ein Ring von Frauenbrüsten an einer Altarbasis oder einem Yoni sind eine Besonderheit der Cham-Kunst und waren im 10.–12. Jh. verbreitet. Dieses in anderen indisierten Kulturen unbekannte Motiv ist möglicherweise Teil eines Kultes um die weibliche Fruchtbarkeitsgottheit Uroja. Einige Beispiele findet man in einem Verbindungskorridor zwischen Tra-Kieu- und Thap-Mam-Raum. In Letzterem wirken die meist ins 12. Jh. datierten Skulpturen monumental und klobig, was als künstlerischer Niedergang bewertet wird. Beispiele dafür sind die Tiergestalten, darunter Löwen, Garudas und Gajasimhas (Mischwesen aus Elefanten- und Löwenkörpern). Die in der Hindu-Ikonografie unbekannten Drachen-Darstellungen sind eindeutig chinesisch beeinflusst.

Das Stadtzentrum erschließt sich am besten zu Fuß, etwa bei einem Spaziergang am **Hung-Vuong-Boulevard** entlang, der im Osten in die parallel zum Fluss verlaufende Bach Dach mündet. Fast am Ende dieser Geschäftsstraße erhebt sich der größte Stadtmarkt, **Cho Han** **3** (tgl. 6–20 Uhr). Von außen wirkt die Betonsünde aus den 1990er-Jahren extrem hässlich, doch rundherum und innen bietet sich asiatische Emsigkeit pur.

Geht es im Markt vor allem um weltliche Dinge, so widmet sich die katholische Gemeinde in der nicht weit entfernt gelegenen **Kathedrale** **4** (Chinh Toa Da Nang) mehr den himmlischen Belangen. Das 1923 erbaute Gotteshaus liegt an der Tran Phu und ist vor allem aufgrund der schönen Glasfenster einen Besuch wert. Die Vietnamesen haben dem rosa bemalten neogotischen Kirchenbau des Wetterhahns auf dem Turmkreuz wegen den Spitznamen ›Hahnenkirche‹, Nha Tho Con Ga, gegeben (tgl. 17–19 Uhr und zu Gottesdienstzeiten).

In der Stadt gibt es auch noch eine Reihe durchaus sehenswerter Pagoden wie etwa die Theravada-buddhistische **Chua Tam Bao** **5** (tgl. 7–18 Uhr, Eintritt frei) aus dem Jahr 1953 mit ihrem markanten fünfstöckigen Pagodenturm und die 1932 erbaute **Chua Pho Da** **6** (tgl. 7–18 Uhr, Eintritt frei), eine bedeutende Schule für Nonnen und Mönche. Beide Heiligtümer liegen an der Phan Chu Trinh.

Cham-Museum

Das **Cham-Museum** **7** (Bao Tang Cham) im Süden des Stadtzentrums birgt mit mehr als 400 Exponaten die weltweit bedeutendste Sammlung für Cham-Kunst. Seine Anfänge sind mit einer Person verbunden, die sich wie keine andere der Erforschung dieser Kultur verschrieben hat: Henri Parmentier (1871–1949). Nachdem der gelernte Architekt 1904 Chef der archäologischen Abteilung der École Française d'Extrême-Orient (EFEO) geworden war, machte er sich durch zahlreiche Forschungen in der Khmer- und Cham-Kunst einen Namen. Noch heute gilt sein monumentales »Inventaire descriptif des monuments ams de l'Annam« als Standardwerk.

Als im Zuge von Ausgrabungen durch die EFEO immer mehr Skulpturen und Inschriften zutage kamen, entwarf Parmentier einen Museumsbau mit Elementen der Cham-Architektur. Nach vier Jahren Bauzeit wurde das Museum 1919 eröffnet und nach einer Erweiterung 1936 zu Ehren seines Planers in Musée Henri Parmentier umbenannt. Die Kriege hinterließen ihre Spuren, mehrfach kamen Objekte abhanden, zeitweilig war das Museum sogar Lazarett. Erst 1996 entdeckte man 157 im Garten vergrabene Fragmente eines Altars, der in den Kriegsjahren versteckt worden war. Inzwischen ist das Museum restauriert und durch einen Anbau erweitert worden (tgl. 7–17 Uhr, 30 000 VND).

i **Danang Tourism Department:** 118 Le Loi, Tel. 0511-82 31 60, www.dulich.danang.gov.vn, Mo–Fr 8–17 Uhr. Die Tourismusbehörde ist nur wenig hilfreich bezüglich praktischer Tipps. Die Hotels sind eine ebenso gute Informationsquelle.

Nam Phuong Travel Service: A1–A2 Pham Van Dong, Son-Tra-Distrikt, Tel. 0511-93 67 41, Fax 93 67 42, www.namphuong-travel.com. Die engagierte Agentur arrangiert Touren aller Art.

Saigon Tourane Hotel [1]: 5 Dong Da, Tel. 0511-82 10 21, Fax 89 52 85, www.saigontourane.com.vn. Lage, Service und Ausstattung machen dieses Geschäftshotel zur ersten Adresse der Stadt. Die 82 Zimmer sind komfortabel und geräumig. Über das Tour Desk kann man attraktive Boots- und Stadtrundfahrten buchen. DZ ab 50 US-$ mit Frühstück (nach Rabatten fragen!).

Elegant Hotel [2]: 22 A Bach Dang, Tel. 0511-89 28 93, Fax 83 51 79, elegant@dng.vnn.vn. Das sympathische Minihotel mit 32 komfortablen Zimmern (die vorderen mit Flussblick) wird seinem Namen gerecht. Eine gute Wahl in seiner Preisklasse. Gutes **Restaurant** und Business-Center. DZ 40–60 US-$ mit Frühstück.

Bamboo Green Central [3]: 158 Phan Chu

Die Strände im Süden von Da Nang locken mehr Touristen an als die Stadt selbst

Trinh, Tel. 0511-82 29 96, Fax 82 29 98, bamboogreen@dng.vnn.vn. Ein freundliches Geschäftshotel mit 42 modernen, etwas nüchternen Zimmern. Sehr beliebt bei Geschäftsleuten und Reisegruppen. Guter Service und effektives Business-Center. DZ ab 40 US-$ mit Frühstück.

Bamboo Green Harbourside [4]: 177 Tran Phu, Tel. 0511-82 27 22, Fax 82 41 65, bamboogreen@dng.vnn.vn. Das zentral gelegene Stadthotel mit fünf Stockwerken und 42 plüschigen Zimmern bietet ein gutes Preis-Leistungs-Verhältnis. Etwas steriles **Restaurant.** DZ 25–45 US-$ mit Frühstück.

Dai A Hotel [5]: 51 Yen Bai, Tel. 0511-82 75 32, Fax 82 58 60, daiahotel@dng.vnn.vn. Freundliches Minihotel mit 28 schlichten, sauberen Zimmern, sehr zentral in Da Nang gelegen. Kostenloser Internetzugang in der Business-Ecke. DZ 17 US-$ ohne Frühstück.

Prince Hotel [6]: 60 Tran Phu, Tel. 0511-81 79 29, princehotel_dng@yahoo.com. Das architektonisch gelungene Minihotel mit 18 modernen Zimmern liegt sehr zentral. Bei den vorderen Räumen mag der Straßenlärm etwas stören. Kostenloser Internetzugang, Tour-Service. DZ 15–30 US-$ ohne Frühstück.

In Da Nang herrscht kein Mangel an guten Restaurants, die sich auf die wachsende Zahl ausgehfreudiger und liquider Stadtbewohner eingestellt haben. Zu den Spezialitäten zählt *mi quang,* Weizennudelsuppe mit Fleisch.

Kim Do Restaurant [7]: 180 Tran Phu, Tel. 0511-82 18 46, tgl. 11–22 Uhr. Das stadtbekannte Restaurant bietet eine große Auswahl an vietnamesischen Gerichten in nettem Ambiente. Wie wäre es mal mit Schwalbennest-

suppe für 240 000 VND? Reichhaltige Menüs um 150 000 VND.

Truc Lam Vien [8]: 37 Le Dinh Duong, Tel. 0511-58 24 28, tgl. 6–22.30 Uhr. Großes Restaurant im traditionellen Stil mit schönem Garten und vielfältigen Gerichten. Sehr lecker ist *mi quang tom thit,* Weizennudelsuppe mit Garnelen. Eine gute Adresse für einen lauschigen Dinnerabend. Menüs um 120 000 VND.

Apsara [9]: 222 Tran Phu, Tel. 0511-56 14 09, tgl. 10–14.30, 17–22 Uhr. Das große Restaurant liegt einen Steinwurf vom Cham-Museum entfernt und ist mit Elementen der Cham-Kunst gestaltet. Innen wird jedoch die typische Vielfalt eines vietnamesischen Restaurants geboten. Sehr gute Fischgerichte ab 60 000 VND.

Christie's/Cool Spot [10]: 112 Tran Phu, Tel. 0511-82 40 40, tgl. 11–24 Uhr. Bei Ausländern beliebtes Lokal mit japanisch-australischem Besitzerpaar. Daher kann man zu guten Gerichten aus dem Land der aufgehenden Sonne Fassbier von Foster bekommen. Etwas gediegener speist man im Restaurant im ersten Stock. Gerichte ab 50 000 VND.

Hana Kim Dinh [11]: 15 Bach Dang, Tel. 0511-83 00 24, tgl. 10.30–23 Uhr. Schwimmendes Restaurant nördlich der Han-Brücke mit guten Seafood-Gerichten zum ebenso guten Panoramablick. Die üppige Speisekarte macht die Wahl zur Qual. Gerichte ab 50 000 VND.

Indochine Garden [12]: 18 Tran Phu, Tel. 0511-88 70 07, tgl. 9–22 Uhr. Sehr angenehmes Gartenrestaurant mit gutem Service und hervorragenden vietnamesischen Gerichten ab 30 000 VND. Das in Ao Dai gekleidete Personal und die vietnamesische Musik zaubern die richtige ›Indochine‹-Stimmung.

Phi Lu [13]: 255 Nguyen Chi Thanh, Tel. 0511-82 37 72, tgl. 8–22 Uhr. Konträr zur schlichten Ausstattung entlocken die Köche dem Wok fantasievolle vietnamesische Speisen, die Einheimische zu schätzen wissen. Gerichte ab 25 000 VND.

Com Chay Chua Tinh Hoi [14]: 500 Ong Ich Khiem, tgl. 7–21 Uhr. Das einfache Lokal befindet sich auf dem Gelände der buddhistischen Chua Phap Lam und zählt zu den besten vegetarischen Gaststätten der Stadt. Gerichte ab 25 000 VND.

Der **Cho Han** an der Ecke Hung Vuong/Tran Phu, tgl. 6–20 Uhr, hat eine Riesenauswahl an Lebensmitteln und Dingen des täglichen Bedarfs. Das gilt auch für den größeren **Cho Con,** tgl. 6–20 Uhr, an der Ecke Hung Vuong/Ong Ich Khiem.

Tipp: Das Dai A Hotel (s. S. 270) arrangiert den Besuch einer Werkstatt für die traditionelle Herstellung von Besen zur Unterstützung benachteiligter Frauen, etwa 10 km außerhalb von Da Nang.

Das nächtliche Freizeitangebot Da Nangs ist eher auf die lokale Klientel ausgerichtet, die sich wie überall mit Vorliebe in den Karaokebars vergnügt. Die kleine Ausländergemeinde trifft sich gerne im **Cool Spot** (s. Restaurant S. 271).

Flüge

Der **Da Nang International Airport** liegt nur 3 km südwestlich des Stadtzentrums und ist per Taxi schnell erreichbar. Schalter in der Ankunftshalle bieten Taxifahrten nach Hoi An für 130 000 VND an. Es bestehen derzeit internationale Verbindungen nach Singapur und Bangkok. Vietnam Airlines fliegen mehrmals täglich nach Hanoi und Ho-Chi-Minh-Stadt sowie mindestens 1 x tgl. nach Nha Trang-Cam Ranh, Buon Ma Thuot, Pleiku. Pacific Airlines bedienen 3 x tgl. die Strecke Da Nang–Ho-Chi-Minh-Stadt.

Vietnam Airlines: 35 Tran Phu, Tel. 0511-81 11 11, 82 11 30.

Pacific Airlines: 35 Nguyen Van Linh, Tel. 0511-58 35 83.

Züge

Alle 6 Züge des Wiedervereinigungsexpresses machen Station im **Ga Da Nang,** 2 km nordwestlich des Zentrums an der 122 Hai Phong. Die Fahrt ins 764 km entfernte Hanoi dauert 16–20 Std., in die 964 km entfernte Ho-Chi-Minh-Stadt mind. 18 Std. Auskunft: Tel. 0511-82 38 10. Tipp: die Fahrt über den Wolkenpass nach Hue (6 x tgl., 106 km, 3,5–4 Std.). Bitte die rechten Sitzreihen nehmen!

Busse

Der **Ben Xe Da Nang** liegt an der 33 Dien Bien Phu, 3 km westlich des Zentrums. Von dort gibt es regelmäßige Verbindungen nach Hue (106 km, 3 Std.) und Hanoi (764 km, 20–22 Std.) sowie in Richtung Ho-Chi-Minh-Stadt (964 km, 15 Std.) über Qui Nhon (294 km, 8–9 Std.) und Nha Trang (514 km, 12 Std.).

Lokale Busse fahren tagsüber in kurzen Abständen nach Hoi An (30 km, 1 Std.)

Alle zwischen Hue und Hoi An verkehrenden **Open-Tour-Busse** machen einen Halt in Da Nang, zumeist vor den Büros der Veranstalter (Infos in den Hotels). Auf der Fahrt nach Hue fahren nahezu alle Busse durch den Hai-Van-Tunnel und nicht über den Wolkenpass (bitte checken!).

Taxis

Mehrere Unternehmen bedienen den Taxiverkehr (6000–7000 VND/km):
Dana Taxi, Tel. 0511-81 58 15
Airport Taxi, Tel. 0511-82 55 55
Huong Lua Taxi, Tel. 0511-82 82 82
Song Han Taxi, Tel. 0511-65 56 55

Umgebung von Da Nang

Reiseatlas: S. 14, D 1; S. 12, E/F 4

Strände südlich von Da Nang

Eine gut ausgebaute Straße führt von Da Nang am Meer und dort am einstigen Stützpunkt der US-Armee und den Marmorbergen vorbei bis zum 25 km entfernten Cua Dai Beach bei Hoi An. Hier erstrecken sich mehrere schöne Strandabschnitte, die Da Nangs Ruf als attraktive ›Sun'n'Sea‹-Destination begründet haben. Die Zahl guter Resorts nimmt seit einigen Jahren kontinuierlich zu.

Die Strandabschnitte werden nach der jeweiligen Gemeinde genannt, in der sie liegen – was zu einer gewissen Verwirrung führt. Einige Kilometer südlich von Da Nang beginnt zunächst der nur 900 m lange **My Khe Beach,** gefolgt vom **Bac My An Beach.** Auf der Höhe der Marmorberge, etwa 10 km südlich von Da Nang, beginnt der 5 km lange **Non Nuoc Beach** und zieht sich fast bis nach Cua Dai bei Hoi An. Während des Vietnamkrieges waren die Abschnitte kollektiv als China Beach bekannt. Dort, in Reichweite ihres wichtigsten Stützpunktes, erholten sich US-Soldaten vom Kriegsstress. Mittlerweile rangiert der Strand bei der internationalen Surfergemeinde weit oben, denn von Oktober bis Dezember herrschen hier gute Bedingungen für Wellenreiten, obwohl das Wasser eher kühl ist. Die beste Zeit zum Schwimmen ist von Juni bis September. Dann ist die See recht ruhig, sonst kann sie sehr rau sein und gefährliche Unterströmungen haben.

Furama Resort & Spa: 68 Ho Xuan Huong, Bac My An, Tel. 0511-84 78 88, Fax 84 76 66, www.furamavietnam.com.

Das 5-Sterne-Resort zählt mit Abstand zu den besten Vietnams und erhält regelmäßig Preise für Service und Standard. Die insgesamt 198 Zimmer und Suiten sind im modernen oder kolonialen Stil ausgestattet. Es gibt **mehrere Restaurants,** einen großen Pool, Spa und viele Sportmöglichkeiten. Attraktive Pauschalangebote. DZ ab 165 US-$, Villa ab 450 US-$ mit Frühstück.

Sandy Beach Resort: 255 Huyen Tran Cong Chua, Non Nuoc, Tel. 0511-83 62 16, Fax 836 335, www.sandybeachdanang.com. Das attraktive Resort mit 118 Zimmern und Villen liegt an einem schönen Strandabschnitt. Mit zwei Swimmingpools und einem Tennisplatz bietet es gute Freizeitmöglichkeiten. Fisch- und Tauchtrips können arrangiert werden. DZ ab 75 US-$, Villa ab 185 US-$ mit Frühstück.

My Khe Beach Hotel II: 233 Nguyen Van Thoai, My Khe, Tel. 0511-94 10 95, Fax 94 10 97, mkbeach@vnn.vn. Das moderne, recht nüchterne Hotel liegt an der Strandstraße und ist eine gute Alternative für den kleineren Geldbeutel. Die 50 Zimmer sind glanzlos, aber sauber. Kein Pool, aber Tennisplatz. Tipp: die vorderen Zimmer mit Meerblick nehmen. Ein Schwesterhotel liegt in der Nähe. DZ um 50 US-$ mit Frühstück.

Tourane Hotel: Phuoc My, My Khe, Tel. 0511-93 26 66, Fax 84 43 28, touranehotel@dng.vnn.vn. Das im Kolonialstil erbaute Hotel wurde kürzlich renoviert, sodass die 30 geräumigen Zimmer und Suiten etwas frischer wirken. Seine Lage am Nordende des My-Khe-Strandes ist das Richtige für jene, die am Strand und trotzdem in Stadtnähe wohnen möchten. Es steht ein Tennisplatz zur Verfügung. DZ ab 35 US-$ mit Frühstück.

Hoa's Place: Huyen Tran Cong Chua, Non Nuoc, Tel. 0511-96 92 16, hoasplace@hotmail.com. Etwa 200 m vom Strand. Das bei Rucksacktouristen wegen seiner familiären Atmosphäre beliebte Gästehaus mit 20 sauberen Zimmern ist eine gute Adresse für Anspruchslose. Die Eigentümer vermitteln Ausflüge. DZ 6–8 US-$ ohne Frühstück.

Am My Khe Beach gibt es zwischen den Hotels Tourane und My Khe zahlreiche günstige **Seafood-Stände.** Wer richtig schlemmen und Geld ausgeben möchte, sollte das **Café Indochine** im Furama Resort (s. Hotels S. 272f.) aufsuchen.

Tam's Pub and Surf Shop: 43 Ho Xuan Huong, www.tamspub.com. Zwischen Tuyen-Son-Brücke und Furama Resort gelegen. Die freundlichen Eigentümer des kleinen Ladens vermieten Surfbretter und Mopeds.

Taxis verlangen für die Fahrt zu den Stränden von Da Nang etwa 70 000 VND. Um zum Non Nuoc Beach zu gelangen, kann man einen der **Stadtbusse** zu den Marmorbergen nehmen.

Marmorberge

Von den Stränden weiter entlang der Küste gen Süden – oder über eine etwa 1 km im Inland parallel dazu verlaufende Nebenstraße – gelangt man zu den Marmorbergen. Wie gigantische Maulwurfshügel erheben sich die fünf Kalksteinhügel aus der flachen Ebene. Die Vietnamesen nennen sie **Ngu Hanh Son,** Berge der Fünf Elemente, und haben sie jeweils nach einem der fünf Elemente in der vietnamesisch-chinesischen Kosmologie benannt: Thuy Son (Wasser), Kim Son (Metall), Tho Son (Erde), Hoa Son (Feuer) und Moc Son (Holz). Das zwischen den Hügeln sich ausbreitende **Dorf Non Nuoc** – nach ihm ist auch der nahe gelegene Strand benannt – hat sich auf die Herstellung von Grabsteinen und Marmorfiguren spezialisiert. Allerdings stammt der verwendete Marmor heute aus den Bergen bei Thanh Hoa. Die vielen Werkstätten und Geschäfte sind auf die ebenso zahlreichen Besuchergruppen eingestellt.

Interessanter ist jedoch der Aufstieg auf einige der Hügel, um die dortigen Höhlen (Taschenlampe!) und Pagoden zu besuchen. In den Grotten hatten die Cham hinduistische Kultstätten errichtet. Nach ihrer Verdrängung im 15. Jh. machten die Vietnamesen daraus buddhistische Heiligtümer. Nachdem der Minh-Mang-Herrscher 1825 den Marmorbergen einen Besuch abstattete, erlebte die

Wallfahrt dorthin einen Aufschwung. Die Tempel wurden restauriert und über ein Wegenetz miteinander verbunden.

Besonders der mit 107 m höchste, der Wasserberg, **Thuy Son** (tgl. 6–17 Uhr, 10 000 VND), entwickelte sich zum beliebten Pilgerort. Auf seiner Südseite führen zwei anlässlich des Minh-Mang-Besuchs aus dem Fels geschlagene Treppensteige nach oben. Auf halbem Wege liegt an einer Wegkreuzung die **Chua Tam Thai.** Sie wurde anstelle eines Cham-Heiligtums erbaut und 1826 restauriert. Vor dem Klostereingang führt linker Hand ein Weg zum interessantesten Punkt, der domartigen **Hang Huyen Khong.** Der Eingang zur 30 m hohen Grotte wird von zwei zivilen und zwei militärischen Mandarinen flankiert. In Schreinen und auf Altären stehen zahlreiche daoistische und buddhistische Skulpturen, die durch das einfallende Tageslicht und die aufsteigenden Räucherschwaden mystisch entrückt wirken. Während des Vietnamkriegs diente die Grotte als Lazarett und Versteck. Auf halbem Weg zurück zur Chua Tam Thai gelangt man zur kaminartigen **Hang Linh Nham** und zu einem **Aussichtspunkt.** Von der Chua Tam Thai führt der Weg weiter gen Osten, an der Grotte **Hang Van Thong** vorbei bis zum größten buddhistischen Heiligtum, der aus dem 16. Jh. stammenden **Chua Linh Ung.** Sie wurde mehrfach vergrößert, erst Ende der 1990er-Jahre kam der markante Pagodenturm hinzu. Von der Chua führen 100 Stufen nach unten zur Südostseite des Non-Nuoc-Dorfes.

Die Marmorberge liegen etwa 10 km südlich von Da Nang und sind mit allen **Bussen** in Richtung Hoi An zu erreichen. Empfehlenswerter ist jedoch eine **Fahrradtour** von Hoi An aus (15 km). Zurück kann man auch die Küstenstraße nehmen.

Ba Na

Die Jahresdurchschnittstemperatur von 17 bis 20 °C, die Nähe zu Da Nang und die schöne Berglandschaft mit dem 1487 m hohen **Nui Ba Na** als höchster Erhebung haben das Gebiet westlich von Da Nang bereits während der Kolonialzeit zu einer beliebten Sommerfrische werden lassen. Seit 1919 führt eine Straße von Da Nang zu dem 40 km im Westen gelegenen Ba Na. Der Hotelier Wladimir Morin errichtete ein vornehmes Hotel, dem mit der Zeit über 200 Villen folgten. Doch die nachfolgenden Kriegsjahre ließen Ba Na zu einer zeitweise schwer umkämpften Ruinenlandschaft werden.

1986 wurde das **Ba-Na-Nui-Chua-Naturschutzgebiet** (Khu Bao Ton Thien Nhien Ba Na-Nui Chua) etabliert, das gegenwärtig 8838 ha einnimmt. Seit den 1990er-Jahren erlebt der Ort eine Renaissance. In den heißen Monaten Juni bis August zieht es vor allem Einheimische in die kühlen Höhen, um die herrliche Aussicht zu genießen. Eine Seilbahn führt vom 1320 m hohen Nui Vong Nguyet auf die Spitze des Nui Ba Na (Berg- und Talfahrt: 35 000 VND). Mehrere Wanderwege durchkreuzen das Gebiet.

Am Anfang der Zufahrtsstraße steht ein **Kassenhäuschen,** bei dem der Eintritt von 10 000 VND kassiert wird.

Ba Na By Night Resort: Ba Na, Tel. 0511-83 72 90, Fax 81 04 59. Nettes Resort auf dem Gelände einer alten französischen Villa mit 60 geräumigen Zimmern. Derzeit beste Übernachtungsmöglichkeit. DZ 15–40 US-$.

Le Nim Resort: Ba Na, Tel. 0511-67 00 26, tgl. 6–21.30 Uhr. Schon allein der Aussicht wegen lohnt sich die Einkehr in diese Hotelgaststätte (es werden auch Zimmer vermietet). Ein zweiter Grund ist das gute Seafood-Angebot. Gerichte ab 40 000 VND.

Von Da Nang werden in den Sommermonaten Tagestouren angeboten. Eine Fahrt mit dem Taxi sollte hin und zurück um 30 US-$ kosten.

Die Vietnamesen widmeten die hinduistischen Heiligtümer in den Grotten der Marmorberge in buddhistische um

8 Hoi An

Cityplan
S. 282/283
Karte S. 294

Jahrzehntelang hielt Hoi An einen Dornröschenschlaf. Seitdem die einstige Hafenstadt vom Tourismus wachgeküsst wurde, erlebt sie einen beispiellosen Boom. In keiner vietnamesischen Stadt ist das historische Bauensemble noch so intakt wie hier. Seit 1999 zählt es gar zum Unesco-Welterbe.

Das alte Tor zur Welt gleicht einem verspielten Freilichtmuseum: handtuchschmale Kaufmannshäuser, die sich entlang der schmalen Gassen reihen wie Eisenspäne auf einem Magneten, knallbunte Tempelanlagen, in denen die Nachkommen chinesischer Einwanderer ihre Schutzgötter verehren, der einem himmelblauen Geschenkband gleich in Richtung Meer sich schlängelnde Thu-Bon-Fluss.

Für viele Vietnambesucher zählt der Besuch von Hoi An zu den Höhepunkten ihrer Reise. Die Stadt mit heute etwa 50 000 Einwohnern liegt 30 km südlich von Da Nang und nur einen Katzensprung vom Meer entfernt. Die engen Gassen laden zum Schlendern ein, der Thu-Bon-Fluss zu einer Bootsfahrt und der nahe Cua-Dai-Strand zu einem kühlen Bad an heißen Tagen. Vor allem aber hat Hoi An die alte Profession seiner Vorfahren wieder entdeckt: den Handel. So reiht sich ein Kleidergeschäft an das andere, Galerien präsentieren Bilder von Kitsch bis Kunst, Läden verkaufen fantasievolle Kreationen und billigen Krempel. Restaurants und Cafés wiederum werben freundlich-energisch mit lokalen Spezialitäten wie ›White Roses‹ und *cao lau* (s. S. 290). In Werkstätten kann man den Weberinnen und Holzschnitzern über die Schulter schauen und in den Internetcafés die Bundesliga-Ergebnisse einsehen. Hoi An ist auf seine Art wieder ein Tor zur Welt, ein Shopping-Eldorado und Vietnams unumstrittene Hochburg des Kunsthandwerks.

Geschichte

Die Bedeutung des Thu Bon als Anlaufstelle für Schiffe reicht weit in die Zeit der Cham zurück. Bereits im 4. Jh. unterhielten sie in dessen Mündungsbereich den Hafen Lam Ap Pho und versorgten bis ins 13. Jh. von hier aus ihre etwa 20 km landeinwärts gelegene Hauptstadt Simhapura (heute Tra Kieu). Doch mit der Verdrängung der Cham geriet das Gebiet in Vergessenheit. Erst unter Fürst Nguyen Hoang (reg. 1558–1622) und seinem Sohn und Nachfolger Nguyen Phuc Nguyen (reg. 1623–1634) erlebte die Stadt am Meer, Hai Pho, wie sie damals genannt wurde, eine Wiederbelebung. Bald avancierte sie zu einem wichtigen internationalen Umschlagplatz für Waren. Dies hatte mit der Zunahme des globalen Seehandels und der Tatsache zu tun, dass China und Japan sich Ende des 16. Jh. nach außen hin völlig abgeschottet hatten und den Warenhandel über ausländische Häfen abwickelten. Japanische Schiffe, die *shuin-sen,* konnten Hoi An während des Nordostmonsuns in nur 40 Tagen erreichen. Daher siedelten sich neben chinesischen auch zahlreiche Händlerfamilien aus Nippon an. Der Mailänder Cristoforo Borri, ein Mitglied der kleinen Jesuitenkommunität in Hoi An (1618–1621), notierte: »Diese Stadt wird Faifo genannt. Sie ist ziemlich groß, und ein Teil gehört den Chinesen, ein anderer den Japanern. Sie leben voneinander getrennt und haben jeweils ihren eigenen Gouverneur; die

Chinesen leben nach den Gesetzen Chinas, die Japaner nach denen Japans.« Doch der blühende Handel währte nur kurz. Weil 1636 der Außenhandel in Japan endgültig verboten worden war, kehrten die meisten zurück in ihre Heimat. Hoi An wurde faktisch eine chinesische Stadt, als nach dem Sturz der Ming-Dynastie 1644 sich immer mehr Einwanderer aus dem Land der Mitte dort niederließen.

Faifo

Auch europäische Handelsschiffe liefen in den Hafen von **Faifo** ein, wie er auf manchen Seekarten genannt wurde. Im März 1627 landete hier erstmals der Missionar Alexandre de Rhodes. Die führenden Handelsunternehmen Europas – die britische East India Company, die holländische Vereenigde Oostindische Compagnie und die französische Compagnie des Indes – unterhielten im 17. Jh. kleine Niederlassungen, konnten aber nicht Fuß fassen und gaben bald wieder auf. Der Niedergang der Stadt des Friedens, wie Hoi An übersetzt wird, begann im 18. Jh. mit der Verlandung des Thu-Bon-Flusses und den immer größer werdenden Schiffen. Im Zuge der Tay-Son-Rebellion wurde die Stadt 1780 weitgehend zerstört. Trotz Wiederaufbaus versank Hoi An in die Bedeutungslosigkeit. Die Nguyen-Fürsten ließen die Schiffe am Han-Fluss in der Bucht von Da Nang löschen; ab Ende des 19. Jh. folgten auch die Franzosen ihrem Beispiel. Fortan war Hoi An eine unbedeutende Kleinstadt unter vielen. Diesem Umstand ist es verdanken, dass ihr altes Stadtbild weitgehend erhalten geblieben ist.

Die Altstadt südlich der Hauptstraße Tran Phu

Cityplan: S. 282/283

Der Stadtkern schmiegt sich an einen Arm des Thu Bon und wird von mehreren parallel zum Fluss verlaufenden Straßen durchzogen. Dort liegen neben zahlreichen Lokalen und Geschäften die wichtigsten Sehenswürdig-

Mit dem Autor unterwegs

Zauberhafte Stimmung

Hoi An leuchtet: Jeden Monat zu Vollmond gehen ab 18 Uhr die Lichter aus. Dann versinkt Hoi An im bunten Schein der Laternen. Dank dem Mopedverbot können Sie unbehelligt schlendern und die zauberhafte Stimmung genießen.

Bootsfahrt auf dem Thu Bon: Besonders am späten Nachmittag lohnt sich eine Fahrt mit dem Boot entlang des Thu Bon vom Zentrum Hoi Ans in Richtung Meer. Unterwegs können Sie aussteigen und kleine Dörfer besuchen (s. S. 292).

Abtauchen

Reif für die Insel: Die Unterwasserwelt rund um die Cham-Inseln (Cu Lao Cham), 10 km vor Hoi An, zählt zu den schönsten Tauchgründen Zentralvietnams. Das Cham Island Diving Center organisiert interessante Tagestouren (s. S. 293).

Hoi An kulinarisch

Unbedingt probieren: In der alten Handelsstadt wird ein schlichtes, doch schmackhaftes Nudelgericht aufgetischt, *cao lau:* Dicke Reisnudeln werden mit Schweinefleisch, Sojabohnensprossen, Croûtons und Kräutern in einer Brühe serviert. – Eine weitere Spezialität ist *banh bao.* Auf Speisekarten wegen der Form als ›Weiße Rosen‹ angepriesen, handelt es sich dabei um gedämpfte Teigtaschen aus Klebereismehl und Tapiokastärke mit einer Füllung aus zerhacktem Garnelenfleisch. Das Ganze wird in Fischsauce getunkt. – Wahre Gaumenfreuden bereitet auch *hoanh thanh chien* (chin. *wan tan*). Dabei handelt es sich um frittierte *wanton* (eine Art Ravioli) mit Garnelen- und Hühnerfleisch gefüllt. – Schließlich ist auch *banh it la gai tran* nicht zu verschmähen, eine Paste aus Klebereismehl und grünen Bohnen, die mit gesüßten Kokosraspeln vermischt wird und anschließend in Dreiecksform in Bananenblätter gewickelt wird.

Praktisch: Einkaufen direkt bei der Straßenhändlerin

Heimat in der Fremde

Thema

Armut, politische Verfolgung und vor allem der Handel führten die Chinesen in viele Winkel Südostasiens. Dort organisierten sie sich nach ihrer Herkunftsprovinz, erbauten Versammlungshäuser zur Verehrung ihrer Schutzgötter und schufen sich damit eine Heimat in der Fremde.

Die 108 Chinesen von der südchinesischen Insel Hainan hatten kein Glück. Als sie mit ihren drei Handelsschiffen im Juli 1851 die Küste Vietnams entlangfuhren, wurden sie von einem vietnamesischen Patrouillenboot aufgebracht und festgenommen. Hohe Militärmandarine bezichtigten sie der Spionage, konfiszierten ihre Ware und ließen sie hinrichten.

Die meisten ihrer Vorfahren und auch ihrer Nachkommen hatten mehr Fortune. Die Nguyen-Herrscher erlaubten ihnen, sich in Vietnam niederzulassen und Handel zu treiben. Das war gerade im Jahr 1644 wichtig, als in China die einst mächtige Ming-Dynastie zerfiel und viele Anhänger Hals über Kopf ihre Heimat verlassen mussten. Tausende von ihnen kamen ins benachbarte Vietnam und gründeten dort mehrere Siedlungen wie etwa Cho Lon (heute ein Stadtteil von Ho-Chi-Minh-Stadt) oder My Tho und Can Tho im Mekong-Delta. Einige ließen sich auch in der damals blühenden Hafenstadt Hoi An nieder, wo schon eine größere chinesische Gemeinde existierte. Schon sehr bald stellten die Einwanderer aus dem Land der Mitte dort den größten Bevölkerungsanteil. Ehen mit Einheimischen waren eher Regel als Ausnahme.

Zur Pflege ihrer eigenen Kultur gründeten sie entsprechend ihrer Heimatprovinz Vereinigungen und erbauten Versammlungshäuser, Hoi Quan genannt (chin. *huiguan*). Dort spielt sich bis heute das kulturelle und religiöse Leben der Gemeinde ab. Neujahrs- und Herbstfeste werden gefeiert, Hochzeiten abgehalten und Totengedenken begangen. Die Hoi Quan sind Anlaufstellen für Neuankömmlinge und Drehscheiben gesellschaftlicher Ereignisse. Von größter Bedeutung ist jedoch die Verehrung der Schutzgottheit. Für die Chinesen aus der Küstenprovinz Fujian etwa spielt Thien Hau (chin. Tian Hou), die Schutzgöttin der Seeleute und Reisenden, eine große Rolle. Der Grundriss eines Hoi Quan ist weitgehend gleich: Der nach Süden ausgerichtete Hofkomplex beginnt mit einem Vorhof an der Straße und einem anschließenden dreiteiligen Tor. Dahinter erstreckt sich ein Innenhof mit Geisterwand und einem Brunnen mit Miniatursteinlandschaften. Seitlich liegende Hallen dienen der Verwaltung. Der anschließende Tempelbereich gliedert sich je nach Reichtum der Gemeinde in mehrere Vor- und Seitenhallen. Deren Dachfirste sind mit Mosaiken oder Reliefs aus Porzellan- und Glasscherben geschmückt. Auf Seitenaltären stehen Götterfiguren oder Ahnentafeln hochstehender Gemeindemitglieder. Auf dem Hauptaltar an der Stirnseite wird die Figur der Schutzgottheit verehrt.

Auch in der Architektur ihrer Wohnhäuser folgten die Chinesen traditionellen Vorgaben. Da ein Großteil aus den südchinesischen Küstenprovinzen stammte, gibt es in Hoi An viele bis zu 80 m tiefe Rohr- oder Tunnelhäuser *(nha ong),* die auch dort verbreitet sind. Zur Straße hin liegt der repräsentative Geschäftsbereich mit edlem Mobiliar und Ahnenaltar. Dahinter folgt ein offener Lichthof mit abschließendem Wohnbereich.

keiten: die Japanische Brücke, mehrere Versammlungshäuser (Hoi Quan) und einige tunnelartige Kaufmannshäuser.

Japanische Brücke

Die Hauptstraße Tran Phu endet im Westen an der **Japanischen Brücke** 1 (Cau Nhat Ban). Mit ihren massiven Steinstützen und dem dekorativen Holzdach ist sie das Wahrzeichen von Hoi An. Einst verband sie den westlich gelegenen japanischen Stadtteil mit dem von einem schmalen Nebenarm des Thu Bon getrennten Viertels der Chinesen. Man nimmt an, dass ein Vorgängerbau der Brücke 1593 im Jahr des Affen begonnen und 1595, dem Jahr des Hundes, fertiggestellt wurde. So zumindest ist die Interpretation der beiden Tierpaare an den jeweiligen Eingängen. Chroniken zufolge erhielt das Bauwerk 1719 von Fürst Nguyen Phuc Cho (reg. 1715–38) den Namen Brücke der Freunde von weither, Lai Vien Kieu, nach einem Spruch des Konfuzius aus dem »Lunyu«. Seit 1763 hat die 18 m lange und 3 m breite Brücke die heutige Gestalt. Damals entstand wohl auch die seitliche Brückenpagode, **Chua Cau,** zur Verehrung des Herrschers des Schwarzen Himmels, Bac De Tran Vu. Dieser daoistische Gott ist für die Überwachung des Nordens zuständig und soll den Drachenriesen Cu besänftigen, der für Erdbeben und Überschwemmungen verantwortlich gemacht wird (Chua Cau, tgl. 7–18 Uhr, Sammelticket).

Museum für die Sa-Huynh-Kultur

An der 149 Tran Phu, kurz vor der Japanischen Brücke, bietet das **Museum für die Sa-Huynh-Kultur** 2 (Bao Tang Van Hoa Sa Huynh) anhand von Schautafeln, meterhohen Keramikurnen und Schmuckstücken einen guten Einblick in die gleichnamige Kultur. Benannt nach einem Ort 60 km südlich von Quang Ngai, war sie in den letzten vorchristlichen Jahrhunderten an der Küste Zentralvietnams verbreitet. Bei 1902 begonnenen Grabungen kamen Grabfelder mit großen Keramikurnen und Beigaben zutage (tgl. 7–18 Uhr, Sammelticket).

Sammelticket: Vor dem Rundgang muss bei den Verkaufsstellen (tgl. 7–18 Uhr) ein Sammelticket für 75 000 VDN gekauft werden. Sie liegen an der 52 Nguyen Thi Minh Khai, 19 Hai Ba Trung, 5 Hoang Dieu, 12 Phan Chu Trinh, 37 Tan Phu und 78 Le Loi. Mit dem Ticket kann man zwischen mehreren Optionen wählen und innerhalb eines Tages jeweils ein Kaufmannshaus, eine Versammlungshalle, ein Museum und die Japanische Brücke besichtigen. Bei Führungen in den Privathäusern wird ein Trinkgeld erwartet.

Tan-Ky-Haus

Die bedeutendsten Kaufmannshäuser liegen zwischen der Hauptstraße Tran Phu und dem Fluss. Einige davon können im Rahmen des Sammeltickets besichtigt werden (tgl. 7–18 Uhr), so auch das **Tan-Ky-Haus** 3 (Nha Co Tan Ky) in der 101 Nguyen Thai Hoc. Es lässt den Tunnelcharakter vieler Kaufmannshäuser von Hoi An noch sehr gut erkennen. Das im ausgehenden 18. Jh. erbaute Gebäude besteht aus dem repräsentativen Vorderhaus und dem durch einen Lichterhof abgetrennten Wohnbereich mit Schlafstuben, der Küche und dem Waschraum. Dort führt der Hinterausgang zur Uferstraße Bach Dang. Einst wurden hier die Waren ein- und ausgeladen. Die teilweise üppig verzierten Stützsäulen und Dachbalken sind aus dem Holz des Jackfruchtbaumes gearbeitet. Im zweistöckigen Vorderhaus vereinigt der unterschiedlich gestaltete Dachstuhl vietnamesische, chinesische und japanische Einflüsse.

Quan-Thang-Haus

An der 77 Tran Phu liegt gegenüber dem Keramikmuseum das 300 Jahre alte **Quan-Thang-Haus** 4 (Nha Co Quan Thang). Mit seinen schönen Schnitzereien an den Holzwänden zählt es zu den besterhaltenen und auch ältesten Kaufmannshäusern in Hoi An. Einst von einem Kapitän aus Fujian im frühen 18. Jh. errichtet, widmeten sich die späteren Hausbewohner lange Zeit dem Handel mit Heilkräutern.

Hoi An: Cityplan

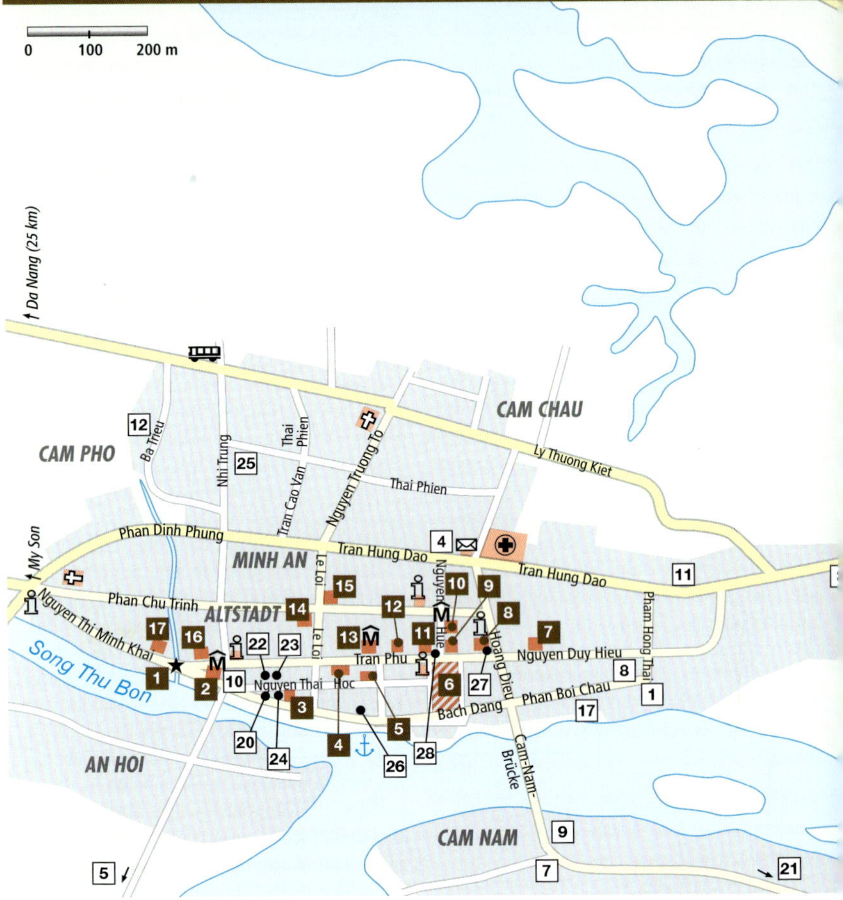

Diep-Dong-Nguyen-Haus

Das **Diep-Dong-Nguyen-Haus** 5 (Nha Co Diep Dong Nguyen) an der 80 Nguyen Thai Hoc/Ecke Le Loi erbaute Ende des 19. Jh. ein chinesischer Geschäftsmann. Es diente lange Zeit als Apotheke für chinesische Medizin (tgl. 8–12, 14–17 Uhr, Eintritt frei).

Markt

Neben seinen Sehenswürdigkeiten lockt Hoi An vor allem mit vielen Einkaufsmöglichkeiten. Kaum ein Gebäude entlang der Hauptstraßen, das an der Vorderfront keinen Souvenir-, Kleider- oder Kunsthandwerkladen besitzt. Ein schönes Erlebnis ist der Besuch des **Marktes** 6 (Cho Hoi An), dessen längliche Halle zwischen der Hauptstraße Tran Phu und der Uferstraße Bach Dang liegt. In den frühen Morgenstunden ist er am stimmungsvollsten, wenn die Zahl der Touristen sich in Grenzen hält und am Fähranleger südlich des Marktes ein geschäftiges Treiben herrscht. Dort feilschen die Hausfrauen und Köche der Restaurants um des Fischers frische Fische.

Sehenswürdigkeiten

1 Japanische Brücke
2 Museum für die Sa-Huynh-Kultur
3 Tan-Ky-Haus
4 Quan-Thang-Haus
5 Diep-Dong-Nguyen-Haus
6 Markt
7 Versammlungshalle der Chinesen aus Chaozhou
8 Versammlungshalle der Chinesen aus Hainan
9 Quan-Cong-Tempel
10 Museum für die Geschichte und Kultur Hoi Ans
11 Versammlungshalle der Chinesen aus Fujian
12 Versammlungshalle der chinesischen Vereinigungen
13 Keramikmuseum
14 Truong-Familienschrein
15 Tran-Familienschrein
16 Versammlungshalle der Chinesen aus Guangzhou
17 Phung-Hung-Haus

Übernachten

s. Legende S. 284

Essen und Trinken

s. Legende S. 284

Die Altstadt nördlich der Hauptstraße Tran Phu

Cityplan: S. 282/283

Versammlungshalle der Chinesen aus Chaozhou

Im Osten der Altstadt, an der 157 Nguyen Duy Hieu, befindet sich die erstmals 1752 errichtete **Versammlungshalle der Chinesen aus Chaozhou** 7 (Hoi Quan Trieu Chau). An den Altären, Säulen und Seitenwänden ihrer Haupthalle birgt sie äußerst ausdrucksstarke Holzschnitzereien. Auf dem Hauptaltar thront der goldglänzende Gott des Glücks, Ong Bon, auf dem Seitenaltar zur Linken der Gott der Tugend, Phuoc Duc, und auf jenem zur Rechten der Gott des Reichtums, Than Tai. Von hervorragender Qualität sind die filigranen Schnitzereien an der Frontseite des mittleren Voraltars. Sie zeigen im unteren Teil eine Szene aus der Unterwasserwelt und im oberen neun feenartige Himmelswesen, die Cuu Tien (tgl. 7–18 Uhr, Sammelticket).

Hoi An: Cityplan

Übernachten

1 Life Resort Hoi An
2 Hoi An Riverside Resort & Spa
3 Ancient House Resort
4 Hoi An Hotel
5 Vinh Hung Resort
6 Hoi An Trails Resort & Spa
7 Van Loi Hotel
8 Ha An Hotel
9 Pho Hoi Riverside Resort
10 Vinh Hung 1
11 Cua Dai Hotel
12 Vinh Hung 3
13 The Nam Hai
14 Golden Sand Resort
15 Victoria Hoi An Beach Resort
16 Palm Garden Resort

Essen und Trinken

17 Brother's Café
18 Red Bridge
19 Goda Bar & Restaurant
20 Mango Rooms
21 Riverside Garden (Vuon Ven Song)
22 Tam Tam Café
23 Hai Café
24 Cargo Club & Hoi An Patisserie
25 White Lantern Restaurant
26 Café Can
27 Mermaid (Nhu Y) Restaurant
28 Hoang Ha

Versammlungshalle der Chinesen aus Hainan

Zurück in Richtung Westen liegt an der Nguyen Duy Hieu – der Verlängerung der Tran Phu – die **Versammlungshalle der Chinesen aus Hainan** 8 (Hoi Quan Hai Nam). Seit 1875 gedenkt man hier der 108 Seefahrer von der Insel Hainan, die mit drei Handelsschiffen entlang der Küste fuhren und im Juli 1851 von einem vietnamesischen Patrouillenboot aufgebracht wurden. Obwohl sie im Besitz gültiger Frachtpapiere waren, wurden sie von Militärmandarinen im Dienst des Tu-Duc-Königs der Spionage bezichtigt und zum Tod verurteilt. Später ließ Tu Duc die dafür Verantwortlichen hinrichten. Rechts vom Eingang steht die Statue des Wächtergottes Phuoc Duc. Sehr schön ist die Frontplatte des Hauptaltars aus Bronze, die in Miniaturform die 108 Opfer darstellt (tgl. 7–18 Uhr, Eintritt frei).

Quan-Cong-Tempel und Museum für die Geschichte und Kultur Hoi Ans

An der Straßenecke Tran Phu/Nguyen Hue liegt schräg gegenüber dem Markt der 1653 gestiftete **Quan-Cong-Tempel** 9 (Mieu Quan Cong oder Chua Ong). Er ist dem chinesischen General Quan Cong (chin. Guan Yu) aus dem 3. Jh. gewidmet, der auch in Vietnam ein sehr populärer Schutzgott ist. Im vorderen Hallenbereich dominiert die übergroße Statue des Generals. Die beiden flankierenden Figuren stellen den Militärmandarin Chau Xuong (links) und den Zivilmandarin Quan Binh (rechts) dar. Auch das obligatorische rote Pferd fehlt nicht.

Der hintere Bereich des Mieu war einst der buddhistischen Göttin der Barmherzigkeit, Quan Am, geweiht, dient heute aber als **Museum für die Geschichte und Kultur Hoi Ans** 10 (Bao Tang Lich Su Van Hoa Hoi An). Die ziemlich angestaubte Ausstellung erklärt anhand von Schrifttafeln, alten Fotos und einigen Fundstücken wie Cham-Keramik und Kanonen die Geschichte der Stadt (tgl. 7–18 Uhr, Sammelticket).

Versammlungshalle der Chinesen aus Fujian

Direkt gegenüber von Tempel und Museum liegt der stadtgrößte und modernste Hoi Quan, die **Versammlungshalle der Chinesen aus Fujian** 11 (Hoi Quan Phuc Kien). Bereits 1697 wurde ein Vorgängertempel zur

Verehrung der chinesischen Schutzgöttin der Seeleute, Thien Hau (chin. Tian Hou), errichtet. In der Folgezeit kam es jedoch immer wieder zu Umbauten. Die Statue von Thien Hau thront auf dem Hauptaltar der Haupthalle und wird von ihren beiden Helfern flankiert, dem grünhäutigen Thien Ly Nhan (der 1000 Meilen sieht) linker Hand und dem rothäutigen Thuan Phong Nhi (der 1000 Meilen hört) auf der rechten Seite. An die Haupthalle schließt sich ein weiterer Raum mit insgesamt drei Altären an. Auf dem linken Altar thront Than Tai, der Gott des Reichtums, in der Mitte sind Statuen der Oberhäupter der ersten sechs aus Fujian eingewanderten Familien samt Nachfolger zu sehen und auf dem rechten Altar werden die drei Urmütter und Zwölf Ammen (Ba Mu) verehrt (tgl. 7–18 Uhr, Sammelticket).

Versammlungshalle der chinesischen Vereinigungen

Durch das schön gestaltete Tor an der 64 Tran Phu gelangt man zum lang gezogenen Gelände der **Versammlungshalle der chinesischen Vereinigungen** **12** (Lop Hoa Van Le Nghia oder Chua Ba Mu). Bevor die chinesischen Einwanderer aus den Provinzen Fujian, Guangzhou, Hainan, Chaozhou und Hakka ihre eigenen Hoi Quan errichteten, nutzten sie diesen 1741 erstmals erbauten Komplex. Nach Jahrzehnten des Zerfalls wurde er 1855 wieder errichtet. 1928 eröffnete auf dem Gelände eine chinesische Schule. Auch die attraktiven Seitenhallen mit den Metallsäulen und schmiedeeisernen Gittern kamen hinzu. Der reichlich verzierte Haupttempel an der Stirnseite ist Thien Hau geweiht. Rechts steht ein Schiffsmodell, das an die Legende der Himmelsgöttin erinnert. Der rechte Seitenaltar ist dem für Reichtum zuständigen Than Tai gewidmet, der linke der Göttin der Barmherzigkeit. Im Anschluss an den Tempel befindet sich die chinesischsprachige Schule (tgl. 7–11.30, 14–17 Uhr, Eintritt frei).

Keramikmuseum

Der Rolle der Keramik als Handelsware ist das an der 80 Tran Phu gelegene **Keramikmuseum** **13** (Bao Tang Gom Su Mau Dich Hoi An) gewidmet. Die interessante Ausstellung ist in einem alten Kaufmannshaus untergebracht und beleuchtet die Geschichte des Handelns mit den wertvollen Nutzgefäßen im 15. und 16. Jh. Das Gros der Stücke stammt aus Vietnam, China und Japan (tgl. 7–18 Uhr, Sammelticket).

Schrein der Familie Truong

Betuchte Kaufmannsfamilien begnügten sich nicht mit Ahnenaltären, sondern errichteten zum Gedenken ihrer Vorfahren eigene Familienschreine. Zwei sind in Hoi An auch der Öffentlichkeit zugänglich wie jener der **Familie Truong** **13** (Nha Tho Toc Truong). Der wunderschön ausgestaltete und mit zahlreichen Memorabilien üppig bestückte Schrein liegt in einer kleinen Seitengasse an der 69 Phan Chu Trinh.

Bald nachdem die Vorfahren der Familie im frühen 18. Jh. aus Fujian hierher flohen, machten sie durch Handel ihr Glück. Die Truong können einige Mandarine in ihrem Stammbaum aufweisen. Die vier hölzernen Seitenteile stammen aus China (tgl. 7.30–12, 14–17 Uhr, Eintritt frei).

Schrein der Familie Tran

Ein weiterer bedeutender Schrein, der der **Familie Tran** **8** (Nha Tho Toc Tran), liegt um die Ecke in der 21 Le Loi/Ecke Phan Chu Trinh. Die Familie kam mit dem Handel von Seide, Elfenbein und Pfeffer zu Reichtum. Der Schrein wurde 1802 von dem Zivilmandarin Tran Tu Nhac errichtet, dessen Zeremonialschwert bis heute in Ehren gehalten wird. Der Schrein ist nach Westen ausgerichtet und birgt im Zentrum den schön verzierten Ahnenaltar.

Insgesamt gibt es drei Eingänge. Jener zur linken ist den Frauen, jener zur Rechten den Männern vorbehalten. Jenen in der Mitte betreten die Großeltern zum Tet-Fest. In rechteckigen Totenkästchen werden Zettel mit den Lebensdaten und Andenken verstorbener Familienoberhäupter und ihrer Gattinnen aufbewahrt (tgl. 8–12, 14–17 Uhr, Sammelticket).

Versammlungshalle der Chinesen aus Guangzhou

Unmittelbar östlich der Japanischen Brücke erstreckt sich an der Straßenecke Tran Phu/Nhi Trung die 1786 errichtete **Versammlungshalle der Chinesen aus Guangzhou** 16 (Hoi Quan Quang Trieu). Einem bunten dreiteiligen Tor und einem Innenhof mit einem fotogenen Drachen aus Kachelscherben in einem Wasserbecken folgt die Haupthalle mit dem von zwei Pferden flankierten General Quan Cong in der Mitte. Rechter Hand wird der Gott des Reichtums, Than Tai, und linker Hand die Himmelsgöttin Thien Hau verehrt. In den beiden Seitenräumen stehen Altäre mit den Ahnentafeln der Stifter. In den 1980er-Jahren wurde der Tempel von Grund auf erneuert (tgl. 7–18 Uhr, Sammelticket).

Phung-Hung-Haus

Zurückgekehrt an den Ausgangspunkt der Tour, liegt wenige Meter westlich der Japanischen Brücke an der 4 Nguyen Thi Minh Khai das **Phung-Hung-Haus** 17 (Nha Co Phung Hung). Das vor 200 Jahren errichtete Kaufmannshaus bewohnt seit zehn Generationen dieselbe Händlerfamilie. Sie hat offensichtlich auch die Geschäftstüchtigkeit immer weiter vererbt, denn das Innere des zweistöckigen Gebäudes quillt über mit Souvenirs. Sehr schön erhalten sind die mit Perlmuttintarsien verzierten 80 Säulen und schweren Möbel (tgl. 7–18 Uhr, Sammelticket).

i **Hoi An Office of Tourist Services:** 1 Nguyen Truong To, Tel. 0510-86 13 27, tgl. 9–17 Uhr. Unterhält mehrere Ticketverkaufsstellen in der Stadt (s. S. 281) und stellt Stadtpläne und Broschüren zur Verfügung.

Hoi An Travel: Hoi An Hotel, 10 Tran Hung Dao, Tel. 0510-91 04 44, www.hoiantravel.com. Die halbstaatliche Agentur vermittelt Mietwagen mit Fahrer und Guides.

Infolge des Baubooms der letzten Jahre gibt es eine enorme Auswahl an Unterkünften. Trotzdem kann es während der Hochsaison zu Engpässen kommen. In der Innenstadt gibt es vorwiegend kleine Gästehäuser. Eine zunehmende Zahl größerer Hotels reiht sich außerhalb der Stadt entlang der Cua-Dai-Straße, offeriert aber meistens einen kostenlosen Shuttle-Service.

... in Hoi An:

Life Resort Hoi An [1]: 1 Pham Hong Thai, Tel. 0510-91 45 55, Fax 91 45 15, www.life-resorts.com. Das Wellness-Resort direkt am Fluss und doch stadtnah gelegen ist eine Oase für die Sinne. Die Gebäude mit 94 geräumigen Zimmern und Suiten zitieren die Architektur von Hoi An. Kulinarisch bietet das Café Vienna eine austro-vietnamesische Melange, im Jinsei gibt es japanische Gerichte. Stadtbestes Spa und schöner Pool. DZ 100–200 US-$ mit Frühstück.

Hoi An Riverside Resort & Spa [2]: 175 Cua Dai, Tel 0510-86 48 00, Fax 86 49 00, www.hoianriverresort.com. Das wunderschöne Resort liegt direkt am Ufer des Thu-Bon-Flusses, etwa 1 km vom Meer entfernt. Die 60 geräumigen Zimmer sind in vietnamesischem und japanischem Design gestaltet. Schöner großer Pool und Restaurant direkt am Fluss. DZ 80–120 US-$ mit Frühstück.

Ancient House Resort [3]: 61 Cua Dai, Tel. 0510-92 33 77, Fax 92 34 77, www.ancienthouseresort.com. Das zauberhafte Resort ist wie ein Little Hoi An gestaltet mit Häusern im traditionellen Stil rund um einen Garten mit Pool. Entsprechend stilvoll sind die 42 geräumigen Zimmer. In das Gelände ist ein altes Haus integriert, daher der Resortname. DZ 70–90 US-$ mit Frühstück.

Hoi An Hotel [4]: 6 Tran Hung Dao, Tel. 0510-86 13 73, Fax 86 16 36, www.hoiantourist.com. Lange Zeit die einzige vernünftige Unterkunft Hoi Ans, ist das Hotel zwar etwas angejährt, doch aufgrund der zentralen Lage immer noch eine gute Wahl. Die 140 geräumigen Zimmer und Suiten verteilen sich auf mehrere Gebäude. Schönes Gartenrestaurant und netter Pool. Auf dem Gelände gibt es ein gutes Café und das exzellente Zen Spa. DZ 60–150 US-$ mit Frühstück.

Vinh Hung Resort [5]: Insel An Hoi, Tel. 0510-91 05 77, Fax 86 40 94, www.vinhhungresort.com. Freundliches und großflächiges

Richtig Reisen-Tipp: Kunst des Kochens

Das Ambiente von Hoi An und die **verlockenden lokalen Spezialitäten** sind ein guter Grund, mehr über die vietnamesische Küche zu lernen und die Geheimnisse der exotischen Gewürze und Kräuter gelüftet zu bekommen. Mittlerweile gibt es einige **hervorragende Kochschulen,** die eine Vielfalt von Kursangeboten bereithalten. Dort lernt man, wie die ›drei Unverzichtbaren‹ – gekochter Reis *(com),* frische Kräuter *(rau thom)* und Fischsauce *(nuoc mam)* – zu Grundpfeilern hervorragender Gerichte werden. Zu einem richtigen Kurs sollte unbedingt ein **Besuch des Marktes** von Hoi An zählen, um vor Ort die richtigen Zutaten kennenzulernen.

Zwei hervorragende Kochschulen sind:

Morning Glory: 106 Nguyen Thai Hoc Street, Tel. 0510-24 15 55, www.hoianhospitality.com. Untergebracht in einem schönen Kolonialbau, können die Gäste zwischen halbtägigen Kursen und mehrtägigen Intensivkursen wählen. Der Klassiker ist die Einführung über **vietnamesische Alltagsgerichte** (tgl. 8.30–13 Uhr, 15 US-$ inkl. Mittagessen). Zudem gibt es Kurse über gesundes Kochen und Kochen zu besonderen Anlässen (auf Nachfrage).

Red Bridge: Thon 4, Cam Thanh, Hoi An, Tel. 0510-93 32 22, www.visithoian.com. Die Kochschule liegt wunderschön am Thu-Bon-Fluss, auf halbem Weg zwischen Stadt und Meer. Der Halbtageskurs beginnt täglich um 8.15 Uhr am Hai Scout Café, 98 Nguyen Thai Hoc. Von dort geht es zu Fuß zum Markt und anschließend weiter per Boot zur Red-Bridge-Kochschule, wo der zweistündige Kurs beginnt (15 US-$ inkl. Mittagessen, Anmeldung erwünscht).

Für jene, die mehr über Gemüse und Kräuter wissen möchten, empfiehlt sich der Besuch des **Gemüsedorfes Tra Que,** etwa 3 km nordöstlich von Hoi An. Man kann auch selbst Hand anlegen und die Beete rechen, hacken und bewässern (s. S. 293).

Hier kann man hervorragend Proviant einkaufen: auf dem Markt von Hoi An

Sie ist die größte und modernste der chinesischen Versammlungshallen: Hoi Quan Phuoc Kien

Resort mit 82 Zimmern und Suiten direkt am Fluss. Großer Pool, stilvoll gestaltete Gebäude. Ins Zentrum sind es 400 m Fußweg. Eine gute Wahl. DZ ab 60 US-$ mit Frühstück.

Hoi An Trails Resort & Spa [6]: 276 Cua Dai, Tel. 0510-92 39 99, Fax 92 38 88, www.hoiantrailsresort.com.vn. Das einladende Boutique-Resort liegt etwa 3 km vom Stadtzentrum entfernt und bietet in seinen 62 geräumigen Zimmern und Suiten angenehmen Wohnkomfort. Zum Angebot gehört ein schöner Pool und ein kleines Spa. Insgesamt eine gute Wohnoption. DZ ab 55 US-$ mit Frühstück.

Van Loi Hotel [7]: Insel Cam Nam, Tel. 0510-93 62 05, Fax 93 62 07, www.hoianvanloihotel.com. Fünfstöckiges Stadthotel im Hoi-An-Stil mit 82 rustikal eingerichteten Zimmern (teils gute Aussicht). Zu den Pluspunkten zählen der Pool und die schöne Dachterrasse. DZ 50–70 US-$ mit Frühstück.

Ha An Hotel [8]: 6-8 Phan Boi Chau, Tel. 0510-86 31 26, Fax 91 42 80, tohuong@fpt.vn. Ruhig gelegenes Hotel mit kolonialem Touch und schönem Garten. Die 27 Zimmer sind sauber und freundlich eingerichtet. Angenehme, entspannte Atmosphäre. DZ ab 30 US-$ mit Frühstück.

Pho Hoi Riverside Resort [9]: Insel Cam Ham, Tel. 0511-86 26 28, Fax 86 26 26, www.phohoiriversidehoian.com. Lang gezogenes Resort direkt am Fluss unweit der Cam-Ham-Brücke mit 82 Zimmern unterschiedlichen Standards. Die schönsten haben Flussblick. Mit Pool und stimmungsvollem Restaurant. DZ 25–90 US-$ mit Frühstück.

Vinh Hung 1 [10]: 143 Tran Phu, Tel. 0510-86 16 21, Fax 86 18 93, www.vinhhungresort.com. Zentraler wohnen kann man nicht. Wer einmal die Atmosphäre eines 125 Jahre alten chinesischen Kaufmannshauses schnuppern möchte, ist hier richtig. Allerdings variiert das Niveau der 12 Zimmer erheblich. Am besten eines der beiden 50 m^2 großen Räume im Old-China-Stil nehmen (früh buchen!). DZ 25–50 US-$ mit Frühstück.

Cua Dai Hotel 11: 544 Cua Dai, Tel. 0510-86 22 31, Fax 86 22 32, www.hoianhospitality.com. Das familiäre Hotel im Kolonialtouch mit nur 31 Zimmern erfreut sich großer Beliebtheit, was nicht zuletzt an Preis und Service liegt. Netter Garten, hübscher Pool. DZ 25–45 US-$ mit Frühstück.
Vinh Hung 3 12: 96 Ba Trieu, Tel. 0510-91 62 77, Fax 91 63 59, www.vinhhungresort.com. Mehrstöckiges Stadthotel mit 24 sauberen, modernen Zimmern und Suiten. Ruhig gelegen, etwa 1,5 km nördlich des Zentrums. Kleiner, aber angenehmer Pool. DZ ab 25 US-$, Suite ab 35 US-$ mit Frühstück.

... am Cua Dai Beach:

Zwischen Küstenstraße und Strand, der sich fast bis nach Da Nang fortsetzt, entstehen immer mehr Luxusresorts für den exklusiven Geschmack.
The Nam Hai 13: Dien Duong, Dien-Ban-Distrikt, Tel. 0510-94 00 00, Fax 94 09 99, www.ghmhotels.com. Das Resort liegt etwa 10 km nördlich vom Strandzentrum. Mehr Luxus geht fast nicht. Die 100 Villen, davon 40 mit eigenem Pool und bis zu fünf Zimmern, sind vom Feinsten. Hier residieren gerne Stars und Sternchen. Kein Wunder, denn jeder Villa ist ein eigener Butler zugeteilt. Die betuchten Gäste haben einen großen Pool, vier Tennisplätze und natürlich ein Spa zur Verfügung. Villa ab 550 US-$ mit Frühstück.
Golden Sand Resort 14: Cua Dai Beach, Tel. 0510-92 75 50, Fax 92 75 65, www.swiss-belhotel.com. Das großzügige, auf 4 ha angelegte 5-Sterne-Resort direkt am Strand bietet in seinen 196 stylish-modernen Zimmern und Suiten viel Luxus und Komfort. Der Pool zählt zu einem der größten des Landes. Die Gäste haben die Auswahl zwischen 2 Restaurants. DZ ab 160 US-$, Suite ab 450 US-$ mit Frühstück.
Victoria Hoi An Beach Resort 15: Cua Dai Beach, Tel. 0510-92 70 40, Fax 92 70 41, www.victoriahotels-asia.com. Das Edelresort liegt direkt am Strand und hat sich architektonisch an die Häuser von Hoi An angelehnt. Die 105 Zimmer gibt es mit klassisch französischem, alt-vietnamesischem und japanischem Ambiente. Schöner Pool, nette Bars und ein gutes Spa zählen genauso zum Angebot wie interessante Ausflüge. Als Shuttle-Bus dient ein alter Citroën. DZ ab 125 US-$, Suite 225 US-$ mit Frühstück.
Palm Garden Resort 16: Cua Dai Beach, Tel. 0510-92 79 27, Fax 92 79 28, www.palmgardenresort.com.vn. Auf dem 5 ha großen Gelände entlang eines 220 m langen Strandabschnitts verteilen sich die Gebäude mit 163 Zimmern und Suiten. Schön angelegter Pool unter Palmen. Abends kann man den Tag in der Contino Club Bar bei Livemusik ausklingen lassen. Im Resort gibt es eine Filiale des Qi Shiseido Spa. DZ ab 95 US-$, Suite ab 150 US-$ mit Frühstück.

Brother's Café 17: 27 Pham Boi Chau, Tel. 0510-91 41 50, tgl. 10–23 Uhr. Hoi Ans Adresse für vietnamesische Haute Cuisine. Schon das Ambiente des Kolonialgebäudes mit lauschigem Garten direkt am Fluss ist einen Besuch wert. Die lokalen Spezialitäten werden stilvoll serviert. Gerichte ab 100 000 VND.
Red Bridge 18: Thon 4, Cam Thanh, Tel. 0510-93 32 22, www.visithoian.com, tgl. 10–18, Fr–So 10–22 Uhr. Das offene Restaurant liegt sehr schön am Thu-Bon-Fluss, auf halbem Weg zwischen Stadt und Meer, und bietet auch täglich Kochkurse. Guter Service und optisch schön servierte Gerichte machen das Speisen zum Erlebnis. Tipp: Ein Shuttle-Boot startet tgl. um 12 und 13.30 Uhr sowie Fr–So um 17.30 und 19 Uhr gegenüber dem Cafe Can, 74 Bach Dang, zum Restaurant. Gerichte ab 40 000 VND.
Goda Bar & Restaurant 19: Cua Dai, Tel. 0510-92 36 44, tgl. 8–23 Uhr. Das architektonisch gelungene Restaurant liegt an der Straße zum Strand, etwa 2 km östlich der Innenstadt, und vereint modernes Design mit hervorragenden vietnamesischen Gerichten. Gute Auswahl, darunter grüner Papayasalat und Hot Pot. Von den europäischen Kochversuchen sollte man eher die Finger lassen. Gerichte ab 40 000 VND.
Mango Rooms 20: 111 Nguyen Thai Hoc, 0510-91 08 39, www.mangorooms.com, tgl. 9–24 Uhr. Salsa meets *nuoc mam.* Der Eigner

Duc Tran hat etwas Lateinamerika in die Stadt geholt. Eines der hippsten Lokale Hoi Ans mit guter Fusion-Küche und coolem Ambiente. Auch ein geeigneter Ort für Drinks. Gerichte ab 40 000 VND.

Riverside Garden (Vuon Ven Song) [21]: Cam-Nam-Insel, Tel. 0510-93 61 46, tgl. 11–22 Uhr. Das gediegene Restaurant liegt an einem Seitenarm des Thu-Bon-Flusses auf der Südseite von Cam Nam. Die Auswahl an lokalen Gerichten ist groß, der Service freundlich und die Atmosphäre entspannt. Eine gute Wahl. Gerichte ab 40 000 VND.

Tam Tam Café [22]: 110 Nguyen Thai Hoc, Tel. 0510-86 22 12, tgl. 8–23 Uhr. Wenn es so etwas wie Nightlife in Hoi An gibt, dann hier. Vom Frühstück bis zum Dinner kann man in dem schönen Kolonialbau nicht nur gut essen, sondern zu später Stunde auch zu guter Musik mit netten Leuten Cocktails nippen. Hier munden auch die westlichen Gerichte ab 35 000 VND.

Hai Café [23]: 98 Nguyen Thai Hoc & 111 Tran Phu, Tel. 0510-86 32 10, www.visithoian.com, tgl. 7–23 Uhr. Das beliebte Lokal mit schönem offenen Innenhof ist von beiden Straßen zugänglich und bedient den großen und den kleinen Hunger. Das Angebot schließt Frühstück und eine gute Auswahl an Cocktails mit ein. Das Café unterstützt den World Wildlife Fund (WWF) Vietnam. Seafood-Gerichte gibt es ab 35 000 VND, Setmenü 80 000 VND.

Cargo Club & Hoi An Patisserie [24]: 107–109 Nguyen Thai Hoc, Tel. 0510-91 04 89, tgl. 7–23 Uhr. Wer die vietnamesische Küche schätzt, aber gleichzeitig französisches Gebäck liebt, wer gern auf den Fluss blickt oder das Straßenleben beobachtet, wer koloniales Ambiente, aber auch modernes Design mag, ist hier richtig. Der Cargo Club ist eine kulinarische Institution. Empfehlenswert sind grüner Mangosalat und Fisch im Tontopf. Gerichte ab 30 000 VND.

White Lantern Restaurant [25]: 710 Hai Ba Trung, Tel. 0510-86 30 23, tgl. 9–22 Uhr. Das bei Reisegruppen beliebte Restaurant bietet in schönem Ambiente Hoi-An-Spezialitäten wie White Roses, *cao lau,* gegrillte Makrelen mit frischem Kurkuma oder gegrillten Tintenfisch in Zitronengras. Gerichte ab 30 000 VND.

Café Can [26]: 74 Bach Dang, Tel. 0510-86 15 25, tgl. 8–22 Uhr. Wie bei den anderen Restaurants entlang der Uferstraße Bach Dang werden auch hier keine kulinarischen Wunderwerke gezaubert, doch Lage, Stimmung und solide Speisen machen es zu einer guten Adresse. Gerichte ab 25 000 VND.

Mermaid (Nhu Y) Restaurant [27]: 2 Tran Phu, Tel. 0510-86 15 27, tgl. 7–22 Uhr. Der 1991 gegründete Veteran war eines der ersten Lokale mit englischer Speisekarte. Das Ambiente ist anspruchslos, die Gerichte sind gut. Ab 20 000 VND.

Vinh Hung 1 [10]: 147 B Tran Phu, Nähe Japanische Brücke, Tel. 0510-86 22 03, tgl. 8–22 Uhr. Aufgrund der Lage empfiehlt sich das schlichte Lokal (im gleichnamigen Hotel) für die Einkehr zum Mittagessen. Neben gutem *cao lau* gibt es leckere Frühlingsrollen. Ab 20 000 VND.

Hoang Ha [28]: 38 Tran Phu, Nähe Nguyen Hue, Tel. 0510-86 10 53, tgl. 8–22 Uhr. Das Traditionslokal Zum Gelben Fluss (Hoang Ha) gehört einer chinesischen Einwandererfamilie und tischt gute Speisen auf. Sehr schmackhaft wird hier *cao lau* zubereitet. Ab 20 000 VND.

Hoi An ist das Shopping-Eldorado von Vietnam und bietet eine Vielzahl von Kleidergeschäften, Souvenirshops und Galerien. Zahllose Schneiderinnen fertigen über Nacht Kleidungsstücke aller Art an. Für gewöhnlich wird nach dem Maßnehmen eine Anzahlung verlangt, der Restbetrag erfolgt bei Abnahme.

Kim Chi: 90 Le Loi, Tel. 0510-86 22 44, tgl. 8–21 Uhr. Sympathisches und zuverlässiges Geschäft für Maßkleidung.

Reaching Out Handicrafts: 103 Nguyen Thai Hoc, Tel. 0510-91 01 68, www.reachingoutvietnam.com, tgl. 8–21 Uhr. Hier werden

Hier kann man sich mit Laternen ausstatten – entweder zum Mittherbstfest oder einfach nur aus Spaß

von Behinderten hergestellte Qualitätsarbeiten angeboten. Neben einer tollen Kollektion von Handtaschen liegen Handyhalter aus Seide und Figuren aus Stein in den Auslagen. Der Einkauf ist eine hervorragende Gelegenheit, Angenehmes mit Nützlichem zu verbinden.
Kim Bong Wood Workshop: 106–108 Nguyen Thai Hoc, Tel. 0510-86 22 79, tgl. 8–17 Uhr. Die Traditionstischlerei fertigt herausragende Möbelstücke und dekorative Schnitzarbeiten.

Das abendliche Vergnügen ballt sich in der Nguyen Thai Hoc, wo sich im **Tam Tam Café, Hai Café** und den **Mango Rooms** (s. Restaurants S. 289f.) das vorwiegend jugendliche Publikum trifft. Eine gute Adresse ist auch **Lounge Bar,** 102 Nguyen Thai Hoc, Tel. 0510-91 04 80, tgl. 10–23 Uhr, mit leckeren Speisen und Getränken.

In der **Vollmondnacht** werden nach Einbruch der Dunkelheit alle elektrischen Lichter ausgeschaltet, sodass die Gassen im **bunten Schein der Laternen** aufleuchten.
Am letzten Sonntag im März wird ein **Fischerfest** mit einer schönen Bootsprozession auf dem Thu-Bon-Fluss gefeiert.
Das **Mittherbstfest** (Tet Trung Thu) am 15. Tag des 8. Mondmonats wird in Hoi An besonders schön begangen. Dann lassen Bewohner Papierlaternen auf dem Fluss treiben.
Aufführungen
Traditional Theatre: 75 Nguyen Thai Hoc. Mo–Sa wird ab 21 Uhr eine einstündige Vorführung volkstümlicher Musik und Tänze geboten (45 000 VND).
Hoi An Handicraft: 9 Ngyuen Thai Hoc. Mo–Sa finden um 10.15 und 15.15 Uhr kleinere Konzerte auf traditionellen Instrumenten statt (im Sammelticket inbegriffen).

Tauchen: Cham Island Diving Center, 98 Bach Dang, Tel. 0510-91 07 82, www.hoian.co.uk/chamislanddivers.php. Bietet ein- bis zweitägige Tauch- und Schnorcheltouren zu den Cham-Inseln an. Eine Tagestour mit Schnorcheln kostet 25 US-$, mit Tauchen 55 US-$.
Wellness: Das beste Angebot ist im Life Resort (s. S. 286) zu finden. Sehr empfehlenswert ist auch Zen Spa, Hoi An Hotel, 10 Tran Hung Dao, Tel. 0510-91 15 88, und Hoi An Beach Resort, 1 Cua Dai, Tel. 0510-92 88 88, wwwzenspa.com.vn.

Der nächste Flughafen und die nächste Bahnstation sind in Da Nang.
Busse
Der **Ben Xe Hoi An** liegt 700 m nördlich des Zentrums an der Le Hong Phong. Dort starten von 5 bis 18 Uhr etwa alle 30 Min. meist überfüllte Minibusse nach Da Nang (30 km, 1 Std.). Hoi An ist auch ein beliebter Ausgangspunkt der **Open-Tour-Busse** nach Hue (135 km, 3,5–4 Std.) und nach Nha Trang (494 km, 11–12 Std.). Tickets sind bei den vielen kleinen Reisebüros erhältlich.
Nahverkehr
Cyclos und Mopedtaxis gibt es an fast jeder belebten Kreuzung und vor Hotels. Nahezu jede Unterkunft verleiht Fahrräder (ab 20 000 VND/Tag) oder Mopeds (ab 75 000 VND/Tag).
Boote
An der Bootsanlegestelle am Markt starten kleine Fähren zu den nahe gelegenen Flussinseln wie etwa Cam Kim. Zudem halten sich Bootseigner entlang der Uferstraße Bach Dang auf, um für Flusstouren zu werben.

Umgebung von Hoi An

Reiseatlas: S. 14, D 1

Cua Dai Beach

Noch Ende der 1990er-Jahre bestand der 4 km vom Stadtzentrum Hoi Ans entfernte Strand aus einem einfachen Fischerdorf, ein paar Seafood-Ständen und Kasuarinen-Hainen. Heute reihen sich mehrere große Resorts nebeneinander und haben Hoi An zu einer bekannten Stranddestination gemacht. Seit 2006 führt eine gut ausgebaute Küstenstraße bis nach Da Nang. An den Seafood-Ständen werden Sonnenschirme vermietet, weshalb es sich lohnt, per Fahrrad oder Moped zum recht breiten, aber palmenlosen Strand zu fahren und für einen halben Tag der Brandung des Chinesischen Meeres zu lauschen und preisgünstige Fischgerichte zu genießen. Badesaison ist von März bis Anfang Oktober. Im November ist es oft sehr stürmisch und regnerisch.

Cham-Inseln

Die insgesamt acht **Cham-Inseln** (Cu Lao Cham) liegen etwa 10 km vor der Küste und erleben seit geraumer Zeit als Ziel für Taucher und Schnorchler einen Boom. Bis Mitte der 1990er-Jahre waren sie selbst für einheimische Touristen gesperrt, weil dort ein Militärstützpunkt liegt. Über Jahrhunderte lebten Cham auf den Inseln, bevor sie im 14. Jh. von den Vietnamesen verdrängt wurden. Nur der Name erinnert noch an die ersten Siedler. Heute ist allein die größte Insel, **Hon Lao,** bewohnt. Dort leben im Fischerdorf **Tan Hiep** etwa 2500 Menschen. Ein weiteres kleines Dorf liegt in der Huong-Bucht.

Die Inselbewohner bestreiten ihren Unterhalt neben dem Fischfang vor allem mit dem Verkauf von Schwalbennestern, die sie in den Höhlen und Grotten einsammeln. In ganz Asien werden Unsummen für diese essbaren Nester bezahlt, die von den Weißnest-Salanganen, einer Schwalbenart, durch ihren Speichel produziert werden.

Das Einsammeln geschieht zum Ende des Nordostmonsuns ab Februar/März, wenn die schwarzgefiederten Salangane ihre Nester in die Grottenwand bauen. Mit hohen Bambusleitern versuchen die Bewohner an die lukrativen Brutstätten zu gelangen, was aufgrund der Höhe nicht ungefährlich ist. Aber der Aufwand lohnt sich, denn eine Schale Suppe – und dafür werden immerhin zwei Schwalbennester benötigt – kostet mehrere hundert Dollar.

Für Touristen ist die Unterwasserwelt mit 180 Korallen- und über 200 Fischarten interessanter. Bei ruhiger See herrscht eine Sicht von bis zu 30 m. Beste Tauchzeit ist die Woche vor Vollmond in den Monaten Februar bis September.

Die **Bootsfahrt** zu den Inseln dauert vom Cua Dai Beach etwa eine Stunde.

Holzschnitzerdorf Kim Bong

Auf der Insel Cam Kim im Thu-Bon-Fluss liegt das Dorf **Kim Bong.** Hier haben sich die Bewohner bereits seit dem 17. Jh. auf Schreiner- und Holzschnitzarbeiten spezialisiert. Sogar die Könige von Hue holten für ihre Palastprojekte Handwerker aus Kim Bong. Doch die Tradition drohte in den letzten Jahrzehnten auszusterben. Dank des Baubooms und Tourismus ist das Handwerk jedoch wieder gefragt. Die Souvenirshops in Hoi An sind voll mit Produkten aus dem Dorf. Zumeist wird aus Laos importiertes Ebenholz verwendet. Mit Hilfe der Unesco wurde das Dorf auch wieder verschönert. Zu den sehenswerten Werkstätten zählt jene der Familie Huynh Ri.

Die Insel ist per Boot in nur 15 Min. erreichbar. Kleine **öffentliche Fähren** legen an der Anlegestelle beim Markt ab.

Gemüsedorf Tra Que

Etwa 3 km nordöstlich von Hoi An liegt am Rand der Hoi-An-Lagune das Gemüsedorf **Tra Que** (*tra* = Tee, *que* = Basilikum). Bereits Ende des 17. Jh. haben sich die Bewohner auf den Anbau von Gemüse spezialisiert. Damals lag Tra Que noch auf einer Insel. Dank des üppigen Grundwassers und fruchtbaren Bodens gedeihen hier Gemüsearten wie Weißkohl *(cai),* Zitronengras *(ca),* Vietnamesischer Koriander *(rau ram),* rote Zwiebeln *(hanh)* und die Reisfeldpflanze *(rau om).* Die Felder werden weder mit Kunstdünger noch mit Pestiziden behandelt. Als natürlicher Dünger dient Seetang.

Tra Que kann auch mit einer kulinarischen Spezialität aufwarten: *tam huu,* einer Art Frühlingsrolle aus Minzblättern, roten Zwiebeln, Garnelen und Schweinefleisch. Alljährlich zum siebten Tag des ersten Mondmonats findet das große Cau-Bong-Fest statt. Das Dorf und die Felder können im Rahmen einer Rundtour besucht werden. Am Ortseingang gibt es ein Kassenhaus mit Guide (tgl. 8–17 Uhr, 15 000 VND).

My Son

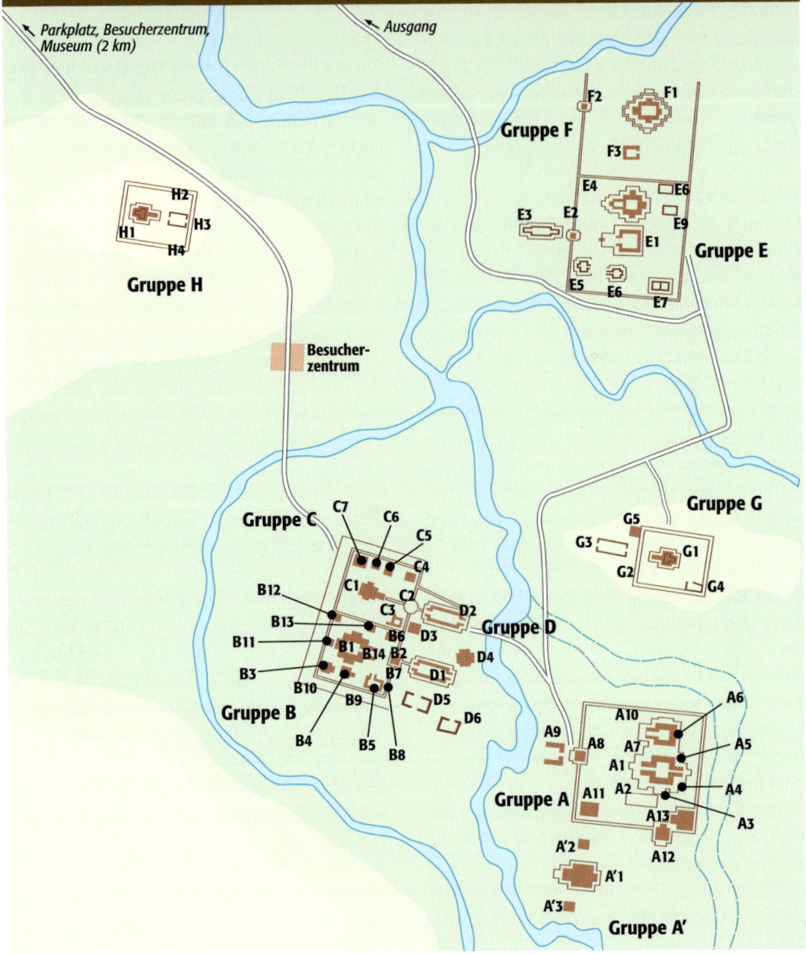

9 Ausflug nach My Son

Reiseatlas: S. 13, C 1

Die Ruinenstätte **My Son** liegt etwa 40 km südwestlich von Hoi An und kann von dort gut im Rahmen eines Halbtagsausfluges besucht werden. Zunächst führt die Fahrt entlang der Nationalstraße 1 A in Richtung Süden bis zum Ort Duy Xuyen. Dort zweigt die Straße 537 in Richtung Westen ab und passiert nach 9 km **Tra Kieu.** Dass dieser Marktflecken zwischen dem 4. und 10. Jh. Hauptstadt des Cham-Reiches Amaravati, Simhapura (Löwenstadt), war, kann man heute nicht einmal mehr erahnen. Auf dem Hügel, auf dem eine moderne katholische Kirche steht, erhob sich einst ein Cham-Heiligtum. Bei Ausgrabungen im Umkreis kamen Goldschmuck, Skulpturen und ein gut erhaltener

Altar mit schönen Reliefs zutage (heute im Cham-Museum von Da Nang).

Auf den verbleibenden 20 Kilometern zeigt sich der Schöne *(my)* Berg *(son)*, nach dem die Tempelstadt benannt ist, in immer neuen Perspektiven. Wegen seiner abgerundeten Spitze wird er auch Hon Quap, Katzenzahnberg, genannt. Die Ruinen liegen in einem ovalen Tal am Fuß des Berges.

Geschichte

Als der französische Forscher Camille Paris 1898 einheimischen Bauern durch das von Bergen eingeschlossene Tal folgte und dort auf die Ruinen von My Son stieß, konnte er noch nicht ahnen, dass er vor dem **wichtigsten religiösen Zentrum der Cham** stand. Nur 20 km von ihrer Hauptstadt Simhapura entfernt, errichteten die hinduistischen Herrscher von Amaravati über Jahrhunderte hinweg ihre Heiligtümer. Dort brachten sie Shiva unter dessen Ehrentitel Bhadreshvara, Verheißungsvoller Herr, Opfergaben dar, um ihr Reich unter seinen Schutz zu stellen. Zudem bewahrten sie die Asche der verstorbenen Könige in den Tempeln auf, denn nach ihrem Tod, so der Glaube, avancierten die Herrscher zu Manifestationen Shivas.

Die ersten turmartigen Heiligtümer errichteten die Cham **im 4. Jh.** aus Holz. Ab dem 7. Jh. fand Ziegelstein Verwendung. Während der **Blütezeit des Champa-Reiches** im 10./11. Jh. erlebte My Son seine bauaktivste Phase. Es entstanden die schönsten Bauten, allen voran der Kalan A 1. Der schleichende Niedergang setzte im 11. Jh. ein, als wiederkehrende militärische Zusammenstöße mit den Khmer und Vietnamesen zu Plünderungen und Zerstörungen führten. Im 13. Jh. weihten die Cham die letzten Kultstätten. Da sie von den Vietnamesen immer weiter nach Süden verdrängt wurden, gaben sie ihre Tempelstadt im **14. Jh.** auf.

Nach der Entdeckung von My Son begannen die Franzosen mit der Freilegung der Ruinen. **Ab 1901** fand unter Leitung von Henri Parmentier eine **systematische Untersuchung** statt. Zur Einordnung belegte der Forscher die Tempelgruppen mit den auch heute noch benutzten Buchstaben A bis N. Damals identifizierte er 70 eigenständige Bauten, die zwischen dem 8. und 13. Jh. entstanden waren. Von 1937 bis 1944 führte die EFEO Restaurierungsarbeiten durch. Doch mehr als zwei Drittel der Bauwerke fielen während des Vietnamkriegs den **US-Bombardements** zum Opfer – trotz weltweiter Proteste. Erst 1980 begann ein polnisches Team, die 20 verbliebenen Ruinen wieder zu restaurieren. Weitere Arbeiten folgten nach 1999, als My Son zur **Unesco-Welterbestätte** erklärt wurde.

Ausgangspunkt für die Besichtigung

Ausgangspunkt für die Besichtigung ist ein **Besucherzentrum** mit Ticketschalter (tgl. 6.30–17 Uhr, 60 000 VND), Restaurants und einer sehenswerten **Ausstellungshalle** (im Ticketpreis enthalten). Anhand von Schautafeln, Plänen und wenigen Exponaten wird dort die religiöse und kulturelle Bedeutung von My Son beleuchtet. Mit Shuttle-Bussen geht es zum etwa 2 km entfernten zweiten Besucherzentrum, von wo der letzte Kilometer zum Ruinenfeld zu Fuß zurückgelegt werden muss. Dabei überquert man eine leichte Anhöhe, auf der einst rechter Hand die vier Kalan der Gruppe H aus dem 12. Jh. standen. Ein Besuch lohnt sich nicht, denn die Amerikaner zerstörten sie im Krieg nahezu vollständig. Bei einem kleinen **Besucherpavillon** finden täglich Tanzvorführungen von Angehörigen der Cham statt.

Die Tempelgruppen

Nur 200 m entfernt liegen die Gruppen C, B und D. Sie wirken ziemlich verwirrend, folgen aber dem klassischen Aufbau eines Cham-Heiligtums. Demzufolge steht der turmartige Haupttempel (Cham: *kalan*) mit der wichtigsten Kultfigur im Zentrum, umgeben von kleineren Heiligtümern für die Verehrung untergeordneter Gottheiten. Ein **Kalan** ist in drei Teile untergliedert, was religiöse Gründe hat. Die erhöhte Plattform symbolisiert die irdische Sphäre, der quadratische Mittelbau die

Ruinen ohne Schatten: Es empfiehlt sich, nach My Son am frühen Morgen aufzubrechen, da es sonst zu heiß werden kann

spirituelle Vereinigung zwischen Mensch und Gott und die abgestufte Spitze den Sitz der Götter auf dem kosmischen Berg Meru. Auf der linken Seite vorgelagert ist ein länglicher Bau mit geschwungenem Dach (Skt. *koshagraha*) zur Aufbewahrung von Gegenständen und Schriften für die Zeremonien. Auf gleicher Achse wie der Haupt-Kalan befindet sich ein Eingangspavillon (Skt. *gopura*) und eine längliche Vorhalle (Skt. *mandapa*).

Gruppe C

Der erste Komplex wird vom Kalan **C 1** (10. Jh.) dominiert, der durch wunderschöne Verzierungen an der Außenfassade besticht. Die Wächterfiguren und das filigrane Rankenwerk mit dem sprießenden Tropengrün bilden eine harmonische Einheit. Bemerkenswert ist das zweistufige Dach des recht gut erhaltenen Baus. Dessen längliche Form ist für ein Zentralheiligtum eher ungewöhnlich. Sandsteinsäulen flankieren den Vorbau an der Ostseite des Kalan. Im schlichten Inneren wurde eine Statue Shivas als Asket verehrt (heute im Cham-Museum von Da Nang). Der gedrungen wirkende und stark verwitterte Kalan **C 7** (9. Jh.) in der Nordostecke weist am Gesims geschwungene Bänderverzierungen auf. Der längliche **C 3** ist dem Haupt-Kalan zugeordnet und diente zur Aufbewahrung der Kultgegenstände. Durch den Eingangspavillon **C 2** betrat man einst von Osten her den Tempelbereich.

Gruppe B

Durch eine Mauer getrennt, schmiegt sich an die Gruppe C ein weiterer Tempelkomplex an. Das dortige Zentralheiligtum **B 1** ist komplett verfallen, nur das erhöhte Fundament aus Sandsteinblöcken lässt seine einstige Größe erahnen. Ursprünglich von dem Herrscher Harivarman IV. (reg. 1074–1081) errichtet, wurde es einer Inschrift von 1234 zufolge als Sandsteinbau komplett neu erbaut und Shiva geweiht. Der B 1 ist das letzte bedeutende Bauprojekt von My Son.

Möglicherweise zeitgleich mit dem berühmten A 1 wurde im 10. Jh. der **B 5** zur Aufbewahrung der Kultgegenstände errichtet. Aufgrund der filigranen Verzierungen an der Außenfassade mit Rankenwerk und grazilen Devatas (himmlische Tänzerinnen) sowie dem geschwungenen Dach zählt das längliche Bauwerk zu den schönsten von My Son. Eher ungewöhnlich ist das Motiv an der Westseite, wo im Giebelfeld zwei Elefanten zu sehen sind. Dem Kriegsgott Skanda war der benachbarte, stark verfallene Kalan **B 4** gewidmet. Aufgrund des Blumenmusters an den achtseitigen Eingangssäulen ordnet man ihn dem späten 9. Jh. zu. Der etwas schiefe Tempelturm **B 3** in der Südwestecke weist ähnliche Verzierungen wie der B 5 auf und wird deshalb ebenfalls ins 10. Jh. datiert. Er war einst dem Elefantengott Ganesha geweiht.

Gruppe D

Zwei breite Bauten dominieren die Gruppe D und sind eigentlich den Hauptheiligtümern der Gruppen B und C zugeordnet. Jenen dienten sie als Vorhalle zur Abhaltung von Zeremonien. Seit 1994 bergen die beiden länglichen Gebäude eine Sammlung von Figuren, Ziergiebeln und Bauteilen aus Sandstein. Auf dem Gelände dazwischen sind Stelen mit Inschriften und Figuren aneinandergereiht.

Gruppe A

Über den schmalen Khe-The-Strom im Osten führt ein Fußweg zu den Gruppen A und A'. Seit B-52-Flugzeuge My Son im August 1969 mit Flächenbombardements überzogen haben, liegt der berühmte **A 1** in Schutt und Asche. Von dem einst 24 m hohen Kalan, der als schönstes Ziegelbauwerk Indochinas galt, ist nur die Basis geblieben. An deren Außenseite kann man die herrlichen Verzierungen noch erahnen. Der Kalan besaß ursprünglich zwei Eingänge und war von sechs kleineren Schreinen umgeben. Von ihnen wie auch vom unmittelbar links anschließenden **A 10** blieben ebenfalls nicht mehr als Ziegelsteinhaufen. Auf dem Gelände liegen noch einige Türstürze und Gesimse aus Sandstein mit schönen Verzierungen. Die ursprünglich vier Kalan der benachbarten **Gruppe A'** wurden fast vollständig vernichtet und sind vom Dschungel überwuchert.

Gruppe G

Auf einer Anhöhe zwischen A und E existierte bis zum Krieg ein Ensemble von fünf Gebäuden. Heute sind allein die kläglichen Reste des Kalan **G 1** von Interesse, da seine Basis von eindrucksvollen Dämonengesichtern des Gottes Kala umgeben ist. Dank einer Stele mit Sanskrit-Inschrift ist er als einziger von My Son exakt datierbar. Das Shiva-Heiligtum wurde im Shaka-Jahr 1079 (= 1157) von König Jaya Harivarman I. (reg. 1147–1166) zu Ehren seiner verstorbenen Eltern gestiftet.

Gruppe E und F

Die beiden Gruppen liegen etwas abseits und sind ebenfalls stark kriegszerstört. Das betrifft vor allem den einst gut erhaltenen **E 4.** Aus den Ruinen des benachbarten **E 1** stammt der wunderbare Altar im Cham-Museum von Da Nang. Allein der **E 7** (10. Jh.) mit zwei Kammern für die Kultgegenstände ist noch einigermaßen unversehrt.

Bei der anschließenden Gruppe F kann man an der Basis des Kalan **F 1** (7./8. Jh.) attraktive Lotosdarstellungen und die Fratzen des Dämonengottes Kala sehen. Bei den Heiligtümern der beiden Gruppen fällt auf, dass die Eingänge nach Westen und nicht wie üblich nach Osten ausgerichtet sind. Möglicherweise sollten sie dem Khe-The-Strom zugewandt sein, dessen Wasser als heilig galt.

Viele Open-Tour-Veranstalter bieten von Hoi An aus Gruppentouren nach My Son an (um 45 000 VND pro Person). Um Massen und Hitze zu meiden, empfiehlt es sich, für den Halbtagesausflug einen eigenen Wagen mit Fahrer anzuheuern (ab 15 US-$) und früh aufzubrechen (vor 7 Uhr). Die Fahrtzeit beträgt von Hoi An aus ca. 1 Std.

Entlang der Küste nach Nha Trang

Reiseatlas S. 14, 16

Die Nationalstraße 1 A verläuft entlang der Küste, vorbei an Höhenzügen und Traumbuchten. Dabei durchquert sie das einstige Stammland der Cham. Während die Heiligtümer der Cham Relikte einer untergegangenen Kultur sind, wurde das kleine Dorf My Lai zum Symbol für das maßlose Leid der Zivilbevölkerung im Krieg.

Die Küstenfahrt von Hoi An gen Süden lohnt sich nicht nur wegen ihrer landschaftlichen Reize, sondern auch wegen der Sehenswürdigkeiten. Unterwegs tauchen immer wieder Tempeltürme aus Ziegelstein auf – Überbleibsel aus den über tausend Jahren, als die Cham hier siedelten. Als guter Übernachtungsstopp bietet sich nach 270 km Qui Nhon mit einer Reihe netter Unterkünfte an.

Cham-Türme

Reiseatlas: S. 14, D 1

Bang An

Etwa 25 km südlich von Da Nang liegt in der Gemeinde Vinh Dien der Tempelturm **Bang An** (vermutlich 11. Jh.). Er ist über eine Nebenstraße zu erreichen, die nördlich des Vinh-Dien-Flusses in Richtung Osten abzweigt. Der 21,5 m hohe Kalan nimmt wegen seiner achtseitigen Form eine Ausnahmestellung in der Cham-Architektur ein. Auf seiner Ostseite schließt sich ein quadratischer Vorbau mit drei spitz zulaufenden Eingangsportalen an. Sehr schön gestaltet sind am Haupteingang die beiden Löwen mit Elefantenköpfen, Gajasimhas (tgl. 8–11, 13.30–16.30 Uhr, 10 000 VND).

Chien Dan

Ein weitaus interessanteres Cham-Heiligtum liegt direkt an der Nationalstraße 1 A im Dorf Tam An, 60 km südlich von Da Nang: die drei Cham-Türme von **Chien Dan.** Da sie in Größe und Stil der Reliefs variieren, sind sie wahrscheinlich zu unterschiedlichen Zeiten entstanden (etwa 11. Jh. bis 12. Jh.). Am besten erhalten ist der 21 m hohe mittlere Kalan mit hervorragenden Reliefarbeiten an seiner Basis aus Sandstein. Dort sind Darstellungen von Tänzern und Musikern sowie zwei Lotosblumen pflückende Elefanten zu sehen.

Nachdem polnische Restaurateure bei Grabungen eine Vielzahl von Statuen und Fragmenten ans Tageslicht beförderten, erbaute man 1997 eine kleine **Ausstellungshalle.** Zu den Exponaten zählen mythologische Tiere wie Garudas, Löwen und Nagas sowie eine sechsarmige, auf einem Büffel tanzende Durga als Töterin des Büffeldämons, Mahisha Suramardini (tgl. 8–11, 13.30–16.30 Uhr, 10 000 VND).

Khuong My

Nach weiteren 10 km erheben sich südlich der Stadt Tam Ky auf einer Anhöhe die drei Kalan von **Khuong My.** Leider ist die umzäunte Anlage oft verschlossen, weshalb die in Nord-Süd-Richtung angeordneten über 20 m hohen Ziegelsteintürme nur aus der Distanz zu sehen sind. Sie entstanden im Lauf des 10. Jh. und gelten aufgrund der filigranen Dekoration an der Ziegelsteinfassade als Vorläufer des berühmten A-1-Baustils in My Son. Typisch dafür ist das wie ein liegendes S gestaltete Rankenwerk mit Weinblattmuster. Im Cham-Museum in Da Nang sind mehrere der hier ausgegrabenen Figuren aufbewahrt, die teilweise ins 7. Jh. datieren (kein Eintritt).

Quang Ngai

Reiseatlas: S. 14, E 2

Die mittelgroße Stadt **Quang Ngai** liegt 135 km südlich von Da Nang und zieht sich am Song Tra Khuc entlang. Während der Kolonialzeit war das Gebiet um die Provinzhauptstadt mit heute etwa 120 000 Einwohnern ein Hort des Widerstands gegen die Franzosen. Dies war auch während des Vietnamkrieges der Fall, weshalb die Region unter heftigen Flächenbombardierungen und Entlaubungsaktionen zu leiden hatte. Bereits 1967 notierte der US-amerikanische Publizist und spätere Konfliktforscher Jonathan Schell, dass 70 % aller Dörfer rund um Quang Ngai zerstört worden seien. Ein Jahr später betraf dies auch einen Ort in Küstennähe, der zum Synonym für die Brutalität des Vietnamkrieges werden sollte: My Lai. Abgesehen von dem Besuch der Gedenkstätte in Son My, wie My Lai genannt wird, und dem My-Khe-Strand bietet Quang Ngai keinen Grund für einen längeren Aufenthalt.

Besuch der Gedenkstätte Son My (My Lai)

Das friedliche Dorf **Son My** liegt 13 km nordöstlich von Quang Ngai unweit des My-Khe-Strandes. Nördlich der Brücke über den Song Tra Khuc biegt eine Straße in Richtung Meer ab und passiert auch My Lai. Dort, wo am 16. März 1968 die Mitglieder der 174. Hubschrauberstaffel landeten und 504 Menschen, Alte, Frauen und Kinder, töteten, gibt es heute eine eindrucksvolle **Gedenkstätte** (Chung Tich Son My) mit viel Grün. In einem Museum illustrieren Fotos, Erläuterungen und Nachbildungen das Geschehen. Auf einer großen Marmortafel sind die Namen der Toten aufgezeichnet. Am Ort des Geschehens erinnern Nachbauten von Häusern, rekonstruierte Ruinen und Hinweisschilder an die Orte der Massaker. Die Opfer wurden in einem Massengrab beigesetzt (tgl. 7–17 Uhr, 10 000 VND).

Von Son My sind es nur wenige Kilometer zum Strand.

Mit dem Autor unterwegs

Schön anzusehen

Cham-Kunst vom Feinsten: Im kleinen, aber feinen Museum von Chien Dan sind einige herausragende Reliefs und Plastiken ausgestellt (s. S. 298).

Ein Hauch von Angkor: Die Cham-Türme von Duong Long weisen in der Form und beim Dekor Einflüsse der Khmer-Kunst des 12. Jh. auf (s. S. 303).

Schöne Tauchgründe

Cousteaus Tierwelt: Bereits der französische Meeresbiologe war vom Fisch- und Korallenreichtum in der Van-Phong-Bucht zwischen der Halbinsel Hon Gom und dem Festland fasziniert. Vom Whale Island Resort aus können Sie seinen Spuren folgen (s. S. 305f.).

Schöner wohnen

Kunst am Meer: Am traumhaft schönen Doc Let Beach, 50 km nördlich von Nha Trang, hat die Künstlerin Ki Em mit ihrem Ki-Em Art House Resort ein wunderbares Refugium für Individualisten mit Kunstsinn geschaffen (s. S. 307).

... in Quang Ngai:

Central Hotel: 784 Quang Trung, Tel. 055-82 99 99, Fax 82 24 60. Das 9-stöckige Businesshotel mit 90 sauberen Zimmern liegt nahe des Busbahnhofs und ist derzeit das erste Haus am Platz. Pool, Tennisplatz, Massagemöglichkeit vorhanden. 40–65 US-$.

Petro-Song Tra Hotel: 2 Quang Trung, Tel. 055-82 26 65, Fax 82 22 04. Das äußerlich wenig ansprechende flussnahe Stadthotel mit 88 großen Zimmern und Suiten bietet guten Komfort und Service. Zu den Einrichtun-

Der lange Schatten von My Lai

Thema

Dem Mut des Soldaten Ronald Ridenhour und dem Engagement des Journalisten Seymour Hersh ist es zu verdanken, dass das Massaker von My Lai öffentlich bekannt wurde. Doch My Lai war kein Einzelfall. Vielerorts geschahen ähnliche Kriegsverbrechen, die weitgehend ungesühnt blieben.

Es war der 8. Februar 1968. Der 20-jährige Jamie Henry stand in einer ärmlichen Hütte und zündete sich eine Zigarette an, als er aus dem Funkgerät die Stimme seines Vorgesetzen hörte. Der Leutnant erkundigte sich beim Kommandeur, was er mit den 19 Zivilisten machen solle, die sie zusammengetrieben hätten. Jener fragte zurück, ob er nicht die *operation order* kenne, und befahl: »Tötet alles, was sich bewegt!« Als Henry vor die Hütte trat, sah er, wie seine Kameraden die gefangenen Frauen und Kinder niederschossen. Zurück in den USA berichtete er über das Massaker, wurde jedoch als Vaterlandsverräter beschimpft. Das Gemetzel in dem Dorf in der Provinz Quang Nam blieb ungesühnt.

Wenige Wochen später, am 16. März 1968, geschah in My Lai ein viel schlimmeres Massaker. Kurz nachdem im Morgengrauen die 174. Hubschrauberstaffel gelandet war, begannen US-Soldaten Alte niederzumetzeln, Frauen zu vergewaltigen und Kleinkinder wie Tiere abzuschlachten. Innerhalb kurzer Zeit hatten sie 504 unschuldige Zivilisten auf bestialische Weise ermordet. Der offizielle Bericht vermeldete später die Tötung von 128 Gegnern im Kampf. Als aber Aussagen des Soldaten Ronald Ridenhour und die grauenerregenden Bilder des Fotografen Ronald L. Haeberle im November 1969 von dem Journalisten Seymour Hersh erstmals publiziert wurden, war die Öffentlichkeit geschockt. Es kam zur Gerichtsverhandlung. Von den Beteiligten wurden nur 26 angeklagt, nur einer zu lebenslanger Haft verurteilt: der verantwortliche Leutnant William Calley. Nach gerade mal drei Tagen begnadigte Präsident Nixon den Leutnant, der schließlich noch drei Jahre unter Hausarrest stehen musste.

Erst 2002 gelangte ein 9000 Seiten langer Bericht an die Öffentlichkeit, den die Vietnam War Crimes Working Group Anfang der 1970er-Jahre verfasst hatte. Dort dokumentierte sie über 300 Kriegsverbrechen von Angehörigen der US-Armee. Wie etwa jenes Massaker im Fischerdorf My Khe, das am gleichen Tag wie im benachbarten My Lai geschah. Zeugenberichten zufolge warfen Soldaten Handgranaten in Hütten und schossen auf fliehende Frauen und Kinder. Offiziell war von 39 getöteten Feinden die Rede, tatsächlich waren es über 80 Menschen.

Am schlimmsten trieb es die Tiger Force der 101. Luftlandedivision, deren Verbrechen erst 2003 von US-Journalisten dokumentiert wurden – wofür jene 2004 den Pulitzerpreis erhielten. Die 45 Mann starke Elitetruppe durchforstete zwischen Mai und November 1967 zahlreiche Dörfer im zentralen Hochland, trieb deren Bewohner zusammen und sandte sie in Sammellager. Vergewaltigungen und Verstümmelungen waren dabei an der Tagesordnung. Die Soldaten machten sich einen Spaß daraus, die Ohren der Opfer abzuschneiden und wie Trophäen auf einer Halskette zu sammeln. Der Elitetruppe konnten 81 Todesopfer nachgewiesen werden, tatsächlich waren es mehr als 120 – pro Monat.

gen zählen Pool, Tennisplatz und drei Restaurants. DZ 30–55 US-$.

... am My Khe Beach:

My Khe Resort: Km 11, Straße 24 B, Tel. 055-68 61 11, Fax 68 60 64. Das Hotel in Strandnähe ist eine gute Alternative zu den Stadtunterkünften und mit 21 plüschigen Zimmern empfehlenswert. Anstelle des gesichtslosen Restaurants gegenüber kann man in einem der vielen Seafood-Stände am Strand speisen. DZ ab 20 US-$.

... in Quang Ngai:

Quang Ngai ist bekannt für *com ga,* gekochtes Huhn auf gelbem Reis. In der Stadt bieten mehrere Lokale diese Spezialität, darunter das **Hue Restaurant** in der Nguyen Nghiem, tgl. 7–21 Uhr, und das **Com Ga Nung,** 163 A Phan Dinh Phung, tgl. 7–21.30 Uhr. Gericht ab 10 000 VND.

... am My Ke Beach:

Direkt am Strand kann man in einem der vielen Seafood-Stände speisen.

Züge

Der **Bahnhof** liegt 3 km westlich des Stadtzentrums an der Hung Vuong und ist 5 x tgl. Stopp der Züge gen Süden nach Nha Trang (405 km, 8–9 Std.) und über Da Nang (135 km, 3 Std.) nach Norden.

Busse

Der **Ben Xe Quang Ngai** befindet sich an der Quang Trung und ist Ausgangspunkt für Busse nach Da Nang (135 km, 4 Std.), Qui Nhon (165 km, 4 Std.) und Nha Trang (405 km, 7 Std.).

Unterwegs nach Qui Nhon

Reiseatlas: S. 14, E 2–S. 16, F 1

Auf der Weiterfahrt nach Qui Nhon – von Quang Ngai sind es 165 km – durchquert man ein fruchtbares Gebiet mit Kokospalmen und Reisfeldern. Ein beliebter Halt für Touristenbusse ist 60 km weiter in **Sa Huynh,** einem lauschigen Strand mit wiegenden Palmen und feinem Sand, aber derzeit leider wenig einladenden Resorts. Der Ort ist Namensgeber einer Zivilisation, die in den letzten vorchristlichen Jahrhunderten an der Küste Zentralvietnams verbreitet war. Es wurden Grabstätten mit meterhohen Keramikurnen und wertvollen Beigaben wie Schmuckstücke und Gefäße entdeckt. Etwa 20 km vor Qui Nhon ist die Stadt Binh Dinh erreicht.

Binh Dinh

Die wenig attraktive Provinzstadt Binh Dinh ist ein wichtiger Verkehrsknotenpunkt, denn hier zweigt die Nationalstraße 19 in Richtung Hochland nach Plei Ku (150 km) ab. Zudem führt eine Straße an die Küste nach Qui Nhon. Binh Dinh war ab dem 11. Jh. Zentrum des Cham-Reiches Vijaya. Hier wurde 1471 die Jahrhunderte währende Dominanz der Cham in Zentralvietnam endgültig gebrochen, nachdem die Armee des vietnamesischen Königs Le Thanh Tong die letzte große Metropole dem Erdboden gleichmacht hatte.

Mehrere Tempeltürme erinnern an die untergegangene Kultur, darunter der Turm der Khmer, **Thoc Loc.** Der aus dem frühen 13. Jh. stammende Sakralbau erhebt sich etwa 10 km vor Binh Dinh auf einer Anhöhe östlich der 1 A. Der anstrengende Aufstieg lohnt sich schon der Aussicht wegen (Eintritt frei).

Im gleichen Zeitraum wurde der Kupferturm, **Canh Tien,** 2 km weiter westlich der Nationalstraße 1 A errichtet. Das ebenfalls auf einem Hügel gelegene Heiligtum dominierte einst das Stadtbild der heute komplett verschwundenen Metropole Vijaya. Die in vietnamesischen Chroniken Cha Ban genannte Stadt gewann an Bedeutung, nachdem sich dort um 1000 der Cham-König Yan Pu Ku Vijaya (reg. 999–?) niedergelassen hatte. Seine ursprüngliche Residenz in Indrapura, Dong Duong, musste er infolge der Übermacht der Armee des Viet-Herrschers Le Dai Hanh (reg. 979–1005) aufgeben. Nach fast einem halben Jahrtausend wurde auch Vijaya Opfer der vietnamesischen Expansionsbestrebungen und 1471 komplett zerstört. Bei Ausgrabungen in den 1930er-Jahren kamen Fundamentreste der Stadtbefestigung zutage. Der

Im Museum von Phu Phong ehren Heldenaltäre die Anführer der Tay-Son-Revolte im 18. Jahrhundert

schlanke Kalan des Canh Tien wirkt sehr elegant. Gut erhalten sind an den oberen Ecken das flammenartige Dekor mit Köpfen von Makaras, krokodilartigen Wesen (Schutzgeister).

An der Nationalstraße 19

Reiseatlas: S. 16, E/F 1
Weitere Sanktuarien der Cham befinden sich in der Nähe der Nationalstraße 19 nach Plei Ku, die durch eine fruchtbare Ebene führt. Nicht weit entfernt windet sich der Song Con vom Hochland in Richtung Meer. Etwa 20 km westlich von Binh Dinh zweigt eine schmale Straße rechts ab und verengt sich zu einem schmalen Pfad, der nur mit einem Moped befahren werden kann. Nach nur 2 km erhebt sich inmitten der Felder der Cham-Turm **Thu Thien** aus dem 13. Jh. (Eintritt frei).

Quang-Trung-Museum

Wieder zurück auf die N 19 und weiter Richtung Westen, zweigt nach weiteren 7 km in

Phu Phong eine Landstraße nach Norden ab. Schon bald nach der Überquerung des Song Con erreicht man das **Quang-Trung-Museum** (Bao Thang Quang Trung). Der in ein weitläufiges Gelände eingebettete Prachtbau mit schweren Walmdächern erinnert mit drei Altären an die Brüder Nguyen Nhac, Nguyen Lu und Nguyen Hue, die 1771 von ihrer Heimat in Tay Son aus einen landesweiten Aufstand entfachten, der die politischen Verhältnisse Vietnams nachhaltig veränderte (s. S. 36). Auf dem mittleren Altar wird Nguyen Hue verehrt, der zwischen 1789 und 1792 von Phu Xuan (Hue) aus als Quang-Trung-Herrscher regierte. Am Fünften des ersten Mondmonats – meist im Februar – findet das große **Dong-Da-Festival** zu Ehren der Rebellen statt (tgl. 7–11, 14–17 Uhr, 10 000 VND).

Duong Long

Reiseatlas: S. 16, E 1
Die Landstraße verläuft weiter Richtung Osten bis zum etwa 12 km entfernten Dorf Tay Binh. Dort sind die drei 25 bzw. 30 m hohen Türme von **Duong Long** sehenswert. Das auch unter dem Namen Thap Nga, Elfenbeinturm, bekannte Heiligtum weist deutliche Einflüsse der Khmer-Kunst des 12. Jh. auf. Dies verwundert nicht weiter, denn in diesem Jahrhundert waren die Kontakte der beiden Völker sehr intensiv. Allerdings eher negativer Art, denn Chroniken und Inschriften berichten von zahlreichen militärischen Konflikten. So nahmen die Cham 1177 die damals größte südostasiatische Stadt Angkor Thom ein.

Typisch für die Khmer-Architektur jener Zeit ist die pyramidenförmige Spitze (Shikhara) mit einem runden, lotosförmigen Abschluss aus Sandstein. Die Naga-Schlangen mit fünf bis sieben Köpfen über den Türen und Scheintüren zeigen Parallelen zu jenen von Angkor Wat. Am besten erhalten sind die Darstellungen am Nord- und Südturm. Der Sandstein nimmt hier als Baumaterial allerdings eine gewichtigere Rolle ein als in der Cham-Architektur sonst üblich (Eintritt frei).

Qui Nhon und Umgebung

Reiseatlas: S. 16, E 1
Das sympathische, wenn auch etwas langweilige **Qui Nhon** (auch Quy Nhon geschrieben) breitet sich auf einer Landzunge aus, die wie ein Vogelschnabel ins Meer hineinragt. Die lang gezogene Halbinsel Phuong Mai bietet einen natürlichen Schutz vor der offenen See. An sich gibt die Hafenstadt mit etwa 260 000 Einwohnern wenig Anlass, einen Stopp einzulegen. Nur wer sich für die Cham-Kultur interessiert, mag hier auf seine Kosten kommen. Während der Stadtstrand eher zum abendlichen Flanieren geeignet ist, schließen sich im Süden einige nette Buchten mit Bademöglichkeiten an. In einer von ihnen liegt das bekannte Life Wellness Resort, das sich für einige entspannende Tage anbietet.

In Qui Nhon lohnt ein kurzer Besuch im **Binh-Dinh-Museum** (Bao Tang Binh Dinh), wo es neben den üblichen Propagandabildern einige Dekorteile von Cham-Türmen zu sehen gibt (Mo–Fr 7–11, 14–17 Uhr, Eintritt frei).

Hung Thanh (Thap Doi)

Unweit der Ausfallstraße ragen etwa 2 km nordwestlich von Qui Nhon die beiden Kalan von **Hung Thanh** aus einem dicht bebauten Wohngebiet. Die Bewohner nennen sie auch Thap Doi, Zwillingstürme. Sie werden ins 12. Jh. datiert, weil ihre pyramidenförmigen Spitzen wie bei den Tempeltürmen von Duong Long Ähnlichkeiten mit den Shikhara des kambodschanischen Angkor Wat aufweisen (Eintritt frei).

Banh It (Thap Bac)

Einige Kilometer nordwestlich der Stadt dominiert auf einer Anhöhe das Gebäudeensemble des **Banh It** (Reiskuchenturm) das Landschaftsbild. Das auch Thap Bac, Silberturm, genannte Heiligtum aus dem frühen 11. Jh. besteht aus vier Gebäuden, darunter einem **Kalan** auf der Hügelspitze. Der eher schlichte Tempelturm wird von einer abgestuften dreiteiligen Spitze abgeschlossen. Die Miniaturkalan an den vier Ecken wurden bei späteren Cham-Heiligtümern häufig kopiert. Südlich des Kalan ist ein **länglicher Bau** mit geschwungenem Dach vorgelagert. Er diente zur Aufbewahrung der Zeremonialgeräte und besticht durch eine fein gearbeitete Ornamentik an der Fassade. Garudas, mythologische Vogelwesen, scheinen mit ihren ausgestreckten Armen die Seitenwände stützen zu wollen.

Der einstige Zugang erfolgte durch den etwas tiefer gelegenen **Eingangspavillon** im Osten. Als viertes Gebäude ist noch ein eleganter **Stelenturm** zu sehen, an dessen vier Seiten spitz zulaufende Torbögen ins Innere führen. Die Inschrift ist jedoch verschwunden (tgl. 7–11, 13.30–16.30 Uhr, 10 000 VND).

Binh Dinh Tourist: 10 Nguyen Hue, Tel. 056-89 25 24, Mo–Fr 9–17 Uhr. Neben dem Qui Nhon Hotel. Ist mehr am Verkauf von Touren interessiert.

Barbara's Kiwi Connection: 18 Nguyen Hue. Eignet sich als gute Infobörse.

Resort Hoang Anh: 1 Han Mac Tu, Tel. 056-74 71 00, Fax 74 71 11, www.hagl.com.vn. Das lang gezogene Resort liegt am Westende des Stadtstrandes von Qui Nhon und bietet 150 zumeist komfortable Zimmer. Mit Tennisplatz, zwei Swimmingpools und einem wie ein Schiff gestalteten Restaurant zählt es zu den besten Unterkünften der Stadt. Insgesamt wirkt es recht unpersönlich. DZ ab 64 US-$, Suite ab 116 US-$.

Sai Gon Quy Nhon Hotel: 24 Nguyen Hue, Tel. 056-82 99 22, Fax 82 81 28, www.saigonquynhonhotel.com.vn. Beliebtes Businesshotel mit 148 geschmackvollen Zimmern im Herzen der Stadt. Das Angebot reicht von Business-Center bis Pool und Spa. Wi-Fi in den Deluxe-Zimmern und Suiten. Tipp: Das Seaview Café im 8. Stock bietet tolle Ausblicke. DZ ab 45 US-$.

Hoang Yen Hotel: 5 An Duong Vuong, Tel. 056-74 69 00, Fax 74 67 56, www.hoangyenhotel.com.vn. Etwas klobiger Hotelkasten mit elf Etagen direkt am Strand. Die 90 großen Zimmer sind recht plüschig, doch für den Preis in Ordnung. Schöner Tennisplatz und großer Pool. DZ 20–45 US-$.

... am Bai Dai Beach
(etwa 15 km südl. der Stadt):

Life Wellness Resort: 55 Ghenh Rang, Tel. 056-84 01 32, Fax 84 01 38, www.life-resorts.com. Äußerst stilvolle, 13,5 ha große Anlage in einer ruhigen Bucht mit 66 Zimmern. Bei Architektur und Dekor wurden Elemente der Cham-Kunst verwendet. Das Spa hat einen hervorragenden Ruf. Pool und Restaurant mit Meerblick. Gutes Preis-Leistungs-Verhältnis mit attraktiven Angeboten. DZ ab 98 US-$.

In den Seitenstraßen Tran Doc und Nguyen Lac am Westende der Nguyen Hue gibt es mehrere **gute Seafood-Lokale.** Beim Verkehrskreisel, wo die Ngo May und An Vuong Duong aufeinandertreffen, laden mehrer **Straßenstände** zu einem kühlen Bier ein. Zu den Spezialitäten der Provinz zählt *banh it la gai,* eine Mischung aus gemahlenem Klebereis, Zucker, Gemüse und grünen Bohnen.

Dong: 26 Nguyen Lac, Tel. 056-82 48 77, tgl. 8–22 Uhr. Eine gute Adresse für Seafood-Liebhaber mit zwei Openair-Etagen. Allerdings wird kaum Englisch gesprochen. Gerichte ab 50 000 VND.

2000 Seafood: 1 Tran Doc, Tel. 056-81 45 03, tgl. 8–23 Uhr. Ein weiteres Eldorado für essbares Meeresgetier. Hier werden auch gute Feuertöpfe *(lau)* serviert. Gerichte ab 40 000 VND.

Que Huong: 125 Tang Bat Ho, tgl. 8–22 Uhr. Das bei Einheimischen beliebte Restaurant ist abends oft voll. Ausgezeichnete Seafood-Küche ab 35 000 VND.

Barbara's Kiwi Connection: 18 Nguyen Hue, Tel. 056-89 29 21, tgl. 7–23 Uhr. Der Name des Gästehauses verrät die Herkunft der Eignerin. Guter Ort für Snacks, Fruchtsäfte und schmackhafte Schnellgerichte. Ab 20 000 VND.

Flüge

Der Flughafen **Phu Cat** liegt 35 km nördlich von Qui Nhon. Minibusse (40 000 VND) starten vor Abflug vom Büro der Vietnam Airlines, 55 Le Hong Phong, Tel. 056-82 53 13. Bislang wird Phu Cat 1–2 x tgl. mit Ho-Chi-Minh-Stadt verbunden.

Züge

Der nächste größere Bahnhof ist der **Ga Dieu Tri,** 10 km westlich der Stadt. Dort halten 7 x tgl. Züge in Richtung Norden und Süden (Nha Trang, 240 km, 4,5 Std.). Ein Taxi benötigt etwa 20 Min (ca. 70 000 VND).

Busse

Der **Ben Xe Qui Nhon** liegt südwestlich des Stadtzentrums an der Kreuzung Tay Son/ Nguyen Thai Hoc und wird von mehreren privaten Busunternehmen frequentiert. Die meisten Abfahrten sind vormittags, darunter nach Da Nang (300 km, 6 Std.), Plei Ku (165 km, 3–4 Std.), Nha Trang (240 km, 5–6 Std.) und Saigon (500 km, 10 Std.). Qui Nhon ist auch Stopp der Open-Tour-Busse.

Taxis

Huong Tra Taxi, Tel. 056-84 77 77
Mai Linh Taxi, Tel. 056-54 66 66
Minh Tuan Taxi, 056-81 28 12

Küstenstraße nach Nha Trang

Reiseatlas: S. 16, F 1–4

Die 240 km lange Strecke zwischen Qui Nhon und Nha Trang zählt zu den attraktivsten Zentralvietnams. Fruchtbare Ebenen wechseln sich mit Bergzügen ab, die immer wieder herrliche Panoramablicke bieten. Etwa 20 km südlich von Qui Nhon windet sich die Nationalstraße 1 A über den 245 m hohen **Deo Cu Mong.** Er bildet die Grenze zwischen den Provinzen Binh Dinh und Phu Yen. Die Straße führt vorbei an fischreichen Lagunen und lebendigen Siedlungen. Der Ort **Song Cau** lädt zu einem Stopp am Fischerhafen ein. Alternativ zur N 1 A kann man auch von Qui Nhon aus die gut ausgebaute Küstenstraße nehmen. Sie mündet südlich von Binh Thanh in die N 1 A.

Thuy Hoa

Nach etwa 120 km ist **Thuy Hoa** erreicht. Die rege Hauptstadt der Provinz Phu Yen bietet sich bei Bedarf als Übernachtungsstopp an. Vom nahen Flughafen verkehren mehrmals wöchentlich Maschinen nach Ho-Chi-Minh-Stadt. Im Norden der Stadt mit etwa 200 000 Einwohnern liegt die Chua Bao Lam mit einem gleißend weißen Buddha. Auf einem Hügel zwischen Thuy Hoa und dem breiten Song Da Rang im Süden wiederum thront das im 11. Jh. erbaute Cham-Heiligtum **Nhan Thap** (Schwalbenturm).

Dai Lanh

Unweit von **Dai Lanh,** etwa 150 km von Qui Nhon entfernt, ist der östlichste Punkt Vietnams erreicht. Die Franzosen nannten den ins Meer hineinragenden Felsvorsprung Cape Varella. Dai Lanh ist wegen seines äußerst schönen Strandes bekannt, der jedoch noch weitgehend unerschlossen ist. Im Süden geht der Strand in eine kilometerlange Sanddüne über, die mit der 30 km langen Halbinsel Hon Gom verbunden ist. Etwas im Landesinneren winden sich sowohl die Bahnlinie als auch die N 1 A über den **Deo Dai Lanh.** Hier verläuft auch die Grenze zur Provinz Khanh Hoa. Nach Nha Trang sind es ungefähr 80 km.

Hon Gom und Hon Ong

Noch ist die Halbinsel **Hon Gom** eher ein Geheimtipp, doch die menschenleeren Strände, das kristallklare Wasser und die faszinierende Unterwasserwelt locken immer mehr Touristen an. Bereits Jacques Cousteau war vom Fisch- und Korallenreichtum fasziniert, als er in den 1930er-Jahren als Meeresforscher die Van-Phong-Bucht zwischen Hon Gom und der Küste erkundete. Eine Straße führt vom Festland bis zum Fischerdorf Dam Mon. Von dort starten Fähren zur benachbarten kleinen Walfischinsel, **Hon Ong,** wo die bislang einzige akzeptable Unterkunft liegt. Doch dies wird sich sicherlich bald ändern. Tauch- und Badesaison ist zwischen Februar und Oktober. Von April bis Juli ist die Chance groß, Wale und Walhaie zu sichten.

Die Einheimischen schätzen die Strände in der Umgebung von Nha Trang. Diese traumhafte Bucht liegt nördlich der Stadt

Whale Island Resort: Hon Ong, Tel./Fax 058-84 05 01, www.whaleislandresort.com. Das Resort liegt auf der kleinen Insel Hon Ong und ist ein wunderbares Refugium für Erholungssuchende ebenso wie Aktive. Die 23 einfachen, aber geschmackvollen Bungalows verstecken sich hinter üppiger Vegetation entlang des Strandes. Zu den Wassersportaktivitäten zählen Kayaking, Windsurfen, Segeln, Schnorcheln und Tauchen. Kostenloser **Pick-up-Service von Nha Trang** (ca. 2,5 Std.). Frühzeitig buchen, da häufig voll! DZ ab 125 US-$ mit Vollpension.

Tauchen: Rainbow Divers nutzt Whale Island Resort als Ausgangsbasis für eine Reihe von Tauchtouren. Infos unter www.divevietnam.com.

Das Whale Island Resort arrangiert für seine Gäste einen **kostenlosen Transport** von Nha Trang oder Thuy Hoa. Mit dem Mietwagen kann man bis zum Dorf Dam Mon

fahren und dann eine Fähre nach Hon Ong nehmen.

Doc Let Beach

Ein weiteres, bislang wenig besuchtes Refugium für Naturliebhaber und Badeurlauber ist die Halbinsel **Hon Khoi,** knapp 40 km nördlich von Nha Trang. Dort erstreckt sich der sichelförmige **Doc Let Beach.** Bislang besuchen vorwiegend Tagestouristen aus Nha Trang den feinsandigen Sandstrand mit schattigen Kasuarinen-Hainen (3000 VND Gebühr). Doch seitdem einige nette Resorts ihre Pforten öffneten, bietet er sich auch für mehrtägige Aufenthalte an. Er ist eine (noch) ruhige Alternative zum quirligen Nha Trang. Auf der Halbinsel kann man das Fischerdorf Dong Hai aufsuchen oder am Meer die Salzgewinnung studieren.

Ki-Em Art House Resort: Tel. 058-67 09 52, Fax 67 09 54, www.ki-em.com. Mit nur 8 Villen, davon 2 mit Meerblick, ein wunderbares Refugium für kunstsinnige Individualisten. Es gibt einen Meditationsraum, eine Kunstgalerie und einen offenen Pavillon für die Mahlzeiten. Der große Garten eignet sich hervorragend für Familien. Villen ab 107 US-$ mit Vollpension.
White Sand Doclet Resort & Spa: Tel. 058-67 06 70, Fax 67 16 71, www.whitesandresort.com.vn. Das schöne Resort mit 28 Zimmern und 16 Bungalows erstreckt sich an einem 600 m langen Strandabschnitt und bietet gute Essens- und Wassersportmöglichkeiten. Mit großem Pool und gutem Spa. Besonders für Familien geeignet. DZ ab 76 US-$, Bungalows ab 94 US-$ mit Frühstück.
Doc Let Beach Resort: Tel. 058-84 91 52, Fax 84 95 06, docletresort@dng.vnn.vn. Das halbstaatliche Resort am Südende des Strandes ist etwas in die Jahre gekommen, doch die 44 Bungalows sind im Gegensatz zu den 10 Zimmern okay. Gute Restaurants, Tennisplatz und natürlich Karaoke. Bungalows ab 22 US-$ mit Frühstück.

Ninh Hoa und Ba-Ho-Wasserfälle

In dem lebendigen Ort **Ninh Hoa** zweigt von der N 1 A die Nationalstraße 26 in Richtung Westen ab und führt bis nach Buan Ma Thuot im zentralen Hochland. Etwas weiter südlich lohnt sich ein Halt bei den schönen **Ba-Ho-Wasserfällen,** wo das Wasser über mehrere Stufen in drei Becken *(ba ho)* stürzt. Sie liegen einige Kilometer westlich der N 1 A in den Bergen. Der Weg ist ausgeschildert. Nach Nha Trang sind es noch etwa 25 km.

10 Nha Trang

Cityplan S. 310

Mehr als 300 Sonnentage im Jahr, angenehme Durchschnittstemperaturen von 27 °C, attraktive Tauchgründe und Bilderbuchstrände haben die Stadt zu einem der beliebtesten Urlaubsziele des Landes werden lassen. Nha Trang zeigt sich beschwingt und lässig. Ein Hauch von Côte d'Azur liegt in der Luft.

Cityplan: S. 310

Nha Trang erwacht. Der rötliche Sonnenball steigt aus dem Meer, eine kühle Brise lässt die Palmen erzittern, am Strand herrscht ein buntes Treiben. Kinder tollen im Wasser, ältere Menschen machen ihre Gymnastikübungen. Bereits morgens um 6 Uhr scheint die ganze Stadt auf den Beinen zu sein. Wie ein Magnet zieht das Meer Einheimische wie Urlauber in seinen Bann.

Für die Vietnamesen ist Nha Trang fraglos das Seebad Nummer eins. In die Höhe strebende Hotelbauten am breiten Strandboulevard geben der 350 000 Einwohner zählenden Stadt an der Mündung des Song Cai ein zunehmend mondänes Gesicht. Die von Bergketten umschlossene Bucht und der geringe Niederschlag von nur 1745 mm garantieren ein ganzjährig angenehmes Klima. Immer mehr Menschen ziehen in die Region, angelockt vom Reichtum des Meeres, den fruchtbaren Böden und in zunehmendem Maße auch vom Tourismus. Nha Trang ist Verwaltungssitz der Provinz Khanh Hoa.

Geschichte

Über Jahrhunderte hinweg lag am Ufer des Cai-Flusses das religiöse und kulturelle Zentrum des Cham-Königreiches Kauthara. Höchstwahrscheinlich leitet sich der Stadtname von Aya Trang, dem Cham-Wort für Flussschilf, ab. In die Hand der Vietnamesen gelangte die Küstenregion erst 1653, als unter dem militärischen Druck des Fürsten Nguyen Phuc Tan (reg. 1648–1687) die dort siedelnden Cham weiter nach Süden abgedrängt worden waren. Die Vorzüge der Bucht lernten später auch die Franzosen schnell schätzen, die aus Nha Trang ein koloniales Seebad machten. Prominenten Zuwachs erhielt die Stadt in den 1920er-Jahren, als sich der letzte Nguyen-Herrscher Bao Dai fünf Sommervillen erbauen ließ. Während des Krieges war Nha Trang ein wichtiger Stützpunkt der US-Marine. Nach der ›Befreiung‹ durch nordvietnamesische Truppen am 2. April 1975 versank es in sozialistische Tristesse. Doch dies hat sich seit dem wirtschaftlichen Aufschwung gewaltig geändert. Nha Trang ist zu einer quirligen Metropole herangewachsen.

Po Nagar (Thap Ba)

Nördlich des Song Cai erhebt sich auf einer kleinen Anhöhe das bedeutende Cham-Heiligtum **Po Nagar** 1 (Thap Ba). Bereits ab dem 4. Jh. verehrten die Cham hier die Himmlische Mutter der Königsstadt, Po Yang Ino Nagar. Mit dieser Fruchtbarkeitsgottheit verbanden sie den Kult um die Hindugöttin Bhagavati (auch Parvati), der Gefährtin Shivas. Nach der Verdrängung der Cham im 15. Jh. adaptierten die Vietnamesen den Kult und machten aus Po Nagar die Himmlische Mutter, Thien Y Thanh Mau. Sie wird bis heute verehrt, besonders zu ihrem Fest vom 20. bis 23. Tag des dritten Mondmonats (tgl. 8–17 Uhr, 4500 VND).

Mandapa (Vorhalle)

Mehrere, zwischen dem 8. und 14. Jh. datierte Inschriften schildern die wechselhafte Geschichte des Tempels. Der älteste Bericht erwähnt seinen Wiederaufbau im Jahr 784. Einige Jahrzehnte später kam der noch heute am Fuß des Hügels zu sehende **Mandapa** hinzu. Von ihm sind die Basis und in vier Reihen angeordnete Säulenstümpfe erhalten geblieben. Der Vorhalle schließen sich hohe Stufen an, die zur oberen Ebene führen, von der sich ein schöner Blick auf den Fluss bietet. Heute kann man eine seitliche Treppe nehmen.

Haupt-Kalan

Größtes Bauwerk ist der fast 23 m hohe **Haupt-Kalan** (11. Jh.). Mit seinem konisch geformten dreiteiligen Dach und den spitz zulaufenden Scheintüren prägte er einen eigenen Stil. Über den Vorbau im Osten gelangen die Besucher unbeschuht ins Innere des Heiligtums. An den beiden Seiten des Eingangs sind noch die Sanskrit-Inschriften aus dem 11. und 13. Jh. erhalten, die über Schenkungen der Stifter-Könige berichten. Im Giebelfeld wird Durga als Mahisha Suramardini auf einem Wasserbüffel tanzend gezeigt. In dieses Tier hatte sich ein Dämon verwandelt, als er von der Gemahlin Shivas getötet wurde. Durga hält die Attribute der drei höchsten Gottheiten in ihren Händen: den Dreizack Shivas, die Lotosblume Brahmas und das Chakra-Rad Vishnus. Im Innern des Kalan wird die in ein prächtiges gelbes Gewand gehüllte Po Yang Ino Nagar verehrt. Die beiden Wächter-Elefanten seitlich von ihr sind aus Eisenholz und sollen noch aus dem 8. oder 9. Jh. stammen.

Weitere Türme

Der **Nordwestturm** (2. Hälfte 10. Jh.) war einst Ganesha geweiht und zeigt auf seinen Seiten Tierdarstellungen, im Süden den Vogel Garuda, im Norden einen Löwen und im Westen wohl Indra auf dem Elefanten Airavata. Das Dach des Kalan ist wie ein Bootsrumpf geschwungen. Heute sind im Inneren eine weitere Statue von Po Yang Ino Nagar und ein Lingam zu finden. Südlich des Haupt-Kalan schließt sich der **Zentralturm** (12. Jh.)

Mit dem Autor unterwegs

Dem Wasser so nah

Tauchen in der Bucht: Die Unterwasserwelt rund um die Inseln Hon Mun und Hon Mot zählt zu den schönsten in der Region. In Nha Trang gibt es eine Reihe guter Tauchschulen (s. S. 316).

Bootsfahrt auf dem Song Cai: Nicht nur die Bucht bietet sich für Fahrten mit dem Boot an, sondern auch der Cai-Fluss. Besonders schön ist die Stimmung am Nachmittag (s. S. 317).

›Berauscht‹ essen

Tolle Atmosphäre: Der Nha Trang Sailing Club ist das Richtige für Feinschmecker und Nachteulen. Die Stimmung ist so berauschend wie die Brandung des nahen Meeres (s. S. 315).

Vietnam in Schwarz-Weiß

Long Thanh Studio & Gallery: Long Thanh zählt zu den renommiertesten Fotografen Vietnams. Seine eindrucksvollen Schwarzweißbilder wurden weltweit ausgestellt, auch in Deutschland. Wie wenige vermag der 1951 in Nha Trang geborene Künstler sein Heimatland zu proträtieren (s. S. 316).

Gut zu wissen

Finstere Gestalten: Vor allem Frauen sollten sich nachts nicht allein zum Strand begeben. Auch beim Flanieren entlang des Boulevards Tran Phu ist zu später Stunde Vorsicht geboten. Nicht selten lungern dort alkoholisierte oder unter Drogen stehende Gestalten herum.

Nha Trang: Cityplan

mit stark zerfallenem Dach an. Bei seiner Errichtung wurden die Ziegel des Vorgängerbaus verwendet.

Im dunklen Innern wird ein kleiner Lingam mit einem Frauenbrustring an der Basis verehrt. Auch der benachbarte Südturm birgt einen Lingam.

Weitere Sehenswürdigkeiten

Fischerhafen

Auf dem Weg zum Po Nagar empfiehlt sich ein Stopp am fotogenen **Fischerhafen** 2 im Mündungsbereich des Cai-Flusses. Vor-

Sehenswürdigkeiten
1 Po Nagar
2 Fischerhafen
3 Cho Dam (Markt)
4 Stadtstrand
5 Pasteur-Institut
6 Kathedrale
7 Chua Long Son
8 Buddha-Statue
9 Museum des Ozeanografischen Instituts
10 Hon Chong

Übernachten
1 Evason Ana Mandara
2 Sunrise Beach Resort
3 Yasaka Saigon-Nha Trang Hotel
4 Que Huong
5 Nha Trang Lodge
6 Green Hotel
7 Bao Dai's Villas
8 Vien Dong Hotel
9 Nha Trang Beach Hotel
10 Perfum Grass Inn
11 Sofitel Vinpearl Resort & Spa
12 Evason Hideaway at Ana Mandara

Essen und Trinken
13 Nha Trang Sailing Club
14 Good Morning Vietnam
15 Good Morning Thailand
16 Four Seasons
17 Truc Linh
18 Ngoc Suong
19 La Louisiane
20 Omar's Indian Restaurant
21 El Coyote
22 Lac Canh 1
23 Lac Canh 2

mittags von der Tran-Phu-Brücke in Meeresnähe oder nachmittags von der Xom-Bong-Brücke am Fuß des Cham-Heiligtums lassen sich die bunt bemalten Fischerboote und die markanten runden Korbboote wunderbar fotografieren. Die Vietnamesen nennen diese wie Eierschalen im Wasser tänzelnden Gefährte *thung chai,* Pechkörbe, weil der geflochtene Bambus mit Pech abgedichtet ist.

Markt

Im nördlichen Teil des Stadtzentrums liegt der quirlige Stadtmarkt **Cho Dam** 3 mit einem vielfältigen Angebot an Waren (tgl. 6–19 Uhr). An Ständen vor dem Haupteingang werden getrocknete Tintenfische und anderes Meeresgetier angeboten. Um den markanten Rundbau aus dem Jahr 1972 gruppieren sich zahlreiche Geschäfte und Garküchen.

Stadtstrand

Der über 6 km lange **Stadtstrand** 4 mit feinem goldgelben Sand lädt nicht nur zum Sprung ins Meer, sondern auch zu langen Spaziergängen ein. Vom parallel zum Strand verlaufenden Tran-Phu-Boulevard ist er durch Kasuarinen und Kokosnusspalmen abgetrennt, sodass sich auch immer ein schattiges Plätzchen findet. Zahlreiche Cafés und Restaurants bieten gute Einkehrmöglichkeiten.

Pasteur Institut

Zu den berühmtesten wissenschaftlichen Einrichtungen Nha Trangs zählt das **Pasteur-Institut** 5 (Vien Pasteur Nha Trang) an der 8–10 Tran Phu. Gegründet wurde es 1895 von Dr. Alexandre Yersin (1863–1943). Der Schweizer Arzt war 1891 nach Vietnam gekommen, nachdem er mehrere Jahre in Paris mit Louis Pasteur zusammen geforscht und dort mit einem Mitarbeiter den Diphtherie-Erreger entdeckt hatte. 1894 gelang ihm in Hong Kong die Isolierung des nach ihm benannten Pestbazillus *Yersinia pestis.* In Vietnam organisierte er das Gesundheitswesen.

Doch auch für die Kolonialwirtschaft setzte Yersin elementare Impulse, als er den Kautschuk- und Chinarindenbaum zur Gewinnung von Latex bzw. Chinin heimisch machte. Yersin ist einer der wenigen Europäer der Kolonialzeit, die bis heute von den Vietnamesen respektiert werden. Nach ihm sind landesweit viele Straßen benannt. Für die Bewohner Nha Trangs entwickelte er ein Taifun-Frühwarnsystem; auf seine Initiative hin wurde zudem der Luftkurort Da Lat gegründet. Sein einfaches Grab liegt auf einem Hügel beim Dorf Suoi Dau, 20 km südlich von Nha Trang.

Im Institut ist ihm ein informatives **Museum** (Bao Tang Yersin) mit Bibliothek und alten Forschungsgeräten gewidmet (Mo–Fr 7–11, 14–16.30, Sa 7–11 Uhr, 26 000 VND).

Kathedrale

Die Stadt ist seit dem Jahr 1930 Sitz eines katholischen Bischofs, dessen düstergraue **Kathedrale** 6 (Nha Tho Chanh Toa Nha Trang) auf einer Anhöhe unweit des Bahnhofs weithin zu sehen ist. Das neogotische Gotteshaus wurde 1933 eingeweiht und besitzt schöne Buntglasfenster. Auf der Zufahrt werden in kleinen Nischen die Urnen der Verstorbenen aufbewahrt (werktags ab 5.30 und ab 16.30 Uhr zu den Gottesdiensten).

Chua Long Son

Vorbei am Bahnhof gelangt man über die Ausfallstraße Thai Nguyen zum wichtigsten buddhistischen Kloster von Nha Trang, der Pagode des Drachenberges, **Chua Long Son** 7. Erstmals 1886 erbaut, wurde sie später immer wieder verändert, zuletzt 1975. Das Kloster ist Sitz einer bedeutenden Schule für Mönche und Nonnen. Im Inneren der Haupthalle sind Wandbilder mit Szenen aus dem Leben Buddhas zu sehen. An vielen Stellen sind Marmortafeln mit Weisheitssprüchen aus der Schrift Dhammapada angebracht.

Auf der rechten Seite des Hauptgebäudes führen 152 Stufen auf den Trai-Thuy-Hügel mit einem weithin sichtbaren, auf einem Lotosthron sitzenden **Buddha** 8 (Kim Than Phat To). Am Sockel der 14 m großen, weiß bemalten Betonfigur sind von Flammen eingerahmte Porträts von Mönchen und Nonnen zu sehen. Sie hatten sich aus Protest gegen die Buddhistenverfolgung unter dem Präsidenten Diem verbrannt. An mehreren Seiten der 1967 errichteten Statue befinden sich Mauern mit Nischen für die Urnen Verstorbener.

Museum des Ozeanografischen Instituts

Südlich des Stadtstrandes befindet sich in unmittelbarer Nähe zum Hafen an der 1 Cau Da das sehenswerte **Museum des Ozeanografischen Instituts** 9 (Bao Tang Hai Duong Hoc). In den Räumen und Aquarien der 1922 eröffneten Forschungsstation erhalten Besucher einen guten Einblick in die Unterwasserwelt. Zu der Sammlung von mittlerweile über 20 000 Arten zählt das 1994 gefundene 10 t schwere Skelett eines Buckelwals (tgl. außer feiertags 6–18 Uhr, 15 000 VND).

Landzunge Hon Chong

Etwa 1,5 km nördlich von Po Nagar ragt die kleine Landzunge **Hon Chong** 10 mit einer Gruppe Granitfelsen an der Spitze ins Meer hinein. Diese Felsen sind mit einer Liebesgeschichte verbunden: Es war einmal eine Fee, die nackt im Meer badete. Ein Riese beobachtete die Szene und verliebte sich in die Schönheit. Auch sie war ihm zugeneigt und die beiden wurden ein Paar – zum Ärgernis der Götter, die den Giganten mit aller Macht vertrieben. Nach vergeblichem Warten auf ihren Geliebten verwandelte sich die Fee aus Gram zu Stein und wurde zum Nui Co Tien (Feenberg). Der Riese kehrte zurück, hinterließ einen Handabdruck im Felsen und versteinerte vor Trauer ebenfalls. Der **Hon-Chong-Strand** im Anschluss an die Landzunge ist zwar nicht so schön wie der Stadtstrand, dafür aber ruhiger.

Ausflug ins Meeresschutzgebiet Hon Mun

In der Bucht von Nha Trang liegen mehre Inseln verstreut, die sich in dem tiefblauen

Richtig Reisen-Tipp: Wellness-Oasen am Meer

Vietnam ist zu einer populären Adresse für Wellness-Urlauber geworden. Kaum ein Hotel oder Resort, das nicht mit einem Spa wirbt (Spa = *Salus per Aqua,* Heilung durch Wasser). Auch einige renommierte Hotelgruppen haben hier Häuser eröffnet. Zu den bekanntesten asiatischen Unternehmen gehört Six Senses, das in Nha Trang zwei Resorts, ein weiteres in Da Lat und ab 2008 ein Resort auf dem Inselarchipel Con Dau führt. Ein weiterer Wellness-Spezialist mit gutem Namen ist Life Resorts (www.life-resorts.com), der u. a. in Qui Nhon ein wunderschönes Hotel besitzt (s. S. 304).

Evason Ana Mandara 1: 42 Tran Phu, Tel. 058-52 47 05, Fax 52 47 04, www.sixsenses.com. Das edle Wellness-Resort liegt direkt am Strand und bietet gediegenen Komfort auf einem 2,6 ha großen Gelände. Die Gäste wohnen in 17 Villen mit 74 stillvollen Zimmern. Achtung: Bei den hinteren Villen kann der Straßenlärm nerven. Vielfältiges Spa-Programm, gute Küche und großer Pool. DZ ab 266 US-$ ohne Frühstück.

Six Senses Hideaway Ninh Van Bay 12: auf der Halbinsel Hon Heo in der Ninh-Van-Bucht, Tel. 058-52 42 68, Fax 72 82 23, www.sixsenses.com. Das Edel-Resort liegt nordöstlich von Nha Trang auf einer isolierten Halbinsel und ist nur per Boot erreichbar. Die 55 Villen in 5 Kategorien bieten Luxus pur einschließlich eigenem Pool. Für das Openair-Spa in grüner Umgebung und die stimmungsvollen Essensspots, darunter Dining by the Bay, muss man tief in die Tasche greifen. Villa ab 667 US-$ ohne Frühstück.

Wasser wie grüne Jadeperlen abheben. Seit 2001 sind neun von ihnen zum 150 km² großen **Meeresschutzgebiet Hon Mun** (Khu Bao Ton Thien Nhien Hon Mun) zusammengefasst worden, um die bedrohte Flora und Fauna zu schützen. Dynamitfischerei und der zunehmende Tourismus haben die Artenvielfalt bereits empfindlich gestört. Teile der Korallen und Riffe sind erheblich geschädigt. Diese Probleme hindern finanzkräftige Investoren nicht daran, touristische Großprojekte aus dem Boden zu stampfen wie etwa auf der Insel Hon Tre, welche über eine Seilbahn vom Festland aus zu erreichen ist.

Eine **Bootsfahrt durch die Bucht** zählt zu den Hauptattraktionen von Nha Trang. Vor der Anlegestelle Cau Da im Süden der Stadt liegt eine ganze Armada von Touristenbooten.

Hon Mieu

In Festlandnähe liegt die lang gezogene Insel **Hon Mieu** (auch Hon Tri Nguyen genannt) mit einem sehr touristischen Fischerdorf an der Südseite und einer Fischfarm an der Nordostseite. Dort kann man auch ein sehenswertes **Aquarium** in Form eines Piratenschiffs besuchen (tgl. 9–17 Uhr, 20 000 VND). In größeren Wasserbecken sind Meeresschildkröten zu sehen, in vielen kleinen Becken und Aquarien die ganze Vielfalt der tropischen Unterwasserwelt, von Seepferdchen bis Papageienfischen.

Hon Tre

Die Bambusinsel, **Hon Tre,** ist mit Abstand das größte Eiland in der Bucht und auch das am meisten touristische. Mit dem Festland ist es über Fährboote und eine 3320 m lange Seilbahn verbunden. Auf Hon Tre liegt das gewaltige **Sofitel Vinperl Resort & Spa.** Für Familien lohnt sich ein Besuch im **Vinpearl Amusement Park** mit Kinosälen, Kinderspielplatz, Karussell, Shoppingmall und mehreren Restaurants (tgl. 9.30–21.30 Uhr, Eintritte). Zudem bietet der **Vinpearl Water Park** zahlreiche Wassersportmöglichkeiten (tgl. 8–22 Uhr, 100 000 VND, Infos unter Tel. 058-59 81 23, www.vinpearlland.com).

Kabinenseilbahn nach Hon Tre: knapp 10-min. Fahrt von der Anlege-

Stilvolles Wellness-Resort: das Evason Ana Mandara

stelle Phu Quy, tgl. 8–22 Uhr, 60 000 VND hin und zurück.

Fähre nach Hon Tre: 20 Min., tgl. 9.15–22.30 Uhr, einfach 20 000 VND.

Bootstaxi nach Hon Tre: 15 Min., tgl. 8–22 Uhr, 150 000 VND für einfache Fahrt mit 1–2 Personen.

Weitere Inseln

Die Insel **Hon Tam** liegt etwas östlich von Hon Mieu und verfügt über einen kleinen Strand und ein bescheidenes Resort. Wer gerne schnorchelt, kann die südöstlich von Hon Tre gelegene Ebenholzinsel, **Hon Mun,** und die kleine **Hon Mot** daneben ansteuern.

Khanh Hoa Tourism: Hotel Vien Dong, 1 Tran Hung Dao, Tel. 058-52 67 53, www.nhatrangtourist.com.vn. Die halbstaatliche Agentur organisiert Bootstouren und Ausflüge. An der Tran Phu und der Biet Thu gibt es viele kleine **Reisebüros.**

Als Touristenhochburg verfügt Nha Trang über eine große Auswahl an Unterkünften jeder Preisklasse. Zahlreiche Minihotels mit gutem Preis-Leistungs-Verhältnis finden sich im südlichen Teil der Uferstraße Tran Phu.

... im Stadtzentrum:

Evason Ana Mandara [1]:
s. Richtig Reisen-Tipp S. 313.

Sunrise Beach Resort [2]: 12 Tran Phu, Tel. 058-82 09 99, Fax 82 28 66, www.sunrisenhatrang.com.vn. Ein riesiger Hotelbau mit 121 luxuriösen Zimmern und Suiten, die meisten davon besitzen Meerblick. Japanisches, vietnamesisches und internationales Restaurant. Großer Pool und gutes Spa. DZ ab 127 US-$, Suiten ab 165 US-$ mit Frühstück.

Yasaka Saigon-Nha Trang Hotel [3]: 18 Tran Phu, Tel. 058-82 00 90, Fax 82 00 00, www.yasanhatrang.com. Beliebtes Touristenhotel mit 201 Zimmern und Suiten, fast alle mit Meerblick. Große Lobby und nettes

Gartenrestaurant. Der Pool gleicht einer größeren Badewanne. Insgesamt recht nüchtern. DZ ab 80 US-$ mit Frühstück.

Que Huong [4]: 60 Tran Phu, Tel. 058-52 50 47, Fax 52 33 44, www.nhatrangtourist.com.vn. Solides Mittelklassehotel mit 56 etwas kleinen Zimmern. Großer Pool mit Terrasse, wo abends gutes Barbecue-Dinner geboten wird. DZ ab 60 US-$ mit Frühstück.

Nha Trang Lodge [5]: 42 Tran Phu, Tel. 058-81 05 00, Fax 82 88 00, nhatranglodge.com. Zentral gelegenes und komfortables 4-Sterne-Hotel mit 121 Zimmern, zumeist mit Meerblick. Restaurant und netter Pool. Beliebte Pho-24-Filiale und Disco im Kellergeschoss. DZ 47–85 US-$.

Green Hotel [6]: 6 Hung Vuong, Tel. 058-52 54 05, Fax 52 58 65 www.greenhotelnhatrang.com. Das grünbemalte Stadthotel mit 66 Zimmern liegt zentral und ist besonders bei einheimischen Touristen beliebt. Interieur mit viel Rattan und Bambus. Entspannung bieten Sauna und der Desperado's Club. DZ ab 40 US-$ mit Frühstück.

Bao Dai's Villas [7]: Cau Da, Vinh Nguyen, Tel. 058-59 01 47, Fax 59 01 46, www.vngold.com/nt/baodai. Die 5 Villen liegen sehr schön auf einer Anhöhe am Südende des Stadtstrandes und wurden im Jahr 1923 als Sommerresidenz für den Bao-Dai-Herrscher erbaut. Doch die 48 Zimmer sind alles andere als majestätisch. Zwar riesengroß, doch bescheiden eingerichtet. Für Ruhesuchende schon wegen der Traumaussicht eine gute Wahl. DZ 25–80 US-$ ohne Frühstück.

Vien Dong Hotel [8]: 1 Tran Hung Dao, Tel. 058-52 36 06, Fax 52 19 12, www.nhatrangtourist.com.vn. Das halbstaatliche Hotel mit 102 Zimmern liegt in einer Parallelstraße zur Tran Phu. Ziemlich in die Jahre gekommen, ist es architektonisch wenig berauschend. Preis und Service passen jedoch. Zudem gibt es einen großen Pool. DZ 20–40 US-$ mit Frühstück.

Nha Trang Beach Hotel [9]: 4 Tran Quang Khai, Ecke Tran Phu, Tel. 058-52 44 68 Fax 52 11 59, www.nhatrangbeachhotel.com.vn. Das solide Stadthotel mit 64 sauberen, aber kleinen Zimmern zählt zu den besseren unter den benachbarten Minihotels. Freundlicher Service, etwas fade Küche. DZ 13–23 US-$ mit Frühstück.

Perfum Grass Inn [10]: 4 A Biet Thu, Tel. 058-52 42 86, Fax 52 49 77, www.perfumegrass.com. Die stilvolle Einrichtung hebt dieses Haus mit 14 Zimmern von vielen Minihotels ab. Nicht weit vom Strandboulevard, nettes Café. DZ 10–25 US-$ ohne Frühstück.

... auf der Insel Hon Tre:

Sofitel Vinpearl Resort & Spa [11]: Tel. 058-59 81 88, Fax 59 81 99, www.sofitelvinpearl.com. Ein gewaltiger 5-Sterne-Komplex auf Hon Tre, nur 10 Bootsminuten vom Festland. Die meisten der 500 geräumigen Zimmer und Suiten haben Meerblick. Auf dem Gelände verteilen sich ein riesiger Pool, mehrere Restaurants und Bars. Mit seinen vielfältigen Freizeitmöglichkeiten von Jetski bis Wandern ist es das Richtige für Aktive. DZ ab 145 US-$ mit Frühstück.

... auf der Halbinsel Hon Heo
(nur mit dem Boot zu erreichen):

Evason Hideaway at Ana Mandara [12]:
s. Richtig Reisen-Tipp S. 313.

Am Hauptstrand und an der Travellermeile Biet Thu gibt es eine große Auswahl an Restaurants. Seafood wird hier in Hülle und Fülle serviert. Eine lokale Spezialität ist *nem Ninh Hoa,* eine nach dem nördlich von Nha Trang gelegenen Ort Ninh Hoa benannte Variante von Frühlingsrollen.

Nha Trang Sailing Club [13]: 72–74 Tran Phu, Tel. 058-82 65 28, www.sailingclubvietnam.com, tgl. 7–24 Uhr. Ein kulinarisches Highlight in Nha Trang. Gleich drei Restaurants verteilen sich in dem beliebten Club direkt am Strand, das Casa Italia, das Taj Mahal und das Sandals Restaurant. Die gehobenen Preise sind bei dem guten Service und tollen Ambiente gerechtfertigt. Zu später Stunde gibt es Disco- oder Livemusik. Gerichte ab 100 000 VND.

Good Morning Vietnam [14]: 19 B Biet Thu, Tel. 058-52 20 71, www.goodmorningviet.com, tgl. 8.30–23 Uhr. Die beliebte Restaurantfiliale hat eine gute Auswahl italienischer Gerichte. Auf der Dachterrasse kann man bei

Tauchen: Die Bucht von Nha Trang zählt zu den populärsten Spots für Tauchgänge in Vietnam. Besonders um die Inseln Hon Mun und Hon Mot ist die Unterwasserwelt fantastisch. Saison ist von März bis Anfang Oktober, in den anderen Monaten ist das Wasser meist aufgewühlt. Die Preise für einen Tauchgang beginnen bei 30 US-$. Zu den etablierten Veranstaltern zählen: **Blue Diving Club,** Vina Hotel Resort, 66 Tran Phu, Tel. 058-82 53 90, www.vietnamdivers.com; **Rainbow Divers,** 90 A Hung Vuong, Tel. 058-52 43 51, www.divevietnam.com; **Sailing Club Divers,** 72–74 Tran Phu, Tel. 058-52 27 88, www.sailingclubvietnam.com; **Coco Dive Center,** 2 E Biet Thu, Tel. 058-81 29 00, www.cocodivecenter.com.

Cocktails und Musik entspannt verdauen. Pizzas um 60 000 VND.

Good Morning Thailand 15: 111 B Nguyen Thien Thuat, Tel. 058-52 73 08, tgl. 11–23 Uhr. In gleicher Hand wie das Good Morning Vietnam mit Schwerpunkt auf thailändischer Küche. Sehr authentisch gekochte Curries und scharfe Seafood-Salate. Empfehlenswert. Ab 60 000 VND.

Four Seasons 16: 40 Tran Phu, Tel. 058-82 52 29, tgl. 7–23 Uhr. Zur Meeresbrise kann man sich in diesem Gartenrestaurant direkt am Strand die Fischgerichte munden lassen. Guter Stopp auch für einen Drink. Gerichte ab 50 000 VND.

Truc Linh 17: 21 Biet Thu, tgl. 11–15, 17–23 Uhr. Die Meeresgerichte sind zur Auswahl auf Eis gelegt und werden wunschgemäß frisch zubereitet. Eine der besten Adressen für Seafood. Bescheidenere Ableger des Lokals befinden sich in 11 Biet Thu und 80 Hung Vuong. Gerichte ab 40 000 VND.

Ngoc Suong 18: 96 A Tran Phu, Tel. 058-84 70 30, tgl. 11–23 Uhr. Alles dreht sich hier um Seafood, das in diesem populären Restaurant nach Gewicht frisch serviert wird. Gerichte ab 40 000 VND.

La Louisiane 19: 86 A Tran Phu, Tel. 058-81 29 48, tgl. 8–24 Uhr. Beliebtes Openair-Restaurant mit Bar direkt am Strand. Highlight sind die guten Backwaren, ansonsten werden schmackhafte vietnamesische und europäische Speisen aufgetischt. Bar und Billardtisch eignen sich zum Ausklingen des Tages. Gerichte ab 40 000 VND.

Omar's Indian Restaurant 20: 96A/8 Tran Phu, Tel. 058-81 44 89, tgl. 8–23 Uhr. Das etablierte Restaurant liegt auf der Höhe des Ana Mandara Resort und serviert vorzügliche nordindische Speisen. Sehr lecker sind die Tandooris und Masalas. Gerichte ab 35 000 VND.

El Coyote 21: 76 Hung Vuong, Tel. 058-82 02 02, tgl. 8–23 Uhr. Das schlichte mexikanische Restaurant bietet mit Nachos und Pollos eine wohltuende Abwechslung. Recht beliebt, daher oft voll. Gerichte ab 35 000 VND.

Lac Canh 22 **&** 23: 11 Hang Ca und 44 Nguyen Binh Khiem, tgl. 11–23 Uhr. Zwei weitere Eldorados für Seafood-Enthusiasten. Die beiden schlichten Lokale in der Nähe des Dam-Marktes bzw. unweit des Flusses sind kulinarische Institutionen und servieren vorzügliche Grillgerichte ab 30 000 VND.

Nha Trang ist nicht der beste Ort für den Souvenirkauf. Alltagsdinge können im Stadtmarkt Cho Dam (tgl. 6–19 Uhr) besorgt werden.

Bambou Company: 15 Biet Thu, Tel. 058-91 07 74, www.bamboucompany.com, tgl. 8–21 Uhr. Tolle Boutique mit Qualitätskleidung und Accessoires aus Eigenproduktion. Sehr schön bedruckte T-Shirts und Kleider im China-Look.

Long Thanh Studio & Gallery: 126 Hoang Van Thu, Tel. 058-82 48 75, tgl. 9–17 Uhr. In seinem Heimstudio zeigt Vietnams bekanntester Fotograf Long Thanh tolle Schwarzweißbilder. Sie sind eindrückliche Porträts seines Heimatlandes und mehr wert als tausend Souvenirs.

XQ Arts and Crafts Centre: 54 Tran Phu. Tel. 058-82 68 79, tgl. 8–21 Uhr. Große Verkaufsausstellung von gestickten Bildern.

Nha Trang sei Vietnams Metropole der Beach Parties, wird gern gesagt. Das mag etwas übertrieben sein, doch bietet der Ort tatsächlich ein recht lebendiges Nachtleben. Es gibt gemütliche Kneipen mit Fassbier, moderne Chillout-Bars und ein par Hoteldiscos. In der Regel ist bald nach Mitternacht Schluss.

Regelmäßig finden im **Nha Trang Sailing Club** Strandpartys statt.

Gute Diskotheken gibt es in der **Nha Trang Lodge** und sehr opulent im **Vinpearl Amusement Park.**

In der Nguyen Thien Thuat konkurrieren eine Reihe von Kneipen um trinkfeste Kunden wie etwa die **Red Sun Bar,** der **Red Apple Club** und **The Shamrock Bar,** eine beliebte Kneipe mit irischem Touch, doch von Schotten gemanagt.

Crazy Kim Bar: 19 Biet Thu, tgl. 10–23 Uhr. Je später der Abend, desto besser die Stimmung. Gute Musik und viele Cocktails bringen die Leute zusammen und lassen sie gerne verweilen.

Guava: 17 Biet Thu, tgl. 10–24 Uhr. Bier, Billard und Sportübertragungen lassen vor allem männliche Herzen höher schlagen. Sehr beliebte Travellerkneipe.

Jack's Bar: 96 A/8 Tran Phu, 8–24 Uhr. Liegt am südlichen Ende der Tran Phu. Von außen ziemlich bescheiden, locken innen Billardtisch, gute Drinks und die Brise vom nahen Meer.

Nha Trang Sailing Club: 72–74 Tran Phu, 7–24 Uhr. Eine der beliebtesten Spots für Partygänger. Regelmäßig Livemusik, oft auch DJs zu Gast.

Zippo Bar: 34 F Nguyen Thien Thuat, tgl. 8–24 Uhr. Beliebte Bar mit Fassbier und allabendlich Livemusik.

Tauchen:
s. S. 316.

Bootstouren: Eine Bootstour auf dem Song Cai führt ins schöne Hinterland von Nha Trang. Unterwegs kann man eine Werft besuchen und ein altes Kaufmannshaus besichtigen. Die Tour kostet um 250 000 VND pro Boot. Sie ist, wie auch die Bootsfahrten durch die Bucht, über lokale Veranstalter buchbar:

T. M. Brother's Café: 34 Nguyen Thien Thuat, Tel. 058-52 35 56.

River Tours: 112 Nguyen Thien Thuat, Tel. 058-52 57 32.

Con Se Tre Tourist: 100/16 Tran Phu, Tel. 058-81 11 63.

Freizeitpark

Vinpearl Amusement Park: www.vinpearlland.com. Bietet ein vielfältiges Freizeitangebot für Klein und Groß (s. auch Insel Hon Tre, S. 313).

Flüge

Der Flughafen **Nha Trang/Cam Ranh** liegt 37 km südlich der Stadt. Die 45-min. Fahrt kostet mit dem Minibus 35 000 VND, mit dem Taxi muss man etwa 170 000 VND berappen. Vietnam Airlines fliegen mehrmals täglich nach Ho-Chi-Minh-Stadt, Da Nang und Hanoi.

Vietnam Airlines: 91 Nguyen Thien Thuat, Tel. 058-82 67 68.

Züge

Der **Ga Nha Trang** an der Thai Nguyen, Tel. 058-82 21 13, wird von allen 6 Zügen des Wiedervereinigungsexpress angesteuert. Die Fahrt ins 514 km entfernte Da Nang dauert 9–11 Std., in die 450 km entfernte Ho-Chi-Minh-Stadt mind. 7 Std. Der luxuriöse 5-Star-Express (www.5starexpress.com.vn) fährt 2 x tgl. von und nach Ho-Chi-Minh-Stadt mit Stopps in Thap Cham (1,5 Std.) und Muong Man bei Phan Thiet (4,75 Std.).

Busse

Der **Ben Xe Nha Trang,** etwa 2 km westl. des Strandboulevards Tran Phu an der Ausfallstraße 23 Thang 10, ist Ausgangspunkt für Busse nach Buon Ma Thuot (207 km, 4 Std.), Da Lat (211 km, 5 Std.), Phan Thiet (250 km, 6 Std.), Ho-Chi-Minh-Stadt (450 km, 10 Std.) und Da Nang (514 km, 12 Std.). Alle Open-Tour-Busse machen auch in Nha Trang Halt. Von dort gibt es Direktverbindungen nach Da Lat, Ho-Chi-Minh-Stadt (über Phan Thiet/Mui Ne) und Hoi An.

Taxis

Khanh Hoa Taxi: Tel. 058-81 08 10.

Mai Linh Taxi: Tel. 058-81 78 17.

Nha Trang Taxi: Tel. 058-82 40 00.

Noch gibt es den Netze flickenden Fischer in Nha Trang, bald wird auch er aus dem immer stärker ausufernden Seebad verschwunden sein

Entlang der Küste bis Ho-Chi-Minh-Stadt

Reiseatlas S. 18, 21

Eine abwechslungsreiche Landschaft prägt die 450 km lange Fahrt auf der Nationalstraße 1 A bis in die südvietnamesische Metropole. Sie führt durch Savannenlandschaften ebenso wie fruchtbare Ebenen. Ein Stück Sahara kann man an der Sanddüne von Mui Ne erleben. Dort liegt auch Vietnams populärster Beach.

Etwa 35 km südlich von Nha Trang beginnt die berühmte Bucht von **Cam Ranh.** Von geschwungenen Landzungen wie ein C eingeschlossen, ist sie vom offenen Meer geschützt und daher ein hervorragender Naturhafen. Das erkannte auch die US-amerikanische Marine, die dort von 1964 bis 1973 einen großen Flottenstützpunkt unterhielt. Von 1980 bis 1989 wiederum hatte hier die sowjetische Marine ihre südostasiatische Hauptbasis.

Bei der Fahrt entlang der Küste fallen riesige Becken zur Gewinnung von Meersalz auf. Die Region zählt mit nur 700 mm Niederschlag im Jahr zu den trockensten von Vietnam.

Hoa Lai

Reiseatlas: S. 18, F 1
14 km vor Phan Rang erhebt sich auf der linken Straßenseite eines der ältesten erhalten gebliebenen Cham-Heiligtümer, das im 8./9. Jh. gestiftete **Hoa Lai.** Von den einst drei Kalan fiel der mittlere dem Ersten Indochinakrieg zum Opfer. Am relativ gut erhaltenen Nord-Kalan sind die wunderbar fein gearbeiteten Verzierungen zu sehen. Während florale Muster die Fassade schmücken, dienen Garudas mit ausgebreiteten Flügeln als Stützen des Dachgesims. Das schmucklose Innere zeugt von der hervorragenden Verarbeitung des Ziegelsteins (Eintritt frei).

Phan Rang-Thap Cham

Reiseatlas: S. 18, E 2
Phan Rang, 105 km südlich von Nha Trang, war das Zentrum des Cham-Reiches Panduranga. Als letzte Enklave der Cham bestand es nach dem Fall von Vijaya im Jahr 1471 noch fort, geriet aber immer mehr in die Abhängigkeit der Nguyen-Fürsten. 1832 schließlich verschwand es völlig, nachdem der Minh-Mang-Herrscher seine Macht zentralisierte. Noch heute gibt es in der Umgegung Cham-Gemeinden, darunter das Dorf **Tuan Tu,** etwa 5 km südwestlich der Stadt. Deren vorwiegend muslimische Bewohner pflegen weitgehend noch ihre Traditionen. Ihren Kopf bedecken sie mit einem kunstvoll gebundenen Turban und bevorzugen Wickelröcke anstelle von Hosen (auch die Männer).

In Phan Rang zweigt von der N 1 A die landschaftlich äußerst attraktive Nationalstraße 27 nach Westen ab und verläuft bis ins 108 km entfernte Da Lat. Mit dem Nachbarort **Do Vinh** bildet Phan Rang heute die Doppelstadt Phan Rang-Thap Cham (ca. 150 000 Einwohner). In der Landwirtschaft gewinnt der Anbau von Weinbau zunehmend Bedeutung, ansonsten lockt 7 km nordöstlich der Stadt der sichelförmige **Ninh-Chu-Strand** mit feinem Sand und netten Resorts.

Po Klong Garai

Die Stadt Thap Cham (Cham-Turm) verdankt ihren Namen dem bedeutenden Heiligtum

Po Klong Garai, das im Südwesten auf dem Betelnuss-Hügel, Doi Trau, thront. Das Sanktuarium präsentiert sich seit einer umfassenden Restaurierung durch polnische Experten in den 1980er-Jahren in gutem Zustand. Hier lässt sich die klassische Anordnung eines Heiligtums gut erkennen. Auf einer Ost-West-Achse liegen hintereinander der Eingangspavillon, die Vorhalle und der Kalan sowie seitlich versetzt ein länglicher Bau mit geschwungenem Dach zur Aufbewahrung der Zeremonialgegenstände. Den Giebel über dem Eingang in den 20,5 m hohen **Kalan** ziert eine Darstellung des tanzenden Shiva. Dessen Reittier, der Bulle Nandi, kniet im Eingangsbereich. Augenmerk im Inneren ist ein Lingam aus dem 15./16. Jh., welches das Antlitz eines bärtigen Mannes zeigt. Die Cham erblicken darin ihren Herrscher (= Po) Klong Garai. Möglicherweise handelt es sich um das Porträt des Stifterkönigs Jaya Simhavarman III. (reg. ca. 1287–1307), dessen Inschrift in die Sandsteinrahmen des Eingangs eingearbeitet ist.

Die Gesamtwirkung der Gebäude ist eher grob, die Außenfassaden sind recht schmucklos. An vielen Stellen des Kalan sind Flammen aus Sandstein zu erkennen. Zudem schmücken menschliche Gestalten mit gefalteten Händen im Lotossitz die Nischen über den Scheintüren und dem konisch geformten Dach. Auf der unteren Ebene des Po Klong Garai bietet eine große **Ausstellungshalle** viel Wissenswertes zum Heiligtum (tgl. 7–17 Uhr, 5000 VND).

Mit dem Autor unterwegs

Sehenswert

Fischerboote: Im Mündungsbereich des Song Ca Ty in Phan Thiet liegt eine ganze Armada von kleinen Fischerbooten vor Anker. Sie zaubern ein kunterbuntes Fotomotiv (s. S. 323f.).

Vietnamesische Wüste: Die Weißen und Roten Sanddünen von Mui Ne zählen zu den faszinierendsten Landschaften Zentralvietnams. Hier formt der Wind aus dem Sand immer wieder neue Kunstwerke (s. S. 324ff.).

Schöne Bleiben

Wohnen am Traumstrand: Aufgrund seines guten Service und der privaten Atmosphäre zählt das Coco Beach Resort in Mui Ne nach wie vor zu den Besten seiner Kategorie. Nachdem es 1995 seine Tore öffnete, erlebte der Strand einen beispiellosen Boom (s. S. 325ff.).

Luxus am Meer: Wenn Sie Ihre Ruhe haben wollen und auf Luxus und guten Service nicht verzichten möchten, dann mag das Princess d'Annam Resort & Spa das Richtige für Sie sein. Es liegt etwa 20 km südwestlich von Phan Thiet am einsamen Strand von Ke Ga.

Gut gefahren

Komfort auf Schienen: Täglich verkehrt zwischen Ho-Chi-Minh-Stadt und Nha Trang der komfortable 5-Star-Express mit exzellentem Service.

Po Ro Me

Das Heiligtum **Po Ro Me** liegt etwa 15 km südlich von Phan Rang und ist über eine Seitenstraße zu erreichen, die von der N 1 A zum 8 km weiter westlich gelegenen Dorf Hau Sanh führt. Benannt nach dem Cham-Herrscher Po Ro Me (reg. 1629–1651), ist bei dem gedrungen wirkenden Turm der Niedergang der Cham-Kunst unübersehbar. Der **Kalan** wurde im 15./16. Jh. auf einem Hügel erbaut. Durch die lotosknospenförmigen Aufsätze an den Ecken des dreiteiligen Daches wirkt der Bau sehr unharmonisch. Auf einem Relief im Inneren wird der König mit Kopfbedeckung und mehreren Armen als Shiva verehrt. Im Eingang kniet wieder der Bulle Nandi. Zum Gedenken an seinen Tod – als Gefangener der Vietnamesen beging er Suizid – steht seitlich des Kalan eine Stele. Der Königin ist ebenfalls ein kleiner Schrein gewidmet (tgl. 7–17 Uhr, Eintritt frei).

... in Phan Rang:
Huu Nghi Hotel: 398 Thong Nhat, Tel. 068-92 04 34, Fax 92 04 31. Die 32 Zimmer

Der klassische Aufbau und der ausgezeichnete Zustand machen Po Kloong Garai zu einem sehr besuchenswerten Cham-Heiligtum

sind zwar recht stillos, doch angesichts des Preis-Leistungs-Verhältnisses akzeptabel. DZ ab 25 US-$.

Thong Nhat Hotel: 343 Thong Nhat, Tel. 068-83 48 17, Fax 82 29 43. Solides Stadthotel mit 33 funktionalen Zimmern. Für eine Nacht in Ordnung. Wenig berauschendes Restaurant. DZ ab 22 US-$ mit Frühstück.

... am Ninh Chu Beach:

Saigon Ninh Chu Hotel: Tel. 068-87 60 00, Fax 068-87 30 23, www.saigonninhchuhotel.com.vn. Modernes Resorthotel direkt am Strand mit 102 geräumigen Zimmern und Suiten zumeist mit Meerblick. Schöner großer Pool und etwas halliges Restaurant mit solider Küche. DZ 65–140 US-$ mit Frühstück.

Den Gion Ninh Chu Resort: Tel. 068-87 40 47, Fax 87 44 31, www.dengionninhchu.com. Das sympathische Resort direkt am Strand hat Elemente der Cham-Architektur übernommen. Die 52 Zimmer sind hübsch eingerichet, wenn auch etwas klein. Schöner Pool und Tennisplätze. Im Restaurant wird gutes Seafood serviert. DZ ab 25 US-$ mit Frühstück.

Alljährlich am 1. Tag des siebten Monats ihres Kalenders, meist Ende Okt./ Anfang Nov., feiern die Cham mit Prozessionen ihr **Kate-Fest.**

Züge

5 x tgl. halten Züge im **Ga Thap Cham,** etwa 7 km nordwestlich der Stadt. Die Fahrt ins 105 km entfernte Nha Trang dauert 1,5 Std., in die 350 km entfernte Ho-Chi-Minh-Stadt etwa 7 Std. Der empfehlenswerte **5-Star-Express** (www.5starexpress.com.vn) macht ebenfalls auf seiner Fahrt zwischen Ho-Chi-Minh-Stadt und Nha Trang einen Halt.

Busse

Der **Ben Xe Phan Rang,** etwa 1 km nördlich des Stadtzentrums, ist mehrmals täglich Halt für Busse nach Nha Trang (1,5 Std.), Da Lat (108 km, 3–4 Std.), Phan Thiet (146 km, 3 Std.) und Ho-Chi-Minh-Stadt (350 km, 8 Std.). Die meisten Open-Tour-Busse aus Nha Trang legen am Po Klong Garai einen Besichtigungsstopp ein.

Ca Na

Reiseatlas: S. 18, E 2
Auf der Weiterfahrt bieten sich immer wieder schöne Ausblicke auf das türkisfarbene Meer. Manche Stellen muten schon fast wie eine Bucht auf den Malediven an, wie 32 km südlich von Phan Rang der gleißend weiße Sandstrand **Ca Na.** Er eignet sich als Pausen- oder gar Übernachtungsstopp. Wer Zeit hat, kann auch eine Runde schnorcheln, denn die Bucht vor Ca Na ist ein beliebter Taucher-Spot. Wenige Kilometer weiter gibt es noch einige hervorragende Buchten mit schönen Sanddünen. Im Einzugsgebiet von Phan Thiet mehren sich die Felder mit der ursprünglich aus Mexiko stammenden roten Drachenfrucht, die in keinem Obstkorb fehlen darf.

Ca Na Hotel: Phuoc Diem, Tel. 068-86 13 20, Fax 86 31 20. Angenehmes Resort mit 22 gemütlichen Zimmern in Bungalows direkt am Ca Na Beach. Im Restaurant wird leckeres Seafood aufgetischt. DZ um 15 US-$ ohne Frühstück.
... in Vinh Hao (südlich von Ca Na):
Vietnam Scuba Resort: Tel. 062-85 39 17, Fax 85 39 18. Die freundliche Bungalowanlage ist vor allem bei Tauchern populär und häufig voll. Netter Pool und gutes Restaurant. Arrangiert Tauchtouren. DZ ab 45 US-$ mit Frühstück.

Tauchen: s. o.,
Vietnam Scuba Resort.

Entlang der nahen Nationalstraße 1 A verkehren zahlreiche Busse in beide Richtungen. Eine Weiterfahrt ist daher völlig problemlos.

Phan Thiet

Reiseatlas: S. 21, C 3–S. 20, D 3
Für Touristen ist **Phan Thiet** vor allem mit Sonne, Sand und Meer verbunden. Der nahe Strand von Mui Ne ist Vietnams Top-Adresse für Badeurlaub. Den genussfreudigen Vietnamesen hingegen läuft beim Gedanken an die Hafenstadt das Wasser im Munde zusammen. Phan Thiet ist nämlich zum Synonym für die leckere Fischsauce *nuoc mam* geworden. Jährlich werden etwa 17 Mio. l von dieser wie Cognac schimmernden Flüssigkeit produziert.

Neben dem Tourismus zählt der Fischfang zur wichtigsten Einkommensquelle der gut 100 000 Einwohner. Die Stadt verfügt über eine der größten Fischfangflotten im Süden Vietnams. So ankert im Mündungsbereich des Ca-Ty-Flusses eine ganze Armada von **Fischkuttern.** Eine gute Perspektive auf die bunt bemalten Boote bietet sich von der Tran-Hung-Dao-Brücke aus. Ansonsten kann die Hauptstadt der Provinz Binh Tuan mit keinen nennenswerten Sehenswürdigkeiten aufwarten. Wer über strenge Gerüche erhaben ist, sollte unbedingt den allmorgendlichen **Fischmarkt** am Hafenkai besuchen. Das laute Feilschen, Tratschen und Lachen ist ein wahres Spektakel und die Fische in allen Größen sind ein spannender, wenn auch zuweilen den Magen umdrehender Anblick ...

Ho-Chi-Minh-Erinnerungsstätten

In Phan Thiet gibt es zudem eine weitere Erinnerungsstätte des allseits präsenten Ho Chi Minh zu besichtigen. Bevor der Revolutionär 1911 das Land verließ, wirkte er ein Jahr lang als Lehrer der **Duc-Thanh-Schule.** Sie liegt in der Trung Nhi direkt am Flussufer. Diese Reformschule verstand sich als Alternative zum kolonialen Schulsystem. Ho Chi Minh unterrichtete neben Chinesisch und Vietnamesisch auch traditionelle Kampfkunst. 1980 wurde das Gebäude wieder im einstigen Zustand rekonstruiert.

Das benachbarte **Ho-Chi-Minh-Museum** (Bao Tang Ho Chi Minh) zeigt seit seiner Eröffnung 1986 die üblichen Foto- und Textdokumentationen über Leben und Werk des Landesvaters (Di–So 7.30–11, 13.30–16.30 Uhr, 5000 VND).

Umgebung

Auf einem Hügel 7 km nordöstlich von Phan Thiet erheben sich die weithin sichtbaren Cham-Türme von **Po Shanu** (auch Phu Hai). Sie stammen aus dem 8. Jh. und sind die südlichsten noch erhaltenen Relikte der Cham, welche bis 1692 in der Region ihr letztes eigenständiges Reich besaßen. Das Heiligtum ist nach Po Shanu, der mythologischen Tochter von Po Yang Ino Nagar (s. Nha Trang), benannt. Im größten der drei Türme wird heute ein Lingam zu Ehren Shivas verehrt.

Gut 25 km südlich von Phan Thiet thront auf einer kleinen Insel vor der Küste Vietnams der **Leuchtturm von Ke Ga.** 1897 von den Franzosen erbaut, ist er Vietnams ältester und mit 54 m auch höchster Leuchtturm. Wer sich die 184 Stufen hinaufmüht, wird durch eine schöne Aussicht belohnt. Boote zur Insel können an der Küste gechartert werden.

Ein schönes Ausflugsziel für Naturfreunde ist das fast 12 000 ha große Naturschutzgebiet von **Ta Ku.** Es erstreckt sich 26 km südlich von Phan Thiet rund um eine Erhebung von fast 700 m ü. d. M. und reicht bis an die Küste. Hauptattraktion ist neben dem schönen Wald ein 49 m langer und 10 m hoher **liegender Buddha** (Tuong Phat Nam). Die 1965 nach einjähriger Bauzeit eingeweihte Figur liegt auf etwa 400 m Höhe und gehört zu einer buddhistischen Pagode, die der Einsiedlermönch Thich Ta Huu Duc 1861 gegründet hatte. Von der Ebene führt eine Seilbahn bis zum Kloster (hin und zurück 55 000 VND inkl. Eintritt von 30 000 VND).

In der Stadt Phan Thiet übernachtet kaum ein Tourist, denn im nahen Mui Ne und in der weiteren Umgebung locken weit über 100 Hotels und Resorts.

Novotel Ocean Dunes & Golf Resort: 1 Ton Duc Thang, Tel. 062-82 23 93, Fax 82 80 45, www.novotel.com. Das beliebte Resort mit großem 18-Loch-Golfplatz erstreckt sich am Strandabschnitt östlich Phan Thiet. Es bietet 123 komfortable Zimmer und Suiten. Mehrere Restaurants und Bars sorgen für das leibiche Wohl. Großer Pool und viele Sportmöglichkeiten. DZ ab 80 US-$.

... an der idyllischen Bucht von Ke Ga (20 km südwestlich von Phan Thiet):

Princess d'Annam Resort & Spa: Hon Lan, Tan Thanh, Tel. 062-73 90 73, Fax 73 90 78, www.princessannam.com. Luxusresort mit 54 großen Villen. Das große Aquamarine Spa, Fine Dining und 8 Pools lassen keine Langeweile aufkommen. Viele Ausflugsangebote. Villa ab 335 US-$ mit Frühstück.

Züge: Der **Ga Phan Thiet** wird nur selten angefahren. Dort setzt SP Travel 1 x tgl. einen komfortabeln Direktzug nach Ho-Chi-Minh-Stadt ein (13.55–18.25 Uhr, Infos Tel. 08-914 28 38). Der **Ga Muong Man** liegt 12 km westl. der Stadt. Er ist 4 x tgl. Halt der Wiedervereinigungszüge zwischen Ho-Chi-Minh-Stadt und Hanoi. Zudem fährt der komfortable 5-Star-Express (www.5starexpress.com.vn) 2 x tgl. auf der Strecke Ho-Chi-Minh-Stadt – Muong Man – Thap Cham – Nha Trang (250 km, 3,5 Std.).

Busse

Vom **Ben Xe Phan Thiet** an der Tu Van Tu, 2 km nördl. des Stadtzentrums, starten Direktbusse nach Ho-Chi-Minh-Stadt (200 km, 4–5 Std.) und Nha Trang (250 km, 5–6 Std.).

11 Mui Ne

Reiseatlas: S. 18, D 3

Als ein deutsch-französisches Ehepaar 1995 das Coco Beach Resort eröffnete, wurde es ziemlich belächelt. Das verschlafene Mui Ne eine Stranddestination? Dies fragten nicht nur Skeptiker. Heute konzentrieren sich an dem 22 km langen Küstenstreifen östlich von

Phan Thiet unzählige Hotels und Resorts in allen Preisklassen. Und ein Ende des Baubooms ist nicht abzusehen. **Mui Ne,** das Geschützte Halbinsel bedeutet, ist mittlerweile auch zum beliebten Urlaubsziel bei Einheimischen geworden. Mit Zug oder Pkw ist man von Ho-Chi-Minh-Stadt aus in nur vier Stunden am Strand. Bei gerade mal 1000 mm Niederschlag im Jahr und einer Durchschnittstemperatur von 27 °C ist selbst in der Regenzeit zwischen Mai und Oktober eine unbeschwerte Ferienzeit möglich. Nur die Südwestwinde können dann zu hohen Wellen und gefährlichen Unterströmen führen. Dies wiederum freut die Wind- und Kitesurfer (Drachensurfer). Für die immer größer werdende Gemeinde dieses Wassersports ist Mui Ne eine feste Adresse geworden. Alljährlich finden auch Wettkämpfe statt.

Sanddünen

Wer nicht nur am Strand liegen möchte, kann auch eine der faszinierendsten Landschaften dieser Küstenregion besuchen: die Sanddünen von Mui Ne. Sie erheben sich wie eine Fata Morgana aus der weiten Ebene. Die **Weißen Sanddünen** liegen etwa 25 km nordöstlich von Mui Ne und erstrecken sich vom lang gezogenen Weißen See (Bao Trang) bis zum Meer. Etwas näher sind die **Roten Sanddünen,** die östlich des Fischerdorfes Mui Ne beginnen und bis zur Ostküste reichen. Im Morgenlicht erstrahlen sie feuerrot und sind ein populärer Hintergrund für Fotoshootings.

Unweit der Roten Sanddünen kann man auch durch die **Rote Schlucht** (Red Canyon) mit bizarren Sand- und Steinformationen spazieren. Da der Sand tagsüber sehr heiß wird und sowieso morgens (und abends) das beste Licht herrscht, sollte man für den Besuch zeitig aufbrechen.

Strände Hon Rom und Suoi Noc

Der **Hon Rom Beach** erstreckt sich östlich der roten Sanddünen und verläuft in Richtung Norden. Die dortigen Resorts sind vor allem bei Einheimischen beliebt. Allerdings ist das Wasser aufgrund der starken Unterströmungen für Schwimmer weniger geeignet. Aufgrund der zunehmenden Erosion des Strandes schützen die Hotels ihre Anlagen durch große, nicht sehr ansehnliche Wellen- und Windbrecher.

Im nördlichen Anschluss an Hon Rom verläuft der über 20 km lange recht einsame **Suoi Noc Beach.** Man kann ihn zusammen mit den Weißen Sanddünen besuchen.

i Gegenüber dem Full Moon Resort liegen die **Open-Tour-Büros** von Hanh Café und T. M. Brother's Café.

Eine gute **Website** mit allerlei Wissenswertem über Mui Ne ist www.muinebeach.net.

... am Mui Ne Beach:
Die meisten Hotels reihen sich entlang der Strandstraße Nguyen Dinh Chieu. Manche Adressen folgen auch der Kilometerangabe, die von Phan Thiet aus berechnet wird.

Victoria Phan Thiet Beach Resort: Km 9, Tel. 062-81 30 00, Fax 81 30 07, www.victoriahotels-asia.com. 60 geräumige Bungalows inmitten einer 9 ha großen tropischen Gartenlandschaft. Gutes Restaurant und empfehlenswertes Village Spa. Der schöne Strand ist allerdings wegen der Felsen im Wasser zum Baden weniger geeignet. DZ ab 108 US-$ mit Frühstück.

Sailing Club Mui Ne: Km 13, Tel. 062-84 74 40, Fax 84 74 71, www.sailingclubvietnam.com. Die 31 dezent gestalteten Zimmer liegen in einer schönen Gartenanlage. Restaurant, Bar und Pool liegen zusammen und bieten Meerblick. Guter Service und viele Wassersportangebote von Kite- bis Windsurfen. Ab 100 US-$ mit Frühstück.

Cham Villas: Nguyen Dinh Chieu, Tel. 062-74 12 34, Fax 74 11 47, www.chamvillas.com. Tolles Boutique-Resort an einem der schönsten Strandabschnitte von Mui Ne mit 16 luxuriösen Bungalows. Großer Tropengarten mit Pool und gemütlichem offenen Restaurant. Sehr empfehlenswert. DZ 95–120 US-$ mit Frühstück.

Coco Beach Resort: 58 Nguyen Dinh Chieu, Tel. 062-84 71 11, Fax 84 71 15, www.coco

Fischer auf dem Lotussee vor den imponierenden Sanddünen von Mui Ne

beach.net. Dieses Resort hat Mui Ne erstmals auf die touristische Landkarte geholt. Der einstige Vorreiter im Strandtourismus ist nach wie vor mit seinen weitläufig verteilten Holzbungalows ein Klassiker und häufig ausgebucht. Die insgesamt 31 Zimmer garantieren eine beschauliche Atmosphäre. Schöner großer Pool und nette Strandbar. DZ ab 85 US-$ mit Frühstück.

Blue Ocean Resort: 54 Nguyen Dinh Chieu, Tel. 062-84 73 22, Fax 84 73 51, www.liferesorts.com. Die beliebte Anlage unter Palmen ist seit 2007 unter dem Management von Life Resort mit entsprechend gutem Spa. Die Bungalows sind mit Meer- oder Gartenaussicht. DZ ab 85 US-$ mit Frühstück.

Phu Hai Resort: Km 8, Tel. 062-81 27 99, Fax 81 27 97, www.phuhairesort.com. Eine weitläufige Anlage mit 44 Zimmern und 19 Villen. Das Resort ist Vertragspartner vieler deutscher Reiseveranstalter. Schöner tropischer Garten, großer Pool mit Wasserfall sowie Tennisplätze und Massage. DZ 75–190 US-$ mit Frühstück.

Terracotta Resort: 28 Nguyen Dinh Chieu, Tel. 062-84 76 10, Fax 84 76 11, www.terracottaresort.com. Das 1,3 ha große Resort verfügt über viel Grün, einen schönen Pool und 65 stilsichere Zimmer in freundlichen Bungalows. DZ 75–110 US-$ mit Frühstück.

Sunsea Mui Ne Resort: 50 Nguyen Dinh Chieu, Tel. 062-84 77 00, Fax 84 77 01, www.sunsearesort-muine.com. Das gepflegte Boutique-Resort mit nur 12 Zimmern ist das Richtige für Ruhesuchende. Schönes Interieur in den Zimmern, großer Pool. Empfehlenswert. DZ 60–120 US-$ mit Frühstück.

Saigon Mui Ne Resort: Nguyen Dinh Chieu, Tel. 062-84 73 02, Fax 84 73 07, www.saigonmuineresort.com. Großzügige Anlage mit 85 schönen Zimmern im Haus oder in Bungalows. Das Vertragshotel vieler deutscher Veranstalter verfügt über Tennisplatz, großen Pool, Massage und gute Wassersportmöglichkeiten. DZ 50–125 US-$ mit Frühstück.

Palmira Resort: 14 Nguyen Dinh Chieu, Tel. 062-84 70 04, Fax 84 70 06, www.palmiraresort.com. Die bunten mehrstöckigen Villen im Art-déco-Stil mit 82 Zimmern verbreiten einen Hauch Miami Beach. Großer stimmungsvoller Poolbereich. DZ ab 50 US-$ mit Frühstück.

Full Moon Beach: Nguyen Dinh Chieu, Tel. 062-84 74 05, Fax 84 71 60, www.windsurfvietnam.com. In diesem Resort mit viel Flair trifft sich die Surfergemeinde aus aller Welt. 27 große Zimmer mit unterschiedlichen Standards. Schöne strohgedeckte Bungalows am Strand und großer Pool. Da sehr beliebt, oft ausgebucht. DZ 50–80 US-$ mit Frühstück.

Dynasty Mui Ne: 140 A Nguyen Dinh Chieu, Tel. 062-84 78 16, www.dynastyresorts.com. Die große Anlage mit Beach-Bungalows und doppelstöckigen Häuserreihen rund um einen großen Pool bietet ein gutes Preis-Leistungs-Verhältnis. Alle 40 Zimmer sind mit Balkon und Meerblick. DZ 45–115 US-$ mit Frühstück.

... am Hon Rom Beach:

Pandanus Resort: Tel. 062-84 98 49, Fax 84 98 50, www.pandanusresort.com. Große Luxusanlage nahe den Sanddünen mit 134 Zimmern in Bungalows und mehrstöckigen Gebäuden. Der große Pool, die Restaurants und Bars sind auf die vielen Pauschaltouristen eingestellt. Shuttle-Service nach Phan Thiet. DZ 119–230 US-$ mit Frühstück.

Malibu Resort: Tel. 062-84 96 69, Fax 84 94 75, www.malibu-resort.com. Auch diese recht kinderfreundliche Anlage mit 40 sauberen Zimmern genießt bei Einheimischen einen guten Ruf. Mit Pool, Fahrrad- und Mopedverleih. DZ 50–160 US-$ mit Frühstück.

Nam Chau Resort: Tel. 062-84 93 23, Fax 84 96 72, www.namchauresort.com. Die weitläufige Anlage hat den Charakter eines kleinen Dorfes und ist bei einheimischen Familien sehr beliebt. Die 25 großzügig gestalteten Bungalows aus Bambus verbreiten eine natürliche Atmosphäre (nichts für Insektenphobiker). Netter Pool und offenes Restaurant, ebenfalls aus Bambus. Bungalow 22–44 US-$ ohne Frühstück, am Wochenende 10 US-$ Aufschlag.

Es lohnt sich auch, mal einen kulinarischen Ausflug jenseits der Resortgrenze zu unternehmen und in einem der vielen netten Seafood-Restaurants an der Nguyen Dinh Chieu einzukehren. Auf der Straßenseite gegenüber den Resorts Coco Beach, Blue Ocean und Saigon Mui Ne sind neben anderen das **Bamboo, Sunset, Hoang Vi** und **Mai Mai Lucky** zu finden. Sie bieten allesamt frische Meeresfrüchte, die nach Gewicht berechnet werden. Vom Interieur beeindruckend einfach, doch wegen der angebotenen frischen Meeresfrüchte sehr beliebt ist das **Da Ong Dia** unweit eines kleinen daoistischen Schreines am Westende des Strandes.

Ngoc Lai Restaurant & Bar: 83 Nguyen Dinh Chieu, Tel. 062-84 72 83, tgl. 7–23 Uhr. Das nette Lokal mit Openair-Bereich offeriert gute internationale Küche. Eine Spezialität des Hauses ist *goi ca Phan Thiet,* Fischsalat nach Phan-Thiet-Art. Gerichte ab 60 000 VND.

Na Dat Claypot Restaurant: Nguyen Dinh Chieu, tgl. 9–22 Uhr. Das zweistöckige Haus mit einer netten überdachten Dachterrasse bietet guten Fisch. Bekannt ist das Lokal wegen seines schmackhaften Hot Pot, in dem frisches Seafood in einem Tontopf mit einer leckeren Brühe zum Garen gebracht wird. Gerichte ab 60 000 VND.

Chez Dieu: 121 Nguyen Dinh Chieu, tgl. 9–22 Uhr. In diesem familiären Gartenrestaurant zaubert ein Franzose mit seiner vietnamesischen Gattin hervorragende Fusion-Küche. Zu den Spezialitäten zählen Grillgerichte und Muscheln. Ab 60 000 VND.

Good Morning Vietnam: Km 11,8, Tel. 062-84 75 85, www.goodmorningviet.com, tgl. 9–23 Uhr. Bei Reservierung Abholdienst vom Hotel. Die beliebte Restaurantfiliale hat eine gute Auswahl italienischer Gerichte. Empfehlenswert sind die Pizzas ab 55 000 VND.

Lam Tong Restaurant: am Strand neben dem Jibe's Beach Club, tgl. 10–22 Uhr. Die Fleisch- und Fischgerichte vom Grill sind nicht zu verachten. Zuweilen bleibt einem beim Beobachten der Kitesurfer der Bissen im Hals stecken. An manchen Wochenenden werden Beachpartys organisiert. Gerichte ab 40 000 VND.

Jibe's Beach Club: 90 Nguyen Dinh Chieu, Tel. 062-84 74 05, www.windsurf-vietnam.com, tgl. 8–23 Uhr. Nettes Lokal mit Bar, das sich bei den Surfern großer Beliebtheit erfreut. Sattmachende Gerichte, wenn auch keine kulinarischen Höhenflüge. Gerichte ab 30 000 VND.

Von Nachtleben kann man in Mui Ne nicht unbedingt sprechen. Beliebte Orte zum Abhängen sind der **Sailing Club Mui Ne** und **Sheridan's Irish House** im Blue Ocean Resort. In der Disco **Down Under** neben dem Tropico Resort ist nicht nur Saturdays Night Fever. Sowohl Jibe's Beach Club als auch das Lam Tong Restaurant organisieren regelmäßig Beachpartys.

Guava: 53 Nguyen Dinh Chieu, tgl. 11–24 Uhr. Die am westlichen Strandabschnitt gelegene Lounge bietet bei gehobenem Ambiente gute Musik. Samstag ist Party angesagt. Regelmäßige Events.

Gecko: 51 Nguyen Dinh Chieu, Tel. 062-74 10 33, www.geckohotel.com, tgl. 11–24 Uhr. Neben dem Guava gelegen. Auch hier herrscht eine angenehme Atmosphäre. Zudem wird gute Fusion-Küche geboten.

Pogo: 138 Nguyen Dinh Chieu, tgl. 10–24 Uhr. Beliebter Treff bei Deutschen, deren Landsgenossin Edith mit ausgewählter Musik und Billard kein Heimweh aufkommen lässt. Gute Auswahl an Bieren und Cocktails.

Die Brandung vor Mui Ne ist zwischen Oktober und Mai ein beliebter Spot bei **Wind-** und **Kitesurfern.** Einführungskurse und Zubehör zum Ausleihen gibt es bei Airwaves Watersports im Sailing Club Mui Ne und im Jibe's Beach Club (s. o.). Ein weiterer guter Anbieter ist das SIK Center (www.sikcenter.com) im Sunshine Beach Resort. Der **Ocean Dunes Golf Club,** Tel. 062-82 33 66, Fax 82 15 11, beim Novotel zählt zu den besten Vietnams. Infos unter www.vietnamgolfresorts.com.

Nächste **Bus-** und **Bahnstation** ist Phan Thiet. Die zwischen Nha Trang und Ho-Chi-Minh-Stadt verkehrenden Open-Tour-Busse halten auch in Mui Ne. Infos über die Hotels oder kleinen Reisebüros an der Nguyen Dinh Chieu.

Von Kon Tum nach Buon Ma Thuot

Reiseatlas S. 13, 15

Bis Anfang der 1990er-Jahre waren weite Teile des Zentralen Hochlandes für Touristen gesperrt. Auch heute noch wird die Region von den meisten links liegen gelassen. Dabei zeigt sie durchaus ihre Reize. Es locken fruchtbare Hochebenen und sanfte Hügel. Zudem kann man in den Dörfern das Leben der Volksgruppen kennen lernen.

Reiseatlas: S. 13, C 4–15, C 3

Das Zentrale Hochland ist ein touristischer Nachzügler. Jahrzehntelang verschlossen, öffnet es sich nur langsam dem Tourismus. In der Vergangenheit war das im Schnitt 500 bis 700 m hoch gelegene Plateau vorwiegend von Angehörigen der Minderheiten bewohnt. Hier leben Zweidrittel der 54 anerkannten Volksgruppen. Doch seit Kriegsende und verstärkt infolge der wirtschaftlichen Liberalisierung ziehen immer mehr ethnische Viets nach Tay Nguyen (Westliches Hochland), wie die knapp 55 000 km^2 große Region offiziell heißt. Der mineralhaltige Boden und das ganzjährig milde Klima sind hervorragende Voraussetzungen für die Landwirtschaft. Hier gedeihen zahlreiche Obst- und Gemüsesorten. Auch Kautschukplantagen sind vielerorts zu finden. Vor allem aber ist das Hochland zum Synonym für Kaffee geworden, dessen Anbaufläche sich allein in der Dak-Lak-Provinz seit 1990 verfünffacht hat.

Das Hochland hat jedoch auch mit sozialen Verwerfungen zu kämpfen, von denen besonders die Minderheiten betroffen sind. Sie fühlen sich von den Viets immer stärker an den Rand gedrängt. Streitigkeiten um Landrechte, Diskrimierungen im Alltag, korrupte Behörden bis hin zur Unterdrückung christlicher Gemeinden führen regelmäßig zu Protestaktionen. Zuweilen kann es daher zu örtlich begrenzten Reisebeschränkungen kommen. Es empfiehlt sich, vor Ort Informationen einzuholen.

Eine äußerst reizvolle Fahrt folgt der gut ausgebauten Nationalstraße 14 von Kon Tum über Plei Ku nach Buon Ma Thuot. Die Gesamtstrecke beträgt 250 km. Wer von der Küste kommt, kann in Binh Dinh bei Qui Nhon in die Nationalstraße 19 einbiegen und über Plei Ku nach Kon Tum weiterfahren. Als Rückweg bietet sich die Nationalstraße 26 an, die von Buon Ma Thuot nach Ninh Hoa nördlich von Nha Trang führt.

Kon Tum

Reiseatlas: S. 13, C 4

Die 50 km nördlich von Plei Ku gelegene Stadt **Kon Tum** mit heute über 90 000 Einwohnern ist eine Gründung der Franzosen. Zuvor gab es in dem Gebiet um den Dak-Bla-Fluss nur Dörfer verschiedener Minderheiten. 1841 tauchten die ersten katholischen Missionare auf. Zwei Jahrzehnte später brachten französische Armee-Einheiten die Region im Zuge der Kolonialisierung unter ihre Kontrolle. Sie gründeten Kon Tum 1867 als Verwaltungs- und Militärstützpunkt, der von dem katholischen Pater Vialleton geleitet wurde. Den Ortsnamen übernahmen sie von der Sprache der Bahnar: *kon* = Dorf, *tum* = Wasserteich. Als Basis für missionarische Aktiviäten wurde Kon Tum immer wichtiger. Neben den Katholiken waren ab 1911 auch evangelikale Mitglieder der nordamerikanischen Christian and Missionary Alliance

(CMA) aktiv. Heute ist etwa ein Viertel der Bevölkerung christlich.

Stadtrundgang

Zu sehen gibt es im 525 m hoch gelegenen Kon Tum nicht viel. Ein Blick lohnt sich allemal in die neogotische **Tan-Huong-Kirche** (Nha Tho Tan Huong) an der Ecke Tran Phu/Nguyen Hue und der etwas weiter östlich liegenden **Holzkirche** aus dem Jahr 1913. Als Material für die prächtige Konstruktion wurden Stämme des *shorea obtusa* (viet. *ca chit*), eines heute selten gewordenen Tropenholzes verwendet. Die auf zahlreichen Stämmen ruhende Kirche geht auf die Initiative des Priesters M. Joseph Decrouille zurück. Beide Gotteshäuser sind zu den Messen geöffnet. Auf dem Gelände befindet sich auch das von Nonnen geleitete **Vin-Son-Waisenhaus** (To Am Vinh Son) für etwa 200 Kinder aus armen Familien. Besucher sind ebenso willkommen wie großzügige Spenden.

Das im Jahr 1930 eröffnete katholische **Priesterseminar** an der 56 Tran Hung Dao ist eine Perle kolonialer Architektur. Im Inneren birgt es ein kleines Museum, das sich der Kunst der Minderheiten widmet. Zu sehen sind Web- und Flechtarbeiten sowie interessante Schnitzereien. Das Museum steht Besuchern offen, man muss sich an der Pforte des Seminars melden (Mo–Fr 8–11, 14–16 Uhr, Eintritt frei).

Umgebung von Kon Tum

›Hauptattraktion‹ der mit 400 000 Menschen sehr dünn besiedelten Kon-Tum-Provinz sind die Dörfer von Minderheiten. Am östlichen Stadtrand liegen zwei Siedlungen der Bahnar: **Kon Tum Konam** und **Kon Tum Hopong** mit einem stattlichen Gemeindehaus (Nha Rong). Man kann sie bequem zu Fuß erreichen. 5 km weiter östlich liegt das Dorf **Kon Kotu** mit einem ebenfalls prächtigen Nha Rong. Etwa 20 km westlich von Kon Tum liegen in der Nähe des **Ya-Ly-Sees** einige sehenswerte Dörfer der Jarai, darunter Plei Xa, Plei Weh und Plei Bua. Noch einige Kilometer weiter erstreckt sich entlang der laotischen Grenze der 56 771 ha große **Chu-**

Mit dem Autor unterwegs

Sehenswert

Häuserdächer wie Segel: In der Umgebung von Kon Tum liegen einige Siedlungen der Bahnar, deren markante Gemeindehäuser (Nha Rong) architektonische Meisterwerke sind. Die mit Schilfrohr gedeckten Dächer ragen bis zu 19 m steil nach oben und lassen die Häuser wie überdimensionierte Segel aussehen (s. S. 331).

Erlebenswert

Mit Dickhäutern auf Safari: Im Yok-Don-Nationalpark, 40 km nordwestlich von Buon Ma Thuot, können Sie auf entzückenden Elefantenrücken eine Safari unternehmen (s. S. 337).

Gut zu wissen

Das Reisen auf eigenen Faust ist im Zentralen Hochland nicht zu empfehlen. Es ist besser, sich in den Touristenzentren wie Hoi An, Qui Nhon oder Nha Trang einen Wagen mit Fahrer zu nehmen und eine Route zu vereinbaren. Das erleichtert auch die Kommunikation mit der Bevölkerung, die kaum Englisch spricht.

Mom-Ray-Nationalpark (Reiseatlas: S. 13, B/C 3/4), benannt nach der mit 1773 m höchsten Erhebung.

i **Kon Tum Tourist:** 2 Phan Dinh Phung, Tel. 060-86 16 26, www.kontumtourism.com. Filiale im Dakbla Hotel. Arrangiert Wandertouren und Ausflüge zu den Dörfern der Minderheiten.

Indochine Hotel: 30 Bach Dang, Tel. 060-86 33 34, Fax 86 39 61. Ein gesichtsloser Kasten mit 63 großen funktionalen Zimmern. Eher auf Gruppen ausgerichtet und überteuert. Swimmingpool vorhanden. DZ ab 35 US-$ mit Frühstück.

Bac Huong Hotel: 88 Tran Hung Dao, Tel. 060-20 04 24. Freundliches Stadthotel mit

sauberen Zimmern und engagiertem Service. DZ ab 15 US-$ mit Frühstück.
Dakbla Hotel: 2 Phan Dinh Phung, Tel. 060-86 33 33, Fax 86 33 36. Das staatliche Hotel liegt schön am Song Dak Bla, hat aber bessere Zeiten gesehen. Möglicherweise wird es bald privatisiert. Bis dahin müssen es die 32 lausigen Zimmer tun. DZ ab 15 US-$.

Café Eva: 1 Phan Chu Trinh (östl. Ende), tgl. 8–22 Uhr. Das gemütliche Café ist im Stil eines Stelzenhauses erbaut. Gutes Essen, leckerer Kaffee, nette Stimmung. Gerichte ab 25 000 VND.
Ngoc Linh: Nguyen Hue (Nähe Dakbla Hotel), tgl. 10–22 Uhr. Von Größe und Ambiente ziemlich abschreckend, jedoch kulinarisch völlig in Ordnung. Vietnamesische Gerichte ab 25 000 VND.
Dakbla Restaurant: 2 Phan Dinh Phung, tgl. 8–22 Uhr. Wunderschön am Fluss gelegen mit Terrasse. Erstaunlich umfangreiche Speisekarte, darunter vegetarische Speisen. Zudem sehr günstige Gerichte ab 20 000 VND.

Kon Tum und die nähere Umgebung lassen sich gut zu Fuß oder mit dem Drahtesel erkunden. Die meisten Hotels verleihen **Fahrräder.**

Über den 80 km nordwestlich von Kon Tum gelegenen **Grenzübergang Bo Y** kann man nach Süd-Laos einreisen.
Busse
Vom **Ben Xe Kon Tum** in der Phan Dinh Phung fahren mehrmals täglich Busse nach Plei Ku (50 km, 1,5 Std.) und teilweise weiter nach Buon Ma Thuot (250 km, 6 Std.).

Plei Ku

Reiseatlas: S. 15, C 1, S. 13, C 3
Über den 1200 m hohen Mang-Den-Pass verläuft die Nationalstraße 14 weiter nach **Plei Ku.** Wie ein Phönix aus der Asche erstand die 785 m hoch gelegene Siedlung *(plei)* im Nebel *(ku)* nach den verheerenden Zerstörungen des Vietnamkrieges fast komplett neu. Als Luftwaffenbasis war sie für die US-Luftwaffe von strategischer Bedeutung und wurde von nordvietnamesischen Armee-Einheiten regelmäßig angegriffen. Heute überrascht die Hauptstadt der Provinz Gia Lai zwar mit einem relativ angenehmen Flair, mit breiten Straßen und modernen Häusern. Doch ist sie weit von dem entfernt, was ein populäres Lied des Schlagersängers Nguyen Cuong beschwört: »Plei Ku, du bist so schön und brichst mein Herz ...«

An Sehenswürdigkeiten arm, dient sie in erster Linie als Ausgangspunkt für Ausflüge in die Umgebung. Hier gibt es einmal mehr ein **Ho-Chi-Minh-Museum** (Bao Tang Ho Chi Minh) und das klägliche **Provinzmuseum** (Bao Tang Gia Lai) mit ein paar verstaubten Exponaten der Bahnar und Jarai (Mo–Fr 7.30–11, 13.30–16 Uhr, 15 000 VND). Etwa 3 km östlich des Zentrums befindet sich ein großer **Soldatenfriedhof.**

Dörfer der Bahnar und Jarai

Doch ist Plei Ku ein guter Ausgangspunkt für den Besuch von Dörfern der Minderheiten. Etwa 35 km östlich liegen eingebettet in eine schöne Mittelgebirgslandschaft die Bahnar-Siedlungen **Dek Tu, De Ron, De Doa** und **De Kop.** Sie sind über die N 19 in Richtung Binh Dinh-Qui Nhon gut zu erreichen. Alle besitzen ansehnliche Gemeindehäuser.

Das Jarai-Dorf **Plei Phun** ist ein beliebter Touristenstopp und liegt etwa 16 km nördlich von Plei Ku. Hauptattraktion der Siedlung sind die Familiengräber mit den für die Jarai (Gia Rai) typischen Holzstatuen. Die grob geschnitzten Figuren sollen den Verstorbenen als Diener zur Verfügung stehen. Auf dem Weg zum Dorf bietet sich ein Halt beim fotogenen Vulkansee **Bien Ho** an, der als Trinkwasserreservoir von Plei Ku dient.

Gia Lai Tourist: 215 Hung Vuong, Tel. 059-87 45 71, www.gialaitourist.com. Gibt Informationen über die Umgebung und arrangiert Ausflüge, Wandertouren und Mietwagen. Für den Besuch mancher Dörfer der Minderheiten, darunter Plei Phun, ist ein Guide von Gia Lai Tourist vorgeschrieben.

In konfuzianischen Gesellschaften wird älteren Menschen besondere Hochachtung entgegengebracht

Hoang Anh Gia Lai Hotel: Phu Dong, Tel. 059-71 84 59, Fax 71 84 57, www.hagl.com.vn. Das moderne Geschäftshotel mit 127 Zimmern ist derzeit die erste Wahl unter den Hotels. Es gibt Sauna, Massage und einen Tennisplatz. In der Sport Bar im Dachgeschoss kann man die Aussicht genießen und am Wochenende auch das Tanzbein schwingen. DZ ab 45 US-$ mit Frühstück.

Plei Ku Hotel: 124 Le Loi, Tel. 059-82 46 28, Fax 82 21 51, www.gialaitourist.com. Das halbstaatliche Stadthotel mit 41 plüschigen Zimmern ist beliebt bei Geschäftsreisenden und Tourgruppen. Ordentliches Preis-Leistungs-Verhältnis. DZ ab 30 US-$ mit Frühstück.

Ialy Hotel: 89 Hung Vuong, Tel. 059-82 48 43, Fax 82 76 19. Ein freundliches Boutique-Hotel mit 50 geräumigen Zimmern und Suiten. Gutes Preis-Leistungs-Verhältnis und solides Essen im Restaurant. DZ ab 30 US-$ mit Frühstück.

Hung Vuong Hotel: 2 Le Loi/Ecke Hung Vuong, Tel. 059-82 42 70, Fax 82 71 70, www.gialaitourist.com. Auch dieses funktionale Stadthotel verfügt über plüschige Zimmer, die für eine Nacht in Ordnung sind. Wegen Straßenlärm die hinteren Räume nehmen! Freundlicher Service, solides Restaurant. DZ ab 16 US-$.

Thien Thanh: Hem 22 Pham Van Dong, Tel. 059-82 70 11, tgl. 7–22 Uhr. Nördlich der Kreuzung mit der Le Loi. Das beliebte Restaurant liegt am Hang und eröffnet einen herrlichen Panoramablick. Gute vietnamesische Gerichte ab 40 000 VND.

My Tam 1 & 2: 3 und 6 Quang Trung, tgl. 7–22 Uhr. Die beiden schlichten Lokale sind in der Hand einer chinesischen Familie und tischen äußerst schmackhafte Gerichte auf. Ein beliebtes Gericht ist gebratenes Huhn mit Reis. Ab 15 000 VND.

Nem Ninh Hoa: 66 Nguyen Van Troi, tgl. 7–21 Uhr. Der Name ist Programm. In diesem Minilokal gibt es leckere Frühlingsrollen *(nem)* ab 10 000 VND.

Flüge

Der 5 km nordöstlich gelegene Flughafen wird jeweils 1 x tgl. von Da Nang und Ho-Chi-Minh-Stadt angesteuert.

Vietnam Airlines: 55 Quang Trung, Tel. 059-82 46 80.

Busse

Vom **Ben Xe Plei Ku** in der Quang Trung gibt es Verbindungen nach Kon Tum (50 km, 1,5 Std.), Buon Ma Thuot (203 km, 5 Std.) und Qui Nhon (163 km, 4 Std.)

Buon Ma Thuot

Reiseatlas: S. 15, C 3

Was Bordeaux für den französischen Wein, ist Buon Ma Thuot für den vietnamesischen Kaffee. Nachdem Jesuitenmissionare die schwarze Bohne in den 1870er-Jahren im Hochland heimisch machten, erlebte der Kaffeeanbau einen beispiellosen Aufstieg. Heute ist Vietnam nach Brasilien das weltweit führende Exportland. Etwa die Hälfte der gesamten Anbaufläche liegt in der Provinz Dak Lak, deren Verwaltungszentrum Buon Ma Thuot ist. Mit einer Durchschnittstemperatur von 26 °C, einer jährlichen Niederschlagsmenge von 2000 mm und fruchtbaren vulkanischen Böden herrschen in der zwischen 500 und 800 m hoch gelegenen Provinz hervorragende Bedingungen. Neben Kaffee wird auch Kautschuk und Tee angebaut. Von dem natürlichen Reichtum profitieren die heute etwa 200 000 Einwohner von Buon Ma Thuot.

Der Tourismus spielt bislang eine eher untergeordnete Rolle, denn die im Vietnamkrieg weitgehend zerstörte Stadt hat kaum Sehenswürdigkeiten zu bieten. Sehr martialisch wirkt das **Siegesdenkmal** im Herzen der Stadt. Mit Panzer und jubelnden Bronzefiguren erinnert es an die ›Befreiung‹ durch nordvietnamesische Truppen am 10. März 1975. Von den beiden Museen der Stadt ist vor allem das **Völkerkundemuseum** (Bao Tang Van Hoa Cac Dan Toc Daklak) an der Le Duan sehenswert. Der Eingang liegt in der kurzen Y Ngong. Das in ein 5 ha großes Gelände eingebettete Gebäude diente nach seiner Fertigstellung 1927 als Sitz des französischen *administrateur* und wurde nach mehreren Umbauten ab 1954 vom Bao-Dai-König für gelegentliche Empfänge benutzt. Zu sehen sind Arbeitsgeräte und Trachten der Minderheiten sowie zahlreiche Fotodokumentationen (tgl. 7–11, 14–16.30 Uhr, 10 000 VND).

Am nördlichen Stadtrand liegt das Ede-Dorf **Ako Dhong.** Es ist über die Ausfallstraße Phan Chu Trinh zu erreichen. 1956 von dem Dorfvorsteher Ama H'rin gegründet, sind dort typische Langhäuser zu besichtigen. Die matrilinear organisierten Ede leben vorwiegend vom Kaffeeanbau. Aufgrund der leichten Erreichbarkeit ist die Siedlung jedoch ziemlich touristisch.

Dak Lak Tourist: 3 Phan Chu Trinh, Tel. 050-85 21 08, www.daklaktourist.com.

Dam San Tourist: Damsan Hotel, 212–214 Nguyen Cong Tru, Tel. 050-85 25 06.

Beide Büros sind gute Informationsquellen, arrangieren Wandertouren, Tagesausflüge und Guides.

Cao Nguyen Hotel: 65 Phan Chu Trinh, Tel. 050-85 19 13, Fax 85 19 12, www.daklaktourist.com. Das von Reisegruppen und Geschäftsleuten frequentierte Hotel bietet 35 geräumige Zimmer. Insgesamt verbreitet es aber wenig Flair. DZ ab 40 US-$ mit Frühstück.

Thang Loi Hotel: 1 Phan Chu Trinh, Tel. 050-85 76 15, Fax 85 76 22, www.daklaktourist.com. Das halbstaatliche Hotel mit 40 Zimmern liegt gegenüber dem Siegesdenkmal. Wenig Atmosphäre, für eine Nacht in Ordnung. DZ ab 35 US-$ mit Frühstück.

Damsan Hotel: 212–214 Nguyen Cong Tru, Tel. 050-85 12 34, Fax 85 23 09, www.damsanhotel.com.vn. Das freundliche Hotel mit 60 sauberen Zimmern liegt 1 km östlich des Zentrums und verfügt über Pool, Tennis und Businesscenter. Das Restaurant ist auch bei Einheimischen beliebt. DZ 25–50 US-$ mit Frühstück.

Bach Ma Hotel: 9–11 Nguyen Duc Canh, Tel. 050-81 56 56, Fax 81 55 88, whitehorseho telvn@yahoo.com. Das auch als White Horse bekannte Hotel wirkt hell und freundlich. 58 geräumige komfortable Zimmer. Gutes Preis-Leistungs-Verhältnis. DZ ab 25 US-$ mit Frühstück.

Quan Ngon: 72–74 Ba Tieu, Tel. 050-85 19 09, tgl. 9–23 Uhr. In diesem offenen Restaurant werden schmackhafte vietnamesische Speisen aufgetischt. Gerichte ab 35 000 VND.
Bon Trieu Restaurant: 33 Hai Ba Trung, tgl. 9–22 Uhr. Zu den Spezialitäten dieses angenehmen Lokals gehören Rindergerichte *(thit bo)* in allen Variationen, Gerichte ab 30 000 VND.
Nem Ninh Hoa: 26 Ly Thuong Kiet, tgl. 8–21 Uhr. Der Name spricht für sich. Hier gibt es frische Frühlingsrollen *(nem)* mit gegrilltem Schwein und anderen Zutaten. Portionen ab 10 000 VND.
Hanoi Bakery: 123–125 Le Hong Phong, tgl. 8–21 Uhr. Eine gute Auswahl an Backwaren und Sandwiches ab 7000 VND.
Cafés
In der Stadt der schwarzen Bohne gibt es eine Vielzahl von kleinen Cafés, vor allem am südlichen Ende der Le Thanh Tong und an der Pham Chu Trinh. Gute Adressen sind auch:
Uyen Phuong: H 8–12, Ngo Quyen, 7–22 Uhr. Abends oft voll.
The Forget Me Not Café: Le Phong Hong, 7–23 Uhr. Am Tag recht entspannt, wird es abends zur Karaoke-Time ziemlich lebhaft.
Thung Lung Hong Café: Hem 153 Phan Chu Trinh, 7–23 Uhr. Am Ende einer steil abfallenden Seitenstraße gelegen und bei Einheimischen sehr beliebt.
Polang Café: G 26 Tran Khanh Du, 7–23 Uhr. Der Ethnostil des Interieurs verbreitet eine äußerst nette Atmosphäre. Gute Drinks und Snacks. Am Wochenende Livemusik.

Der **Dak Lak Water Park** (Cong Vien Nuoc Dak Lak), Nguyen Tat Thanh im Nordosten der Stadt, eignet sich mit seinen Wasserrutschen und Fontänen für ein paar unterhaltsame Stunden (tgl. 8–17.30 Uhr, 30 000 VND).

Flüge
Der Flughafen liegt 10 km südlich des Zentrums. Es gibt 1–2 x tgl. Flüge nach Ho-Chi-Minh-Stadt und mehrmals wöchentlich nach Da Nang und Hanoi. Minibusse verkehren bis zum Büro von Vietnam Airlines (25 000 VND). Eine Taxifahrt kostet etwa 150 000 VND.
Vietnam Airlines: 67 Nguyen Tat Thanh, Tel. 050-95 44 42, 85 50 55.
Busse
Der **Ben Xe Buon Ma Thuot,** 71 Nguyen Tat Thanh, liegt 3 km nordöstlich des Stadtzentrums und wird von Bussen aus Ho-Chi-Minh-Stadt (490 km, 7 Std.), Da Nang (540 km, 12 Std.), Da Lat (180 km, 4–5 Std.), Nha Trang (207 km, 4 Std.) und Plei Ku (203 km, 5 Std.) frequentiert.

Umgebung von Buon Ma Thuot

Reiseatlas: S. 15, C 3/4, B 3, S. 16, D 4

Wasserfälle

Im Umkreis der Stadt sind einige Wasserfälle (*thac*) von Interesse, wie etwa der 20 km südwestlich gelegene Jungfrau-Fall, **Thac Trinh Nu.** Er ist über die N 14 gut zu erreichen und befindet sich in der Nähe des Ede-Dorfes Ea Ting. Mit Abstand am sehenswertesten ist der nur 10 km weiter östlich gelegene **Thac Dray Sap.** Auf über 80 m stürzt der sichelförmige Fall fast 15 m in die Tiefe. Der dabei ständig aufsteigenden Gischt verdankt er seinen Namen, Nebelfall. In unmittelbarer Nachbarschaft befindet sich der weniger spektakuläre **Thac Dray Nur.** Am eindrucksvollsten präsentieren sich die stürzenden Ströme während der Regenzeit zwischen Juni und Oktober.

Buon Don

Eines der populärsten Touristenziele ist das als Elefantendorf bekannte **Buon Don,** 45 km nordwestlich von Buon Ma Thuot. Es wird auch Ban Don (laot.: Inseldorf) genannt. Vom benachbarten Yok-Don-Nationalpark ist die

Ede-Siedlung durch den breiten Serepok-Fluss getrennt. Kein anderer Ort im Zentralen Hochland erlebte in den letzen Jahren eine solche Kommerzialisierung wie Buon Don. An Wochenenden und in den Ferienmonaten strömen vorwiegend vietnamesische Touristen dorthin, um sich bei Elefantenritten, folkloristischen Tänzen und dem Souvenirkauf zu erfreuen. Wer Authentisches sucht, sollte diesen Ort eher meiden. Andererseits gibt es bislang wenige Gelegenheiten in Vietnam, mit Dickhäutern in Kontakt zu kommen.

Seit Jahrhunderten haben sich die Dorfbewohner auf die Jagd und Domestizierung von Elefanten spezialisiert. Noch heute werden die Gräber bedeutender Elefantenfänger gepflegt, wie etwa jenes von Y Thu Knu (gest. 1924), der 244 Dickhäuter eingefangen haben soll und sogar dem siamesischen König Chulalongkorn einen weißen Elefanten zum Geschenk machte – wofür er den Ehrentitel Khun Sang Nup, Großer Elefantenfänger, erhielt. Ein Ritt auf den Ungetümen kostet 300 000 VND pro Stunde.

Yok-Don-Nationalpark

Entlang der kambodschanischen Grenze und dem Song Serepok zieht sich der **Yok-Don-Nationalpark** (Vuon Quoc Gia Yok Don). Im Jahr 2002 auf 115 545 ha erweitert, ist er heute Vietnams größtes Schutzgebiet. Das ziemlich flache Territorium ist Heimat vieler Großwildarten wie Elefanten, Tiger und Gaur. Zudem ist es mit 245 bislang identifizierten Vogelarten eine der Top-Destination für Ornithologen. Mit Glück erspähen sie Raritäten wie Ährenträgerpfaue, Langschwanz-Zwergfalken und Mekongstelzen.

Bislang steckt der Tourismus noch in den Anfängen. Vom 40 km entfernten Buon Ma Thuot werden Tagestouren organisiert. Sinnvoller ist es, im Park zu übernachten, um mehr Zeit für die Wanderungen zu haben. Zudem ist die Chance größer, in der Dämmerung ein Tier zu erspähen. Im Park gibt es einige ausgewiesene Wanderwege. Zudem können von der Verwaltung Elefantensafaris arrangiert werden.

Elefanten werden in Teilen Vietnams nach wie vor als Arbeitstiere genutzt

i Am Parkeingang befindet sich das **Yok Don National Park Office**, Tel. 050-78 30 49, 78 30 52, (tgl. 7–17 Uhr, 3000 VND). Dort kann man einen Guide (300 000 VND) für die verschiedenen Wandertouren engagieren und einen Elefantenritt buchen.

Es gibt schlichte **Bungalows** bei der Nationalpark-Verwaltung, DZ 10 US-$ ohne Frühstück.

Lak-See

Knapp 50 km südlich von Buon Ma Thuot erstreckt sich entlang der gut ausgebauten N 27 der 5 km² große **Dak Lak** (Ho Lak). Er zählt zu den schönsten Seen des Hochlandes und hat auch der Provinz ihren Namen gegeben. In der Sprache der dort lebenden Mnong heißt er Gewässer *(dak)* des Lak – einer Legende zufolge der Name eines jungen Helden, der den See entdeckte. Vom ziemlich touristischen Ort **Lien Son** am Westufer des Sees kann man Ruderfahrten mit Einbaumbooten, Wanderungen und Elefantensafaris unternehmen. Die Bootsfahrten sind besonders zur Dämmerung empfehlenswert, wenn die Wasservögel auf Futtersuche gehen. Der Dak Lak bietet sich als Zwischenstopp auf der Fahrt zwischen Da Lat und Buon Ma Thuot an. Es gibt nur einfache Übernachtungsmöglichkeiten.

i **Dak Lak Tourist:** Lien Son, Tel. 050-88 61 84, www.daklaktourist.com. Arrangiert Wanderungen und Übernachtungen.

Bao Dai Residence: Tel. 050-85 67 67. Die einstige Villa des letzten Königs überblickt von einem Berg den See. Nette Zimmer mit Balkon ab 25 US-$ mit Frühstück.

Lak Lake Tourist Resort: Tel. 050-58 61 84. Die einstige Kaserne wurde zum Resort umgestaltet und bietet entsprechend spartanische Zimmer. Man kann auch in Langhäusern nächtigen. DZ ab 5 US-$ ohne Frühstück.

Von Da Lat bis Ho-Chi-Minh-Stadt

Cityplan S. 341
Karte S. 345

Als ›Stadt des ewigen Frühlings‹ und ›Stadt der Liebe‹ besungen, ist Da Lat ein Ort der Romantik. Die Landschaft wirkt mit ihren braungrünen Feldern und kühnen Höhenzügen, den tosenden Wasserfällen und ruhigen Seen wie ein mitteleuropäisches Naturidyll. Kein Wunder, dass sich hier die Vietnamesen besonders wohlfühlen.

12 Da Lat

Cityplan: S. 341

Als der in Nha Trang stationierte Forscher Alexandre Yersin bei einer Expedition durch das zentrale Hochland am 21. Juni 1893 auf ein lang gezogenes Plateau am Fuß des bis zu 2167 m hohen Bergzugs Lang Bien stieß, soll er in Erinnerung an seine Schweizer Heimat begeistert ausgerufen haben: »Dat alias laetitiam, alias temperiem«, »Sie gibt Freude den einen, Erquickung den anderen«. Bald darauf gründete er in dem Dorf **Dan Kia** eine Wetterstation. Nach einer weiteren Expedition sechs Jahre später schlug der Arzt Etienne Tardif dem damaligen Generalgouverneur Paul Doumer eine 10 km entfernte Stelle am Cam-Ly-Fluss für die Etablierung eines Höhenluftkurortes vor. Und so geschah es. Doumers Nachfolger Paul Beau ließ 1906 ein Sanatorium errichten, ein Jahr später folgte das erste Hotel.

Man benannte den Ort nach einer der hier siedelnden Volksgruppen **Da Lat,** Strom *(dak)* der Lat. Die Jahresdurchschnittstemperatur von nur 18 °C und die fruchtbare Gegend waren hervorragende Voraussetzungen dafür, dass das 1500 m hoch gelegene Da Lat bald zu einer beliebten Sommerfrische avancierte. Nachdem bereits 1899 die Straße nach Phan Rang fertiggestellt war, konnte ab 1932 die Straße ins 310 km entfernte Saigon befahren werden. Die immer größer werdende Stadt wurde zum *Petit Paris* Vietnams. In den 1930er-Jahren lebten mehr als 2000 Franzosen dort.

Glücklicherweise blieb Da Lat von den beiden Indochinakriegen weitgehend verschont, sodass viele der alten Kolonialbauten erhalten geblieben sind. Doch die Stadt mit heute über 200 000 Einwohnern ist alles andere als ein verschlafenes Nest. Als Verwaltungs- und Wirtschaftszentrum der Provinz Lam Dong zieht sie immer mehr Menschen an. An der Peripherie wächst sie zunehmend ins Umland hinaus. Die fruchtbare Ebene wird landwirtschaftlich intensiv genutzt. Auf den terrassenförmig angelegten Feldern wachsen mitteleuropäische Blumen, Obst- und Gemüsesorten. Es gibt größere Tee- und Kaffeeplantagen. Selbst als Weinanbaugebiet hat sich Da Lat einen Namen gemacht.

Europäische Besucher vermögen die vietnamesische Begeisterung für die ›Stadt des ewigen Frühlings‹ nicht unbedingt zu teilen. Zu vertraut mutet ihnen die Landschaft an. Da Lat ist in erster Linie ein Urlaubsziel für Einheimische. Trotzdem bietet sie genug, damit es auch westlichen Touristen nicht langweilig wird.

Am Xuan-Huong-See

Eine gute Ausgangsbasis für einen Rundgang ist der **Ho Xuan Huong** **1**. Wie ein Halbmond liegt er im Herzen der Stadt. 1919 wurde hier der Cam-Ly-Fluss auf 5 km² aufgestaut und zunächst Grand Lac genannt. Namensgeberin ist seit 1953 die berühmte

Dichterin Ho Xuan Huong (1768–1839). Das Gewässer ist von einem 7 km langen Rundweg umgeben. Das gewaltige Gebäude des **Stadtmarktes** 2 (Cho Da Lat) befindet sich nordwestlich des Sees und stammt aus dem Jahr 1960. Im Inneren herrscht ganztägig ein reges Treiben (tgl. 6–19 Uhr).

Im Süden liegt an der Tran Phu die 1942 eingeweihte **Kathedrale** 3 (Nha Tho Chanh Toa Da Lat). Mit ihren bunten Glasfenstern und der hellen Außenfassade wirkt sie wie ein fröhlicher Gruß aus dem alten Europa. Wenig beeindruckt nennen Einheimische sie des Wetterhahns auf der Turmspitze wegen Nha Tho Con Ga, Hahnenkirche (tgl. 17–19 Uhr und zu Gottesdienstzeiten). Einen Besuch wert ist das schräg gegenüber liegende **Sofitel Dalat Hotel** 4 an der 12 Tran Phu. 1922 errichtet, erstrahlt es heute wieder in leuchtendem Weiß. An der steilen Khoi Nghia Bac Son südlich des Sees trohnt die heute als **Dinh II** 5 bekannte einstige Ferienresidenz des Generalgouverneurs. Das 1933 erbaute herrschaftliche Anwesen liegt in einem Park, ist jedoch derzeit nur unregelmäßig zu besichtigen. Die zukünftige Nutzung ist unklar. Sehr schöne Kolonialvillen reihen sich entlang der nach Osten verlaufenden Tran Hung Dao.

Im Osten und Norden des Sees

An der Nguyen Trai liegt der beeindruckende **Bahnhof** 6 (Ga Da Lat) im Art-déco-Stil aus dem Jahr 1938. Bis 1964 fuhr von dort die Crémaillère, eine Zahnradbahn, ins 83 km entfernte Thap Cham unweit der Küste. Nachdem sie jahrzehntelang stillgelegt war, nahm man 1991 ein 5 km langes Teilstück nach Trai Mat wieder in Betrieb. Es wird heute mehrmals von einer **Nostalgiebahn** befahren und zählt zu einer der Attraktionen der Stadt.

Zwischen Bahnhof und See befindet sich das landesweit bekannte **Lycée Yersin** 7, die 1935 etablierte Hochschule für Pädagogik. Hinter Kiefernbäumen erhebt sich der markante Turm, der einen geschwungenen Gebäudekomplex abschließt.

Liebhaber von Lilien, Orchideen, Weihnachtssternen und anderen blühenden

Mit dem Autor unterwegs

Abgefahren

Einmal abheben: Die 2,3 km lange Seilbahn vom Robin Hill zum Tuyen-Lam-See eröffnet herrliche Panoramablicke auf Da Lat und Umgebung (s. S. 344).

Nostalgiebahn: »Auf de vietnamesische Eisebahne …« können Sie trällern, während der Zug sich von Da Lat ins 5 km entfernte Dorf Trai Mat müht. Ein Spaß fürJung und Alt (s. S. 346).

Kulinarische Hochgefühle

Für Auge und Gaumen: Das zum Novotel gehörende Café de la Poste an der Tran Phu bietet zu jeder Tageszeit schmackhafte Gerichte aus dem französischen und vietnamesischen Speiseplan (s. S. 342).

Petit Paris: Im Café Tung scheint die Zeit stehen geblieben zu sein. Wie in alten Kolonialzeiten können Sie sich eine Tasse Kaffee munden lassen (s. S. 344).

Natur erleben

Stürzende Wassermassen: Der vom Dschungel umgebene Thac Dambri in der Nähe von Bao Loc ist einer der eindrucksvollsten Wasserfälle zwischen Saigon und Da Lat (s. S. 346).

Natur pur: Der Cat-Tien-Nationalpark – 145 km nordöstlich von Ho-Chi-Minh-Stadt – ist ein Refugium bedrohter Tierarten und zahlreicher Vogelarten. Hier kommen Naturfreunde auf ihre Kosten (s. S. 346f.).

Gut zu wissen

Mit Schirm und Charme: Im von Bergen umgebenen Hochtal regnen sich auch während der Trockenzeit zwischen November und April gern die Wolken ab. Schirm und regenfeste Kleidung sind daher nie verkehrt.

Schönheiten werden im 1966 eröffneten **Da-Lat-Blumengarten** 8 (Vuan Hoa Da Lat) ihre Freude haben. Er ist über die Phu Dong

Thien Vuong am Nordende des Sees erreichbar (tgl. 7.30–17 Uhr, 8000 VND).

Südwestlicher Stadtteil

Im Südwesten liegen zwei der markantesten Bauwerke Da Lats, darunter an der 3 Huynh Thuc Khang die **Villa Hang Nga** 9. Die sich an Stalagmiten und Spinnweben anlehnende Architektur des Hauses inmitten eines tropischen Gartens lässt es wie eine Kulisse aus einem Science-Fiction-Film wirken. Während die Künstlerin Dang Viet Nga ihr 1990 begonnenes und immer noch nicht vollendetes Domizil Hang Nga, Mondvilla nennt, sieht der Volksmund darin schlichtweg ein »Crazy House«. Die umstrittene Tochter des langjährigen Generalsekretärs und Präsidenten Truong Chinh konnte bereits künstlerische Freiheiten genießen, als die Parteizensur noch sehr streng war. Auf dem Grundstück gibt es ein Café (tgl. 9–17 Uhr, 5000 VND).

Über die Trieu Viet Phuong ist der 1938 nach fünfjähriger Bauzeit fertig gestellte Bao-Dai-Palast, heute **Dinh III** 10 genannt, zu erreichen. Hier verbrachte der 1997 verstorbene König seine letzten Jahre in Vietnam, bevor er 1955 ins französische Exil ging. Später hielt sich dort zeitweilig Präsident Diem auf. Das zweistöckige Gebäude im Art-déco-Stil birgt in seinen 25 Räumen zahlreiche Möbelstücke, Memorabilien und Kunstwerke (tgl. 7.30–11.30, 13.30–16.30 Uhr, 10 000 VND.

Buddhistische Pagoden

In und vor allem um Da Lat herum liegen einige sehenswerte Pagoden verstreut, die zwar nicht sonderlich alt, doch sehr stimmungsvoll sind. Wie etwa die auf einer Erhebung thronende **Chua Linh Son** 11. Sie befindet sich 1 km nördlich des Sees in einer Seitenstraße der Bui Thi Xuan. Die von 1936 bis 1940 erbaute Anlage birgt im Inneren der Haupthalle eine 1,25 t schwere Buddha-Statue aus Bronze. Dem Kloster ist eine buddhistische Schule angeschlossen (tgl. 7–18 Uhr, Eintritt frei).

Knapp 5 km südöstlich von Da Lat erhebt sich an der Khe Xanh an einem Berghang die 1958 gestiftete **Chua Thien Vuong** 12. Sie ist ein beliebtes Pilgerziel der Chinesen, die dort drei aus Hongkong stammende Statuen aus Sandelholz verehren: den historischen Buddha Shakyamuni, die Göttin der Barmherzigkeit, Quan Am, und den Bodhisattva Mahasthanaprapta (The Chi), einen Begleiter des Buddha Amitabha. Schon von weithin zu sehen ist eine riesige Buddha-Statue, die 100 m oberhalb der Pagode erbaut wurde (tgl. 7–18 Uhr, Eintritt frei).

An der südöstlichen Ausfallstraße Hoang Hoa Tham ist die 1962 vollendete **Chua Linh Phong** 13 (auch Chua Su Nu) zu finden, die mit ihren bunten Farben sehr fröhlich wirkt. Offenbar lassen sich davon auch die dort lebenden Nonnen anstecken. Besucher sind gern gesehen, falls sie sich vom grimmigen Drachengesicht, welches das Eingangsportal schmückt, nicht abschrecken lassen. Vom erhöhten Gelände bietet sich ein wunderbarer Ausblick auf die fruchtbaren Felder in der Umgebung (tgl. 7–18 Uhr, Eintritt frei).

i **Dalat Travel Bureau:** 1 Nguyen Thi Minh Khai, Tel. 063-51 01 04, www.dalattourist.com.vn. Bietet zwar hinreichende Information, ist jedoch eher am Verkauf von Touren interessiert. Es gibt im Stadtzentrum zahlreiche kleine **Reisebüros,** die Open-Tour-Tickets verkaufen und Ausflüge arrangieren.

Evason Ana Mandara Villas & Spa 1: 9 Le Lai, Tel. 063-55 58 88, Fax 55 56 66, www.sixsenses.com. Das Edelresort am westlichen Stadtrand bietet Luxus vom Feinsten. Die insgesamt 17 Villen mit 57 Zimmern sind in einen 14 ha großen Park eingebettet und stammen noch aus den 1930er-Jahren. Das offene Café The Courtyard @ Nine bietet tagsüber zu kleinen Speisen einen herrlichen Rundblick. Gutes Six-Senses-Spa und schöner Pool. DZ 155–400 US-$ ohne Frühstück.

Sofitel Dalat Palace 2: 12 Tran Phu, Tel. 063-82 54 44, Fax 82 54 57, www.sofitel.com. Mit tiefen Teppichen, knarrenden Dielen und funkelnden Kronleuchtern wohnt es sich hier herrlich nostalgisch. 1922 als Lang Bian Palace eröffnet, erstrahlen die 43 ge-

Da Lat: Cityplan

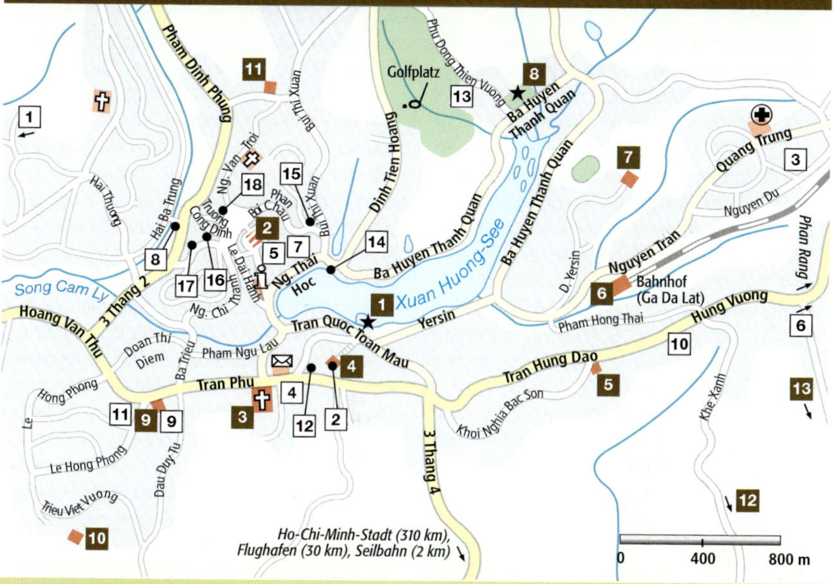

Sehenswürdigkeiten

1. Ho Xuan Huong
2. Stadtmarkt
3. Kathedrale
4. Sofitel Dalat Hotel
5. Dinh II
6. Bahnhof
7. Lycée Yersin
8. Da-Lat-Blumengarten
9. Villa Hang Nga
10. Dinh III
11. Chua Linh Son
12. Chua Thien Vuong
13. Chua Linh Phong

Übernachten

1. Evason Ana Mandara Villas & Spa
2. Sofitel Dalat Palace / Le Rabelais
3. Hoang Anh Resort
4. Novotel Dalat
5. Golf 3 Hotel
6. Vietsovpetro
7. Empress
8. Cam Do Hotel
9. Hang Nga Villa / Crazy House
10. Villa Hotel 28
11. HP Villa Hotel

Essen und Trinken

12. Café de la Poste
13. Dalat Palace Golf Club
14. Thanh Thuy
15. V Café
16. Da Quy – Wild Sunflowers
17. Long Hoa
18. Café Tung

schmackvollen Zimmer und Suiten in alter Eleganz. In der Rabelais Bar kann man zu lauschiger Musik den Tag ausklingen lassen. DZ ab 200 US-$.

Hoang Anh Resort [3]: 3 Nguyen Du, Tel. 063-81 08 26, Fax 54 90 36, www.hagl.com.vn. Das weitläufige Resort mit 250 Zimmern in mehreren Gebäuden im Chalet-Stil bietet soliden Luxus mit Restaurants, Pool, Tennisplätzen und Spa. DZ ab 60 US-$, Suiten ab 110 US-$ mit Frühstück.

Novotel Dalat 4: 7 Tran Phu, Tel. 063-82 57 77, Fax 82 58 88, www.novotel.com. Das angenehme 4-Sterne-Hotel öffnete 1932 als Hôtel du Parc seine Pforten und bietet 144 komfortable Zimmer und Suiten. Für die Standardräume gibt es in der Nebensaison gute Rabatte. Im dazugehörigen Café de la Poste an der Straße gegenüber wird gutes Frühstück und ab Mittag leckeres Essen serviert. DZ ab 55 US-$.

Golf 3 Hotel 5: 4 Nguyen Thi Minh Khai, Tel. 063-82 60 42, Fax 83 03 96, www.golfhotel.vnn.vn. Im Herzen der Stadt gelegen, bietet dieses 7-stöckige Geschäftshotel in seinen 78 Zimmern alle Annehmlichkeiten. Tipp: ein Drink mit Aussicht im Sky View Café im obersten Stock. Guter Pool und etwas nüchternes Restaurant. DZ 45–100 US-$ mit Frühstück.

Vietsovpetro 6: 7 Hung Vuong, Tel. 063-83 30 77, Fax 83 30 88. Der Name klingt eher nach einer russischen Tankstelle, doch das Hotel mit 72 freundlichen Zimmern liegt ruhig hinter Pinienbäumen. Wird gerne von vietnamesischen Touristen gebucht. Nachteil ist die etwas isolierte Lage. DZ ab 45 US-$ mit Frühstück.

Empress 7: 5 Nguyen Thai Hoc, Tel. 063-83 38 88, Fax 82 93 99, www.empresshotelvn.com. Das freundliche Hotel mit 19 komfortablen Zimmern liegt an einem Hang und überblickt den See. Schöne Openair-Bar, rustikales Restaurant. Eine gute Wahl. DZ 42–119 US-$ mit Frühstück.

Cam Do Hotel 8: 81 Phan Dinh Phung, Tel. 063-82 27 32, Fax 83 02 73, www.camdohotel.com.vn. Solides 3-Sterne-Hotel mit 54 gut ausgestatteten Zimmern. Zu den Annehmlichkeiten zählen Sauna, Massage und ein gutes Restaurant. DZ 40–60 US-$ mit Frühstück.

Hang Nga Villa/Crazy House 9: 3 Huynh Thuc Khang, Tel. 063-82 20 70, Fax 83 14 80. Wohnen einmal anderst. Das berühmte Fantasy-Haus im Stil eines Termitenhügels besitzt 10 Zimmer in unterschiedlichem Design. Nur für jene zu empfehlen, die sich nicht am ständigen Besucherstrom stören. DZ 20–80 US-$ mit Frühstück.

Villa Hotel 28 10: 28 Tran Hung Dao, Tel. 063-82 27 64, Fax 83 56 39. Die alte Kolonialvilla mit 14 urigen Zimmern hat viel Atmosphäre, vor allem wenn im Aufenthaltsraum das Kaminfeuer knistert. Einige Zimmern gewähren eine gute Aussicht. Soll 2008 komplett renoviert und zu einer luxuriösen Villa umgebaut werden. DZ ab 15 US-$ mit Frühstück.

HP Villa Hotel 11: 2 B Le Hong Phong, Tel. 063-82 26 07, Fax 83 72 22, hpdalat@hcm.vnn.vn. Das freundliche Haus bietet 20 Zimmer unterschiedlicher Größe, teils mit schöner Aussicht. Gepflegtes Interieur und gutes Preis-Leistungs-Verhältnis. DZ ab 12 US-$ mit Frühstück.

Le Rabelais 2: Sofitel Dalat Palace, 12 Tran Phu, Tel. 063-82 54 44, tgl. 11–23 Uhr. Wer Fine Dining in kolonialem Ambiente schätzt, wird in diesem französischen Restaurant kulinarische Freuden erleben. Die Köche zaubern exquisite Speisen mit schönem Dekor. Gerichte ab 10 US-$.

Café de la Poste 12: Tran Phu, gegenüber Novotel, tgl. 6–23 Uhr. Morgens wird gutes Frühstück serviert. Tagsüber gibt es Schokocroissants und andere Leckereien aus der hauseigenen Bäckerei. Der Küchenchef zaubert fantasievolle Fusion-Gerichte. Beim vietnamesichen Restaurant im zweiten Stock kann man beim Zubereiten der Speisen in der offenen Küchen zuschauen. Leckere Set-Menüs ab 8 US-$.

Dalat Palace Golf Club 13: Phu Dong Thien Vuong, Tel. 063-82 12 01, tgl. 11–23 Uhr. Im ehrwürdigen Clubhaus gibt es ein Restaurant mit einer guten Auswahl asiatischer und europäischer Speisen, von Sandwiches bis Nudelsuppen. Hauptgerichte ab 4,50 US-$.

Thanh Thuy 14: 2 Nguyen Thai Hoc, Tel. 063-53 16 88, tgl. 7–23 Uhr. Das am Westende des Sees gelegene Restaurant hat eine üppig bestücke Menükarte mit vielen vietnamesischen Gerichten. Wegen des schönen

Garantiert Entspannung pur: Massage im Six Senses Spa

Seeblicks ist es häufig voll mit Reisegruppen. Rechzeitig kommen! Gerichte ab 45 000 VND.

V Café 15: 1/1 Bui Thi Xuan, Tel. 063-83 75 76, tgl. 7–23 Uhr. Das gemütliche Ambiente und die guten westlichen Speisen haben das von einem US-Amerikaner geführte Lokal zu einer festen Adresse werden lassen. Gerichte ab 30 000 VND.

Da Quy – Wild Sunflowers 16: 49 Truong Cong Dinh, Tel. 063-51 08 83, tgl. 6.30–23 Uhr. In familiärer Atmosphäre werden u. a. preiswerte lokale Spezialitäten serviert, darunter *chao tom,* gehackte Shrimps am Zuckerrohrstück, oder *ca hap chung tuong,* gedämpftes Fischfilet mit Pilzen. Gerichte ab 30 000 VND.

Long Hoa 17: 3 Thang 2, Tel. 063-82 29 34, tgl. 11–21 Uhr. In diesem familiengeführten Restaurant im Herzen der Stadt wird traditionelle vietnamesische Arbeitsteilung praktiziert – der Wirt unterhält die Gäste, seine Frau steht in der Küche und bereit leckere Hausmannskost. Speisen ab 30 000 VND.

Cafés

Da Lat ist eine Stadt mit vielen kleinen Cafés, in denen man herrlich die Nachmittage verbummeln kann. Bei jungen Vietnamesen sind besonders die Cafés seitlich des Stadt-

Richtig Reisen-Tipp: Ausflüge in die Umgebung

Das Umland von Da Lat (s. Karte S. 345) lockt mit zahlreichen landschaftlichen Reizen. Um es zu erkunden, bieten sich kleinere Wanderungen und Bootsfahrten an. Geübte können sich auch ein Fahrrad ausleihen.

Tal der Liebe (Thung Lung Tinh Yieu): Das 5 km nördlich von Da Lat gelegene Tal mit dem 1972 aufgestauten Da-Thien-See im Zentrum ist weniger ein stilles Plätzchen für Verliebte, sondern eine Art Disneyland für die vietnamesische Spaßgesellschaft. Besonders an den Wochenenden tummeln sich Scharen von picknickenden Familien, Pony reitenden Mädchen und als Cowboy verkleidete Hobby-Models. Wer es ruhiger haben möchte, sollte diesen kontaktfreudigen Ort eher meiden (tgl. 7–17 Uhr, 6000 VND).

Seufzersee (Ho Than Tho): Um den 6 km nordöstlich von Da Lat gelegenen See rankt sich eine tragische Geschichte. Man schrieb das Jahr 1788, als das Mädchen Mai Nuong beim Pilzesuchen auf den jagenden Hoang Tung traf. Es war Liebe auf den ersten Blick und beide wurden ein Paar. Doch Hoang Tung musste unerwartet in den Krieg gegen China ziehen und verließ sie, ohne sich verabschieden zu können. Mai begann an seiner Liebe zu zweifeln und bestellte ihn zu einem Treffen an den See. Als er nicht kam, sprang sie ins Wasser und ertrank. Als Hoang Tung nach seiner Rückkehr erfuhr, was sich zugetragen hatte, ging auch er in den See. Noch heute soll man das Seufzen der Liebenden vernehmen, wenn der Wind durch die Pinienbäume rauscht. Das stille Gewässer lädt zu einem Spaziergang ein. Am Ufer gibt es einige gemütliche Lokale (tgl. 7–17 Uhr, 5000 VND).

Robin Hill und **Paradiessee (Ho Tuyen Lam):** Die 2 km südlich von Da Lat aufragende Erhebung ist zusammen mit dem aufgestauten Tuyen-Lam-See eines der beliebtesten Ausflugsziele. Nach Verlassen der Stadt über die N 27 in Richtung Süden biegt man rechts in die Zufahrtsstraße hinein und fährt bis zur Seilbahnstation auf dem **Robin Hill.** Von dort führt die Seilbahn in nur 12 Min. zur 2300 m entfernten Station am Tuyen-Lam-See und ermöglicht traumhafte Ausblicke in die Umgebung (tgl. 7–17 Uhr, 50 000 VND hin und zurück). Am See kann man das 1993 an einen Berghang gebaute Bambuswald-Meditationszentrum **Thien Vien Truc Lam** besuchen. Hier leben über 120 Mönche und Nonnen, die sich mit einheimischen und ausländischen Laien-Buddhisten in strenger Meditation üben. Vom See, der auch zu besinnlichen Bootspartien einlädt, führt eine Straße gen Osten zur N 20. Über sie lässt sich ein Abstecher zum **Thac Datanla** unternehmen, einem nur während der Regenzeit interessanten Wasserfall. Sein eigentümlicher Name bedeutet in der Sprache der Koho ›Wasser unter den Blättern‹ (tgl. 7–17 Uhr, 5000 VND).

Thac Prenn: Der Wasserfall liegt unweit der N 27, etwa 10 km südlich von Da Lat. Sein Name bedeutet in der Cham-Sprache Grenze, Front. Die Stadtnähe ließ ihn zu einem beliebten Picknickziel für Einheimische werden, weshalb hier zahlreiche Souvenirverkäufer ihr Geschäft wittern. Während der Regenzeit von Mai bis Oktober donnert das Wasser über ein scharfes Steinkliff in 8 m Tiefe, zur Trockenzeit ist es eher ein Rinnsal (tgl. 7–17 Uhr, 8000 VND).

marktes beliebt, etwa das **Town of Flowers,** das **Artista** und das **Pink Cross.** Sie bieten Eis und Snacks für den kleinen Hunger.

Café Tung 18: 6 Khu Hoa Binh, tgl. 6–22 Uhr. An wenigen Orten ist die Zeit des Petit Paris noch so lebendig wie in diesem Café unweit des Marktes. Man sitzt an kleinen Tischen und kann enspannt zuschauen, wie die scharze Kaffeebrühe durch den Filter tröpfelt.

Umgebung von Da Lat

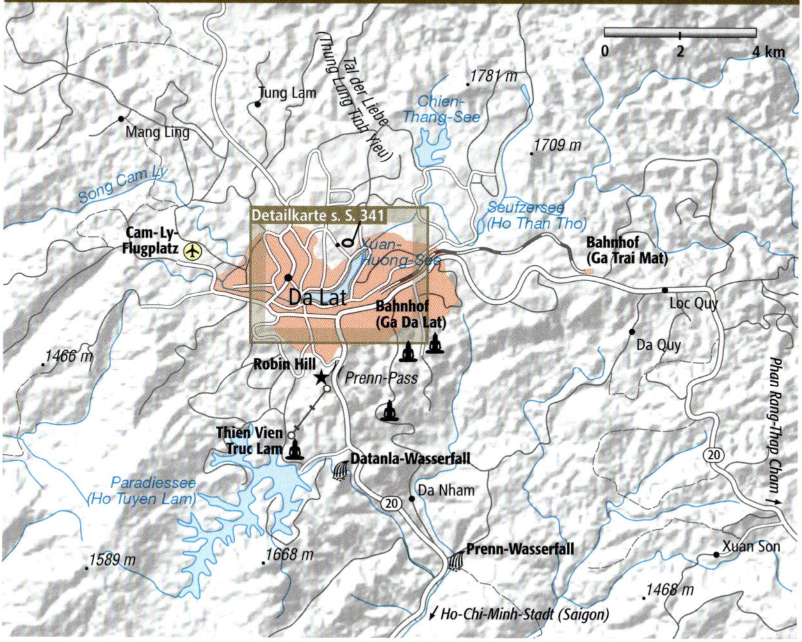

XQ Historical Village: 258 Mai Anh Dao, Tel. 063-83 13 43, www.xqhandembroidery.com, tgl. 8–21 Uhr. In dem traditionellen Handwerkszentrum werden wunderbare Stickarbeiten produziert, die allerdings ihren Preis haben.

Die Nächte von Da Lat sind nicht sehr lang. Einheimische Touristen halten sich bevorzugt in Karaokebars und Cafés auf. Eine sehr schöne Atmosphäre herrrscht in der **Larry's Bar** im Sofitel Dalat Palace mit Holztäfelung, langer Theke und ebenso langer Cocktail-Liste, tgl. 16–24 Uhr.

Saigon Nite Bar: 11 A/1 Hai Ba Trung, tgl. 15–24 Uhr. Billardtisch, Darts, gute Musik und reichlich Fassbier ist der richtige Mix für vorwiegend westliche Rucksacktouristen, die hier bevorzugt abhängen.

Golf 3 Nightclub: Golf 3 Hotel, 4 Nguyen Thi Minh Khai, tgl. 19–24 Uhr. Einer der wenigen Orte in Da Lat, wo Tanzbegeisterte auf ihre Kosten kommen. Zuweilen ohrenbetäubend.

Alljährlich Mitte Dezember findet in Da Lat das mehrtägige **Blumenfest** statt mit Umzügen, Tänzen, Ausstellungen und Schönheitswettbewerben.

Der **Da Lat Palace Golf Club,** Phu Dong Thien Vuong, Tel. 063-82 12 01, geht in seinen Ursprüngen auf das Jahr 1922 zurück und zählt heute zu den besten 18-Loch-Plätzen des Landes. Infos unter www.vietnamgolfresorts.com.

Die Stadt ist ein hervorragender Ausgangspunkt für ein- oder mehrtägige **Wanderungen,** für **Kajaking** oder **Mountainbike-Touren** in der Umgebung.

Zu erfahrenen Adventure-Veranstaltern zählen u. a.:

Hardy Dalat: 66 Phan Dinh Phung, Tel. 063-83 68 40, hardydl@hcm.vnn.vn
Phat Tire Venture: 73 Truong Cong Dinh, Tel. 063-82 94 22, www.phattireventures.com.

Flüge
Vom Flughafen **Lien Khuong,** 30 km südlich des Stadtzentrums, verkehren 1-2 x tgl. Flüge nach Ho-Chi-Minh-Stadt und 1 x tgl. nach Hanoi. Vor den Abflügen starten Busse (40 000 VND) vom Büro von Vietnam Airlines, 44 Ho Tung Mau, Tel. 063-82 28 95.
Busse
Der **Ben Xe Da Lat** liegt 1 km südlich des Stadtzentrums an der 3 Thang 4. Von dort starten morgens mehrere Direktbusse nach Buon Ma Thuot (180 km, 4–5 Std.), Phan Rang (108 km, 3-4 Std.), Nha Trang (211 km, 5 Std.) und Ho-Chi-Minh-Stadt (310 km, 6 Std.). Die Open Tours-Veranstalter unterhalten direkte Busverbindungen nach Ho-Chi-Minh-Stadt und Nha Trang.
Taxis
Da Lat Tourist Service Company, Tel. 063-83 08 30
Thang Loi Taxi, Tel. 063-83 55 83
Mai Linh Taxi, Tel. 063-51 11 11

Entlang der Nationalstraße 20

Reiseatlas: S. 17/18
Die über 300 km lange Strecke nach Ho-Chi-Minh-Stadt ist äußerst stimmungsvoll und abwechslungsreich. Naturinteressierte sollten unbedingt den Cat-Tien-Nationalpark besuchen. Ständige ›Begleiter‹ auf der Fahrt sind Maulbeerbaum-, Kaffee- und vor allem Teeplantagen, die sich wie grüne Teppiche in die Hügellandschaft schmiegen.

Unterwegs bieten sich Stopps bei einigen Wasserfällen an, wie etwa bei Kilometer 35 der **Thac Pongour** und kurz danach bei Km 38 der **Thac Gougah.** Sie liegen zwar landschaftlich sehr schön, sind aber nur während oder kurz nach der Regenzeit wirklich interessant. Nach etwa 100 km ist der 1010 m hoch gelegenen Marktort **Di Linh** erreicht, einem Zentrum für die Teeproduktion. Wer Zeit hat, kann etwas durch die Teeplantagen spazieren. Von Di Linh führt die derzeit schlechte Straße Nr. 28 an die knapp 100 km entfernte Küste und stößt in Nga Ba Goi nördlich von Phan Thiet auf die Nationalstraße 1 A.

Nostalgiebahn: Vom schönen Bahnhof Ga Da Lat schnauft ab 6.30, 8, 9.30, 11, 14, und 15.30 Uhr die ehrwürdige Eisenbahn ins 5 km entfernte Trai Mat. Die Rückfahrt erfolgt nach einer halbstündigen Pause (1,5 Std. hin und zurück, 70 000 VND).

Thac Dambri und Bao Loc

Der **Thac Dambri** ist auch in der Trockenzeit äußerst eindrucksvoll, denn hier stürzen die tosenden Wassermassen 50 m in die Tiefe und nebeln die dichtbewaldete Umgebung ein. Dabei zaubern sie ein schönes Landschaftsbild. Die touristische Infrastruktur ist ausgesprochen gut, denn der Wasserfall ist auch bei Einheimischen ein äußerst beliebtes Ausflugsziel. Der Thac Dambri liegt einige Kilometer westlich der Stadt **Bao Loc** und ist über eine gut ausgeschilderte Zugangstraße zu erreichen. Kurz vor dem Wasserfall gabeln sich die Wege und führen jeweils zum oberen und unteren Bereich. Gutes Schuhwerk ist äußerst sinnvoll, denn die Wege sind naturgemäß rutschig (tgl. 7–17 Uhr, 10 000 VND).

In der Umgebung von Bao Loc kann man auch einige Zuchtstationen für Seidenraupen besichtigen, die von den Blättern der allseits gegenwärtigen Maulbeerbäume ernährt werden. Zudem bietet das Tam Chau Tea and Coffee Center an der N 20 gute Tee- und Kaffeesorten an.

Cat-Tien-Nationalpark

Vom Ort **Ma Da Gui,** 50 km hinter Bao Loc, führt eine 23 km lange Straße zum äußerst sehenswerten **Cat-Tien-Nationalpark** (Vuon

Richtig Reisen-Tipp: Touren durch den Cat-Tien-Nationalpark

Durch den Nationalpark führen mehrere Wanderwege. Zudem kann man Seen und Feuchtgebiete besuchen. Auch eine Bootsfahrt auf dem Song Dong Nai bietet sich an.

Bang Lang (Lagerstroemia) Trail: Der nur 1 km lange Weg beginnt 400 m hinter dem Hauptquartier und führt durch ein Waldstück mit schönen Exemplaren von Lagerstroemia speciosa (viet. *bang lang).* Die Art zählt zu den schönsten Blütenbäumen Asiens, weshalb die Engländer sie Rose of India nennen. Zudem sind Thitpokbäume *(Tetrameles nudiflora)* mit ihren mächtigen Wurzeln zu sehen.

Bau Sau (Krokodilsee): Zu Fuß oder mit dem Jeep kann man zum 6 km vom Hauptquartier entfernten Krokodilsee gelangen und dort per Boot die Amphibienwelt beobachten. Dazu zählen Siam-Krokodile, die dort 2002 wieder angesiedelt wurden. Zudem ist der See zur Dämmerung ein guter Ort für Vogelbeobachtungen.

Bau Chim (Vogelsee): Vom Hauptweg, der durch den östlichen Teil des Nationalparks führt, verläuft ein 1 km langer Pfad zum Vogelsee. Hier kommen vor allem die Ornithologen auf ihre Kosten. Zu sehen gibt es naturgemäß vor allem Wasservögel.

Quoc Gia Cat Tien). Das 1978 gegründete und später auf 739 km² erweiterte Schutzgebiet besteht aus zwei gleich großen Teilgebieten, durch die sich der Dong-Nai-Fluss windet. Wegen seiner unterschiedlichen Ökozonen, die von Feuchtgebieten über Savannen bis zu dichten Regenwäldern reichen, sowie seiner Bedeutung für die Artenvielfalt wurde er 2001 zum Unesco-Biosphärenreservat erhoben. Cat Tien ist ein Refugium für zahlreiche bedrohte Tierarten. Dazu zählt das Siam-Krokodil (*Crocodylus siamensis*), der Malaienbär (*Helarctos malayanus*), der Gaur und der Silber-Langur (*Trachypithecus cristatus*).

Berühmtheit erlangte der Nationalpark, als einige Exemplare des als ausgestorben geltenden Annam- oder Vietnamesischen Java-Nashorns (*Rhinoceros sondaicus annamiticus*) entdeckt wurden. Zudem ist hier eine größere Elefantenpopulation zu finden. Mittlerweile hat das Schutzgebiet sich aufgrund der über 320 Vogelarten auch unter den Ornithologen einen Namen gemacht.

Die beste Zeit für Vogelbeobachtungen sind zum Ende der Trockenzeit zwischen Februar und April. Dann ist auch die Chance, mit Blutegeln Bekanntschaft zu machen, wesentlich geringer als in den anderen Monaten.

Bislang wird der Cat Tien vorwiegend von Ökotouristen mit speziellen Interessen besucht, die sich mit einer bescheidenen touristischen Infrastruktur zufriedengeben. Einfache Übernachtungsmöglichkeiten gibt es beim Hauptquartier des Parks. Nach Ho-Chi-Minh-Stadt sind es von hier 145 km.

i Am Parkeingang befindet sich das einfache, aber gut organisierte **Parkbüro,** Tel. 061-79 12 28, Fax 79 12 27 (tgl. 7–17 Uhr, 50 000 VND). Es empfiehlt sich, dort einen Guide für die verschiedenen Wandertouren zu engagieren (150 000 VND/Tag). Man kann auch Jeeps mit Fahrer oder Mountainbikes mieten.

Der Nationalpark verfügt über einfache Gästehäuser in der Nähe des Parkeingangs. Die Zimmer sollten vorab über das Parkbüro reserviert werden. DZ 10 US-$ ohne Frühstück.

Auf eigene Faust ist der Cat-Tien-Nationalpark nur sehr umständlich erreichbar. Am besten bucht man den Trip über ein Reisebüro in Ho-Chi-Minh-Stadt oder Da Lat.

Der Phuoc An Hoi Quan ist eine Stiftung von chinesischen Nachfahren aus Fujian

Kapitel 4

Ho-Chi-Minh-Stadt und der Süden

Auf einen Blick: Ho-Chi-Minh-Stadt und der Süden

Energiegeladene Boomtown

Saigon scheint niemals stillzustehen. Egal, von welcher Seite man kommt, ein endloser Strom von Mopeds wälzt sich ohne Unterlass durch die Straßen und Gassen. Zwischen ihnen bewegen sich die Autos wie übergroße Käfer in einem Ameisenhaufen. Dies ist der erste Eindruck, den die Stadt auf Neuankömmlinge macht. Die Acht-Millionen-Metropole scheint aus allen Nähten zu platzen und wuchert immer weiter ins Umland. Wie ein Magnet zieht der urbane Moloch die Menschen an – auf der Suche nach Arbeit, Erfolg und Glück. Mittlerweile lebt fast jeder zehnte Vietnamese in Ho-Chi-Minh-Stadt.

Doch kaum jemand nennt sie bei ihrem offiziellen Namen, zu holprig und unpassend klingt **Thanh pho** (= Stadt) **Ho Chi Minh.** Saigon klingt mondäner, klingt nach glitzernden Hochhäusern, schicken Boutiquen, schmucken Kolonialbauten. Und so präsentiert sich die gerade mal 300 Jahre alte Metropole auch: mit wunderschönen historischen Bauten, freundlichen Boulevards, schattigen Cafés und immer mehr Hochhäusern. Zwar hat sie auch eine ganze Reihe von Sehenswürdigkeiten zu bieten, aber die sind allesamt wenig spektakulär. Saigon ist eher ein Ort zum Verweilen, zum Shoppen, Flanieren und Dinieren.

Die Stadt am Saigon-Fluss ist ein guter Ausgangspunkt für Ausflüge in den tiefen Süden des Landes, allen voran in das Mekong-Delta (s. S. 396ff.). Äußerst beeindruckend, doch noch wenig bekannt ist das **Con-Dao-Archipel,** gut 180 km vor der südvietnamesischen Küste. Die Gruppe von 16 Inseln war unter den Franzosen eine berüchtigte Straf-

kolonie und avanciert nun immer mehr zur Topdestination für Taucher und Strandurlauber. Die **Halbinsel Vung Tau** hingegen ist mangels schöner Strände eher Ziel für einen Kurztrip. Wer einmal Seeluft anstelle von verpestetem Stadtmief schnuppern möchte, kann das unter den Franzosen als Cap Saint Jacques bekannte Seebad ohne Probleme im Rahmen eines Ganztagesausflugs besuchen. Zwei kulturell und historisch außergewöhnliche Orte sind die **Tunnel von Cu Chi** und das Zentrum der Cao-Dai-Anhänger in **Tay Ninh** unweit der kambodschanischen Grenze.

Highlights

13 **Ho-Chi-Minh-Stadt (Saigon):** Die südvietnamesische Boom-Metropole mit ihren breiten Boulevards und schmucken Kolonialbauten, ihren glitzernden Hochhäusern und unzähligen Shoppingmöglichkeiten zeigt sich jung und energiegeladen (s. S. 352ff.).

Empfehlenswerte Routen

Über Cu Chi nach Tay Ninh: Eine sehr populäre Tagestour führt von Saigon entlang der N 22 zu den Viet-Cong-Tunneln in Cu Chi und weiter zum Tempel der Cao Dai in Tay Ninh. Dort findet mittags um 12 Uhr eine religiöse Zeremonie der Anhänger dieser bunt schillernden Religion statt (s. S. 390ff.).

Reise- und Zeitplanung

Verglichen mit ihrer nordvietnamesischen Schwester Hanoi besitzt Ho-Chi-Minh-Stadt relativ wenige Sehenswürdigkeiten. Sie können gut an ein bis zwei Tagen besichtigt werden. Mit ihren vielfältigen Einkaufsangeboten und Ausgehmöglichkeiten kommt aber auch nach einer halben Woche und mehr keine Langeweile auf.

Als klassischer Tagesausflug bietet sich der Besuch von Cu Chi und Tay Ninh an. Die Halbinsel Vung Tau ist ebenfalls an einem Tag zu ›schaffen‹, allerdings bietet sich angesichts der vielen Übernachtungsmöglichkeiten dort auch ein mehrtägiger Ausflug an – wenngleich die Strände allesamt nicht sonderlich schön sind. Ist ein Trip zum Con-Dao-Archipel geplant, so sind mindestens drei weitere Tage einzukalkulieren.

Richtig Reisen-Tipps

Saigon Night: Wenn es Nacht wird in Saigon, erwacht die Spaßgesellschaft zu neuem Leben. Einige Tipps zum Ausgehen (s. S. 377).

Trekken, Tauchen, Schnorcheln: Bislang liegt der Con-Dao-Archipel noch außerhalb der meisten Touristenrouten. Doch immer stärker ziehen die landschaftlichen Reize der Inselgruppe Besucher in ihren Bann. Auf Taucher und Schnorchler wartet eine faszinierende Unterwasserwelt, Naturfreunde treffen auf unberührte Dschungellandschaften (s. S. 389).

Klima und Reisezeit

Ho-Chi-Minh-Stadt liegt wie der gesamte Süden Vietnams im Einflussbereich des Südwestmonsuns mit ganzjährig schwülheißer Witterung. Am angenehmsten ist es in der ›Winterzeit‹ von November bis Anfang März mit Tagestemperaturen um 34 °C und viel Sonnenschein. Im Laufe des Monats März wird es zunehmend heißer, und in der zweiten Aprilhälfte nähert sich die Quecksilbersäule bedrohlich der 40-°C-Grenze. Nachmittags kann der sogenannte Mango-Regen einsetzen – kurze, meist schwache Schauer. Von Mai an kündigen fast täglich pechschwarze Wolken den Monsunregen an. Heftige Gewitter und sturzbachartige Regenfälle sind dann die Regel. Innerhalb kurzer Zeit verwandeln sich die Straßen in reißende Bäche. Je nach Intensität klingt der Monsun Ende Oktober aus, kann jedoch in manchen Jahren auch bis in den November andauern.

13 Ho-Chi-Minh-Stadt

Citypläne S. 354/355, 366

Die Acht-Millionen-Metropole wirkt rastlos und unruhig. Mit einer zunehmend an den Wolken kratzenden Skyline und vollgestopften Straßen erweist sie sich als einschüchternder urbaner Moloch. Doch im kolonialen Zentrum weht noch ein Hauch vom ›Paris des Ostens‹. Hier zeigt sich Saigon von seiner charmanten und mondänen Seite.

Irgendwie scheinen alle Bewohner ständig in Bewegung zu sein – zu Fuß, auf dem Fahrrad, im Auto, mit der Handkarre und vor allem mit dem Moped. Wie in einer Endlosschleife drehen sie ihre Runden durch die Straßen. Saigon ist Bewegung. Saigon ist Lifestyle. Die Gäste im Trend-Café, in schicken Jeans mit Handy am Ohr; ›Miss Saigon‹ auf der Honda Dream, im knappen Minikleid und mit modischer Sonnenbrille; der smarte Geschäftsmann im dunklen Anzug auf dem Weg ins klimatisierte Büro. Saigon erstrahlt. Flimmernde Werbeflächen ersetzen kommunistische Parolen, schicke Klamotten das Grau der Uniformen.

Nirgendwo sonst ist die Abkehr vom Sozialismus so deutlich zu spüren wie hier, nirgends ist der wirtschaftliche Boom so sichtbar. In keiner Stadt wird der Reichtum dermaßen zur Schau gestellt, gibt es so viele Konsumtempel. Es wird gebaut und renoviert, vergrößert und erweitert. Immer mehr wächst Saigon in die Höhe, immer weiter in die Breite. An der Peripherie werden ganze Stadtteile aus dem Boden gestampft, denn die Einwohnerzahl wächst rasant in die Höhe. Mittlerweile sollen es samt Einzugsgebiet über 8 Mio. sein. Doch genau weiß das niemand, denn nur ein Bruchteil ist registriert. Wie ein Magnet zieht die Metropole Menschen aus der Provinz an, hier locken Jobs und Aufstiegschancen. Das Pro-Kopf-Einkommen ist dreimal so hoch wie im Landesdurchschnitt. Bei allem Glanz sind die Schattenseiten jedoch nicht zu übersehen: Wohnungsknappheit, soziale Verelendung, Umweltverschmutzung, verstopfte Straßen, Kriminalität, Korruption – der Problemkatalog ist lang.

300 Jahre Stadtgeschichte

Im tiefen Süden des Landes siedelten über Jahrhunderte hinweg die **Khmer.** Zwischen den Flüssen Song Saigon und Song Dong Nai lag ihre Hafenstadt Prei Nokor (Wald des Kapokbaumes). Ende des 16. Jh. wurden sie zunehmend von einwandernden Vietnamesen verdrängt. Der in Phu Xuan (Hue) residierende **Fürst Nguyen Phuc Nguyen** (reg. 1623–1634) eröffnete 1623 in der einstigen Khmer-Stadt ein Amt zur Steuererhebung. In unmittelbarer Nachbarschaft etablierten Flüchtlinge aus China den Handelsplatz **Cho Lon.** Als offizielles Gründungsjahr gilt 1698, als Nguyen Huu Canh (1650–1700) zum Statthalter einer neu geschaffenen Präfektur bestimmt wurde und den Ort als Verwaltungszentrum etablierte. Da die Stadt stark unter dem Tay-Son-Aufstand litt, ließ der Fürst Nguyen Phuc Anh 1790 die Zitadelle Gia Dinh erbauen.

Koloniales Saigon

Mit dem Angriff einer französisch-spanischen Flotte auf Gia Dinh – damit reagierte die Grande Nation auf die Hinrichtung mehrerer europäischer Missionare – begann 1859 die Kolonialisierung Südvietnams. Drei Jahre später musste der Tu-Duc-Herrscher aus Hue seine drei südlichsten Provinzen abtreten. Sie wurden mit dem Vertrag von Saigon am 5. Juni 1862 zur **Colonie Cochinchine** zusammengefasst. **Saigon** war der Name der neu etablierten Gouverneursstadt und ist eine vietnamesische Übersetzung des kambodschanischen Prei Nokor. Die Stadt erhielt in der Folgezeit ihr bis heute unübersehbar europäisches Gesicht. Kanäle wurden zugeschüttet und breite Alleen angelegt. Es entstanden repräsentative Residenzen, elegante Villen und prächtige Verwaltungsbauten. Kirchtürme dominierten das Stadtpanorama. In der kolonialen Welt verbreitete sich der Ruf Saigons als **Paris des Ostens.** Ab 1931 vereinigte man die stark gewachsene Metropole mit dem benachbarten Cho Lon und benannte die Doppelstadt in Saigon-Cho Lon um.

Infolge der Teilung Vietnams 1954 stieg Saigon zur **Hauptstadt der Republik von Vietnam** (RVN) auf. Als 1965 die ersten **US-Truppen** stationiert wurden, begann sie zunehmend die Gestalt einer amerikanischen Metropole anzunehmen. Nachtclubs, Bars und gesichtslose Bauten bestimmten von nun an das Straßenbild. Saigon war von riesigen Militäranlagen umgeben und schwoll durch den zunehmenden Strom von Kriegsflüchtlingen ständig an. Ende der 1960er-Jahre waren es weit über 2 Mio., die vorwiegend in Elendsvierteln hausten.

Ho-Chi-Minh-Stadt

Ihre dramatischsten Stunden erlebte die Metropole am 30. April 1975, als nordvietnamesische Truppen anrückten und Saigon besetzten. Unvergessen sind die Bilder der Evakuierungsaktionen vom Dach der damaligen US-Botschaft, als Hubschrauber die letzten Flüchtlinge aufnahmen. Mit der **offiziellen Wiedervereinigung** im Folgejahr erhielt die Stadt ihren heutigen Namen: **Thanh Pho Ho Chi Minh.** In den Jahren danach drohte sie auszubluten, weil Zehntausende in Umerziehungslager wanderten und noch mehr

Mit dem Autor unterwegs

Sehenswert

Gut gebaut: Die über 120 Jahre alte Hauptpost von Saigon ist ein Glanzstück kolonialer Architektur. Ihr Besuch lohnt sich nicht nur der Briefmarken wegen (s. S. 358).

Den Göttern so nah: Der Tempel des Jadekaisers, Chua Ngoc Hoang, gleicht mit seiner bunt schillernden Götterwelt einem himmlischen Verwaltungsapparat (s. S. 366).

In Hülle und Fülle: Im Binh-Tay-Markt von Cho Lon explodieren die Farben und Gerüche. Hier gibt es kaum etwas, was es nicht gibt. Ein guter Ort, um Gewürze, Tee oder Kaffee zu kaufen (s. S. 369).

Grimmige Dämonen, lächelnde Buddhas: Die Pagode Wald der Erleuchtung, Chua Giac Lam, zählt mit ihren 110 wertvollen Figuren zu den schönsten Sakralbauten im Süden Vietnams (s. S. 372).

Genießen in Saigon

Über den Dächern: Einige Hotels besitzen Cafés und Restaurants mit wunderbaren Ausblicken über die Stadt, darunter die berühmte Dachterrasse des Hotel Rex (s. S. 373), die Saigon Saigon Bar des Caravelle Hotel (s. S. 377), die Bellevue Bar des Hotel Majestic (s. S. 373), die Pool-Bar des Renaissance Riverside (s. S. 373) und der Level 23 Nightspot im Sheraton Saigon Hotel (s. S. 377).

Verschnaufpause: Mehr als zehn Filialen von Highlands Coffee verteilen sich zumeist im Zentrum und laden mit gutem Eis und exzellenten Kaffeevariationen zu einer Rast ein. Eine Niederlassung gibt es hinter dem Stadttheater und im Saigon Metropolitan Tower gegenüber der Kathedrale (s. S. 376).

Gut zu wissen

Im Großen und Ganzen ist auch Ho-Chi-Minh-Stadt ein sicheres Pflaster, doch sollte man noch mehr als anderswo auf seine Wertsachen achten. Gelegentlich sind Diebe auf Mopeds unterwegs, um den Passanten Taschen und Kameras zu entreißen.

Ho-Chi-Minh-Stadt / Koloniales Saigon: Cityplan

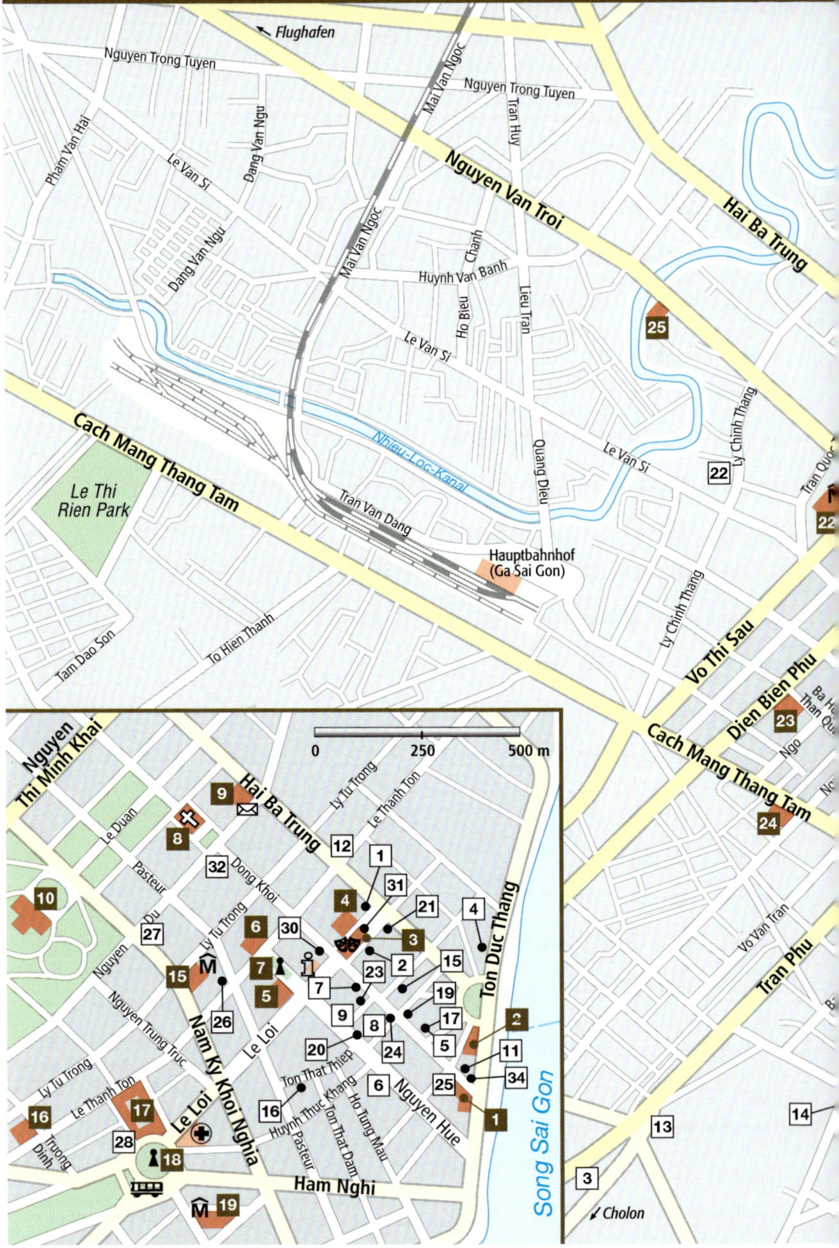

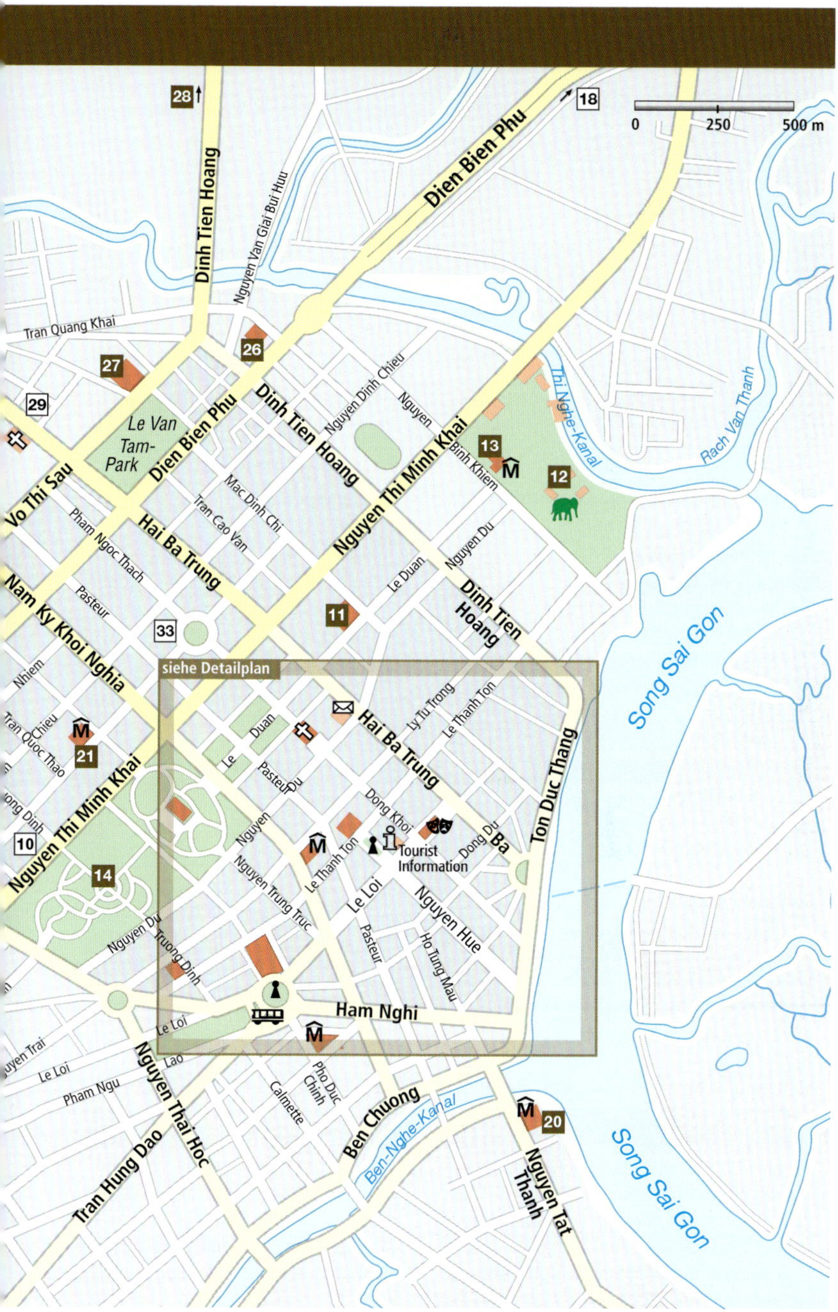
0
250
500 m
Dien Bien Phu
Dinh Tien Hoang
Nguyen Van Giai Bui Huu
Tran Quang Khai
Le Van Tam-Park
Vo Thi Sau
Hai Ba Trung
Nam Ky Khoi Nghia
Nguyen Thi Minh Khai
Nguyen Dinh Chieu
Mac Dinh Chi
Tran Cao Van
Pham Ngoc Thach
Pasteur
Binh Khiem
Nguyen Du
Le Duan
Thi Nghe-Kanal
Rach Van Thanh
Song Sai Gon
siehe Detailplan
Ly Tu Trong
Le Thanh Ton
Ton Duc Thang
Dong Khoi
Dong Du
Tourist Information
Le Loi
Nguyen Hue
Ho Tung Mau
Nguyen Trung Truc
Truong Dinh
Ham Nghi
Pho Duc Chinh
Calmette
Ben Chuong
Ben-Nghe-Kanal
Nguyen Tat Thanh
Nguyen Thai Hoc
Tran Hung Dao
Pham Ngu Lao
Tran Quoc Thao
10
11
12
13
14
18
20
21
26
27
28
29
33

Ho-Chi-Minh-Stadt / Koloniales Saigon: Cityplan

Sehenswürdigkeiten

1 Majestic Hotel
2 Renaissance Riverside Hotel
3 Stadttheater
4 Hotel Continental
5 Rex Hotel
6 Hôtel de Ville
7 Onkel-Ho-Statue
8 Kathedrale Notre Dame
9 Hôtel des Postes
10 Halle der Wiedervereinigung
11 Konsulat der USA
12 Zoo / Botanischer Garten
13 Historisches Museum
14 Stadtpark
15 Museum von Ho-Chi-Minh-Stadt
16 Sri-Mariamman-Tempel
17 Ben-Thanh-Markt
18 Reiterstandbild
19 Museum der Schönen Künste
20 Ho-Chi-Minh-Museum
21 Museum für Kriegsrelikte
22 Museum für die Frauen Südvietnams
23 Chua Xa Loi
24 Gedenkstupa
25 Chau Vinh Nghiem
26 Chua Ngoc Hoang
27 Den Tran Hung Dao
28 Den Le Van Duyet

Sehenswürdigkeiten

29–41 s. Cityplan Cho Lon S. 366

Übernachten

1 Park Hyatt Saigon
2 Caravelle Hotel
3 Hotel Equatorial
4 Legend Hotel Saigon
5 Grand Hotel
6 Duxton Hotel Saigon
7 Bong Sen Hotel
8 Palace Hotel
9 Oscar Saigon Hotel
10 Chancery Saigon
11 Riverside Hotel Saigon
12 Spring Hotel
13 Saigon Boutique Hotel
14 Madame Cuc

Essen und Trinken

15 Le Mekong
16 Temple Club
17 Nam Kha
18 Château II (Saigon Tan Cang)
19 Gartenstadt
20 Ciao Café
21 Pacharan Tapas & Bodega
22 Quan 3 Mien
23 Lemongrass
24 Vietnam House
25 Maxim's Nam An
26 Miss Saigon
27 Quan An Ngon
28 Pho 2000
29 Bhan Xeo 46 a
30 Givral Café
31 Highlands Coffee
32 Highlands Coffee
33 Sao Cafe
34 Paloma Cafe

Menschen das Land verließen. Besonders dramatisch wurde die Lage der einst so vibrierenden Metropole, als ab 1978 jeglicher privater Handel verboten und Besitz enteignet wurde. Wer konnte, versuchte das Land zu verlassen, darunter die besonders betroffenen Chinesen aus Cho Lon.

Erst nach den **Reformen von 1986** verbesserte sich die Situation zusehends. Seit den 1990er-Jahren ist Ho-Chi-Minh-Stadt das unbestrittene **Wirtschaftszentrum des Landes.** Neben den Investitionen internationaler Firmen profitiert sie vor allem vom finanziellen Engagement der Auslands-Vietnamesen *(viet kieu)*, die als *boat people* ihre Heimat verließen und nun wieder in ihrer alten Heimat investieren oder sogar ganz zurückkehren.

Orientierung

Ho-Chi-Minh-Stadt, das auch HCMC genannt wird, besitzt **zwei Zentren:** Die Chinatown Cho Lon im Westen und das alte koloniale Saigon und heutige Geschäftsviertel im Osten. Verwaltungstechnisch wird die 2094 km² große Metropole in 19 zumeist nummerierte Stadtdistrikte *(quan)* und fünf periphere Landdistrikte *(huyen)* untergliedert. Auf der östlichen Stadtseite windet sich der **Saigon-Fluss** von Norden her in Richtung Süden. Mehrere Kanäle verlaufen vom Saigon-Fluss nach Cho Lon und weiter ins Mekong-Delta. Ein Großteil der **Sehenswürdigkeiten** liegt im kolonialen Teil Saigons und ist teilweise zu Fuß leicht zu erreichen. Sehr viele Tempel sind im Chinesenviertel zu finden.

Entlang der Dong Khoi

Cityplan: S. 354

Von der Hafenstraße **Ton Duc Thang,** dem einstigen Quai de Belgique, verläuft die berühmte **Dong Khoi** bis zur Kathedrale. Wie in der Kolonialzeit, als die 1 km lange Flaniermeile noch Rue Catinat hieß, rollt tagein, tagaus eine Welle williger Käufer entlang ihrer schmalen Trottoirs, um in den Boutiquen und Souvenirläden nach Schnäppchen zu fahnden. Wer früh aufsteht, kann am Hafen die Alten bei ihren Gymnastik- und Taiji-Übungen beobachten. An den Kais liegen die Fährboote und Ozeandampfer, auf der anderen Seite des Saigon-Flusses flimmern nachts die riesigen Reklametafeln.

Vom Hotel Majestic bis zum Hotel Continental

Einen wunderbaren Blick auf das rege Treiben am Fluss bietet sich von der Dachterrasse des legendären **Majestic Hotel** **1** mit der Hausnummer 1 an der Dong Khoi. Das 1925 eröffnete Traditionshotel ist ein koloniales Schmuckstück. Zu literarischen Ehren kam die Nobelherberge, als in den 1950er-Jahren sich dort Graham Greene (1904–1991) zu seinem Roman »Der stille Amerikaner« inspirieren ließ. Ein ebenso hervorragendes Hafenpanorama bietet die Pool-Bar auf dem Dach des benachbarten 21-stöckigen **Renaissance Riverside Hotel** **2**.

Entlang der Dong Khoi wechseln sich teure Geschäfte und edle Boutiquen mit gemütlichen Bars und schicken Cafés ab. Die Flaniermeile mündet in den Lam-Son-Platz, der den östlichen Abschluss des breiten Boulevards Le Loi bildet. Hier erhebt sich das markante **Stadttheater** **3** (Nha Hat Thanh Pho), das mit seinem weißrosa Anstrich, den Schnörkeln und Figuren heiter und verspielt wirkt. Am 1. Januar 1900 wurde der Bau nach Plänen des renommierten Pariser Architekten Eugène Ferret feierlich eröffnet. In seiner Pracht folgt er dem flamboyanten Stil der Dritten Französischen Republik. Direktes Vorbild für die Fassade war das Petit Palais in Paris. Auf seinen 559 Plätzen schwelgten die Kolonialherren in europäischer Hochkultur. Ab 1955 diente es unter Präsident Ngo Dinh Diem als Sitzungssaal des südvietnamesischen Marionettenparlaments. Seit 1975 finden wieder kulturelle Veranstaltungen statt – von Modenschauen bis zu Popkonzerten.

An der Ecke Le Loi/Dong Khoi beeindruckt die freundliche Fassade des 1880 erbauten **Hotel Continental** **4**. Einst stiegen hier zahlreiche Berühmtheiten ab, darunter der Weltreisende William Somerset Maugham (1874–1965). Das sowohl von ihm als auch von Graham Green literarisch verewigte Terrassencafé existiert nicht mehr. Das heute eher mittelmäßig geführte Hotel besitzt einen schönen Innenhof mit schattigen Frangipani-Bäumen.

Rex Hotel und Rathaus

An der Le Loi lohnt sich ein kleiner Umweg über den breiten Boulevard Nguyen Hue, der parallel zur Dong Khoi vom Fluss bis zum Rathaus verläuft. Hier steht eine weitere geschichtsträchtige Nobelherberge, das **Rex** **5**. Ein Hotel ist es jedoch erst seit 1975. Zu Beginn des 20. Jh. stand hier die Garage Bainier – seinerzeit das größte Autohaus der Kolonie. Sie wich 1959 dem Rex Trading Center, das während des Vietnamkriegs für die

Korrespondenten zur festen Adresse wurde. Hier nämlich fanden jeden Tag gegen 17 Uhr die Pressekonferenzen der US-Armee statt – wegen der stets beschönigenden Nachrichten von den Journalisten »Five o'clock Follies«, »Fünf-Uhr-Unfug«, getauft. Die ebenso berühmte Dachterrasse lädt heute zu einem Sundowner oder Dinner ein. Von ihr können die Gäste den endlosen Strom der Mopeds bestaunen.

An der Stirnseite der Nguyen Hue – dem einstigen Boulevard Charner – erstrahlt die verspielte Fassade des **Hôtel de Ville** **6**. Wo früher die Ratsherren tagten, trifft sich heute das mächtige Volkskomitee (Uy Ban Nhan Dan) von Ho-Chi-Minh-Stadt. Architektonisch folgt der zwischen 1901 und 1908 errichtete Prachtbau dem 20 Jahre zuvor fertiggestellten Rathaus von Paris. Sein schlanker Uhrturm und die roten Pultdächer samt Schnörkelverzierungen an der Fassade machen es zum populärsten Fotomotiv von Saigon. Ein beliebter Spot für Porträts und Gruppenfotos ist die vorgelagerte Grünanlage mit der freundlichen **Statue von Onkel Ho** **7** (Bac Ho) – Ho Chi Minh mit Kindern im Arm.

Notre Dame und Hauptpost

Vom Rathaus kann man über die Ly Tu Trong wieder zur Dong Khoi zurückkehren, die schon sehr bald am Vorplatz der Kathedrale **Notre Dame** **8** (Nha Tho Duc Ba) endet. Der neoromanische Backsteinbau wurde am 7. Oktober 1877 begonnen und drei Jahre später eingeweiht. Die markanten Spitzen der 40 m hohen Zwillingstürme kamen um 1900 hinzu. Lange Zeit dominierten sie das Stadtbild, heute verschwinden sie nahezu inmitten der Hochhäuser (tgl. 8–11, 15–16 Uhr und zu den Gottesdienstzeiten).

Selten avanciert ein Postamt zu einer Touristenattraktion. In Saigon ist dies der Fall. Seitlich der Kathedrale leuchtet die gelbliche Fassade des ehrwürdigen **Hôtel des Postes** **9** (Buu Dien). Auf Messingtafeln an der unteren Fensterreihe sind die Namen bedeutender Geistesgrößen wie René Descartes, Benjamin Franklin und André Marie Ampère verewigt. Der zwischen 1886 und 1891 erbaute neoklassizistische Bau folgt dem Trend der damaligen Zeit, als zur Stabilisierung eines Gebäudes Träger und Verstrebungen aus Gusseisen eingefasst wurden. Sie stammen aus der Werkstatt von Alexandre Gustave Eiffel. Von historischem Interesse sind die beiden Landkarten an den Seitenwänden im Inneren. Sie zeigen Saigon und das damals noch eigenständige Cho Lon um 1892 sowie das Netz der Telegrafenleitungen in Süd-Vietnam und Kambodscha im Jahr 1936. Übrigens: Briefmarken gibt es auch (tgl. 6–22 Uhr).

Vom Wiedervereinigungspalast bis zum Botanischen Garten

Nördlich der Kathedrale verläuft zwischen dem Wiedervereinigungspalast im Westen und dem Botanischen Garten im Osten die breite Straße Le Duan mit zahlreichen Geschäften und Bürohäusern. Zu den optisch herausragenden Gebäuden am einstigen Boulevard Norodom zählen das glitzernde Diamond Plaza und das Hotel Sofitel Plaza.

Wiedervereinigungspalast

Der gewaltige Komplex im Stil der klassischen Moderne liegt inmitten eines 12 ha großen Parks und ist eines der geschichtsträchtigsten Bauwerke Saigons. Hier nämlich endete am 30. April 1975 der Vietnamkrieg, als Panzer der nordvietnamesischen Armee das gusseiserne Haupttor zum Gelände durchbrachen. Kurze Zeit später erklärte der gerade zum Präsidenten ernannte General Duong Van Minh, genannt ›Big Minh‹, die bedingungslose Kapitulation. Ab 11.30 Uhr wehte die rote Flagge mit dem Stern auf dem Dach.

Offiziell heißt das Gebäude **Halle der Wiedervereinigung** **10** (Hoi Truong Thong Nhat), weil dort im November 1975 der Zu-

Als Fotomotiv noch immer beliebt: Notre Dame mit ihren Zwillingstürmen

MỪNG CHÚA

Die Nord-Süd-Kluft

Thema

Über 1700 km liegen zwischen Hanoi und Saigon. Dies hat nicht nur Auswirkungen auf das Klima, sondern auch auf Lebensgefühl und Mentalität. Während die Menschen im Norden als sparsam und zurückhaltend gelten, sagt man den Südvietnamesen einen Hang zu Verschwendungssucht und *laissez faire* nach.

»Wenn ein Bauer aus dem Norden einen Fisch fängt oder Hühner aufzieht, bringt er sie zum Markt und verkauft sie. Wenn ein Südvietnamese einen Fisch fängt oder Hühner aufzieht, kauft er eine Flasche Wein und lädt seine Freunde zu einem Fest ein.« So beschrieb ein Hanoier Psychologe einmal die Mentalitätsunterschiede zwischen dem ›genügsamen‹ Norden und dem ›verschwenderischen‹ Süden. Es mögen zwar immer weniger nordvietnamesische Eltern ihre Kinder davor warnen, einen Partner aus dem ›sündigen‹ Süden zu heiraten, trotzdem ist die kulturelle Kluft zwischen den beiden Landesteilen immer noch spürbar. Und dies hat weniger mit der 21 Jahre währenden politischen Trennung zu tun als vielmehr mit den klimatischen Bedingungen und geschichtlichen Entwicklungen im Lauf vieler Jahrhunderte.

Kältewellen, Überschwemmungen, Taifune – das Leben der Bauern im Roten-Fluss-Delta ist immer wieder von der Unbill der Natur betroffen. Von heute auf morgen können die Mühen eines ganzen Jahres durch eine Laune der Natur vernichtet werden. Bauern müssen also horten, mit ihren Ressourcen sparsam umgehen. Nicht so im Süden, wo der natürliche Reichtum und das ganzjährig tropische Klima eher ein Leben von der Hand in den Mund ermöglichen. Zudem führte die chronische Überbevölkerung des nördlichen Deltas dazu, dass die Menschen weniger Land besaßen und daher härter arbeiten mussten.

Auch die Einflüsse des Konfuzianismus sind im Norden wesentlich ausgeprägter als im Süden, schließlich war nur das Gebiet bis etwa Vinh von der tausendjährigen Besatzung durch die Chinesen betroffen. »Verschwendung ruft Unordnung hervor, Sparsamkeit führt zur Einfachheit«, mahnte der große Lehrmeister im »Lun Yu« (Gespräche VII, 36). Dieser Spruch hat sich im Lebensgefühl der Menschen tief eingegraben. Khong Tu, wie der Weise aus dem Land der Mitte hier genannt wird, prägte mit seinem Denken auch andere Werte. Lernen, der Respekt vor den Älteren, Zurückhaltung und Konfliktvermeidung haben im Norden einen weitaus höheren Stellenwert als im Süden. »Bei einer Sitzung reden die Nordvietnamesen um den heißen Brei herum und vermeiden die Konfliktpunkte«, klagte einst ein Saigoner Funktionär. »Im Süden hingegen sind wir direkt und nehmen kein Blatt vor den Mund.« Dies ist möglicherweise mit ein Grund, weshalb ausländische Unternehmen bevorzugt im Süden investieren. Die größere Aufgeschlossenheit des Südens hat auch damit zu tun, dass er viel später von Vietnamesen besiedelt wurde, stärker von der französischen Kolonialisierung betroffen war (nur Cochinchine hatte den Status einer Kolonie) und weitaus intensiver im Austausch mit fremden Kulturen stand. Klar ist aber auch, dass sich die Unterschiede im Zuge der Globalisierung zunehmend abschwächen werden.

sammenschluss von Nord- und Südvietnam verhandelt wurde. Ursprünglich stand hier der 1868 errichtete **Palais Norodom** – benannt nach dem damaligen kambodschanischen König – als Dienstsitz des Generalgouverneurs. Nach Abzug der Franzosen und der Teilung des Landes bezog 1954 der südvietnamesische Präsident Ngo Dinh Diem die Räume. Fortan heißt der neobarocke Prachtbau **Unabhängigkeitspalast** (Dinh Doc Lap). Bei einem Luftangriff von zwei Piloten der südvietnamesischen Luftwaffe am Morgen des 27. Februar 1962 wurde der linke Flügel schwer beschädigt. Diem gab daraufhin dem Architekten Ngo Viet Thu den Auftrag zu einem kompletten Neubau. Dessen Fertigstellung sollte Diem jedoch nicht mehr erleben. Es war einem seiner Nachfolger, Nguyen Van Thieu, vergönnt, den 4500 m^2 großen Palast 1966 einzuweihen. Die im Stil der 1960er-Jahre gestalteten 95 Räume mit tiefen Teppichen und schweren Lüstern verteilen sich über sechs Etagen, davon zwei unterirdische. Der am tiefsten gelegene Bereich war hoch gesichert und diente als militärische Schaltzentrale. Falls keine Konferenz oder Ausstellung stattfindet, sind fast alle Räume der Öffentlichkeit im Rahmen einer Führung zugänglich (tgl. 7.30–11.30, 13–16 Uhr, 15 000 VND inkl. Führung).

Konsulat der USA

An der Ecke Le Duan/Mac Dinh Chi liegt das **Konsulat der USA** 11. Bis Mitte der 1990er-Jahre stand hier das Gebäude der US-Botschaft, das während des Krieges Vietnams wichtigste Machtzentrale war. Dann wurde es durch einen Neubau ersetzt. In die kollektive Erinnerung gingen die Bilder der letzten Tage des Aprils 1975 ein, als Hubschrauber auf dem Dach des weißen Baus landeten und einen nicht abreißenden Strom von Flüchtlingen evakuierten. Im Rahmen der Operation IV wurden innerhalb von 18 Stunden 1373 US-Amerikaner, 5595 Südvietnamesen und 851 Angehörige anderer Nationen evakuiert, davon allein vom Grundstück der US-Botschaft 2100 Personen. Insgesamt flogen 70 Hubschrauber dafür 630 Einsätze.

Zoo und Botanischer Garten

Vom östlichen Ende der Le Duan erstrecken sich bis zum Thi-Nghe-Kanal **Zoo und Botanischer Garten** 12 (Thao Cam Vien). Ein zunächst 12 ha großes Gelände wurde 1864/65 von dem französischen Botaniker J. B. Louis Pierre angelegt und 1924 durch eine 10 ha große zoologische Abteilung ergänzt. Die großflächige Grünanlage eignet sich hervorragend zum Flanieren und Entspannen. Auch wenn der Park über 1800 teilweise sehr alte Bäume und mehr als 260 seltene Pflanzenarten aufweist, bleibt er hinter den Ansprüchen eines botanischen Lehrgartens zurück. Die Tiergehege werden modernen Standards ebenfalls nicht gerecht, auch wenn in den letzten Jahren Verbesserungsmaßnahmen getroffen wurden. Nichtsdestotrotz erfreuen sich die jährlich über 1 Mio. Besucher an Elefant, Kamel, Panter, Tiger, Krokodil und Affe. Regelmäßig finden auf dem Gelände Sonderveranstaltungen statt (tgl. 7–22 Uhr, 8000 VND).

Historisches Museum

Das attraktive Gebäude des **Historischen Museums** 13 (Bao Tang Lich Su) mit einem achtseitigen Dachaufsatz im Pagodenstil nimmt die Nordwestecke des Botanischen Gartens ein. Der Eingang liegt an der quer zur Le Duan verlaufenden Nguyen Binh Khiem. 1929 öffnete es als Musée Blanchard de la Bosse seine Pforten. Heute präsentiert es in 16 Ausstellungsräumen die Geschichte Vietnams. Vor allem die frühen Funde sind sehenswert, etwa aus der Periode des Funan- (1.–7. Jh.) und Zhenla-Reiches (7.–9. Jh.) in den Räumen 10 und 11. Von herausragender Qualität ist ein stehender Bronze-Buddha aus dem 4. Jh. im Gupta-Stil und eine Sandsteinskulptur des Sonnengottes Surya aus dem 7./8. Jh. Aus der einstigen Hafenstadt Oc Eo im Mekong-Delta stammt die ungewöhnliche Münzsammlung mit Exemplaren aus der Regentschaft des römischen Kaisers Antonius Pius (reg. 138–161) und der persischen Sassaniden-Dynastie (224–642). Exponate aus der Cham-Ära sind in Raum 12 zu finden. Schaurig schön ist in Raum 16 der mumifi-

Sri Mariamman ist einer der wenigen noch genutzten Hindu-Tempel in HCMC

zierte Leichnam einer im 19. Jh. verstorbenen Frau, der 1994 bei Grabungen in Ho-Chi-Minh-Stadt ans Tageslicht kam (2 Nguyen Binh Khiem, Di–So 8–11, 13.30–16.30 Uhr, 15 000 VND).

Vom Wiedervereinigungspalast zum Saigon-Fluss

Stadtpark

Durch die Huyen Tran Cong Chua vom Wiedervereinigungspalast abgetrennt, erstreckt sich der beliebte **Stadtpark** 14 (Cong Vien Van Hoa) in Richtung Westen. Hier wimmelt es abends und am Wochenende von Besuchern, die unter den alten Bäumen flanieren, joggen oder Ball spielen. Im nordöstlichen Teil befinden sich die Anlagen des Arbeitersportvereins. Dieser einstige Cercle Sportif geht auf die Franzosen zurück, die sich dort unter Ausschluss der Einheimischen zum Tennisspielen und Schwimmen trafen.

Museum von Ho-Chi-Minh-Stadt

Im schmucken neoklassizistischen Prachtbau an der Ecke Ly Tu Trong/Pasteur ist das **Museum von Ho-Chi-Minh-Stadt** 15 (Bao Tang Thanh Pho Ho Chi Minh) untergebracht. Zwischen 1886 und 1890 errichtet, diente das Gebäude zunächst als Residenz des Gouverneurs von Cochinchine. Nachdem der Unabhängigkeitspalast 1962 bei einem Coup-Versuch stark beschädigt wurde, nutzte Ngo Dinh Diem den auch als Gia-Long-Palast bekannten Bau als Dienstsitz. Zu seinem Schutz ließ er einen 4 m unter der Erde verlaufenden Geheimtunnel anlegen. Diesen nutzte der umstrittene Präsident am 1. November 1963, um mit seinem Bruder nach Cho Lon zu fliehen, wo er sich in der Cha-Tam-Kirche schließlich ergab und ermordet wurde. In naher Zukunft sollen Teile des Tunnels zugänglich gemacht werden. Seit 1975 beleuchtet das einstige Revolutionsmuseum die Entwicklung der südvietnamesischen Metropole. Trotz der augenscheinlich einseitigen Geschichtsdarstellung gibt die Ausstellung einen informativen Einblick in Saigons bewegte Vergangenheit (65 Ly Tu Trong, tgl. 8–17 Uhr, 15 000 VND).

Sri-Mariamman-Tempel

Über die südlich des Museums verlaufende Le Thanh Ton und die davon nach Süden abzweigende Truong Dinh gelangt man zum **Sri-Mariamman-Tempel** 16 (Chua Ba Mariamman) mit seinem üppig verzierten Tempelturm, dem Gopuram. Das Ende des 19. Jh. errichtete Hindu-Heiligtum ist eine Stiftung der damals in Saigon ansässigen tamilischen Gemeinde zu Ehren der in ihrer südindischen Heimat populären ›Mutter der Pocken‹, Mariamman. Im Inneren sind zahlreiche Götterdarstellungen zu finden. Das begehbare Allerheiligste in der Raummitte birgt die Statue von Mariamman und ihren Begleitern Maduraiveeran und Pechiamman. Obwohl nur noch wenige Hindus in der Stadt leben, ist das Heiligtum gerade an den Vollmondtagen ein gern besuchtes Pilgerziel. Offensichtlich haben die chinesischen und vietnamesischen Gläubigen keine Probleme damit, auch diese Frauengottheit in ihren bevölkerten Pantheon aufzunehmen (tgl. 7–19 Uhr, Eintritt frei).

Ben-Thanh-Markt

»Das Leben ist so hektisch wie der Ben-Thanh-Markt«, hat ein Komponist einmal gedichtet. Und in der Tat: Der nur wenige Häuserblocks weiter östlich gelegene **Ben-Thanh-Markt** 17 (Cho Ben Thanh) gleicht mit dem ständigen Kommen und Gehen einem umschwirrten Bienenstock. Die einst Les Halles Centrales genannte Markthalle mit dem markanten Uhrturm über dem Südeingang wurde 1914 eröffnet und birgt auf ihren 13 000 m² alles, was für den Alltagsbedarf von Bedeutung ist – von Alkohol bis Zahnstocher. »Was wir nicht führen, brauchst Du auch nicht«, könnte der Werbeslogan heißen. Im vorderen Bereich dominieren Stände mit Textilien und Schuhen, in der hinteren Sektion werden Lebensmittel verkauft. Sehr fotogen sind die Blumenstände außerhalb des nördlichen Ausgangs (tgl. 6–20 Uhr).

Der verkehrsumbrauste Quach-Thi-Trang-Platz wird von einem großen **Reiterstandbild** 18 dominiert, das General Tran Nguyen Han darstellt. Der Mitstreiter des Nationalhelden Le Loi setzte im Kampf gegen die chinesischen Invasoren im 15. Jh. zur Nachrichtenübermittlung erfolgreich Brieftauben ein. Der Platz ist nach der Buddhistin Quach Thi Trang benannt, die hier im August 1963 bei einer Demonstration gegen das Diem-Regime erschossen wurde. An sie erinnert eine kleine Büste vor dem Standbild.

Museum der Schönen Künste

Folgt man auf der Südseite des Platzes der Pho Duc Chinh, so sind es nur einige hundert Meter bis zum **Museum der Schönen Künste** 19 (Bao Tang My Thuat). Auf drei Etagen des wunderschönen neoklassizistischen Prachtbaus wird Kunst aus verschiedenen Epochen gezeigt. Während die Räume im Erdgeschoss Wechselausstellungen gewidmet sind, ist im ersten Stock vorwiegend ideologisch gefärbte Politkunst zu sehen. Die oberste Etage überrascht mit einer kleinen, aber exquisiten Sammlung von Statuen aus der Cham- und Funan-Kultur, die allein schon den Besuch rechtfertigt. Für Kunstsammler lohnt sich der Blick in den Hinterhof, wo mehrere Galerien Werke zeitgenössischer Künstler zum Verkauf anbieten (97 A Pho Duc Chinh, Di–So 9–16.30 Uhr, 10 000 VND).

Ho-Chi-Minh-Museum

Südlich der Mündung des stinkenden Ben-Nghe-Kanals in den Saigon-Fluss befindet sich das älteste Kolonialgebäude der Stadt: das 1863 errichtete Zollhaus. Hier, an der Nguyen Tat Thanh, ist das **Ho-Chi-Minh-Museum** 20 (Bao Tang Ho Chi Minh) untergebracht. Von einer der nahe gelegenen Anlegestellen verließ am 5. Juni 1911 der damals 21-jährige Nguyen Tat Thanh (alias Ho Chi Minh) auf der Amiral La Touche Treville als einfacher Küchenjunge sein Land. In den beiden Stockwerken des im Volksmund ›Drachenhaus‹ (Nha Rong) genannten Gebäudes sind eine Vielzahl von Fotografien zu sehen. Zu den Memorabilien zählen der angeblich originale Rattankoffer und ein Wanderstock (1 Nguyen Tat Thanh, Di–So 8–11.30, 13.30–17 Uhr, 10 000 VND).

Sehenswürdigkeiten im Dritten Distrikt

Der Dritte Distrikt erstreckt sich nördlich des Wiedervereinigungspalastes zwischen den Ausfallstraßen Cach Mang Thang Tam und Hai Ba Trung. Dort befinden sich einige sehenswerte Museen und Tempel.

Museum für Kriegsrelikte

Ein Block nördlich des Wiedervereinigungspalastes liegt an der Ecke Vo Van Tan/Le Qui Don Saigons meistbesuchtes Museum: das **Museum für Kriegsrelikte** 21 (Bao Tang Chung Tich Chien Tranh). Im einstigen Sitz der U.S. Information Agency (USIA) werden seit 1975 die ›Gräueltaten‹ des früheren Feindes präsentiert. Zwar wurde der alte Name Museum für Kriegsverbrechen schon lange getilgt, doch vermitteln die erschütternden Fotos und Textdokumentationen, die Föten missgebildeter Kinder infolge von Agent Orange und die nachgestellten Kriegsszenen eine klare Botschaft: Die US-Armee war grausam und menschenverachtend. Eine Nachbildung der Tigerkäfige von der Gefangeneninsel Con Dao verdeutlicht die brutalen Haftbedingungen während der französischen Kolonialzeit und der Ära der südvietnamesischen Diktatoren. Im Hof stehen US-amerikanische Haubitzen, Panzer, Hubschrauber und Flugzeuge. Fast kurios wirken angesichts der furchtbaren Bilder dann die angeblich originalen Munitionen, Feuerzeuge und andere Kriegsrelikte im Souvenirshop (28 Vo Van Tan, tgl. 7.30–12, 13.30–17.15 Uhr, 10 000 VND).

Frauenmuseum

Eine wenig beachtete, aber durchaus bemerkenswerte Ausstellung ist im 1985 etablierten **Museum für die Frauen Südvietnams** 22 (Bao Tang Phu Nu Nam Bo) an der Vo Thi Sau zu finden. Anhand von Fotodokumenten und Texten erläutert sie Leben und Wirken der südvietnamesischen Frauen, vor allem ihren Anteil im Befreiungskampf. Zu den Exponaten zählen Kleidungs- und Schmuckstücke, Sets für das Betelkauen sowie eine äußerst schöne Sammlung von Bronzegongs aus dem Hochland (202 Vo Thi Sau, Di–So 8–11.30, 14–17 Uhr, Eintritt frei).

Chua Xa Loi und Gedenkstupa

In der Ba Huyen Thanh Quan, südlich der Dien Bien Phu, erheben sich die modernen Gebäude der **Chua Xa Loi** 23. Das im Mai 1958 eingeweihte Kloster zählt zu den bedeutendsten buddhistischen Stätten der Stadt. Xa Loi war eine Hochburg des buddhistischen Widerstands gegen das repressive Diem-Regime und wurde im August 1963 von Schergen des Diktators gestürmt. Dabei kamen über 400 Mönche und Nonnen in Haft. In der schlicht gehaltenen Haupthalle neben dem markanten Pagodenturm wird eine 6,5 m große vergoldete Buddha-Figur aus Stein verehrt. An den Wänden illustrieren 14 Gemälde des Künstlers Nguyen Van Long Szenen aus dem Leben des Erleuchteten (89 Ba Huyen Thanh Quan, tgl. 7–11, 14–17 Uhr, Eintritt frei).

Einige 100 m südlich der Xa-Loi-Pagode, an der Kreuzung Nguyen Dinh Chieu/Cach Mang Thang Tam, erinnert ein **Gedenkstupa** 24 an die Selbstverbrennung des buddhistischen Mönches Thich Quang Duc. An dieser Straßenkreuzung hatte sich am 11. Juni 1963 der damals 73-Jährige aus Protest gegen die Buddhistenverfolgung durch das Diem-Regime mit Benzin übergießen lassen und verbrannt. Der zuvor von buddhistischen Aktivisten benachrichtigte Journalist Malcolm Browne fotografierte diesen religiösen Suizid. Als dessen Fotos daraufhin überall in den US-Medien erschienen, entbrannte eine Diskussion über die Unterstützung von Diem seitens der USA. Wenige Monate später ließ US-Präsident John F. Kennedy den Diktator fallen. Thich Quang Duc wird von den vietna-

Saigon bei Nacht: Auch wenn die Dunkelheit über die Stadt fällt, kehrt noch lange keine Ruhe ein

mesischen Buddhisten bis heute als Märtyrer und Bodhisattva verehrt.

Chua Vinh Nghiem

Wohl das prachtvollste buddhistische Heiligtum Saigons ist die **Chua Vinh Nghiem** 25 an der Einfallstraße Nam Ky Khoi Nghia, etwas südlich des Nhieu-Loc-Kanals. Sie wurde zwischen 1964 und 1971 mit Unterstützung japanischer Buddhisten errichtet und beherbergt eine bedeutende Schule für Mönche und Nonnen.

Die zweistöckige Haupthalle am Ende eines großen Hofes wirkt aufgrund des doppelt gestaffelten Walmdaches imposant und doch harmonisch. Während sich im unteren Bereich der Halle Büros und das Refektorium der Mönche und Nonnen befinden, dient der über eine breite Treppe erreichbare obere Bereich religiösen Zeremonien.

Die Stirnseite des Inneren wird durch eine 6 m große Figur des historischen Buddha Shakyamuni dominiert, die von den Bodhisattvas Manjushri (Van Thu) und Samantabhadra (Pho Hien) flankiert wird. Hauptaugenmerk an der Straße ist der siebenstöckige Pagodenturm, der Quan Am geweiht ist. In einem weiteren Pagodenturm hinter der Haupthalle werden seit 1982 die Urnen von Verstorbenen aufbewahrt (339 Nam Ky Khoi Nghia, tgl. 6.30–11.30, 13.30–18.30 Uhr, Eintritt frei).

Cho Lon: Cityplan

Nordöstlich des Zentrums

Chua Ngoc Hoang

Ein Spaziergang führt vom Botanischen Garten entlang der Ngyuen Dinh Khiem bis zur breiten Dien Bien Phu. Biegt man dort rechts in die Mai Thi Luu hinein, so taucht bald linker Hand der Tempel des Jadekaisers, **Chua Ngoc Hoang** 26, auf. Dieses Heiligtum zählt zu den interessantesten Sakralbauten der Stadt. Von Einwanderern aus Guangzhou 1909 gestiftet, gleicht es einem gewaltigen Verwaltungsapparat von daoistischen und buddhistischen Gottheiten mit Kaiser, Generälen, Höllenrichtern und Ammen.

Der Tempel besteht aus zwei nebeneinander liegenden rötlichen Hallen. Schon von außen quellen sie über von Verzierungen an den Dächern. Noch viel üppiger zeigt sich das Innere, wo ein Götterheer hinter den ständig aufsteigenden Schwaden der Räucherstäbchen hervorschaut. Der **prächtige Eingang zur Haupthalle** wird links vom Erdgott (Tho Than) und rechts vom Türgott (Mon Quan) bewacht. Es folgen in dem länglichen Raum mehrere **Altäre.** Der vordere Altar ist Gestalten aus der buddhistischen Glaubenswelt gewidmet. Beschützt werden sie von zwei grimmig dreinblickenden Generälen: zur Linken dem Besieger des Weißen Tigers (= Symbol des Westens und des Todes) und zur Rechten dem Bezwinger des Azurnen Drachens (= Symbol des Ostens und der Zeugung). Auf dem **Hauptaltar** am Raumende thront der bärtige Jadekaiser, umgeben von seinen vier Diamantwächtern (Tu Dai Kim Cuong) und zahlreichen weiteren Gottheiten wie etwa Bac Dau, dem Gott des Nördlichen Polarsterns, und Nam Tao, dem Gott des Südlichen Polarsterns.

Auf der rechten Seite des Hauptaltars gelangt man über eine Treppe in den ersten Stock, wo sich ein schöner Blick auf die benachbarten Dachverzierungen bietet. Zudem wird dort eine Statue der Quan Am verehrt. Links vom Altar mit dem Jadekaiser ist ein Durchgang zur **zweiten Halle,** die eine ›Höllenstimmung‹ aufkommen lässt. Hier thront nämlich auf dem **Hauptaltar** Thang Hoang, der Höllenkönig, begleitet von seinem roten

Sehenswürdigkeiten

- 29 Binh-Tay-Markt
- 30 Cha-Tam-Kirche
- 31 Mieu Thien Hau (Chua Ba)
- 32 Hoi Quan Nghia An (Chua Ong)
- 33 Cholon-Jamial-Moschee
- 34 Ha Chuong Hoi Quan
- 35 Chua On Lang
- 36 Phuoc An Hoi Quan
- 37 Chua Ong Bon (Nhi Phu Hoi Quan)
- 38 Chua Phung Son Tu (Chua Go)
- 39 Khanh Van Nam Vien
- 40 Chua Giac Lam
- 41 Chua Giac Vien

Übernachten

- 4 Hotel Equatorial

Pferd sowie Am Quan, dem Gott des Yin (links), und Duong Quan, dem Gott des Yang (rechts). Vier ebenfalls zu findende Gestalten mit hohen Hüten sind für die gerechte Verteilung von Belohnung und Bestrafung zuständig. Um Letzteres kümmern sich auch die zehn Höllenrichter auf den schön geschnitzten **Holzvertäfelungen** an den Seitenwänden. Sehr anschaulich sind in zehn Sektionen die Folter- und Tötungsmethoden bei entsprechenden Vergehen dargestellt. Weitaus friedlicher wirken die zwölf Frauen in einem abgetrennten Bereich, die je ein Jahr des **chinesischen Kalenderzyklus** repräsentieren. In ihrer Mitte thront Kim Hoa Thanh Mau, die Himmlische Mutter. Die vielen Seidenumhänge an den Statuen zeugen von ihrer Bedeutung für die Gläubigen (73 Mai Thi Luu, tgl. 7–11, 14–17 Uhr, Eintritt frei).

Den Tran Hung Dao

Etwas weiter westlich der Chua Ngoc Hoang erinnert der **Den Tran Hung Dao** 27 an jenen berühmten General, der 1287 die Mongolen am Bach-Dang-Fluss besiegte. Der kleine Hof des 1925 erbauten Tempels wird von einer mächtigen Statue des Nationalhelden dominiert. Eine Ausstellung in einem Seitengebäude erläutert die legendär gewordenen Militärkampagnen des Heroen (36 Vo Thi Sau, tgl. 7–11, 14–17 Uhr, Eintritt frei).

Den Le Van Duyet (Lang Ong)

Im Binh-Thanh-Distrikt liegt an der Einmündung der Dinh Thien Hoang in die Bach Dang der **Den Le Van Duyet** 28 – auch Lang Ong genannt. Hier befindet sich die Grabstätte einer der umstrittensten Persönlichkeiten des frühen 19. Jh., des Generals Le Van Duyet (1763–1832). Der verheiratete Eunuch war ein enger Vertrauter des Gia-Long-Herrschers. Beim gemeinsamen Kampf gegen die Tay-Son-Rebellen hatte Duyet sich als erfolgreicher Stratege erwiesen. Gia Long ernannte ihn daraufhin zu seinem Statthalter über die südlichen Provinzen. Doch Duyets Widerstand gegen dessen Nachfolger Minh Mang und seine Offenheit gegenüber Frankreich ließen seinen Stern rapide sinken. Nach seinem Tod wurde er posthum degradiert und sein Grab zerstört. Erst der Tu-Duc-Herrscher rehabilitierte ihn und ließ seine Grabstätte wieder herstellen. Das Tempelgelände besteht aus einer Gedenkhalle mit den Ahnentafeln, den ummauerten Gräbern von ihm und seiner Frau sowie einem Pavillon mit Gedenkstele, die 1896 von dem Thanh-Thai-König gestiftet wurde. Das beliebte Tempelfest findet am Ersten des achten Mondmonats statt (126 Dinh Thien Hoang, tgl. 7–18 Uhr, Eintritt frei).

Cho Lon

Cityplan: S. 366

Kein Name passt besser zu diesem Stadtteil als Cho Lon, Großer Markt, denn in den quirligen Straßen und Gassen zwischen dem südlichen Ben-Nghe-Kanal und der breiten Hung Vuong scheinen die Bewohner mit

Opfergabe im Mieu Thien Hau: Der Rauch soll die guten Wünsche der Hinterbliebenen zu den Ahnen in den Himmel tragen

nichts anderem beschäftigt zu sein als mit dem Handel von Waren. Die heutigen Distrikte 5 und 6 bildeten einst eine eigenständige Stadt. Hier ließen sich chinesische Flüchtlinge nach dem Zusammenbruch der Ming-Dynastie 1644 nieder und begannen im Laufe der Zeit zunehmend den Handel zu dominieren. Sie profitierten vor allem von der Urbarmachung des Mekong-Deltas während der Kolonialzeit. Cho Lon avancierte zu einem der bedeutendsten Umschlagplätze für Reis in den Kolonien Südostasiens. Die Franzosen schätzten die tüchtigen Chinesen als Geschäftspartner, denn gegen die entsprechenden Piaster besorgten sie ihnen alles – von Drogen bis zu Prostituierten. In Saigon lagen die schicken Cafés und mondänen Hotels, in Cho Lon die Opiumhöhlen und Bordelle. Saigon war die Schöne, Cho Lon das Biest. Nach 1975 stürzte der Stadtteil wie ganz Ho-Chi-Minh-Stadt infolge der drastischen Enteignungspolitik in eine tiefe wirtschaftliche Depression. Als der Grenzkrieg von 1979 das Verhältnis zu China zu einem Tiefpunkt führte und es zu antichinesischen Ausschreitungen kam, flohen Hunderttausende ins Ausland. Viele sind im Zuge der Reformpolitik wieder zurückgekehrt und gehen ihren alten Ge-

schäften nach. Die Schöne und das Biest spielen wieder ihre alten Rollen.

In Cho Lon leben die Chinesen nicht nur ihren Geschäftssinn aus, sondern auch ihre Religiosität. Entsprechend ihrer Herkunftsprovinz erbauten ihre Vorfahren zur Pflege der Traditionen und zur Verehrung ihrer Schutzgottheiten Versammlungshallen *(hoi quan).* Sie zählen zu den Hauptattraktionen von Cho Lon.

Binh-Tay-Markt

Mindestens genauso sehenswert wie der Ben-Thanh-Markt ist das zweigeschossige Gebäude des **Binh-Tay-Marktes** 29 (Cho Binh Tay) an der Thap Muoi. Auch er quillt über vom Warenangebot und ist vor allem für den Kauf von Lebensmitteln interessant. Wer Gewürze, Tee oder Kaffee benötigt, kann sich hier eindecken. Die Markthalle mit der schönen Fassade wurde 1920 vom chinesischen Geschäftsmann Quach Dam gestiftet, dem im Innenhof ein Denkmal gewidmet ist (tgl. 6–20 Uhr).

Cha-Tam-Kirche

In der etwas nördlich des Marktes am Westende der Tran Hung Dao gelegenen **Cha-Tam-Kirche** 30 (Nha Tho Cha Tam) endete das Leben von Ngo Dinh Diem und seinem Bruder Ngo Dinh Nhu. Dorthin waren sie am 1. November 1963 aus Angst vor einem Coup d'État geflohen, anschließend aufgegriffen, abtransportiert und in einem Armeewagen auf dem Weg zum Militärhauptquartier getötet worden. Heute treffen sich in diesem wunderschönen neogotischen Gotteshaus aus dem frühen 20. Jh. die chinesischen Katholiken. Auf dem Gelände ist auch das Grab des päpstlichen Legaten François Xavier Tam Assou (1855–1934) zu finden (werktags ab 16.30 Uhr und zu den Gottesdiensten).

Mieu Thien Hau

Entlang der Nguyen Trai und den Seitenstraßen reiht sich eine Vielzahl von Tempeln und Versammlungshallen, in denen die Chinesen ihre Schutzgottheiten verehren. Der mit Abstand bekannteste ist der **Mieu Thien Hau** 31, von den Bewohnern auch schlicht Chua Ba, Tempel der Großmutter, genannt. Einwanderer aus Guangzhou (Kanton) hatten ihn 1760 errichtet und Thien Hau, der Gemahlin des Himmels, gewidmet.

Der Ursprung ihre Kultes liegt in der Taiwan-Straße vor der südchinesischen Küste. Dort wurde 960 auf der Insel Meizhou ein Mädchen geboren. Die Fischertochter war sehr religiös und trat als Dreizehnjährige in den Dienst eines daoistischen Lehrers. Dabei entwickelte sie magische Kräfte, mit denen sie Vater und Bruder einmal auf wundersame Weise aus Seenot rettete. Bald nach ihrem frühen Tod 989 begann man sie zu verehren. Es entstand ein Kult um sie, der sich immer weiter ausbreitete. Im Jahr 1681 verlieh ihr der Kangxi-Kaiser (reg. 1662–1722) den Titel Gemahlin des Himmels (chin. Tian Hou). Da die Schutzpatronin der Seefahrer und Fischer vor allem von Bewohnern der südchinesischen Provinzen verehrt wird, kommen heute auch viele Besucher aus Hongkong und Taiwan, um eine der vielen Räucherspiralen zu stiften, die das Tempelinnere in eine magische Kulisse verwandeln.

Eine besonders schöne Perspektive von den **überbordenden Verzierungen** an der vorderen Fassade und dem Dachfirst bietet sich vom Vorhof aus. Die feinen Reliefs aus bemalter Keramik am Dachfirst stammen aus dem Jahr 1908 und illustrieren Szenen chinesischer Legenden und mythologische Tiere wie Drachen oder Fische. Den Haupteingang flankieren die beiden mächtigsten Wächter der daoistischen Götterwelt, der blau gekleidete **Gott des Nördlichen Polarsterns** (Bac Dau) und der rot gewandete **Gott des Südlichen Polarsterns** (Nam Tao). Im folgenden Innenhof stehen große Behälter für die Räucherstäbchen. Auch hier sind die Dachfirste detailreich verziert.

An der Stirnseite der Haupthalle finden sich drei hintereinander stehende prächtig gekleidete **Statuen von Thien Hau.** Zwei weiteren Himmelsmüttern (Thanh Mau) sind die Seitenaltäre gewidmet. Ein kleines Schiffsmodell erinnert an die Legende von Thien Hau. Die vielen roten Zettel an den Seitenwänden sind die Spendenbescheinigungen der Gläubigen (710 Nguyen Trai, tgl. 6–18 Uhr, Eintritt frei).

Hoi Quan Nghia An

Nur wenige Schritte weiter östlich trifft sich die Gemeinde im **Hoi Quan Nghia An** 32 aus dem Jahr 1840. Er wird auch Chua Ong, Tempel des Großvaters, genannt, weil dort der chinesische General Quan Cong (chin. Guan Yu) verehrt wird. Dessen heroische Taten in der Zeit der Drei Reiche (220–265) fanden im 14. Jh. literarischen Niederschlag in dem populären Roman »Geschichte der Drei Reiche«. Quan Cong ist der Patron der Händler und Gelehrten und bewahrt die Menschen vor Unrecht, weshalb in seinen Tempeln oft Schiedssprüche verkündet wurden. In der Haupthalle hinter einem großen Platz steht zentral die **mächtige Statue** des rotgesichtigen Generals und seiner Begleiter, der Militärmandarin Chau Xuong zur Linken und der Zivilmandarin Quan Binh zur Rechten. Der linke Nebenaltar ist dem Gott des Reichtums, Than Tai, der rechte Thien Hau gewidmet. Sehr eindrucksvoll ist auch das 3 m hohe rote Pferd des Generals seitlich des Haupteingangs. Auf der rechten Seite ist zudem der Glücksgott Ong Bon zu finden (678 Nguyen Trai, tgl. 7–18 Uhr, Eintritt frei).

Cholon-Jamial-Moschee

Schräg gegenüber der Chua Ong ragen die eleganten Minarette der schlichten **Cholon-Jamial-Moschee** 33 (Thanh Duong Hoi Giao Cho Lon) wie Bleistiftspitzen in die Höhe. In der 1932 von südindischen Muslimen gestifteten Versammlungsstätte treffen sich heute nur noch wenige Gläubige. Auch wenn das weiße Gebäude außerhalb der Gebetszeiten meist verschlossen ist, lohnt sich ein Blick in den ruhigen Innenhof (641 Nguyen Trai, unregelmäßig geöffnet).

Ha Chuong Hoi Quan

Etwa 100 m östlich der Chau Van Liem liegt an der Nguyen Trai der **Ha Chuong Hoi Quan** 34. Diese wie üblich nach Süden ausgerichtete Versammlungshalle folgt der klassischen Bauweise eines *hoi quan* mit Eingangstor, Vorhof und Haupthalle mit Innenhof. Da die Stifter aus der südchinesischen Küstenprovinz Fujian stammen, verwundert es nicht, dass hier vor allem Thien Hau verehrt wird. Ihre Statue findet sich auf dem Hauptaltar, flankiert von dem für Reichtum verantwortlichen Ong Bon und den für Kindersegen zuständigen Zehn Hebammen (Ba Me). In den Hallen seitlich des Innenhofes befinden sich weitere Altäre für den General Quan Cong, links, und den Bodhisattva des Mitgefühls, rechts (802 Nguyen Trai, tgl. 7–18 Uhr, Eintritt frei).

Chua On Lang (Chua Quan Am)

In der Nebenstraße Lao Tu nördlich der Nguyen Tran erstrahlt die **Chua On Lang** 35 seit der letzten großen Restaurierung 2002 in allen Farben. Chinesen aus Fujian hatten die Versammlungshalle 1740 gestiftet. Wegen der besonderen Verehrung der Göttin der Barmherzigkeit nennen ihn Einheimische auch Chua Quan Am. In wenigen Tempeln ist der religiöse Mix aus daoistischen und buddhistischen Elementen so deutlich wie hier. So wird im vorderen Bereich der Haupthalle Thien Hau verehrt, auf der Rückseite Quan Am. Dominieren auf den Altären der linken Hallenseite buddhistische Bodhisattvas und Buddhas, so werden auf Altären an der Stirnseite des Raums daoistische Gottheiten verehrt (12 Lao Tu, tgl. 7–18 Uhr, Eintritt frei).

Phuoc An Hoi Quan

Auch der **Phuoc An Hoi Quan** 36 an der Hung Vuong ist eine Stiftung von Nachfahren aus Fujian. Die 1902 eingeweihte Versammlungshalle birgt im Inneren an Altären und Säulen herrliche Schnitzarbeiten. Im Zentrum der Verehrung steht der rotgesichtige General Quan Cong mit seinem Pferd. Ein Altar ist dem populären Ong Bon, Gott des Reichtums und des Glücks, gewidmet (184 Hung Vuong, tgl. 7–18 Uhr, Eintritt frei).

Chua Ong Bon

Dem weißbärtigen Patron des Kapitalismus ist in der Hai Thuong Lan Ong auch ein eigener Tempel geweiht, der **Chua Ong Bon** 37. Die auch als Nhi Phu Hoi Quan bekannte Versammlungshalle ist mit ihrem schönen Innenhof eine Oase der Ruhe inmitten des hektischen Cho Lon. Auch sie besitzt sehr schöne Schnitzarbeiten an den Altären und filigrane Keramikverzierungen an den Dachfirsten (264 Hai Thuong Lan Ong, tgl. 7–18 Uhr, Eintritt frei).

Chua Phung Son Tu (Chua Go)

Die **Chua Phung Son Tu** 38 – oder Chua Go – liegt an der 3 Thang 2 kurz vor ihrer Einmündung in die Hung Vuong. Als sie zwischen 1802 und 1820 auf Initiative des Meditationsmeisters Lieu Thong errichtet wurde, lag sie noch vor den Toren der Stadt Cho Lon. Auf ihrem Grund befand sich während der Funan-Periode (1.–7. Jh.) ein hinduistisches Heiligtum. Dies lassen zumindest Funde vermuten, die bei Ausgrabungen zwischen 1988 und 1991 zutage kamen. Im Aufbau folgt sie dem typischen Grundriss buddhistischer Klöster Südvietnams mit einem schönen Innenhof und einer lang gezogenen, in verschiedene Räume unterteilten Halle. Der Raum für die Zeremonien beeindruckt durch seinen Figurenreichtum. Während der Hauptaltar das bekannte buddhistische Pantheon versammelt, ist auf dem linken Seitenaltar eine Figur von Bodhidharma (Bo De Dat Ma) zu sehen, der im 6. Jh. den Meditationsbuddhismus nach China gebracht hatte. Der Altar zur Rechten präsentiert Statuen von Quan Am und ihren beiden Begleitern. Sehr eindrucksvoll sind die beiden grimmigen Dharma-Wächter (*ho phap*) gegenüber dem Hauptaltar: Khuyen Thien, der Förderer von Edelmut und Großzügigkeit, und Trung Ac, der Richter über die Bösewichte (3 Thang 2, tgl. 6–18 Uhr, Eintritt frei).

Khanh Van Nam Vien

Der **Khanh Van Nam Vien** 39 liegt etwas versteckt in einer schmalen Seitengasse, die linker Hand von der Nguyen Thi Nho abzweigt. In diesem Tempel finden regelmäßig daoistische Zeremonien statt, weshalb er gerne von Gläubigen aufgesucht wird. Von Nachfahren chinesischer Einwanderer aus der Provinz Guangdong zwischen 1939 und 1942 errichtet, dient er zur Verehrung von Laozi (Lao Tu) und anderen Gottheiten. Dem legendenumrankten Stifter des Daoismus ist die obere Etage der Haupthalle gewidmet. Unten werden auf einem Seitenaltar zur Linken Huynh Dai Tien, ein Schüler von Laozi, und zur Rechten Hoa De, ein Heilkundiger aus der Han-Dynastie verehrt. Schließlich bevölkern auch noch Statuen der Acht Unsterblichen, des konfuzianischen Dichters Van Xuong und einer Quan Am die Altäre (269/2 Nguyen Thi Nho, tgl. 7–19 Uhr, Eintritt frei).

Nördlich von Cho Lon

Als in China 1644 die mandschurische Qing-Dynastie die Ming-Kaiser ablöste, führte dies zu einem Exodus Zigtausender Chinesen, die in Diensten der Ming standen. Unter den Flüchtlingen waren auch buddhistische Mönche, die auf Geheiß der Nguyen-Fürsten in ihrem Machtbereich neue Klöster gründen durften. Einige bekannte Meditationsmeister ließen sich im Umkreis von Cho Lon nieder. Von den ersten Klöstern ist keines mehr erhalten geblieben, wohl aber einige Gründungen aus der Folgezeit. Dazu zählen die Chua Giac Vien und die Chua Giac Lam in den heutigen Distrikten 11 und Tan Binh.

Chua Giac Lam

Die 1744 von dem chinesischen Händler Ly Thuy Long gestiftete Pagode Wald der Erleuchtung, **Chua Giac Lam** 40, ist das älteste buddhistische Heiligtum der Stadt. Sie liegt an der Lac Long Quan unweit der Kreuzung mit der Au Co. Das Kloster entwickelte sich zu einem bedeutenden Zentrum der Meditationsschule Lam Te und brachte einige hervorragende spirituelle Meister hervor. Mit den Jahren wurde es mehrfach renoviert und erweitert. Die heutigen Anlagen gehen auf die letzten größeren Umbauten zwischen 1906 und 1910 zurück. Der Bodhi-Baum im Vorgarten wurde am 16. März 1953 von dem singhalesischen Mönch Narada gepflanzt. Erst 1994 kam der siebenstöckige Reliquienturm hinzu.

Die lang gezogene **Haupthalle** besteht aus mehreren abgetrennten Abteilungen. Über einen Seiteneingang gelangt man zunächst zu einem großen Raum mit vielen Tischen und Seitenaltären, auf denen die Porträts und Ahnentafeln Verstorbener aufgestellt sind. Sehr schön sind die filigranen Holzschnitzereien an den Verzierungen rund um die Stützsäulen. An der Wand, die den anschließenden Altarraum abtrennt, stehen vier Altäre zum Gedenken an die verstorbenen Äbte. Im **Altarraum** befinden sich die meisten der insgesamt 110 Plastiken aus dem lackierten und bemalten Holz des Jackfruchtbaumes. Während auf dem Hauptaltar in mehreren Reihen vorwiegend Buddhas und Bodhisattvas versammelt sind, befinden sich auf den Seitenaltären die 18 La Han und zehn Höllenrichter (Diem Vuong). Bemerkenswert ist der sogenannte **Wunschbaum** (Den Duoc Su) mit 49 Zweigen, auf denen sich eine Öllampe und eine kleine Figur des Medizin-Buddhas befindet. Sie dienen der Begleitung der Seelen Verstorbener, die dem Glauben nach sieben mal sieben Tage benötigen, um in das Totenreich zu gelangen.

Am anderen Ende der Haupthalle folgen ein kleiner Ziergarten, ein Studierraum und eine seitlich angrenzende Küche. Über sie gelangt man zum **Urnenraum,** wo in Regalen zahlreiche Gefäße mit der Asche der Verstorbenen stehen. Auf einem Altar wacht der Bodhisattva Kshitigarbha (Dia Tang Bo Tat) mit seinem Stab über die Verblichenen.

Altar- und Urnenraum dürfen nur unbeschuht betreten werden (118 Lac Long Quan, tgl. 5–12, 14–21 Uhr, Eintritt frei).

Chua Giac Vien

Knapp 2 km südwestlich liegt unweit des Dam-Sen-Parks die Pagode Garten der Erleuchtung, **Chua Giac Vien** 41. Die Geschichte des Klosters ist mit der Chua Giac Lam eng verbunden. Als 1798 der Mönch Huong Dang beauftragt wurde, die Giac-Lam-Pagode zu renovieren, ließ er sich auf einer kleinen Insel in der Nähe einen Pavillon für die Zeremonien errichten. Daraus entwickelte sich ab 1850 unter dem Mönch Hai Tinh das heutige Kloster. Von der Anlagestruktur ähnelt es weitgehend seinem älteren Vorbild. Auch hier dominiert die längliche **Haupthalle** mit einem Raum für die Ahnenaltäre und Esstische für die Besucher und einem sich anschließenden **Altarraum.** Dort befinden sich ebenfalls Seitenaltäre mit den 18 La Han und den zehn Höllenrichtern sowie ein Wunschbaum mit 49 Öllichtern. Auf dem **Hauptaltar** sind zu sehen: Buddha Amitabha mit vier Bodhisattvas auf ihren Begleittieren, der dickbäuchige Di Lac mit zwei Wächterfiguren, im gelben Gewand Thich Ca als Kind, die Buddhas der Drei Zeiten, dazwischen die

Buddha-Schüler Ananda (links) und Kashyapa (rechts), der Jadekaiser mit seinen beiden Ministern und ganz hinten nochmals Amitabha. Auch hier werden in einem Nebengebäude die Urnen der Verstorbenen aufbewahrt (247 Lac Long Quan, tgl. 7–12, 14–19 Uhr, Eintritt frei).

i **Tourist Information Centre:** 4 G- 4 H Le Loi, Dist. 1, Tel. 08-822 60 33. Keine unabhängige Touristeninformation, doch hilfreich mit Reisetipps. Eine Vielzahl kleiner Agenturen gibt es im Travellerviertel rund um die Pham Ngu Lao. Infos auch unter www.tourism.hochiminhcity.gov.vn.

Als Geschäfts- und Touristenmetropole besitzt Saigon eine reichliche Auswahl an Unterkünften aller Kategorien. Trotzdem kommt es sogar in der Nebensaison vor allem im oberen Preissegment regelmäßig zu Engpässen. Eine rechtzeitige Reservierung ist daher sehr ratsam.

Park Hyatt Saigon 1 **:** 2 Lam-Son-Platz, Dist. 1, Tel. 08-824 12 34, Fax 823 75 69, www.saigon.park.hyatt.com. Das Luxushotel mit 252 Zimmern und Suiten ist behutsam der kolonialen Umgebung angepasst und bietet jeglichen Komfort. Im **Opera Restaurant** wird italienische Küche *al fresco* zelebriert. Großer Pool und gutes Xuan Spa. DZ ab 370 US-$ mit Frühstück.

Caravelle Hotel 2 **:** 19 Lam-Son-Platz, Dist. 1, Tel. 08-823 49 99, Fax 824 39 99, www.caravellehotel.com. 1959 im Herzen Saigons als führendes Geschäftshotel eröffnet, ist es heute nach umfassenden Veränderungen eines der besten 5-Sterne-Hotels. 335 Zimmer und Suiten der Top-Klasse. Gutes Spa, schöner Pool und tolle Panorama-Bar. DZ ab 188 US-$ ohne Frühstück.

Renaissance Riverside Hotel Saigon 2 **:** 8–15 Ton Duc Thang, Dist. 1. Tel. 08-822 00 33, Fax 823 56 66, www.marriott.com. Das 21-stöckige Top-Hotel mit 349 Zimmer und Suiten besticht durch seine Lage am Fluss. Zu den vielen Vorzügen zählt die Pool Bar auf dem Dach mit Blick auf die Skyline. DZ ab 160 US-$ mit Frühstück.

Budget-Unterkünfte: Rund um die Straßen **Pham Ngu Lao, De Tham** und **Bui Vien,** etwa 1 km südwestlich des Ben-Thanh-Marktes im Distrikt 1, konzentrieren sich Dutzende von Mini- und Mittelklassehotels mit günstigen Zimmern schon ab 15 US-$. Das Preis-Leistungs-Verhältnis ist zumeist sehr gut. In diesem bei Budgetreisenden beliebten Bezirk liegen auch zahlreiche Lokale, Cafés, Reisebüros und Souvenirshops.

Hotel Equatorial 3 **:** 242 Tran Binh Trong, Dist. 5, Tel. 08-839 77 77, Fax 839 00 11, www.equatorial.com. Beliebtes Geschäftshotel 2 km südwestlich des Ben-Thanh-Marktes. Es weist in seinen 333 Zimmern und Suiten alle Annehmlichkeiten einer 5-Sterne-Unterkunft auf. Einen sehr guten Ruf hat das **Orientica Seafood Restaurant.** DZ ab 160 US-$ mit Frühstück.

Legend Hotel Saigon 4 **:** 2 A–4 A Ton Duc Thang, Dist. 1, Tel. 08-823 33 33, Fax 823 23 33, www.legendsaigon.com. Am Saigon-Fluss gelegenes Geschäftshotel mit allem Komfort. Die vorderen der 282 Zimmer sind mit Flussblick. Schöner Pool, **exzellentes Restaurant** und gemütliche Bar. Sehr empfehlenswert. DZ ab 150 US-$ mit Frühstück.

Majestic Hotel 1 **:** 1 Dong Khoi, Dist. 1, Tel. 08-829 55 17, Fax 829 55 10, www.majesticsaigon.com.vn. Das 1925 eröffnete Traditionshotel zählt zu den bekanntesten Unterkünften Saigons. Die Einrichtungen sind stimmungsvoll nostalgisch, allerdings variiert das Niveau der 175 Zimmer stark. Schöne Dachterrasse mit Hafenblick, kleiner Pool. DZ ab 145 US-$, Suiten ab 255 US-$ mit Frühstück.

Rex Hotel 5 **:** 141 Nguyen Hue, Dist. 1, Tel. 08-829 21 85, Fax 829 65 36, www.rexhotelvietnam.com. Berühmt ist das Rex Hotel vor allem wegen seiner Dachterrasse mit legendärem Ausblick, weniger aufgrund der 217 etwas blassen Zimmer und Suiten. Demnächst wird ein 5-Sterne-Flügel eröffnet. Lage und Service machen das Hotel jedoch zu einer guten Wahl. DZ ab 110 US-$, Suiten ab 150 US-$ mit Frühstück.

Am Neujahrstag ziehen jugendliche Drachentänzer durch Cho Lon (Chinatown)

Grand Hotel 5**:** 8 Dong Khoi, Dist. 1, Tel. 08-823 01 63, Fax 823 57 81, www.grandhotel.vn. Ein weiteres Traditionshotel im Herzen der Stadt. 1930 erbaut, wurde es im alten Stil renoviert. Kleiner Pool und nettes **Belle-Vue-Restaurant.** Manche der 107 Zimmer sind etwas dunkel. DZ ab 135 US-$ mit Frühstück.

Duxton Hotel Saigon 6**:** 63 Nguyen Hue, Dist. 1, Tel. 08-822 29 99, Fax 824 18 88, www.duxton.com. Das schicke Businesshotel mit 198 Zimmern und Suiten im Herzen Saigons ist aufgrund von Lage und Atmosphäre eine gute Wahl. Angenehmes Spa, etwas kleiner Pool. DZ ab 125 US-$ mit Frühstück.

Hotel Continental 4**:** 132–134 Dong Khoi, Dist. 1, Tel. 08-829 92 01, Fax 829 09 36, www.continentalvietnam.com. Das 1880 gegründete Hotel mit 86 geräumigen Zimmern hat bereits viele Berühmtheiten beherbergt, darunter Graham Greene, der auf Zimmer 214 seinen Roman »Der stille Amerikaner« schrieb. Netter Innenhof und mehrere **Restaurants.** Steht heute allerdings im Schatten seiner illustren Vergangenheit. DZ ab 109 US-$, Suiten ab 139 US-$ mit Frühstück.

Bong Sen Hotel 7**:** 117–123 Dong Khoi, Dist. 1, Tel. 08-829 15 16, Fax 829 80 76, www.hotelbongsen.com. Solides Stadthotel mit 127 komfortablen, etwas plüschigen Zimmern. Im **Green Leaf Restaurant** im Erdgeschoss wird Fusionküche geboten. Die tolle Lage macht es zu einer guten Wahl. DZ ab 84 US-$ mit Frühstück.

Palace Hotel 8**:** 56–66 Nguyen Hue, Dist. 1, Tel. 08-829 28 60, Fax 824 42 30, www.palacesaigon.com. Das oft ausgebuchte Stadthotel besticht durch 146 wohnliche Zimmer und Suiten, teils etwas klein. Service und Lage machen es zu einer exzellenten Wahl. Schöne Bar am Pool und populäre Disco. DZ ab 80 US-$, Suiten ab 100 US-$ mit Frühstück.

Oscar Saigon Hotel 9**:** 68 A Nguyen Hue, Dist. 1, Tel. 08-829 29 59, Fax 822 29 58, www.oscarsaigon.com.vn. Toplage und 90 freundliche, etwas kleine Zimmer machen es zu einer guten Wahl. Im **Restaurant** mittags und abends Buffet. DZ ab 68 US-$.

Chancery Saigon 10**:** 196 Nguyen Thi Minh Khai, Dist. 3, Tel. 08-930 40 88, Fax 930 39

88, www.chancerysaigonhotel.com. Jedes der 96 Zimmer ist eine Suite – wenn auch etwas klein. Doch Service und Atmosphäre stimmen in diesem sympathischen Boutique-Hotel. Suiten ab 65 US-$ mit Frühstück.

Riverside Hotel Saigon [11]**:** 18–20 Ton Duc Thang, Dist. 1, Tel. 08-823 11 17, Fax 825 14 17, www.riversidehotelsg.com. Ein hervorragendes Hotel direkt am Fluss mit 73 schönen Zimmern. Das koloniale Gebäude begann seine Karriere 1887 als Niederlassung der französischen Reederei CARIC. DZ ab 49 US-$ mit Frühstück.

Spring Hotel [12]**:** 44–46 Le Thanh Ton, Dist. 1, Tel. 08-829 73 62, Fax 822 13 83, springhotel@hcm.vnn.vn. Das moderne Minihotel mit 54 freundlichen Zimmern auf acht Etagen ist eine der besten Budgetoptionen, nur wenige 100 m von der Dong Khoi entfernt. DZ ab 36 US-$ mit Frühstück.

Saigon Boutique Hotel [13]**:** 57 Pham Viet Chanh, Dist. 1, Tel. 08-833 05 40, Fax 832 24 70, www.saigonboutiquehotel.com. Eine sehr freundliche Bleibe mit 20 angenehmen Zimmern. Nur wenige Fahrminuten vom Traveller-Viertel an der Pham Ngu Lao. Gutes Preis-Leistungs-Verhältnis. DZ ab 25 US-$ mit Frühstück.

Madame Cuc [14]**:** 127 Cong Cuynh, Dist. 1, Tel. 08-836 87 61, Fax 836 06 58, madamcuc@hcm.vnn.vn. Seit Jahren der Klassiker unter den Budgethotels mit 24 freundlichen Zimmern und hilfsbereitem Service. Die engagierte Madame Cuc besitzt in der Nähe zwei weitere Minihotels. DZ 15–25 US-$ ohne Frühstück.

Le Mekong [15]**:** 57 Dong Du, Dist. 1, Tel. 08-829 50 45, tgl. 11–14, 17–22 Uhr. Ein französischer Klassiker seit vielen Jahren. Ob à *la carte* oder als Komplettmenü, die aufgetischten Gerichte sind wahre Gaumenfreuden und die Desserts wahre Verführungen. Menüs ab 130 000 VND.

Temple Club [16]**:** 29–31 Ton That Thiep, Dist. 1, Tel. 08-829 92 44, tgl. 11–24 Uhr. Eines der angesagtesten Restaurants. Hinter den geschmackvoll restaurierten Gemäuern einer alten chinesischen Stadtvilla wird gute Fusionküche serviert. Lecker ist *tom me,* gekochte Garnelen in Tamarindensauce. Im hinteren Bereich gibt es eine schicke Lounge. Reservierung unbedingt empfehlenswert. Gerichte ab 80 000 VND.

Nam Kha [17]**:** 46–50 Dong Khoi, Dist. 1, Tel. 08-823 83 09, tgl. 11–15, 17.30–23 Uhr. Wenn es mal richtig edel sein soll, dann ist dies der richtige Ort: mit tollem Interieur, optisch und geschmacklich attraktiven Speisen und gutem Service. Da schmecken auch die teuren Weine. Abends gibt es Hintergrundmusik. Gerichte ab 80 000 VND.

Chateau II (Saigon Tan Cang) [18]**:** 100 Ung Van Khiem, Dist. 25, Tel. 08-512 48 65, tgl. 11–23 Uhr. Das weitläufige Gartenrestaurant liegt direkt am Saigon-Fluss und tischt äußerst dekorative Speisen auf. Hier lohnt sich der etwas weite Weg vom Zentrum. Gerichte ab 60 000 VND.

Gartenstadt [19]**:** 34 Dong Khoi, Dist. 1, Tel. 08-822 36 23, tgl. 10.30–24 Uhr. Deutsche Heimat in der Fremde, Leberkäs statt Frühlingsrollen. Gute Hausmannskost und »a guats Bia« haben das nette Lokal zu einem beliebten Treff werden lassen. Gerichte ab 60 000 VND.

Ciao Café [20]**:** 74–76 Nguyen Hue, Dist. 1, Tel. 08-823 11 30, tgl. 7–23 Uhr. In diesem schicken Lokal treffen sich die schicken Saigoner zum Pizza-, Pasta- oder Sandwich-Essen. Gute *location* für eine kulinarische Abwechslung. Kostenloses Wi-Fi. Pizzas ab 55 000 VND.

Pacharan Tapas & Bodega [21]**:** 97 Hai Ba Trung, Dist. 1, Tel. 08-825 60 24, tgl. 11–24 Uhr. Das sympathische Lokal im 4. Stock bietet authentische spanische Gerichte mit guten Fisch- und Fleischgerichten. Sonntags ist Paella-Tag. Im obersten Stock gibt es eine gute Bar. Gerichte schon ab 55 000 VND.

Quan 3 Mien [22]**:** 122 B Tran Quoc Thao, Dist. 3, Tel. 08-931 70 96, tgl. 11–23 Uhr. Das Restaurant der drei Küchen serviert Spezialitäten aus Hue, Hanoi und Saigon. Freundlicher Service, angenehme Atmosphäre. Gerichte ab 55 000 VND.

Lemongrass [26]**:** 4 Nguyen Hiep, Dist. 1, Tel. 08-822 04 96, tgl. 11–14, 17–22 Uhr. Zu den

Klängen traditioneller Musik gibt es hier vielfältige vietnamesische Speisen. Sehr gut sind die Seafood-Suppen und gegrilltes Rind mit Zitronengras. Etwas lustloser Service. Gerichte ab 45 000 VND.

Vietnam House 24 **:** 93–95 Dong Khoi, Dist. 1, Tel. 08-829 16 23, tgl. 10–22 Uhr. Das stilvolle Restaurant mit den markanten grünen Fensterläden bietet ausgewählte Gerichte, darunter Spezialitäten aus Hue. Gute Weinkarte. Gerichte ab 45 000 VND.

Maxim's Nam An 25 **:** 13–17 Dong Khoi, Dist. 1, Tel. 08-829 66 76, tgl. 11–14, 17–23 Uhr. Hier wird vietnamesische Haute Cuisine in gediegener Atmosphäre zu Pianoklängen geboten. Ausgewählte und optisch ansprechende Speisen, guter Service. Gerichte ab 45 000 VND.

Miss Saigon 26 **:** 86 B Le Than Ton, Dist. 1, Tel. 08-823 81 74, tgl. 10–23 Uhr. Das südlich des Ho-Chi-Minh-Museums gelegene Restaurant mit schönem Garten tischt leckere und preiswerte Fischgerichte auf. Gerichte ab 40 000 VND.

Quan An Ngon 27 **:** 138 Nam Ky Khoi Nghia, Dist. 1, Tel. 08-825 71 79, tgl. 11–23 Uhr. Das beliebte Restaurant ist gegenüber dem Wiedervereinigungspalast gelegen. Ohne Reservierung ist kaum ein Tisch zu bekommen. Und das nicht zu Unrecht: Im Ambiente einer Kolonialvilla kann man wahre kulinarische Freuden erleben. Sehr zu empfehlen sind *banh xeo,* Pfannkuchen mit Fleisch oder Garnelen, und *chao tom,* gegrilltes Garnelenfleisch am Zuckerrohrstück. Gerichte ab 30 000 VND.

Pho 2000 28 **:** 1–3 Phan Tru Chinh, Dist. 3, Tel. 08-822 27 88, tgl. 6–24 Uhr. Wegen seiner Lage am Ben-Thanh-Markt beliebte Einkehr zum Lunch. Oft sehr voll. Die Nudelsuppen *(pho)* reichen jedoch nicht an jene in Hanoi heran. Mehrere Filialen in der Stadt. Suppen ab 20 000 VND.

Banh Xeo 46 a 29 **:** 46 A Dinh Cong Trang, Dist. 1, tgl. 7–23 Uhr. Das kleine Lokal liegt nördlich der Dien Bien Phu unweit des Den Tran Hung Dao. Alle Gäste wollen hier nur das eine: *banh xeo,* Pfannkuchen mit Fleisch oder Garnelen. Ab 15 000 VND.

Cafés

Givral Café 30 **:** 169 Dong Khoi, Dist. 1, Tel. 08-829 27 47, tgl. 7–23 Uhr. Lebt vom Ruf, *der* Journalistentreff während des Vietnamkriegs gewesen zu sein. Eher biederes Ambiente, doch wird guter Kaffee serviert. Es gibt hier auch leckere Gerichte ab 45 000 VND.

Highlands Coffee 31 **&** 32 **:** 7 Lam-Son-Platz, Dist. 1 (hinter dem Stadttheater), und 235 Dong Khoi, Dist. 1 (am Saigon Metropolitan Tower), tgl. 6.30–23 Uhr, www.highlandscoffee.com.vn. Eine der typischen Saigoner Erfolgsgeschichten. Nach dem Vorbild von Starbucks eröffnete der 1972 geborene David Thai 2002 das erste Café. Mittlerweile gibt es über zehn Filialen in der Stadt, darunter im Diamond Plaza und im Saigon Center. Thais Erfolgsrezept: angenehmes Ambiente, guter Service und vor allem exzellente Produkte. Kaffees ab 20 000 VND.

Sao Cafe 33 **:** 5 Pham Ngoc Thach, Dist. 3, Tel. 08-822 92 28, tgl. 10–24 Uhr. Gut beschallter Glitzerkasten am Kreisel nördlich der Notre-Dame-Kathedrale. Nichts für empfindliche Ohren, aber ein guter Ort, um bei Kaffee und Cocktail Saigons Jugend zu bestaunen. Ab 20 000 VND.

Paloma Cafe 34 **:** 26 Dong Khoi, Dist. 1, Tel. 08-829 58 13, tgl. 7.30–24 Uhr. Bei Einheimischen schon viele Jahre ein populärer Treff für ein *têtê-à-têtê*. Gute Eis- und Kaffeeauswahl ab 10 000 VND.

Spätestens in Saigon wird man sich über das Gepäck-Limit der Airlines ärgern, denn beim Schlendern durch Straßen und Märkte wird klar: Die Stadt ist ein Shoppingparadies. Hier gibt es kaum etwas, was es nicht gibt. Während die Boutiquen und Souvenirgeschäfte an der **Dong Khoi** eher teuer sind, lohnt sich für ein Schnäppchen der Gang durch den **Ben-Thanh-Markt.** Gewürze, Tee und Kaffee kann man im **Binh-Tay-Markt** und den umliegenden Geschäften in Cho Lon recht günstig erstehen.

Einkaufszentren

Diamond Department Store: 34 Le Duan, Dist. 1, tgl. 9–21 Uhr. Auf vier Etagen gibt es Kleider, Accessoires und vieles mehr.

Richtig Reisen-Tipp: Saigon Night

Noch kann die Stadt mit dem Nachtleben von Bangkok oder Singapur nicht mithalten, doch ist sie auf dem besten Weg dazu. Die Zahl von Bars und Kneipen steigt kontinuierlich an und mit der mitternächtlichen Sperrstunde nimmt man es zuweilen nicht so genau. Wer im schnelllebigen Saigon wissen will, was gerade *en vogue* ist, kann sich im monatlich erscheinenden **The Guide** schlau machen, das in vielen Hotels ausliegt und als Beilage der Vietnam Economic Times erscheint. Eine gute Infoquelle ist: **www.asialifehcmc.com.**

Hier einige Tipps:

Qing: 31 Dong Du, Dist. 1, Tel. 08-823 24 14, tgl. 8–24 Uhr. Die stilvolle Weinbar ist ein beliebter After-Work-Treff für die westliche Ausländergemeinde Saigons. Hier werden auch leckere Fusiongerichte serviert. Ein guter Ort, um den Abend entspannt zu beginnen.

Q Bar Saigon: 7 Lam-Son-Platz, Dist. 1, Tel. 823 34 79, www.qbarsaigon.com, tgl. 18–2 Uhr. Eingang südlich des Stadttheaters. Das unterkühlte Design, die coole Musik und die kalten Cocktails haben die Bar zu einer der ersten Adressen gemacht. Um Mitternacht gehen die Jalousien runter und dann geht es erst richtig los.

Saigon Saigon Bar: Caravelle Hotel, 19 Lam-Son-Platz, Dist. 1, Tel. 08-823 49 99, tgl. 11–24 Uhr. Allein wegen der Aussicht lohnt sich ein Besuch. Doch auch das Ambiente, die Lifemusik und die lange Getränkeliste sind gute Gründe, hier den Tag zu beschließen.

Sax n'Art Club: 28 Le Loi, Dist. 1, Tel. 08-822 84 72, www.saxnart.com, tgl. 17–24 Uhr. Top-Adresse für Jazzfreunde mit fast täglich guten Live-Sessions. Sehr empfehlenswert.

Level 23 Nightspot: Sheraton Saigon Hotel, 88 Dong Khoi, Dist. 1., Tel. 08-827 28 28, tgl. 19–24 Uhr. Der Name sagt alles. Tolle Aussicht und eine gute Adresse für die Nacht. Zur unterhaltsamen Live-Musik wird zu später Stunde enthusiastisch getanzt. Hier treffen sich die ausgebefreudigen Saigoner, denn die Drinks sind nicht billig.

Parkson Department Store: 41 Le Thanh Ton, Dist. 1, tgl. 9–21 Uhr. Ein populärer Konsumtempel mit internationalen Luxusartikeln, die eher die einheimische Klientel mit dickem Konto ansprechen. Große Essensabteilung.

Saigon Centre: 65 Le Loi, Dist. 1, tgl. 9–21 Uhr. Dreistöckiges Einkaufszentrum mit Supermarkt, einer Highlands-Coffee-Filiale und vielen kleinen Geschäften zum Bummeln.

Galerien

Apricot Gallery: 50 Mac Thi Buoi, Dist. 1, Tel. 08-822 79 62, www.apricot-artvietnam.com, tgl. 9–21 Uhr. In der Nähe des Sheraton Saigon Hotel. Ableger der Hanoier Galerie mit hervorragenden Werken zeitgenössischer Künstler.

F 11: Mekong Merchant, 23 Thao Dien, Dist. 2, Tel. 08-744 47 13, tgl. 9–21 Uhr. Stellt Bilder und Fotos mit asiatischem Touch aus. Das Richtige für Fans asiatischer Kunst.

Breathing Eyes Gallery: 125 Cong Quynh, Dist. 1, Tel. 08-895 61 95, tgl. 9–21 Uhr. Kleine Fotogalerie mit tollen Arbeiten professioneller Fotografen aus Vietnam.

Phuong Dong Orient Gallery: 44 Nguyen Hue, Dist. 1, Tel. 08-824 85 14, tgl. 8–22 Uhr. Wer schon immer mal einen ›originalen‹ Picasso oder Van Gogh zu Hause hängen haben wollte, wird hier fündig.

Kleidung und Accessoires

Minh Hanh: 24 Dong Khoi (neben Grand Hotel) & 114 B Nguyen Hue, beide Dist. 1, tgl. 10–19 Uhr. Die beiden Boutiquen verkaufen die ausgefallenen Kleider von Vietnams bekanntester Designerin, Dang Thi Minh Hanh. Als Direktorin des Fashion Design Institute (FADIN) ist sie Pionierin einer eigenständigen vietnamesischen Modetradition.

Casa d'Oriente: 29 B Dong Khoi, Dist. 1, Tel. 08-829 57 74, tgl. 10–19 Uhr. Modische Klei-

Ho-Chi-Minh-Stadt bei Nacht, das bedeutet: Bewegung, Menschentrauben an jeder Straßenecke, gleißendes Neonlicht und eine nicht enden wollende Kette von Mopeds

NH NGHIỆP TƯ NHÂN
ỀN THANH
HOTEL
POLO

Laufsteg und Teestube: Der Saigoner Modeschöpfer Le Si Hoang zählt zu den prominentesten Ao-Dai-Designern Vietnams und entsprechend populär ist sein Geschäft im Zentrum Saigons. Im 3. Stock führt er eine Teestube, die zum beliebten Treffpunkt avanciert ist. Regelmäßig gibt es abends Musik- und Modevorführungen – ein Ereignis, das sich Mode-Interessierte nicht entgehen lassen sollten (36–38 Ly Tu Trong, Dist. 1, Tel. 08-822 31 00, www.sihoang-art.com).

der, Taschen und Accessoires in recht großer Auswahl.

Chle: 4 B 2 Ngo Van Nam, Dist. 1, Tel. 08-912 01 62, tgl. 10–19 Uhr. Wunderschöne Einzelstücke: Kleider, Blusen und Tops aus Seide. Gutes Preis-Leistungs-Verhältnis.

Khai Silk: 107 Dong Khoi, Dist. 1, Tel. 08-829 11 46, tgl. 10–19 Uhr. Renommierte Boutique mit hochwertigen Seidenstoffen und -kleidern, die allerdings nicht billig sind. Filiale im New World Hotel.

Kunsthandwerk

Nga Art and Craft: 61 & 103 Le Thanh Ton, Dist. 1, Tel. 08-825 62 89, Mo–Sa 8–20, So 9–18 Uhr, www.vietnam-art-craft.com. Zwei Filialen mit edlem Kunsthandwerk. Im Geschäft Nr. 61 werden hervorragende Lackarbeiten mit tollem Design geboten, im Geschäft Nr. 103 Lampen und Wohnaccessoires. Eine dritte Filiale gibt's in der 42 Dong Khoi, Dist. 1.

Sapa: 64 Dong Du & 222 De Tham, beide Dist. 1, tgl. 9–21 Uhr. Große Auswahl an Kleidung, Flechtarbeiten und anderen Produkten der Minderheiten.

Tay Son: 198 Vo Thi Sau, Dist. 3, Tel. 08-932 57 08, tgl. 8–17 Uhr. Nicht weit vom Museum für Kriegsrelikte. Werkstätte zur Herstellung von Lackarbeiten. Man kann den Prozess beobachten und aus einer Vielzahl qualitativ guter Stücke auswählen.

The Lost Art: 31 Nguyen Cong Tru, Dist. 1, Tel. 08-829 01 34, tgl. 8–18 Uhr. Interieur-Geschäft mit hervorragenden Möbeln und Wohnaccessoires. Mehrere Schauräume in der Stadt.

Dies & Das

Bookazine: 28 Dong Khoi, Dist. 1, Tel. 08-829 74 55, tgl. 8–21 Uhr. Schmökerstube für Bibliophile mit antiquarischen Büchern, vergilbten Magazinen und alten Postkarten.

Fahasa: 185 Dong Khoi & 40 Nguyen Hue, beide Dist. 1, tgl. 8–20 Uhr. Saigons größter Buchladen mit mehreren Filialen. Auch eine gute Auswahl englischsprachiger Bücher.

Saigon Kitsch: 29 Dong Khoi & 43 Ton That Thiep, beide Dist. 1, tgl. 9–20 Uhr. Witzige Läden mit Retrotaschen, Hammer- und Sichelflaggen, Mao-T-Shirts und mehr.

Tien Nghiep: 112 Hai Thuong Lan Ong, Dist. 10, Tel. 08-857 35 50, tgl. 8–19 Uhr. Apotheke für chinesische Medizin in Cho Lon mit großem Bestand. Achtung: Es wird kein Englisch gesprochen.

In den Straßen De Tham und Pham Ngu Lao im Travellerviertel bedienen mehrere Kneipen das offensichtlich kollektive Bedürfnis der Rucksacktouristen auf billiges Fassbier, scheppernde Rockmusik und westlich angehauchte Speisen. Spätabends oft brechend voll sind **GO 2, Allez Boo, Cyclo Bar** und **Eden**.

Alibi Club: 11 Thai Van Lung, Dist. 1, Tel. 08-822 32 40, tgl. 8–24 Uhr. Hier kann man wählen zwischen Bar, Lounge und Straßentischen. Das trendige Design und die entspannte Atmosphäre sorgen für schöne Stunden. Empfehlenswert.

Chu Bar: 158 Dong Khoi, Dist. 1, Tel. 08-822 39 07, tgl. 10–24 Uhr. Die angenehme Bar mit Lounge-Charakter ist ein beliebter After-Work-Treff. Es wird gute Fusionküche geboten. Ab 21 Uhr heizt eine Filipino-Band ein.

La Habana: 6 Cao Bat Quat, Dist. 1, Tel. 08-829 51 60, tgl. 11–24 Uhr. Hier kann man bei Mojito und Salsa auf die kubanisch-vietnamesische Freundschaft trinken. 5 x die Woche Livemusik und daher beliebter Spot bei Latino-Fans.

Mua Rung: 5–15 Ho Huan Nghiep, Dist. 1, Tel. 08-825 77 83, tgl. 19.30–24 Uhr. Die Disco namens Regenwald bringt mit toller Lightshow und vollen Bässen das vorwiegend junge Saigoner Publikum auf Touren.

17 Saloon: 17 Ton Duc Thang, Dist 1, tgl. 17–24 Uhr. John Wayne meets Saigon. Die zweistöckige Bar am Fluss frönt dem Westernstil und serviert gute Drinks zu den heißen Rhythmen einer Filipino-Band.
The Underground: 69 Dong Khoi, Dist. 1, tgl. 10–24 Uhr. Von außen sieht die Bar aus wie eine Station der Londoner Tube, doch innen gibt es zu guter Musik leckere Cocktails. Auch das Essen ist durchaus genießbar.
Vasco's Bar: 16 Cao Ba Quat, Ecke Thi Sach, Dist. 1, Tel. 08-824 31 48, Di–Sa 17.30–24 Uhr. Damit es dem vorwiegend Saigoner Publikum nicht langweilig wird, gibt es von Tequila Night über Ladies Night bis zur Lucky Burger Night ein vielfältiges Abendprogramm. Freitags spielt eine Live-Band.

Das vietnamesische **Neujahrsfest** wird in Saigon ausgiebig zelebriert. Sehr schön anzusehen sind in den Tagen vor Tet die rosa Pfirsich- und leuchtendgelben Aprikosenbäumchen auf den Blumenmärkten. In der Neujahrsnacht finden an verschiedenen Orten Feuerwerke statt. Am Neujahrstag ziehen in Cho Lon jugendliche Drachentänzer durch die Tempelanlagen.
Diamond Cinema Complex: Diamond Plaza, 34 Le Duan, Dist. 1, Tel. 08-825 77 51. Das Kino zeigt vorwiegend internationale Blockbuster.
Hoa-Binh-Theater (Nhat Hat Hoa Binh): 14–16 3 Thang 2, Dist. 10, Tel. 08-865 51 99. Regelmäßige Aufführungen vietnamesischer und internationaler Theaterstücke und Konzerte.
Ho-Chi-Minh-City-Konservatorium: 112 Nguyen Du, Dist. 1, Tel. 08-822 58 41. Das Musikkonservatorium bildet junge Musiker in klassischer Musik aus. Zuweilen finden öffentliche Aufführungen statt.
Stadttheater (Nha Hat Thanh Pho): 7 Lam-Son-Platz, Dist. 1, Tel. 08-829 99 76. Regelmäßige Konzerte und Theateraufführungen. Aktuelle Infos in den Tageszeitungen.
Stage Arts and Cinematography College: 125 Cong Quynh, Dist. 1. In der Filmhochschule sind gelegentlich Vorführungen künstlerisch interessanter Filme zu sehen.

Golf
Vietnam Golf & Country Club: Long Thanh My Ward, Dist. 9, Tel. 08-733 01 24, www.vietnamgolfcc.com. Der 36-Loch-Golfplatz liegt 20 km nördlich des Stadtzentrums und erstreckt sich über eine Fläche von 300 ha. Es gibt auch einen Swimmingpool und Tennisplätze.
Song Be Golf Resort: Lai Thieu, Thuan-Dist., Binh-Duong-Provinz, Tel. 0650-75 56 60, www.songbegolf.com. Die 100 ha große 18-Loch-Anlage erstreckt sich westlich der N 13 in Richtung Da Lat, knapp eine Fahrstunde vom Zentrum. Übernachtungsmöglichkeit und Pool vorhanden.
Kochkurse
Saigon Culinary Art Center: 36/13–14 Lam Son, Phu-Nhuan-Dist., Tel. 08-551 24 00. Bietet Kurse für Einzelpersonen und Gruppen.
Vietnam Cookery Center: M1 Cu Xa Tan Cang (362/8 Ung Van Khiem), Binh-Thanh-Dist., Tel. 08-512 14 91, www.vietnamcookery.com. Gute Einführung in Theorie und Praxis, es finden auch Kochkurse für Kinder statt.
Bowling
Saigon Superbowl: 43 A Truong Son, Tan-Binh-Dist., Tel. 08-848 88 88. Große Bowlinganlage in Flughafennähe mit 32 Bahnen, Café und viel Fun.
Wasserparks
Dam Sen Water Park (Cong Vien Nuoc Dam Sen)**:** 3 Hoa Binh, Dist. 11, Tel. 08-858 84 18, www.damsenwaterpark.com.vn. Nördlich von Cho Lon gelegenes Badeparadies mit Rutschen, Pools und Restaurants. Das Richtige für Familien (Mo–Sa 8.30–18, So 8–19 Uhr, 70 000 VND).
Saigon Water Park (Cong Vien Nuoc Sai Gon)**:** Kha Van Can, Thu-Duc-Dist. Tel. 08-897 04 56. Etwa 8 km nördlich des Zentrums. Wer den Stadtkoller bekommt, kann sich hier in die Fluten der Wasserlandschaft stürzen (Mo–Fr 9–17, Sa–So 9–20 Uhr, 70 000 VND).
Wellness
Alle großen Hotels verfügen über einen Wellnessbereich. Darüber hinaus gibt es eine Rei-

he sehr guter eigenständiger Spas. Empfehlenswert ist das **L'Apothiquaire,** 63 Le Thanh Ton, Dist. 1, Tel. 08-822 12 18, www.lapothiquaire.com, tgl. 8.30–20.30 Uhr mit Yoga- und Taiji-Kursen. Auch **Qi Saigon,** 151 Nguyen Van Troi, Phu-Nhuan-Dist., Tel. 08-844 06 11, www.qispa.com.vn, und **Spa Tropic,** 187 B Hai Ba Trung, Dist. 3, Tel. 08-822 88 95, www.spatropic.com, sind gute Adressen. Spa Tropic überzeugt auch durch seine japanisch angehauchte Einrichtung mit Garten.

Flüge

Der **Tan Son Nhat International Airport** liegt etwa 7 km nördlich des Stadtzentrums. Taxen mit Taxameter warten vor der Ankunftshalle. Die gut halbstündige Fahrt ins Zentrum kostet etwa 5 US-$. Der klimatisierte Bus Nr. 152 verkehrt zwischen dem Flughafen und dem Ben-Thanh-Markt (6–19 Uhr, alle 15–20 Min.).

Internationale Anbindung: s. S. 87.

Die **Inlandsflüge** werden von zwei Fluglinien bedient. Vietnam Airlines fliegen von Tan Son Nhat nonstop nach Buon Ma Thuot, Chu Lai, Con Dao, Da Lat, Da Nang, Dien Bien Phu, Hai Phong, Hanoi, Hue, Nha Trang-Cam Ranh, Plei Ku, Phu Quoc, Qui Nhon, Rach Gia, Tuy Hoa und Vinh. Pacific Airlines verbinden die südliche Metropole mit Da Nang, Nha Trang-Cam Ranh, Hue und Hanoi.

Wichtige Airlines sind:

Air France, 130 Dong Khoi, Dist. 1, Tel. 08-829 09 81

Bangkok Airways, Saigon Trade Center, 37 Ton Duc Thang, Dist. 1, Tel. 08- 910 44 90

Cathay Pacific, Sun Wah Tower, 115 Nguyen Hue, Dist. 1, Tel. 08-822 32 03

Emirates, Travel House, 170–172 Nam Ky Khoi Nghia, Dist. 1, Tel. 08-930 2939

Lufthansa, Bitexco Building, 19–25 Nguyen Hue, Dist. 1, Tel. 08-829 85 29, 827 98 31

Malaysia Airlines, 235 Dong Khoi, Dist. 1, Tel. 08-829 25 29

Qatar Airways, Petro Vietnam Tower, 1–5 Le Duan, Dist. 1, Tel. 08-827 3777

Pacific Airlines, 2 Dong Khoi, Dist. 1, Tel. 08-823 12 85

Singapore Airlines, 29 Le Duan, Dist. 1, Tel. 08-823 15 88

Thai Airways, Saigon Tower, 29 Le Duan, Dist. 1, Tel. 08-822 33 65

Vietnam Airlines, 116 Nguyen Hue, Dist. 1, Tel. 08-832 03 20

Züge

Der **Hauptbahnhof** (Ga Sai Gon), 1 Nguyen Thong, liegt etwa 3 km nordwestlich des Zentrums. Dort befindet sich auch ein Informationsschalter für Ausländer, Tel. 08-843 65 24, 843 65 28, tgl. 7.30–11.30, 13.30–16.30 Uhr. Zudem gibt es Tickets ohne Aufpreis beim **Saigon Railways Tourist Service,** 275 C Pham Ngu Lao, Tel. 08-836 76 40. Es ist dringend anzuraten, die Fahrkarten rechtzeitig zu besorgen!

Der **Wiedervereinigungsexpress** fährt 6 x tgl. nach Hanoi (1726 km, 30–34 Std.) mit Stopps u. a. in Nha Trang (450 km, 9–10 Std.), Da Nang (960 km, 15–22 Std.) und Hue (1066 km, ab 21 Std.).

Zwischen Ho-Chi-Minh-Stadt und Nha Trang verkehrt 2 x tgl. der **5-Star-Express** (www.5starexpress.com.vn) mit Stopps in Thap Cham und Muong Man bei Phan Thiet.

SP Travel setzt 1 x tgl. einen komfortablen Zug direkt nach Phan Thiet ein (6.45–11.05 Uhr, Infos unter Tel. 08-914 28 38).

Busse

In Ho-Chi-Minh-Stadt verteilen sich zwei große und mehrere kleine **Busbahnhöfe.** Je nach Entfernung zum Ziel beginnen die meisten Fernbusse morgens zwischen 5 und 10 Uhr ihre Fahrt. Es empfiehlt sich daher, sich früh zu den Stationen zu begeben.

Vom **Ben Xe Ben Thanh** in der Nähe des Ben-Thanh-Marktes starten Stadtbusse zu allen Stationen für Fernbusse. Sie verbinden auch die großen Busbahnhöfe miteinander.

Der **Ben Xe Mien Dong,** Xo Viet Nghe Dinh, Tel. 08-898 48 93, 5 km nordöstlich des Zentrums, ist Ausgangspunkt für Fahrten in Richtung Norden, darunter nach Da Lat (310 km, 6 Std.), Phan Thiet (200 km, 4–5 Std.), Nha Trang (450 km, 10 Std.), Da Nang (964 km, 15 Std.) und Hanoi (1724 km, mehr als 40 Std.).

Nach Kambodscha: Mehrere Reiseagenturen unterhalten direkte Busverbindungen zwischen Saigon und Phnom Penh (210 km). Die Fahrtdauer beträgt je nach Wartezeit an der Grenze in Moc Bai/Bavet etwa 7 Stunden. Man kann auch über die Grenze Vinh Xuong/Kaam Samnor bei Chau Doc mit dem Boot nach Phnom Penh reisen. Diese Variante bietet sich in Verbindung mit einer mehrtägigen Tour durch das Mekong-Delta an. Informationen und Buchung bei:
Sinh Cafe: 246–248 De Tham, Dist. 1, Tel. 08-836 73 38, www.sinhcafevn.com.
Saigon Passenger Transportation: 500 Nguyen Dinh Chieu, Dist. 3, Tel. 08-832 20 38, www.satranco.com.vn (nur Bus)
Delta Adventure Tours: 267 De Tham, Tel. 08-920 21 12, www.deltaadventuretours.com

Im An-Lac-Bezirk, 10 km westlich des Zentrums, liegt der **Ben Xe Mien Tay**, Tel. 08-825 59 55. Von dort fahren Busse ins Mekong-Delta, etwa nach My Tho (75 km, 1,5 Std.), Vinh Long (130 km, 3 Std.), Can Tho (170 km, 5–6 Std., Fahrtdauer ist abhängig von der dortigen Fähre) und Ca Mau (350 km, 8–9 Std.).
Saigon ist auch ein populärer Ausgangspunkt für Fahrten mit den **Open-Tour-Bussen**. Sie verbinden die Metropole mit Da Lat, Phan Thiet-Mui Ne und Nha Trang. Zudem bieten sie mehrtägige Kombifahrten mit Bussen und Booten ins Mekong-Delta an. Tickets und Informationen dazu gibt es in den vielen Agenturen im Travellerviertel rund um die Pham Ngu Lao.

Boote

Von der **Anlegestelle Bach Dang** (Ben Bach Dang), 2 Ton Duc Thang, fahren von 7 bis 17 Uhr alle 1–2 Std. Tragflügelboote von Green Lines nach Vung Tau (1,25 Std.). Infos unter www.greenlines.com.vn. Zudem verkehren von dort 1 x tgl. Tragflügelboote nach My Tho und Can Tho. Infos: Saigon Mekong Green Tours, 104–106 Nguyen Hue, Dist. 1, Tel. 08-822 73 11, 824 89 09.

Privattouren arrangiert zuverlässig:
Blue Cruiser, 213 Ngo Tat To, Binh-Thanh-Dist., Tel. 08-889 26 82, Fax 840 65 38, www.bluecruiser.com

Stadtverkehr

Stadtbus: Die **Saigon Passenger Transportation** unterhält ein dichtes Netz von klimatisierten Bussen zu Ticketpreisen ab 2000 VND. Die Linien verkehren von 5 bis 19 Uhr etwa alle 10–20 Min. Kontakt: 309 Pham Ngu Lao, Dist. 1, Tel. 08-920 36 23, www.satranco.com.vn. Ein wichtiger Knotenpunkt ist der Ben Xe Ben Thanh unweit des gleichnamigen Marktes. Von dort fährt Bus Nr. 26 zur Station Ben Xe Mien Dong, Bus Nr. 152 zum Flughafen und Bus Nr. 96 nach Cho Lon. Die Nr. 1 fährt auf der populären Strecke Ton Duc Thang – Nguyen Hue – Le Loi – Ben-Thanh-Markt – Tran Hung Dao bis zum Binh-Tay-Markt in Cho Lon.
Taxi: Die Zahl der Taxiunternehmen ist groß, weshalb man nicht lange auf ein Taxi warten muss. Vielfach stehen sie vor Hotels, bekannten Restaurants und Sehenswürdigkeiten. Die legalen Unternehmen haben ihre Wagen mit Taxametern ausgestattet. Eine Fahrt von 3 km sollte etwa 30 000 VND kosten.
Zu den **etablierten Anbietern** zählen:
Airport Taxi, Tel. 08-844 66 66
Saigon Taxi, Tel. 08-842 42 42
Mai Linh, Tel. 08-822 26 66
Vinataxi, Tel. 08-811 11 11
Fahrradrikscha und Motorradtaxi: Eine Fahrt mit dem Cyclo mag angesichts der verstopften Straßen und Abgase wenig spaßig sein. Zudem dürfen die Rikschas größere Straßen nicht befahren. Sie sind daher in erster Linie für eine Besichtigungstour durch die Altstadt oder durch Cho Lon empfehlenswert.
Die Fahrt auf der Honda Om (Umarmungs-Honda) ist die effektivste, wenn auch eine nicht ganz ungefährliche Art, vorwärts zu kommen, Helme haben nämlich in Saigon noch immer Seltenheitswert.
Wichtig: Bei beiden Varianten vorher den Preis aushandeln und erst am Schluss bezahlen!

Im tiefen Süden

Reiseatlas S. 17, 20/21, 22

Zu den beliebtesten Ausflugszielen zählen die Cu-Chi-Tunnel und der Cao-Dai-Tempel in Tay Ninh. Weit weniger bekannt sind das Can-Gio-Biosphärenreservat mit ausgedehnten Mangrovenwäldern und das Con-Son-Archipel mit schönen Tauchgründen und Stränden. In Vung Tau und Long Hai kann man Meeresluft schnuppern.

Can-Gio-Biosphärenreservat

Reiseatlas: S. 20, F 4

Das 75 740 ha große **Can-Gio-Biosphärenreservat** (Lam Vien Can Gio) erstreckt sich etwa 60 km südöstlich von Ho-Chi-Minh-Stadt in den Mündungsbereichen von Song Vam Co, Song Saigon und Song Dong Nai. Das Schutzgebiet ist ein gutes Beispiel für die erfolgreichen Wiederaufforstungsbemühungen der Regierung. Während des Vietnamkriegs nahezu komplett durch das Entlaubungsmittel Agent Orange vernichtet, wurde es seit 1978 kontinuierlich renaturiert. Heute existiert hier einer der größten zusammenhängenden Mangrovenwälder mit über 70 Pflanzen- und 440 Tierspezies.

Seitdem Can Gio im Jahr 2000 in die Liste der Unesco-Biosphärenreservate aufgenommen wurde, nimmt die Zahl der fast ausschließlich einheimischen Besucher rapide zu (Wochenenden meiden!). Bei Bootstouren durch die Kanäle und Spaziergängen auf angelegten Wegen kann man die reiche Wasservogelwelt entdecken. Zudem gibt es Makaken und in einem kleinen Gehege Salzwasserkrokodile zu bestaunen.

i **Saigon Tourist:** 49 Le Thanh Ton, Dist. 1, Tel. 08-827 92 79, www.saigon-tourist.com. Ist eine gute Informationsquelle im Herzen Saigons und kann Tagestouren arrangieren. **Eintritt:** 10 000 VND.

Can Gio Resort: Thanh Thoi, Can-Gio-Dist., Tel. 08-874 33 33, Fax 873 33 34, www.cangioresort.com.vn. Das komfortable Resort mit 80 Bungalows liegt direkt am Strand und ist eine exzellente Basis für die Erkundung des Schutzgebietes. Pool und Tennisplatz. Die Wochenenden sollte man meiden. DZ 40–75 US-$ mit Frühstück.

Die individuelle Anreise ist kompliziert. Man organisiert den Ausflug am besten über eine Agentur in Ho-Chi-Minh-Stadt.

Vung Tau

Reiseatlas: S. 17, A 4

Die Halbinsel Vung Tau liegt 125 km südöstlich von Ho-Chi-Minh-Stadt und ist über die Nationalstraße 51 in gut zwei Stunden erreicht. Angesichts der Staugefahr empfiehlt sich jedoch die Anreise mit dem Tragflügelboot (nur 1,25 Std.). Die Bucht der Schiffe, so der Name, ist wegen ihrer Nähe zur südvietnamesischen Metropole ein Seebad ganz nach vietnamesischem Geschmack mit glitzernden Hotels und guten Seafood-Restaurants. Dass die Strände eher mittelmäßig und der nahe Industriehafen ein wichtiger Umschlagplatz für Öl und Gas ist, stört sie nicht. Dessen ungeachtet ist Vung Tau durchaus einen Besuch wert, falls man etwas Meeresluft schnuppern und die Stimmung erleben möchte.

Geschichte

Portugiesischen Seefahrern des 16. Jh. war die Landzunge als **Navigationspunkt** bekannt. Malaiischen **Piraten** diente sie lange Zeit als Versteck, um von dort aus den lukrativen Seeweg unsicher machten. Erst unter dem Minh-Mang-König siedelten sich hier 1822 drei Offiziere mit ihren Familien an. Dies war ihre Belohnung dafür, dass sie die Piraten erfolgreich vertreiben konnten. Unter den Franzosen entwickelte sich das Cap Saint Jacques, wie sie es nannten, ab Ende des 19. Jh. zum **mondänen Seebad.** Auch den US-Soldaten diente Vung Tau während des Krieges als **Erholungsort.** Infolge der riesigen Gas- und Erdölvorkommen, die seit den 1970er-Jahren ausgebeutet werden, hat sich Vung Tau zu einen Zentrum der Ölindustrie entwickelt. 1979 wurde die Provinz Bia Ria-Vung Tau zur **Sonderwirtschaftszone** erhoben. Sie erzielt heute eine der höchsten Zuwachsraten in der Wirtschaft Vietnams.

Mit dem Autor unterwegs

Besuchenswert

Paradies mit Krokodilen: Im Can-Gio-Biosphärenreservat existiert einer der größten zusammenhängenden Mangrovenwälder Vietnams. Bei einer Bootsfahrt können Sie die reiche Flora und Fauna entdecken (s. S. 384).

Paradies mit Gitterstäben: Bislang ist das Con-Dao-Archipel vorwiegend ein Ziel von Tauchurlaubern. Doch dies wird sich bald ändern. Dort, wo einst Gefangene interniert waren, entstehen Luxusresorts, die eine betuchte Klientel anlocken wollen (s. S. 390).

Schöner wohnen

Tropischer Tapetenwechsel: Gut zwei Autostunden von Ho-Chi-Minh-Stadt entfernt liegt das äußerst stilvolle Ho Tram Resort & Spa an einem ruhigen Strandabschnitt östlich von Long Hai. Ein wunderbares Refugium für Großstadtmüde (s. S. 389).

Chua Thich Ca Phat Dai

An der Nordseite der Halbinsel befindet sich das Industriegebiet mit Hafen und Ölverladedocks. Bereits der Geruch verrät, dass in den Orten **Ben Da** und **Sao Mai** allerlei Arten von Meeresgetier verarbeitet werden. Am Nordosthang des 245 m hohen Großen Berges, Nui Lam, ist der 6 ha große Park der **Chua Thich Ca Phat Dai** bei den über 200 000 Stadtbewohnern sehr beliebt. Mit zahlreichen übergroßen Skulpturen aus dem Leben des Erleuchteten, u. a. einem liegenden Buddha und einer 6 m großen, auf dem Lotusthron sitzenden Figur, wirkt die von 1961 bis 1963 errichtete Anlage wie ein Lehrbuch des Buddhismus (tgl. 8–17 Uhr, Eintritt frei).

Vung-Tau-Stadt

Südlich des Nui Lam mit seiner markanten Radarstation breitet sich die wenig attraktive Stadt **Vung Tau** aus. Der zugehörige Strand **Bai Truoc** ist wegen seiner schattigen Bäume zum Flanieren geeignet; das Baden sollte man der Gesundheit zuliebe eher lassen. Dafür kann man der am Nordende gelegenen **Weißen Villa** (Bach Dinh) einen Besuch abstatten. Sie wurde ab 1898 auf Initiative von Paul Doumer, dem Generalgouverneur Indochinas von 1897 bis 1902, als Feriendomizil errichtet und nach dessen Lieblingstochter Blanche genannt. Neben Gouverneuren und den Königen der Nguyen-Dynastie erfreuten sich bis 1975 auch die südvietnamesischen Diktatoren am Blick auf das Meer und dem schönen Garten. Heute ist das mediterran anmutende Gebäude ein Museum und zeigt in den hellen Räumen vornehmlich Fundstücke aus einer gesunkenen Dschunke (tgl. 7–17 Uhr, 10 000 VND).

Im **Lang Ca Ong** (Walgrab) an der Hoang Hoa Tham werden seit 1911 die Knochen gestrandeter Wale gesammelt. Fischer betrachten die Meeressäugetiere als Schutzgeister und widmen ihnen alljährlich am 16. Tag des achten Mondmonats ein eigenes Fest. In der gleichnamigen Straße befindet sich in der **Chua Linh Son Co Tu** eine von Fischern gefundene Buddha-Statue im Khmer-Stil.

Am Strand entspannen wie hier in Vung Tau – das lieben Vietnamesen

Südliche Spitze

Die südliche Halbinselspitze rund um den 156 m hohen Kleinen Berg, **Nui Nho**, ist in erster Linie wegen des Ausblicks auf das Meer attraktiv – so etwa vom 1910 erbauten **Leuchtturm** nahe der Bergspitze. Zudem gibt es einige interessante Sehenswürdigkeiten, darunter die am Hang liegende **Chua Niet Ban Tinh Xa** unweit des Strandes **Bai Dua.** Namensgeber der Pagode ist ein 12 m langer liegender Buddha im Nibbana *(niet ban),* der hier seit der Tempeleinweihung im Jahr 1974 verehrt wird. Als christlicher Gegenpol thront am Südende des Nui Nho seit 1972 eine innen begehbare 32 m hohe **Christusstatue** mit ausgebreiteten Armen (tgl. 7.30–11.30, 13.30–17 Uhr, Eintritt frei). Entlang der breiten Thuy Van erstreckt sich am 8 km langen **Bai Sau** (Hinterer Strand) der familienfreundliche **Ocean Park** mit zahlreichen Wassersportmöglichkeiten.

Vungtau Tourist: 207 Vo Thi Sau, Tel. 064-85 64 45, 85 64 46, www.vungtautourist.com.vn. Hat Stadtpläne im Angebot und vielerlei Informationen.

OSC Viet Nam Travel: 9 Le Loi, Tel. 064-25 40 08, Fax 81 05 15, www.oscvn.com. Die Oil Service Company hat sich auch als Reiseagentur einen Namen gemacht.

Eine Vielzahl von Resorts unterschiedlicher Qualität reiht sich entlang des Hinteren Strandes, Bai Sau. Im wenig attraktiven Stadtzentrum gibt es einige gute Geschäftshotels. In naher Zukunft sollen weitere Luxusunterkünfte im oberen Preissegment entstehen.

Celadon Imperial Hotel & Apartments: 159–163 Thuy Van, Bai Sau, Tel. 08-832 88 88, Fax 822 99 99, www.celadon-international.com. Anfang 2009 wird direkt am Strand ein 5-Sterne-Resort mit 150 Zimmern und Suiten eröffnen. Für Geschäftsleute werden Apartments mit Service eingerichtet. Geplant sind zudem Swimmingpool, Tennisplätze und Spa. DZ ab 150 US-$ mit Frühstück.

Binh An Village: 1 Tran Phu, Bai Truoc, Tel. 064-51 00 16, Fax 81 02 64, www.binhanvillage.com. Das äußerst hübsche Boutique-Resort liegt etwas nördlich des Stadtzentrums direkt am Strand. Die 10 Zimmer und

Villen sind im altvietnamesischen Stil gehalten, auch das offene **Restaurant.** Schöner Pool. Eine gute Wahl, wenn auch recht teuer. DZ 75–250 US-$ mit Frühstück.

The Grand Hotel: 2 Nguyen Du, Bai Truoc, Tel. 064-85 68 88, Fax 85 60 88, www.grand.oscvn.com. Das Hotel im Herzen der Stadt blickt auf eine über 100-jährige Vergangenheit zurück. Seit einer grundlegenden Renovierung erstrahlen die 80 Zimmer in altem Glanz. Das **Restaurant** hat einen guten Ruf. Der Swimmingpool tröstet über den trostlosen Strandabschnitt hinweg. DZ 60–120 US-$ mit Frühstück.

Petro House: 63 Tran Hung Dao, Tel. 064-85 20 14, Fax 85 20 15, petro.htl@hcm.vnn.vn. Gut geführtes Boutique-Hotel mit 71 sehr stilvollen Zimmern und Suiten. Zentral gelegen, nur wenige Gehminuten vom Strand. Ist auf Geschäftsleute eingestellt, denen es guten Komfort bietet – von Pool bis zu Spa. DZ 45–100 US-$ mit Frühstück.

Palace Hotel: 1 Nguyen Trai, Bai Truoc, Tel. 064-85 64 11, Fax 85 68 78, palacevt@hcm.vnn.vn. Das freundliche Stadthotel spricht mit seinen 120 Zimmern eher die Geschäftskunden an. Tennisplatz, Pool, Massage und ein gutes **Restaurant** sorgen für einen angenehmen Aufenthalt. DZ ab 45 US-$ mit Frühstück.

Vung Tau Cap Saing Jacques: 169 Thuy Van, Bai Sau, Tel. 064-80 70 68, Fax 81 80 26, www.vietnamtourism.com/vungtaucsjhotel. Etwas liebloses Stadthotel mit glitzernder Lobby und 133 sauberen Zimmern. Doch gutes Preis-Leistungs-Verhältnis. Großer Pool, Tennisplatz und etwas hallenartiges **Restaurant.** DZ ab 40 US-$, Suite ab 80 US-$.

Die kulinarische Szene in Vung Tau ist erstaunlich kosmopolitisch, was sicherlich auch mit den relativ vielen Ausländern zusammenhängt, die hier leben und arbeiten. Entlang der **Ha Long** südlich des Stadtzentrums reihen sich viele Seafood-Restaurants mit ähnlichem Angebot.

Bi Ti: 138 Ha Long, Tel. 064-52 43 65, tgl. 10–15, 17–23 Uhr. Dies ist der Platz für *lau,* Feuertopf mit Salatblättern, Kräutern, Fleisch und Fisch zum Selbstgaren. Ab 100 000 VND für zwei Personen.

Cat Bien: 38 Quang Trung, Tel. 064-81 90 33, tgl. 7–22 Uhr. Ein großes Seafood-Restaurant mit einer reichen Auswahl an Meeresgetier. Sehr gut sind die in Alufolie gewickelten Grillfische. In *muoi tieu chanh,* einer Mischung aus Salz, Pfeffer und Limetten gedippt, schmecken sie hervorragend. Gerichte ab 60 000 VND.

Good Morning Vietnam: 6 Hoang Hoa Tham, Tel. 064-85 69 59, tgl. 10–23 Uhr. Die beliebte Restaurantfiliale hat eine gute Auswahl italienischer Gerichte. Gemütliche Sitzgelegenheiten. Pizzas um 60 000 VND.

Ali Baba: 7 Nguyen Trai, Tel. 064-51 06 85, tgl. 10–15, 17–23 Uhr. Das etablierte indische Restaurant mit hervorragenden Tandoori-Gerichten bringt eine willkommene kulinarische Abwechslung in die Stadt. Gerichte ab 50 000 VND.

Whispers Café & Bar: 5 Nguyen Trai, Tel. 064-85 60 28, tgl. 9–24 Uhr. Bei der Ausländergemeinde beliebtes Speiselokal mit guten westlichen Gerichten ab 50 000 VND.

Hai San Song: 3 Tran Phu, Tel. 064-55 15 55, tgl. 9–22 Uhr. Das beliebte Seafood-Restaurant liegt 1,5 km nördlich des Zentrums und bietet einen tollen Meerblick und herrliche Gerichte. Am Wochenende sehr voll. Gerichte ab 40 000 VND.

Vung Tau ist berüchtigt für ein Nachtleben, das auf alleinreisende Männer ausgerichtet ist – mit einer Vielzahl einschlägiger Bars. Die folgenden sind eher für trinkselige Abende geeignet:

Blue Note Café: 6 Tran Hung Dao, Ecke Truong Cong Dinh, Tel. 064-53 22 47, tgl. 9–24 Uhr. Ein angenehmes Ambiente für ein Bier zum Smalltalk.

Ned Kelly's Eureka Inn: 128 Ha Long, Tel. 064-51 01 73, tgl. 7–24 Uhr. Gegenüber der Anlegestelle des Tragflügelbootes. Eine Institution innerhalb der australischen Gemeinde, von einem Kriegsveteranen aus Down under geführt. Entsprechend locker geht es beim Fassbier zu und schon bald ist man in den Fängen eines Geschichtenerzählers ...

Tommys: 94 Ha Long St. Tel. 064-85 35 54, tgl. 9–24 Uhr. Ein weiteres Pub, das auf die Bedürfnisse entspannter Aussies ausgerichtet ist. »Ice Cold Beer« gibt es den ganzen Tag und dazu schmackhafte Speisen.

Bien Dong Ocean Park (Khu Du Lich Bien Dong): 8 Thuy Ban, Bai Sau, Tel. 064-81 63 18, www.khudulichbiendong.com, tgl. 8–17 Uhr. Der Freizeitpark mit einem vielfältigen Wassersportangebot erstreckt sich über 750 m am Hinteren Strand, Bai Sau. Am Wochenende ziemlich überfüllt. Dolphin Swimmingpool (50 000 VND), Seagull Swimmingpool (40 000 VND).
Vung Tau Beach Club: Tor 2 Ocean Park, 8 Thuy Van, Bai Sau, Tel. 064-52 61 01, www.vungtausurf.com. Verleiht Zubehör für Wind- und Kitesurfen sowie Wellenreiten. Auch Kurse. Veranstaltet regelmäßig Beachparties.

Busse
Minibusse verlassen Saigons Ben Xe Mien Dong, wenn sie voll sind, und halten am Platz unterhalb der Kathedrale von Vung Tau an der Tran Hung Dao (125 km, 2,5–3 Std.).
Boote
Zwischen Ho-Chi-Minh-Stadt und Vung Tau verkehren zwischen 7 und 17 Uhr alle 1–2 Std. Tragflügelboote von Green Lines (1,25 Std.). Infos an der Cau-Da-Anlegestelle.

Von Long Hai bis Binh Chau

Reiseatlas: S. 17, B 4
Östlich von Vung Tau erstrecken sich weitere Strandabschnitte, die in den letzten Jahren enorm an Popularität gewonnen haben. So ist das quirlige Hafenstädtchen **Long Hai** besonders am Wochenende und zur Ferienzeit Ziel einheimischer Touristen. Seit es einige gute Resorts gibt, locken die nordöstlich von Long Hai sich anschließenden Strände zunehmend auch ausländische Touristen an. Eine gut ausgebaute Küstenstraße führt von Long Hai bis zum **Ho Coc Beach,** 40 km nordöstlich von Long Hai. Diese 5 km lange geschwungene Bucht zählt mit dem goldgelben Sand und den Dünen im Hintergrund zu den schönsten Stränden in dieser Ecke. Allerdings ist die zuweilen starke Strömung für Nichtschwimmer weniger geeignet. Noch etwas weiter im Osten erstreckt sich das **Binh-Chau-Phuoc-Buu-Schutzgebiet** mit einer reichhaltigen Flora und Fauna, darunter fast 100 Vogelarten. An dessen Rand liegen die **Heißen Quellen von Binh Chau** (Suoi Nuoc Nong Binh Chau), wo an mehreren Stellen 40–82 °C heißes Wasser aus dem Boden strömt. Das Sai Gon-Binh Chau Eco-Tours & Resort mit mehreren Thermal- und Schlammbädern ermöglicht einen unterhaltsamen Kurtag (s. www.saigonbinhchauecoresort.com).

Die Nähe zu Ho-Chi-Minh-Stadt (ver-)führt dazu, dass am Wochenende viele Einheimische ans Meer fahren. Dann verlangen die Resorts einen saftigen Zuschlag. Wer es wesentlich billiger und ruhiger haben möchte, sollte daher unter der Woche anreisen.
... bei Long Hai:
Anoasis Beach Resort: Ky Van, Long Hai, Tel. 064-86 82 27, Fax 86 82 29, www.anoasisresort.com.vn. Die einstige Residenz des Bao-Dai-Königs ist heute ein schönes Resort, das an einem Hang direkt am Meer liegt. Die insgesamt 46 Zimmer und Villen verteilen sich in einem 13 ha großen Tropengarten. **Sehr gutes Restaurant** mit Buffet und toller Pool. DZ 119–274 US-$ mit Frühstück.
Long Hai Beach Resort: Straße Nr. 44, Long Hai, Tel. 064-66 13 55, Fax 66 13 56, www.longhaibeachresort.com. Das beliebte Resort mit 110 geschmackvollen Zimmern erstreckt sich an einem 250 m langen Privatstrand und bietet vielfältige Wassersportmöglichkeiten. Sehr schöner Swimmingpool und **gute Restaurants.** Bei einheimischen Gruppen sehr beliebt. DZ ab 125 US-$, Villa ab 180 US-$ mit Frühstück.
Thuy Duong Resort: Phuoc Hai, Long-Dat-Dist., Tel. 064-88 62 15, Fax 88 61 80. Eine preiswerte Alternative zu den teuren Resorts. Das Kasuarinen-Resort, so die Bedeutung des Namens, liegt an einem schönen Strand-

abschnitt. Die 90 Zimmer verteilen sich auf ein Hotelgebäude und mehrere Bungalows. Netter Pool und viele Wassersportmöglichkeiten. DZ 30–45 US-$ mit Frühstück.

... im Bereich Ho-Coc-Beach:

Ho Tram Beach Resort & Spa: PhuocThuan, Xuyen-Moc-Dist., Tel. 064-78 15 25, Fax 78 14 33, www.hotramresort.com. Das wunderschöne Resort an einem ruhigen Strandabschnitt östlich des Ho Coc Beach wird von Life Resorts (www.life-resorts.com) gemanagt und verfügt über 10 Bungalows und 1 Villa mit 38 stilvollen Zimmern. Schöner großer Pool, gutes Spa. DZ ab 150 US-$.

Sai Gon-Binh Chau Eco-Tours & Resorts: Ho Coc Beach, Tel. 064-79 10 36, Fax 87 81 75, www.saigonbinhchauecoresort.com. Die annehmbare Unterkunft liegt direkt am Strand und verfügt über 17 schlichte Bambusbungalows. Pool vorhanden. DZ um 15 US-$ mit Frühstück. Ein zweites Resort mit 118 Zimmern liegt bei den heißen Quellen von Binh Chau.

Minibusse verkehren in regelmäßigen Abständen zwischen Ho-Chi-Minh-Stadt und Dong Hai (120 km, 3 Std.). Besser ist es mit dem eigenen Wagen anzureisen.

Con-Dao-Archipel

Reiseatlas: S. 22, F 4

Etwa 180 km vor der Küste von Vung Tao liegt der wilde und bergige **Con-Dao-Archipel.** Er besteht aus 16 Inseln mit teilweise wunderschönen Buchten und Korallenriffen. Der Archipel ist Heimat von über 60 Vogelarten und Lebensraum der seltenen Dugong, auch Gabelschwanzseekühe genannt. Im Meer werden regelmäßig Delfine gesichtet, zudem nutzen Meeresschildkröten einige Sandstrände zur Eierablage. Es gibt mehrere endemische Tierarten, darunter eine Unterspezies der Langschwanzmakaken. Zu deren bevorzugter Kost zählen Krebse.

Während der Kolonialzeit war Poulo Condore, wie die Inselgruppe hieß, als Sträflingskolonie berüchtigt. Die Vietnamesen nannten das Tropenidyll angesichts der harschen Haftbedingungen Teufelsinsel. So wurden die Gefangenen in sogenannten Tigerkäfigen zusammengepfercht, Zellen, die anstelle eines Daches mit Gitterstäben versehen waren. Nach den Franzosen nutzten auch die südvietnamesischen Diktatoren die Strafkolonie. Insgesamt sollen über 10 000 Gefangene dort ihr Dasein gefristet haben,

Richtig Reisen-Tipp: Trekken, Schnorcheln, Tauchen

Landschaftliche Reize im Inneren der Inseln und in der interessanten Unterwasserwelt – der Con-Dao-Archipel bietet sich für eine Reihe von sportlichen Aktivitäten an.

Wandern: Durch den 20 000 ha großen Con-Dao-Nationalpark führen eine Reihe von Wanderwegen, wie etwa vom Hauptquartier des Nationalparks vorbei am An-Hai-See zum höchsten Punkt, dem 577 m hohen Nui Thanh Gia. Eine schöne, wenn auch anstrengende, 6 km lange Tour führt vom Flughafen durch ein bewaldetes Gebiet in Richtung Nordosten zur Dam-Tre-Bucht. Im Hauptquartier des Parks kann man sich über weitere Tourenvarianten informieren.

Vogelbeobachtung: Die unterschiedlichen Seen und Buchten sowie einige kleinere Inseln wie etwa Tre Lon oder Bay Canh sind gute Orte für die Vogelbeobachtung.

Meeresschildkröten: Auf der Insel Bay Canh kann man zwischen Juni und Oktober Meeresschildkröten bei der Eiablage beobachten.

Schnorcheln und Tauchen: Vor allem die Tauchgründe mit ihrem Fischreichtum und den Korallenriffen tragen zur Attraktivität der Inselwelt bei. Die besondere Lage des Archipels dort, wo eine kalte und eine warme Strömung zusammentreffen, führt dazu, dass ganzjährig hervorragende Tauchbedingungen herrschen. Wenn von Juni bis September die Westseite der Inseln vom Südwestmonsun betroffen ist, kann man im östlichen Bereich problemlos unter Wasser gehen – und umgekehrt.

Hunderte starben. Nachdem die Inseln lange Zeit den Fischern vorbehalten waren, macht sich Con Dao nun verstärkt als attraktive Touristendestination einen Namen.

Hauptinsel Con Son

Die weitaus größte Insel ist das etwa 20 km^2 große Con Son. Dort leben die meisten der etwa 15 000 Bewohner, und dort sind auch alle Unterkünfte zu finden. ›Hauptattraktion‹ ist das berüchtigte **Phu-Hai-Gefängnis** (Trai Tu Phu Hai), ein bedrückendes Mahnmal der finsteren Vergangenheit. Es diente zwischen 1862 und 1975 als Haftanstalt (35 000 VND, Mo–Sa 7–11.30, 13.30–17 Uhr). Zu sehen sind dunkle Gefängniszellen, die furchtbaren ›Tigerkäfige‹ und der triste Friedhof. Dort ruht auch die Revolutionärin Vo Thi Sau, die 1952 im zarten Alter von 18 Jahren als erste Frau zum Tode verurteilt wurde. Nach offiziellen Angaben sollen insgesamt 914 Insassen hingerichtet worden sein, weshalb auch die in Gefängnisnähe liegende Anlegestelle **Pier 914** heißt. Weitaus heiterer ist eine Tour durch den 1993 etablierten **Con-Dao-Nationalpark** (Vuon Quoc Gia Con Dao).

Nationalpark-Hauptquartier: 29 Vo Thi Sau, Tel./Fax 064-83 01 50, www.condaopark.com.vn. Offeriert vielfältige Informationen und vermittelt auf Wunsch auch Guides.

Six Senses Hideaway Con Dao: Infos www.sixsenses.com. Das Luxusresort der renommierten Hotelgruppe wird Ende 2008 öffnen. Geplant sind 51 Villen, davon 32 mit privatem Pool. Der Lobby-Bereich ist einem Fischerdorf nachempfunden. Während der Coffee Shop im traditionellen Stil zum entspannten Lesen und zu Smalltalk einlädt, kann man im **Restaurant** frische Seafood-Gerichte genießen. Zum Angebot wird zudem ein Spa-Bereich zählen.

Con Dao Resort: 8 Nguyen Duc Thuan, Tel. 064-83 09 39, Fax 83 09 49, www.condaoresort.com.vn. Insgesamt wirkt der Hotelkomplex mit 45 Zimmern recht steril. Zum Angebot gehören ein schöner Privatstrand, Tennisplätze und Swimmingpool. DZ 45–120 US-$ mit Frühstück.

Saigon-Con Dao Resort: 18 Ton Duc Thang, Tel. 064-83 01 55, Fax 83 05 67, www.saigoncondao.com. Das weitläufige Resort verfügt über 7 Villen mit 36 Zimmern und zwei Häuserblöcken. Zudem gibt es einen Swimmingpool, Tennisplätze und **2 Restaurants.** Insgesamt eine gute Wahl. DZ 40–80 US-$ mit Frühstück.

ATC Con Son Resort: 16 B Ton Duc Thang, Tel. 064-83 06 66, Fax 83 01 11, www.condao.com. Die überschaubare Bungalowanlage mit 13 Zimmern und Holzbungalows wirkt sympathisch und familienfreundlich. Gäste loben das **Restaurant** und das interessante Ausflugsprogramm. DZ ab 30 US-$ mit Frühstück.

Rainbow Divers: Saigon-Con Dao Resort, Tel. 064-63 00 23, www.divevietnam.com. Bietet kompetent und erfahren interessante Tauchtouren an.

Flüge

Der Flughafen befindet sich 15 km nordöstlich des Hauptortes von Con Son. Sowohl die Vietnam Air Services Company (Vasco) als auch Vietnam Airlines fliegen je nach Saison fast tgl. zwischen Ho-Chi-Minh-Stadt und Con Dao. Infos: Vasco, B 114 Bach Dang, Tan-Binh-Dist., Ho-Chi-Minh-Stadt, Tel. 08-844 59 99, Fax 848 97 31, www.vasco.com.vn.

Boote

Con Dao Transportation: 430 Truong Cong Dinh, Vung Tau, Tel. 064-85 90 89. Unterhält je nach Wetterlage und Saison 2 x wöchentl. eine Schiffsverbindung zwischen Vung Tau und Con Dao.

Von Ho-Chi-Minh-Stadt nach Tay Ninh

Reiseatlas: S. 20, E/F 3–D 2

Ein äußerst populärer Tagesausflug führt von der südvietnamesischen Metropole zu den Tunneln in Cu Chi und zumeist weiter zum spirituellen Zentrum der Cao Dai in Tay Ninh. Die Fahrt führt entlang der chronisch verstopften Nationalstraße 22 in Richtung kambodschanische Grenze. Nur sehr zögerlich weicht das immer weiter ins Umland wuchernde Saigon den endlos scheinenden Reisfeldern. Eine schmale Straße zweigt nach etwa 30 km nach Norden ab und verläuft über mehrere Abzweigungen durch eine Kautschukplantage nach Cu Chi.

Cu Chi

Das unterirdische **Tunnelsystem von Cu Chi** (Dia Dao Cu Chi) liegt etwa 70 km nordwestlich von Ho-Chi-Minh-Stadt und ist trotz des gewaltigen Touristenrummels ein durchaus eindrucksvolles Zeugnis des zähen Widerstandswillens des Viet Cong während des Krieges. Besucher können zwei rekonstruierte Bereiche des einst über 200 km langen Geflechts von unterirdischen Gängen besuchen: in **Ben Dinh** und 15 km weiter in **Ben Duoc.** Fast alle Gruppentouren steuern Ben Dinh an. Dort wird zur Einführung eine äußerst schlechte Videodokumentation mit flackernden Schwarzweißbildern und schnarrendem Ton gezeigt. In Begleitung eines Guides im Viet-Cong-Look schließt sich ein Rundgang durch ein Waldstück an. An Besichtigungspunkten kann man primitive und doch grausam effektive Bambusfallen bestaunen, eine Werkstätte zur Herstellung von Bomben und Minen besichtigen, einen zerstörten US-Panzer begutachten und durch enge Tunnel kriechen. Zum Abschluss wird in einer nachgebauten Untergrundküche heißer Grüntee und gekochter Maniok (damals die übliche Viet-Cong-Diät) serviert. Eher bizarr mutet der Schießstand an, wo man seine Zielgenauigkeit messen kann. Zuweilen verblüfft es, wie unbeschwert, ja heiter in Cu Chi der Krieg präsentiert wird. Schließlich kamen allein hier Zehntausende ums Leben, Napalmbomben verwandelten die Gegend in eine Mondlandschaft. Der damalige Kriegsreporter Winfried Scharlau war dort unterwegs und hat es folgendermaßen beschrieben: »Die Bordschützen an den offenen Kabinentüren reagierten auf jede Bewegung im verdörrten grauen Bodensatz des Dschungels mit einer peitschenden Gewehrsalve. Wir überflogen eine ›free kill area‹, in der alles niedergeschossen wird, was sich bewegt (…) Die seltenen Lichtungen waren von Bombentrichtern vernarbt.«

Die Geschichte der Tunnel reicht in das Jahr 1948 zurück, als der Viet Minh im Widerstand gegen die Kolonialmacht unterirdische Verstecke anlegte. Daraus entstand in den 1960er-Jahren bis zum nahe gelegenen Saigon-Fluss ein weit verzweigtes Tunnelsystem mit unterirdischen Kammern, Lazaretten, Küchen und Fallen. Vielfach verliefen die Gänge auf drei Ebenen. Als die US-Streitkräfte 1966 für ihre 25. Division in der Nähe einen Stützpunkt einrichteten, ahnten sie nicht, dass ihr Feind direkt unter ihnen war. Nachdem sie das Tunnelsystem schließlich entdeckt hatten, vermochten sie ihm nur geringen Schaden zuzufügen. Weder halfen Napalmbomben noch Entlaubungsmittel. Auch kleinwüchsige Soldaten, ›Tunnelratten‹ genannt, konnten keine großen Erfolge erzielen, viele von ihnen starben grausam in den unzähligen Fallen. Der Einsatz von Schäferhunden scheiterte am Geruch von amerikanischer Seife und Kleidungsstücken, die der Viet Cong zur Irreführung vor die Tunneleingänge legte. Nach dem Krieg wurden Cu Chi und seine Bewohner zum Symbol für die vietnamesische Widerstandskraft. Den unzähligen Opfern ist der 1995 direkt an den Saigon-Fluss gebaute **Den Ben Duoc** gewidmet. Dort sind auf Granitplatten 44 357 Namen von Gefallenen aufgeführt.

i Im Eingangsbereich gibt es ein **Informationszentrum.** In mehreren Schauräumen werden Videos gezeigt (tgl. 7.30–17.30 Uhr, 65 000 VND). Infos unter: Tel. 08-794 85 50, www.cuchitunnel.org.vn.

Fast jeder Open-Tour-Veranstalter bietet von Saigon aus eine kombinierte Gruppentour von Cu Chi und Tay Ninh an. Da alle mehr oder weniger zur gleichen Zeit losfahren, herrscht bei den Tunnels ständiges Gedrängel. Wer es ruhiger haben möchte,

Im Inneren der Cao-Dai-Kirche wartet ein Potpourri grell bemalter Figuren und schriller Farben

sollte daher per Mietwagen anreisen und entweder sehr früh oder am späten Vormittag starten.

Tay Ninh

Das spirituelle Zentrum der Cao-Dai-Sekte befindet sich in der Provinzstadt Tay Ninh, weitere 60 km von Cu Chi entfernt. Auf der Fahrt entlang der Nationalstraße 22 passiert man die Stadt **Trang Bang,** wo eines der berühmtesten Bilder während des Vietnamkrieges entstand: die am 8. Juni 1972 gemachte Aufnahme eines nackten Mädchens nach einem Napalmbombenangriff. Es machte sowohl den Fotografen Nick Ut als auch die damals neunjährige Kim Phuc weltberühmt.

Ein großer Torbogen markiert den Eingang zum Heiligen Stuhl, wie das Cao-Dai-Zentrum im Ostteil der Stadt genannt wird. Auf dem 1 km^2 großen Gelände verteilen sich Verwaltungsgebäude, mehrere kleinere Tempel und Rasthäuser für die Pilger. Bauliches und spirituelles Herzstück ist der zwischen 1933 und 1937 erbaute **Haupttempel.** Auf den ersten Blick wirkt er mit seinen Zwillingstürmen und der großen Kuppel wie eine Kirche. Doch im Inneren gleicht er einer Mischung aus religiösem Tuttifrutti und architektonischem Schnickschnack. Die Elemente verschiedenster Religionen verwischen zu einem wunderbaren Kitsch. Die korinthischen Säulen sind mit riesigen Drachen verziert und die offenen Seitenfenster mit einem Dreieck, das ein Auge trägt. Auf einem kleinen Altar ist das indische Aum-Symbol zu sehen, auf dem Hauptaltar das gigantische Auge des Cao Dai. Unter der himmelblauen Decke sind an einer Rahmenverzierung die großen Weisen der Menschheit versammelt: Jesus mit offenem Herzen, Konfuzius mit schütterem Bart und rotem Gewand, der blau gewandete und weißbärtige Laozi, Quan Am, die Göttin der Barmherzigkeit, und Buddha, der Erleuchtete.

Bemerkenswert ist das Bild am Haupteingang mit den ›drei Unterzeichnern des dritten Bündnisses zwischen Gott und den Menschen‹: der chinesische Revolutionsführer Sun Yatsen (1866–1925), Victor Hugo (1802–1885) und der vietnamesische Dichter Nguyen Binh Khiem (1492–1587).

Täglich um 6, 12, 18 und 24 Uhr finden die fast einstündigen **Zeremonien** statt. Dann ziehen die Anhänger in einer farbenprächtigen Prozession ins Mittelschiff ein. Die strenge Hierarchie ist beim Einzug in den Tempel deutlich sichtbar. Die weiß gekleideten Laien folgen den Würdenträgern. Jene tragen Gewänder in drei Farben, die für eine religiöse Tradition stehen: Rot ist die Farbe des Konfuzianismus, gelb die Farbe des Buddhismus und blau jene des Daoismus. Die Anhänger setzen sich auf den Boden und beginnen mit ihren von einem traditionellen Musikensemble begleiteten Gesängen. Zum Schluss heißt es »Amen« wie in der Kirche.

Der Ausflug nach Tay Ninh wird von zahlreichen Reisegruppen im Rahmen einer Tagestour angeboten. Dabei wird auch die Zeremonie um 12 Uhr besucht. Entsprechend voll ist es dann, zuweilen wie auf einem Rummelplatz. Wer die Massen vermeiden möchte, sollte entweder ganz früh oder am Nachmittag starten, um die anderen Zeremonien zu erleben.

Nui Ba Den

Für jene, die an lebendiger Religion interessiert sind, lohnt sich ein Ausflug zum 15 km nördlich von Tay Ninh gelegenen Berg der Schwarzen Frau, **Nui Ba Den.** Der Name des erloschenen Vulkans erinnert an eine alte Geschichte: Ein Mädchen namens Ly Thi Thien Huong suchte den 986 m hohen Berg regelmäßig zum Gebet auf. Sie liebte einen armen jungen Mann, war jedoch einem wohlhabenden Mandarin versprochen. Als ihr Geliebter in den Krieg ziehen musste, floh sie aus Verzweiflung auf den Berg und stürzte sich in die Tiefe. Später erschien sie einem buddhistischen Mönch im Traum, der ihr zu Ehren einen Gedenktempel errichten ließ.

Heute befinden sich auf etwa 300 m Höhe mehrere Tempelhallen und Schreine. Besucher können wählen: Entweder sie nehmen den mühsamen Weg oder sie nutzen die bequeme Seilbahn.

Cao Dai – alles so schön bunt

Thema

Tempel so überladen wie Barockkirchen, Gottesdienste so bunt wie Karnevalssitzungen, ein Riesenauge als Altar. Keine vietnamesische Religion zeigt sich so schillernd und bizarr wie der Caodaismus. Seine Geschichte ist ebenso abenteuerlich wie seine religiösen Ideen. Wohl deshalb zieht er Menschen in seinen Bann.

»Das Auge verkörpert das Herz.
Die Quelle des reinen Lichts erstrahlt.
Licht und Geist sind eins.
Gott ist der Schein des Geistes.«

Hymnus der Cao Dai

Es war ein sonniger Tag des Jahres 1920. Der Administrator der Insel Phu Quoc, Ngo Van Chieu (auch Ngo Minh Chieu), saß in der kleinen Chua Quan Am Tu mit Gleichgesinnten bei einer Séance. Plötzlich nahm ein Wesen Kontakt mit der Gruppe auf und offenbarte sich als Cao Dai Tien Ong, als Höchstes unsterbliches Sein. Einige Monate später ernannte Cao Dai den Inselverwalter in einer Zeremonie zu seinem ersten Schüler. Irgendwann zeigte sich der Gott als gigantisches Auge, das fortan zu seinem Symbol avancierte. Als Ngo Minh Chieu an Heiligabend 1925 wieder bei einer spiritistischen Sitzung saß, erhielt er den Auftrag, eine Religion zu gründen.

Am 28. September 1926 war es so weit: Die Große Religion zur Erlösung aller in der dritten Weltphase, Cao Dai, wurde gestiftet. Im Folgejahr etablierte sie ihr Zentrum in der Stadt Tay Ninh.

Wenige Jahre später scharte die neue Religion schon über 500 000 Anhänger um sich. Vor allem im Deltagebiet hatte sie großen Zulauf. Doch schon sehr bald begannen sich die Cao Dai in politische Machtinteressen zu verwickeln. Sie gründeten eine 30 000 Mann starke Armee und kontrollierten ein beträchtliches Gebiet rund um Tay Ninh. Kämpften sie zunächst gegen die Kolonialmacht, so bekämpften sie später zusammen mit den Franzosen den Viet Minh. Erst 1956 gelang es Präsident Ngo Dinh Diem, die unkontrollierbar gewordenen Gläubigen zu entwaffnen. Nach der Machtübernahme durch die Kommunisten konnten die Cao Dai ihre Religion nur bedingt ausüben. Viele landeten im Gefängnis. Erst seit den 1990er-Jahren genießen die etwa 2 Mio. Anhänger weitgehende Freiheiten. Sichtliches Zeichen für den Aufbruch der Cao Dai sind die schön renovierten Tempel.

Ihrer Weltsicht zufolge werden Religionen immer dann gegründet, wenn die Welt im Chaos zu versinken droht. Dies ist bislang zweimal geschehen: beim alttestamentlichen Moses und bei den großen Gründern der Weltreligionen. Als dritte und letzte Manifestation des Absoluten ist nun Cao Dai erschienen. Ziel der Cao Dai ist es, Liebe und Gerechtigkeit in der Welt zu schaffen und die Menschheit mit dem Göttlichen zu vereinen. Dabei will die Religion das Beste von Konfuzianismus, Daoismus, Buddhismus und Christentum vereinen. In der Praxis gibt es zwei Wege zum Heil: ein äußerer besteht aus der ethischen Haltung, Gutes zu tun und Böses zu vermeiden. Ein zentrales Tötungsverbot hat zur Folge, dass viele Anhänger Vegetarier sind. Der nach innen gewandte Weg besteht aus Meditation und Selbstreinigung.

Handarbeit: die Nudelverarbeitung

Kapitel 5

Mekong-Delta

Auf einen Blick: Mekong-Delta

Gigantisches Wasserlabyrinth

Das Mekong-Delta zählt zu den eindrücklichsten Landschaften Vietnams. Aus der Vogelperspektive wirkt es wie ein grünblauer Irrgarten mit gewaltigen Strömen und fadendünnen Kanälen. Von der kambodschanischen Grenze durchziehen die beiden Mekong-Arme unter den Namen **Tien Giang** (Oberer Fluss) und **Hau Giang** (Unterer Fluss) ein riesiges Schwemmgebiet und teilen sich in zahlreiche weitere Unterarme, um sich nach 220 km ins Südchinesische Meer zu ergießen. Die Vietnamesen nennen das Delta **Song Cuu Long,** Fluss der Neun Drachen.

Über Jahrtausende hinweg entwickelte sich das mittransportierte Alluvial zu einem äußerst fruchtbaren Boden, der stellenweise pro Jahr mehr als 80 m ins Meer hinauswächst. Heute ist das Delta mit 40 000 km^2 etwa doppelt so groß wie Sachsen-Anhalt und Heimat von fast 23 Mio. Menschen, das sind über ein Viertel der Gesamtbevölkerung. Und jährlich lassen sich mehr Menschen nieder, denn das Delta lockt mit seinem natürlichen Reichtum. Bis zu dreimal im Jahr kann hier Reis geerntet werden. Über die Hälfte des Gesamtertrags von derzeit 36 Mio. Tonnen pro Jahr stammt aus dem Mekong-Delta. Neben dem Anbau von tropischen Früchten gewinnt auch die Garnelen- und Fischzucht an Bedeutung. Touristen zeigt sich das Delta bei stimmungsvollen Fluss- und Kanalfahrten, beim Besuch Schwimmender Märkte und tropischer Gärten als eine faszinierende Kulturlandschaft, in der die Menschen von und mit dem Wasser leben.

Highlights

14 **Cai Rang:** Nur wenige Kilometer von Can Tho entfernt findet allmorgendlich einer der eindrucksvollsten Schwimmenden Märkte im Delta statt. Als Knotenpunkt mehrerer Wasserstraßen bietet sich Cai Rang auch für lauschige Bootstouren durch die Kanäle an (s. S. 411ff.).

15 **Phu Quoc:** Die Trauminsel in der Bucht von Thailand betört Sonnenanbeter ebenso wie Naturinteressierte. Zwar hapert es noch mit der Infrastruktur, doch ermöglichen immer mehr komfortable Resorts einen wunderbaren Strandurlaub (s. S. 433ff.).

Empfehlenswerte Routen

Von Can Tho über Soc Trang nach Ca Mau: Die wenig befahrene Strecke bis zur Südspitze des Deltas führt an Khmer-Siedlungen vorbei und zu außergewöhnlichen Nationalparks und Refugien seltener Vögel. Eine Reise für Naturfreunde, die auch gerne abseits ausgetretener Touristenpfade wandeln (s. S. 417ff.).

Von Rach Gia nach Kambodscha: Die 100 km lange Küstenstraße am Golf von Thailand lockt mit landschaftlichen Reizen und wunderbaren Ausblicken auf das Meer. Zudem eröffnet sie die Möglichkeit, zu einem der reizvollsten Küstengebiete Kambodschas weiterzureisen (s. S. 429ff.).

Reise- und Zeitplanung

Einen kleinen Eindruck vom Leben im Mekong-Delta vermittelt ein Tagesausflug von Saigon nach My Tho. Wer über Can Tho nach Chau Doc weiterreist, sollte insgesamt drei Tage einkalkulieren. Ist ein Abstecher nach Rach Gia und Ha Tien am Golf von Thailand geplant, sind zwei weitere Tage das Minimum. Die Fahrt von Can Tho nach Ca Mau an der Südspitze ist in zwei bis drei Tagen machbar – abhängig vom Interesse an den Nationalparks und Schutzgebieten. Phu Quoc kann dank des Flughafens von Ho-Chi-Minh-Stadt aus angeflogen werden, ansonsten bleibt der Seeweg von Rach Gia oder Ha Tien. Die Insel eignet sich sowohl geografisch als auch zeitlich hervorragend als Abschluss einer Reise von Nord nach Süd. Nichts spricht jedoch dagegen, der herrlichen Strände wegen den gesamten Urlaub auf Phu Quoc zu verbringen.

Richtig Reisen-Tipps

Tram-Chim-Nationalpark: Das 45 km nördlich von Cao Lanh gelegene Schutzgebiet ist Heimat von über 200 Vogelarten, allen voran des mächtigen Saruskranichs. Mit einer Spannweite von über 2 m zählt er zu den größten fliegenden Vögeln der Welt. Beste Beobachtungszeit für ihn und seine Artgenossen sind die Monate Januar bis Mai (s. S. 408).

Schwimmende Märkte: In der Umgebung von Can Tho finden täglich mehrere Schwimmende Märkte statt. Neben dem populären Markt von Cai Rang gibt es weitere in Phong Dien, in Phung Hiep und in Tra On (s. S. 415).

Klima und Reisezeit

Im Mekong-Delta liegt die Durchschnittstemperatur bei 27 °C. Im heißesten Monat April klettert die Quecksilbersäule auf weit über 35 °C. Ganzjährig herrscht eine schwülheiße Witterung mit über 80 % Luftfeuchtigkeit. Während des Südwestmonsuns zwischen Mai und Oktober kommt es zu kurzen, aber heftigen Regenfällen. Selbst in der Trockenzeit zwischen November und April können gelegentlich Hitzegewitter aufziehen. Auf Phu Quoc fallen fast 2900 mm Niederschläge im Jahr, in Can Tho sind es etwa 1800 mm. Die vielen Flüsse und Kanäle sind hervorragende Brutstätten für Moskitos. Ein erhöhtes Malariarisiko herrscht jedoch nur an der Südspitze des Deltas in den Provinzen Ca Mau und Bac Lieu. Eine entsprechende Prophylaxe ist daher ratsam.

Von My Tho nach Tra Vinh

Reiseatlas S. 22

Ein Gewirr von breiten Flussarmen und schmalen Kanälen, dazwischen tropische Gärten und endlos erscheinende Reisfelder, so präsentiert sich die eindrucksvolle Kulturlandschaft des Mekong-Deltas. Zwischen My Tho und Tra Vinh laden zahlreiche Bootstouren zur Entdeckung der Region ein.

My Tho

Reiseatlas: S. 22, E 1

Die Stadt am Tien Giang, dem Oberen Fluss, gilt als Eingangstor zum Mekong-Delta. Seine Nähe zu Saigon macht My Tho zum beliebten Ziel für Tagestouren ins Deltagebiet. Seit das Schöne Land, so die Bedeutung von My Tho, 1697 von chinesischen Flüchtlingen gegründet wurde, dreht sich hier alles um den Handel. Als wichtiger Umschlagplatz für den Deltareis war die Stadt von 1883 an viele Jahrzehnte durch eine Eisenbahnstrecke mit dem 70 km entfernten Saigon verbunden, doch die Trasse existiert schon lange nicht mehr. Das Verwaltungszentrum der Provinz Tien Giang mit heute etwa 200 000 Einwohnern zeigt sich mit seinen vielen gesichtslosen Bauten wenig attraktiv. My Tho ist vor allem Ausgangspunkt für Bootstouren zu den großen Inseln im oberen Mekong-Arm.

Im Stadtzentrum

Zwischen dem Tien Giang und der Ostseite des Bao-Dinh-Flusses breitet sich das **Viertel der Chinesen** aus, die immer noch den Handel in der Stadt dominieren. Auch wenn hier kein Chinatown-Flair mit roten Laternen und alten Holzhäusern herrscht, so lohnt sich doch der Gang durch die quirligen Gassen mit den vielen überquellenden Läden. Um Geschäfte geht es auch im und um den vierstöckigen **Stadtmarkt** (Cho My Tho) zwischen der Trung Trac am Bao Dinh und der Nguyen Hue. Vor allem morgens ist sehr viel Betrieb. Neben dem üblichen Alltagsbedarf wird hier in zahlreichen Läden Zubehör für Fischer und Bootsfahrer offeriert (tgl. 7–19 Uhr). Wer keine Inseltour plant, kann das Treiben auf dem Fluss wunderbar vom Strandboulevard 30 Thang 4 und vom östlichen Ende des **Thu-Khoa-Huan-Parks** (Vuon Hoa Thu Khoa Huan) aus beobachten. Der Name des Parks bezieht sich auf einen antikolonialen Widerstandskämpfer, der 1875 von den Franzosen hingerichtet wurde. Eine 10 m hohe **Statue** von Nguyen Huu Huan, wie er ursprünglich hieß, steht östlich des Parks an der Mündung des Bao Dinh in den Tien Giang.

Chua Vinh Trang

Äußerst lohnend ist ein Besuch der bunt schillernden **Chua Vinh Trang** an der 60 A Nguyen Trung Truc, etwa 1 km östlich des Zentrums. Die 1849 von einem Ehepaar gestiftete Pagode wirkt mit ihrer ausladenden Architektur wie eine Mischung aus Sultanspalast und neobarocker Villa. Ihre heutige Gestalt geht auf das Jahr 1907 zurück, als die Anlage unter dem Abt Thich Chanh Hau umgestaltet und dabei europäische mit asiatischen Stilelementen kombiniert wurden. So finden sich korinthische Säulen neben buddhistischen Statuen und portugiesische *azulejos* neben chinesischem Keramikdekor. Sehenswert sind im Inneren 18 La-Han-Figuren aus Holz. Der Garten beeindruckt durch eine Vielzahl von Bonsaibäumen (tgl. 7.30–12, 14–17 Uhr, Eintritt frei).

Dong-Tam-Schlangenfarm

Etwa 12 km westlich von My Tho liegt die **Dong-Tam-Schlangenfarm** (Trai Ran Dong Tam) mit Hunderten von Reptilien in allen Größen und Längen. Die stolzen Kobras, Pythons und anderen Schlangen werden für die Gewinnung von Antiserum gezüchtet, enden als Einlage im Reisschnaps *(ruou ran)* oder werden zum Verzehr angeboten, etwa im angeschlossenen Restaurant. Die Zuchtstation wird vom Militär betrieben (tgl. 8–17 Uhr, 15 000 VND).

Inseln

Reisende wählen My Tho in erster Linie als Ausgangspunkt für Bootsfahrten. Die unterschiedlichen Touren sind recht strikt durchorganisiert und schließen den Besuch mehrerer Obstgärten und Produktionsstätten für Leckereien aus Kokosnuss und Reis ein. Am beliebtesten ist die Fahrt zur **Einhorninsel** (Thoi Son), die nur 20 Bootsminuten von der Anlegestelle in My Tho entfernt liegt. Die 1 km breite und bis zu 11 km lange Insel ist Heimat von etwa 6000 Menschen. Viele von ihnen besitzen Gärten, in denen tropische Obstsorten gedeihen, einige können auf dem Rundgang besucht werden. Sehr schön ist die Kanufahrt durch die von Nipapalmen gesäumten Kanäle.

Die benachbarte **Phönixinsel** (Con Phung) wird heute nicht mehr so häufig besucht wie früher. Als langjährige Residenz des ›Kokosnuss-Mönchs‹ Ong Dao Dua war sie zu zweifelhaftem Ruhm gelangt. Der Sektenführer hatte 1964 auf der Insel die Gruppe Trinh Do Cu Si gegründet und predigte einen eigenwilligen Mix aus Christentum und Buddhismus. Zu seinen Glanzzeiten scharten sich über 5000 Anhänger um ihn. Ong Dao Dua soll sich ausschließlich von Kokosnüssen ernährt haben, daher sein Name. Seit seinem Tod 1990 verfällt das Zentrum zusehends und wirkt mit den bizarren Türmen und verrosteten Plattformen wie ein futuristischer Vergnügungspark aus den 1970er-Jahren.

Auch die **Drachen-** (Con Long) und die **Schildkröteninsel** (Con Qui) laden mit ihren üppigen Obstgärten zu einem Besuch ein.

Mit dem Autor unterwegs

Sehenswert

Verspielte Architektur: Die buddhistische Chua Vinh Trang in My Tho präsentiert sich als wunderbar beschwingt wirkende europäisch-asiatische Melange (s. S. 400).

Garten Eden: Das Städtchen Cai Mon in der südlichen Ben-Tre-Provinz ist berühmt für seine vielen Obstgärten, die lange nicht so überlaufen sind wie jene bei My Tho oder Vinh Long (s. S. 404).

Treffpunkt der Vögel: In der Chua Hang südlich von Tra Vinh geben sich zur Dämmerung Hunderte von Nachtreihern ein Stelldichein (s. S. 409).

Landestypisch wohnen

Homestay: Genug von Hotels? Dann können Sie sich auch in Privathäusern einquartieren. In der Umgebung von Vinh Long haben einige Familien ihr Heim für Touristen geöffnet. Eine wunderbare Gelegenheit, mit Einheimischen in Kontakt zu kommen (s. S. 405).

Gut gefahren

Radtouren: Erst abseits der großen Straßen entfaltet das Mekong-Delta seinen unwiderstehlichen Charme. Man sollte daher nicht nur eine Bootstour unternehmen, sondern sich auch einmal auf einen Drahtesel schwingen, um Land und Leute kennenzulernen, etwa in der Umgebung von Vinh Long (s. S. 406).

i **Tien Giang Tourist:** 8 30 Thang 4, Tel. 073-87 31 84, www.tiengiangtourist.com, tgl. 7–17 Uhr. Das Büro der staatlichen Tourismusbehörde liegt direkt am Fluss und organisiert Bootsausflüge zu den Flussinseln.

Aufgrund der Nähe zu Saigon übernachten nur wenige Touristen in My Tho, weshalb das Angebot an Unterkünften sehr bescheiden ist.

Chuong Duong: 10 30 Thang 4, Tel. 073-87 08 75, Fax 87 42 50. Das funktionale Stadthotel mit 32 freundlichen Zimmern liegt direkt am Tien Giang und ist derzeit erste Wahl in der Stadt. Der Service ist eher auf die lokale Klientel gerichtet. DZ 22–35 US-$ mit Frühstück.

Rang Dong: Le Thi Hong Gam, Tel. 073-97 00 85, 97 34 95, www.rangdonghotel.net. Gut geführtes Hotel am Fluss mit 50 großen, funktionalen Zimmern. Mit Blick auf das Wasser lässt sich hervorragend speisen. Für den Preis eine gute Wahl. DZ 16–22 US-$ mit Frühstück.

Huong Duong: 33 Trang Truc, Tel. 073-87 20 11. Eine gute Option für Sparsame ohne Komfortwünsche. Insgesamt 20 teilweise klimatisierte Zimmer ohne großen Schnickschnack. DZ unter 10 US-$ ohne Frühstück.

My Tho bereichert die vietnamesische Küche mit *hu tieu my tho,* einem feinen Nudelgericht mit Seafood (mit oder ohne Brühe). Man bekommt es nahezu überall in der Stadt, besonders in einigen Lokalen an der Nam Ky Khoi Nghia.

An der Yersin, die vom Flussboulevard Le Thi Hong Gam abzweigt und parallel zu einem Kanal verläuft, gibt es viele nette Cafés und Lokale.

Trung Luong: Nationalstraße 1, kurz vor dem Eingangstor nach My Tho, Tel. 073-85 54 41, tgl. 7–23 Uhr. Dank seiner Lage an einem Kanal und seiner Fischgerichte ist das Restaurant vor allem bei Reisegruppen sehr beliebt. Tipp: Probieren Sie den Elefantenohrfisch *(ca tai tuong)*! Gerichte ab 45 000 VND.

Chi Thanh 1 & 2: 279 Tet Mau Than & Nguyen Trai (um die Ecke), tgl. 10–22 Uhr. Die beiden populären Restaurants sind die Klassiker in Sachen Seafood und daher abends oft voll. Gerichte ab 30 000 VND.

Banh Xeo 46: Trung Trac, tgl. 7–22 Uhr. Der Name des Lokals ist gleichzeitig seine Speisekarte. Hier gibt es *banh xeo,* Pfannkuchen mit Fleisch oder Garnelen. Ab 15 000 VND.

Hu Tieu 44: 44 Nam Ky Khoi Nghia, tgl. 5–12 Uhr. Der richtige Ort für ein vietnamesisches Frühstück oder ein leichtes Mittagsmahl. Serviert wird ausschließlich das Nudelgericht *hu tieu.* Ab 6000 VND.

Markttag in My Tho – die Region bietet eine riesengroße Palette an Tropenfrüchten

Tien Giang Tourist (s. o.) und **Ben Tre Tourist,** 4/1 Le Thi Hong Gam, Tel. 073-87 91 03, haben bei den Bootstouren nahezu das Monopol inne. Eine Tour kostet abhängig von Bootsgröße und Dauer zwischen 20 und 50 US-$. Entlang des Flusses werben private Bootsbesitzer mit ähnlichen Touren zu viel günstigeren Konditionen. Dies ist offiziell nicht erlaubt und daher mit gewissen Risiken verbunden.

Busse: Auf der Nationalstraße 1 A zwischen Ho-Chi-Minh-Stadt und dem Delta verkehren tagsüber fast ununterbrochen private Minibusse. Der **Ben Xe My Tho** liegt 3 km nordwestlich des Zentrums und ist Ausgangspunkt für Fahrten nach Saigon (70 km, 2 Std.), Vinh Long (65 km, 1,5 Std.) und Can Tho (104 km, 3–4 Std., abhängig von der Fähre).

Ben-Tre-Provinz

Reiseatlas: S. 22, E/F 1/2

Südlich von My Tho erstreckt sich bis zum Meer die Provinz Ben Tre. Durch die mächtigen Mündungsarme des Mekong zerfällt sie in mehrere riesige Inseln mit Seitenflüssen und Kanälen von insgesamt 6000 km Länge. Im Norden grenzt sie an den Tien Giang, im Süden an den Co Chien, und in der Mitte wird sie vom Ham Luong zweigeteilt. Von den meisten Touristen wird die Provinz Ben Tre links liegen gelassen, obwohl auch sie mit üppiger Tropennatur und regem Flussleben aufwarten kann. Daher ist sie eine gute Alternative zum chronisch überlaufenen My Tho. Auf 2315 km^2 leben knapp 1,5 Mio. Menschen. Eines der wichtigsten Naturprodukte der Region ist die Kokosnuss, von der auf ei-

Tropenfrüchte: Das Mekong-Delta ist ein wahres Tropenparadies. Auf den Flussinseln bei My Tho etwa gedeihen über 40 Bananen- und 37 Kokosnussarten. Vor allem Acerolakirsche (Antillenkirsche), Longan, Karambole (Sternfrucht), Mango, Orange, Pomelo und Sapote (Breiapfel) werden auf den Plantagen angebaut.

ner Fläche von insgesamt etwa 360 km² jährlich über 240 Mio. Tonnen geerntet werden. Ben Tre trägt daher auch den Namen Land der Kokosnuss.

Vielerorts in der Provinz sieht man, wie Familien den gepressten Saft der Kokosnuss zusammen mit Zucker zu einem leckeren Bonbon *(keo dua)* verkochen oder mit Reismehl und schwarzen Bohnen vermischt zu einem Kokosnusskuchen *(banh dua)* verarbeiten. Ben Tre besitzt zudem mit insgesamt 410 km² die größte Obstanbaufläche der Mekongprovinzen.

Ben Tre und Umgebung

Reiseatlas: S. 22, E 1

Die geschäftige Provinzhauptstadt präsentiert sich überraschend modern und mit hervorragender Infrastruktur, obwohl sie während des Vietnamkrieges fast völlig dem Erdboden gleichgemacht wurde.

Wer genügend Zeit hat, kann einen Blick in die **Chua Vien Minh** an der Nguyen Dinh Chieu werfen. Sie wurde Mitte des 19. Jh. gegründet und von 1951 bis 1958 in der heutigen Gestalt komplett neu errichtet.

Von Ben Tre aus können interessante **Bootsfahrten** durch die zahlreichen Kanäle der Umgebung unternommen werden. Außerdem lohnt sich ein Ausflug in den südlichen Teil der Provinz, etwa nach **Cai Mon.** Dieses Städtchen ist für seine ausgedehnten Obstplantagen bekannt – eine Art Garten Eden im Mekong-Delta.

Allerdings ist die Anfahrt etwas umständlich. Man muss mit einer Fähre den Ham Luong überqueren und die schlechte Straße Nr. 57 knapp 20 km in Richtung Vinh Long fahren. Die Fahrtzeit der Fähre beträgt etwa 50 Minuten.

Für Naturfreunde lohnt sich ein Ausflug zum 38 km südöstlich von Ben Tre gelegenen, 67 ha großen Vogelschutzgebiet **Vam Ho** (San Chim Vam Ho). In dem Feuchtgebiet an der Ba-Lai-Mündung halten sich Zigtausende von Kranichen und Störchen auf (10 000 VND).

Ben Tre Tourist: 65 Dong Khoi, Tel. 075-82 96 18, tgl. 7–11, 13–17 Uhr. Die staatliche Agentur kann Ausflüge und Bootstouren organisieren. Im Hung Vuong Hotel ist eine mittelprächtige Umgebungskarte erhältlich.

Hung Vuong: 166 Hung Vuong, Tel. 075-82 24 08, Fax 81 09 11. Das freundliche Geschäftshotel mit 32 sauberen, großen Zimmern liegt direkt am Flussboulevard. Das Restaurant wirkt recht nüchtern, serviert aber gute Gerichte. DZ bis 35 US-$ mit Frühstück.

Dong Khoi: 16 Hai Ba Trung, Tel. 075-82 22 40, Fax 82 24 40. Dreistöckiges Stadthotel mit 24 geräumigen Zimmern und Restaurant (s. u.). DZ 20–35 US-$ mit Frühstück.

Ben Tre Floating Restaurant: 60 Hung Vuong, Tel. 075-82 24 92, tgl. 10–22 Uhr. Das vietnamesische Essen ist eher mittelmäßig, doch die Lage im Fluss rechtfertigt den Besuch dieses Restaurants durchaus. In jedem Fall lohnt sich die Einkehr zum Sundowner. Gerichte um 40 000 VND.

Dong Khoi: 16 Hai Ba Trung, tgl. 7–23 Uhr. Das Hotelrestaurant (s. o.) serviert üppige Portionen zu günstigen Preisen. Gerichte um 40 000 VND.

Nam Son: 40 Phan Ngoc Tong, tgl. 11–23 Uhr. Bei Einheimischen beliebtes Restaurant mit solider Küche. Zuweilen etwas bierselige Stimmung. Gerichte ab 25 000 VND.

Bootstouren: Ben Tre Tourist arrangiert Bootstouren (ab 70 000 VND/Std.), außerdem bieten auch private Bootsfahrer entlang der Hung Vuong ihre Dienste an.

Fahrrad: Die angenehmste Art, die Provinz kennenzulernen, ist mit dem Fahrrad, etwa im Rahmen einer Tagestour nach Cai Mon oder in Richtung Mündung. Ben Tre Tourist verleiht Räder.

Busse: Ben Tre liegt 11 km südlich des Tien Giang. Zwischen dem **Ben Xe Ben Tre** an der Doan Hoang Minh, 1 km westlich des Stadtzentrums, und dem Fähranleger am Fluss verkehren in dichten Abständen Busse.
Fähren: Für die Überfahrt nach My Tho benötigen die Fähren etwa 20 Min.

Vinh Long

Reiseatlas: S. 22, D 1
Die Provinzstadt am Südufer des Co Chien, einem weiteren mächtigen Mekong-Arm, ist wohl der beliebteste Ausgangspunkt für Bootsfahrten in die Umgebung. Von Saigon liegt sie 135 km entfernt und kann daher auch im Rahmen einer Tagestour besucht werden. Die Stadt des Ewigen Drachen, so die Bedeutung von Vinh Long, wurde Mitte des 18. Jh. von vietnamesischen Zuwanderern gegründet und ist heute Heimat von etwa 100 000 Menschen. An Sehenswürdigkeiten arm, verweist sie stolz auf die 1535 m lange **My-Thuan-Brücke** 7 km weiter nördlich. Die erste große Brücke im Delta wurde mit australischer Hilfe im Jahr 2000 fertiggestellt.

Im Rahmen organisierter Ausflüge nähern sich viele Touristen Vinh Long per Boot. Oft beginnen sie ihre Unternehmung in Cai Be, wo sie den ganztägigen Schwimmenden Markt besuchen (nach 10 Uhr herrscht dort allerdings kaum noch Betrieb). Anschließend fahren sie durch den Dong-Phu-Kanal nach Vinh Long.

Vinh-Long-Museum

Das Museum der Provinz Vinh Long (Bao Tang Tinh Vinh Long) ist in mehreren prächtigen Kolonialbauten untergebracht, die einst als Hôtel de Ville Sitz der Stadtverwaltung waren. Weniger prächtig ist allerdings die Ausstellung. Während im Garten – wie bei Provinzmuseen nicht unüblich – Kriegsschrott vor sich hin rostet, darunter Panzer, Flugzeuge und Hubschrauber, werden in den Innenräumen anhand von Fotos, landwirtschaftlichem Gerät und Musikinstrumenten geschichtliche und kulturelle Themen behandelt (1 Phan Boi Chau, Mo–Do 8–10.30, 13–16.30, Fr 8–10.30, 18–21, Sa–So 18–21 Uhr, 5000 VND).

Wohnen in Privathäusern: Rund um My Tho vermieten zahlreiche Familien Privatzimmer an Touristen. Diese Art des Wohnens ist die beste, das Leben in der Delta-Region kennenzulernen. Zwar sind die Zimmer alles andere als luxuriös, dafür warten ein lebendiges Familienleben, leckeres Essen und eine tropisch-grüne Umgebung auf die Gäste. Die Privatzimmer werden über Mekong Travel und Cuu Long Tourist oder Agenturen in Ho-Chi-Minh-Stadt vermittelt.

Van Than Mieu

Wer auch im Delta gern einen Tempel besuchen möchte, wird sicherlich am **Van Than Mieu** an der Tran Phu, 4 km südlich von Vinh Long, seine Freude haben. Das 1866 errichtete Heiligtum ist Konfuzius geweiht und besticht durch hervorragende Schnitzarbeiten und üppige Verzierungen. In einer eigenen Halle verehren Gläubige Phan Thanh Gian. Diesem 1796 in der Provinz geborenen Mandarin fiel die unglückliche Rolle zu, in Vertretung des Tu-Duc-Herrschers am 5. Juni 1862 den Vertrag von Saigon zu unterzeichnen, mit dem die drei südlichsten Provinzen in französische Hände übergingen. Später bereute er dies und versuchte die Vereinbarung rückgängig zu machen – vergeblich. Nachdem die Franzosen das Delta militärisch unter Kontrolle gebracht hatten, trat Phan Thanh Gian aus Frustration über die Inaktivität Tu Ducs in einen Hungerstreik. Als er nach zwei Wochen immer noch am Leben war, vergiftete er sich am 4. August 1867.

Inseln

Zwischen dem Co Chien und dem Tien Giang erstreckt sich ein 60 km^2 großes Gebiet, das sich in vier Inseln untergliedert: An Binh, Binh Hoa Phuoc, Hoa Ninh und Phu Dong. Eigentlich handelt es sich eher um Schwemmland, das, durch zahllose Seitenarme und Kanäle abgetrennt, aus der Vogelperspektive wie ein zerbrochenes Porzellanstück anmutet. Von der Phan Boi Chau gegenüber dem Vinh-Long-Museum verkehren Fähren zur Insel An Binh. Dort, wie auch auf den anderen Eilanden, kann man mit dem Fahrrad oder mit dem Boot die zauberhafte Landschaft erkunden. Sie zeigt sich mit üppigem Grün und einem weit verzweigten Netz aus Flussarmen und Kanälen, die das Land wie silbrige und bräunliche Spinnfäden durchziehen. Der Anblick der prachtvollen Obstgärten und Baumschulen macht einem bewusst, wie gesegnet das Delta durch seinen fruchtbaren Boden ist. Einige Obstgärten sind auf Touristen eingestellt. Dort kann man leckere Longan, Orangen und Ananas probieren oder sich in die Kunst der Popreis- und Popcorn-Herstellung einführen lassen.

Cuu Long Tourist: 1 1 Thang 5, Tel. 070-82 36 16, www.cuulongtourist.net, tgl. 7–17 Uhr. Die staatliche Agentur im Cuu Long Hotel hat nahezu ein Monopol auf die Bootstouren durch die Kanäle.

Mekong Travel: 8 1 Thang 5, Tel. 070-83 62 52, www.vinhlongmekongtravel.com, tgl. 7–20.30 Uhr. Die private Agentur bietet schöne Ausflüge an und ist eine hervorragende Informationsquelle.

Cuu Long Hotel B: 1 Phan Boi Chau, Tel. 070-82 36 56, Fax 82 38 48, www.cuulongtourist.net. Betonlastiger Bau mit 50 gesichtslosen Zimmern. Die Lage in Flussnähe entschädigt für den gelangweilten Service und das wenig ansprechende Ambiente. Die Mekong Queen Bar ist ein guter Ort für einen Drink. Der alte Flügel, Cuu Long Hotel A, mit günstigeren Zimmern liegt an der 1 Thang 5. DZ 35–45 US-$ mit Frühstück.

Truong An Hotel: Tan Ngai, Tel. 070-82 31 61, Fax 81 52 40. Die freundliche Bungalowanlage mit 56 Zimmern liegt auf halbem Wege zwischen Vinh Long und der 7 km entfernten My-Thuan-Brücke. Eine gute Wahl für jene, die es ruhiger haben möchten. DZ ab 25 US-$ mit Frühstück.

Phung Hoang: 2 H Hung Vuong, Tel. 070-82 51 85, khachsanphunghoang@yahoo.com. Ein sympathisches Minihotel mit 12 sauberen, klimatisierten Zimmern unterschiedlicher Größe. Recht hilfsbereites Personal. DZ um 10 US-$ ohne Frühstück.

Phuong Thuy: 1 1 Thang 5, Tel. 070-82 47 86, tgl. 8–22 Uhr. Das Restaurant

Auch so kann man die bekannte My-Thuan-Brücke nutzen – zur Erholung

hat wenig Atmosphäre, liegt aber direkt am Fluss und serviert schmackhafte vietnamesische und europäische Gerichte. Gute Auswahl an Meeresfrüchten. Zuweilen chaotischer Service. Gerichte ab 45 000 VND.

Hoa Nang Café: 1 Thang 5, neben dem Phuong Thuy, tgl. 7–22 Uhr. Das Lokal mit schönem Flussblick hat eine solide Auswahl günstiger Gerichte. Auch ein guter Ort für ein Bier zum Sonnenuntergang. Ab 25 000 VND.

Fahrrad: Eine Radtour in der Umgebung von Vinh Long zählt zu den schönsten Erlebnissen auf einer Deltareise. Verleih von Rädern über Mekong Travel.

Boote: Cuu Long Tourist und Mekong Travel bieten verschiedene Bootsfahrten an. Es empfiehlt sich, eine Tour durch die schmalen Kanäle zu wählen. Erkundigen Sie sich vorab nach den Gezeiten, die selbst in dieser Entfernung vom Meer noch deutlich zu spüren sind. Bei Niedrigwasser können einige Kanäle nicht befahren werden.

Busse: Der **Ben Xe Cuu Long** liegt 2,5 km südwestlich des Zentrums und ist Ausgangspunkt für Fahrten nach Tra Vinh (65 km, 1,5 Std.) und über My Tho (65 km) nach Ho-Chi-Minh-Stadt (125 km, 2,5–3 Std.). Vom Kreisel an der Le Thai To westlich der In-

Richtig Reisen-Tipp: Vogelparadies Tram-Chim-Nationalpark

Nicht nur für Vogelkundler lohnt sich ein Abstecher von Vinh Long zum **Tram-Chim-Nationalpark** (Vuon Quoc Gia Tram Chim). Er liegt 45 km nordwestlich der Stadt Cao Lanh und ist über die Nationalstraße 30 zu erreichen. Das 7313 ha große Schutzgebiet ist das letzte größere zusammenhängende Süßwasser-Marschland Vietnams und Heimat von über 200 Vogelarten. Zu den herausragenden Arten zählen die Barttrappe *(Houbaropsis bengalensis),* der Schlangenhalsvogel *(Anhinga melanogaster)* und vor allem der Saruskranich *(Grus Antigone Sharpii)* mit seinem markanten roten Kopf. Letzterer ernährt sich bevorzugt von Teichsimsen (viet. *co nan*), einer Riedschilfart, die weite Teile des Parks bedeckt. In den vergangenen Jahren ist die Kranichpopulation jedoch rapide zurückgegangen. Zu den Ursachen zählen die Verbuschung durch eingeführte Niederbaumarten, regelmäßige Waldbrände in den Trockenmonaten und der zunehmende Tourismus.

Tram Chim National Park: Besucherzentrum, Tram Chim, Tam-Nong-Distrikt, Tel. 067-82 74 36, Fax 82 73 07. Beste Besuchszeit sind die Monate Januar bis Mai. Über das Besucherzentrum kann man Ausflüge, Bootstouren und die Übernachtung organisieren. Wer kompetente Guides sucht, sollte eine spezialisierte Agentur in Ho-Chi-Minh-Stadt kontaktieren.

nenstadt verkehren Busse in Richtung Can-Tho-Fähre (33 km). Für Busse nach Sa Dec muss man zur My-Thuan-Brücke fahren und dort an der Nationalstraße 1 A warten.

Tra Vinh

Reiseatlas: S. 22, E 1
Wegen ihrer recht abgelegenen Lage etwa 65 km südöstlich von Vinh Long geht der Touristenstrom an der Provinzhauptstadt **Tra Vinh** vorbei. Dabei lohnt sich eine Reise in das Gebiet zwischen den Flussarmen Co Chien und Hau Giang durchaus – vor allem, wenn man sich für die Kultur der Khmer interessiert.

Ein Drittel der insgesamt etwa 1 Mio. Bewohner der Provinz sind Khmer. Entlang der Straße Nr. 53 sieht man immer wieder ihre markanten Theravada-buddhistischen Klöster mit Versammlungshallen in Pastelltönen und eleganten hohen Dächern. Die Fahrt führt an Kokospalmhainen und endlos erscheinenden Reisfeldern vorbei. Hin und wieder kommt ein *xe loi* des Weges, eine – gelegentlich motorisierte – Rikscha mit Passagieren an Bord oder mit Schweinen beladen. Um die Mittagszeit und abends begegnen einem Trauben radelnder Schüler, die Mädchen im flatternden weißen *ao dai,* die Jungen in Pionieruniformen.

Die 70 000-Einwohner-Stadt besitzt mit ihren Alleen und einigen Kolonialbauten, etwa der cremefarbenen **Tra-Vinh-Kirche** (Nha Tho Tra Vinh), einen einnehmenden Charme. Zudem kann sie mit interessanten Sakralbauten aufwarten.

Sehenswürdigkeiten

Von historischem Interesse ist die 7 km südwestlich des Stadtzentrums an der N 53 gelegene **Chua Ang.** Das Theravada-buddhistische Kloster mit einem stilvollen Viharn (Buddha-Halle) steht an der Stelle eines hinduistischen Heiligtums aus dem 8. Jh. Zu dieser Zeit war das Mekong-Delta Teil des Khmer-Reiches Shui Zhenla (Wasser-Zhenla) mit Zentrum in Angkor Borei, südlich von Phnom Penh. Auf dem Klostergelände gibt es auch ein kleines **Museum der Khmer** (Bao Tang Van Hoa Khmer), in dem Buddha-Statuen, Trachten und Alltagsgegenstände gezeigt werden (tgl. 7–11, 14–17 Uhr, Eintritt frei). Der rechteckig angelegte Teich **Ao Ba Om** in der Nähe könnte das zum ursprünglichen Heiligtum gehörende Reservoir (Khmer:

baray) gewesen sein. Im Schatten der ufernahen, über 100 Jahre alten Thingan-Bäume *(Hopea odorata)* machen die Einheimischen sonntags gern Picknick. Dabei erzählen sie vielleicht manchmal die Geschichte des Ao Ba Om, derzufolge das Gewässer von den Frauen der Gegend in einem Wettstreit mit den Männern angelegt wurde. Beide Gruppen hatten vereinbart, über Nacht jeweils einen Teich zu graben, um zu ermitteln, welches Geschlecht fortan die Hochzeitskosten tragen solle. Die schlauen Frauen ersannen eine List: Sie zündeten ein so helles Licht an, dass die Männer glaubten, der Morgen sei schon angebrochen, woraufhin sie ihre halbfertige Arbeit einstellten. Ein Fehler mit fatalen Folgen, denn von da an mussten sie die Hochzeitskosten übernehmen.

Die **Chua Hang** etwa 6 km südlich von Tra Vinh, die man über die Dien Bien Phu erreicht, ist weniger als weiteres Khmer-Kloster interessant, sondern vielmehr als Heimat von über tausend Nachtreihern *(Nycticorax nycticorax)*. Zuweilen sind auch Schlangenhalsvögel *(Anhinga melanogaster)* zu sehen. Tagtäglich bevölkern die Tiere kurz vor der Dämmerung die Baumwipfel und veranstalten ein lautes Spektakel.

Ein eher ungewöhnliches Heiligtum liegt 5 km nördlich der Stadt: der **Den Tho Bac Ho,** der Tempel von Onkel Ho. Das schlichte Gebäude ist eine Besonderheit, weil hier bereits während des Krieges 1971 Anhänger des verehrten Präsidenten einen kleinen Gedenktempel errichteten.

Ba Dong Beach

Reiseatlas: S. 22, F 2

55 km südlich von Tra Vinh lockt im Duyen-Hai-Distrikt der wunderschöne Ba Dong Beach mit kilometerlangem Sandstrand, sanft geschwungenen Dünen, klarer Luft und nur wenigen Touristen. Im frühen 20. Jh. errichteten die Franzosen hier einige Gästehäuser, die jedoch während des Krieges zerstört wurden. Auch wenn heute noch Übernachtungsmöglichkeiten fehlen, zumindest verhungern muss dank der Seafood-Stände niemand.

Tra Vinh Tourism: 64–66 Le Loi, Tel. 074-85 85 56, Mo–Fr 7.30–11, 13.30–17 Uhr. Bei den Angestellten hapert es mit dem Englisch, aber ansonsten ist man recht bemüht.

Tra Vinh Palace: 3 Le Thanh Ton, Tel. 074-86 49 99. Das sympathische Boutique-Hotel liegt zentral in einer Seitenstraße. Es verfügt über 22 große Zimmer, teilweise mit Balkon, in vier Kategorien. Schön: der freundliche Service. DZ 17–26 US-$ mit Frühstück.

Hoan My Hotel: 105 A Nguyen Thi Minh Khai, Tel. 074-86 22 11. Gegenüber dem überteuerten Cuu Long Hotel. 18 komfortable Zimmer unterschiedlicher Kategorien. Sehr gutes Preis-Leistungs-Verhältnis (außer bei den fensterlosen Billigzimmern). DZ 10–21 US-$ ohne Frühstück.

An der Ostseite des Stadtmarktes gibt es mehrere Garküchen, die Nudelsuppen *(pho)* und Reisgerichte *(com)* anbieten.

La Trau Xanh: Cuu Long Hotel, 999 Nguyen Thi Minh Khai, Tel. 074-86 26 15, tgl. 11–14, 17.30–22 Uhr. Mangels kulinarischer Alternativen in der Stadt isst man im staatseigenen Hotelrestaurant noch am besten. Gerichte ab 40 000 VND.

Oc Om Bok: Am 14./15. Tag des zehnten Mondmonats (Nov./Dez.) feiern die Khmer mit Bootsrennen ihr buntes, fröhliches Erntefest.

Bootstouren: Eine schöne Fahrt führt zur Flussinsel Long Tri, die inmitten des nahen Co Chien liegt (4 Std.). Dort gibt es einige Obstgärten. Alternativ kann man den Long Bien, einen östlich des Marktes verlaufenden Strom, entlangtuckern (ca. 3 Std.).

Busse: Vom **Ben Xe Tra Vinh** an der Nguyen Dang bestehen regelmäßige Verbindungen nach Vinh Long (65 km, 1,5 Std.).

Das südliche Delta

Reiseatlas S. 21/22

Das hektische Treiben auf den Schwimmenden Märkten, entspannte Fahrten durch stille Kanäle und das Flussleben am mächtigen Hau Giang machen den Besuch des südlichen Deltas zu einem eindrücklichen Erlebnis. Auf Kulturinteressierte wartet die faszinierende Khmer-Kultur, und Naturfreunde können zahlreiche Vogelschutzgebiete besuchen.

Can Tho

Reiseatlas: S. 22, D 1

Die fast eine halbe Million Einwohner zählende Provinzhauptstadt Can Tho liegt 170 km südwestlich von Saigon am Südufer des Unteren Flusses, Hau Giang. Sie ist nicht nur geografischer Mittelpunkt des Mekong-Deltas, sondern auch mit Abstand dessen bedeutendster Wirtschafts- und Verwaltungsstandort. Der wirtschaftliche Aufschwung mit Wachstumsraten von über 13 % pro Jahr ist der Stadt anzusehen. Am Rand sind ganze Viertel aus dem Boden gestampft worden, zudem hat man auf die Zunahme des Tourismus mit dem Bau von Hotels reagiert. Ab 2009 soll eine 2750 m lange Brücke den Hau Giang überspannen. Die 1966 gegründete Universität mit den Schwerpunkten Agrar- und Umwelttechnologie hat Can Tho zu einem wichtigen Forschungszentrum gemacht.

Die Stadt taucht urkundlich erstmals 1739 unter dem Namen Tran Giang auf. Zu jener Zeit gründete der in Ha Tien residierende Gouverneur Mac Thien Tich zur Erschließung des Deltas neue Verwaltungszentren. Unter den Franzosen avancierte die Stadt zu einem wichtigen Umschlagplatz für Reis und andere Agrarprodukte des Deltas. In der jüngeren Landesgeschichte kann Can Tho darauf verweisen, als letzte Bastion Südvietnams erst am 1. Mai 1975, also einen Tag nach Saigon, von nordvietnamesischen Truppen ›befreit‹ worden zu sein. 2004 wurde sie als eigenständige Verwaltungseinheit von der Hau-Giang-Provinz abgetrennt.

Am Fluss

Die Sehenswürdigkeiten sind in Can Tho eher dünn gesät, doch überrascht die Stadt mit der netten **Ninh-Kieu-Uferpromenade,** die zum Flanieren einlädt, sowie einem stimmungsvollen **Markt** (Cho Can Tho) am Fluss. Die 1915 eröffnete Markthalle wurde im alten Stil wiederhergestellt (tgl. 6–20 Uhr). Wer die parallel zur Hai Ba Trung verlaufende Promenade entlangschlendert, gelangt zur silbernen Statue des freundlich winkenden Ho Chi Minh, an der man schnell mit Einheimischen in Kontakt kommt. Gegenüber der Statue liegt an der Hai Ba Trung die kleine, aber sehenswerte **Chua Ong.** 1896 nach zweijähriger Bauzeit eingeweiht, wird sie auch Quan Cong Hoi Quan genannt, da sie als Versammlungshalle der kantonesischen Gemeinde dem General Quan Cong geweiht ist. Das Innere wird von der mächtigen Statue des Generals dominiert, flankiert vom Gott des Reichtums, Than Tai, und der Himmelsgöttin Thien Hau (tgl. 7–17 Uhr, Eintritt frei).

Munirangsayaram

An der Hoa Binh liegt das Theravada-buddhistische Kloster der Vollkommenen Erkenntnis, **Munirangsayaram** (tgl. 7–20 Uhr, Eintritt frei). Es wurde zwischen 1946 und 1948 von der kleinen Khmer-Gemeinde errichtet. Auch wenn die Anlage architektonisch wenig spektakulär ist, so lohnt sie doch wegen der beschaulichen Atmosphäre einen Besuch. Die orange gewandeten Mönche erproben an den ausländischen Besuchern gerne ihre Englischkenntnisse. Zudem wollen sie dem nahezu unaussprechlichen Tempelnamen gerecht werden und ihre Erkenntnis und Weisheit *(muni)* perfektionieren *(rangsay)*.

Dinh Binh Thuy

An der Straße Nr. 91 Richtung Long Xuyen passiert man nach 6 km die sehr schöne Versammlungshalle **Dinh Binh Thuy.** Ihr Ursprung geht auf das Jahr des Drachen, 1844, zurück, als die Bewohner nach einer langen, von Naturkatastrophen bestimmten Zeit einen Tempel für ihren Schutzgott Dinh Cong Chanh errichteten. Er wurde später mehrfach verändert, so auch 1909/10. Aus dieser Zeit stammen die heutigen Gebäude mit einer Vielzahl von Statuen und Verzierungen. Zu den beiden Tempelfesten am 13./14. des vierten Mondmonats und am 14. des zwölften Mondmonats finden feierliche Prozessionen und traditionelle Vorführungen statt (tgl. 7.30–10.30, 13.30–17.30 Uhr, Eintritt frei).

Das alte Haus von Binh Thuy

Freunde altertümlicher Häuser, vor allem aber Cineasten werden an dem **Alten Haus von Binh Thuy** (Nha Co Binh Thuy) ihre Freude haben. Es liegt in der Ortschaft Binh Thuy, 6 km nördlich von Can Tho, und gehört der Familie Duong. Ihre zu Wohlstand gekommenen Vorfahren hatten die wunderschöne Villa mit asiatisch-europäischen Stilelementen Ende des 19. Jh. errichtet. Der Regisseur Jean-Jacques Annaud war von ihr so fasziniert, dass er sie als Kulisse für einige Szenen seines Films ›Der Liebhaber‹ (1991) nach dem gleichnamigen Roman von Marguerite Duras wählte. Im Inneren sind noch viele altertümliche Accessoires zu sehen (26/1A Bui Huu Nghia, Binh Thuy, keine festen Öffnungszeiten; Besichtigung morgens oder am späten Nachmittag, nicht jedoch zwischen 11 und 14 Uhr, Spende erbeten).

Mit dem Autor unterwegs

Sehenswert

Ein Hauch Kambodscha: In und um Soc Trang laden zahlreiche buddhistische Klöster im Khmer-Stil zu einer Einkehr ein. Bei der Besichtigung können Sie auf so manches Kuriosum treffen. So hängen in der Chua Ma Toc, 2 km südlich von Soc Trang, Tausende Flughunde wie Tannenzapfen von den Bäumen (s. S. 418).

Sound of Birds: Die Provinzstädte Bac Lieu und Ca Mau am Südzipfel des Deltas sind Ornithologen auf der ganzen Welt ein Begriff. In mehreren Schutzgebieten und Nationalparks in der Umgebung leben zahlreiche bedrohte Vögel, darunter viele Reiher- und Kormoranarten. Im U-Minh-Ha-Nationalpark nördlich von Ca Mau erstreckt sich zudem einer der größten zusammenhängenden Mangrovenwälder der Welt (s. S. 419f.).

Mit dem Boot

Mekong-Kreuzfahrt: Mit den Kabinenbooten Bassac I und II können Sie stilvoll und komfortabel mehrtägige Kreuzfahrten durch das Delta unternehmen, etwa von Can Tho über Ben Tre nach Cai Be (s. S. 416).

Schnellboot nach Chau Doc: Zwischen Can Tho und dem 117 km entfernten Chau Doc verkehren fast täglich Schnellboote. Von Chau Doc können Sie außerdem in die kambodschanische Hauptstadt Phnom Penh fahren (s. S. 420).

14 Cai Rang

Wie ein offener Schnürsenkel windet sich der Can-Tho-Fluss vom südwestlichen Delta bis zu seiner Mündung in den Hau Giang in Can Tho. In Cai Rang, 7 km südwestlich der Provinzhauptstadt, kreuzt er sich mit mehreren Kanälen. An diesem Verkehrsknotenpunkt findet täglich ein **Schwimmender Markt** (Cho Noi Cai Rang) statt. Er zählt zu den größten und schönsten des Deltas. Besonders reges Treiben herrscht morgens zwischen 6 und 8

Can Tho – »booming town« des Mekong-Deltas bei Nacht

Uhr. Eine Armada von Frachtbooten in allen Größen bildet dann ein unübersichtliches Wirrwarr. Von kleinen Sampans, die sich an die größeren Boote mit den markanten Drachenaugen am Bug gehängt haben, werden Nudelsuppen, Zigaretten und Reis verkauft oder sie werden mit Bergen von Gemüse oder Früchten beladen. An langen Bambusstangen hängt das aktuelle Angebot – von Ananas über Longan und Wassermelone bis zur Yambohne. Das ständige Kaufen und Verkaufen, Rufen und Rudern, Transportieren und Manövrieren macht den Besuch des Marktes zu einem unvergesslichen Erlebnis, entsprechend beliebt ist er bei Touristengruppen. Sowohl wegen der Temperaturen als auch der Lichtverhältnisse und Atmosphäre empfiehlt es sich, morgens frühzeitig aufzubrechen.

i **Can Tho Tourist:** 20 Hai Ba Trung, Tel. 071-82 18 52, www.canthotourist.com.vn, Mo–Fr 7–11, 13–17, Sa–So 7–11 Uhr. Das engagierte Reisebüro hält viele Broschüren und Tipps für Trips bereit.

Can Tho Tourist vermittelt auch Privatzimmer in der Umgebung der Stadt.

Victoria Can Tho: Cai Khe Ward, Tel. 071-81 01 11, Fax 82 92 59, www.victoriahotels-asia.com. Das wunderschöne Hotel im Kolonialstil liegt direkt am Can-Tho-Fluss gegenüber der Innenstadt. Mit seiner offenen Lobby und dem lauschigen Restaurant ist es ein architektonisches Kleinod in der Region. Stil haben auch die 92 Zimmer und Suiten. Sehr gutes Spa mit Massage im Garten, wo auch ein großer Pool zu finden ist. Zu den Angeboten gehören auch Frühstücks- und Sunsettouren auf dem Fluss mit der ›Lady Hau‹, einer umgebauten Reisbarke. DZ ab 108 US-$ mit Frühstück.

Can Tho Golf: 2 Hai Ba Trung, Tel. 071-81 22 10, Fax 81 22 82, www.golfhotel.vnn.vn. Der leicht überdimensionierte Kasten an der Uferpromenade birgt auf seinen zehn Etagen 101 freundliche Zimmer. Von der obersten Terrasse hat man einen wunderbaren Ausblick. Da allabendlich die Disco im 2. Stock wummert, können die Zimmer auf der Rückseite bis Mitternacht recht laut sein. Netter Swimmingpool, mäßiges Restaurant, etwas langsamer Service. DZ ab 60 US-$ mit Frühstück.

Saigon Can Tho: 55 Phan Dinh Phung, Tel. 071-82 58 31, Fax 82 32 88, www.saigoncantho.com.vn. Der Architekt wird zwar keinen Preis für diesen Bau erhalten, doch das vor allem bei asiatischen Gästen beliebte Stadthotel mit 46 Zimmern ist durchaus akzeptabel. Das Angebot reicht von Massage bis Karaoke. DZ ab 38 US-$

Ninh Kieu Hotel: 2 Hai Ba Trung, Tel. 071-82 11 71, Fax 82 11 04. Die Lage des Komplexes mit drei Blöcken direkt am Hau Giang ist top, Service und Stil der Einrichtung aber teilweise ein Flop. Die besseren der 97 Zimmer sind jedoch ordentlich, am besten wählt man eines mit Flussblick. Zum Restaurant gibt es in der Stadt bessere Alternativen, dafür verfügt das Hotel über einen guten Tennisplatz. DZ 25–80 US-$ mit Frühstück.

Quoc The International Hotel: 12 Hai Ba Trung, Tel. 071-82 20 79, Fax 82 10 39. Die Lage am Flussboulevard ist fraglos der größte Pluspunkt dieser funktionalen Unterkunft. Die 42 Zimmer mit teilweise schöner Aussicht sind für den Preis in Ordnung. DZ ab 30 US-$ mit Frühstück.

Hoa Binh: 5 Hoa Binh, Tel. 071-82 05 36, Fax 81 02 17, hoabinhct@hcm.vnn.vn. 1970er-Jahre-Charme in tropisch-feuchter Luft. Doch die 50 Zimmer und Suiten sind durchaus wohnlich. Das freundliche Personal und die günstigen Preise machen vieles wieder wett. DZ ab 20 US-$.

Entlang der Uferstraße Hai Ba Trung gibt es einige auf Touristen eingestellte Lokale. Die Restaurants und Cafés in der Nam Ky Khoi Nghia erfreuen sich bei Einheimischen ebenso großer Beliebtheit wie jene auf der Cai-Khe-Halbinsel nördlich des Victoria Hotels.

Nam Bo: 50 Hai Ba Trung, Tel. 071-81 20 24, tgl. 7.30–23 Uhr. Zu Recht Can Thos beliebtestes Restaurant. In den beiden Etagen des schmucken Kolonialbaus werden hervorragende vietnamesische Speisen serviert. Sehr

Richtig Reisen-Tipp: Schwimmende Märkte

Neben Cai Rang locken in der Umgebung von Can Tho weitere sehenswerte Schwimmende Märkte *(cho noi)*, etwa in **Phong Dien,** den Can-Tho-Fluss 15 km stromaufwärts. Mehrere Kanäle bilden einen wichtigen Verkehrsknotenpunkt, sodass auch hier viele Händler in ihren Booten zusammenkommen, um ihre Waren anzubieten. Wegen der Entfernung zu Can Tho ist dieser Markt nicht ganz so häufig Ziel von Touristengruppen wie jener in Cai Rang. Der Besuch dieser Märkte lässt sich gut miteinander kombinieren, da sie auf dem gleichen Fluss stattfinden. Noch weiter entfernt – 33 km südwestlich von Can Tho – wird der Schwimmende Markt von **Phung Hiep** abgehalten. Hier kreuzen sich gleich sieben Flüsse und Kanäle. Durch den Ausbau der Nationalstraße 1 A, die durch Phung Hiep führt, hat dieser Markt etwas an Größe eingebüßt. Auch spielt der einstige und oft beworbene Schlangenmarkt keine Rolle mehr. Aus Zeitgründen sollte man zunächst mit dem Wagen nach Phung Hiep fahren und erst dort auf das Boot umsteigen.

Einen weiteren Markt auf dem Wasser gibt es in **Tra On.** Die lebendige Handelsstadt, in der fünf Kanäle und Ströme zusammentreffen, liegt 22 km südöstlich von Can Tho am Hau Giang. Auch dieser Markt wird noch von relativ wenigen Touristengruppen besucht. Für alle Märkte gilt: Am frühen Morgen sind sie am schönsten und lebendigsten.

Einkaufen auf Schwimmenden Märkten

empfehlenswert, aber auch oft voll (besser reservieren). Gerichte ab 40 000 VND.

Sao Hom: im Cho Can Tho, Hai Ba Trung, Tel. 071-81 56 16, www.saohom.transmekong.com, tgl. 6–23 Uhr. Das Schwesterlokal des Nam Bo inmitten des Marktes ist stilvoll möbliert und serviert ebenfalls exzellentes Essen; zum Teil Flussblick. Engagierter Service. Gerichte ab 40 000 VND.

Hoa Su: Cai Khe, Tel. 071-82 07 17, tgl. 9.30–22 Uhr. Ein bei Einheimischen beliebtes Gartenrestaurant in der Nähe des Victoria Hotel mit hervorragenden vietnamesischen Gerichten ab 40 000 VND.

Restaurant 31: 31 Ngo Duc Ke, tgl. 8–23 Uhr. Schlichtes Ambiente, großartige Fischgerichte, so lautet die Erfolgsformel dieses Traditionslokals. Bei Ortsansässigen sehr populär. Gerichte ab 30 000 VND.

Mekong: 38 Hai Ba Trung, tgl. 7–2 Uhr. Hier bekommt man auch nach Mitternacht noch eine Suppe. Seit der Eröffnung 1965 wurde nicht viel Geld ins Interieur gesteckt, doch das Essen ist gut und billig. Gerichte ab 30 000 VND.

Hop Pho: 6 Ngo Gia Tu, Tel. 071-81 52 08, tgl. 6.30–22 Uhr. Das zweistöckige Café hinter dem Golfhotel ist so schick und cool wie das Publikum. Kostenloser WiFi. Snacks ab 30 000 VND.

Schönster Markt der Stadt ist der **Cho Can Tho** an der Hai Ba Trung direkt am Hau Giang mit einer großen Auswahl an Lebensmitteln (tgl. 6–20 Uhr). Alternativ bietet der große **Cho Cai Khe** an der Tran Phu eine Riesenauswahl an Kleidung und Haushaltswaren (tgl. 6–19 Uhr). Im **Victoria Hotel** werden Handarbeiten der Cham-Minderheit verkauft, allerdings nicht gerade billig.

Sai Gon Bakery: 1 Dong Khoi, tgl. 7–19 Uhr. Gute Auswahl an Gebäck und Sandwiches.

Im 2. Stock des Can Tho Golf Hotel gibt es eine **Disco** (Eintritt frei).

Bootstouren durch die Kanäle der Umgebung und zu den Schwimmenden Märkten zählen in Can Tho zum Standardprogramm. Sehr schön ist die 18 km lange Tour nach Cai Rang und anschließend durch den Rach-Nho-Kanal zurück. Boote können über private Anbieter oder über Can Tho Tourist vermittelt werden. Die Touren schließen auch Stopps an touristisch aufbereiteten Obstgärten mit Restaurants und Souvenirshops ein, etwa jenen von My Khanh, San Duong, Ba Lang und Tan Binh.

Trans Mekong: 97/10 Ngo Quyen, Tel. 071-82 95 40, Fax 82 95 41, www.transmekong.com. Mehrtägige Fahrten mit den rustikalen, aber komfortablen Kabinenbooten Bassac I und II. Sehr empfehlenswert ist die dreitägige Fahrt von Can Tho über Ben Tre nach Cai Be.

Radfahren: Entlang der Kanäle, durch lauschige Dörfer und an Obstgärten vorbei – die Möglichkeiten für Tourvarianten rund um Can Tho sind nahezu unerschöpflich. Fahrräder können (recht teuer) im Quoc The International Hotel gemietet werden. Can Tho Tourist bietet geführte Radtouren an.

Busse

Der **Ben Xe Lien Tinh** liegt 1 km nordwestlich des Zentrums an der Nguyen Trai, unweit der Kreuzung mit der Tran Phu. Von dort starten Busse nach Ho-Chi-Minh-Stadt (179 km, 5–6 Std.), über Vinh Long (34 km, 1,5 Std.) nach My Tho (104 km, 3–4 Std.), über Long Xuyen (62 km, 1,5 Std.) nach Chau Doc (117 km, 3 Std.), nach Soc Trang (65 km, 2 Std.), Rach Gia (116 km, 3 Std.) und Ca Mau (180 km, 5 Std.). Die Fahrtdauer der Busse in Richtung Saigon hängt sehr von deren Wartezeit an der Fähre ab. Um die Fahrzeit zu verkürzen, kann man auch zunächst die Fähre auf die andere Flussseite nehmen und von dort mit einem der Busse weiterfahren.

Boote

Tu Trang Travel: 145 Phan Dinh Phung, Tel. 071-82 17 89, Fax 82 20 90, tutrangtravel@hcm.vnn.vn. Fast täglich Schnellbootverbindungen nach Ho-Chi-Minh-Stadt (4,5 Std., 65 US-$) und Chau Doc (2,5 Std., 35 US-$). In Chau Doc besteht die Möglichkeit zur Weiterfahrt nach Phnom Penh. Sehr empfehlenswert, wenn auch nicht billig.

Vinashin Cawaco Express: 26 Le Hong

Wie man sich bettet ... Erschöpfter Arbeiter in der Reismühle

Phong, Binh Thuy, Tel. 071-88 89 60, Fax 88 43 22, www.cawaco.com.vn. Regelmäßig Tragflügelbootfahrten über Chau Doc nach Phnom Penh (243 km, 7 Std., 45 US-$).

Von Can Tho über Soc Trang nach Ca Mau

Von Can Tho führt die Nationalstraße 1 A bis nach Ca Mau an der Südwestspitze des Deltas. Die 180 km lange, bislang noch kaum von Touristen frequentierte Strecke verläuft durch das Siedlungsgebiet der Khmer. Ihre Dörfer sind vor allem an den typischen Theravada-buddhistischen Klosterbauten zu erkennen. Ab Mitte des 17. Jh. besiedelten zunehmend ethnische Viets das Delta und die Khmer wurden in Khmer Krom, wie sie ihre zu Kambodscha gehörende Heimat nannten, zur Minderheit. Heute sind nur noch 29 % der 1,2 Mio. Einwohner in der Provinz Soc Trang Khmer. Wegen der Vogelschutzgebiete und Nationalparks lohnt sich die Reise in den tiefen Süden Vietnams außerdem ganz besonders für Naturinteressierte.

Soc Trang

Reiseatlas: S. 22, D 2

Auf dem Weg zu dem 65 km südlich von Can Tho gelegenen Soc Trang bietet sich ein Stopp am Schwimmenden Markt von Phung Hiep (s. S. 415) an. Soc Trang ist für die im Delta lebenden Khmer eine Art kulturelles Zentrum. Nirgendwo sonst sind sie so präsent. Besonders deutlich wird dies alljährlich Mitte des zehnten Mondmonats während des Oc Om Bok, wenn Khmer aus der gesamten Region in die Stadt kommen, um das Fest mit einem Jahrmarkt, Musik und dem berühmten Bootsrennen auf dem Song Soc Trang zu feiern. In der übrigen Zeit wirkt die 120 000-Einwohner-Stadt verglichen mit anderen Delta-Metropolen eher beschaulich.

Soc Trang kann mit einigen durchaus interessanten Sehenswürdigkeiten aufwarten, etwa der **Chua Khleang** an der Nguyen Chi Thanh im Norden der Stadt. Sie geht in ihren Ursprüngen auf das Jahr 1533 zurück, wurde jedoch später mehrfach erneuert. Am frühen Vormittag oder späten Nachmittag ist die Chance am größten, die bunte Buddha-Halle (Viharn) von 1907 offen vorzufinden. Auch wenn dies nicht der Fall ist, ein Blick auf ihr Äußeres lohnt sich in jedem Fall. Das mehrfach gestaffelte Dach wird von schlanken Säulen gestützt, deren Enden Vogelmenschen, sogenannte Kinnaras, bilden. Dem Kloster ist eine Palischule für Mönche angeschlossen. Gegenüber liegt das 1938 eröffnete **Khmer-Museum** (Bao Tang Khmer) mit Gegenständen aus dem Alltagsleben, Instrumenten und Trachten (Mo–Sa 7–11, 13–17 Uhr, 5000 VND).

Äußerst kurios wirkt die Lehmpagode, **Chua Dat Set,** in der Mau Than 68. Sie heißt eigentlich Pagode des edlen Berges, Chua Buu Son Tu, und wurde im 18. Jh. von dem wohlhabenden Ngo-Klan gestiftet. Ein Nachfahre in vierter Generation, der Künstlermönch Ngo Kim Tong, verwandelte das Kloster bis zu seinem Tod 1970 in ein wahres Kunstwerk. Er schuf zahllose, teilweise lebensgroße Figuren aus Ton, darunter Gestalten aus der chinesischen Mythologie. Besonders eindrucksvoll sind die 2,60 m hohen Kerzen, die wie mächtige Säulen anmuten (tgl. 7–17 Uhr, Eintritt frei).

Wenn in der Abenddämmerung Tausende von Flughunden wie auf Kommando zu ihrer nächtlichen Futtersuche ausschwärmen, wirkt die **Chua Ma Toc,** 2 km südlich von Soc Trang, wie der Drehort für einen Hitchcock-Film. Tagsüber hängen die Tiere wie Zapfen von den Bäumen rund um das Kloster, weshalb es auch Chua Doi, Pagode der Flughunde, genannt wird. Das Kloster geht auf das Jahr 1569 zurück, wurde jedoch im Laufe der Zeit mehrfach verändert. Hinter den einfachen Mönchsunterkünften wird ein Langboot aufbewahrt, das beim Oc Om Bok zum Einsatz kommt.

Soc Trang Tourist: 131 Nguyen Chi Thanh, Tel. 079-82 22 92, www.soctrangtourism.com, tgl. 7.30–11, 13.30–17 Uhr. Das Büro neben dem Hotel Phong Lan 1 gibt gerne Auskunft über die Besichtigungsmöglichkeiten in und um Soc Trang.

Khanh Hung Hotel: 15 Tran Hung Dao, Tel. 079-82 10 26, Fax 82 00 99. Ein eher gesichtsloser Bau mit 55 nüchternen Zimmern im Süden der Stadt. Derzeit jedoch die beste Unterkunft in Soc Trang. DZ 15–25 US-$ mit Frühstück.

Phong Lan 1: 124 Dong Khoi, Tel. 079-82 16 19, Fax 82 38 17. Wahrlich keine idyllische Bleibe, doch für den Preis sind die 15 Zimmer in Ordnung. Solides Restaurant. DZ um 10 US-$ ohne Frühstück.

Soc Trang bereichert die Küche mit *bun nuoc leo Soc Trang,* weichen Reisnudeln mit Schweinefleisch, die von den Einheimischen auch gern zum Frühstück gegessen werden.

Hung: 74/76 Mau Than 68, tgl. 6–23 Uhr. Einfaches, bei Einheimischen beliebtes Lokal. Gute Seafood-Gerichte. Zum Standardangebot zählt *lau* (Feuertopf). Ab 30 000 VND.

Oc Om Bok: Am 14./15. Tag des zehnten Mondmonats (Nov./Dez.) findet in Soc Trang das wichtigste kulturelle Fest der Khmer statt. Höhepunkt sind die

Regatten mit den *ghe ngo*, 25 m langen, schön bemalten Booten mit 40–50 Mann Besatzung.

Der **Ben Xe Soc Trang** liegt an der Phu Loi südlich des Song Soc Trang. Dort halten **Busse** nach Can Tho (65 km, 2 Std.) und Ca Mau (117 km, 4 Std.).

Bac Lieu

Reiseatlas: S. 22, D 3

Fährt man weiter in Richtung Westen, gelangt man nach 52 km zur 140 000-Einwohner-Stadt Bac Lieu. Mit dem nur 10 km entfernten Meer ist sie durch einen Kanal verbunden. Abgesehen von einigen Kolonialbauten hat das Verwaltungszentrum der gleichnamigen Provinz touristisch allerdings nichts zu bieten.

Doch ist sie ein Ziel von Ornithologen aus der ganzen Welt, denn 5 km südwestlich der Stadt breitet sich das 127 ha große **Vogelschutzgebiet Bac Lieu** (San Chim Bac Lieu) aus. Dort nisten in den Mangroven- und Melaleucawäldern während der Regenzeit über 50 Vogelarten, darunter der seltene Schneereiher *(Egretta eulophotes)* mit einer Spannweite von bis zu 2 m und der Indische Kormoran *(Phalacrocorax fuscicollis).* Beste Besuchszeit sind die Monate Juli bis Dezember. Danach lohnt der Besuch nicht, da sich die Vögel an anderen Orten aufhalten. Vom Eingang zum Schutzgebiet führt ein Weg zu einem Aussichtsturm. Wegen der vielen Moskitos sollte man unbedingt ein Mückenmittel mitnehmen (tgl. 6–17 Uhr, 10 000 VND).

Bac Lieu Tourist: 2 Hoang Van Thu, Tel. 0781-82 42 26 72, 82 26 23, tgl. 7.30–11, 13.30–17 Uhr. Hier sind Basisinformationen zu den Ausflugsmöglichkeiten erhältlich, aber es hapert mit der englischen Sprache.

Bac Lieu Hotel: 4–6 Hoang Van Thu, Tel. 0781-82 24 37, Fax 82 36 55. Solides Stadthotel mit dem bei vielen staatlichen Hotels üblichen Beton-Glas-Ambiente, 42 saubere, aber recht nüchterne Zimmer. DZ 29–49 US-$ mit Frühstück.

Cong Tu Hotel: 13 Dien Bien Phu, Tel. 0781-95 33 04. Von der Atmosphäre her die stilvollste Unterkunft der Stadt; 10 saubere Zimmer mit Balkon, freundliches Personal und gutes Restaurant. DZ 22–35 US-$ mit Frühstück.

Kitty: Ecke Ba Trieu/Tran Phu, tgl. 8–23 Uhr. Nettes Café mit Snacks, Bier und Cocktails. Bei Einheimischen recht beliebt. Snacks ab 20 000 VND.

Busse: Alle Busse zwischen Can Tho (113 km, 3 Std.) und Ca Mau (67 km, 1,5 Std.) halten auch in Bac Lieu. Am besten an der Nationalstraße 1 A auf vorbeifahrende Busse warten. Vormittags ist die Frequenz am höchsten.

Ca Mau

Reiseatlas: S. 21, C 3

In der Provinzstadt Ca Mau endet die Nationalstraße 1 A. Bis nach Hanoi sind es von hier weit über 2000 km. Erst Ende des 17. Jh. rangen vietnamesische Siedler dem Sumpfgebiet landwirtschaftliche Nutzflächen ab, indem sie Kanäle anlegten, und gründeten am Ganh-Hao-Fluss Ca Mau. Heute wirkt die Stadt mit ihren gut 200 000 Einwohnern keineswegs mehr wie das Ende der Welt. In den letzten Jahren hat sie sich zu einer lebendigen Metropole entwickelt, wenngleich dies für Touristen kaum Konsequenzen hat. Nach wie vor liefert Ca Mau selbst keinen Grund, den langen Weg dorthin auf sich zu nehmen. Vielmehr sind es mehrere Vogelschutzgebiete in der Umgebung, die Ca Mau zu einem lohnenswerten Ziel machen.

Nur 4 km westlich der Innenstadt liegt an der Ly Van Lam ein kleines geschütztes Feuchtgebiet, wo sich zwischen Juli und Oktober zahlreiche Stelzvogelarten zum Brüten aufhalten. Es wurde In den 1990er-Jahren zum 18 ha großen **Vogelpark des 19. Mai** (Vuon Chim 19-5) mit einem, allerdings uninteressanten, Minizoo ausgebaut (tgl. 6–18 Uhr, 4000 VND).

Nationalparks bei Ca Mau

Reiseatlas: S. 21, C 3

Der 41 862 ha große **Mui-Ca-Mau-Nationalpark** (Vuon Quoc Gia Mui Ca Mau) am südwestlichsten Zipfel von Vietnam wurde 2003 eingerichtet. Rund um das Mündungsgebiet des Song Cua Lon existierte bis zum Vietnamkrieg einer der größten Mangrovenwälder des Landes. Durch die Entlaubungsaktionen der USA und spätere Abholzung wurde er jedoch extrem dezimiert. Heute versucht die Regierung das 2007 zum Unesco-Biosphärenreservat ernannte Gebiet wieder zu renaturieren. Für Besucher lohnt sich der 100 km lange Trip mit dem Schnellboot (ca. 2 Std.) aufgrund der großen Zahl von Zugvögeln, darunter Sibirische Brachvögel *(Numenius madagascariensis),* Buntstörche *(Mycteria leucocephala),* Schwarzhalsibisse *(Threskiornis melanocephalus)* und Graupelikane *(Pelecanus philippensis).* Natürlich lockt der Park auch damit, dass er am südlichsten Punkt Vietnams liegt. In dieser Küstenregion wächst das Land durch Ablagerungen jährlich zwischen 80 und 100 m ins Meer hinaus.

Der 2006 aus zwei Schutzgebieten hervorgegangene **U-Minh-Ha-Nationalpark** (Vuon Quoc Gia U Minh Ha), etwa 30 km westlich von Ca Mau, ist ein weiteres attraktives Ziel für Ökotouristen. Das 8286 ha große Schutzgebiet mit den weltweit größten Mangrovenwäldern ist ebenfalls Heimat vieler Zugvögel. Zudem ist dort sehr häufig der Cajuput-Baum *(Melaleuca leucadendron)* anzutreffen, ein wegen seiner ätherischen Öle bedeutender Nutzbaum.

Minh Hai Tourist: 1 Ly Bon, Tel. 0780-83 18 28, Fax 83 70 22. Gibt Informationen zu den Nationalparks und organisiert Boote und Mietwagen. Allerdings wird nur wenig Englisch gesprochen.

Hoang Gia Hotel: 27–29 Tran Hung Dao, Tel. 0780-81 99 99, Fax 81 58 58, www.hoanggiahotel-camau.com. Sympathisches Stadthotel mit 50 sauberen Zimmern in fünf Kategorien. Geräuschempfindliche sollten die hinteren Zimmer wählen. DZ 15–30 US-$ mit Frühstück.

Sieu Thi Hotel: 1 Hung Vuong, Tel. 0780-83 67 86, Fax 83 27 89. Von außen ziemlich protzig wirkendes Geschäftshotel mit 52 großen, sauberen Zimmern. Restaurant mit solidem Menü-Angebot. DZ 12–30 US-$ mit Frühstück.

Entlang der Ly Bon gibt es mehrere Garküchen. Die Restaurants sind nicht auf westliche Besucher eingestellt, weshalb eine englische Speisekarte meist fehlt.

Pho Xua Restaurant: 126 D Phan Ngoc Hien, tgl. 10–22 Uhr. Das sehr gute Angebot an Seafood-Gerichten macht das zuweilen recht bierselige Lokal zu einem beliebten Treff der Einheimischen. Gerichte ab 35 000 VND.

Trieu Phat: Phan Ngoc Hien, Nähe Ca Mau Hotel, tgl. 8–22 Uhr. Gute Auswahl an Reis- und Seafood-Gerichten ab 25 000 VND.

Flüge: Der Flughafen liegt am westlichen Stadtrand, direkt an der Nationalstraße 1 A. Die Vietnam Air Services Company (Vasco) fliegt 1 x tgl. von Ho-Chi-Minh-Stadt nach Ca Mau. Infos: Vasco, B 114 Bach Dang, Tan-Binh-Dist., Ho-Chi-Minh-Stadt, Tel. 08-844 59 99, Fax 848 97 31, www.vasco.com.vn.

Busse: Der **Ben Xe Ca Mau** liegt 2 km südöstlich der Stadt an der Nationalstraße 1 A. Von dort starten Busse nach Can Tho (180 km, 5 Std.) und Ho-Chi-Minh-Stadt (350 km, 9–11 Std.). Von der 121 Nguyen Trai fahren private Minibusse in Richtung Saigon.

Boote: Von der **Anlegestelle für Schnellboote** an der 162 Phan Boi Chau starten täglich Tragflügelboote nach Nam Can (2 Std., interessant für den Besuch des Nationalparks Mui Ca Mau) und nach Rach Gia (3 Std.). Am **Ben Tau A** an der Ly Van Lam legen langsame Fähren nach Rach Gia (10 Std.) und Boote in Richtung Westen ab.

Bis zu drei Mal im Jahr kann im Mekong-Delta Reis geerntet werden

Am Golf von Thailand

Karte S. 434
Reiseatlas S. 19, 21

Die Region zwischen der kambodschanischen Grenze und dem Golf von Thailand erlebt seit einiger Zeit einen beachtlichen Aufschwung. Mehrere Grenzübergänge laden zur Weiterfahrt ins Nachbarland ein. Sonnenhungrige Urlauber zieht es aber vor allem an die verträumten Buchten entlang der Küste und die Traumstrände der Insel Phu Quoc.

Von Can Tho nach Long Xuyen

Von Can Tho verläuft die landschaftlich interessante Straße Nr. 91 zeitweise parallel zum Hau Giang in Richtung Norden bis nach Chau Doc. Sie führt entlang bildschöner Kanäle und fruchtbarer Reisfelder. Hier und da sieht man aufgehäufte Reisstrohreihen, unter denen Pilze gezüchtet werden.

Thot Not

Reiseatlas: S. 21, C 1

Größter Ort ist nach 45 km die Stadt der Palmyrapalme, **Thot Not.** Sie schmiegt sich direkt an den Hau Giang und ist wichtiger Knotenpunkt mehrerer Wasserstraßen. Nicht weit entfernt liegt das sehenswerte **Storchenschutzgebiet Bang Lang** (Vuon Co Bang Lang), benannt nach den dort wachsenden *Lagerstroemia*-Bäumen. Auf einem 2 ha großen Gebiet versammeln sich in den Wipfeln der Bäume bei Einbruch der Dunkelheit Zehntausende von Störchen, Adjutanten, Reihern und anderen Vögeln; insgesamt 20 Arten sind bekannt. Das Schutzgebiet liegt 1 km östlich der N 91 und ist über einen schmalen Kanal auch per Sampan zu erreichen.

Long Xuyen

Reiseatlas: S. 21, C 1

Nach 62 km gelangt man nach Long Xuyen, das am breiten Hau Giang gelegene Verwaltungszentrum der 3424 km^2 großen Provinz An Giang. Die Stadt mit 350 000 Einwohnern ist ein wichtiges regionales Handelszentrum, das von seiner Nähe zu Kambodscha profitiert.

Seit Mitte des 20. Jh. ist Long Xuyen die Hochburg der Religionsgemeinschaft Hoa Hao. 1939 von Huynh Phu So (1919–1947) gegründet, ist die 1,5 Mio. Anhänger starke Bewegung nach dem Geburtsort des Gründers benannt. Wie die rivalisierenden Cao Dai hatten auch die Hoa Hao bis zu ihrer Entwaffnung unter Präsident Diem im Jahr 1956 ihre eigene Armee. Im Gegensatz zu den Cao Dai lehnen die Hoa Hao jegliche religiöse Organisation ab – es gibt weder Mönche noch Tempel. Lediglich in den Häusern der Anhänger findet sich ein kleiner Altar. Der schlichten Lehre zufolge sollen die Hoa Hao Gutes tun und sich im Studium buddhistischer Texte üben. Die Männer sind angehalten, aus Respekt vor den Ahnen weder ihren Bart noch ihre Haare zu schneiden.

Touristen lassen Long Xuyen meist links liegen – nicht ganz ohne Grund, geizt die Stadt doch ein wenig mit Sehenswürdigkeiten. Wer hier aber dennoch Station macht und genügend Zeit hat, kann einen Blick in das **An-Giang-Museum** (Bao Tang An Giang) werfen. Der Besuch lohnt sich in erster Linie wegen hier der ausgestellten Funde aus dem nahen Oc Eo (77 Thoai Ngoc Hau, tgl. 7–11, 13.30–17 Uhr, 15 000 VND).

Als Wahrzeichen der Stadt dient die mächtige **Kathedrale** (Nha Tho Chinh Toa Long

Xuyen) an der Nguyen Hue, deren 50 m hoher Glockenturm gefalteten Händen nachempfunden ist. Sie wurde 1973 nach 15-jähriger Bauzeit eingeweiht und bietet Platz für bis zu 1000 Gläubige (tgl. 17–19 Uhr und während der Gottesdienste).

An Giang Tourist: 17 Nguyen Van Cung, Tel. 076-84 10 36, tgl. 7–11, 13–17 Uhr. Informationen zur gesamten Provinz einschließlich Chau Doc und Umgebung.

Kim Anh Hotel: 5–9 Thi Sach, Tel. 076-94 25 51, Fax 84 76 16. Freundliches Stadthotel mit 30 Zimmern auf acht Etagen. Guter Service und zentrale Lage, nur 100 m vom Markt. DZ 30–70 US-$ mit Frühstück.

Dong Xuyen Hotel: 9 A Luong Van Cu, Tel. 076-94 22 60, Fax 94 22 68. Das große Geschäftshotel mit 58 sauberen Zimmern ist derzeit erste Wahl in der Stadt. Guter Service und empfehlenswertes Restaurant. DZ 30–50 US-$ mit Frühstück.

Cau Lac Bo Hoa Binh: 130 Tran Hung Dao, Tel. 076-85 61 67, tgl. 10–22 Uhr. Das offene Restaurant hat eine umfangreiche Speisekarte mit guten vietnamesischen Gerichten ab 40 000 VND. Der Service ist allerdings zuweilen recht schleppend.

Hong Phat: 242/4 Luong Van Cu, Nähe Dong Xuyen Hotel, tgl. 10–22 Uhr. Nette Gaststätte mit guten vietnamesischen Fischgerichten (und mehr). Gerichte ab 35 000 VND.

Tien Com Huynh Loi: 252/1 Nguyen Trai, tgl. 10–22 Uhr. Das einfache Lokal hat u. a. leckere *bun bo Hue,* Reisnudelsuppe mit Rind, im Angebot. Gerichte ab 30 000 VND.

Busse

Der **Ben Xe Long Xuyen** befindet sich in der Tran Hung Dao im Süden der Stadt. Er ist Startpunkt für Busse nach Chau Doc (53 km, 1,5 Std.), Can Tho (62 km, 1,5 Std.), Rach Gia (65 km, 2 Std.) und Ho-Chi-Minh-Stadt (240 km, 6–7 Std. abhängig von der Fähre).

Mit dem Autor unterwegs

Sehenswert

Zwischen Spanferkeln und Pilgern: Der Nui Sam bei Chau Doc zählt zu den bedeutendsten Pilgerstätten im Mekong-Delta. In Scharen huldigen die Gläubigen der mächtigen Göttin Ba Chua Xu und opfern ihr Geschmeide und Schweine (s. S. 427f.).

Unter Vögeln: Das Feuchtgebiet von Tra Su westlich von Chau Doc ist ein Refugium zahlreicher bedrohter Vogelarten. Per Boot können Sie sich auf Erkundungstour begeben und eine faszinierende Wasserlandschaft entdecken (s. S. 428).

Grotten, Sand und Meer: Die Halbinsel Hon Chong südlich von Ha Tien beeindruckt mit ihrer wunderbaren Karstlandschaft und einem feinsandigen Strand (s. S. 431f.).

Gut gebettet

Logieren am Fluss: Vom luxuriösen Hotel Victoria Chau Doc weht ein kolonialer Hauch über den Hau Giang. Hier können Sie einen der schönsten Sonnenaufgänge im Delta erleben (s. S. 426).

Unter Palmen: Die Cassia Cottage am Bai Truong (Long Beach) von Phu Quoc bietet mit ihren wenigen Zimmern beschauliche Urlaubsatmosphäre für Ruhesuchende. Individueller Service wird hier großgeschrieben (s. S. 438).

Nach Kambodscha

Zwischen Chau Doc und Ha Tien gibt es drei Möglichkeiten, nach Kambodscha weiterzureisen: zum einen von Chau Doc mit dem Schnellboot über die am Mekong liegende Grenze **Vinh Xuong/Kaam Samnor** nach Phnom Penh; mit dem Auto von Chau Doc bis zur Grenze **Nha Bang-Tinh Bien/Phnom Den** und von dort entlang der Nationalstraße 2 via Takeo nach Phnom Penh; über Ha Tien nach **Xa Xia/Prek Chak** und von dort über das Seebad Kep nach Kampot.

Oc Eo

Reiseatlas: S. 21, C 1
Die bedeutendste archäologische Stätte des Mekong-Deltas liegt beim Dorf Vong The an der Straße nach Rach Gia, etwa 40 km südwestlich von Long Xuyen. Oc Eo war vom 1. bis 7. Jh. die wichtigste Hafenstadt von Funan, jenem indisierten Reich, das als Vorläufer des Khmer-Reiches gilt. Bei Ausgrabungen in den 1940er-Jahren konnte man eine 3 x 1,6 km große Siedlung verifizieren. Die Chinesen nannten Oc Eo den Hafen der tausend Flüsse. Zu den Funden zählen Schmuckstücke sowie Goldmünzen aus dem Jahr 152 mit dem Porträt des römischen Kaisers Antonius Pius (reg. 138–161), die Handelskontakte bis nach Europa bestätigen. Eine 1,70 m große vierarmige Bodhisattva-Figur aus Sandstein und zwei Stelen mit Sanskrit-Inschriften befinden sich in der **Chua Linh Son,** einer kleinen Pagode am nahe gelegenen Berg Nui Ba The. Ein Abstecher lohnt sich aber nur für besonders Interessierte, denn außer Fundamentresten gibt es nichts zu sehen (tgl. 7.30–17 Uhr, 10 000 VND).

Chau Doc

Reiseatlas: S. 19, B 3
Am Westufer des Hau Giang erstreckt sich in unmittelbarer Nähe der kambodschanischen Grenze die Stadt **Chau Doc.** Sie ist Heimat von über 100 000 Menschen, einem bunten Gemisch aus Chinesen, Vietnamesen, Khmer und Cham. Seit in der Nähe zwei Grenzübergänge geöffnet wurden, hat sie sich von einer Schmuggler- und Pilgerstadt zum Tor nach Kambodscha entwickelt. Nach Phnom Penh sind es über den Mekong nur 165 km. Seinen wirtschaftlichen Aufschwung verdankt Chau Doc aber auch der hier intensiv betriebenen Fischzucht. Selbst aus Europas Gastronomie ist der gräten- und fettarme Pangasius – ein zur Familie der Haiwelse *(Pangasiidae)* zählender Süßwasserfisch – nicht mehr wegzudenken.

Die Zahl der **schwimmenden Häuser** auf dem Hau Giang – zu denen bis zu 30 x 10 m große und 5 m tiefe Bambuskäfige unter Wasser gehören – geht mittlerweile in die Tausende. In den Käfigen werden die *ca ba sa,* wie Einheimische die Fische nennen, acht bis zehn Monate lang mit einer Mischung aus Reis- und Fischmehl gemästet. Wenn sie 1,2 kg schwer sind, treten sie ihre letzte Reise an – zu einer Fischfabrik bei Long Xuyen. Von dort werden sie, zu Filet verarbeitet, in alle Welt exportiert. Die schwimmenden Häuser können im Rahmen einer Bootsfahrt besucht werden.

Sehenswürdigkeiten

Chau Doc präsentiert sich als eine recht attraktive Deltastadt mit einer schönen **Uferpromenade** (Cong Vien Bo Song Chau Doc) entlang der Le Loi zwischen Victoria Hotel und der zum Sam-Berg verlaufenden Nguyen Van Thoai. In der Mitte der Promenade ist dem *ca ba sa* ein modernes, 15 m hohes **Denkmal** gewidmet.

Auch wer schon viele Märkte gesehen hat, wird an dem bunten **Zentralmarkt** (Cho Trung Tam Chau Doc) mit dem für das Delta typischen üppigen Angebot an Meeresfrüchten und Obst seine Freude haben. Der ganztägig geschäftige Markt mit einer langen Halle zieht sich vom Fluss zwischen den Straßen Bach Dang und Chi Lang in Richtung Westen (tgl. 6–19 Uhr).

Sehr sehenswert ist der 1926 erbaute **Dinh Chau Phu** an der Uferstraße Tran Hung Dao. In der großen Halle mit schön geschwungenen Fenstern und Türen wird Nguyen Huu Canh (1650–1700), einst Gouverneur im Süden Vietnams und Gründer Saigons, verehrt. Der hohe Mandarin und Nachfahre des berühmten Literaten Nguyen Trai hatte sich um die Erschließung und Kolonisierung des Deltas große Verdienste erworben, weshalb ihm gerade im tiefen Süden Vietnams zahlreiche Gedenktempel gewidmet sind (tgl. 7–17 Uhr, Eintritt frei).

Der große Platz zwischen Thu Khoa Nghia und der Phan Van Vang wird vom Tempel des Bodhi-Baums, **Bo De Dao Trang,** dominiert. Mehrere Schreine gruppieren sich um den heiligen *Ficus religiosa,* der zum Vesakh-Fest

Muslimische Jungen aus Chau Giang in ihrer traditionellen Tracht

am 9. Mai 1952 vom damaligen Präsidenten der Theosophischen Gesellschaft, C. Jinarajadasa, gepflanzt wurde. Am späten Nachmittag werden rund um den Tempel Garküchen aufgebaut.

Chau-Giang-Dorf

Mit dem Boot kann man einen interessanten Ausflug nach Chau Giang unternehmen und unterwegs auch die schwimmenden Häuser besuchen. Das Cham-Dorf mit 3000 Einwohnern erstreckt sich von der Ostseite des Hau Giang am Kanal Kinh Sang Tan Chau entlang, der den Hau Giang mit dem Tien Giang verbindet. Am Wasser stehen zahlreiche Stelzenhäuser aus Holz. Die Gemeinde wurde 1691 von Angehörigen der Cham gegründet, die aus Zentralvietnam ins Mekong-Delta migrierten. Da die Cham Muslime sind, gibt es einige Moscheen im Dorf, darunter die grüne **Chau-Giang-Moschee** und weiter östlich die 1750 gestiftete, mehrfach erweiterte **Mubarak-Moschee.** Die Bewohner folgen in ihrer Tracht der malaiischen Tradition: Sie tragen Wickelröcke aus Baumwolle, die Frauen dazu bunte Kopftücher, die Männer weiße Gebetskappen.

i Die für Chau Doc zuständige staatliche An Giang Tourist besitzt hier kein Büro. Für Fragen und Buchungen kann man sich an lokale Agenturen wenden, z. B.:

Mekong Tours: 14 Nguyen Huu Canh, Tel. 076-86 82 22, Fax 56 22 65, www.mekongvietnam.com, tgl. 7–20.30 Uhr.

Hang Chau II: 10 Nguyen Van Thoai, Tel. 076-86 88 91, Fax 86 51 40, tgl. 6–22 Uhr.

Nach Kambodscha: Mehrere Unternehmen bieten Schnellbootverbindungen nach Phnom Penh an. Die Boote legen morgens an der Anlegestelle beim Victoria Chau Doc Hotel ab. Abhängig von der Wartezeit an den Übergängen in Vinh Xuong/Kaam Samnor ist man 4–5 Stunden unterwegs. Das kambodschanische Visum erhält man direkt an der Grenze.

Zu den Anbietern zählen:

Victoria Speed Boats: Buchung über Victoria Chau Doc Hotel.

Tu Trang Travel: 145 Phan Dinh Phung, Can Tho, Tel. 071-82 17 89, Fax 82 20 90, tutrang travel@hcm.vnn.vn.

Blue Cruiser: 213 Ngo Tat To, Binh-Thanh-Dist., Ho-Chi-Minh-Stadt, Tel. 08-889 26 82, Fax 840 65 38, www.bluecruiser.com.

... in Chau Doc:

Victoria Chau Doc: 32 Le Loi, Tel. 076-86 50 10, Fax 86 50 20, www.victoriahotels-asia.com. Die architektonische Perle mit 92 schönen Zimmern und Suiten liegt direkt am Hau Giang. Das Verwöhnangebot reicht vom Vinh Te Spa über einen Pool bis zum exzellenten Bassac Restaurant. Die Victoria Speed Boats verkehren fast täglich zwischen Chau Doc und Phnom Penh. DZ ab 99 US-$ mit Frühstück.

Chau Pho Hotel: Trung Nu Vuong, Tel. 076-56 41 39, Fax 56 41 59, chauphohotel@vnn.vn. Das sympathische Stadthotel mit 36 Zimmern in drei Kategorien verbindet Komfort mit guten Preisen. Schmackhafte Küche. DZ ab 20 US-$ mit Frühstück.

Song Sao Hotel: 12–13 Nguyen Huu Canh, Tel. 076-56 17 76, Fax 86 88 20. Eine der nettesten Budgetunterkünfte im Herzen der Stadt mit 24 komfortablen und sauberen Zimmern. DZ um 15 US-$ ohne Frühstück.

Trung Nguyen Hotel: 86 Bach Dang, Tel. 076-86 61 58, trunghotel@yahoo.com. Zu Recht ein sehr populäres Minihotel; 15 etwas kleine Zimmer mit Balkon, teilweise mit Blick auf den quirligen Markt (nichts für Langschläfer); Fahrrad- und Mopedverleih. DZ 10–15 US-$ ohne Frühstück.

... in Richtung Nui Sam:

Ben Da Nui Sam: kurz vor Nui Sam, Tel. 076-86 17 45, Fax 86 15 30, bendannuisam@hcm.vnn.vn. Die großflächige Anlage mit 64 recht nüchternen Zimmern trifft eher den einheimischen Geschmack, ist aber für den Preis in Ordnung. Das Angebot reicht von Massage bis Tennis. DZ ab 16 US-$.

Long Chau Resort: an der Straße nach Nui Sam, Tel. 076-86 12 49, Fax 86 20 91, www.vamcotravel.com. Die lauschige Bungalowanlage mit 30 Zimmern liegt auf halber Strecke zwischen Chau Doc und Nui Sam und ist eine Oase der Ruhe; das Personal ist beim Arrangieren von Touren behilflich. DZ um 15 US-$.

Der bei den schwimmenden Häusern gezüchtete *ca ba sa (Pangasius bocourti)* sowie der kleinere und feinere *ca bong lau (Pangasius krempfi)* werden auch vor Ort in den Restaurants angeboten. Die Küche von Chau Doc beglückt den Gaumen außerdem mit *canh chua,* einer süßsauren Fischsuppe, sowie einer Khmer-Variante von *bun ca,* Reisnudelsuppe mit Tamarinde und Fisch. An Straßenständen sieht man häufig *thot not,* die tennisballgroße dunkle Frucht der Palmyrapalme mit erfrischend schmeckendem Fruchtfleisch.

Le Jarai: 32 Le Loi, tgl. 16–22 Uhr. Das Bootsrestaurant beim Victoria Chau Doc Hotel dümpelt gemütlich im Hau Giang und hat mit Abstand das schönste Ambiente. Doch auch die Speisekarte kann sich sehen lassen. Sehr gut ist *ca kho to,* gedünsteter Fisch im Tontopf. Gerichte ab 45 000 VND.

Bay Bong: 22 Thuong Dang Le (zwei Blöcke nördlich des Marktes), Tel. 076-86 72 71, tgl. 7–21 Uhr. Die gefliesten Wände verbreiten zwar den Charme eines Waschsalons, dafür wird hier herrliche *canh chua* gekocht. Vor allem die Fischspeisen sind sehr gut. Gerichte ab 30 000 VND.

Thuan Loi Hotel: 18 Tran Hung Dao, Tel. 076-86 61 34, tgl. 7–24 Uhr. Die Zimmer des nördlich vom Markt gelegenen Gästehauses

sind bescheiden, dafür liegt dessen stilvolles Restaurant schön am Fluss. Hier wird solide vietnamesische Küche serviert, aber es gibt auch die unvermeidlichen *banana pancakes.* Gerichte ab 30 000 VND.
Hong Phat: 77 Chi Lang, Tel. 076-86 69 50, tgl. 7–22 Uhr. Optisch nicht der Hit, aber dafür tischt man in diesem guten Lokal ausgezeichnete Fischgerichte und mehr auf. Sehr gutes Preis-Leistungs-Verhältnis. Gerichte ab 30 000 VND.
Lam Hung Ky: 71 Chi Lang, Tel. 076-86 67 45, tgl. 7–21 Uhr. Von einer chinesischen Familie geführtes Lokal in der Nachbarschaft des Hong Phat mit guten und günstigen Gerichten ab 30 000 VND.

Tan Chau Salon Bar: Victoria Chau Doc Hotel, 32 Le Loi, tgl. 6–23 Uhr. Die Hausbar des Hotels bietet gut gemixte Drinks, dazu coole Musik und einen Billardtisch.

Rikschafahrten: In Chau Doc ist eine Stadtrundfahrt mit dem *xe loi* sehr zu empfehlen; anders als bei den Cyclos sitzt der Fahrer in dieser Rikscha vorne.
Fahrrad- und Mopedverleih: Im Trung Nguyen Hotel (s. Tipp: S. 426).

Busse: Der **Ben Xe Chau Doc** befindet sich in der Le Loi, 2 km südöstlich des Zentrums. Von dort starten Busse nach Can Tho (117 km, 3 Std.), Ho-Chi-Minh-Stadt (245 km, 7 Std.) und Ha Tien (95 km, 3 Std.). Mai Linh, Tel. 076-56 52 22, unterhält Minibus-Verbindungen in die südvietnamesische Metropole.

Nui Sam

Reiseatlas: S. 19, B 3
Die bedeutendste Pilgerstätte im Mekong-Delta ist der Krabbenberg, **Nui Sam,** 6 km südwestlich von Chau Doc. Rund um die 230 m hohe Erhebung liegen zahlreiche Schreine, Klöster und Tempel. Aufgrund des immer stärker gewordenen Pilgerstroms hat sich am Fuß des Nui Sam eine Siedlung mit Restaurants, Hotels und Devotionalienläden entwickelt. Vor vielen Geschäften hängt eine Tafel mit dem Bild eines Spanferkels, dessen Kauf allerdings erst in zweiter Linie dem Verzehr dient. Zunächst wird das lecker zubereitete Schweinchen nämlich Ba Chua Xu geopfert, deretwegen jährlich über 2 Mio. Gläubige hierher reisen. Der Kult um die Göttin hat ihren Ursprung auf dem Nui Sam. Zu Beginn des 19. Jh. sollen siamesische Invasoren versucht haben, eine Steinstatue vom Gipfel wegzutragen. Doch ihr Unterfangen war zum Scheitern verurteilt: Auf dem Weg nach unten wurde die Statue immer schwerer, weshalb die Siamesen sie schließlich zurückließen. Auch den männlichen Bewohnern der Umgebung gelang der Abtransport nicht. Daraufhin verkündete Ba Chua Xu in einer Erscheinung, dass einzig neun junge Frauen dazu fähig seien, die Statue wegzutragen. Und so geschah es: Die Statue wurde hinuntergebracht und in einem eigens errichteten Tempel aufgestellt.

Chua Tay An

Von Chau Doc kommend trifft man zuerst auf die buddhistische **Chua Tay An,** eine Stiftung des Mandarins Doan Uan aus dem Jahr 1847. Ihre heutige Gestalt geht auf das Jahr 1958 zurück. Architektonisch wirkt der Tempel wie eine Mischung aus indischem Moghul-Palast und Moschee. Auch im Inneren setzt sich das ästhetische Verwirrspiel fort. Unter den über 1000 Statuen gibt es buddhistische Figuren ebenso wie daoistische Gottheiten und Gestalten aus dem hinduistischen Pantheon. Im hinteren Bereich werden auf einem Altar die verstorbenen Äbte verehrt. Ihre Grabstupas sind in einem seitlich abgeschlossenen Bereich zu finden (tgl. 6–19 Uhr, Eintritt frei).

Mieu Ba Chua Xu

An der Nordseite des Nui Sam liegt das bedeutendste Heiligtum, der Tempel der Frau Chua Xu, **Mieu Ba Chua Xu.** Das nicht sehr ansehnliche Gebäude aus Waschbeton stammt aus dem Jahr 1972 und ersetzte einen Bau aus den 1820er-Jahren. Im Zentrum des Tempels steht die große Statue von Ba Chua Xu (nicht fotografieren!). Die prachtvollen Gewänder und die üppige Kopfbedeckung lassen nicht erahnen, dass der Torso einer Sandsteinstatue aus dem 6. Jh. ihren Kern bildet. Möglicherweise handelt es sich um den Überrest einer Vishnu-Statue, was darauf schließen ließe, dass während der Funan-Epoche einmal ein Hindu-Tempel auf dem Nui Sam stand. In einem Seitengebäude werden auf zwei Etagen die Opfergaben der Gläubigen aufbewahrt. Schränke voller Gewänder und Vitrinen voller Votivtafeln aus Gold sind zu sehen (tgl. 6.30–18.30 Uhr, Eintritt frei).

Lang Thoai Ngoc Hau

Gegenüber dem Chua-Xu-Tempel liegen am Fuße des Nui Sam die Grabmale von **Thoai Ngoc Hau** (1761–1829) und seinen Frauen Chau Thi Vinh Te (1766–1826) und Truong Thi Miet (gest. 1828). Der auch Nguyen Van Thoai genannte Militärmandarin diente unter dem Gia-Long-König als Gouverneur einiger Provinzen im Mekong-Delta. In dieser Funktion ließ er mehrere Wasserstraßen anlegen, so auch zwischen 1819 und 1824 – unter Einsatz von 80 000 kambodschanischen Zwangsarbeitern – den nach seiner Gattin benannten, 90 km langen Vinh-Te-Kanal von Chau Doc nach Ha Tien. Parallel zum Kanal verläuft heute die Grenze zu Kambodscha. In der erhöhten Halle ist eine Büste von Van Thoai aufgestellt. An einer Seite der Tempelanlage verläuft ein Weg zur Spitze des Nui Sam (tgl. 7–18 Uhr, Eintritt frei).

Chua Hang

An der Nordwestseite des Nui Sam steht etwas erhöht die Höhlenpagode, **Chua Hang,** von der man einen exzellenten Panoramablick hat. Das auch Chua Phuoc Dien genannte buddhistische Heiligtum geht auf eine Nonne zurück, die bis zu ihrem Tod 1899 in der Grotte lebte. Die heutigen, recht ansprechend gestalteten Bauten sind erst in den vergangenen Jahren errichtet worden (tgl. 7–18 Uhr, Eintritt frei).

Das populäre **Tempelfest zu Ehren der Ba Chua Xu** findet vom 23. bis 27. des vierten Mondmonats statt. Dann pilgern Zehntausende von Menschen zum Nui Sam, um zu beten, zu opfern und den Riten und Prozessionen zu folgen. Zu den Höhepunkten zählen die rituelle Waschung am 23., die Prozession am 25. und eine Zeremonie mit anschließender Prozession am 27. des Monats.

Westlich von Chau Doc

Reiseatlas: S. 19, B 4
Im Rahmen eines Tagesausfluges kann man in der Gegend zwischen Chau Doc und Ha Tien mehrere sehenswerte Orte besuchen, darunter **Ba Chuc,** 30 km südwestlich des Nui Sam. Dort werden in einer 1991 erbauten Pagode über 1000 Schädel von Opfern der Roten Khmer aufbewahrt. Diese hatten zwischen dem 12. und 30. April 1978 die Gegend heimgesucht und in einer Gewaltorgie 3157 Menschen gefoltert und getötet.

In der Nähe der Marktstadt Tri Ton im Süden des 710 m hohen Berges Nui Cam erstreckt sich in einem von vielen Kanälen durchzogenen Gebiet das 854 ha große **Vogelschutzgebiet Tra Su** (San Chim Tra Su). Dank der hier heimischen rund 80 Vogelarten hat es sich zu einer Pilgerstätte für Ornithologen entwickelt. Es ist ergreifend, im Rahmen einer zweistündigen Bootsfahrt oder von einem 10 m hohen Aussichtsturm aus in den Wipfeln der Cajuput-Bäume Hunderte von Purpurreihern (*Ardea purpurea*), Nachtreihern (*Nycticorax nycticorax*), Schlangenhalsvögeln (*Anhinga melanogaster*) und Mohrenscharben (*Phalacrocorax niger*) beobachten zu können. Beste Beobachtungszeiten sind die Spätnachmittage der Monate August bis November (tgl. 6–17 Uhr).

Eine Art Pilgerstätte für Kriegsveteranen hingegen ist der 216 m hohe **Nui Tuc Dup,** 10 km südwestlich von Tri Ton. Der steile Berg war ein Stützpunkt des Viet Cong, den die US-Armee trotz Großeinsatzes nie für längere Zeit einnehmen konnte, weshalb er aufgrund der hohen Kosten den Spitznamen Zwei-Millionen-Dollar-Hügel erhielt. Heute kann man in einem kleinen **Museum** anhand eines Modells das Kampfszenario studieren (tgl. 7–11, 13–17 Uhr) und in einer Höhle eine nachgestellte Besprechungsszene des Viet Cong bestaunen. Am Fuß des Hügels liegt eine kleine Ferienanlage mit einem See und einem Schießstand (tgl. 6–17 Uhr, 4000 VND).

Von Rach Gia nach Kambodscha

Die etwa 100 km lange Küstenstraße Nr. 80 von Rach Gia in Richtung Norden bis zur kambodschanischen Grenze eröffnet immer wieder herrliche Ausblicke auf das Meer mit bunten Fischerbooten in lauschigen Buchten, bizarren Karstinseln im Wasser und üppigen Tropenlandschaften im Hinterland. Ein Abstecher lohnt sich auf die Halbinsel Hon Chong, wo ein Bad im Meer etwas Abkühlung verspricht und interessante Grotten zu besichtigen sind.

Rach Gia

Reiseatlas: S. 21, B/C 1

Die wirtschaftlich aufstrebende Hafenstadt **Rach Gia** liegt in einer sanft geschwungenen Bucht am Golf von Thailand. Ihre fast 200 000 Einwohner leben hauptsächlich vom Fischfang und Handel, zum Teil auch vom Schmuggel thailändischer Waren. Besuchern dient das Verwaltungszentrum der Provinz Kien Giang in erster Linie als Sprungbrett zur Insel Phu Quoc, denn im Ort gibt es nur wenige Sehenswürdigkeiten und somit kaum Grund für einen längeren Aufenthalt.

Falls jedoch Zeit bleibt, weil wieder einmal hoher Wellengang die Ausfahrt der Fähren verzögert, lohnt sich der Weg zu einem der zahlreichen Tempel der Stadt, allen voran zum **Den Nguyen Trung Truc** (tgl. 7–18 Uhr, Eintritt frei). Der an der 18 Nguyen Cong Tru gelegene Gedenktempel ist dem gleichnamigen Freiheitskämpfer gewidmet. Der überzeugte Nationalist war 1861 an der Zerstörung des französischen Kriegsschiffes ›L'Espérance‹ beteiligt. Als die Kolonialherren seine Mutter als Geisel nahmen, stellte sich der 31-jährige Truc nach sieben Jahren Flucht. Am 27. Oktober 1868 wurde er auf dem Marktplatz hingerichtet. An der Stirnseite der Haupthalle ist sein Porträt zwischen zwei markanten Kranichen auf Schildkröten zu sehen. Zu Ehren des Helden hat die Stadt auch im Zentrum eine Statue errichtet.

Die nicht unbedeutende chinesische Gemeinde – über 10 % der Stadtbevölkerung – trifft sich in der **Chua Ong Bac De** an der 14 Nguyen Du. Die Versammlungshalle ist einer Inkarnation des Jadekaisers geweiht, deren Statue auf dem Hauptaltar zu sehen ist. Auf den Seitenaltären verehren die Gläubigen den Glücksgott Ong Bon und General Quan Cong (tgl. 7–18 Uhr, Eintritt frei).

Wer den sonoren Rezitationen buddhistischer Texte lauschen will, kann sich frühmorgens gegen 3.30 Uhr oder abends gegen 18.30 Uhr zur **Chua Pho Minh** begeben, einem Nonnenkloster an der Ecke Co Bac/ Nguyen Van Cu südlich des Zentrums. Die Haupthalle stammt aus dem Jahr 1967 und birgt eine große Buddha-Statue im thailändischen Stil (tgl. 3–22 Uhr, Eintritt frei).

Schließlich empfiehlt sich ein Rundgang durch das **Provinzmuseum** (Bao Tang Kien Giang) mit seiner kleinen Sammlung von Exponaten, darunter Keramik und Münzen aus Oc Eo (27 Nguyen Van Troi, Di–So 7.30–11.30, 13.30–16.30, 5000 VND).

In **Rach Soi,** 7 km südlich von Rach Gia, gibt es einen sehr lebendigen **Markt.**

i **Kien Giang Tourist:** 12 Ly Tu Trong, Tel. 077-86 20 81, tgl. 7–11, 13–17 Uhr. Vermittelt Mietwagen und besorgt Flug- und Bootstickets.

Thuan Thien: 55–56 Dong Da/Ecke Ton That Tung, Tel. 077-92 79 79, Fax 92 48 74. Optisch ansprechendes, freundlich geführtes Stadthotel mit 24 sauberen Zimmern in drei Kategorien. Nettes Restaurant. DZ 10–20 US-$ mit Frühstück.

Kim Co Hotel: 141 Nguyen Hung Son, Tel. 077-87 96 10, Fax 87 96 11, khachsankimco@

yahoo.com. Das ruhig gelegene Stadthotel mit 14 sauberen Zimmern strahlt mit seinen bunten Farben eine witzige Atmosphäre aus. Gut geführt und noch dazu eine günstige Wohnoption. DZ ab 10 US-$ ohne Frühstück.
Tam Xuan: 19 Tran Quang Dieu, Tel. 077-92 03 25. Das Hotel zur Wilden Rose liegt schön am nördlichen Arm des Song Cai Lon. Die Zimmer sind sauber und bieten teilweise Flussblick. DZ um 10 US-$ ohne Frühstück.

Entlang der Uferstraße Nguyen Cong Tru am nördlichen Arm des Cai Lon werden am Spätnachmittag Stände mit vietnamesischen Süßigkeiten aufgebaut.
Hai Au: 2 Nguyen Trung Truc, tgl. 10–22 Uhr. Das Terrassenrestaurant liegt direkt am südlichen Arm des Cai Lon und bietet exzellentes Seafood. Sehr beliebt ist der Feuertopf *lau*. Gerichte ab 40 000 VND.
Tan Hung Phat: 357 Lam Quang Ky, Tel. 077-81 23 19, tgl. 10–23 Uhr. Leckere Meeresgerichte in einfachem Ambiente. Gerichte ab 35 000 VND.
Tay Ho: 16 Nguyen Du, tgl. 10–23 Uhr. Bei Einheimischen beliebtes Lokal mit umfangreichem Angebot an chinesischen und vietnamesischen Gerichten ab 25 000 VND.
Ao Dai Moi 2: 161 Nguyen Hong Son, tgl. 10–22 Uhr. Das schlichte, freundliche Lokal bietet günstige Reis- und Nudelgerichte ab 20 000 VND.
Ao Dai Moi: 26 Ly Tu Trong, tgl. 7–13 Uhr. Eine wunderbare Adresse für eine *pho* oder *won ton* am Morgen oder späten Vormittag. Gerichte ab 15 000 VND.

Flüge: Der **Flughafen** liegt 5 km südöstlich der Stadt bei Rach Soi. Jeweils 1 x tgl. starten Maschinen nach Ho-Chi-Minh-Stadt und Phu Quoc. Vietnam Airlines, 180 Nguyen Trung Truc, Tel. 077-86 18 48.
Busse: Vom **Ben Xe Rach Soi,** 7 km südlich der Stadt, verkehren Busse nach Ho-Chi-Minh-Stadt (250 km, 6–7 Std.), Long Xuyen (65 km, 2 Std.) und Can Tho (116 km, 3 Std.). Zwischen dem Busbahnhof und der Tran Phu im Zentrum pendeln Shuttle-Busse. Für die Weiterreise nach Ha Tien (92 km, 2,5 Std.) muss man zum regionalen Busbahnhof nördlich der Stadt fahren.
Boote: Von der Anlegestelle **Ben Tau Khach Bien,** 200 m westlich des Den Nguyen Trung Truc, starten mehrmals täglich Tragflügelboote auf die 120 km entfernte Insel Phu Quoc (2,5 Std., 130 000–160 000 VND). Das Ticket sollte man vorab kaufen. Der **Ben Tau Rach Meo,** 5 km südlich der Stadt an der Ngo Quyen, ist Ausgangspunkt für Schnellboote nach Ca Mau (3 Std.).

Halbinsel Hon Chong

Reiseatlas: S. 21, A/B 1
Die Straße Nr. 80 in Richtung Ha Tien gewährt immer wieder schöne Ausblicke auf das Meer. Nach etwa 80 km durchquert sie das Städtchen **Ba Hon** mit einem malerischen Fischerhafen. Die Landschaft mit den pittoresken Kalksteinfelsformationen und vorgelagerten Inselchen wirkt wie eine Miniaturausgabe der Ha-Long-Bucht. Doch leider nagt die kalksteinhungrige Zementindustrie um Ba Hon an vielen Bergen und Felsen und verpestet zudem die Luft.

In Ba Hon zweigt eine Straße zur Halbinsel **Hon Chong** ab, einem wunderbaren Fleckchen Erde. Entspannen kann man sich beispielsweise am feinsandigen **Bai Duong Beach,** der sich über 2 km an einer Bilderbuchbucht entlangzieht bis zu einem steil aufragenden Felskliff, von dem sich die Pagode von Berg und Wasser, **Chua Hai Son,** optisch abhebt. Hinter dem Kliff erstreckt sich auf einer Karsterhebung die Grottenpagode, **Chua Hang,** ein bekannter regionaler Wallfahrtsort. Die Stalagmiten und Stalaktiten in ihrem Inneren erstrahlen durch die Beleuchtung in bunten Farben. Von der Chua Hang verläuft ein Weg zu einem weiteren schönen Strand, von dem sich der Blick zur bekannten Vater-Sohn-Insel, **Hon Phu Thu,** öffnet. Das beliebte Fotomotiv mit den beiden aus dem Wasser ragenden steilen Felsen ist in der Region sehr häufig zu sehen. Aller-

Beliebtes Transportmittel in Vietnam und, wie man sieht, familientauglich: das Motorrad

dings ist der höhere Fels, der ›Vater‹, 2006 bei einem Sturm abgebrochen.

Hon Trem Resort: Binh An, Kien-Luong-Distrikt, Tel. 077-85 43 31. Die Anlage auf einem Hügel besteht aus 14 Bungalows und bietet Traumausblicke auf die Bucht. Auch wer hier nicht übernachtet, kann vom Restaurant aus das Panorama genießen. In Relation zum Standard sind die Zimmer etwas überteuert. DZ ab 30 US-$ mit Frühstück.

Green Hill Guesthouse: Binh An, Kien-Luong-Distrikt, Tel. 077-85 43 69. Ein lauschiges kleines Gästehaus auf einer Erhebung mit hübschen Zimmern, die alle wunderbare Aussichten auf die Bucht gewähren. Eine gute Wahl. DZ ab 20 US-$ ohne Frühstück.

Ha Tien

Reiseatlas: S. 21, A 1

Möglicherweise ist Ha Tien, 92 km nördlich von Rach Gia, die schönste Stadt des Mekong-Deltas. Zumindest ihre Lage am **Dong Ho,** der stimmungsvollen Bucht der Ostsee, sucht ihresgleichen. Die von den Bergen Ngo Ho und To Chau eingerahmte, knapp 100 000 Einwohner zählende Hafenstadt liegt nur einen Steinwurf von der kambodschanischen Grenze entfernt. Ihre Geschichte beginnt im Jahr 1671, als sich eine Gruppe chinesischer Flüchtlinge aus Guangzhou (Kanton) unter Führung des Händlers Mac Cuu (1655–1735) auf Geheiß des Fürsten Nguyen Phuc Tan (reg. 1648–1687) an der Mündung des Cai-Lon-Flusses niederließ. Durch den Handel mit Seide, Gewürzen und Keramik avancierte Ha Tien innerhalb weniger Jahrzehnte zu einem geschäftigen Seehafen. 1711 stellte Mac Cuu sein autonomes Territorium unter den Schutz der Nguyen-Fürsten, da die Region immer wieder Ziel siamesischer Angriffe war.

Bis zur Kolonialisierung hielt der Mac-Klan über sieben Generationen hinweg in Ha Tien die Fäden in der Hand, weshalb noch heute mehrere Stätten an diese mächtige Familie erinnern, wie etwa die **Chua Tam Bao** an der Phuong Thanh im Norden der Stadt. Sie ist eine Schenkung von Mac Cuu aus dem Jahr 1730 und birgt eine große liegende Buddha-Figur auf ihrem Gelände sowie einen schönen Blumengarten (tgl. 7–21 Uhr, Eintritt frei). Cuus zweite Frau, Nguyen Thi Xuan, stiftete die in derselben Straße gelegene **Chua Phu Dung.** Xuan wurde nach ihrem Tod auf einer Erhebung hinter der Haupthalle bestattet (tgl. 6–21 Uhr, Eintritt frei).

Einige Kilometer nordwestlich von Ha Tien ruhen auf dem Hügel der Gräber, **Nui Lang,** zahlreiche Angehörige des Mac-Klans. Der Gia-Long-Herrscher persönlich gab die schöne Grabstätte 1809 in Auftrag, aus Dankbarkeit für die Unterstützung der Mac während seines Kampfes gegen die Tay-Son-Rebellen. Am größten und schönsten ist die hufeisenförmige, von einem weißen Tiger und einem azurnen Drachen bewachte Grabstätte des Gründungsvaters von Ha Tien. Am Fuß des Hügels steht zum Gedenken an die Familiendynastie der **Den Tho Ho Mac.**

In Richtung Kambodscha

Reiseatlas: S. 21, A 1

Wer die Stadt gen Nordwesten in Richtung kambodschanische Grenze verlässt, gelangt nach 3,5 km zu einem Karstmassiv mit der sehenswerten Höhlenpagode **Chua Thach Dong** (auch Thanh Van genannt), einem schlichten Tempelbau am Eingang einer Grotte. Ein verwinkelter Pfad führt durch die Grotte bis zu einer erhöht liegenden Öffnung, von der sich ein schöner Blick in die Umgebung bietet. Vor dem Eingang zur Tempelanlage erinnert eine Gedenkstele an die 130 Opfer eines Überfalls der Roten Khmer am 14. März 1978 (tgl. 7.30–18 Uhr, 5000 VND).

Etwas weiter nördlich verläuft eine abzweigende Küstenstraße zum **Mui Nai Beach,** einem sichelförmigen, 400 m langen Strand mit Bilderbuchcharakter. Das Wasser ist sehr flach und bietet sich daher für Familien mit Kindern an, aber er eignet sich auch hervorragend für einen Sundowner. Einige Kilometer weiter nördlich liegt der Grenzübergang **Xa Xia/Prek Chak**, über den man weiter zum Seebad Kep und nach Kampot reisen kann. Da diese Ecke Kambodschas enormes touristisches Potenzial hat, wird sicherlich auch Ha Tien in der Gunst der Reisenden weiter steigen.

Die Angestellten des Hai Van Hotel können mit Tipps weiterhelfen und Ausflüge arrangieren.

Ha Tien Hotel: 36 Tran Hau, Tel. 077-85 15 63. Das Stadthotel mit 32 geräumigen Zimmern gilt als erste Adresse der Stadt, doch schläfriger Service und die geruchsintensiven Teppiche schmälern das Wohnvergnügen. DZ 20–40 US-$ mit Frühstück.
Kim Du Hotel: 14 Phuong Thanh, Tel. 077-85 19 29, Fax 85 21 19. Die etwas kleinen, aber freundlichen 40 Zimmer sind für den Preis in Ordnung. Das Restaurant genießt einen guten Ruf. DZ 25 US-$ mit Frühstück.
Hai Yen Hotel: 15 To Chau, Tel. 077-85 15 80, Fax 85 18 89. Das familiäre Minihotel mit 34 Zimmern wirkt sehr einladend. Tipp: Von den Eckzimmern im 3. und 4. Stock hat man eine gute Aussicht auf die Stadt. DZ 15–20 US-$ mit Frühstück.
Hai Van Hotel: 55 Lam Son, Tel. 077-85 28 72, Fax 85 16 85. Das Minihotel verfügt über einen älteren und einen neueren Flügel. Letzterer ist mit sauberen Zimmern und Balkonen eine gute Wahl. Fahrrad- und Mopedverleih. DZ um 15 US-$ ohne Frühstück.

Xuan Thanh: 20 Tran Hau, tgl. 6–21 Uhr. Das sympathische Familienrestaurant offeriert klassische vietnamesische und chinesische Gerichte ab 25 000 VND.
Hai Van: 4 Tran Hau, tgl. 7–21 Uhr. Das Lokal an der Pontonbrücke hat zwar kein besonders ansprechendes Ambiente, aber dafür eine große Auswahl an Reis- und Nudelgerichten zu guten Preisen. Ab 25 000 VND.
Thuy Tien Café: Dong Ho, an der Pontonbrücke, tgl. 7–21 Uhr. Das schwimmende Café ist der ideale Ort, um bei einem Tee oder Kaffee das Leben rund um die im Fluss schwimmende Brücke zu beobachten.

Busse: Der **Ben Xe Ha Tien** liegt südlich der Pontonbrücke und ist Ausgangspunkt für Fahrten nach Rach Gia (92 km, 2,5 Std.), Chau Doc (95 km, 3 Std.) und mehrmals täglich nach Can Tho (212 km, 6 Std.). Auch Ho-Chi-Minh-Stadt wird einige Male am Tag angesteuert (375 km, 10 Std.).
Boote: Zwischen Ha Tien und der 45 km entfernten Insel Phu Quoc verkehrt 1 x tgl. ein Tragflügelboot. Infos und Buchung im Hoa Mai Hotel, 1–3 Tran Hau, Tel. 077-85 08 49. Von Ba Hon, östlich der Stadt, starten ebenfalls täglich langsame Fähren dorthin (ca. 3 Std.). Während der Regenzeit sollte man die Bootsfahrt jedoch vermeiden.
Weiterreise nach Kambodscha: Über den 9 km nördlich gelegenen Grenzübergang **Xa Xia/Prek Chak** kann man nach Kambodscha reisen. Bislang musste man sich das Visum für Kambodscha vorab besorgen. Zudem gibt es keine direkten Verbindungen, was sich sicherlich aufgrund der attraktiven Strecke bald ändern wird.

15 Phu Quoc

Karte: S. 434
Reiseatlas: S. 21, A 3/4
Sie ist die Insel, wo der Pfeffer wächst, die Heimat der berühmten Fischsoße, ein Unterschlupf für verfolgte Rebellen und bedrängte Herrscher. Vor allem aber ist Phu Quoc ein tropisches Badeparadies, ein Refugium für Erholungssuchende – der richtige Ort, um die Seele baumeln zu lassen. Das in Nord-Süd-Richtung 48 km lange und bis zu 28 km breite Eiland liegt wie ein aus der Flasche entwichener Geist in den warmen Fluten des Golfs von Thailand. Von der Nordwestspitze kann man zur wenige Kilometer entfernten kambodschanischen Küste hinüberschielen.

Die 567 km² große Insel hat sich erst Anfang des neuen Millenniums als internationales Urlaubsziel etabliert. Die Voraussetzungen dafür waren perfekt: Jahresdurchschnittstemperaturen von 27 °C, makellose Strände mit feinem Sand, im Wind rauschende Palmenhaine, eine fischreiche Unterwasserwelt und ein üppig grüner Dschungel im Inselinneren. Bis Vietnams größtes Eiland zu einem

Phu Quoc

Koh Thmei
Koh Ses
KAMBODSCHA
Cape Trau Nam
Nui Chao
382 m
0 4 8 km
Rach Tram
Nui Ham Rong
368 m
Bai Thom
Mui Sac Coc
Nui Chua 600m
8
Mui Dat Do
Mui Da Chong
Mui Ganh Dau
7
Nui Bai Dai
224 m
Phu-Quoc-Nationalpark
9
17
199 m
Bai Vung Bau
6
Cua Can
5
12
13
11
Nui Chop Chai
283 m
Bai Cua Can
4
Ong Lang
Bai Ong Lang
3
Cua Duong
Ganh Gio
Nui Da Bac
448 m
VIETNAM
Ben Tram
Duong Dong
1
Mui Da Bac
Golf von Thailand
376 m
2
Ba Keo
10
Suoi Tranh
Bai Truong
Duong To
siehe Detailkarte
168 m
Duong Bao
197 m
13
Bai Vong
Suoi Lon
Duong Co
201 m
Mui Ong Thuong
Duong Dam
16
Klon Van
11
Bai Sao
151 m
Dat Do
Strafgefangenenlager Nha Tu Phu Quoc
15
12
Bai Khem
An Thoi
Cay Dua
14
Hon Dam Trong
Hon Dua
Hon Dam Ngoai
Hon Roi
An-Thoi-Archipel
16
Hon Thom
Hon Dun
Hon Rut Trong
Hon Kinh Quy
Hon Hay
Hon May Rut
Hon Mong Tay
Ganh Gio
0 1 2 km
Duong Dong
1
7
15
Rach Duong Dong
14
4
8
2
18
9
1
Suoi Da
Golf von Thailand
5
6
Ba Keo
Dau Cau
3
10
Rach Cai Lap
Bai Truong
2

zweiten Phuket geworden ist, wird es aber noch dauern. Zurzeit lässt die Infrastruktur noch arg zu wünschen übrig. Die meisten Wege sind Staubpisten, und auf dem Flughafen von Duong Dong können nur Propellermaschinen landen. Auch die 90 000 Insulaner haben sich auf die wachsenden Touristenzahlen noch nicht so richtig eingestellt. In den Resorts und Restaurants arbeiten vorwiegend Vietnamesen vom Festland, die Einheimischen gehen lieber wie eh und je dem Fischfang nach, kümmern sich um die zahlreichen Pfefferplantagen und brauen in den Fabriken die legendäre *nuoc mam.* Doch gerade diese Mischung aus Touristendestination und insularem Laissez-faire macht Phu Quoc so sympathisch.

Geschichte

In der vietnamesischen Geschichte spielte die abgelegene Insel für eine kurze Zeit eine wichtige Rolle. In einer Phase der tiefen politischen Krise fand Nguyen Phuc Anh, der spätere Gia-Long-König, in seinem Kampf gegen die Tay Son zwischen 1782 und 1783 auf der Insel Unterschlupf. Unterstützt wurde er dabei vom einflussreichen französischen Bischof Pierre Joseph Pigneau de Béhaine, der von seiner Residenz in Ha Tien aus den Kämpfer mit Waffen versorgte. Einige Dekaden später versteckte sich der antifranzösische Rebell Nguyen Trung Truc sieben Jahre lang auf Phu Quoc, bevor er sich 1868 den Verfolgern stellte und in Rach Gia hingerichtet wurde. Auch für die Cao Dai spielt das Tropenidyll eine nicht unwichtige Rolle, denn hier, so heißt es, erschien dem Gründer dieser religiösen Bewegung, Ngo Van Chieu, bei einer Séance erstmalig der Cao-Dai-Gott.

Ab 1869 hatten die Franzosen auf der Insel das Sagen. Sie ließen Teile des Dschungels von Zwangsarbeitern roden, um dort Kautschuk- und Kokosnussplantagen anzulegen. Während des Krieges unterhielt das südvietnamesische Regime bei An Thoi ein berüchtigtes Kriegsgefangenenlager. Als Ziel für Badeurlauber machte sich die Insel erst in den späten 1980er-Jahren einen Namen.

Duong Dong

Alle Wege führen nach **Duong Dong** **1**, da die größte Siedlung der Insel zentral an der Westküste liegt. Mit etwa 15 000 Einwohnern ist sie das Verwaltungszentrum von Phu Quoc. Hier liegt der Flughafen und hier sind auch Banken, Post und Internetcafés zu finden. An Sehenswürdigkeiten hat der Ort jedoch wenig zu bieten. Auf jeden Fall lohnt sich der Besuch des vor allem morgens sehr lebendigen **Stadtmarktes** (Cho Duong Dong) nördlich der Nguyen-Trung-Truc-Brücke über den Song Duong Dong. Unweit des fotogenen **Cau-Felsens** mit einem **Leuchtturm,** der den Mündungsbereich des Flusses markiert, liegt der **Dinh Cau,** eine Versammlungshalle zu Ehren der Himmelsgöttin und Beschützerin der Fischer, Thien Hau. Am reizvollsten ist jedoch der Besuch einer der Fischsoßen-Fabriken, etwa jener von **Hung Thanh.** In dem 1895 gegründeten Unternehmen produziert mittlerweile die vierte Generation das »köstlich riechende, reine und nahrhafte« Gebräu – so die Eigenwerbung. Die Fabrik, die jährlich über eine halbe Million Liter *nuoc mam* exportiert, liegt an der Nguyen Van Troi nordwestlich des Flusses. Tipp: einfach der Nase nach (tgl. 8–11, 13–17 Uhr, Eintritt frei).

Westküste

Ein über 20 km langes Band von Palmen und Sand verläuft von Duong Dong bis zur Südküste. Zu Recht trägt dieser Abschnitt den Namen **Bai Truong** **2**, Langer Strand. Hier liegen an den ersten 3 km die meisten Hotels und Resorts der Insel. Und trotzdem ist noch genug Platz, um die Füße im goldgelben Sand versinken zu lassen oder kilometerweit am Wasser entlangzuspazieren. Je südlicher man kommt, desto eher ist man allein mit sich und dem Meer – noch, denn in den nächsten Jahren wird die Zahl der Unterkünfte wahrscheinlich rapide zunehmen.

Richtig verträumt wirken die beiden Strände **Bai Ong Lang** **3** und **Bai Cua Can** **4** nördlich von Duong Dong, an denen naturverbundene Ruhesuchende einige nette Resorts finden; die Ereignislosigkeit wird hier zum Ereignis. Vorgelagerte Riffs schützen die sanft geschwungene Bucht vor hohen Wellen, allerdings ist der Strand an einigen Stellen recht steinig. Wer sich auf ein Moped schwingt, kann die Pistenstraße weiter in Richtung Norden fahren. Der Weg führt durch das Fischerdorf **Cua Can** 5, an Pfefferplantagen vorbei und entlang der Küste. Immer wieder eröffnen sich wunderbare Ausblicke auf das tiefblaue Meer, etwa am **Bai Vung Bau** 6. Am **Mui Ganh Dau** 7, einem Felsvorsprung an der Nordwestspitze, scheint Kambodscha zum Greifen nah. Zur Insel Koh Ses sind es nur 4 km.

Im Inselinneren

Im Herzen der Insel locken zahlreiche Pfefferplantagen – insgesamt über 500 ha – mit 3 m hohen, wie Nadeln aufragenden Pfählen, an denen sich die Kletterpflanzen emporwinden. Vietnam ist weltweit führend im Export des scharfen Gewürzes. Im Nordosten erstrecken sich noch weitgehend unberührte Dschungellandschaften mit Bergzügen aus Sandstein. Dort ist auch die höchste Erhebung, der 603 m hohe **Nui Chua** 8, zu finden. Etwa 50 km^2 wurden 2001 zum **Phu-Quoc-Nationalpark** 9 (Vuon Quoc Gia Phu Quoc) erklärt. Über seine Flora und Fauna ist bislang wenig bekannt. 2007 haben Biologen hier eine extrem seltene Frauenschuh-Art entdeckt, den *Paphiopedilum callosum* (viet. *lan van hai*).

In Richtung Süden wird die Insel immer schmaler. Von Duong Dong aus verläuft eine recht gute Straße bis zur 30 km entfernten Südspitze. Nach einem Drittel des Weges wird sie über den idyllisch rauschenden **Suoi Tranh** 10 geführt. Man kann ein Stück an ihm entlangspazieren, z. B. in der Nähe der Abzweigung nach Han Ninh an der Ostküste.

Ostküste

Die schönsten Strände der Insel erstrecken sich im tiefen Südosten: **Bai Sao** 11, der Sternenstrand, und der durch einen Felsvorsprung abgetrennte südlich anschließende **Bai Khem** 12. An Letzteren grenzt eine Militäranlage, weshalb der Zutritt zuweilen ver-

wehrt wird. Beide Strände bestechen durch ihren schneeweißen, feinpudrigen Sand. Das Wasser schimmert türkis und die Wellen schwappen sanft ans Land. Kein Wunder, dass sich hier gerade einheimische Familien sehr gerne aufhalten. Bislang gibt es keine Hotelanlage, nur einige Restaurants. Noch einsamer ist der über eine schlechte Straße zu erreichende **Bai Vong** 13 weiter nördlich. Dort ist das Wasser jedoch auch recht seicht.

An Thoi

In **An Thoi** 14 an der Südspitze liegt Phu Quocs wichtigster Hafen. Die im Wasser

Noch sind ihre Strände paradiesisch: die Insel Phu Quoc

dümpelnden bunten Fischerboote geben ein wunderschönes Fotomotiv ab. Von hier verkehren Tragflügelboote und Fähren nach Rach Gia und Ha Tien.

Ein Stück nördlich des Städtchens erinnert rechts von der Hauptstraße ein Mahnmal an ein düsteres Kapitel der Inselgeschichte. Martialisch erhebt sich eine Faust an jenem Ort, wo von 1967 bis 1972 ein **Strafgefangenenlager** 15 (Nha Tu Phu Quoc) lag. Hier wurden Zehntausende Viet-Cong-Kämpfer festgehalten, gefoltert und getötet.

Friedlich und pittoresk ist dagegen ein Bootsausflug zum **An-Thoi-Archipel** 16. Er liegt südlich der Hafenstadt und bietet vielfältige Tauch- und Schnorchelmöglichkeiten. Im Hafen kann man nach Bootseignern Ausschau halten, die einen zu den Inseln bringen. Einige der Eilande tragen so anschauliche Namen wie Hon Dua (Kokosnuss-Insel), Hon Roi (Fallende Insel) oder Hon Thom (Ananas-Insel).

i Der Touristenschalter im Saigon-Phu Quoc Resort, Bai Truong, Tel. 077-84 65 10, ist beim Arrangieren von Inseltouren und beim Planen der Weiterreise behilflich.

... am Bai Truong (Long Beach):

La Veranda [1]: Tel. 077-98 29 88, Fax 98 29 98, www.laverandaresort.com. Ein architektonisch elegantes Resort mit 22 Zimmern und 21 Villen, allerdings auf recht engem Raum. Netter Pool und gutes Restaurant. Spa mit viel Atmosphäre. DZ ab 135 US-$, Villen ab 195 US-$ mit Frühstück.

Cassia Cottage [2]: Tel. 077-84 83 95. www.cassiacottage.com. Ein wunderbares Refugium für Individualisten. Drei große Villen liegen direkt am Strand und etwas zurückversetzt fünf Bungalows, alle in attraktivem Design. Netter Pool und Garten. DZ ab 75 US-$, komplette Villen ab 220 US-$ mit Frühstück.

Long Beach's Ancient Village [3]: Tel. 077-98 18 18, longbeachphuquoc@hcm.vnn.vn. Die gewaltige Anlage mit über 100 Zimmern und Suiten sieht aus wie ein Little Hoi An. Die Gebäude und das Interieur sind in traditionellem Stil gehalten. Brücken und Pavillons zaubern eine nostalgische Stimmung. Mehrere Restaurants und Pools. Die Eröffnung ist für 2009 geplant.

Saigon-Phu Quoc Resort [4]: Tel. 077-84 69 99, Fax 84 71 63, www.vietnamphuquoc.com. Eine weitläufige Bungalowanlage in einem 3,4 ha großen Garten mit 90 Zimmern und Suiten. Das Freizeitangebot reicht von Minigolf und Pool bis Tennis und Parasailing. Bei Einheimischen beliebt und daher in der Hochsaison recht belebt. DZ ab 48 US-$, Suiten ab 190 US-$ mit Frühstück.

Mai House [5]: Tel. 077-84 70 03, 84 89 24, bezardin@hcm.vnn.vn. Das mit viel Liebe von dem französisch-vietnamesischen Paar Mai und Gerard geführte Resort mit 16 Bungalows, 7 davon direkt am Meer, ist ein wunderbares Refugium. Schöner 2 ha großer Tropengarten. Da beliebt, oft ausgebucht. DZ 40–60 US-$ mit Frühstück.

Ngan Sao Resort (Thousand Stars) [6]: Tel. 077-84 82 03, Fax 84 85 56, www.ngansaoresort-phuquoc.com.vn. Bei Einheimischen populäres Resort, 1,5 km südlich von Duong Dong, mit 50 Zimmern in sieben Kategorien. Sehr gutes Seafood-Restaurant und schöner Pool. Teilweise kuriose Gartendekorationen. DZ 26–52 US-$ mit Frühstück.

Tien Hai Son [7]: 68 Tran Hung Dao, Duong Dong, Tel. 077-98 30 44, Fax 98 30 46, www.phuquocthienhaison.com. Recht eng bebautes, 3 ha großes Resort am Südende der Stadt. Die 150 sauberen Zimmer verteilen sich auf einen Hotelbau und Bungalows. Schöner großer Pool, doch wenig Schatten drumherum. Netter Strandabschnitt. DZ 35–45 US-$ mit Frühstück.

Tropicana Resort [8]: Tel. 077-84 71 27, Fax 84 71 28, www.tropicanaphuquoc.com. Das Resort besitzt 35 Bungalows mit erheblichen Unterschieden in den Standards. Jene zur Seeseite liegen in einem 22 000 m² großen Tropengarten. Schöner Pool und gutes Restaurant mit leckerem Seafood. Am Wochenende oft voll (und laut). DZ 22–85 US-$ mit Frühstück.

Hiep Thanh [9]: Tel. 077-98 11 99, Fax 98 21 99. Eine schlicht wirkende Bungalow- und Hotelanlage in einem netten Tropengarten. Es wird wenig Englisch gesprochen. Bungalows um 20 US-$ ohne Frühstück.

Beach Club [10]: Tel. 077-98 09 98, www.beachclub-vietnam.com. Das übersichtliche Resort mit 5 freundlichen Zimmern und 4 Bungalows liegt 3 km südlich von Duong Dong und verbreitet ein herrliches *tropical feeling*. Schönes, offenes Restaurant. Das vietnamesisch-britische Besitzerpaar sorgt für guten Service und hat die richtigen Ausflugsideen. DZ 17–25 US-$ ohne Frühstück.

... am Bai Ong Lang:

Der Strand ist etwas abgelegen, für das Fortkommen braucht man ein Moped. Alles wirkt tropisch-freundlich und erdverbunden. Diese Ecke der Insel ist das Richtige für Naturliebhaber.

Mango Bay [11]: Tel. 077-98 16 93, www.mangobayphuquoc.com. Die komfortable 20-ha-Anlage verfügt über mehrere verstreut liegende Bungalows im traditionellen Stil und hat ein luftiges, entspanntes Flair. Umweltschutz wird großgeschrieben. DZ 45–60 US-$ ohne Frühstück

Bo Resort [12]: Tel. 077-98 61 42, www.boresort.com. Die an einem Hang gelegene Anlage mit 12 Bungalows wirkt gepflegt und hat Stil. Wem es langweilig wird, der kann im artenreichen Garten Botanikstudien betreiben. Das offene Le Bistro hat ein gutes Menü-Angebot. Sehr empfehlenswert. DZ 30–65 US-$ ohne Frühstück.

Thang Loi Resort [13]**:** Tel. 077-98 50 02, www.phu-quoc.de. Eine schlichte, doch sympathische Anlage mit 3 schönen Bungalows direkt am Strand und 10 asketisch anmutenden Bungalows im schönen Tropengarten. Strom gibt es nur abends. Die deutschen Eigner kümmern sich hervorragend um die vorwiegend ebenfalls aus Deutschland stammende Community. Empfehlenswertes Restaurant. DZ 15–30 US-$ ohne Frühstück.

Die Auswahl an Restaurants ist noch recht bescheiden, da die meisten Gäste in den Hotels essen. Die Restaurants im **Tropicana** und **Ngan Sao Resort** haben einen guten Ruf. In Duong Dong gibt es entlang der nach Süden verlaufenden Tran Hung Dao einige Lokale mit internationaler Küche. Zu den Inselpezialitäten zählen *ca thu chien,* mit Pfeffer eingeriebene und gebratene Makrelen mit Gemüse, und *canh chua tom,* süßsaure Garnelensuppe.

Carole Restaurant [14]**:** 88 Tran Hung Dao, tgl. 11–14, 17–23 Uhr. Little Italy meets Phu Quoc. Hier gibt es Pizzas und Pastas ab 50 000 VND.

Deutscher Biergarten [15]**:** 77 Tran Hung Dao, So–Fr 11–14, 17–23, Sa 17–23 Uhr. Hier gibt es zwar keinen Biergarten, aber egal. Die deutschen Gerichte sind recht passabel. Eine willkommene Alternative für jene, die keinen Reis mehr sehen können. Gerichte ab 45 000 VND.

Ai Xiem [16]**:** Bai Sao, Tel. 077-99 05 10, tgl. 7–21 Uhr. Das Restaurant liegt direkt am schönsten Strand der Insel, bietet gute Seafood-Gerichte und steht bei den Einheimischen hoch im Kurs. Gerichte ab 40 000 VND.

Mai Phuong [17]**:** Mong Tay, Bai Vung Bau, tgl. 9–21 Uhr. Das Lokal liegt in einer wunderschönen Bucht an der Westküste. Wer einen Ausflug in Richtung Norden unternimmt, kann hier einkehren. Gerichte ab 35 000 VND.

Rainbow Bar [18]**:** Tran Hung Dao, Höhe Kim Hoa Resort, tgl. 9–24 Uhr. Barbecue, Burger und viele Cocktails zum Runterspülen. Gerichte ab 35 000 VND.

Phu Quoc Pearl Farm: Duong To, an der Küstenstraße, 10 km südlich von Duong Dong, tgl. 8–17 Uhr. Hier kann man viel über die Perlenzucht erfahren und die erlesenen Kreationen natürlich auch erwerben.

Tauchen: Rainbow Divers, Tran Hung Dao (Höhe Kim Hoa Resort), Tel. 091-340 09 64, www.divevietnam.com. Der Pionier unter den Tauchschulen hat auch hier eine Niederlassung und bietet während der Tauchsaison von November bis März interessante Unterwassertouren zu den vorgelagerten Inseln an.

Flüge: Der **Flughafen** von Phu Quoc liegt am Nordrand von Duong Dong. Bislang können dort nur Propellermaschinen landen. Derzeit fliegt Vietnam Airlines 4 x tgl. zwischen Ho-Chi-Minh-Stadt und Phu Quoc und 1 x tgl. von Rach Gia auf die Insel. In der Hochsaison kommt es zu extremen Engpässen, eine frühzeitige Reservierung ist daher unerlässlich! Der Ausbau ist geplant.

Vietnam Airlines: 291 Nguyen Trung Truc, Tel. 077-98 07 78.

Boote: Zwischen dem 120 km entfernten Rach Gia und dem Hafen von **An Thoi** verkehren mehrmals täglich Tragflügelboote (2,5 Std.). Ein Tragflügelboot steuert auch 1 x tgl. das 45 km entfernte Ha Tien an (1,5 Std.). Bei hohem Wellengang und während der Regenzeit fallen die Fahrten jedoch sehr häufig aus. Deshalb sollte man die An- und Abreise möglichst flexibel gestalten.

Moped: Für die Erkundung der Insel leiht man sich am besten ein Moped, denn Autos sind eine Rarität und Taxis gibt es nicht. Allerdings sollte man etwas Übung mit dem Gefährt haben, denn viele Straßen und Wege sind in einem schlechten Zustand. Wer nicht selbst fahren will, kann ein Moped mit Fahrer anheuern. Helm und Schutz gegen Staub und Sonne sind unbedingt zu empfehlen. Die Miete für ein Moped beträgt ab 120 000 VND am Tag.

Heimkehr der Fischer in Canh Dau auf Phu Quoc

Register

Der Haupteintrag ist **fett** hervorgehoben.

Der Haupteintrag ist **fett** hervorgehoben.

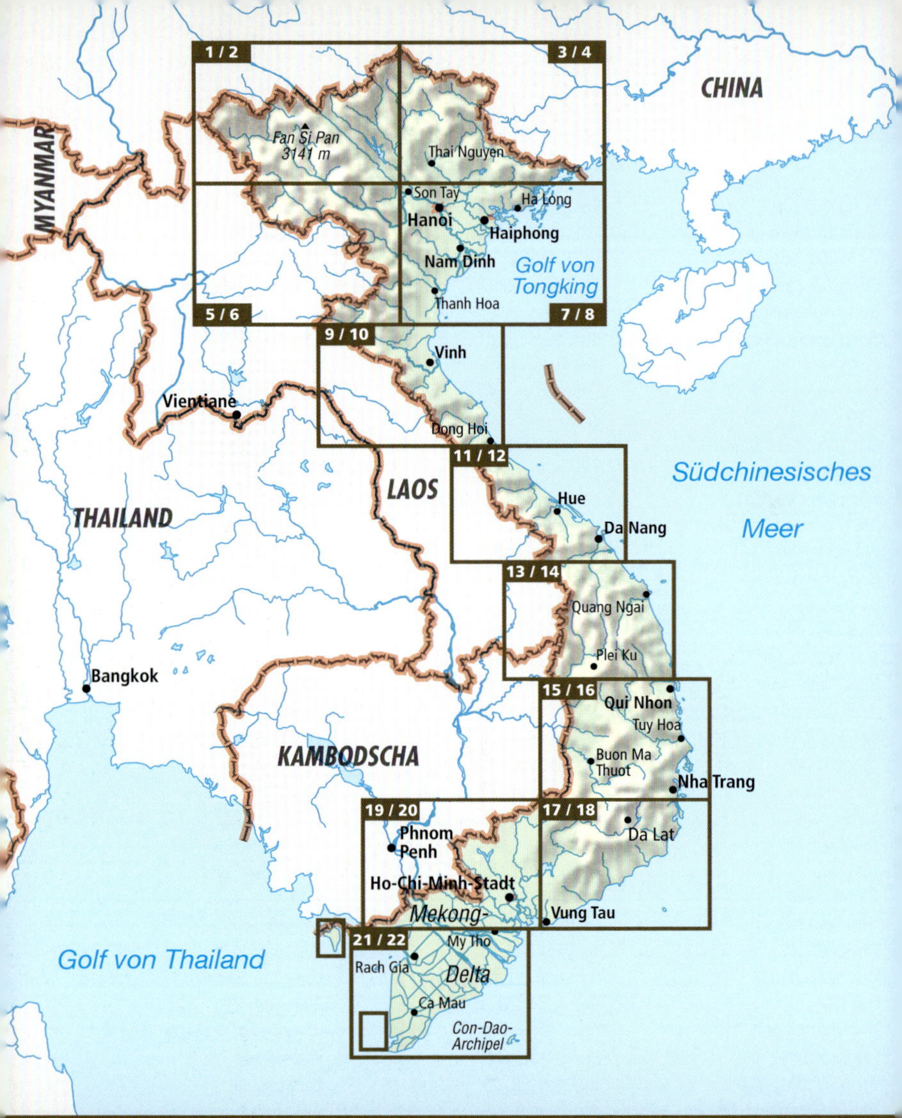
1 / 2
3 / 4
5 / 6
7 / 8
9 / 10
11 / 12
13 / 14
15 / 16
17 / 18
19 / 20
21 / 22
CHINA
MYANMAR
LAOS
THAILAND
KAMBODSCHA
Fan Si Pan
3141 m
Thai Nguyen
Son Tay
Hanoi
Ha Long
Haiphong
Nam Dinh
Golf von Tongking
Thanh Hoa
Vinh
Vientiane
Dong Hoi
Südchinesisches
Meer
Hue
Da Nang
Quang Ngai
Plei Ku
Bangkok
Qui Nhon
Tuy Hoa
Buon Ma Thuot
Nha Trang
Phnom Penh
Da Lat
Ho-Chi-Minh-Stadt
Mekong-
Delta
Vung Tau
My Tho
Rach Gia
Ca Mau
Con-Dao-Archipel
Golf von Thailand

Legende

- Schnellstraße
- Fernstraße mit Nummer (1A)
- Hauptstraße
- Nebenstraße
- Straße, ungeteert
- Piste
- Straße in Bau; Straße in Planung
- Straße für Kfz gesperrt
- Tunnel
- Eisenbahn
- Fähre, Schiffsverbindung
- Staatsgrenze
- Nationalpark
- Marine-Nationalpark
- Internationaler Flughafen
- Regionaler Flughafen
- Grenzübergang
- Sehenswürdigkeit
- Archäologische Stätte
- Buddha-Tempel
- Denkmal
- Grabmal
- Badestrand
- Fähre
- Wasserfall
- Höhle
- Berggipfel
- Pass
- Aussichtspunkt
- Heiße Quelle

Reiseatlas
Vietnam

Dien Bien Phu, Lao Cai, Ha Giang, Yen Bai

5

[redacted]

1 cm = 12,5 km 1 : 1.250.000

0 25 km 50 km

That Nguyen, Cao Bang, Lang Son

1 cm = 12,5 km 1 : 1.250.000

0 25 km 50 km

A
B
C
1
2
3
4
Uva Hot Springs
Muong Thanh
Hang Song
Ban Chong
Tham Ta
Nam Lau
Gnang-Tai
Ban Pakphe
Ban Takhao
Ban Phouteup
1435 m
Sa Lao
Ban Cong Deng
Na Son
Huo Tia
Pa Ma
Pu Bau
Song Con
Ban Lam
Deo Thay Chang
Taichang
Dien Bien Dong
Na Sang
Pa Bat
Muong Nua
Ban Sopxoi
Ban Lahang
1248 m
Ban Namnga
Ban Sophoun
Pa Hua
DIEN BIEN
Ban Lung
Ban Dua
Ban Hi
Nam Ou
Ban Omtot
Ban Lakmay
1257 m
Phi Cao
Hang Lia
Luan Mam
Ban Bang
Ban Man
Muang Khua
Nam Phak
1058 m
Ban Namyat-Tai
Pu Lau
Pung Bang
Song Ma
Ban Phachon
1579 m
Ban Pakgnong
1410 m
Ban Xe
Bang Beng
1508 m
Ban Cheng-Tai
Muong Leo
Ban Dom
Ban Mon
Ban Hatsa
1523 m
Ban Lieng
Sop Cop
Ban Cammun
Tin Toc
Lanh Banh
Muong Va
Ban Sopkhing
Ban Phonxai
Phou Sam Sao
Ban Lan-Tai
Ban Poungla
Ban Houaythong-Neua
Ban Huoi
Phieng Kha
Ban Sopchem
1214 m
Ban Kang
Na Khi
Pakkhan
1218 m
Muang Ngoi
Ban Phonxai
Ban Nakian
Ban Peu
Ban Sopkhan
Tham Kang
Ban Vangpan
Ban Nong-On
Ban Houaypachat
Ban Bom
1682 m
Ban Sopkong
Ban Houaykhai
Ban Hatthao
Tham Luang
Ban Phonsaat
Ban Kong
Ban Sopvan
Ban Kokngoua
Nong Khiao
Ban Tangkhaing
Ban Muang-Mai
LAOS
Ban Lao
Ban Houayna
Ban Naxai
Nam Et N.P.A.
Ban Houayhang
Ban Phouthipheung
Ban Houayxeo
Ban Kioulai
Ban Ngon
Ban Bouamban
Ban Ngao
Ban Samxoum
Ban Laosao
Vieng Kham
Ban Xop-Neua
Ban Namchiat
Ban Nanom
Ban That
Ban Chak
Ban Kioulai Neua
Ban Phadeng
Ban Leng
Ban Houaychiao
Ban Houayma
Ban Pakngа
Ban Houayxai
Nam Xeng
Ban Paklao
Ban Muangxun
Ban Patxang
Ban Phonxong
Ban Phoungkon
Ban Hatkhe
Ban Vangphouk
Ban Hatoang
Ban Hatkhen
Ban Muangmouay
Ban Mai
Ban Pak Xeng
1351 m
Ban Phouviang
Ban Sakok
Ban Bouamphaxeng
Phou Nampa
1828 m
Muang Houamuang
Nam Xuang
Ban Nong
Ban Nampoung
1550 m
Ban Mai
Hintang Archeological
LUANG PRABANG
Nam Xuang
Vieng Thong
Ban Sop Lap Nua
Ban Phoutangong
1665 m
Ban Hatchang
Phou Loei N.P.A.
Ban Poungha
Phou Lao
Nam Neun
Ban Phuchanom
Ban Hong
Ban Homthong
Ban Phiangdang
Ban Poungpao
Ban Pakngа
Ban Khong
Ban Vangsim
Ban Phanlo
Ban Thenchong
Phum Phasiphu
1525 m
Ban Sopkhao
Ban Na Ngoi
Nam Khan
Ban Sanhiang
Ban Longhang
Ban Sisomboun
Ban Senkoun
Ban Houaypung
Ban Dohkham
Ban Phiangdi
Ban Sop
1233 m
Ban Houaychang
Ban Houayhom
Ban Bouak
XIENG KHOUANG
Ban Phia
Ban Niao
Ban Nongkoang
Ban Houayhom
Ban Muangmian
Ban Xiang-Ay
2218 m
Tham Phiu
Ban Neng
1872 m
Ban Bouampho
Ban Songhak
Ban Phontong
Ban Lao
Ban Nadou
Ban Sot
1838 m
Ban Peup
Muang Kham
Ban Hai
Ban Leum
Ban Khangviang
Ban Pak
Ban Mokkok
Ban Namxeun
Wat Ban Phong
Ban Kasong
Ban Phatang
Ban Houat
Ban Phieng
Ban Loung Xoi
Ban Nasala
Ban Viangchaleun
Ban Namchat
Ban Xiangnga
Nong Tang
Ban Tay
Ban Nam Tian
Ban Xon
Ban Latngon
Ban Kiewlan
1791 m
Ban Phakeo
Ban Pha-En
PHONSAVAN
Plain of Jars Site 1
Ban Hay Hin
Ban Namtom
Ban Vieung Kham
Ban Xiangdeid
Ban Phan
Ban Phalouang
Ban Lathouang
Ban Phoulu
Ban Tham
1678 m
Ban Pamailouang
Ban Ton
Ban Nikhom-Khangsi
Ban Namko
Muang Khun
Ban Xan-Noy
Plain of Jars Site 2
Ban Ngoua-Tai
Wat Phia Wat
Ban Nadai
Ban Xiangdi
Ho Kang
Ban Phangeun
Plain of Jars Site 3
Wat Si Phum
Ban Om
Nam Ngum

1 cm = 12,5 km 1 : 1.250.000

0 25 km 50 km

A
B
C
1
2
3
4
3
6
10
Dong Luong
Viet Tri
Vinh Yen
Xuan Hoa
Phuc Yen
Bac Giang
Bac Ninh
Thanh Som
Hung Hoa
Tay Dang
Son Tay
Phu Tho
Huong Canh
Yen Lac
Vinh Tuong
Vinh Phuc
Dong Anh
Co Loa
Ha Noi
Dan Phuong
Duc Giang
Kiep Bac Temple
Con Son Pagoda
Pha Lai
Ba Vi National Park
La Gian
Lien Quan
Tay Phuong Pagoda
Thay Pagoda
Cau Dien
Hoa Lac
Quoc Oai
Ha Dong
Tram Gian Pagoda
Bao Thap Pagoda
Van Dien
But Thap Pagoda
Nhu Quynh
Ban Yen Nhan
Cam Giang
Nam Sach
Hai Duong
Cam Binh
Gia Loc
Thanh Ha
Ke Sat
Yen My
Xuan Mai
Ha Tay
Thuong Tin
Kim Bai
Hoa Binh
Luong Son
Tan Tien
Da Bac
Song Da Lake
Hung Yen
Hai Duong
Thanh Mien
Kim Thi
Phu Xuyen
Puh Minh
Mieu Mon
Que Kho
Bac Son
Hot Mineral Spring Kim Boi
Cao Phong
Hoa Binh
Muong Khen
Thuong Tien Nature Reserve
Mai Chau
Te Tieu
Sao Dong
Huong Pagoda
Thanh Ha
Thai Binh
Quynh Coi
Vinh Bac
Hung Ha
Ha Nam
Phu Ly
Que
Kim Truy
My Hoa
Chi Ne
Dam Do
Kien Khe
Binh My
Dong Hung
Pu Luong Nature Reserve
Ngo Luong
Bai Trang
Tien Phong
Vu Ban
Bao Yen
Nong Cong
Bai Nha
An Nghia
Hang Tram
Doi Ngang
Pho Ca
Nam Dinh
Vu Thu
Thai Binh
Kien Xuong
Keo Pagoda
Co Le Pagoda
Co Le
Gia Vien
Cuc Phuong National Park
Lang Hao
Xom Bong
Quang Yen
Ba Thuoc
Lang Triu
Pho Chau
Nho Quan
Thien Ton
Ninh Binh
Nam Hai
Ngo Dong
Nam Dinh
Giao Lon
Cam Tu
Quyet Thang
Xom Dang
Doi
Pho Ria
Tam Coc
Ninh Binh
Tam Diep
Yen Thinh
Yen Ninh
Lieu De
Nam Hai
Yen Dinh
Cam Thuy
Lang Chanh
Binh Say
Xom Dun
Dong Da
Phu Long
Pho Cat
Thach Thanh
Kim Tan
Phat Diem Church
Yen Mo
Phat Diem
Con
Ngoc Lac
Thanh Hoa
Bien Son
Chieng Nhao
Tombs of Le Dynasty
Vinh Loc
Song Ma
Phu Van
Thinh Long
Van Am
Chom Dong
Tho Xuan
Le Hoan Temple
Theu Yen
Hong Trung
Ha Trung
Kim Lien
Nga Son
Binh Minh
Rang Dong
Ban Phang
Quan Lao
Ba Trieu Tomb
Thuong Xuan
Tho Xuan
Bai Thuong
Hau Loc
Diem Pho
Hoang Hoa
But Son
Cua Dat
Sao Vang
Trieu Son
Dong Son
Ham Rong Bridge
Thanh Hoa
Lang Hanh
Thong Nhat
Dien Binh
Rung Thong
Pieng Pun
Co Tien Pagoda
Sam Son Beach
Sam Son
Thai Hoa
Quang Cat
Quang Xuong
Ke Gi
Hon Thanh
Xuan Thuong
Bai Da
Con Son
Yen Cat
Xuan Loc
Quang Thai
Ban Pua
Lang Cong
Ben Sung
Quang Thach
Nong Cong
Ben En National Park
Van Thanh
Kim Tri
Cua Lach Ghep
Bac Thanh
Song Hieu
Vua Dua
Tam Thai
Hoi Phu
Lang Lung
Ban Mong
Ninh Hai
Ban Dan
Doi 9
Thanh Xuan
Tinh Gia
Dong Mong
Lang Mon
Tho Son
Kap Bang
Ba Lang
Cong Phu
Ban Cang
Sung Man
Hai Thanh Beach
Lang Cam
Phong Bai
Lang Ya
Lang Tang Trong
Xom Dua
Quy Hop
Thai Hoa
Xuan Tho
Bien Son

1 cm = 12,5 km 1 : 1.250.000
0 25 km 50 km

A
B
C
6
1
2
3
4
Ban Phaklak
Ban Nonghet
Namkan
Ban Na Lai
Ban Muong
Xieng Lam
Song Ca
Ban Pan
Ban Choc
Ban Lim
Ban Dan
Ban Mong
Cam Muon
Ban Ban
Dong Mong
Nammuang
Song Nam Mo
Cha Lat
Nam Can
Muong Xen
Huoi Luong
Kim Hong
Pu Huong Nature Reserve
NGHE AN
Ban Cang
Ban Nat
Muong Cam
Xieng Thu
Ban Sa Nan
Xop Pu
Quy Hop
2194 m
Ban Pung
Khe Kien
Khe Ngau
Xop Chao
Na Ca
Thai Son
Ban Con
Tuong Duong
Tong Phay
Ban Hieng
Ke Mon
Phou Muang Nga
2406 m
Phou Lai Lang
2711 m
Huoi Nhao
Ban Xoo
Nam
Xop Coc
Ban Cam
Nghia Thanh
Tan Noa
Quang Yen
Khe Bo
Ban Laykhouay
Ban Xiangme
2346 m
Cha Lap
Long Khe
Ban Muang-Ngat
Ban Namsong
Ban Vamgmou
Tam Hop
Lang Diem
Lam Khe
Ke Sung
Ke On
Con Co
Lang Rao
Con Cuong
Lang Mon
Tan Ky
Ban Tamxoy
2051 m
Trung Chinh
Dinh San
Xom 4
1841 m
Xom 6
Thai Son
Nature Reserve Area Pu Mat
Anh Son
Hong Linh
1050 m
Nam Mouan
Ban Mok
LAOS
Do Luc
Xom Trong
Sai Phou Louang
1197 m
Cao Veou
1340 m
Long Moc
Song Giang
Phong Thinh
Phou Lep
1761 m
Ban Phahon
BOLIKHAMXAY
Ban Nagnang
Ban Phila
Ban Namsik
Ban Pakngeun
1521 m
Ban Sopkhon
1817 m
Ban Songkhon
Ban Phagnia
Ban Phabo
Ban Sopsang
Ban Sopkan
Ban Mouan-Noy
Sai Phou Talabat
Ban Nongleng
Ban Sopso
Ban Ongtu
Ban Houayka
Ban Kaliang
Ban Phathao
Ban Kohai
Ban Nam-On
Ban Me
Nam Kading
Ban Phondou
Ban Tongxoua
Ban Sopphan
1697 m
1357 m
Ban Hatkonong
Vieng Thong
1757 m
959 m
1157 m
Ban Tongli
Ban Nongkhohy
Ban Pahok
Ban Sopchat
Ban Nampan
Nuoc Sot
Ban Pounglouang
Ban Namkang
Cau Treo
1311 m
Ban Naxouang
Ban Namkhai
Keo Neua Pass
Ban Donme
Tad Wang Fong
Ban Nahoua
Nam Phao
Paksan
Pak Kading
1514 m
Ban Nadi
N.P.A.
Ban Phonsi
Ban Thasala
1613 m
Nam Kading
Phou Louang
1208 m
Sai Phou Ao
Ban Phonkham
Ban Bo
Ban Nape
Ban Phongnot
Sawat
1468 m
Tad Namsenam
Nahin
Sai Phou Loyang
Ban Thaveng
Ban Lak 5
Ban Nakhua
Ban Pakha
Ban Poung
Lak Sao
(Kamkheut)
Mekong
1442 m
Sai Phou Phapet
Ban Pounglan
Ban Nahai
Nong Bo
Ban Khammouan
Ban Nafuang
1131 m
Ban Thong
Ban Namsang
Ban Tha
Ban Napoung
Ban Kengmouphung
Namthone
(Ban Vieng Kham)
Ban Khen
Vangdao
Naphouak
Dong Bang
Ban Thong-Noy
Ban Khonsong
Auberge Sala Hine Boun
Ban Phon Ngieng
1578 m
Ban Na Ngoy
Ban Namdua
1243 m
Ban Thasa-At
762 m
Ban Namnon
Ban Nava
Ban Songkhon
Ban Nahao
Ban Phaeng
Ban Thonglom
Nam Hinboun
Ban Kong Lo
Tham Kong Lo
563 m
Ban Katep
Ban Natan
Tad Keng Khu
Seka
Ban Bok
Ban Boneng
Ban Men
Ban He
Nam Theun
Ban Muangkhai
1044 m
Sang
Sai Phou Ak
Ban Nanam
Ban Vangmon
Ban Ak
Ban Phong
Phou Hinboun
Ban Houayhua
N.P.A.
1146 m
Ban Poung
Ban Nano
Ban Vanghin
Ban Nakay-Nua
No Phra Chai
Ban Donlap
982 m
Ban Hinboun
(Ban Song Hong)
Ban Xong
Ban Songhong
Lao Nai
Ban Dong-Kang
Ban Nonghoy
Ban Napho
Ban Muangluang
Ban Nadan
Khao Paeng
Ban Hat
962 m
Chaiburi
Ban Pakpakan
Ban Phonkam
Ban Phonsang
Gnommalat
Ban That
Si Songkhram
Ban Ngiou
Ban Choutxong
Ban Louang
864 m
Ban Pak Hinboun Tai
Tham Pha Chanh
Akat Amnuai
Tha Uthen
Ban Phonngam
Ban Phondou
Ban Muangkhai
Ban Phit
Na Wa
Na Nai
641 m
Ban Phonsoung
Ban Nagno
Mahaxay
Ban Song Khone
Tham Sa Pha In
Ban Dondon
Nam Mouan

D
E
F
7
1
2
3
4
11
Gulf of Tonking
Tam Thai
Lang Lung
Doi 9
Thanh Xuan
Lang Mon
Hoi Phu
Ninh Hai
Tinh Gia
Tho Son
Cong Phu
Kap Bang
Ba Lang
Sung Man
Hai Thanh Beach
Me
Mat
Phong Bai
Lang Tang Trong
Cam
Thai Hoa
Xom Dua
Bien Son
Xuan Tho
Dong Thang
Vinh Yen
Thien Ki
Dong Hoi
Bo Liem
Doi 3
Huu Lap
Cua Trap
Quynh Tu
Xuan Uc
Xuan Tho
Nghia Mon
Cau Giat
My Hoa
Tam Da
Yan Ly
Phu Lien
Kap Lach Quen
Dong Thap
Dien Chau
Phuc Thanh
Trung Song
An Duong Vuong Tempel
Von Thanh
La Van
Hai Thanh
Trai Thung Mon
Trung Kien
Lien Minh
Nghi Loc
Cua Lo
Luu My
Mat
Xom 5
Quan Hanh
Cua Hoi
Hoi Phong
Thanh Luong
Nam Dan
VINH
Nam Tan
Kim Lien
Nghi Xuan
Xom Chuoi
Nghe Tinh
Hung Xa
Xuan An
Linh Trung
Dong Lo
Phuc Hai
Kim Nam
Thien Huong Pagode
Duc Tho
Hong Linh
Chau Tien Pagode
Son Ton
Ca Tempel
Cape Mui Sot
Nghen
Lang Canh
Son Bang
Cua Sot
Duc Yen
Quang Te
Nam Hai
Song Ngan Sau
Dien Xha
Dong Loc
Ho Vang
Dong Ba
Thach Ngoc
Cay
Ha Tinh
Phuong Trach
Cam Hoa
HA TINH
Cua Nhuong
Yen Lac Pagoda
Nam Dien
Cam Xuyen
Nhu Nhat
Dong Son
Xom Cang
Lac Ha
Ky Phong
Keo Neua
2286 m
Phu Gia
Nam My
Truong Loc
Dong Hai
Huong Khe
Bich Chau Grotte
Phou Laoko
2288 m
Ke Go See
Tra Bau Nuoc
Cua Khau
Kap Ron
Xuan Lung
Thanh Lien
Ho Ho
Hai Khau
Hai Phong
Ban Giang
Dai Cac
Ho Ke Go Nature Reserve
Theun
Minh Tan
Ky Anh
Phuong Dinh
1146 m
Vinh Cu
Vinh Quang
Nam Theun
Dai Hao
Xom 8
Thanh Long
Xom Khe
Song Rao Tro
Hoanh Son
Ngang-Pass
1006 m
Kap Doc
Porte d'Annam
Quang Deo
N.P.A.
Ban Nam Noy
Ca Xeng
Xom Hung
Xom Roi
Kap Rong
La Tho
Xom Ca
Le Hoa
Ban Khot
Xom Kin
Kiem Long
Noi Giang Man Nature Reserve
Dong Lac
Cua Ron
Nam Pheo
Xom Mu
Hoa Hop
Dong Le
Hoa Binh
Thuong Phu
Tuyen Hoa
Tu Loan
Phou Yiatyo
2046 m
Yen Lanh
Quy Dat
Truong Xuan
Phou Ko
1312 m
Phou Vang
1890 m
Minh Hoa
Xom Chua
Song Gianh
Luang Trinh
Ba Don
Don Bai Dinh
Nang Hoa
Quang Hoa
Thanh Tan
Quang Trach
Cha Lo
Liem Phu
Thuong Hoa
Quang Son
Tam Trach
Cuu Dinh
Cua Gianh
Mu Gip
Thanh Trach
Bau Khe
Kiewmouya
Tay Gat
Phu Trach
Trung Thuan
Nam On
Co Giang
Cha Noi
Xuan Son
Hoan Lao
Ban Bo
Ban Mouang
Ban Nathin
Ban Heu
1492 m
Lam Trach
Phong Nha
Son Trach
Van Trach
Bo Trach
Xiangdao
Ban Nongchan
Ban Phondua
Ban Xam-Nua
QUANG BINH
Phuong Ha
Phuc Loc
Loc Tho
Phong Nha-Ke Bang National Park
Ban Naden
Xe Bangfai
Ban Senphan
Phu Qui
Phu Dinh
Dong Hoi
Hin Namno

A
B
C
1
2
3
4
10
Minh Hoa
Xom Chua
Ba Don
Luang Trinh
Quang Trach
Bai Dinh
Nang Hoa
Liem Phu
Thuong Hoa
Quang Hoa
Thanh Tan
Cuu Dinh
Cua Gianh
Thanh Trach
Cha Lo
Mu Gia
Kiewmouya
Quang Son
Tam Trach
Tay Gat
Phur Trach
Bau Khe
Trung Thuan
Cha Noi
Co Giang
Xuan Son
Lam Trach
Hoan Lao
Ban Natbin
Ban Heu
1492 m
Phong Nha
Son Trach
Van Trach
Bo Trach
Ban Phondua
Ban Nongchan
Ban Xam-Nua
QUANG BINH
Phuong Ha
Phuc Loc
Nhat Le
Loc Tho
Ban Senphan
Bangfai
Phong Nha-Ke Bang National Park
Phu Qui
Dong Hoi
Phu Dinh
Hin Namno N.P.A.
Duc Ninh
Quan Hau
La Ninh
Trung Hai
Ban Saang
431 m
Ban Ban
Ban Talong
Vangkhol
Ban Thamgnotxe
Ban Soppeng
Ban Nonping
Chieng Phu
Hong Thuy
Ban Napoung
Ban Triem
Hoa Luat Nom
Xom Ben
1397 m
Ban Khok
Ban Nonggnama
Ban Tret
637 m
Ban Boungganalao
Song Long Dai
Le Ninh
Kien Giang
Phu Gia
Lang Mo
Ban Thuu
Cua Mec
Ban Naluang Neua
Ban Hinlap
Ban Alao
Xuan Mai
Minh Tien
Truong Son
Luot Son
Ban Khe
Tang Ky
Ban Naphao
Ban That-Neua
Ban Houayhet
Xom Bang
Ban Naxou
Ban Nalao
Ban Chalet
Phou Laak
932 m
Ban Nanyon
Ban Naxalo
Ban Thonglouang
Ban Koknak
Ban Rum
Ben Quan
Truong Son Friedhof
Phou Salia
1268 m
Phou Xang He
Ban Tha
Ban Boung
Ban Sopsaloung
Ban Soung
LAOS
Ban Nachiangle
Salo Tai
Ban Namalou
Ban Don
Phou Phasang
1312 m
Ban Kado
Ban Kapay
Ban Moi
N.P.A.
Ban Poungpo
Ban Thangbengkengloung
Ban Xe Pu
Rao Thanh
Thon Rieng
Ban Phongsavang
Ban Latsan
Ban Sadoun
QUANG TRI
Ban Namuang
Ban Katep
Dong Voi Mep
Ban Phonhay
1738 m
Xe Banghiang
Ban Kengchalung
Ban Chahua
A. Dong
Ban Nakhandai
Ban Nalai
Tin Nyalong
794 m
Ban Nabo
Xephon (Sepone)
Ban Ngonsai
Ban Nathou
Ban Labokang
Ban Payou
Lang Mot
Thon Khe Xeng
Ban Nakapong
Alang Noy
Da Krong
Khe Sanh Combat Base
Khe Sanh
Ban Lampoy
Mai Phosi
Ban Maldua
Ban Dong
Daen Savan
Lao Bao
Ban Nathong
Nathon Se
Huong Hoa
Dong Bang
Sala Kaibang
Xethamouak
Kammakon
Ban Xebo
Ban Houaysan
Ban Asing
837 m
Ta Rec
Phou Kadoy
690 m
Lang Klung
Ban Salai
Ban Tamoup
Muang Phin
Ban Lapit
Ban Tamlouang-Gnai
Ban Axing-Na
SAVANNAKHET
Ban Hou
A May
Dong Phou Vieng N.P.A.
Ban Bang
Ban Palouay
Ban Paliang-Gnai
Ban Agnong
Ban Samoi
Ban Loko
Ban Sali-Noy
Ban Lamway
Ban Nongboua
Ban Oy
Ban Amai
Ban Naxangho
Ban Bok
Ban Plong-Tai
Xe Lanong
Ban Nangde
Ban Muangnong
1148 m
Ban Plin
Ban Gnang-Tai
1362 m
Ban Tang
Ban Along
Ban Lahen
Ban Tanko
1228 m
Thonglaviang
Ban Tat Hai
Ban Lakoy
1022 m
Ban Achungklung
Ban Nalangngan
Ban Bloy
Ban Thaphi
Ban Xepong
Ban Palang
Phou Dotouy
1254 m
Ban Toumli-Khao
Phou Maipen
845 m
Phou Ong
1221 m
Ban Tala
Ban Choiaviang
Ban Vangko
Nalaviang
Ban Houaykhai
Ban Paxia
Ban Tanbeng-Noi
1612 m
Phou Mali
797 m
645 m
SARAVAN
Ban Taoy
Ban Tapung
2051 m
Ban Thongkatoua
Tumlan
Phou Nak
1890 m
Ban Houaylai
Ban Nonchan
Tha Pangthong
Ban Nongko
Ban Honglaong
1206 m
Ban Pasom
Ban Tang Un Tai
Ban Toongyun-Neua
Ban Dong Noy
Ban Buttaphan
828 m
1239 m
Ban Pathiap
Ban Paxiakoung
Ban Oung
Dong Sithuan
San Phou Hu Ong
Taoun
Ban Nadou Nyai
Ban Padou
Ban Saang
742 m
Lakhonpeng
Houaykapho
Ban Thammalu
Ban Kongkiu
Ban Nalan
Ban Taleo
1562 m
Ban Pahar
Ban Nongveng
Ban Nondinxay
Xe Ban Nuan N.P.A.
Nabon Tai
Ban Nongboa
Taloung
Ban Pe
Ban Talou
1302 m
Ban Son
Ban Takkay
Ban Phoumuang
Ban Langkong
Ban Dannalao
Ban Nongboua
Ban Nahinlong
Ban Kengkaxa
Ban Kathang
Ban Tanglou

D
E
F
1
2
3
4
Südchinesisches
Meer
Gulf of
Tonking
Con Co
Vinh Thai
Lai Cape
Tunnels of
Vinh Moc (1966-1973)
Ben Hai
Thach Nam
Cua Tung
Tan Trai Ha
Xuan Hoa
Doc Mieu
Gio Linh
Gio Hoi
Cua Viet
Thanh Hoi
Duy Phien
Le Xuyen
Thon Gia Dang
Hai An
Hai Ba
My Thuy
Ai Tu
Quang Tri
La Vang
Hai Duong
Xuan Vien
Thon Nhan Bled
Hai Le
Hai Lang
Truong
Xuan
Ap Lmy Phu
My Chanh
Ap Lanh Thuy
Tam Giang Lagoon
Quang Loi
Phong Dien
Song Thac Ma
Cua Thuan An
Thon Vinh Tri
Thuan An
Hai Binh
Sia
Thon Cu Lai
Tu Ha
Don O
Hoa Tay
Ap Thanh Tan
Phong Dien
Proposed
Nature Reserve
Thien Mu
HUE
Thon Ke Vo
Vinh Thanh
Duong Xuan Thuong
Phu Bai
Tomb of
Minh Mang
Tomb of
Khai Dinh
Thuy Phu
Dong Duong Beach
Canh Duong Beach
Chan May Dong Cape
Tomb of
Gia Long
Loc Son
Hien Van
Dong Ngai
1774 m
Thon Ke
Ta Ay
La Dut
Binh
Dien
Bao Vinh
Dam Cau Hai
Thon Canh Duong
Phu Hai Trong
Phu Gia
Thon Lap An
Lang Co
1224 m
A. Luoi
Song Ta Trach
Phu Loc
Thon Ben Tau
Cau Hai
Phu Gia
Pass
Thon An Cu
Lang Co
Kou Tai (1)
1230 m
Ta Ra
Loc Hai
Deo Hai Van
496 m
Gulf of
Da Nang
Quang Loc
Thon Bon
Bach Ma
National Park
Bach Ma
Koumbouay
Xe Xap
Khe Tre
DA NANG
Kim Lien
Nam Yen
An Nam O
Nam O Beach
Ban Dao Son Tra
Nature Reserve
2066 m
1743 m
Be Luong
Ta Rau
Nong Truong
Hai Dong
Song Ba Na
Nature Reserve
Bai Nam Ba
Son Tra
A Ro
THUA THIEN-HUE
Nui Mang
Tung Son
DA NANG
My Khe Beach
Ban Tang-Tai
Ban Adeut Nua
1046 m
1712 m
Hoa Nhon
Nuoc Man
Ban Amoy-Kang
Ban Adeut
1218 m
Ya Vo
Bo Lo
Young
Cay Sung
Hoa Vang
Chua Linh Ung
Ban Aleo
SEKONG
Atouat
2054 m
A Vuong
Phu Hoa
Khuong My 2
Tung Heo Bac
Phuoc Nhon
Hot Spring
Le Son
Bo Mung
Ngu Hanh Son
Ban Tavang Neua
Prao
Ngat Tren
Dai Hiep
Ban Kalachan
1872 m
Ban Atiok
Bol Tao
1227 m
Ai Nghia
Vinh Dien
Bang
An
Ha Nong Trung
Ban Alot
Ca Ra Ve
1644 m
Thuong Duc
Ha Nha
Dai Phuoc
Tra Kieu
Duy Xuyen
Ngoc
Kinh
Thon Vang
Plateau
My Son
Thu Bon
Nam Phuoc
Ban Hong-Neua
1646 m
A Roop
A Giang
Thanh My
Bai Tra
Hon Nui Tau
Ban Tang-Noyy
2003 m
Dai Giang
955

13

Da Nang, Quang Ngai, Kon Tum

1 cm = 12,5 km
1 : 1.250.000
0
25 km
50 km
D
E
F
1
2
3
4
Südchinesisches
Meer
My Khe Beach
Bac My An Beach
Non Nuoc Beach
Ha Quang
Cu Lao Cham
Cu Lao Cham
Nature Reserve
Cua Dai Beach
Tra Que
Hoi An
Kim Bong
Duy Xuyen
Bai Binh Ha
Hon Ong
Tien Luong
Tra Doa 2
Ha Lam
Tra Long 1
Vinh Giang
Vinh Giang
Quy Thuong
Chien Dan
Cam Y Dong
TAM KY
Tam My
Long Son 7
Diem Pho 1
Tam Hai
Tien Ky
616
Khuong My
Cham Tower
Khuong Phu
Tan Dong
Phu Hoa
Site of Major US Chu Lai Military Base
Nam Tram Cape
Nui Thanh
Huong
Lam 4
Thanh
Tuoc 3
Bong Mieu
Long Phu (2)
Vinh An
Binh Thuan
Vinh Binh
Ly Son
N. Hon Rom
1383 m
Tri Binh 1
Tay Phuoc
Phu Long
Tra Hiep
Chau O
621
An Thanh
Tra Xuan
Binh Phuoc
Ba Lang An Cape
Tra Lac
Nhan Hoa
Hot Spring
Tra Binh
Tho Tay
The Lo
An Hai
Tra Giap
Tra Neu
My Lai Massacre
Mar. 16. 1968
Xom Gioc
Son Tinh
Son My (My Lai)
My Khe Beach
Thon 3
Xom Moi
Thach
Nham
626
QUANG NGAI
La Ha
Xa
Nay
623
Di Lang
Son Ha
N. Da Vach
1136 m
Cho Chua
Song Ve
Tamao
Son Tay
QUANG NGAI
My Hung
O Ka
Lang Vuong
Lang Goong
Minh Long
Ban Thoi
Mo Duc
Ta Mong
Go Nghien
Tan Phong
Vung Tu
Mang Ka Ri
Ne Ha
Ba Dong
Duc Pho
Ba To
Phuroc Dien
Lang Trui
24
Dong Chun
Con Rieng
Long Thach (2)
Sa Huynh Beach
Thach An
Sa Huynh
Go Vanh
Ple Vi Drin
Xa Hieu
Bu Kon
Klung
N. Lang Ram
1085 m
Nuoc Dinh
An Hoi
Chau Me
Ba Doc
Nuoc Giap
An Lao
699
Nature Preserve
Area Kon Cha Rang
Xuan
Phong
Tam Quan
Kon Plong
Kon Bong 2
Long Khanh
Thanh Xuan
Van Hoa
De Duc
Binh Hoa
Kon Giong
Dieu Quang
Son Lang
My Duc
Bong Son
Lo Dieu
Thon 3
Van Thanh
Son Lang
Ha Tien
Tang Bat Ho
Quang Nghiem
Nuoc Bong
An Tuong
Kon Honh (2)
Duong Lieu
Kon Ka Kinh
National Park
Krong
Kon Drang Ye
Song Con
Tranh Island
Chanh
Dao
Rong Cape
Thon 7
Kon Kroi Ye
Nghia Dien
631
Chanh Truc
BINH DINH
1A
Xuan Binh
Kong H'Dang
Vinh Thanh
Phu My
Trung Tu
An My
1250 m
K' Bang
Con Trau Island
Hoi Van Hot Spring
An Quang
Lang Dap
Thach Ban
Vinh
Truong
669
An Loi
Chanh Thang
A Yun
Binh Quang
Dak Quan
Ngo May
Chanh Oai
De Ron
Dong Quan
Duong Long
BINH DINH
Xom Moi
De Kop
De Boa
Thuong
Son
Hung Mi
Dek Tu
Canh Tien
Thoc Loc
An Thanh
Song An
Quang Trung
Trung Luong
Plei Hauay
19
Museum
An Khe
An Khe Pa
Ong Can Island
An Khe Citadel
Dap Da
Krong Ktu
Phu Phong
Canh Tien
Binh Dinh

16

A
B
C
1
2
3
4
13
19
KAMBODSCHA
MONDULKIRI
DAK NONG
PLEI KU
BUON MA THU
Voen Sai (Virachey)
Kaoh Pang
Phum Ta Ngat
Ta Veaeng Kraom
Tonle San
Ka Choun
Tipou
Chay
Khla
Krom
Ban Nay
Hay
Abeng
Ban Chut
Ban Tang
Chan Vong
Cheang Ham
Tun
Ka On
Labang
Phnom Kok
Kala
Kalai
Bos Poy
Ban Kon
Ban Lay
Malik
Pakap
Ba Kham
Suoy
O Chum
Boeng Kansaing
Chaong
Lum Bang
Ban Nev
Kate Vat
Kes Chong Nay
Kampa Du
Khmen
Banlung
Yeak Laom
Kap Nuv
Lung Khung
Sala
Samtung
Pu Nhai
Ka Chhang
Ta Ang
Kalieng
Yem
Kung Pou
Chong
Ham
Kachut
Phum Kol Pou
Kung Khlong
Banchung
Phum Ta Aong Pok
Ou Phlong
Laminh
Ok Taok
Seda
Kamang Chong
Lumphat
Dok Yong
Srepok Thom
Ou Sien Lair
216 m
Kaoh Mayeul Leu
Kaoh Mayeul
Lumphat Wildlife Sanctuary
Sre Mat
Prek Chbar
Dong Huoch
Koh Nhek
Khlang Mil
Mereuch
427 m
473 m
Sre Trav
Sokh Sant
Nam
Anyul
Klang Khval
R'Mat
Tea
Phnom Can Gue Pongue 427 m
472 m
Phnom Gun Shall 426 m
Rdang
Chbar
Chas Yang
503 m
Phnum Prech Wildlife Sanctuary
Pu Rodet
Phnom Not Coc 357 m
Pu Chri
Pu Trom
Tramkach
Diwang
Mesam
Lavka
Yuon Dong
641 m
Pu Kes
Phnom Namlier Wildlife Sanctuary
Srae Ampum
Rung
Phnom Namlier 1078 m
Tanglang
Pu Tul
Phnom Chrinh 823 m
Phulung
Bou Sraa
Monorom
Pu Rodet Leu
Pu Pal
Pu Kle
Sen Monorom
Phnom Goun Diya 727 m
Pu Cheng
Bang
Bang Yay
Pu Ham
Dak Dam
Pu Antreng
Pu Ngal
Pu Toy
Romanea
Pu Amay
O Rang
Bu Chap
Bu Prang
Bu Krak
Dinh Dien
Tuy Duc
Phum Phnom Krang
Srae Preah
Srae Khtum
Bu Gia Map Nature Park
Bu Jarh 982 m
Buon N'Drung
Leu
Buon Mlo Nhe
Buon Trun
Lang Nu
1005 m
Plei Jrirang
671 m
Lang Dang
Lang Bang
Chu Gau Ngot 705 m
588 m
Chu Ty
Le Thanh
Don Bien Phong
732 m
531 m
Plei Mo Nang
Bien Ho
Mang Yang
Plei Nhe
Ia Kha
Plei Dok
Plei Holang
Plei Deuk Kla
Plei A Pech
Plei Nhao
Plei Kong
Plei Pham Gua
Tan Lac
Plei Klane Kla
Plei Kuoi
Chu Prong
Plei Gong La
Lang Pih
Ia Pia
Plei Neo
Plei Berd
Nhon Hoa
Lang Krong
Plei Tu
Plei Kenh Mek
Buon Xa
Ba Ya Brang
Plei Tung
Tap doan 3A
Song Ya Krong
Thon 2
Dak Lak High
Ea Sup
Buon Wing
Buon Ya Wam
Bon Drang Phok
Buon Don Elephant
Ban Don
Song Serepok
Yok Don National Park
Buon Don
Buon Chur
Quang Phu
NT. Ea Poc
Ea Krong
Don Dak Namla
Buon Trum
Buon Nieng
Dak Lak Museum
Buon Dier
Buon M'Bre
Ea Ting
Trinh Nu Waterfall
Dray Sap Waterfall
Buon Dak Krai
Dray Nur Waterfall
Buon Trap
Duc Minh
Bon Dak Sor
Bac Ai
Dak Mil
Buon Dak Mam
Hoa Thuan
Bon R'cap
Nam Ka Nature Reserve
Dak Song
Bu Chet
Nam Jer Bri 1578 m
Dak Mam
Chu Nam K
Bon Yok Djou
Quang Son
Doi 2
Buon Bupah
Buon Pang Sim
Dak Ha

D
E
F
1
2
3
4
14
20
Südchinesisches Meer
Dak Quan
De Kon
Xom Moi
De Kop
De Boa
Dek Tu
An Thanh
Plei Hauay
An Khe
An Khe Citadel
Song An
Thuong Son
Dong
An Khe Pass
Tay Son
Phu Phong
Duong Long
BINH DINH
Canh Tien
Quang Trung Museum
Canh Tien
Ngo May
Hung Mi
Thoc Loc
Dap Da
Binh Dinh
Chanh Oa
Trung Luong
Ong Can Island
Xuong Ly
Phuong Mai Peninsula
Banh It
Tuy Phuoc
Hung Thanh
Dieu Tri
QUI NHON
Tho Loc
Phu Hoa
H'Lim
Krong Ktu
Plei Doan
I A L A I
Kong Bra Ram
1006 m
Thon Rong
Gia Ma
Kong Chro
Manh
Plei Solan
Canh Hung
Canh Vinh
Nui Am
1122 m
Cu Mong Pass
Cu Mong
Tuy Phong
Xanh Island
Nhon Chau
Ho Dong
Nhang Nho
Lang Hong
Plei Da Neo
Van Canh
Ving Cuu Phu
Ca Liep A
De Tu
Binh Thanh
A Tang
Phu Thien
Kte Lon
Plei Bloum
Ma Chev
Da Loc
Da Dang
Tuy Luat Hoa
Tu Nham
Phu Duong
Lanh Van
Phu Tien
Song Cau
Xuan Thọ
Ban Blanh
Da Mai
La Hai
Phuong Luu
My Luong
A Yun Pa
Song Ba
Ban Ma Then
Phuoc Loc
Phu Luong
Chi Thanh
Ea Rsai
Buon Nu A
Ma Lut
N. Hon Ong
758 m
Phuoc Hoa
Tuy An
Xuan Hoa
Lao Mai Nha
Ban Bok
Ban Poy
Dat Bang
Ban A Ma Hyal
PHU YEN
Tuy Duong
Loc Giang
Bon Chai
Chu Drang
Ca Lui
X. Cay Gia
Tan Dinh
Buon Mung
Phu Tuc
Phu Phong
Ea Drang
Ea Dreh
Ban Black
Ban Huiet
Buon Thu
Tan Binh
Van Hoa
Phu Vang
Xuan Son
Krong Trai Nature Reserve
Tan An
Ngan Dien
Nhan
Thuy Hoa
Phu Lam
Die Ya
Cung Son
My Hoa
Buon Dro
Phu Sen
An Nghiep
Phu Nhuan
Ban Kila
Song Da Rang
Phuoc Nong
Hoa Vinh
Ban Wik
Easo Nature Reserve
Buon Chung
Hai Rieng
Phu Nhieu
Phu Lac
Ban Klat
Bun Tung
Hon Chao
742 m
My Khe
Krong Nang
Hoa Son
Lang Thuong
Buon Ho
Ban Pa
Ban Thing
Deo Ca Hon Nua Nature Reserve
Dai Lanh
Dai Lanh Pass
Dai Lanh Beach
Ban Moar
Quyet Tien
Buon Puan
Ea Knop
Ban Ae Lai
Buon Gram
Ban Hai
Hai Trieu
Tu Bong Hot Spring
Ninh Ma
Krong Buk
Ea Ka (Buon Mrong)
Ban Ho
Ninh Lam
Tuan Le
M'Drak
Dinh Dien
Ea Rok
Khanh Duong
Binh Trung
Bip Is.
Vinh Giat
Phuoc An
Van Gia
Tan Dan
Diep Son
Tan Binh
Ban Ay Tlu
Chu Mu
2016 m
Dam Mon 2
Song la Crong A Na
Van Phong Bay
Hon Ong
Hon Gom
Ban Knier
M'Trong (2)
Ban Ngam
Bai Tre
Dang Kang
B. M'Hap
Lac Hoa
Nghi Xuan
Lac An
Dong Hoa
Ganh Cape
Chau
Ea Krong Hna
Phuong Hoang Pass
M'Dung
Doc Let Beach
Duc My Hot Spring
Thuy Dam
Krong Kmar
Ban Blay
Chu Tong
1709 m
Ninh Hoa
Ba Ho Stream
Tien Du
Thon Le Cam
Ninh Tinh
Dac Lac Lake
Hon Khoi
Buon Phan
N. Hon Ba
1361 m
Thon Tan Phu
Ban Thang Cape
Son
Chu Yang Sin
2423 m
Ban M Nang
Ban Re He
Tan Thanh
Cha La
Hon Heo
Dung Hma
Chu Yang Sin National Park
Pe Trang
Mai Dai
Dien My
Ap Luong Son
Hon Chong Rock
Po Naga Towers
817 AD
Hon Mun
NHA TRANG
Khanh Vinh
Song Cai
Cil Liang
Thach Trai
Dien Khanh
Cay Sung
Hon Mieu
Hon Tre
Locai
Dak Krong Kna
Lang Tranh
Bi Doup Nui Ba Nature Reserve
KHANH HOA
Suoi Cat
Cam Lam
Truong Tay
Bich Dam
Bon Deung
Dong Cau
Hon Tam
Hon Mot
Hon Mun
Om Rong
N. Hon Ba
1574 m
Lich Son Pagoda
Cam Tan
Cam Vinh
Da Chay
Bi Doup
2287 m
E Lam Thuong
Lam Vien Plateau
Cam Hai
Romen
Da Sa
Khanh Son
Vinh Thai
Tan Thanh
Noi
Ngoai
To Hap
US Naval Base
Lac Duong

A
B
C
1
2
3
4
15
20
Srae Khtum
Bu Gia Map Nature Park
Quang Son
Doi 2
Buon Bupah
DAK NONG
Bon Pi
Y. Nam R.
144
Leu
Buon Mlo Nhe
Buon Trun
Buon Pang Sim
Bu Tam
Yu M'Pol
Bu Gia Map
Dak Ha
Gia Nghia
Bu Tum
Bu Blim
Buon Dien R'hat
Kien Duc
Tinhwil Manh (2)
Khiem Duc
BINH PHUOC
Ta Dung Nature Reserve
Thon Mot
Bon Phi Mour
Da Kia
Bom Bo
Bu Lo
Thon 5
Quang Hoa
Ta Dung
1972 m
Thac Mo
Mo
Bu Roum
Bon Bsai Dariai
Thon 1
Phuoc Long
Ba Ra
723 m
Bu Ban
Duc Phong
Boun Trao
1469 m
Dak B Lao
Phuoc Binh
Thon 3
Phuoc Loc
Bu. Bolon
Song Dong Nai
Cat Tien
Bu Nho
Sar Lou Sieum
LAM DONG
Cat-Tien National Park
Berla
Thon 6
Phu Rieng
Nghia Thanh
Vinh Linh
Bay Tung Waterfall
Loc Thang
Giat Tru
Dingh Sac
Suoi Lam
Bu Bih
Bobla Waterfall
Dong Nai
Dong La
Di Li
Dong Xoai (Dong Phu)
BAO LOC
R'Han Blang
Dai Lao
Thon 2
Buon Dar
Da Teh
Tan Loi
Cat-Tien National Park
Di Linh
Da M'Ri
B'.Nom Dan Lu
1337 m
Thon 4
Doi 6
Tan Lap
Ta Lai
Ma Da Gui
Bnom Mhai
1642 m
Ham Thuan Lake
Cau Cay
Phu Lam
Da La Par
Da Tro
Ly Lich
Bon Do
Rata Linche
Phuoc Vinh
Song Dong Nai
Tan Phu
Duc Phu
Da Mi Lake
Lou K
DONG NAI
Tri An Reservoir
Phu Dien
Duc Thang
Dong Gian
Binh My
Duc Linh
Da Da
Ap Loc Lam
Song La Nga
Phu Ngoc
Dinh Quan
Xa Duy Can
Tram Da Mi
Tan Thanh
Binh Hoa
Duc Tai
Dong Kho
BINH THUAN
Vinh An
Nui Ong
1302 m
My Thanh
Lac An
Cay Gao
Cay Xang
Lac Tanh
Tri An Waterfall
Gia Tan
Bien Lac-Nui Ong Nature Reserve
Truong Tan
Gia Kiem
An Thai
Tan Lap
Tan Thanh
Thanh Phu
Thien Tan
Xom Chinh Loi
Ap Tho Duc
Tan Hop
Ap Gia Huynh
Suoi Kiet
Bau Ruong
Muong Ma
Xuan Loc Battle 1975
BIEN HOA
Trang Bom
Dau Giay
Nui Den
506 m
PHAN THIE
Temple
Da Giac Pagoda
LONG KHANH (XUAN LOC)
Gia Ray
Tran Hung Dao Bridge
Long Binh Tan
Xuan Tan
Phu Sung
Ap Rung La
An
Thuan Nam
Suoi Tien
Ap An Vieng
Lo 25
Xuan Hung
Long Giao
Xuan Tay
Tan Minh
Tan Nghia
Binh Lam
Tra Lu
Ta Ku Nature Reserve
Tien Pl
Long Thanh
Long Tan Battle
Cam Duong
Song Ray
Nui Be
874 m
Xom Tr
Hiep Le
Tan Lap
Tan Xuan
P. HO CHI MINH (SAIGON)
Kim Long
Phu Hoa
Van Ke
Ke Ga Cap
Thong Nhat
Phuoc Thai
Ham Tan
Ap Dong Lan
Son My
La Gi
Binh Phuoc
Ngai Giao
Ham Tan Beach
Ap Ba Gioi
Hoa Binh
Binh Chau Hot Springs
Phu My
BA RIA-VUNG TAU
Hiep Hoa
Trang Hoang
An Phuoc
Tan Long
Thanh Binh
Phuoc Hoa
Chanh Nhut
HO CHI MINH
Phuoc Long Tho
Phuoc Buu
Binh Chau-Phuoc Buu Nature Reserve
Ba Ria
Chu Hai
Ly Thai Bu
Long Dien
Ho Tram
Ho Coc Beach
Song Nha Be
Nam Binh
Phuoc Hai
Can Gio
Chua Thich Ca Phat Dai
Phuoc Hai Beach
Long Hai
Can Gio
Dong Hoa
Bai Truoc Beach
Bai Sau Beach
VUNG TAU
Phuoc Cung
Xom Cua Tieu
749
750
14
721
20
741
51
763
1A
56
55
765
767
28
693
76

D
E
F
16
1
2
3
4
Lam Vien Plateau
Da Chay
Bi Doup
2287 m
E Lam Thuong
N. Hon Ba
1574 m
Lich Son
Cam Tan
Cam Vinh
Cam Hai
Romen
Da Sa
Ta Giang
Khanh Son
To Hap
Vinh Thai
Tan Thanh
Noi
Ngoai
US Naval Base Cam Ranh 1965-1972
Suoi Moc
Lac Duong
Chua Linh Son Pagoda
DA LAT
Xuan Tho
Trai Mat
N. Marrai
1636 m
Thong Nhat
CAM RANH
Cam Ranh
Cam Ranh Cape
Da Nhim Reservoir
Da Nhim Power Station
D'Ran Pass
Tram Han
D'Ran
Ngoan Muc Pass
Phuoc Thang
Thon Ma Ty
Ma Ty
Tra Co
Cam Binh
Da Nung
Nam Ban
Voi Waterfall
Prenn Waterfall
Phi Nom
Lien Khuong Waterfall
Thanh My
NINH THUAN
Hao Chu Hi
1451 m
Du Long
Hai Lam
Chut
Binh Thanh
Duc Trong
Nghia Hiep
Ninh Son
Nui Chua
1040 m
Da Vach Cape
Lien Nghia
Lac Nghia
Tan Son
Ra Tren
Lang Ong
Vinh Hy
Phu Thanh
Ba Thap
Nui Chua
Hoa Lai
National Park
Ton Than An
Ho Hai
Da Ve
Song Cai
Po Klong Garai
Dai Ninh
Gousar Waterfall
Tuan Tu
Do Vinh
Khanh Hai
My Tuong
Ninh Chu Beach
PHAN RANG-THAP CHAM
X. Teunene
Ta Nhien
N. Hon Dien
1528 m
Phuoc Dan
Po Ro Me
Han Sanh
Hieu Thien
Sopra
Ka Long Song Mao Nature Reserve
Phan Lam
Phan Dung
N. Da Bac
643 m
Son Hai
Ca Na Cape
Lac Nghiep
Thon Thuong Diem
Vinh Hao Hot Spring
Nui La
645 m
Ba Ghe
Vinh Hao
Ca Na Beach
Tuy Tinh Cham
Hai Ninh
Cho Lau
Lien Huong
Cau Island
Song Luy
Phan Hoa
Binh Thanh
Ba Tur
Luong Trung
Phan Ri
La Can Cape
Nga Ba Goi
Hong Lam
Ap Nhon Long
Han Duc
Hong Trung
White Dunes
Suoi Noc Beach
Red Dunes
Shanu
Mui Ne
Hou Row Beach
Ne Cape
Phu Quy
Phu Quy
Südchinesisches Meer
1A
20
27
28
723

A
B
C
1
2
3
4
PHNOM PENH
KAMBODSCHA
TAKEO
KANDAL
PREY VENG
AN GIANG
DONG THAP
Skone
Pratheat
KOMPONG CHAM
Wat Nokor
Phnom Pros
Phnom Srei
Suong
CHOB
Preah Theat
Preah Srei
Prey Nokor
Udong
Phnom Udong
Lovek
Romeas
Ou Russei
Tonle Sap
Phnom Brasat
Wat Phnom
Phum Thum
Wat Jum Pos Ka-aik
TAKMAU
Choeung Ek
(Killing Fields)
KOMPONG SPEU
Voa Sa
Ta Phrom
Tonle Bati
Phnom Tamao
Zoological Garden
Phnom Chiso
Neak Leung
Angkor Borei
Phnom Da
Mekong
Bassac
Tonle Basak
Boeng Pring
Tan Chau
Hong Ngu
Tien Giang
Hoa Hao Temple
Tram Chim National Park
CHAU DOC
Nui Sam
Tinh Bien
(Nha Bang)
Cho Vam
An Long
Phu My
Cai Dau
Thanh Binh
Cho Moi
Tam Nong Bird Sanctuary
CAO LANH
Nui Cam Nature Reserve
Chi Lang
Tri Ton
Tuc Dup
LONG XUYEN
An Chau
Lap Vo
Lai Vung
Bang Lang Bird Santuary
Thot Not
Nui Sap
Kompong Trach
Ha Tien
Mac Cuu Tombs
Kien Luong
Moso Grotto
Hon Dat
Quy Lan
Oc Eo
Song Hau Giang
Song Tien
SVAY RIENG
21

D
E
F
1
2
3
4
KAMBODSCHA
Snuol
Snuol Wildlife Sanctuary
Khsuem
198 m
Chhaneng
Sre Thom
Rohor
Srae Char
Pir Thnu
Soc Bu Tam
Yu M'Pol
Buon Mlo Nhe
Leu
Bu Tum
Bu Gi
Bu Blim
Hoa Lu
Thien Hung
BINH PHUOC
Reang
Chi T
Damrei Phong
Seda
Prek Chhlong
Kampey
Trapeang Pring
Prama
Toek Tum
Dambae
Kouk Char
Chong Cheach
Srae Veaeng
Neang Teut
Koki
Treak
Memot
Memong
Angkam
Tonlung
Ta Not
Loc Ninh
Loc Hiep
Da Kia
Thac Mo
Mo
Phuoc Long
Ba Ra 723 m
Phuoc Binh
Phuoc Loc
Veal Mlu
Saam
Kraek
Trapeang Phlong
Dar
Khcheay
Stoeng
Chiem Po Dau
Dong
An Quy
Bu Nho
Bos Chek
Boeng Chroung
Trapeang Phlong Pir
Xa Mat
Ka Tum
Phu Rieng
Nghia Thanh
Lo Go Xa Mat National Park
Tan Binh
TAY NINH
Tan Hoa
An Loc (Binh Long)
Hung Yen
Suoi Lam
Giat Tru
Tan Chau
Suoi Ngo
Sa Cat
Song Be
Dong Xoai (Dong Phu)
Lo Go
Sous
Tan Bien
Tan Dong
Minh Hung
Buon Dar
Chot Mat Tower
Nha Bich
Dau Tieng Reservoir
Minh Hoa
Tan Loi
Thanh Hoa
Ba Den Mountain Nature Reserve
Tan Trung
Ap 4
Chon Thanh
Phuoc Loc
Nui Ba Den 986 m
Duong Minh Chau
Tan Lap
Bau Tong
Cau Cay
Thi Tinh
Ap Bau Bang
Bau Bang Battle 1965
Ly Lich
Chau Thanh
Hoa Thanh
Ap o Chan
Headquarters Cao Dai Religion
Tay Ninh
Dau Tieng
Long Tan
Phuoc Vinh
Bos Mon
Phuoc Tan
Thuan Hiep
BINH DUONG
DONG NAI
Long Chu
Lai Hung
Hung Hoa
Ap Bo La
Binh My
Pong Tuek
Ben Cau
Bau Don
An Soc Lao
Thanh Tuyen
Tan Binh
Svay Rumpea
Prey Ta Fi
Bong Trang
Xom Cu
My Phuoc
Tan Thanh
17
SVAY RIENG
Ben Cau
Xom Cau Xe
Ben Dan
X Binh Co
Vinh An
Popeaek
Moc Bai
Go Dau
Ap Soa Cao
Cu Chi Tunnels
Thoi Hoa
Cay Gao
Tan Dinh
Uyen Hung
Lac An
Tri An Waterfall
Chanh Long
Truong Tan
Tan Lap
Thlok Bavet
Prey Angkonh
Binh Hoa
Loc Hung
Trang Bang
Phu An
Tan Phuoc Khanh
An Thai
Thanh Phu
Thien Tan
Xom Chinh Loi
Basak
Prey Totueng
Prey Kokir
BIEN HOA
Trang Bom
Cu Chi
THU DAU MOT
Samlei
My Quy Tay
Chres
Hiep Hoa
Buu Son Temple
Da Giac Pagoda
Ksetr
My Thien
An Thanh
Di An
Long Binh Tan
Thmei
Dong Thanh
Hau Nghia
Hoc Mon
Tan Thoi Nhut
Suoi Tien
Ap An Vieng
Lo 25
Chantrea
Ap Vinh
Pham Van Hai
Nhang Tay
Song Vam Co Dong
Duc Hoa
Ho-Chi-Minh Museum
Binh Lam
Long Thanh
Long Tan Battle
Binh Hiep
Moc Hoa
Ap 3
Ap Chinh Hoa
Le Minh Xuan
An Lac
TP. HO CHI MINH (SAIGON)
LONG AN
Binh Hoa Dong
ap 2
Thanh Hoa
Song Vam Co Tay
Ca Sao
Ap Hoi Nghi
Binh Chanh
Phong Phu
Nha Be
Thong Nhat
Ap Dong Lan
Phuoc Thai
Binh Phuoc
Ap Ba Gioi
Uyen Thanh
Thanh Hoa
Long Thuan
Xom Dao
Ben Luc
Long Hoa
Phu My
Tan Thanh
Thu Thua
Ap Bai Bon
Long Khe
Can Giuoc
An Phuoc
My An
Ap Hoa
Phu Nhuan
Ap Tho Cang
My Le
Chanh Nhut
Chanh Nhut
Phuoc Hoa
Tan Loi
My Thien
Ap Duong Phu
HO CHI MINH
Xom Nga Tu
TAN AN
Tan Lap
Song Nha Be
Chu Hai
Ap My Dien
My Phuoc
Tan Tru
Can Duoc
Ly Thai Bu
Ap Bac Battle 1963
Ap Tan Thanh
Tam Vu
Tan Chanh
Hau Trinh
Tan Hiep
Ap Binh Tri
Can Gio
Chua Thich Ca Phat Dai
Nam Bin
My Hoi
Ap Tu
Ap Lang
Kieng Phuoc
Can Gio
Cai Lay
Dong-Tam-Schlangenfarm
Loi An
Ap Hoa Phu
TIEN GIANG
MY THO
Cho Gao
Go Cong
Dong Hoa
Bai Truoc Beach
My Dien
My Long
Vinh Truoing Pagoda
Tan Hoa
Cai Be
Binh Hoa Phuoc (Schwimmender Markt)
Vinh Binh
VUNG T
An Thai Trung
Chau Thanh
Ap Tan Hung
Phuoc Cung
My Thuan Bridge
Dong Phu Kanal
Ap Hoa An
Hoa Phu
Xom Cua Tieu
Tan Bao
Ap Nhut
Song Co Chien
Tan Thach
Ap Phu Loi
Huu
VINH LONG
Cho lach
BEN TRE
Ap Phu Hung
Luong Khanh
Ap Cho
Ap Tu
Thanh Hoa
Chu Vien
22
Loc Son
Cua Dai
Ap Long Thoi
Cai Nhum
Cai Mon
Binh Dai
VINH LONG
BEN TRE
Song Ham Lu
Giong
Thua Long

A
B
C
19
1
2
3
4
21
s. Inset S. 21
Xa Xia
Tra Phot
Cam Nat
Koh Pou
Chua Thach Dong
Mui Nai
Ha Tien
Mac Cuu Tombs
Dua Cape
Ba Hon
Kien Luong
Moso Grotto
Dia Tam Cho
Giong Ke
Hon Chong
Heo
Bai Duong Beach
Chua Hai Son
Hon Phu Thu
Bai Trai
Chua Hang Grotto
Ba Lua
Ba Lua Islands
Kien Hai
Nghe
Tri Ton
To Phuoc
Tuc Dup
To Binh
Vinh Thanh
AN GIANG
LONG XUYEN
Tri Binh
Son Hoa
Xom Khanh Dat
Nui Sap
Ap Thoi An
Thot N
Nui Ba The
Chua Linh Son
Oc Eo
Vong The
Trung Son
Thon My Quoi
Hiep Loi
Quy Lan
Hon Dat
Xom Ta Loc
Thon My Phuc
Thi Tu
Tan Hiep
Bai Tre
Ba Hon Grotto
My Hung
Xom Nha Tho
Phu Hoa
Kinh Cai San
Hoa An
Co Do
RACH GIA
Xom Lam
Thanh Hiep
Tre
Rach Soi
Minh Luong
Giong Rieng
Muong Quao
Xeo Quao
Ap Nam
Hoa Thanh
Thu Ba
KIEN GIANG
Vi Thanh
Trung Dong
An Hoa
Xeo Nhau
Kinh Lang
My Mot
Go Quao
Song Cai Lon
Thuan An
Ap 5
Rai
Vinh Hoa
Thu Muoi Mot
U Minh Thuong Wildlife Area
Minh Tien
Vinh Phuoc
Ngan Dua
Thanh Tung
Vinh Thuan
Ninh Hiep
Tre
Nam Du
Ong
Trung
Nam Du Islands
Xom Giua
Tan Cong
Dap Da
Phuoc Long
Golf von Thailand
Ap 7
U Minh
Ap Tan My
Ap Phuoc Huong
Binh Thanh
Ap Ba
Khanh Lam
Thanh Long
Trung Hur
Thoi Binh
Ap Tang
U Minh Ha National Park
Ap Sau
Ap Bay
Tan Loc
Ho Phong
Xom So
Ap Da Bac
CA MAU
Binh Dinh
Ap Cay Gua
Tac Van
19 May Bird Sanctuary
Ap Duong Ranh
Long Dien
Tran Van Thoi
Ap Kinh Xang
Ap Cai Keo
Tan Thoi
An Trach
Song Doc
Song Ong Doc
Song Ganh Hao
Cha La Bird Sanctuary
Dam Doi
CA MAU
Cai Nuoc
Tan Long A
Dam Doi bird Sanctuary
Viet Thang
Xom Cai Keo
Cai Doi Vam
Dam Do
Vam Dam
Nam Can
Mui Ca Mau
Sam Pan Floating Market
Mai Vinh
Ong Trang Cape
Song Cua Lon
National Park
Nhung Mien
Ca Mau Cape
Rach Goc
Dat Mui Nam Can Nature Reserve
Xom Mui
Hon Khoai
Tuek Thla
Thma
Prey Nob
Preaek Tnaot
Bokor
1079 m
KAMPOT
Boeng Ta Prum
Changhaon
Ou Chrov
Kaoh Touch
Preaek Ampil
KAMBODSCHA
Koh Thmei
172 m
Kep N
Koh Ses
382 m
Rach Tram
Bai Thom
Bai Thom Beach
539 m
Ganh Dau
Rach Vem
Bai Dai Beach
Phu Quoc National Park
Cua Can
Cua Can Beach
Khu Tuong
Duong Dong
Bai Truong
Ham Minh
Phu Quoc
Suoi Lon
Bai Khem
An Thoi
An Thoi Islands
21
80
63
61
1A
943
91
54
32
3

D
E
F
20
1
2
3
4
Song Tien
Hau Trinh
Tan Hoa
Ap Hoa Phu
Ap My Dien
Lai Vung
Sa Dec
Lang
Sanctuary
Ap Hoa Hung
Phu Huu
Cai Lay
TIEN GIANG
My Hoi
Dong-Tam-Schlangenfarm
MY THO
My Long
Cai Be
An Thai Trung
Binh Hoa Phuoc (Schwimmender Markt)
My Thuan Bridge
Dong-Phu-Kanal
Tan Bao
Cho lach
Chau Thanh
VINH LONG
Ap Tu
Luong Khanh
Ap Long Thoi
Cai Nhum
Cai Mon
VINH LONG
Ap Long Tho
BEN TRE
Thanh Hoa
Chua Vien Minh
Vinh Truoing Pagoda
Ap Hoa An
Ap Tan Hung
Ap Nhut
Song Co Chien
Vinh Binh
Tan Thach
Loi An
Go Cong
Tan Hoa
Ap Lang
Kieng Phuoc
Dong Ho
Can G
Hoa Phu
Phuoc Cung
Xom Cua Tieu
Ap Phu Loi
Ap Phu Hung
Song My Tho
Ap Cho
Loc Son
Song Ham Luong
Binh Dai
Cua Dai
Thua Long
Giong Trom
BEN TRE
Mo Cay
Vam Ho Bird Sanctuary
An Thuan
Tan Thi
Ap Tan Quoi
An Loc Thi
Ap An Loi
Thoi Loi
Cua Ba Lai
An Phu Hoa
Ba Tri
Ap Thanh Dien
An Thuy
Tan Hung
O Mon
Tan Thanh
Tra Noc
Dinh Binh
Binh Thuy
Thoi Lai
Phong Dien
CAN THO
Cai Von
Munirang Syaram Pagoda
Cai Rang
Song Can Tho
Phong Dien (Schwimmender Markt)
HAU GIANG
An Binh
Tra On
Tra Ong (Schwimmender Markt)
Tan Phu
An Ninh
Vung Liem
Nhan Ngai
Tam Binh
Ap Thuong
Ap Ngai Phu
Ba Pho
Tuong Hung
Cang Long
Chua Hang
Chua Ang
Vinh Thanh
Ap Tan Hoa
Tich Quoi
Cau Duc
Binh La
My Duc
TRA VINH
Ap Phu Thoi
Song Co Chien
Thanh Phu
Cua Ham Luong
Giao Thanh
Ap 1
Mouths of The Mekong
Ap Hai
Ap Thanh Loi
Ap Long Phung
Phung Hiep (Schwimmender Markt)
Phung Hiep
An Hoa
Cau Ke
Hau Giang
Giong Rum Soc
Tieu Can
Chau Thanh
Ngai Tu
TRA VINH
Ap Cho
Ap Cha Va
Bau Cac
My Long
Thanh Phuoc
Cau Ngang
Cua Cung Hau
Nang Mau
Cay Duong
Ke Thanh
Ke Sach
Cau Quan
Xay Da
Dai Nhai
Ap Ba
Soc Giup
Ap Bau Beo
Tan Thanh
Phu Tam
Long My
Huynh Huu Nghia
An Trach
Xom Bia
Xom An Phu
Tra Cu
Giong Me Lang
Ba Dong
Ba Dong
Long Khanh
Chua Khleang
Khmer Museum
Long Phu
Le Minh Chau
Ba Nhi
Duyen Hai
Nga Nam
Chua Dat Set
Chua Ma Toc
SOC TRANG
Ca Goi
Cai Do
Dong Cao
Dai Tan
Phu Duc
Cua Dinh An
An Thanh Nhi
Ap Khau Cu
Tuan Tuc
My Xuyen
SOC TRANG
Chau Thanh
Cua Tranh De
Ap Cho
Phu Loc
Ap Ngon
Co Co
Tong Cang
Cua My Thanh
Huynh Ky
Xom Mo Hai
Ngoc Duoc
Au Tho A
EU
a Binh
BAC LIEU
Vinh Chau
Xiem Can Khmer Pagoda
Bac Lieu Bird Sanctuary
So Tai
Ap Bien
Nha Mat
Bien Dong
Südchinesisches Meer
Da Bac
Tre Nho
Con Dao Museum
Con Son
Con Dao
Cau
Bay Canh
Ba
Tai Lon
Trung Lon
Trung Nho

Abbildungsnachweis

AKG, Berlin: S. 39

Bilderberg, Hamburg: S.10/11 (Letz); 57 (Boisvieux); 224/225 (Kunz); 7 unten, 229 (Jakobs); 270/271 (Peterschroeder)

Getty Images, München: Titel (Norton); S. 1 Mitte, 108/109 (Benson); 306/307 (Francis); 415 (Lemmens)

HB Verlag, Ostfildern/Axel Krause: S. 4 oben, Mitte, 198/199, 234/235, 322, 336

Günter Heil, Berlin: S. 127, 161, 302

Nicole Häusler, Berlin: S. 153

Per-André Hoffmann, Stuttgart: S. 122/123, 392/393

IFA, München: S. 3 Mitte, 175, (TPC); 204/205 (Jäger)

Jean-Denis Joubert, Malakoff: S. 131

laif, Köln: S. 184/185 (Celentano); 9 (Haeberle); 1 rechts, 5 unten, 5 Mitte, 7 Mitte, 8 oben, 53, 62, 142, 144, 239, 261, 287, 288, 314, 318/318, 374, 425, 440/441 (Hemispheres); 8 Mitte, 396/397 (Hoa-Qui); 30 (Hollandse Hoogte); 2 oben, 214/215, 243, 362 (Jonkmanns); 142, 144 (Hill); 13, 359 (Kemp); 3 unten, 162/163 (Krause); 6 Mitte, 378/379, 406/407, 412/413, 430 (Modrow); 96 (Perri); 89, 159, 256 (Raach); 421 (Rapho); 220 (Redux); 7 oben, 386, 436/437 (Selbach); 110/111 (Volk); 417 (Zuder)

Look, München: S. 50, 137, 194 (Hoffmann); 256, 333 (Raach)

Mauritius Images, Mittenwald: S. 55, 71, 76/77, 246/247 (AGE); 296 (Ball); 1 links, 348/349 (Flüeler); 3 oben, 120/121 (imagebroker.net); 278/279 (Vidler); Klappe hinten (World Pictures), 296 (Ball)

Martin H. Petrich, Berlin: S. 45, 155, 179, 209, 250

Elke Schwierz, Leipzig: S. 191

Mario Weigt, Berlin: S. 2 Mitte, 5 oben, 6 oben, 17, 19, 21, 22, 24, 27, 35, 41, 49, 66, 68, 84/85, 92, 94, 128, 133, 135, 148, 170, 173, 186, 210, 275,291, 326/327, 343, 365, 368/369, 402

Kartografie

DuMont Reisekartografie, Puchheim

Umschlagfotos

Titelbild: Lastenträger in Hanoi

Umschlagklappe hinten: Thieu-Mau-Pagode in Ho-Chi-Minh-Stadt

Über den Autor: Martin H. Petrich hat sich nach dem Theologiestudium in München und Pune (Indien) auf Südostasien spezialisiert und mehrere Jahre dort gelebt. Der Studienreiseleiter und Reisejournalist publizierte im DuMont Reiseverlag den Kunst-Reiseführer »Vietnam, Kambodscha und Laos«, zudem ist er Autor mehrerer ebenfalls im DuMont Reiseverlag erschienener Stefan Loose Travel Handbücher.

Hinweis: Autor und Verlag haben alle Informationen mit größtmöglicher Sorgfalt geprüft. Gleichwohl sind Fehler nicht vollständig auszuschließen. Alle Angaben erfolgen ohne Gewähr. Bitte schreiben Sie uns! Über Ihre Rückmeldung zum Buch und über Verbesserungsvorschläge freuen sich Autor und Verlag:

DuMont Reiseverlag, Postfach 3151, 73751 Ostfildern, E-Mail: info@dumontreise.de

1. Auflage 2008

Grafisches Konzept: Groschwitz, Hamburg
Druck: Rasch, Bramsche
Buchbinderische Verarbeitung: Bramscher Buchbinder Betriebe